KB160609

고대 중국의 통치메커니즘과 그 설계자들 1

상앙, 진시황, 한고조

고대 중국의 통치메커니즘과 그 설계자들 1

상앙, 진시황, 한고조

임중혁 지음

경인문화사

출판의 변

우리나라 사람 가운데 중국역사를 잘 몰라도 진시황과 그의 업적인 최초의 중국통일에 대해서는 들어봤을 것이다. 통일이라고 하는 긍정적 부분도 있지만, 진시황의 잔인한 성격에서 비롯된 분서갱유 등 부정적인 이야기도 많이 언급된다. 진시황의 통일은 많이 알려져 있지만, 그의 제국통일의 청사진을 마련해준 4세대 전의 인물인 商鞅은 별반 알려져 있지 않다. 이 책은 상앙에서 시작된 제국통일의 기본 청사진이 진시황에 의해서 완성되고, 한제국의 유방에 승계된 제국의 기본구조를 분석한 것이다.

필자는 대학 3학년 시절 미래의 진로에 대한 깊은 고민에 빠져있었다. 그 고민은 군 복무를 하는 3년 내내 지속되었다. 한 밤중 경계근무를 서는 와중에도 무겁게 나를 짓눌렀다. 학문에 대한 관심을 깨우쳐주는 어떤 계기도 내게는 나타나지 않았다. 복학 후 가을 어느 날 은사 김정배 교수님을 찾아뵈었고, 은사님은 로드맵을 말씀해주셨다. 그길로 홍릉에 있는 민족문화추진회(현 한국고전번역원)에 등록하고 2년 동안 중국 고전에 매진할 수 있는 시간을 가지게 되었다. 이때에 접한 사서오경, 고문진보, 통감절요, 대명회전 등은 후일 필자의 연구에 좋은 자양분이 되었다. 중국의 고전에 대한 접촉은 필자의 중국사, 그중에서도 중국고대사 연구로 자연스럽게 유도하게 되었다.

필자가 대학을 다닐 당시 우리나라는 중국(중화인민공화국)과 수교관계가 없었고, 적성국가였기에 중국에서 출판된 자료는 홍콩 삼련서점을 경유하여 구입해야 했다. 당시 중국은 문화대혁명에서 막 벗어났기에 중국에서 출판된 자료들에는 볼드체로 인쇄된 모택동 어록이 곳곳에 들어있었다. 심지어 고고학 관련의 잡지인 文物도 예외는 아니었다. 때문에 이러한 서적의 통관은 난관에 봉착하기도 했다. 자료에 대한 갈증으로 일본의 연구소에 가서 복사해 오기도 했다. 참으로 연구하기가 어려운 시절이었다. 그후 1992년에 중국과의 수교가 이루어지자 연구에 필요한 자료획득의 큰 장애물이 조금씩 제거되기에 이르렀다. 요즘은 웹 사이트를 통해 중국의 학문 데이터베이스인 CAJ에 접근해 손가락으로 몇 번 누르면 자료를 구득할 수 있으니 참으로 필자가 대학원에서 공부하던 시절과 격세지감이 있었다.

필자는 연구를 시작한 이래 진한시대의 법가와 법률제도, 신분제도 등 제도적 문제에 대해 관심을 가져왔다. 연구를 진행하는 도중에 수많은 자료가 출토된 것은 필자에게 행운이자 고민이었다. 1975년 『睡虎地秦墓竹簡』, 1983년 『張家山漢墓竹簡』이 출토되었고, 湖南大學이 2007년 12月 香港의 골동품시장에서 구입한 2098枚의 『嶽麓書院藏秦簡』 등 출토문헌이 계속 보고되었다. 새로운 자료의 출토는 필자의 연구 의욕에 계속 공급된 기름이었다. 반면 역량부족에 따른 고민도 따랐다. 역량부족의 고민은 자료를 함께 읽어준 간독연구회 회원들이 메꾸어주었다. 토론하는 시간은 늘 행복한 시간이었고, 혼자 읽을 때 이해할 수 없었던 난제들이 이 공간에서 해결되었다.

필자의 고민은 발표한 논문이 새로운 자료가 출토됨으로써 거짓말이 될 수 있는 상황에서 책으로 가볍게 출판할 수 없었다는 것이다. 또한 출토한 새로운 자료의 분석에 집중하느라 출판의 여유가 전혀 없었다. 새로운 자료를 분석하다보면 과거에 발표한 원고들에 심각한 오류가 있다는 것을 발견하고, 이를 보완·수정해야 할 생각에 압도되게 되었다.

정말 다행히도 秦代의 律令인 『嶽麓書院藏秦簡』의 석문도 발표되면서 이제 한제국의 二年律令과 상호 대응하는 자료가 갖춰지게 되었다. 대응자료의 존재는 秦과 漢의 법률이 어떻게 발전해 나갔는지를 비교할 수 있게 되었다는 것을 말해준다. 睡虎地77號墓 漢簡의 석문도 곧 발표될 것으로 생각되어 추가적 연구에 도움을 줄 것으로 생각되지만, 『嶽麓書院藏秦簡』의 자료를 분석하는 것만으로도 필자의 1단계 연구에 큰 도움이 되었다. 금년 5월 또 『嶽麓書院藏秦簡(陸)』이 출판되었다. 伍子胥의 "吾日莫途遠"의 바로 그 심정인데, 그 작업은 후학들이 해야 할 일이라고 생각된다.

본서를 출판하면서 臨淵堂 李亮淵(1771-1856)의 시로 알려진 踏雪을 생각했다.

> 踏雪野中去　눈 내린 들판 한가운데를 걸어갈 때에도
> 不須胡亂行　발걸음을 함부로 어지러이 걷지 말지어다.
> 今日我行跡　오늘 내가 걸어간 발자국은
> 遂作後人程　반드시 훗날 뒷사람의 이정표가 되리니.

성균관대 안대회 교수의 「윤춘년(尹春年)의 『학음고(學音稿)』, 그 의의와 가치」라는 논문에 의하면 이는 서산대사의 글이 아니고 이양언의 글이라고 한다. 참으로 두려운 말이었다. 필자가 과거 발표한 원고들 가운데는 오류도 적지 않아서 수정해야 할 부분이 많았다. 잘못된 내용을 후학들에게 전달하는 것은 배우는 자의 올바른 자세가 아니었다. 완벽한 것은 결코 있을 수 없지만, 무오류에 가깝게 가도록 노력하는 것이다.

필자는 대학교수로서 정년퇴직하는 것이 매우 어려운 것임을 몇 차례에 걸쳐 실감했다. 병마에 쓰려져서 다시 재기할 수 있을지 의문이 제기된 적도 있었다. 그러한 낙마는 헛된 고생만은 아니었다. 다시 일어났을 때, 이 세상에 내가 받은 은혜를 갚아야 한다는 생각을 했다. 이제까지 필자가 해왔던 연구들은 목숨을 걸고 쓴 것이 아니라는 생각이 들었다. 그것은 앞으로 연구한 것들은 보다 완벽한 작품으로 승화시켜야 한다는 생각으로 귀결되었다. 산서성 대동에 있는 운강석

굴의 불상을 보면서, 보통의 돌을 예술적 경지로 승화시킨 석공의 경건한 불심을 떠올렸다. 시간이 흘러 나의 글이 바위부스러기가 된다 하더라도, 바위에 숨결을 불어넣는 석공의 심정으로 집필에 임하고 싶었다. 그러나 글을 다듬는 과정에서 끝없이 쏟아져 나오는 나의 무지는 겸손하라는 말 밖에는 할 것이 없었다.

필자는 은사이신 고려대학교 사학과의 이춘식 교수님의 많은 사랑을 받았다. 어떤 때는 가혹하다고 생각될 정도로 현실 타협을 거부하신 분이셨다. 필자의 부족했던 부분을 끊임없이 깨우쳐주신 선생님께 진심으로 감사를 드린다. 아직도 선생님께서는 연구에 몰두하고 계시는데, 그 모습은 필자에게 귀감이 되고 있다.

감사를 표할 곳은 더 많다. 고중세사 간독회의 동학들에게도 감사를 표하고 싶다. 충북대 임병덕 교수, 경북대 윤재석 교수, 성균관대 김경호 교수, 경북대 김진우 교수, 서울대 김병준 교수 등 늘 끌어주고 밀어주던 좋은 동료들이었다. 그들에게도 이 책의 출판에 감사를 드리고 싶다. 그들과 공동으로 자료를 읽고 귀가할 때는 새로운 아이디어를 얻었기에 매번 기쁨으로 충만되었다. 湯 임금의 盤銘에 새긴 "苟日新, 日日新, 又日新.(진실로 날마다 새로워지려면, 나날이 새롭게 하고, 또 날이 갈수록 새롭게 하라)"의 기쁨 바로 그것이었다.

필자가 30년 가까이 봉직한 숙명여자대학교는 내게 언덕이자 그늘을 제공한 곳이었다. 학교의 무한한 사랑이 있었기에 이 연구가 이루어졌다. 그리고 늘 닮고 싶었던 목은균 교수님께도 감사를 드리고 싶다. 이 책의 출판을 흔쾌하게 허락해주신 경인문화사의 한정희 사장님과 원고를 꼼꼼히 다듬어주신 김지선, 박지현, 유지혜, 한주연 선생님께도 감사드린다. 경인문화사는 필자가 공부를 시작할 때부터 인연을 맺었었고, 연구의 마무리를 이곳에서 한다고 하니 감개무량하다.

그리고 마지막으로 아버님의 영전에 이 글을 바치고 싶다. 어두컴컴한 가을 새벽길을 까까머리 중학생인 필자가 아버님과 함께 걷던 기억을 떠올리면 그 사랑에 가슴이 메어온다. 어머니는 생존해계셔서 이 책 출판의 기쁨을 함께 하실 수 있어 참으로 기쁘다. 두 분의 희생이 없었다면 이 책이 나오기 어려웠을 것이다.

2021년 11월
桃園의 언덕에서

본서의 구성

중국과 중국인을 한마디로 정의하거나 표현할 수 있는 단어가 있을까? 그것은 수사자의 갈기를 세는 것처럼 어려울 것이다. 어떤 국가와 민족은 장시간의 역사 발전 과정을 통해서 형성된 것이다. 그것은 작은 시냇물이 합쳐져 큰 강물을 이루는 것과 같다. 미시적인 것을 통해 전체를 설명하는 방법도 있기는 있다. 그것은 가느다란 시냇물 하나를 가지고 큰 강을 설명하려는 것처럼 어려운 문제라고 할 수 있다.

현대 중국의 뿌리를 찾는 문제는 중요하다. 현대 중국인의 사고는 어떻게 형성되었을까? 중국인의 뇌리 속에 있는 통치 시스템과 사고방식은 어디에서 시작되었을까? 중국이라는 국가체제는 통일을 완성한 진시황에서 시작되었다고 보는 시각이 많다. 그러나 그러한 주장도 자세히 들여다보면 막연하다. 황제지배체제? 군현제? 이러한 용어는 일정 부분 중국을 설명할 수 있겠지만 그래도 미진한 느낌이 든다. 중국을 움직이는 원리는 무엇일까? 제도적 분석은 그러한 궁금증을 풀어나가는 방법일 것이다. 필자가 궁금해하는 것은 그러한 제도의 이면에 숨겨져 있는 지배자의 의지였다. 중국의 법률은 公布主義를 채택하고 있어서 지방의 촌로까지도 숙지하고 있었다. 법률에는 지배자의 의지가 표현되어 있고, 그것이 행정망을 통하여 지방의 구석구석까지 파고 들어가는 것이다. 이것은 漢 文帝 시기의 廷尉 張釋之가 "법이라고 하는 것은 천자가 천하와 함께 공유하는 것이다.(法者天子所與天下公共也)"라는 말에 잘 응축되어 있다. 법률에는 어떻게 국가를 지배할 것인지에 대한 지배자의 통치 철학이 포함되어 있다. 또한 장시간 습득한 통치의 기법이 법률로 농축되어 표현된 것이다.

고대 중국의 통치 원리를 분석함에 있어 『雲夢睡虎地秦律』, 『嶽麓書院藏秦簡』과 漢代의 『二年律令』은 매우 중요하다. 雲夢睡虎地 秦律에는 진시황이 중국을 통일할 당시의 제국 통치의 이념이 들어 있고, 그 일부는 이후 唐律에도 확인되듯이 중국 통치의 기본 뿌리가 되었다. 그 지배체제의 청사진을 만든 사람은 누구일까? 기원전 361년 경 魏나라에서 秦나라로 들어가는 젊은 사람이 있었다. 商鞅이었다. 『史記』 「商君列傳」을 보면, 그는 한편으로 魏에 대한 실망감과 배신감, 한편으로 秦에 대한 기대감과 자신감으로 교차했던 것으로 보인다. 그는 入秦 이후 秦孝公의 전폭적 지지를 받아 秦의 모든 제도를 개조하기 시작했다. 이것이 서쪽의 후진국 진나라를 시끄럽게 만든 商鞅變法이었다. 이 개혁은 중국 역사에 있어 진정 운명적인 것이었다. 이를 통해 고대 중국의 기본틀이 형성되기 시작했으니, 그는 어찌 보면 진시황보다도 중요한 인물이었다. 진나라는 상앙의 개혁 성공으로 신속히 강국으로 변모했다. 비록 상앙은 秦孝公 사망 후 비명에 죽었지만, 그가 런칭(launching)한 청사진은 폐기되지 않고 진시황의 통일제국의 기본틀을 구성하게 되었다. 뿐만 아니라 이 틀은 한제국에도 승계되었다.

본서는 주로 1970년대 중반부터 지하에서 출토하기 시작한 법률문서를 중심으로 분석했다. 필자는 연구자의 입장에서 2천년 이상 지하에 잠들어있던 진귀한 문서를 몇 번씩 만나는 행운을 만났다. 본서는 출토 율령 자료를 분석한 것이므로 正史를 통해서 파악하기 힘든 진한제국의 통치메커니즘을 파악하는데 도움이 될 수 있을 것이다. 법률문서는 무미건조한 내용들로 이루어졌기 때문에 이면에 숨겨져 있는 함의를 추출하는 작업은 어려웠다. 국가를 운용하는 메커니즘들은 표면에 노출되어 있는 것도 있지만, 파악하기 힘든 것도 있었다. 그런만큼 이 작업은 흥미진진한 것이었다.

『史記』에 보이는 상앙변법은 소략하게 서술되어 있으나, 출토 율령에 입각해보면 상앙이 구상한 秦國의 지배 체계는 톱니바퀴와 같이 맞물려 돌아가도록 의도된 것이었다. 그 통치 골격은 商鞅 - 秦始皇 - 漢高祖 - 蕭何의 4인의 인물들을 통해 이어져 내려왔다. 출토 율령에서 확인되는 진한의 지배형태는 군공작 신분제 - 형벌제도 - 토지제도 등이 상호 유기적으로 연결되어 있었다. 이러한 사항을 다룬 본서의 주제는 각기 독립된 병렬관계가 아니라 모두 商鞅 情神으로 "一以貫之" 된 그물망이었다. 현대인은 과거사람들의 통치 시스템이 발달하지 못하고 느슨할 것이라고 지레 짐작한다. 그러나 상앙이 만든 지배 시스템은 대단히 정교하게 연결된 컨베이어 시스템과도 같은 것이었다.

상앙이 살았던 시기는 전국 초기로서, 魏와 齊의 2강 체제 하에서 약육강식이 심화되면서 각국은 부국강병을 유일한 출구로 생각했다. 따라서 전투력을 강화하기 위해 군공을 세운 자에게 작위를 지급하는 군공작제를 만들었다. 작위 소지자에게는 전택을 지급하고 각종 혜택을 부여하였다. 모든 사회역량이 전투력을 강화하기 위해 투입되었고, 군공을 수립하면 혜택을 부여하는 군사경찰국가체제를 지향했던 것이다.

1. 秦漢의 통치이념

진한의 통치 이념이라는 대주제로 쓴 논문들은 모두 商鞅변법에서 의도한 제국 통치의 이념들이 망라되어 있다. 법가계열의 秦 律令을 漢제국이 승계한 과정, 그래서 한제국도 결국 자신들이 부정하려 했던 진제국의 통치방식을 승계했음을 규명하였다. 이러한 법가적 율령에 한제국 중기 儒家思想이 침투하는 과정 등을 밝히고 있다.

2. 秦漢 토지제도

토지 관련 논문들에서는 二十等軍功爵制와 토지제도가 밀접하게 연관되어 있음을 밝혀냈다. 「商君列傳」의 "明尊卑爵秩等級, 各以差次名田宅"에서 알 수 있듯이, 토지제도와 작제의 연결은 商鞅이 의도한 것이다. 놀라웠던 것은 『二年律令』에서 확인할 수 있었듯이, 지급된 토지가 상속되는 과정에서 아들들의 작위를 減爵시켜 절묘하게 국가로 환수시키는 메커니즘이었다. 이는 당시의 가족 숫자를 반영하여 만들어진 계획표였다. 그리고 필자의 「秦始皇 31年의 自實田」 논문에서는 해결이 용이하지 않았던 "自實田"을 분석하여 진제국과 한제국의 토지제도를 연결하는 마지막 퍼즐을 분석하였다. 특히 중국 고대의 토지제도가 국유제인지 사유제인지를 밝혀내는 작업을 하였다.

3. 秦漢의 刑罰제도와 身分체제

필자는 商鞅 이후에 제정된 『睡虎地秦墓竹簡』, 『里耶秦簡』, 『嶽麓書院藏秦簡』, 『二年律令與奏讞書』에 근거하여 商鞅이 구현하려고 했던 형벌체계와 신분제도를 복원하고자 하였다. 특히 秦代 형법의 체계 속에서 秦代의 통치자들이 백성들을 어떻게 통제·관리하는지에 주안점을 두고 규명하였다. 秦漢의 法律은 결국 唐宋律 - 明律을 낳은 母法이라고 할 수 있는데, 그러한 母法의 최초 모습이 본서에 포함되어 있다.

필자는 진한의 형벌제도를 분석하기 위해 벌금형·속형·내형·육형·사형을 분석하였다. 秦代 형벌제도의 특징은 그것을 신분체제와 연결시키고 있다는 것이다. 『史記』에 언급된 商鞅변법에서는 여러 차례 軍功爵을 언급하여 그것이 秦代 신분체계에서 중요한 것임을 시사하고 있다. 작위를 가지고 있는 자도 범죄를 저지르면 형도의 신분으로 떨어지지만, 2급작 上造 이상은 黥爲城旦舂에서 耐爲鬼薪白粲으로 감형된다. 즉, 肉刑에서 耐刑으로 감형되는 우면정책을 주는 것이다. 군공작은 신체를 손상하는 치욕적인 육형에서 벗어나게 하는 안전장치였다.

秦代의 모든 백성은 有爵者·無爵者·徒隷(刑徒)로 구분되어 있다. 『二年律令』에는 유작자든 죄수이든 軍功爵 신분이 士伍로 귀결되게 설계되어 있다. 아울러 庶人이라는 개념도 죄수(형도)에서 사면된 존재라는 매우 중요한 규정이 포함되어 있어서, 이는 전통적 庶人 개념과 차이가 있다. 진한시대에는 3개 무작자층(公卒·士伍·庶人)이 있다. 3개의 무작자층은 첫째, 유작자가 군공을 수립하지 못하여 작위가 0으로 떨어지는 公卒의 신분, 둘째 公卒의 자식들이 군공을 세우지 못해 떨어지는 士伍의 신분, 셋째 죄수가 사면을 통해 신분이 상승하는 庶人이다. 이것은 매우 치밀하게 작위와 군공을 연계하여 관리하는 신분체계이다. 형도의 신분으로 떨어진 자들도 군공을 수립하면 무작자인 庶人을 거쳐 士伍의 신분으로 회귀하는 체제로 형성되어 있었다.

4. 秦漢의 율법 제정

법제사 분야의 논문들은 東洋法制史에서 가장 중요한 律令의 개념들에 대해 밝힌 것들이다. 皇帝의 詔書가 律과 令으로 법제화되어 가는 과정, 律과 令의 차이는 무엇인지 등에 관한 것들을 담고 있다. 특히 嶽麓秦簡에 근거하여 秦令의 각종 내용들을 규명하였다. 嶽麓秦簡에 기록된 律의 경우는 제정시점과 제정자를 알 수 있는 정보가 모두 삭제되어있지만, 令의 경우는 정보가 남아있어 제정시점이 대부분 진시황 시기임을 확인할 수 있었다. 따라서 이 자료는 秦代의 율령 발전과정을 파악할 수 있는 매우 좋은 자료라고 할 수 있다.

끝으로 본서의 제목을 『고대중국의 통치메커니즘과 그 설계자들』이라고 설정한 것에 대해 언급하고자 한다. 상앙이 설계한 국가 통치의 수단은 매우 많았다. 그 수단이라는 것은 백성들을 통제하고 조직할 수 있는 것이었다. 본서에서는 군공작 신분제 - 형벌제도 - 토지제도가 網狀形으로 짜여있는 제도를 고찰대상으로 했고, 이것들은 어느 하나라도 없으면 시스템이 기능하지 않게 설계되어 있었다. 이러한 시스템을 최초로 구상한 것은 천재 商鞅이겠지만, 그 후 수많은 사람들이 이것을 수정하고 보완한 것이다. 『嶽麓書院藏秦簡』과 『二年律令』의 법률 조항들을 보면 수많은 관리들이 현실 정치에서 획득한 지식들을 보완하여 다듬은 것이었다. 따라서 기본 설계자는 商鞅 - 秦始皇 - 漢高祖 - 蕭何 등이겠지만, 수많은 관리군들도 여기에 포함시킬 수 있다. 『嶽麓書院藏秦簡』을 보면, 秦 율령은 皇帝(秦始皇)와 수많은 관료들의 의견 교환을 통해 제정된 것이었다. 특히 율령의 제정에 참여한 內史와 郡太守 등이 그 설계자들이라고 할 수 있다. 따라서 독자들께서는 설계자를 찾는 수고를 할까봐 걱정되기도 한다.

율령들을 분석해보면 율령 제정과정에서 행정 현장의 아이디어가 반영된 것도 많이 보인다. 놀라운 것으로는 두 가지를 들 수 있다. 하나는 耐罪의 운용방식인데, 당시의 죄수들은 형기가 없는 무기형도였기 때문에 이 耐罪를 교묘하게 운용해 전체 인구에서 차지하는 刑徒와 編戶의 비율을 조절하였다. 耐罪 내부에는 형도의 숫자가 지나치게 증가하는 것을 방지하기 위한 설계가 내장되어 있었다. 그리고 秦漢律에서는 軍功을 수립하지 못하면 士伍로 신분이 하락하게 설계되어 있고, 형도들 역시 사면을 통해 역시 士伍로 승급하는 구도를 가지고 있었다. 즉, 士伍로 수렴하는 체제였다. 다른 하나는 『二年律令』 戶律의 토지 지급 및 환수 규정이 바로 그러한 것이다. 특히 환수규정은 율령에 노출되어 있지 않지만, 자동적으로 토지가 국가에 환수되도록 설계되어 있다. 그것은 매우 정교한 수학공식과도 같은 것이다. 일견 무미건조하게 보이는 율령의 이면에 숨어있는 국가 통치의 방향은 매우 흥미로운 것이다.

목 차

商鞅의 청사진, 秦始皇의 완성

I. 商鞅과 秦国의 부상

  필자는 秦漢제국의 지배 체제를 밝히기 위해 군공작제, 신분체제, 토지제도, 형벌체제, 법률체계 등의 주제에 집중해왔다. 진한제국은 이러한 제도적 구조들을 그물망처럼 치밀하게 연결하여 통치했다. 따라서 어느 하나의 주제만 가지고서는 진한제국의 전체적인 그림을 그려낼 수 없다. 이러한 제국통치의 그물망은 누가 만들었을까? B.C.221년 秦始皇이 중국을 통일하기 약 130여년 전에 중국의 위대한 개혁가 한 사람이 출현했다. 통일 중국의 청사진을 만들어 낸 商鞅이다. 商鞅도 자신 이전의 제도에 힘입어 만들었겠지만, 이 제도들을 톱니바퀴와 같이 치밀하게 맞물리도록 조율한 것은 상앙이었다.

  전국시대는 제후국 사이에 영원한 승자도 없고 계속 승자가 교체되는 약육강식의 시대였다. 秦國의 성장은 약자도 강국으로 변모할 수 있는 소위 언더독(Under-dog)의 기적이었다. 무엇이 서쪽 변경의 야만적 소국이었던 진국을 최후의 승자로 성장시켰을까?

  秦族은 甘肅省 天水 일대에 거주하던 야만족이었다. B.C.9세기 말 周孝王은 犬丘지역의 嬴姓 족장 非子가 말을 잘 키운다는 소식을 듣고 불러 汧渭之閒에서 말을 키우게 했다. 말이 크게 번식한 공로로 周孝王은 秦에게 땅을 하사해 附庸으로 봉했으며 嬴姓을 하사했다. 이들은 지금의 渭水 상류의 甘肅省 禮縣인 西垂(西陲)에 읍을 건설하였다. 이

때부터 秦이라 불렀다.

B.C.771년 周가 犬戎의 공격을 받아 멸망했을 때, 秦襄公이 군대를 이끌고 구원해 공로가 있었고 병력으로 周平王을 鎬京에서 洛邑까지 호송했다. 그 공로로 제후로 봉해지고, 섬서성 岐山 이서 지역의 토지를 하사받았다. 또한 周平王은 岐와 豐(서안) 사이에 들어와 있는 戎族을 축출한다면 그 땅도 주겠다고 약속했다. 그러나 秦襄公에게 약속한 땅은 유목민족 서융의 통제 하에 있었기 때문에 실효적 지배는 불가능했다.

진국의 국가 수립 시점은 중원 국가보다 많이 늦었다. 서쪽 변방의 낙후된 진국은 문명국가를 자처해 온 중원 각국으로부터 오랑캐로 여겨져 왔다. 그 때문에 중원 국가들은 회맹시 진국을 초청하지 않았다. 秦國은 厲共公·躁公·簡公·出子의 혼란시기를 거치는 동안 국세가 떨치지 못했다. 그 때 젊은 군주 秦孝公(B.C.362-338)이 穆公의 옛 땅을 회복하고 河西之地를 탈환해 진국의 수치를 설욕하고자 했다. 이에 求賢令을 선포하고 후한 우대를 하겠다고 하였다.

(孝公은) 國中에 令을 내렸다. "옛날 우리 繆公(穆公)께서는 岐·雍 사이에서 德을 쌓고 武를 행하여 동쪽으로 晉의 亂을 평정하여 황하로 경계를 삼았고, 서쪽으로 戎翟에 패자가 되어 천리나 영토를 개척하였다. 天子가 封爵하여 霸主가 되었고, 諸侯가 모두 축하하여 후세에 基業을 열었는데 심히 빛나는 것이었다. 과거 厲公·躁公·簡公·出子 시기에 나라가 안녕하지 못했다. 국가가 안으로 근심이 있었고 국가 밖의 일은 일삼을 여유가 없었다. 三晉이 우리 先君의 河西 땅을 공격해 빼앗았고, 諸侯는 秦을 비천하게 여기니 부끄러움이 막대하였다. 獻公이 즉위하여 변경을 鎭撫하고, 수도를 櫟陽으로 옮겨 동쪽을 정벌하여, 繆公의 옛 땅을 회복하고 繆公의 政令이 행해지지 않은 것을 복원하고자 하였다. 寡人은 先君의 뜻을 생각하니 늘 마음이 아팠다. 賓客羣臣 가운데 기묘한 계책을 내어 진나라를 강국

으로 만들 수 있는 자가 있으면 나는 장차 관직을 높여주고 땅을 나누어
줄 것이다."[1]

이 소식은 魏國의 재상 公叔座 밑에서 中庶子로 있던 商鞅에게도 전
해졌다. 『史記』 「商君列傳」에 의하면, 그는 衛의 庶孼公子 출신으로 衛
鞅 또는 公孫鞅으로 불렸다. 후일 변법에 성공한 공로로 商邑을 봉했
기에 商鞅이나 商君으로 불렸다. 상앙은 어려서부터 刑名之學을 배워
魏國 재상인 公叔座를 섬기며 中庶子로 있었다. 그는 魏國의 재상부에
있었으므로 전국시대 초반에 행해졌던 李悝 등의 변법 전반에 대해
숙지하고 있었을 가능성이 높다.

商鞅은 魏惠王의 총애를 받지 못했다. 公叔座는 자신이 데리고 있
던 상앙의 능력을 잘 알고 있었다. 따라서 魏惠王에게 기용을 부탁하
고 그렇지 않으면 죽이라고 하였다. 아마도 그가 외국으로 나가면 魏
國에 재앙이 될 것을 우려했기 때문일 것이다. 군주에 대한 충성심도
있었지만, 公叔座의 속마음에는 상앙의 능력에 대한 사랑도 겹쳐있었
다. 그것은 公叔座의 다음 언급에 잘 나타나있다. "나는 군주가 우선
이고 신하는 나중이라고 생각하였기 때문에 왕에게 상앙을 기용하지
않을 것이면 마땅히 죽여야 한다고 했다. 왕이 그 말을 인정했기에
너는 빨리 떠나거라. 장차 체포를 당할 것이다."라고 하였다.

상앙은 入秦 후, 孝公의 寵臣 景監을 통해 孝公을 접견하였다. 상앙
은 즉시 魏國을 떠난 것이 아니므로, 魏國의 자료들을 챙길 시간적 여
유가 있었을 것이다. 이때 李悝가 만들었다는 魏의 법전 法經을 가지
고 들어왔을 것으로 생각된다. 또한 그는 魏国을 강국으로 만들었던
변법의 핵심을 직접 목도한 경험치까지 함께 가지고 입국한 개혁의
테크노크라트였다. 상앙은 효공에게 먼저 帝道·王道를 말했는데, 孟子

---

[1] 『史記』 卷5 「秦本紀」, p.202.

가 주장한 仁政이었을 것이다. 약육강식의 전국시대에 帝道·王道는 유
토피아적인 이상론이었다. 帝道·王道에 전혀 흥미가 없었던 효공은 景
監을 비판했다. 상앙이 군사와 농업 중심의 강국을 만드는 霸道를 이
야기하자 효공은 수일 동안 이야기를 해도 싫증을 느끼지 않았다. 상
앙이 언급한 법령제도의 개혁은 강대국으로 가는 청사진이었다.

상앙은 진효공의 전폭적인 지지를 받고 있었지만, 변법이 시작되기
도 전에 보수세력의 반대에 직면했다. 변법을 비판하는 세력과의 일대
논쟁이 孝公 앞에서 벌어졌다. 甘龍과 杜摯(두지)를 대표로 하는 구 귀
족들은 제도를 바꿔서 이익을 가져올지에 대해 의문을 표시했다.

> 甘龍이 말했다. "聖人은 民을 바꾸지 않고도 교화하고, 知者는 變法하지
> 않고도 다스린다. 民의 습속에 따라서 교화하면, 수고롭지 않게 하고도 功
> 을 이룰 수 있다. 이루어진 法에 따라서 치국하면 吏는 익숙해지고 民은
> 편안하게 생각한다."
>
> 衛鞅이 말했다. "甘龍이 말한 바는 세속 사람들의 말이다. 常人은 옛 풍
> 습을 편안해하고, 學者는 자신이 들은 바에 빠져버린다. 이 두 종류의 사
> 람들은 관부에서 守法하는 것은 가능할 수 있으나, 그들과 常法 이외의 일
> 에 대해서 토론할 수는 없다. 三代는 禮를 달리하여 王業을 이루었고, 五霸
> 는 法制를 달리하여 霸業을 이루었다. 智者는 법도를 창립하고, 愚者는 그
> 법도의 지배를 받는다. 賢者는 禮制를 바꾸고, 不肖한 자는 그것에 의해
> 구속된다."
>
> 杜摯가 말했다. "백배의 이익이 나지 않으면 舊法을 바꾸지 않는다. 功
> 이 열배가 아니면 舊器物을 바꾸지 않는다. 옛 법을 본받으면 과실이 없
> 고, 舊禮를 따르면 오류가 없다."
>
> 衛鞅이 말했다. "세상을 다스리는 방법은 하나가 아니며, 국가를 이롭
> 게 하는 데는 반드시 古法에 따를 필요는 없다. 그러므로 湯王과 武王은
> 古法을 지키지 않고도 王이 되었고, 夏殷(桀紂)은 舊禮를 바꾸지 않아서 멸

망했다. 古法을 반대하는 사람을 비난할 수 없으며, 舊禮를 따르는 사람을 칭찬할 필요는 없다."

　　孝公이 말했다. "좋다." 衛鞅을 左庶長으로 임명하고 마침내 變法之令을 시행하게 되었다.[2]

　2차례에 걸친 변법을 통해 商鞅은 중원의 법령을 秦國에 이식하였다. 상앙이 중원의 법령을 수입해왔음은 秦國에 戎翟 문화의 전통으로 인해 예교문화가 없다고 비판한 것을 보면 알 수 있다.[3] 이것은 중원인의 시각으로 본 것이다. 商鞅의 개혁 모델은 그가 직접 보았던 魏國에서 행해졌던 것이었을 것이다. 또한 국경을 접하고 있어서 魏國의 법률을 용이하게 수입할 수 있었을 것이다. 魏國은 李悝의 法經을 최초로 제정한 국가이고, 睡虎地秦簡에 魏戶律이 수록되어있는 것을 보면 秦國과 魏國의 법률 교류 상황을 유추할 수 있다. 睡虎地秦簡 「爲吏之道」에는 戰國말 魏 安釐王 25년(B.C.252)의 魏戶律이 2개 수록되어 있다.

　秦漢제국의 통일 청사진을 商鞅이 그려냈기 때문에 그의 변법은 중국고대사 연구자들에 가장 많은 관심이 집중되어 왔었다. 그러나 『史記』에 기록된 내용만으로는 商鞅變法의 세부적인 모습을 알기에는 태부족한 상태였으나, 1983년 출토된 二年律令에 의해서 그 전모가 밝혀지게 되었다. 아래에 제시하는 「商君列傳」의 변법은 진한제국을 조직한 기본적인 골격이다.

　1차 변법(B.C.356)은 다음과 같이 요약된다. ① 民을 什伍 편제를 통해 상호 감시하고 連坐시킨다. ② 民의 戶에 二男 이상이 있는데도 分異하지 않은 자는 그 賦를 倍로 한다. ③ 軍功이 있는 자는 각각 그에

---

2) 『史記』 卷68 「商君列傳」, p.2229.
3) 『史記』 卷68 「商君列傳」, p.2232, "令民父子兄弟同室內息者爲禁. … 始秦戎翟之教, 父子無別, 同室而居. 今我更制其教, 而爲其男女之別, 大築冀闕, 營如魯衛矣."

따라 上爵을 받는다. ④私鬪를 한 자는 각각 경중에 따라 크고 작은 형벌을 받는다. ⑤농업을 중시하고, 상공업에 종사하거나 게을러 가난한 자는 노비로 삼는다. ⑥宗室이라도 軍功이 없으면 종실의 屬籍을 얻을 수 없다. ⑦尊卑와 爵秩의 등급을 분명하게 하여, 각각 그 차이로써 田宅을 소유하고, 臣妾(노비)과 衣服은 家次로써 한다.

1차 개혁은 부국강병의 원천을 농사를 부지런히 짓게 하고, 용감하게 싸워 軍功을 세우게 하는 耕戰체제에 두고 있는 것이다. 이러한 耕戰체제의 완성을 위해 상앙은 一斷於法의 가혹한 형법을 제정하였다. 군공작제의 기본 정신은 공을 세운 자는 출세하고, 공이 없는 자는 비록 부유하더라도 화려하게 살 수 없도록 하는 것이다. 이러한 耕戰체제는 이십등작제의 신분제 사회를 기본으로 하였다. 軍功은 賞爵을 주는 유일한 근거이다. 전투에서 용감하게 적을 죽인 자는 그 출신이 귀족이든 농민이든 상관없이 참수한 수급에 따라 작위를 하사하였다. 이는 작위의 소유권을 귀족에서 일반민에게도 확대했다는 점에서 엄격했던 귀족사회를 붕괴시킨 것이다.

1차 변법 실시 직후, 상앙은 태자를 필두로 한 秦民의 거대한 저항에 직면하였다. 「商君列傳」에는 진민 가운데 국도에서 변법이 불편하다고 한 사람이 천으로 헤아렸으며, 곧 이어서 "於是太子犯法"라고 기술되어 있다. 이러한 기술 방법으로 보아 태자 駟(秦惠王)의 범법은 진민의 불만 심리를 이용한 의도적 저항으로 생각된다.

상앙은 秦孝公에게 태자의 범법을 처벌할 것을 요구했다. "군주께서 반드시 신법을 시행하고자 하신다면 태자부터 우선 (처벌)하도록 하셔야 합니다. 태자는 黥刑에 처할 수 없으니, 그 스승을 黥刑에 처하도록 하십시오."라고 하였다. 周代의 관습법에 대부 이상은 육형을 집행하지 않는 규정이 있었다. 그러나 상앙은 법이 시행되지 않는 것은 윗사람이 범법하기 때문이므로 반드시 법에 따라 처벌하여야 한다고 생각하였다. 태자의 두 사부에게 각각 黥刑(公孫賈)과 코 베는 劓刑(公

子虔)을 집행하여 스승들이 잘못 가르친 것을 징계하였다. 秦孝公이
태자의 스승에 대한 施刑을 허락한 것은 상앙의 입지에 날개를 달아
준 것과 같았다. 변법을 시행한 지 10년 만에 그 효과가 나타났다. 진
민이 크게 기뻐하고, 길에서 흘린 물건을 줍는 사람이 없어졌고, 도적
이 산에서 사라졌고, 각 집마다 풍족해졌고, 백성은 용감하게 국가의
전쟁에 나서는 등 변법의 효과가 있었다. 그러나 趙良의 언급에 보이
듯이, 상앙과 변법에 대한 불만의 잔불은 꺼지지 않았고 바람이 불기
만을 기다리고 있었다.

상앙은 大良造에 봉해졌다. 이것은 후일 趙良이 "또한 君은 南面하
면서 寡人을 칭하고, 날로 秦의 貴公子를 법으로 묶고 있다."고 말한
것에 드러나듯이 南面하고 寡人을 칭할 정도의 막강한 권력을 장악했
다. 제 1차 변법의 성과에 힘입어 진효공은 12년에 국도를 櫟陽에서
咸陽으로 옮기고, 이를 계기로 제 2차 변법(B.C.350)을 발동하였다. ① 冀
闕宮庭을 咸陽에 축조하고 櫟陽에서 천도한다. ② 戎狄풍속을 폐지하기
위해서 父子兄弟의 同室내 거주를 금지한다. ③ 小(都)鄕邑聚를 모아 縣
으로 재편하고 縣令·縣丞을 둔다. ④ 田에 開阡陌封疆하여, 賦稅가 공평
하게 한다. ⑤ 斗桶權衡丈尺을 균등하게 하여 度量衡을 통일한다.[4]

20년의 힘든 여정 끝에 효공은 마침내 소망대로 진목공의 영광을
재현하였다. 효공 19년(B.C.343)에 주천자는 진효공을 伯(霸)으로 삼았
다. 이듬해 제후국들이 잇달아 와서 축하하자 진국은 公子少官으로
하여금 군대를 이끌고 逢澤에서 제후들과 만나고 주천자를 朝觀하였
다.[5] 진효공은 상앙에게 於·商의 15읍을 봉해서 구현령의 약속을 지

---

4) 『史記』卷68「商君列傳」, pp.2230-2232, "①作爲築冀闕宮庭於咸陽, 秦自雍徙都
之. ②而令民父子兄弟同室内息者爲禁. ③而集小(都)鄕邑聚爲縣, 置令、丞, 凡三
十一縣. ④爲田開阡陌封疆, 而賦稅平. ⑤平斗桶權衡丈尺. 行之四年, 公子虔復
犯約, 劓之. 居五年, 秦人富彊, 天子致胙於孝公, 諸侯畢賀."

5) 『史記』卷5「秦本紀」, p.203, "十九年, 天子致伯. 二十年, 諸侯畢賀. 秦使公子少
官率師會諸侯逢澤, 朝天子."

컸다. 魏國에서 포부를 펼치지 못한 상앙이 진국에서 인생의 가장 빛
나는 정점에 오른 순간이었다.

　　상앙의 변법은 진국 귀족들의 기득권을 심각하게 약화시켰다. 秦
孝公 사망 5개월 전에 商鞅과 대화한 趙良의 언급 속에는 상앙에 대한
진국 민중들의 감정이 적나라하게 드러나 있다. 趙良은 상앙에게 다
음과 같이 충고하였다. "당신이 秦王을 만날 수 있었던 것은 秦王의
총신 景監의 추천에 의한 것이지, 당신의 명성에 의한 것이 아니다.
秦相에 임명되어서는 百姓을 위해 이익을 꾀하지 않고 궁궐을 크게
짓고, 대외적으로 끊임없이 군대를 일으키고 있다. 이것은 당신의 공
로로 간주할 수 없는 것이다. 태자의 스승에게 묵형을 가하고 백성을
嚴刑으로 잔혹하게 해치는 것은 원한을 쌓고 재앙을 쌓는 일이다. 당
신은 또 남면하고 寡人을 칭하며 매일 秦의 귀공자를 처벌하고 있다.
『詩經』에 '쥐들은 모두 몸가짐이 올바른데, 사람이면서 무례하고, 사
람이면서 무례하니, 어찌 빨리 죽지 않겠는가'라고 하였다. 이 시로
보건대, 나는 당신에게 축수할 수 없다. 公子 虔이 두문불출한지 이미
8년이 지났다. 『詩經』에 '인심을 얻은 자는 흥하고, 인심을 잃은 자는
무너진다.'고 하였다. 이 몇 가지는 당신이 인심을 얻지 못한 것이다.
당신이 외출 시 뒤에 수 십 대의 수레가 따라가고, 따르는 수레에는
무장한 무사들이 타고, 힘세고 건장한 자들이 함께 타고 있다. 긴 창
과 경호용 창을 손에 쥐고, 옆의 수레에서 따르고 있다. 이러한 것들
이 없다면 감히 외출하지 못하실 것이다."

　　상앙은 조량의 충고를 따르지 않았다. 5개월 뒤 진효공이 사망하고
진혜왕이 즉위했다. 상앙에 의해 劓刑을 당했던 公子 虔 등에게는 뼈
에 사무친 원한을 갚을 시간이 도래한 것이다. 이들이 상앙이 모반했
다고 고발하자 혜문왕으로 즉위한 태자는 상앙을 체포하라고 명령하
였다. 혜문왕도 상앙을 車裂刑에 처해 報仇했으나, 상앙이 만든 법까지
폐지할 수는 없었다. 폐지할 수 없었던 이유는 상앙의 법이 진국을 낙

후 상태에서 강국으로 도약시킨 법이었기 때문이다. 상앙의 법률이 폐지되지 않았음은 1983년 호북성 강릉시 張家山 247호 漢墓에서 발견된 二年律令에서 확인할 수 있다. 이것은 큰 공백으로 남아있는 상앙 변법의 내용을 역추적하는데 결정적 자료로 활용될 수 있었다.

商鞅의 1차 변법이 집행된 이후 135년이 지나 진시황은 최초로 중국을 통일하였다. 진제국 통일의 토대가 바로 商鞅의 법령이었다. 이 변법으로 秦의 국력이 급격하게 신장되어 秦國은 동진정책을 취하기 시작했고, 그 유산을 받은 것이 진시황이었다. 결국 商鞅이 창안해낸 국가개조의 청사진, 그것을 완성한 인물이 秦始皇이다. 130여년의 시간적 간격이 있어서 직접적으로 대면한 관계는 아니지만, 모델창안자와 완성자로 바꿔서 말해도 될 것이다. 당대에 상앙 본인은 비난을 받고 비참한 최후를 맞이했으나, 그가 창안한 제도는 그 본인의 생존시기와 후대에도 대단한 결과를 가져왔다. 그것은 2천 년 동안 중국의 국가제도와 법률제도의 토대를 형성하였다. 죽은 상앙 자신도 놀랄만한 결과였을 것이다.

II. 商鞅 변법과 荀子

商鞅 변법의 효과는 『荀子』「彊國篇」에 상세하다. 荀子는 秦國을 경쟁국인 齊國·魏國과 비교했다. 荀子가 직접 목도했기 때문에 그 평가는 정확했을 것이다.

荀子는 秦 昭襄王 만년 應侯 范雎가 집정할 시점에 入秦했다. 그 시점에 대해서는 논자마다 약간의 차이가 있다. 余治平은 B.C.266년이라고 했다.[6] 그에 따르면 "商鞅이 죽은 지(B.C.338) 72년이 경과된 후 荀子

---

6) 余治平, 「"荀子入秦": 何以成为一个文化事件?---儒者直面法家治理的精神體

가 齊國으로부터 秦國에 도착했고, 秦昭王은 이미 재위 41년(B.C.266)째
였다. 이때는 秦國이 新法을 실시한 지 이미 90여년이었다."라고 서술
했다. 姚中秋는 錢穆의 고증을 인용하여, "荀卿은 齊襄王 18년(B.C.266)
이후에 秦으로 갔다. 昭王 52년(B.C.255) 應侯가 相에서 파면되었다. 荀
卿이 秦에 간 것은 이 12년간이다."라고 하였다.[7] 馬執斌은 "B.C.266년
에 秦 昭襄王이 전권하던 구귀족을 축출하고, 范雎를 相에 임명하였다.
秦昭襄王 43년(B.C.264)에 荀卿이 秦國을 방문하여 昭襄王과 相國 范雎가
정치를 논의하였다."고 하여 B.C.266년을 주장하였다.[8] 睡虎地秦簡 編
年記에 秦 昭襄王"[五十二]年, 王稽. 張祿死."라고 한 張祿이 范雎이므로
昭襄王 52년(B.C.255) 이전에 荀子가 秦國에 들어간 것은 확실하다.

范雎는 「彊國篇」에서 孫卿子에게 "秦나라에 입국해서 무엇을 보았
소?"라고 물었다.[9] 이에 荀子는 자신이 본 秦國이 강국으로 된 이유를
지리조건, 백성풍속, 官吏자질, 士大夫, 朝廷통치의 5가지로 설명했다.

① 지리조건: 견고한 塞가 험준하고, 형세가 편하며, 山林川谷이 아름답
   고, 天材之利가 많으니, 지세(地勢)가 뛰어나다.

驗與思想評判」(『孔子硏究』2019-6), p.6.
7) 姚中秋, 「荀子說秦與秦之儒化: 『荀子』相關章節疏解」(『原道』37, 2019), p.4;
   錢穆, 『先秦諸子系年』(臺北: 聯經出版事業公司, 1998), pp.529, 532.
8) 馬執斌, 「荀卿訪秦與秦的統一」(『邯鄲學院學報』26-2, 2016), pp.17-18.
9) 『荀子集解』卷11 「彊國篇」(東京: 冨山房, 1972), pp.16-18, "孫卿子曰: 其固塞險,
   形執便, 山林川谷美, 天材之利多, 是形勝也. 入境, 觀其風俗, 其百姓樸, 其聲樂
   不流汙, 其服不挑, 甚畏有司而順, 古之民也. 及都邑官府, 其百吏肅然, 莫不恭
   儉. 敦敬. 忠信而不楛, 古之吏也. 入其國, 觀其士大夫, 出於其門, 入於公門; 出
   於公門, 歸於其家, 無有私事也; 不比周, 不朋黨, 倜然莫不明通而公也, 古之士大
   夫也. 觀其朝廷, 其朝間, 聽決百事不留, 恬然如無治者, 古之朝也. 故四世有勝,
   非幸也, 數也. 是所見也. 故曰: 佚而治, 約而詳, 不煩而功, 治之至也, 秦類之矣.
   雖然, 則有其諰矣. 兼是數具者而盡有之, 然而縣之以王者之功名, 則倜倜然其不
   及遠矣! 是何也?則其殆無儒邪! 故曰粹而王, 駁而霸, 無一焉而亡. 此亦秦之所短
   也."

② 백성풍속: 百姓은 質樸하고, 음악이 淫蕩卑汗하지 않고 服裝은 輕薄
  妖艶하지 않고, 有司를 두려워하고 순종하는 것이 古之民과 같은 모
  습이다.

③ 官吏자질: 都邑官府의 百吏는 肅然하고, 恭儉·敦敬·忠信하고, 粗劣하
  지 않은 것이 옛날 吏와 같은 모습이다.

④ 士大夫: 士大夫는 집과 公門을 왕래할 뿐 私事가 없고, 比周朋黨하지
  않고, 막힘없이 창통하고 공정한 것이 옛날 士大夫와 같은 모습이다.

⑤ 朝廷 통치: 朝廷은 한가롭고, 百事를 聽決함에 지체됨이 없고, 편안
  한 것이 통치가 필요 없는 것과 같이 보인다, 옛날 조정과 같은 모
  습이다.

荀子가 목도한 바에 따르면 秦國이 4대 동안 승리한 것은 요행이
아니라 필연이었다. 편안하면서도 治理되고, 政令이 簡略하지만 상세
하고, 政事가 번거롭지 않아도 공적이 있으니 이것이 政治의 최고경지
라고 하였다.

「强國篇」의 5가지 요소 가운데 지리환경적 요소는 商鞅 이전부터
있었던 것이다. 荀子가 말하는 秦國의 자연조건은 이보다 앞선 몇 백
년 전에도 있었는데, 그 이전에 秦國이 强國으로 부상하지 못한 이유
는 무엇일까 하는 문제를 설명할 수 없다. 이러한 요소가 秦國 강대화
의 원인이 되었다고 하는 荀子의 주장은 "뒷북"식의 해석이다.[10] 실상
「彊國篇」에 언급한 요소들은 모두 원래부터 秦國이 지니고 있었던 것
이므로 강국이 된 것에는 다른 원인이 있었던 것이다. 그것은 「議兵篇」

_____

10) 余治平, 위의 논문, p.7.

에 기술되어 있는데, 商鞅 변법으로 강해진 秦國의 軍制에서 찾을 수 있다.[11]

荀子는 齊·魏·秦 3국 군대의 전투력을 평가하며, 齊國의 技擊은 魏國의 武卒을 만나서는 안되며, 魏國의 武卒은 秦國의 銳士를 만나서는 안된다고 하였다. 따라서 그 용맹함으로 따지자면 齊技擊-魏武卒-秦銳士의 순서로 되는 것이다. 이렇게 용맹스럽고 싸움을 잘하고 날카로움을 막을 수 없는 군대는 바로 상앙의 변법에서 제련되어 나왔던 것이다. 荀子는 그 구체적 내용을 다음과 같이 설명하였다.

齊國은 技擊을 중시하고, 敵人의 首級 하나를 斬殺하면, 錙金(六銖黃金)을 하사하고, 本賞은 주지 않는다. 이러한 兵은 소규모의 적을 만날 때는 문제가 없으나, 전쟁이 크거나 강력한 大敵을 만나면 필연적으로 潰散하니, 나라를 멸망시키는 "亡國之兵"이다.

魏國의 武卒은 三屬之甲과 十二石의 弩, 50개 화살을 담은 箭袋, 戈, 투구, 劍, 3일치 식량을 소지하고 하루에 백리를 달리는 엄격한 표준에 따라 선발하고, 戶賦를 면제하고 전택을 주었다. 군졸이 몇 년 후 쇠약해지더라도 이들의 특전을 뺏을 수 없기 때문에, 새로이 군졸을 뽑더라도 이전에 주었던 물질적 특권을 취소할 수 없다. 그러므로 魏國의 영토는 비록 넓더라도, 稅收는 반드시 줄어들 것이다. 이것이 국가를 위험에 빠뜨리는 군대인 "危國之兵"이다.

---

11) 『荀子集解』 卷10 「議兵篇」, pp.8-11, "齊人隆技擊, 其技也, 得一首者, 則賜贖錙金, 無本賞矣. 是事小敵毳, 則偷可用也, 事大敵堅, 則渙然離耳. 若飛鳥然, 傾側反覆無日, 是亡國之兵也, 兵莫弱是矣. 是其去賃市傭而戰之幾矣. 魏氏之武卒, 以度取之, 衣三屬之甲, 操十二石之弩, 負服矢五十個, 置戈其上, 冠胄帶劍, 贏三日之糧, 日中而趨百里, 中試則復其戶, 利其田宅, 是數年而衰, 而未可奪也, 改造則不易周也, 是故地雖大, 其稅必寡, 是危國之兵也. 秦人其生民陿阸, 其使民也酷烈, 劫之以埶, 隱之以阸, 忸之以慶賞, 酋之以刑罰, 使天下之民所以要利於上者, 非鬥無由也. 阸而用之, 得而後功之, 功賞相長也, 五甲首而隸五家, 是最爲眾強長久, 多地以正, 故四世有勝, 非幸也, 數也."

秦國 군주는 백성들의 삶의 길을 좁게 만들어 생활을 窮窘하게 만들고, 민중을 잔혹하고 사납게 부렸다. 그들을 권세로 협박하고 궁핍하게 하며, 상을 많이 하사해 거기에 맛이 들리게 하고, 형벌로써 압박을 가하여, 백성들이 군주에게서 이익을 얻어내는 방법이 전쟁 밖에 없다는 것을 인식하게 한다. 궁핍하게 해놓고 그들을 부리고, 敵首를 얻은 뒤에야 그들의 공로를 인정하며, 공과 상이 서로 조장하도록 했다. 다섯 명의 敵首를 잘라온 자에게는 五家를 부리게 해준다. 이들은 병력이 가장 강하고 오래 지속되었고, 많은 땅을 차지하여 세금을 거둬들이고 있다. 그러므로 秦國이 4대에 걸쳐 전쟁에서 승리한 것은 요행이 아니라 필연적인 것이다.

齊國·魏國의 군대는 자체적 문제점 때문에 秦國의 銳士에 열세일 수밖에 없었다. 齊國의 技擊에게는 敵首를 斬殺했을 때 錙金(六銖黃金)을 하사하고, 本賞을 주지 않기 때문에 전투에서 승리하게 할 수 있는 유인책이 없다는 것이다. 魏國의 武卒은 노쇠한 후에도 환수하지 못하는 물질적 특권 때문에 재정적으로 국가를 위험에 빠뜨리게 된다는 것이다. 이에 반해서 秦國은 궁핍한 秦人에게 전쟁을 통해 이익을 얻는 방법으로 유인하는 방법을 사용했다. 功과 賞이 서로 助長하도록 하여 병력을 강하게 했다.

III. 惠文王에서 莊襄王까지의 법률

荀子가 "4대에 걸쳐 전쟁에서 승리한 것은 요행이 아니라 필연적인 것이다."라고 한 것은 바로 商鞅변법을 지칭한 것이다. 『荀子』「議兵篇」은 秦國의 강국화를 주로 군사적 분야에 한정하여 말하고 있으나 「商君列傳」에 보이는 ① 什伍 편제와 連坐制, ② 分異法, ③ 軍功爵, ④ 私鬪와

처벌, ⑤ 중농억상, ⑥ 宗室 屬籍과 軍功, ⑦ 爵秩 등급과 田宅·臣妾소유의
연계 등 다양한 변법이 秦帝國의 강국화를 가져온 것이다. 이 내용들
이 상앙변법의 골격임은 분명하지만, 법령의 세세한 부분까지 알 수
있게 하는 것은 아니었다. 상앙 시기에 제정된 법률은 고고학적 발굴
에 의해서 그 모습들이 밝혀지게 되었다.

『嶽麓書院藏秦簡』의 자료에 의하면, 商鞅이 만든 이 국가구조는 그
의 사후에 많은 내용이 보완되었다. 상앙 시기에 제정된 법령들이 국
가의 모든 현안을 빠짐없이 커버할 수는 없었을 것이고, 그것은 가능
하지도 않다. 『睡虎地秦墓竹簡』『嶽麓書院藏秦簡』『二年律令與奏讞書』 등
에 수록된 律令 중에는 孝公 이후 제정된 율령들이 포함되어 있다. 다
만 아쉽게도 어느 때 제정되었는지를 파악할 수 있게 해줄 수 있는
단서는 없다. 그것은 원래의 詔書에 있던 제정 단서들이 율령 정리 과
정에서 제거되어 있기 때문이다.

『睡虎地秦墓竹簡』은 진통일 이전의 것으로서, 비교적 빠른 시기의
것들이다. 邦·百姓·豬 등의 용어가 사용된 것으로 봐서 통일 이전의
律典임이 확실하다. 『嶽麓書院藏秦簡』은 진통일 이전의 것도 포함되어
있고, 용어는 통일 이후의 것으로 수정되어 있다. 『二年律令與奏讞書』
는 漢初의 것이며, 용어는 罰金·奴婢 등으로 수정되어 있다.

이 세 개의 자료 가운데서 『睡虎地秦墓竹簡』은 律의 정확한 제정시
점을 파악하기가 어렵다. 다만 상앙 이후 어느 시점에 제정되었을 것
으로 생각될 뿐이다. 嶽麓秦簡의 令 가운데 일부는 昭襄王, 莊襄王 시
기에 제정된 것으로 생각된다. 嶽麓秦簡 4권에 실려 있는 律 가운데
많은 것들이 통일 이전, 특히 혜문왕에서 장양왕까지의 사이에 제정
되었을 것으로 생각되지만 제정의 단서가 삭제되어 있기 때문에 밝
히기는 어려울 것이다. 嶽麓秦簡의 令들중 제정시점을 알 수 있는 것
들은 대부분 秦王政 이후의 것인데, 이는 秦王政 시기에 법령의 제정
활동이 활발했던 증거이다.

商鞅 이후 법령의 제정시점을 알 수 있는 자료는 많지 않기 때문에 秦武王 시기 靑川郝家坪秦墓16號木牘의 "王命丞相戊內史匽氏臂更脩爲田律"은 매우 중요하다. 이것은 商鞅 변법의 "爲田開阡陌封疆"과 관련이 있다.

(秦武王) 2年 11月 1日, 王이 丞相 (甘)茂, 內史 匽氏와 內史 臂에게 命令하여 (孝公 12年 제정의) "爲田律"을 更脩하라고 하였다. 田은 폭이 1步, 길이는 8則(240步)의 田地에 하나의 畛(두둑)을 설치한다. 每畝의 田地에 2畛을 설치하고, 1개의 道를 둔다. 100畝는 1頃이 되고, 1000畝의 田地에는 1개의 道를 둔다. 道는 넓이가 3步이다. 封의 높이는 4尺이며, 크기는 높이와 같게 한다. 埒(田間의 밭두둑)의 높이는 1尺이며, 埒 아래의 두께는 2尺이다. 가을 8月, 封과 埒을 修繕하며, 田地의 疆界를 修整하고, 阡陌의 大草를 뽑는다. 9月에는 道路와 가파른 도로를 修治한다. 10月에는 橋梁을 만들고, 堤壩를 修理하며, 나루터를 修建하며, 草를 뽑는다. 道路를 修治하는 때가 아니더라도 만약 道路가 파괴되어 통행이 불가하면 즉시로 修治한다. 章이 쓰다.

二年十一月己酉朔 = (朔朔)日, 王命丞相戊(茂)·內史匽氏·臂更脩爲田律: 田廣一步, 袤八則爲畛. 畮(畝)二畛, 一百道. 百畮(畝)爲頃, 一千道 = (道. 道)廣三步. 封高四尺, 大稱其高. 捋(埒)高尺, 下厚二尺. 以秋八月, 脩封捋(埒), 正彊(疆)畔, 及發(發)千(阡)百(陌)之大草. 九月, 大除道及阪險. 十月, 爲橋, 脩波(陂)隄, 利津梁(?), 鮮草. 雖非除道之時, 而有陷敗不可行, 輒爲之. 章手[12]

이 律에 대한 廣瀨薰雄의 연구를 정리하면 다음과 같다. "內史匽氏臂"의 "匽氏"와 "臂"는 두 사람의 人名인 것으로 봐서 戰國秦의 內史는 左右로 구분되어 있었다. "更脩爲田律"의 更脩는 "再次恢復"했다는 의미

---

12) 廣瀨薰雄, 「靑川郝家坪秦墓木牘補論」(『簡牘學研究』 第七輯, 2018), p.185.

라는 것이다. 즉, 文獻에 보이는 "脩+法令"을 보면, 이 "脩"는 修訂의 뜻
이 아니라, 과거 制定된 法令을 원래 그대로(原封不動地) 恢復한다는
뜻이라는 것이다. 즉, 青川郝家坪秦墓木牘에 기록된 것은 秦孝公 12年
(B.C.350) 상앙변법시에 제정되었던 것을 武王 2年(B.C.309)에 재차 恢復
한 것이라는 것이다. 또한 漢 呂后 2年(B.C.186)의 「二年律令」에 원래 그
대로 이 율문이 收錄되어있다고 한다.[13]

  필자는 "脩"에 대해 다른 생각을 가지고 있으며, 그 결론은 상앙의
법이 그의 사후 어떻게 관리되었는지 보여준다. 廣瀬薫雄은 "'脩'가 修訂
의 뜻이 아니라, 과거 制定된 法令을 원래 그대로(原封不動地) 恢復한다
는 뜻이다."라고 했다. 이 말을 음미하면, 孝公 12年 商鞅變法時 제정된
律이 마치 시행 중지되었거나 폐지되었다가 武王 2年(B.C.309) 재차 시
행된 것처럼 들린다. "恢復"은 중지된 것을 원래 상태로 되돌린다는 뜻
인데, 과연 상앙이 만든 토지제도가 중지되었거나 폐지되었을까? 특히
토지의 구획과 관련된 律의 시행이 중지되었었다면, 商鞅의 爲田律에
의해 이미 구획된 토지를 어떻게 할 것인가? 그것이 가능한 것인가?

  또한 위의 律에 更脩爲田律과 脩封埒(埓)과 같이 두 차례 "脩"가 사
용되었다. 廣瀬薫雄은 전자를 "恢復"의 뜻으로, 후자를 "修繕"으로 해석
했는데 그리 해석해도 되는 것일까? 많은 자료에서 "脩"는 廣瀬薫雄의
이해와 다른 의미로 사용되었다.

  지금 法律令이 이미 갖추어졌는데도 吏民이 이 법을 준수하지 않고, 鄉
  俗이 淫泆한 사람들이 그치지 않는다. 이것은 군주의 法을 집행하지 않는

---

13) 같은 논문, p.193; 張家山二四七號漢墓竹簡整理小組, 『張家山漢墓竹簡[二四七
  號墓]』(北京: 文物出版社, 2001), p.166, "田廣一步袤二百卌步爲畛, 畞二畛, 一佰
  道; 百畞爲頃, 十頃一千道, 道廣二丈. 恒以秋七月除千佰之大草; 九月大除
  246(F83) 道及阪險; 十月爲橋, 修波(陂)堤, 利津梁. 雖非除道之時而有陷敗不可
  行, 輒爲之. 鄉部主邑中道, 田主田247(F72)道. 道有陷敗不可行者, 罰其嗇夫, 吏
  主者黄金各二兩. 盜侵齟道、千(阡)佰(陌)及墮土〈之〉, 罰金二兩. 248(F62)"

것이고, 사악하고 사치스러운 사람들을 조장하게 하는 것이며 국가에 해
롭고, 백성에 이롭지 않게 한다. 그러므로 나(騰)는 法律令, 田令, 간사함을
징벌하는 법규를 脩하였다. 관리에게 배포시켜 吏民들이 모두 분명히 알
게 하여, 법을 어겨 저촉되지 않게 하였다.

今法律令己具矣, 而吏民莫用, 鄕俗淫失(泆)之民不止, 是即法(廢)主之明法殹
(也), 而長邪避(僻)淫失(泆)之民, 甚害於邦, 不便於民. <u>故騰爲是而脩法律令, 田
令及爲開私方而下之</u>, 令吏明布, 令吏民皆明智(知)之, 毋巨(岠)於罪.[14]

위의 語書에서 밑줄 친 부분이 핵심이다. "지금 法律令이 이미 갖추
어졌는데도 吏民이 이 법을 쓰지 않으므로 鄕俗이 淫泆한 民이 그치지
않아서 국가에 해가 되고 民에 이롭지 않다."는 내용이다. 그러므로
南郡守 騰은 "脩法律令, 田令"했다는 것이다. 法律令이 있음에도 吏民과
淫失(泆)한 民이 이를 무력화시켰기 때문에 法律令의 강화와 같은 수
정이 필요할 수밖에 없다는 것이다. 이와 같이 해석한다면, 여기에서
의 "脩"를 "과거 制定된 法令을 원래 그대로(原封不動地) 恢復한다"는 廣
瀨薰雄의 해석은 수용하기 어렵다. 이밖에도 "脩"를 해석할 수 있는
자료를 제시하면 다음과 같다.

淳于髡이 말하기를 "큰 수레가 검사를 받지 않으면, 정상적으로 짐을
실을 수 없다. 琴瑟의 弦을 조율하지 않으면, 五音이 화음을 이루지 못한
다." 騶忌子가 말하였다. "삼가 가르침을 받아들이겠다. 삼가 法律을 脩하
여 姦吏를 감독하겠다."라고 하였다.

淳于髡曰:「大車不較, 不能載其常任; 琴瑟不較, 不能成其五音.」 騶忌子
曰:「謹受令, 請謹脩法律而督姦吏.」[15]

---

14) 睡虎地秦墓竹簡整理小組, 『睡虎地秦墓竹簡』(北京: 文物出版社, 1978), p.15.
15) 『史記』 卷46 「田敬仲完世家」, p.1890.

驪邑子가 말한 "謹受令, 請謹脩法律而督姦吏"와 "脩法律令" 등의 문장은 법률을 제정할 때에 많이 사용된 것이다. 그 의미를 해석하기 위해 다음 사례를 들어보자.

至十七年, 援夫人卒, 乃更脩封樹, 起祠堂.[16]

이 문장은 後漢시대 馬援의 부인이 永平 17年 사망하자 封樹를 更脩하고 사당을 일으켰다는 것이다. "封樹를 更脩했다"는 "更"은 무덤 봉분 주위에 심은 수목을 재차 심었다는 의미이다. 부인을 광무 25년에 사망한 馬援의 무덤 옆에 합장했기 때문이다. 그렇지 않다면 "更"을 사용할 수가 없다.

> 安帝가 정사를 볼 때부터, 六藝文章을 중시하지 않았다. 博士는 자리에
> 기대서 강의를 하지 않았고, 제자들은 서로 태만하다고 했고, 學舍는 파괴
> 되고 무너져서(積敝) 모두 야채밭이 되었고, 목동과 땔나무 하는 아이가
> 와서 땔나무와 풀을 베고 있었다. 順帝는 翟酺의 말에 감동하여 學舍(黌宇)
> 를 更脩하였고, 만든 건물이 합계 240棟에 1850室이었다.[17]

學舍가 파괴되고 무너졌기 때문에(積敝), "學舍(黌宇)를 更脩"한 것이다. 이것을 보면, "更脩"라는 것은 무너진 건축물의 재건과 보수를 의미하였다. 아래는 『嶽麓書院藏秦簡(肆)』의 율문이다.

---

16) 『後漢書』卷24 「馬援列傳」, p.852.
17) 『後漢書』卷79上 「儒林列傳」, p.2547, "自安帝覽政, 薄於蓺文, 博士倚席不講, 朋徒相視怠散, 學舍積敝, 鞠爲園蔬, 牧兒蕘豎, 至於薪刈其下. 順帝感翟酺之言, 乃更脩黌宇, 順帝感翟酺之言, 乃更脩黌宇, 凡所造構二百四十房, 千八百五十室. [五]說文曰:「黌, 學也.」黌與橫同."

戍律에 이르기를 : 城塞의 계단이나 장벽이 많이 훼손되었지만 수리하지 않았는데, 徒隸가 적어서 고치기에 충분하지 않았다면, 한가한 시기에 일 년에 한 차례 大夫 이하로 弟子·復子까지 부역 면제 여부에 상관없이 각각 10일 동안 징발하여 수리한다. 10일이 지나도 수리를 완료하기에 부족하면, 소속된 곳의 尉에게 부족한 누적 인원수를 보고해서 감히 公士·公卒·士伍가 다른 일을 하지 못하게 하고 반드시 城塞 수리에 참여하도록 한다.

戍律曰 : 城塞陛鄣多抉(決)壞不脩, 徒隸少不足治, 以閒時歲一興大夫以下至弟子、復子無復不復, 各旬(188)以繕之. 盡旬不足以索(索)繕之, 言不足用積徒數屬所尉, 毋敢令公士、公卒、士五(伍)爲它事, 必與繕城塞.(189)[18]

『嶽麓書院藏秦簡(肆)』의 율문은 城塞陛鄣이 많이 무너져 不脩된 상태에서 徒隸의 인원이 부족하여 繕治되지 않은 상황을 말하고 있다. 不脩는 城塞陛鄣이 수리되지 않은 상태를 의미한다. 다시 말해서 脩는 무너지고 파괴된 것을 補繕하는 것을 말한다. 『嶽麓書院藏秦簡(肆)』의 抉(決)壞不脩와 繕이 『睡虎地秦墓竹簡』의 다음 조문에서는 壞와 補繕으로 표현되어 있다. 즉, 破壞不脩와 補繕은 對語로 되어 있는 것이다.

徭律: 徒를 징발하여 邑中의 공사를 할 때는 건축한 담장(堵)을 일년 동안 보증해야 한다. 일년 미만에 무너지면, 공사를 책임진 司空 및 그 담장을 책임진 君子는 有罪이며, 그 徒로 하여금 재차 담을 쌓게 하고,(116) 요역시간에 산입하지 않는다. ●縣에서는 禁苑·公馬牛苑을 보수할 때, 徒를 징발하여 塹壕·墻垣·藩籬를 건조하고 보수·수선하게 되면(補繕) 즉시 苑吏에게 보고하고, 苑吏는 순시한다. 일년 미만인데 무너졌다면(117) 해당 縣은 재차 徒를 징발하여 건축하고 요역시간에 산입하지 않는다. 만 일년이

18) 陳松長 主編, 『嶽麓書院藏秦簡(肆)』(上海: 上海辭書出版社, 2015), p.130.

되었는데 혹시 무너진 것이 3丈²이상이면, 縣의 보수자가 補繕한다; 3丈²
이하이면, 비록(118) 일년 미만이더라도 사람이 몰래 무너뜨리고 출입했
다면, 苑으로 하여금 즉시 스스로 補繕하게 한다.(119)

徭律: 興徒以爲邑中之紅(功)者, 令結(婥)堵卒歲. 未卒堵壞, 司空將紅(功)及
君子主堵者有罪, 令其徒復垣之,(116) 勿計爲縣(徭). ●縣葆禁苑、公馬牛苑, 興
徒以斬(塹)垣離(籬)散及補繕之, 輒以效苑吏, 苑吏循之. 未卒歲或壞(117) 阺(決),
令縣復興徒爲之, 而勿計爲縣(徭). 卒歲而或阺(決)壞, 過三堵以上, 縣葆者補繕
之; 三堵以下, 及雖(118) 未盈卒歲而或盜阺(決)道出入, 令苑輒自補繕之.(119)[19]

위에서 고찰한 바와 같이 脩는 城塞陛郶이 무너진 것을 繕治하는
것이고, 更脩는 이전에 있었던 積敝된 學舍 또는 封樹 등을 재차 繕治
하는 것이다. 지금까지 언급한 것은 모두 건축물을 대상으로 한 것인
데, 다음의 唐代의 기록에서는 서적 편찬과 관련된 것을 볼 것이다.

張說이 이미 集賢院을 지휘하면서, (韋)述을 直學士로 추천했고, 起居舍
人으로 자리를 옮겼다. 황제를 따라서 太山에 봉선했고, 東封記를 상주하
자 조서로 훌륭하다고 칭찬하였다. 이에 앞서, 조서로 六典을 脩하라고 명
령했는데(詔脩六典), 徐堅은 일년 이상 구상하다가 탄식하였다. "내가 七書
를 更脩하였는데, 六典은 여러 해가 지나도 진척된 바가 없었다."

張說旣領集賢院, 薦述爲直學士, 遷起居舍人. 從封太山, 奏東封記, 有詔褒美.
先是, 詔脩六典, 徐堅構意歲餘, 歎曰:「吾更脩七書, 而六典歷年未有所適.[20]

張說이 麗正殿脩書使가 되어 表를 올려 (賀)知章 및 徐堅·趙冬曦를 入院
시켜 六典 등의 서적을 撰書하게 했는데, 여러 해 동안 功이 없었다.

張說爲麗正殿脩書使, 表知章及徐堅、趙冬曦入院, 撰六典等書, 累年無功.[21]

19)『睡虎地秦墓竹簡』, p.77.
20)『新唐書』卷132「韋述列傳」, p.4530.

앞의 「韋述列傳」에는 脩六典과 脩七書가 보이고, 「賀知章列傳」에는
撰六典이라고 되어 있다.[22) 따라서 脩와 撰은 동일한 의미로 사용된
것이며, 六典을 撰修(脩)한 것이다. 앞서 언급한 脩의 경우는 성벽·건
물·封樹 등이 대상이었으나, 「韋述列傳」의 脩는 撰修의 의미로 사용된
것이다. 시대적인 차이에도 불구하고 脩의 용례는 文章을 제정한다는
의미로 사용된 것이다.

이상에서 "脩"에 대해 조금 길게 분석했는데, 그 결론에 따르면 "更
脩爲田律"은 秦孝公 12年(B.C.350) 제정된 "爲田律"을 41년이 경과된 武王
2年(B.C.309) 丞相(甘)茂, 內史匽氏와 內史臂에게 재차(更) 수정(脩)하게
한 것이다. 이러한 결론은 廣瀬薫雄의 "과거 制定된 法令을 원래 그대
로(原封不動地) 恢復한다는 뜻"이라는 해석과 다른 것이다. "更脩爲田
律"의 존재는 상앙의 법이 그의 사후 어떻게 관리되었는지 보여준다.
武王은 개정의 필요를 느꼈기 때문에 "更脩"를 명령했던 것이다. 秦孝
公 12年(B.C.350) 당시의 원본은 현존하지 않아서 수정본과의 비교는
어렵지만, 원래의 爲田律에 대해 字句 수정이 있었을 것으로 생각된다.

商鞅 이후의 律令에 대해서는 그 동안 알려져 있지 않았었다. 그러
나 2010년부터 『嶽麓書院藏秦簡』이 발표되면서 商鞅 이후 秦國이 제정해
온 율령의 상황이 밝혀지게 되었다. 商鞅 이후 제정된 율령 가운데는
위에서 본 "更脩爲田律"과 같이 기존의 律을 수정한 사례도 있지만, 기
존에 발포되었던 군주의 令 가운데 법제화되지 않았던 것을 소환하여
令으로 삼은 것도 있었다. 『嶽麓書院藏秦簡(肆)』 344-345簡은 원래 昭襄王
이 "置酒시에 錢金 및 它物을 징수하여 사람들에게 하사하라."고 내린
命令인데, 이것을 이세황제 3년에 "復用"하여 令으로 등록한 것이다.[23)

---

21) 『新唐書』 卷196 「隱逸列傳(賀知章)」, p.5606.
22) 六典은 張說, 張九齡, 賀知章, 徐堅 등이 편수한 唐六典이다.
23) 『嶽麓書院藏秦簡(肆)』, p.209, "昭襄王命曰: 置酒節(即)徵錢金及它物以賜人, 令獻
(讞), 丞請出; 丞獻(讞), 令請出, 以爲恒. ·三年詔曰:(344/0519) 復用.(345/0352)"

또한 329-331簡도 太上皇(莊襄王) 시기에 西工室의 司寇·隱官 가운데 踐更하는 자의 대부분이 가난하여 스스로 식량을 해결할 수 없는 문제를 언급한 內史의 상주가 이세황제 시기에 令으로 復用된 것이다.[24]

『嶽麓書院藏秦簡』에 보이는 秦律令은 누가 만들었나? 『史記』「酷吏列傳」에 杜周가 "前主所是著爲律, 後主所是疏爲令."이라는 기록은 이전의 군주가 확정한 것은 著錄되어 律이 되고, 현재 군주가 확정한 것은 令이라고 하였다. 종래 杜周의 이 언급은 수많은 논쟁을 가져온 것이었다. 이 언급에는 법률 제정권을 모두 군주로 국한하였으나, 嶽麓秦簡의 율령을 보면 제정에 참여한 사람들은 秦國君과 고급관료들인 丞相·御史·內史·太守 등이었다. 따라서 杜周의 언급은 율령의 최종 재가를 하는 군주의 문제를 언급한 것일 뿐이다. 그리고 秦始皇 당시 제정한 것도 즉시 律로 된 것이 있는 것으로 봐서 後主 제정의 것이 令이 된다는 杜周의 주장이 전부 옳다고 할 수는 없다.

IV. 출토 법률 자료

본서의 작성에는 『史記』와 『漢書』 등 전래 문헌사료는 물론이고, 출토문헌들의 자료를 다수 활용하였다. 출토문헌은 대부분 법률자료였다. 秦孝公 이후 秦國의 법률 제정은 「秦本紀」에 아래와 같이 나타나 있다. 이것들이 법률제정이라고 뚜렷하게 단언할 수는 없지만, 법률로 제정되었을 가능성이 높다.

---

24) 같은책, p.204, "泰上皇時內史言: 西工室司寇、隱官踐更多貧不能自給種(糧). 議: 令縣遣司寇入禾, 其縣毋(無)禾(329/0587) 當貸者, 告作所縣償及貸. 西工室伐榦沮、南鄭山, 令沮、南鄭聽西工室致. 其入禾者及吏移西(330/0638)工室. ·二年曰: 復用.(331/0681) (▌內史郡二千石官共令 第丁)"

① 文公元年, 居西垂宮. … 二十年, 法初有三族之罪.

② 簡公六年, 令吏初帶劍.

③ (孝公)十四年, 初爲賦.

④ (惠文王)十二年, 初臘.[25]

三族之罪·帶劍·初爲賦·初臘의 사항들은 律令으로 제정되었을 가능성이 높지만, 秦國의 법전에서 사라졌다. 사라진 秦國의 법률들은 우연한 기회에 빛을 보게 되었다. 1970년대 중반부터 호북성 일대에서 秦漢시대의 문서들이 출토하기 시작했다. 그것은 簡牘으로 불리는 서사도구에 쓰여 있었다. 일반적으로 길고 좁은 형태의 竹片을 "簡"이라고 부르고, 넓고 두꺼운 木片을 "牘"이라고 한다. 竹은 주로 南方에서 사용했고, 北方에는 별반 사용되지 않은 것으로 알려졌지만, 이러한 판단은 정확하지 않다. 湖南龍山里耶古城의 古井에서 발견된 37,000여片의 簡牘 가운데 절대 다수는 牘이었다. 또 『嶽麓書院藏秦簡』의 律令規定에 書寫材料로서 簡에 관한 규정은 한 차례도 없고, 牘에 관한 규정만 있다.[26] 예컨대, 卒令에는 1牘에 5행을 초과할 수 없고, 5행은 폭이 一寸九分寸八, 4행은 一寸泰半寸, 3행은 一寸半寸으로 규정하고 있다.

商鞅이 만든 청사진의 구체적 내용은 자세히 알 수 없었다. 상앙변법의 자세한 내용이 알려지게 된 계기는 1975년 睡虎地秦墓竹簡이 출토되면서였다. 睡虎地秦墓竹簡은 이후 봇물처럼 터지는 유물 출토의 서막을 이루었고, 중요한 것만 12개에 달한다. ① 睡虎地秦墓竹簡은 아주 우연하게 발견되었다. 1975년말 "農業學大寨(농업은 大寨로부터 배우자)" 運動 중에 雲夢縣 城關公社 肖李大隊의 社員이 睡虎地秦墓에서 排水渠를 수리하다가 秦代 土坑木槨墓群을 발견했다. 그 가운데 M11號

<hr>

25) 『史記』 卷5 「秦本紀」, p.179, p.200, p.203, p.206.

26) 陳偉, 「秦簡牘與秦人法制」, 陳偉在華東政法大學的講演 2017年05月12日 09:52 來源: 文彙報 http://www.cssn.cn/zgs/zgs_lswxx/201705/t20170512_3516715.shtml

에서 1155매의 秦代竹簡이 출토되었다. 이것이 그 유명한 "睡虎地秦墓竹簡"이었고, 書寫 재료는 죽간이었다. 이후에 ② 四川靑川郝家坪木牘 (1980), ③ 1983년 張家山漢墓竹簡이 발견되었다.(2001년 출판) 張家山漢墓竹簡에 포함된 二年律令은 간독 수량과 律名면에서 秦律과 漢律의 승계과정을 밝힐 수 있는 대형 자료였다.[27] 睡虎地秦簡에 의거한 연구 열기가 약간 시들어가던 시점에 二年律令이 출판되면서 연구의 모멘텀이 되살아났다. 그 후 연속적으로 ④ 天水 放馬灘(1986), ⑤ 江陵 嶽山 (1986), ⑥ 雲夢 龍崗(1989), ⑦ 江陵 王家臺(1993), ⑧ 沙市 周家臺(1993)에서 간독이 발견되었다. ⑨ 2002년 湖南省 龍山縣 里耶古城遺址의 縣衙內의 우물에서 37,000여매의 秦代簡牘이 발견되었는데, 그 가운데 字跡이 있는 것은 17,000매이다. 2005년에는 51枚의 秦代 戶口登記簿가 출토되었다. "里耶秦簡"의 수량은 그 이전에 발견된 진대 간독 숫자의 열배에 달했다. 秦王政 25년(B.C.222)에서 二世皇帝 2년(B.C.208)까지 洞庭郡 遷陵縣에서 실제 집행된 縣 단위의 행정문서로서 율령 및 司法案例·日書·算術書 등 각종 서적·私人서신과 質日이 포함되어 있다.

또 다른 대형 자료는 ⑩ 嶽麓書院藏秦簡이었다. 2007년 湖南大學 嶽麓書院은 홍콩 골동품 시장에 나온 도굴된 簡牘을 긴급하게 구입하였고, 또한 香港의 익명의 收藏家가 무상으로 기증한 秦簡을 합하여 嶽麓書院藏秦簡을 출판했다. ⑪ 2010년 北京大學은 北京大學藏秦簡牘을 출간하였다. 이것은 香港의 馮燊均(풍신균)國學基金會가 海外에 유실된 秦代簡牘을 북경대학에 기증한 것이다. ⑫ 2013年에는 湖南 益陽 兎子山遺址의 여러 古井에서 戰國楚簡·秦簡·漢簡과 吳簡이 발견되었다. 出土簡牘은 1만 매가 넘었고, 9号 古井에서 발견된 簡牘에는 二世皇帝 胡亥의 즉위 후

---

27) 陳偉, 「秦簡牘與秦人法制」. 奏讞書에 포함된 일부는 실질적으로는 秦簡이다. 江陵張家山漢墓 출토의 奏讞書에 22개 案例가 있는데, 그중 4개 案例는 漢人이 轉抄한 秦案卷이다. 官員執法의 參考를 위하여, 秦代에는 이러한 문헌을 傳抄했고, 漢代에 이르러 한 차례 傳抄하였다.

"奉詔登基"했다는 내용이 포함되었다. 胡亥가 자신이 秦始皇 사망후 遺詔를 받들어 황제에 올라 "與民更始"한다는 내용이다.[28] 이 문서에서 胡亥가 자신의 승계의 合法性을 주장한 것은 『史記』「秦始皇本紀」에 胡亥가 음모를 통해 즉위한 것과 달라서 많은 논란을 일으켰다.[29]

학자들은 秦代 출토 간독의 시점을 파악하는 방법으로 문서에서 진시황의 이름 正(政)을 사용했는지 여부로 판단한다. 그러나 陳偉는 이러한 避諱 형식을 통해 秦簡의 문서 시점을 파악하는 것에 일부 문제점이 있음을 파악했다. 正月을 端月로 避諱한 것은 황제 교체가 있는 당해년과 그 익년 정도였고, 재차 正月로 회귀했다. 따라서 避諱에 입각해서 무조건적으로 연대를 판단해서는 안된다는 것이다.[30] 다만 百姓과 黔首, 臣妾과 奴婢 등의 용어는 문헌의 시점을 파악하는 시금석으로 사용될 수 있다. 睡虎地秦簡에서는 臣妾, 奴妾이라는 표현이 보이는데, 嶽麓書院藏秦簡과 二年律令에서는 奴婢의 용어로 수정하였다. 그 전환시점은 진시황 28년 8월에서 31년 10월 사이였다.[31]

이러한 결론을 적용해 볼 때, 1975년 출토한 睡虎地秦律은 통일 이전의 것으로 결론 내릴 수 있다. 이에 비해 『嶽麓書院藏秦簡(肆)』에 수록된 律의 경우는 제정 정보가 제거되어 있어 제정의 시점을 알 수 없다. 그러나 令은 제정경위가 남아 있어서 대체로 秦王政 시기부터의 것들임을 알 수 있다. 嶽麓書院藏秦簡의 律令은 睡虎地秦簡에 비해 시간적으로 漢代에 더 가깝다. 二年律令의 대부분은 秦律을 직접 계승

---

28) 湖南省文物考古研究所·益陽市文物處, 「湖南益陽兎子山遺址九號井發掘簡報」 (『文物』 2016-5), p.43, "天下失始皇帝, 皆遽恐悲哀甚, 朕奉遺詔, 今宗廟吏及箸以 明至治大功德者畢矣, 律令當除定者畢矣. 元年與黔首更始, 盡爲解除流罪, 今皆 已下矣, 朕將自撫天下. 吏, 黔首, 其具行事已, 分縣賦擾黔首, 毋以細物苛劾縣 吏, 亟布. 以元年十月甲午下, 十一月戊午到守府."
29) 金慶浩, 「秦 始皇帝의 死亡 및 秦의 滅亡과 관련한 또 다른 문헌」(『중국고중 세사연구』 46, 2017).
30) 陳偉, 『秦簡牘校讀及所見制度考察』(武漢: 武漢大學出版社, 2017), p.9.
31) 같은 책, p.16.

했거나, 일부 수정한 것이다. 그러한 이유는 蕭何가 秦丞相御史律令圖書를 먼저 수습한 것에 있었다. 秦吏 출신인 蕭何가 秦律을 획득한 것은 漢의 통치모델이 楚的 성격을 탈피하는 중요한 계기가 되었다.

2001년에 발표된 二年律令에 대해서 필자는 漢高祖 2년 蕭何가 제정한 것임을 밝혔다. 그 제작시기에 대해서 많은 학자들이 呂后 2年(B.C.186)의 것으로 주장한다. 이년율령이 나오기 전에는 漢律의 상태를 알 수 없었다. 이것이 출토함으로써 秦律과 漢律과의 연계 고리를 파악하는 것이 가능해졌다.[32)]

한편 秦代의 재판 수속과 관련하여 중요한 자료는 「封診式」이다. 「封診式」이 기록된 竹簡은 98매이며, 每節의 첫 번째 簡에 소제목이 있다. 「治獄」「訊獄」「封守」「有鞠」「覆」「盜自告」「□捕」「盜馬」「爭牛」「群盜」「奪首」「告臣」「黥妾」「遷子」「告子」「癘」「賊死」「經死」「穴盜」「出子」「毒言」「妍」「亡自出」 등이다. 범죄자 등에 대한 調査·검증·심문·차압 등의 案例이다. 최초의 판본(1977年 線裝本)에서는 내용에 따라 이름을 「治獄程式」으로 하였다. 그러나 하나의 簡의 뒷면에 題名이 "封診式"으로 되어 있어 이것으로 題名을 확정하였다. "封"은 범죄인 가족에 대한 차압을 가리킨다. "診"은 案件에 대한 偵察·검증을 가리키는데 사실을 확인하는 한 과정이다. "式"은 程式이다.

湖北省 荊州市 張家山247號墓에서 발견된 「奏讞書」는 春秋에서 秦漢까지의 22개 案例이다. 始皇帝의 통일 이전부터 통일 이후 시기까지의 판례문을 통해서 진말한초 법률의 성격을 알 수 있다.[33)] 奏讞書 안례 가운데 4개는 秦의 奏讞書이다. 『嶽麓書院藏秦簡(三)』 奏讞狀에도 역시 15개의 案例가 있다. 奏讞書는 奏讞案例를 정리하여 官員들이 參考하도록 제공한 것이다.

---

32) 金慶浩, 「秦漢法律簡牘의 內容과 그 성격」(『中國古中世史研究』 42, 2016), p.197.
33) 金慶浩, 같은 논문, p.196.

秦帝國의 통치이념과 실제

– 睡虎地秦簡을 중심으로 –

I. 서론

역사연구는 주로 문헌사료에 근거하여 수행될 수밖에 없는 한계를 지니고 있다. 특히 중국 고대의 史家들이 처한 국가주도의 사서편찬이라는 환경은 다소간 역사의 진실에 영향을 미치지 않을 수 없다. 현대에도 민주적 절차에 의해 정권이 교체되었지만, 앞서의 정권이 수행한 각종 업적 중에서 대체로 단점만이 부각되는 경우를 왕왕 보아왔다. 이러한 경우는 중국 역대왕조의 정권 교체과정에서 수없이 드러난다. 秦帝國은 실패한 왕조의 전형으로 항상 거론되며, 특히 秦帝國의 法治문제는 漢帝國에서 가장 집요하게 거론하고 비판했던 문제이다. 秦帝國의 법치가 가혹했던 것은 부정할 수 없는 사실이지만, 과연 秦帝國은 긍정적 요소를 조금도 가지고 있지 못했던 정권이었을까?

1975년 출토된 雲夢秦簡의「封診式」과「爲吏之道」의 존재로 인해 漢初의 政論家들에서 비롯된 秦帝國에 대한 평가는 재검증될 필요성이 제기되었다. 雲夢秦簡의 일부 문서 가운데는 秦帝國의 통치이념을 부정적인 것으로만 판단할 수 없게 하는 부분도 존재한다. 따라서 漢代에 저술된『史記』와『漢書』등의 秦帝國에 대한 부정적 기술은 漢帝國의 정통성을 확립하기 위한 목적에서 비롯되었을 가능성도 배제할 수 없다.[1]

---

1) 秦帝國의 정통성을 훼손하기 위한 漢의 사상가들의 왜곡에 대해서는 이미

종래 睡虎地秦簡을 분석할 때 성격이 상반되는 「語書」와 「爲吏之道」가 함께 출토된 것에 대해 명쾌한 해석을 내리지 못했다. 즉, 전자는 秦帝國의 법치 노선을 지지하는 것이고, 후자는 이와 반대되는 非법치적 요소가 많이 포함되어 있는데, 이처럼 상반된 요소를 포함하는 문서가 왜 함께 출토하였는가 하는 문제를 합리적으로 설명하지 못했다. 이 문제를 고찰함에 있어 혹자는 墓主가 楚人이라고 간주하고 있고, 혹자는 이를 秦人이라고 간주하는 등 출발점부터 정리되지 못했다. 만약 묘주가 楚人이라면 「爲吏之道」를 소지하고 있는 것은 楚國의 정치사상이 다양했기 때문이라고 간주할 수도 있다. 만약 秦人이라면 사상적 다양성이 부족하고 법치만을 고집한 秦國에서 어떻게 이러한 문서가 통용되었을까, 秦國의 통치 이념에는 漢代 政論家들이 주장하는 가혹한 법치이념 이외의 다른 무엇이 있었기 때문일까 하는 의문이 제기될 수 있다.

필자는 이러한 의문점을 풀기 위한 준비작업으로 다른 글에서 睡虎地 11호진묘의 묘주인 喜의 출신을 분석하였다.[2] 그 글을 쓴 이유는 「爲吏之道」「封診式」 등의 내용이 기존에 알려진 秦帝國의 통치방식과는 너무도 판이했는데, 그러한 문서와 함께 매장된 喜가 과연 어떠한 인물이었는가 하는 궁금증을 풀기 위해서였다. 이 논문에서 필자는 墓葬제도의 분석을 통해 睡虎地 11호 秦墓의 주인이 秦·楚人중 어느

栗原朋信의 秦 水德說 비판에 잘 드러났듯이 漢帝國 두뇌집단의 의도적 加筆 때문에 발생한 것이다. 다시말해서 秦의 水德說 및 六을 숫자로 하는 것, 黑色을 숭상하는 것 등은 모두 후대의 假託에 불과한 것이며, 秦은 실제로 그와 같지 않았다는 것이다. 특히 秦始皇 26년을 경계로 해서 秦帝國에 대한 비판의 강도가 높아지고, 秦을 비난하는 입장에 선 漢代人의 기록이 상당 부분 섞여 들어갔다고 고찰하고 있다. 同氏, 「秦水德說의 批判」, 『秦漢史의 硏究』(東京: 吉川弘文館, 1960), pp.46-66; 相原俊二, 「秦の始皇帝に關する二·三の問題」(『東洋大學文學部紀要·史學科』 35, 1981) 참조.
2) 任仲爀, 「雲夢睡虎地 11號墓 喜의 출신」(『中國史硏究』 5집, 1999).

쪽인지를 판명하기는 쉽지 않지만, 그 墓에 미친 秦楚 양쪽의 영향을 비교한 결과 楚墓의 특징보다는 秦墓의 특징이 많았다는 결론을 내렸었다. 秦墓의 특징 중에서 가장 주목할 점은 屈肢葬이라고 생각한다. 秦人의 屈肢葬은 甘肅 동부지역에 거주하던 문화집단의 전통적인 묘제에서 생긴 것이고, 이 묘지의 양식은 바로 秦人의 이동에 따라 中原·江漢지역으로 확대되었다. 특히 楚人의 墓葬에서 屈肢葬이 전혀 나타나지 않고 있는데, 그것이 秦人만의 독특한 습속이기 때문이다.

또한 이 글에서는 흄의 출신을 분석하기 위해 睡虎地日書를 분석하였는데, 墓主 흄가 어떠한 관점에서 日書를 재편해 나갔느냐에 초점을 맞췄다. 白起가 江陵을 점령하는 B.C.278년 이전의 것인 睡虎地日書 乙種의 「秦」은 楚國과 무관한 것이므로, 그것이 과연 어느 지역의 日書인지를 밝히면 11호 墓主 흄의 출신도 규명될 수 있다고 생각했다. 日書의 「秦」은 그 명칭에서 볼 때 秦지역에서 기원한 것이 분명하며, 日書의 가장 오래된 초기형태가 楚除가 아니라 秦除라고 하는 점에서 睡虎地 11호 墓主를 秦人이라고 결론을 내렸었다.

이제 본고에서는 秦人인 그가 왜 秦帝國의 법치이념과 상반되어 보이는 「爲吏之道」라는 문서를 가지고 있었는지에 대해 살펴보기로 한다. 이 문제의 검토를 통해, 漢初의 政論家들이 말하는 것처럼 秦帝國은 피통치자를 수탈의 대상으로만 생각하는 야수와 같은, 일고의 가치도 없는 정권이었는가 하는 도덕성 문제도 판명되리라 생각한다. 그리고 睡虎地秦簡의 「封診式」과 秦始皇이 남긴 巡狩碑의 내용도 정당한 평가를 받아야 한다고 생각한다. 만약 秦國이 혹법만의 통치를 일삼았다면 통일은 물론이고, 통일 이전에 秦國 내부상황의 불안정으로 그 존립조차 보장받지 못했을 것이다. 그러한 점에서 秦에서는 관료와 백성 등 내부 구성원의 지지와 일체감을 형성할 수 있는 정치가 이루어지고 있었다는 荀子의 평가는 매우 중요하다.[3] 이 글이 발표된 이후에 본 주제와 관련된 3개의 중요한 자료가 추가로 발견되었다. 北

京大學藏秦簡牘의 「從政之經」,[4] 嶽麓秦簡의 「爲吏治官及黔首」,[5] 王家臺秦簡의 「政事之常」[6]이 발견되었다. 이 내용은 睡虎地秦簡의 「爲吏之道」와 일치하고 있는 부분이 많으므로 이러한 부분도 추가하기로 한다.

II. 秦律과 秦帝國에 대한 인식

秦國에 대한 山東六國 지역의 전통적 인식은 禮義·德行이 결핍된 국가로 보는 것이었다.[7] 秦國은 정치·군사·경제적으로는 六國에 대한 통치가 가능하였으나, 문화상으로는 이러한 지역을 통치할 수 있는 위치에 있지 않았다. 六國民은 심정적으로 진정 秦帝國에 복속하지 않았으며, 일면으로는 문화수준이 저급한 야만적인 국가로 멸시하였다. 고고학 자료에서 볼 때도 秦지역과 접근한 山西와 秦國이 점령한 湖北省 지역에서만 秦墓가 발견되었을 뿐, 그밖에 山東·江蘇·安徽省 등은 그 지역에 본래 있던 국가의 기물만이 출토한다. 이러한 것은 秦族의 습속과 문화가 이러한 지역을 控制하지 못했음을 증명한다. 그 지역들은 계속해서 완강하게 자기의 민족습속과 문화를 계속 생존시키고 발전시켰음을 반영한다.[8] 이것은 秦帝國의 통치와 문화가 중국 전역

---

3) 『荀子』「彊國」에는 荀子가 入秦하여 應侯와 대화한 내용 가운데, 백성은 풍속이 질박하고 관리를 두려워하였으며, 관리들은 공경·검소·忠信하였으며, 사대부들은 사사로이 붕당을 조직하지 않고, 조정의 업무는 원활히 처리되고 있는데, 모두 '古' 즉, 상고시대의 모습과 같다고 평가하였다.

4) 北京大學出土文獻硏究所, 「北京大學藏秦簡牘槪述」(『文物』 2012-6), p.67.

5) 朱漢民·陳松長 主編, 『嶽麓書院藏秦簡(壹)』(上海: 上海辭此書出版社, 2010).

6) 王明欽, 「王家臺秦墓竹簡槪述」, 『新出簡帛硏究』(北京: 文物出版社, 2004).

7) 楊東晨, 「從民族文化心理論秦朝的滅亡」(『秦漢史論叢』 6, 1994), p.285; 『戰國策·魏策三』(上海: 上海古籍出版社, 1985), p.869, "秦與戎翟同俗, 有虎狼之心, 貪戾好利無信, 不識禮義德行."; 『戰國策·趙策三』, p.696, "且秦虎狼之國也, 無禮義之心."

8) 楊東晨, 위의 논문, p.289; 文物編輯委員會, 『文物考古工作十年』(北京: 文物出

에 깊숙이 파급되지 못했고, 여기에는 秦의 지배에 저항하는 재지세력이 강했기 때문으로 생각된다. 이것이야말로 秦末의 반란을 주도한 세력의 상당수가 舊육국의 지배층이었던 주요 원인이었다. 秦帝國이 멸망하고 나서 秦에 대한 비판이 더욱 격렬해졌음은 당연하고, 그 비판은 가혹한 법치와 법령에 집중되었다.

重刑嚴罰主義에 입각한 秦律에 대해 『史記』와 『漢書』 및 기타 문헌의 평가는 매우 부정적인 모습으로 나타나 있다. 漢代人은 申不害·韓非子의 정치를 嚴刑峻法의 대명사로 불렀고, 이 같은 사회적 분위기 하에서 패망한 秦의 정치를 거울삼아 申不害·韓非子의 사상에 대해 언급하는 것을 회피했다.[9] 특히 漢帝國을 수립한 직후 공신집단 및 두뇌집단은 秦律 및 이를 운용한 통치계급의 포학성과 悖德性에 대해 신랄한 비판을 가하고 있다. 漢初 두뇌집단의 秦帝國 비판의 내용은 논자마다 대체로 일치하고 있다. 賈誼의 비판 요지는 "商鞅이 禮義와 仁恩을 폐기한 이래 秦의 풍속은 날로 敗惡되어 자식이 성장하면 出分하고 父子·姑婦 간에 물건을 빌려주는 것도 德色을 보인다. 秦國에는 廉愧의 節과 仁義의 厚가 소멸한 대신 幷兼의 法과 進取의 業만 신봉하게 되었다. 특히 秦이 숭상한 것은 형벌뿐이어서 趙高가 胡亥에게 가르친 것은 獄事일 뿐이고 誹謗·妖言令을 제정하고 살인을 풀베듯이 하게 되었다."는 것이다.[10] 宣帝시기의 路溫舒 역시 秦代의 가장 큰 문제점은 治獄吏의 잔혹성에 있다고 보았다. 즉, 秦은 文學과 仁義之士를 천시하고 武勇과 治獄을 중시하며, 誹謗令과 妖言令을 제정했는데 이 같은 전통이 漢代에도 계승되었다고 주장하였다.[11] 漢代 儒家들의 이러한 비판은 상당 부분 秦始皇의 분서갱유에서 말미암은 것이다.

版社, 1991), pp.37-46, 101-115, 127-137, 176-203.
9) 邢義田, 「秦漢的律令學」, 『秦漢史論稿』(臺北: 東大圖書股份有限公司, 1987), p.69.
10) 『漢書』 卷48 「賈誼傳」, pp.2244-2251.
11) 『漢書』 卷51 「路溫舒傳」, pp.2369-2371.

그러나 晁錯의 비판은 秦의 통일 이전시기에 대해서는 긍정적으로 평가하고, 통일 이후의 정치에 대해서는 비판을 가하고 있는 점에서 賈誼·路溫舒와는 차이가 있다. 특히 秦帝國의 통일업적에 대해서는 매우 높이 평가하고 있다. 즉, 戰國七雄이 相爭한 戰國 말기의 상황에서 六國은 君臣이 모두 不肖하고 策謀가 모아지지 않고 民(인재)은 사용되지 않고 국내정치가 어지러웠던 반면, 秦은 戰國의 국가 중 가장 부유했고 그 부유한 것을 바탕으로 인접국을 멸망시키고 통일을 이룩했다. 이 같은 상황하에서 중국 통일은 秦 이외에는 수행할 수 없었으며, 이것은 秦이 帝王의 자질을 갖춘 것으로 보아야 한다고 주장했다. 그러나 秦帝國의 말기적 현상에 대해서는 앞의 賈誼·路溫舒의 견해와 일치하는데, 趙高의 讒言신봉과 과도한 궁실건축, 民力의 피폐, 가혹한 賦斂징수, 法令과 형벌의 暴酷, 인명경시의 주살을 秦帝國 멸망의 원인으로 지적하고 있다.[12] 따라서 晁錯의 秦의 공과에 대한 선별적 판단, 특히 통일 이전의 상황에 대한 인식은 정확한 것이라고 할 수 있다. 그렇지만 晁錯도 秦帝國의 煩苛한 법령, 暴酷한 형벌의 운용이라는 측면을 거론하고 있는 것은 앞의 賈誼 등과 일치하고 있다. 실제로 秦律의 내용은 그러한 비판을 면할 수 없을 정도로 가혹한 측면이 있다. 그러나 張家山漢律에 나타나 있듯이 漢律은 秦律을 그대로 계승하고 있기 때문에 漢帝國도 가혹한 법령을 시행했다는 비판에서 자유로울 수는 없다.[13] 그러면 이 같은 漢代人의 비판이 정당했는지 秦律에서 확인해 보도록 하자.

雲夢 睡虎地에서 출토된 秦律을 보면 과연 법치를 실행한 秦國의 법령답다는 느낌을 받게 된다. 秦律에는 恤刑的 부분이 적고, 처벌 규정만으로 구성되어 있어 매우 엄격하다는 느낌을 받게 된다. 雲夢秦律은 商鞅 이래 제정된 법령들이 축적된 것이며, 이 秦律에 미친 戰國法

---

12) 『漢書』 卷49 「晁錯傳」, p.2296.
13) 任仲爀, 「漢帝國의 성격과 高祖 功臣集團」(『淑大史論』 18, 1996), pp.63-67.

家의 영향은 李悝·商鞅을 제외하고는 별반 없었던 것으로 생각된다. 雲夢秦律에는 商鞅이 제시한 什伍조직과 連坐制, 姦事密告의 의무화, 軍功爵制, 私鬪의 금지, 重農主義, 度量衡통일 등이 확인되기 때문에 雲夢秦律이 商鞅제정의 것임은 확실하다.[14]

雲夢秦簡은 크게 編年記·語書·秦律十八種·效律·秦律雜抄·法律答問·封診式·爲吏之道로 구성되어 있다. 이 중에서 秦律十八種·效律·秦律雜抄는 관리의 考課, 官倉의 관리, 예속신분에 대한 규정 등 행정에 관련된 법률조항이 많다. 이러한 秦律의 규정들은 매우 세밀하여 관리들의 개인적 懶怠·專斷행위를 할 수 없게 했다. 다만 순전히 官府의 행정규정만으로 구성되어 있는 「秦律十八種」 등에서 秦帝國의 치국이념의 편린을 살피기는 용이하지 않다. 이보다는 오히려 「法律答問」이 秦律의 특성을 살피기에 적합하므로, 이를 검토해 秦律의 法理를 고찰해 보기로 하겠다.

「法律答問」은 秦律에 대한 秦 官方의 해석이며, 이것은 후세 法典疏議의 原形이다.[15] 「法律答問」은 商鞅의 六律과 관련된 刑法조항 위주로 구성되어 刑律을 범했을 때는 笞刑·贖刑·耐刑·徒刑·肉刑·死刑을 광범위하게 적용하고 있다. 여기에서 살필 수 있는 특징은 첫째, 先秦法家의 刑으로써 刑을 제거하는 「輕罪重刑」의 사상이 관철되어 있다는 점

---

14) 『荀子』卷10 「議兵」에는 商鞅에 의한 軍功의 중시, 그에 따른 慶賞과 刑罰의 실시, 甲首제도에 의한 통제를 언급하고 나서, 이로 말미암아 秦國이 강국으로 되었음을 "是最爲衆彊長久多地以正. 故四世有勝, 非幸也, 數也"라고 기술하고 있다. 이에 반해 韓非子는 韓의 使者로서 入秦하여 비운의 최후를 맞이했고, 商鞅과는 달리 秦의 관료로서 정책과 법률의 입안에 참여할 기회도 없었기 때문에 그의 사상이 秦國에서 실현되었을 가능성은 적다. 또한 그가 사망한 연대와 출토 秦律의 제작 연대 등을 비교할 때도 秦律에 그의 사상이 실현되었을 가능성은 적다. 高敏, 「商鞅 《秦律》 與雲夢出土 《秦律》 的區別和聯系」, 『雲夢秦簡初探』(新鄭: 河南人民, 1979), pp.43-57; 湯淺邦弘, 「秦の法と法思想—雲夢秦簡を中心として」(『日本中國學會報』36, 1984), p.27.
15) 劉海年, 「雲夢秦簡的發現與秦律研究」(『法學研究』1, 1982), p.73.

이다. 예컨대 5인이 도적질을 하여 그 훔친 액수가 1錢 이상이면 斬左止에 해당하고, 甲이 절도한 것이 1錢에 미치지 않는데 乙이 이를 알고도 체포하지 않으면 貲一盾에 처벌하는 규정은 秦律이 「輕罪重刑」의 형벌원칙을 표방하고 있음을 말해준다.

둘째, 老弱者·婦人에 대한 보호규정이 漢律에 비해서 발달하지 못했다는 점을 들 수 있다. 秦律의 "免老告人以爲不孝, 謁殺, 當三環之不? 不當環, 亟執勿失"의 규정은 고발인이 免老일 경우에는 三環의 수속을 거치지 않고 곧 피고소인을 체포하는 것이다. 이 규정은 「法律答問」에서 특별히 언급되어 있기 때문에 秦律 본문에 노인에 대한 포악한 행동을 각별히 무겁게 가중처벌하는 규정이 존재하지 않음을 시사하지만, 이 조치에 의해서 노인에 대한 보호라는 관념은 일부 확인된다. 또한 免老의 존재는 후세에 연결되는 敬老사상의 맹아라고 볼 수도 있다.[16] 그러나 仗城旦을 감시하지 않도록 규정하고 있더라도, 그들은 免老에 해당하는 노인이 城旦으로 된 것이며, 예속신분에서 제외되지 않고 있다. 이것은 幼弱者·老人·白痴에 대해 형법상 예외규정을 두는 『周禮』의 三赦제도가 秦律에서는 법제화되지 않고 있음을 보여준다.[17]

秦律은 六尺 미만자(15세 미만)에게도 처벌을 가하거나 예속신분으로 만들고 있다. 秦律에서는 성년과 미성년을 신장의 크기에 따라 구분하고 그 신장에 미달하면 減罪의 대상으로 하였다. 秦律 또는 秦代에

---

16) 堀毅, 「秦漢刑政攷」(『法制史研究』 33, 1983), p.99. 堀毅는 漢律에 보이는 幼小者에 대한 恤刑, 婦人에 대한 減刑과 같은 것은 확인되지 않고, 그밖에도 秦律은 漢律에 비해 恤刑의 발달 정도가 미숙하다고 고찰하였다.

17) [淸] 阮元, 『十三經注疏·周禮注疏·司刺』(北京: 中華書局, 1979), p.880, "司刺掌三刺三宥三赦之法. 以贊司寇聽獄訟. … 一宥曰不識, 再宥曰過失. 三宥曰遺忘. 一赦曰幼弱, 再赦曰老旄, 三赦曰惷愚. 以此三法者求民情, 斷民中." 三赦제도는 幼弱·老旄·惷愚를 의미한다. 鄭司農은 幼弱·老旄 항목을 살인할 수 없는 8세 미만 80세 이상이 법에 저촉되지 않는 漢代의 법률규정에 비유하고 있고, 惷愚는 정신박약을 가리킨다.

내려진 詔令 가운데 7, 8세 또는 10세 정도의 자를 恤刑한 규정의 존재 여부에 대해서 그것을 판단할 수 있는 사료를 확인할 수 없지만, 漢代에 이와 관련된 詔令이 계속 내려지는 것을 본다면 그 존재 가능성은 희박하다고 보아야 한다.[18] 반면에 漢代에 들어와 幼少者 및 老人에 대한 감면범위는 惠帝시에 8세 이하 70세 이상이었다. 景帝시는 8세 이하 80세 이상으로, 平帝시는 7세 이하 80세 이상으로 확대되었다.

有疾者에 대한 秦律의 태도는 가혹하다고 할 수 있다. 完城旦의 죄를 지은 나병환자를 유형지에서 산채로 물에 익사시키는 定殺은 秦律의 비인도적 측면을 보여준다.[19] 唐律에서는 有疾者의 受刑能力 부족을 근거로 이를 구제한다는 사상이 확립되어 있으나, 秦律에서는 그같은 救恤주의는 명확히 나타나 있지 않다. 즉, 秦代의 사회는 전국시대의 부국강병을 꾀하는 정책이 國是로 되어 있다. 따라서 그 사회를 구성하는 개개인은 국가의 자원을 개발하는 노동력인 동시에, 국가를 방어하는 전투력이었기 때문에 전염병이 있는 자가 범죄를 저지르면 恤刑대상에서 전혀 고려되지 않았다.[20] 그러나 漢代에는 有疾者가 노인·부인과 마찬가지로 보호대상이 되어,[21] 景帝 3년(B.C.141)에 盲人·朱儒(난쟁이)가 鞠繫된 자는 桎梏에 묶이지 않도록 관용을 베풀고 있다.[22]

秦律에는 婦人을 직접 감형의 대상으로 하는 사례는 보이지 않고 오히려 婦人에 黥刑을 가한 "黥顔頯爲隷妾"의 사례가 있다.[23] 그러나 漢代에는 老少·有疾者와 마찬가지로 감형의 대상으로 되었다. 漢代에 부인에 대해 형법상의 보호가 취해진 배경에는 『春秋左傳』 襄公 19년의 "婦人無刑"을 실현하려는 儒家의 목적이 존재하고 있다.[24]

---

18) 堀毅, 위의 논문, p.108.
19) 睡虎地秦墓竹簡整理小組, 『睡虎地秦墓竹簡』(北京: 文物出版社, 1978), p.204.
20) 堀毅, 위의 논문, p.100.
21) 같은 논문, p.110.
22) 『漢書』 卷23 「刑法志」, p.1106.
23) 『睡虎地秦墓竹簡』, p.225.

셋째로는 앞서 언급했던 三赦와 유사한 三宥가 秦律에 존재하는가
의 문제이다. 三宥는 『周禮』「司刺」에 의하면 不識·過失·遺忘, 즉 비고
의적인 범법의 경우 감형하는 것이다. 秦簡整理小組는 『睡虎地秦墓竹簡』
의 "免老告人以爲不孝, 謁殺, 當三環之不? 不當環, 亟執勿失"이라는 조문
에 三宥의 정신이 내포되어 있다고 보았다.[25] 즉, "環은 原으로 읽는데,
관대하게 용서하여 가벼운 처벌을 받게 하는 것이다. 古時에는 사형
을 판결할 때 三宥의 手續이 있었는데 『周禮』「司刺」에 보인다. 『三國志』
「張魯傳」에 '犯法者, 三原然後乃行刑'[26]이라고 한 것이 참고가 된다."고
하였다. 여기에서는 環을 原으로 읽어 "寬宥從輕", 즉 관대히 용서하여
가볍게 처벌한다는 의미로 이해하였다. 이 견해가 맞는다면 秦代에도
三宥의 제도가 존재하는 것이다.[27]

그러나 環에 대해 사법기관이 어떤 고소사건의 수리를 거부하는 제
도의 의미로서 "却(拒絶)" 또는 "還(返還)"으로 해석하는 견해도 있다. 즉
"三還" 또는 "三却"을 非公室告·家罪 등과 관련된 고발의 受理를 거절하
는 제도로 이해하는 것이다. 이에 따르면 위의 조문은 免老가 不孝라고
고발한 안건은 기각하지 않고 不孝子를 신속히 체포하도록 한 것이
다.[28] 이 해석에 따른다면 앞서의 사안은 三宥의 예로 볼 수는 없다.

그렇더라도 秦律에 과실 사안을 처리하는 三宥의 제도가 없던 것
은 아니다. 예를 들어 甲이 돈을 훔쳐 絲를 사서 乙에게 주었는데, 乙
이 훔친 사실을 모르고 받았기 때문에 "毋論"에 처해진 사실은 바로
三宥중에서 "不識"에 해당한다. 이밖에도 秦律에서 故意의 경우는 "端"
이라 했는데, 그렇지 않은 경우를 "不端"이라고 표현한 것은 三宥 중에

---

24) 堀毅, 위의 논문, p.110.
25) 『睡虎地秦墓竹簡』, p.195
26) 『三國志』 卷8「魏書/張魯傳」, p.263.
27) 『晋書』 卷30「刑法志」, p.917, "一宥曰不識, 再宥曰過失, 三宥曰遺忘."
28) 張晋藩, 『中國法制史研究綜述』(北京: 中國人民公安大學出版社, 1990), pp.124-126.

서 "過失"에 해당한다.[29] 이로 볼 때 秦律에는 三宥가 존재하는 것인데, 이는 秦律이 고의와 非고의를 구별할 수 있는 법이론이 확립되어 있음을 말해준다.

넷째, 秦律에는 儒家에서 중시하는 효도가 언급되어 있으나, 전체적으로 윤리관념이 명확하지 않다. 秦律에는 둘째 항목에서 언급한 것처럼 부모가 불효한 자식을 관부에 고발하여 이를 사형에 처하게 할 수 있는 不孝罪가 존재하며, 漢律에도 不孝에 대해 "斬首梟之"라고 규정하고 있다.[30] 그러나 다음과 같은 조항은 秦律과 漢律이 法의 정신상 크게 다르다는 것을 말해준다. 秦律에 아들이 父母를 告發했으나 이를 "非公室告"라 하여 "勿聽(수리하지 않는다)"으로만 처리하는 것은 秦簡 注釋에 소개된 『唐律疏議』의 "조부모, 부모를 고발한 자는 絞殺에 처한다."는 규정과 크게 대비된다.[31] 이 경우 자식이 부모를 고발한 것이므로 의당 "不孝罪"로 처벌하는 것이 윤리적일 것이다. 漢 宣帝 地節 4年 제정된, 父子가 상호 은닉시켜줘도 죄에 저촉되지 않는 "首匿法"의 정신, 즉 春秋之義의 "父子相隱"과 같은 經義는 존재하지 않는 것이다. 또한 男便이 죄를 지었을 때 妻가 먼저 이를 고발하면 妻를 官府에서 노비로 몰수하지 않을 뿐만 아니라 臣妾과 衣器 등도 몰수하지 않음을 규정한 것은 "三從之道"와 같은 儒家의 德目이 전혀 존재하지 않음을 보여준다.[32] 따라서 秦律은 유가에서 이상으로 삼는 가족도덕을 존중하지 않고 있다.

다섯째는 什伍制·爵制질서가 鄕黨질서에 우선한다는 점이다. 그 예로 秦律은 여행객이 驛傳의 官舍에서 숙박하거나 식사를 제공받을 때

---

29) 『睡虎地秦墓竹簡』, pp.155, 165, 169.
30) 李貞德, 「西漢律令中的倫理觀」(『中國歷史學會史學集刊』 19, 1987), p.18; 沈家本, 『歷代刑法考』(北京: 中華書局, 1985), p.1457.
31) 『睡虎地秦墓竹簡』, p.196.
32) 같은 책, p.224.

主食과 副食의 지급 기준은 爵位의 고하에 따라 결정됨을 규정하고 있다. 이것은 爵制가 儒家에서 존중하는 鄕黨秩序의 기준인 年齡에 우선하는 것이다. 이것은 荀子가 말한 천하의 민이 군주로부터 수혜를 받을 때 戰功이 아니면 불가능하다고 한 바로 그것을 의미한다.[33]

이상의 고찰에서 확인되듯이 적어도 秦律에서 儒家思想의 흔적을 추출해내기란 쉽지 않으며, 그 휼형기준은 漢代의 것에 비해 엄격했다. 秦律에서 漢律의 禮敎사상과 같은 것을 확인할 수 없는 것이 관련 법률사료의 부족 때문이기보다는 秦律에 儒家사상의 영향이 없었기 때문으로 생각된다. 당시에는 秦만이 아니라 여타 東方국가도 가혹한 처벌조항을 가지고 있었음이 분명하다. 商鞅이 참고한 것은 魏國의 법령인 李悝의 法經이므로 秦律의 원본에 해당하는 魏의 법률도 秦律 수준의 처벌조항을 가지고 있었을 것이다. 아울러 奔命律·戶律과 같은 魏의 법률이 지속적으로 秦律에 영향을 끼친 전후사정을 고려할 때, 魏의 법률에도 儒家사상의 영향이 크지 않았을 것이라는 추정을 가능케 한다. 이것은 전국시대 각국의 법률에 공통된 특징이 아니었을까 한다.

예컨대 秦國보다는 유가의 활동이 활발했던 戰國 齊의 銀雀山律에서도 국가에 세금을 내지 못할 경우 刑徒인 公人으로 삼을 정도로 가혹한 법령이 존재한 사실은 시사하는 바가 크다.[34] 戰國시대의 다른 국가들도 族誅·車裂·鑊烹과 같은 酷刑을 가지고 있었다.[35] 이것은 기원전 4·3세기경 中國 법률의 일반적 현상이라고 이해해야 할 것이다. 소위 "變法의 時代"라고 불리는 戰國시대에 각국의 제도개혁 과정에서 활약한 인물들은 법가들이 주종을 이루었고, 유가들은 전혀 개혁에

---

33) 『荀子集解』 卷10 「議兵篇」(東京: 冨山房, 1972), p.11, "使天下之民所以要利於上者, 非鬪無由也."
34) 銀雀山漢墓竹簡整理小組, 「銀雀山竹書〈守法〉〈守令〉等十三簡」(『文物』 1985-4), p.35.
35) 韓國磐, 『中國古代法制史研究』(北京: 人民出版社, 1993), pp.134-141.

참여하지 못했다는 사실을 우리는 주목해야 한다. 漢初의 법률에 유가사상이 入律되지 못한 원인이 儒家들의 官界진출과 법령제정 참여가 미진했다는 것에 있고, 後漢 이후 儒家들이 法律의 제정과정에 참여하여 儒家의 經義를 法律에 침투시킨 이후에야 유가사상이 법률에 반영되게 되었다는 점은 시사하는 바가 크다.

그런데 秦國의 통치가 가혹했다는 것은 부정할 수 없지만, 그 통치이념을 획일적으로 "법치"라는 용어로 규정짓는 것은 문제라고 생각한다. 즉, 함께 출토된 「封診式」의 내용은 죄수의 심문에 가혹한 고문을 사용하지 말고, 합리적 절차에 입각하여 취조할 것을 주장하고 있다. 그러한 점에서 법치의 정의가 과연 무엇인지가 우선적으로 파악되어야 한다. 그것은 「爲吏之道」의 良吏·惡吏의 표준에 나타나듯이 엄격하고도 공정하게 법을 집행하는 것이라고 이해해야 한다. 秦律이 매우 세밀하고 가혹한 것임은 주지의 사실이나, 秦律이 지향하고 있는 목표까지 漢代에 말하는 것처럼 民의 가혹한 탄압과 수탈에 있었던 것은 아니며, "以刑去刑", 즉 중형을 통해서 범죄가 없는 사회를 만들려고 시도한 것이다. 그러나 「封診式」에 보이는 理想은 한낱 口頭禪에 불과할 수도 있다. 즉, 그 이념을 현실에 적용하는 것은 궁극적으로 人間이기 때문에 본래의 취지와 다른 방향으로 나가는 경향은 당연하다고 할 수 있다. 法治의 시행도 현실과 만나면 원래 목표한 바대로 시행되기 어려웠다. 法治는 "一斷於法", 즉 모든 것을 법령에 의거하여 결정하는 "罪刑法定主義"인데 비해, 秦末의 정치는 진정한 法治라고 보기는 힘들다.

Ⅲ. 「語書」·「爲吏之道」의 정신

과연 그렇다면 秦帝國의 정치를 "法治"라는 한 단어로 모두 묘사할 수 있을까? 雲夢秦簡의 문서 안에는 秦帝國의 法治와 관련된 자료, 그리고 法治에 반대되는 자료가 모두 포함되어 있다. 전자에 해당하는 것이 「語書」이며, 후자에 해당하는 것이 「爲吏之道」라고 할 수 있다. 우선 「語書」에 나타난 법치의 문제에 대해 살펴보자. 「語書」에서 南郡守 騰은 官의 공식문서답게 엄격히 秦王政의 이름을 諱하면서, 관할하의 縣·道 관리와 백성들이 秦律을 준수하도록 촉구하였다. 즉, 秦의 法律令이 이미 구비되어 있음에도 鄕의 관습은 秦律의 확산을 방해하고 있고, 縣令·道長은 그같은 상황을 방치하고 있다고 비난하고, 鄕俗을 사용하거나 淫泆之民이 사라지지 않는 상황을 개선하도록 명령하고 있다. 이처럼 南郡 일대에 잔존하는 舊楚세력을 제거하려는 「語書」의 내용은 秦제국이 추구했던 기본적 통치이념과 중앙집권화를 잘 반영한 것이다.

秦國이 자국 영토 내에 획일적 법치를 강행했다는 것은 『史記』 등의 기록에서 분명히 확인되나, 실제의 측면에서 법치의 실행은 용이하지 않았다. 「語書」가 발포되는 秦王政 20年(B.C.227)은 南郡이 秦의 영토로 편입된 지 50여 년이 경과한 시점으로 秦의 法治가 상당한 정도로 진척되었을 것임에도, 南郡守가 법치의 장점을 역설하고 있음은 秦이 법치를 추진하는데 큰 장애물이 있음을 말해주는 것이다.[36] 南郡守가 「語書」에서 언급한 淫佚之民은 일반적 평민을 가리키는 것이 아니다. 그것은 李悝가 魏國에서 변법을 시행할 때, 부친이 세운 공로를 그 자식이 어떠한 공도 없으면서 향유할 때 그러한 淫民의 祿을 뺏어 四方之士를 불러들여야 한다고 주장한 것에서 알 수 있듯이 爵祿을 향

---

36) 邢義田, 「雲夢秦簡簡介」(『食貨』 9-4, 1979), p.163.

유하는 구귀족이었다.[37] 楚國의 鄢郢지구는 秦國에 점령된 후 점차 안
정된 후방으로 되어 인력·물자면에서 秦國의 통일전쟁을 지원했으나,
4백년이나 지속된 楚의 근거지 郢都(江陵의 紀南城)는 楚國의 구귀족
세력이 뿌리 깊은 곳이었다. 楚의 잔존세력이 완전히 제거되지 않았
음은 秦의 통일후 楚國의 귀족·호족을 咸陽으로 옮겼고, 漢이 高祖 9년
楚의 屈·昭·景의 몇 가문을 관중으로 이주시킨 것에 나타난다.

그런데, 대부분의 논자들은 楚人들에게 秦法의 준수를 강요한 「語
書」가 법치적 문건이라는 데 이의를 제기하지 않는다. 그러나 다른 한
편으로 생각하면, 점령지에 대해 자국의 법률을 강요하는 것은 당연
한 귀결이므로 이를 잔혹한 법치라고 할 것까지는 없다. 새로운 점령
지에서 구 楚人의 저항에 대한 秦國의 적극적 대응, 다시 말해서 점령
지를 秦國의 郡縣化·秦文化圈化하려는 노력으로 본다면 「語書」와 같은
문서는 당연히 하달될 수 있다고 생각된다.

「日書」에는 楚國과 秦國의 상이한 占術法이 동시에 수록되어 있다.
이것을 占領者인 秦의 통치수단과 楚의 鄕俗의 조화를 의도한 것으로
보는 견해도 있으나, 調和라는 표현은 온당하지 않다고 생각된다. 秦
政府가 南郡에 뿌리 깊은 楚國의 관습을 고려치 않고 그 자체의 法令
을 적용하는 것은 불가능했을 것이다. 따라서 「日書」를 통해 南郡 사
회에 잔존하는 不文律과 같은 위치를 점하는 楚國의 관습을 파악하여,
그에 대응한 통치를 모색했다고 보는 것이 합당하다. 이 사실이야말
로 南郡의 한 司法官吏의 墓에서 『日書』가 法律문서와 함께 출토된 이
유라고 할 수 있다. 또한 秦國의 당국자가 이곳을 점령하는 과정에서
兩國이 근거하고 있는 月曆이 相異했다는 사실에 주의하였음은 분명

---

37) 石言, 「《南郡守騰文書》與秦的法治路線」(『歷史研究』 1976-3), p.63; [漢] 劉向, 林
　　東錫 譯註, 『說苑』 卷7 「政理」(서울: 東文選, 1996), p.286, "臣聞之曰, 奪淫民之
　　祿, 以來四方之士, 其父有功而祿, 其子無功而食之. … 如此者脫其祿以來四方之
　　士, 此之謂奪淫民也."

하다. 秦楚月曆對照表도 이러한 楚人의 관습파악에 필요했기 때문에 만든 것이다.[38] 이러한 것이 바로 장기간 분열되어 있던 중국을 통일한 秦제국이 당면한 현실문제이며, 項羽의 楚覇王 시절 18王을 분봉하지 않을 수 없었던 이유도 각지의 이해관계·풍속 등이 하나로 통일되기에는 좀더 시간이 필요했다는 관점에서 이해해야 한다.

다음으로는 「語書」와 상반된 내용을 포함하고 있는 「爲吏之道」에 관해 살펴보자. 「爲吏之道」의 내용은 크게 두 가지로 구분해 볼 수 있다. 하나는 秦의 통치이념을 실현하기 위한 것이고, 다른 하나는 "가혹하게 하여 民을 난처하게 만드는 것, 民의 습속을 변화시키는 것"을 신중히 하라는 내용과 같이 民의 습속 존중에 역점을 두는 것이라고 할 수 있다.[39] 전자에 해당하는 「爲吏之道」의 법치적인 내용은 秦律의 내용과 밀접한 관련을 가지고 있는 것이다.[40] 한편으로 후자에 해당하는 내용은 법치이념과는 분명히 다른, 심지어 秦國의 정치이념에 저촉된다고 생각될 정도로 이질적인 것이다.[41]

필자가 「雲夢睡虎地 11號墓 喜의 출신」이라는 글에서 墓主 喜가 이러한 秦國의 정치 이념과 어긋나는 문서를 가지고 있었던 이유를 규명하려한 것도 바로 후자와 같은 내용 때문이었다. 그가 楚人 출신이었다면 문제는 간단하다. 그러나 秦人임에도 秦國의 정치이념과 다른 문서를 가지고 있었다면 秦國의 정치이념 가운데는 漢代人의 시각과 달리 「爲吏之道」의 후자와 같은 내용도 존재했을 가능성이 있다. 다시 말해 漢代人들이 秦國의 긍정적 측면도 모두 말살한 것이 아닐까하는 일말의 의문을 지울 수 없다. 필자의 생각으로는 이러한 인식이 秦國

의 치국이념을 전적으로 가혹한 법치라는 단어로 이해했기 때문에
나온 것이라고 생각한다. 「爲吏之道」의 내용이 秦帝國의 통치노선과는
현저히 다르기 때문에 秦國 고유의 治吏思想인지에 대해 확인하는 작
업이 필요하다.

「爲吏之道」가 과연 秦國 고유의 정치사상인지를 확인해 보면, 「爲吏
之道」의 694-706簡의 제 5段에는 魏 安釐王 시기의 奔命律·戶律과 함께
기록되어 있으므로 「爲吏之道」가 魏國에서 전래되었을 가능성도 배제
할 수 없다. 그러나 政을 諱하지 않았다고 해서 外國의 것으로만 단정
할 수 없는 것은 睡虎地秦律 중 效律에 「正」자를 많이 사용하고 있기
때문이다.[42] 이처럼 秦律 내에서도 秦始皇의 이름을 사용하고 있는 것
으로 보아 「爲吏之道」를 반드시 魏國의 작품이라고 단정할 수만은 없
을 것이다.

또한 내용·용어의 측면에서도 「爲吏之道」가 秦國에서 작성된 것임
을 보여주는 것들이 있다. 令을 받고도 鞠躬하지 않는 것을 官吏의 五
失 중 하나라고 한 「爲吏之道」의 정신은 「秦律雜抄」의 "僞聽命書, 廢弗
行, 耐爲候, 不避席立, 貲二甲, 廢"라는 법률정신과 일맥상통하기 때문
에 「爲吏之道」가 秦의 것일 가능성도 높다.[43] 또한 「爲吏之道」에는 命
書·時會·賞罰처럼 秦律에서 사용된 법률용어가 포함되어 있다. 그리고
「器物」의 식별번호 등에 대한 "久刻"의 의무화를 지시한 "皮革蠹突, 久
刻識物, 倉庫禾粟, 兵甲工用, … 作務員程"은 秦律과 동일한 법률용어를
사용하고 있다. 決獄·廢置의 부정을 경계하는 등 秦律의 시행과 운용
에 관한 내용, 牆垣·津橋의 감시, 倉庫·禾粟의 관리, 농업생산, 요역제
도, 군사시설에 관한 내용도 포함되어 있다. 이러한 내용들은 「爲吏之

---

42) 劉海年, 「雲夢秦簡的發現與秦律研究」(『法學研究』 1982-1), pp.53-54. 效律은 秦始
皇 20年 南郡守의 「語書」에서 正을 端으로 고친 것과 「封診式」에 里正을 里典
으로 고친 것과는 다르므로 秦王政의 즉위 이전의 법률임이 분명하다.
43) 『睡虎地秦墓竹簡』, pp.284, 129.

道」가 秦國에서 제작되었을 가능성이 높음을 시사해준다.

그리고 「爲吏之道」에는 秦帝國의 법치노선과 관련이 있는 요소가 많은데, 그것들을 간추리면 다음과 같다.

① 무릇 「爲吏之道」는 반드시 精潔·正直하며, 愼謹·堅固하며 審悉하게 하여 사사로움이 없고, 세밀히 관찰하고, 安靜하게 하여 가혹함이 없고, 살피는 것이 賞罰에 맞게 하고, 嚴剛하게 하더라도 포학하게 하지 않고, … 忿怒로써 결정하지 않도록 하고, 寬容하고 忠信하며, 和平하게 하여 怨望이 없도록 한다.[44]

② 일체 (법률)사건을 다스릴 때는 엄격한 태도로 임하며, 사적인 謀議를 억제하고, 바둑을 두듯이 반복해서 사고한다면 소인은 두려워 거짓말을 할 수 없고 두려워 惡을 드러낼 것이다. 일체 사람들을 올바르게 행동케 하려면 스스로 모범을 보여야 한다. 民은 그 모범을 보고서 올바른 행동을 하게 된다. 만약 그 표준이 올바르지 않으면 민심은 장차 떠나버릴 것이며, 친척처럼 따르게 하는 것이 어렵게 된다.[45]

③ 國權을 장악하며, (인재의) 度量에 주의하고, 외부에서 온 자는 계책을 가지고 있으므로 망각해서는 안된다. 賢者와 不肖者가 모두 정당한 대우를 이미 받고, 봉록과 지위가 계속 (보장)된다면 누가 윗사람을 어지럽힐 것인가?[46]

④ 지위와 녹봉을 각각(의 능력)에 따라 준다면 일체 누가 상급자를 어지럽히는 일이 있을까?[47]

---

44) 같은 책, p.281.
45) 같은 책, pp.291-292.
46) 같은 책, p.291.

⑤ 나라의 중요한 일은 체제에 있으며, 백성의 욕심을 저지시키면 정치는 바로 서게 된다. 위에 틈이 없다면 人民이 여러 욕심을 일으켜도 어찌 어려움이 있으랴?[48]

⑥ 民의 능력을 분명히 살펴 관리로서 고용하라. 다만 그것은 官祿을 주기 위한 것이 아니라 政務를 보좌하기 위한 것이다. 적절한 인재를 고용하지 않아 官府가 어지러워지면 어찌 후회할 수 있으랴?[49]

⑦ 정의를 서술해 분명히 함으로써 邪惡을 금지하고, 법령이 구비되고자 하는 것을 바란다면 아랫사람에게 (그것을) 의논치 못하게 하라. 나라가 쇠퇴하는 것은 아랫사람들이 교묘한 일을 꾸며 上의 권위가 쇠퇴했기 때문이다. 명령을 내릴 때는 올바른 것을 추구하도록 해야 한다. 異論이 생기는 명령을 내려 반복해서 묻는 일이 없도록 해야 한다. 명령이 누차 변경되면 백성은 의혹이 생겨 무엇을 질문해야 좋을지 모르게 된다.[50]

우선 ①②에 엄격하게 사건을 다스리라는 것은 法家의 "嚴而小恩"을 의미하는 것으로 생각되지만, 오히려 합리적인 측면이 많다고 할 수 있다. 즉, "일체 (법률)사건을 다스릴 때는 엄격한 태도로 임하여, 사적인 謀議를 억제하고, 바둑을 두듯이 신중하게 사고한다면 소인은 두려워 거짓말을 할 수 없고 두려워 惡을 드러낼 것이다."라는 내용은 후술할 「封診式」의 죄수를 訊問하는 "訊獄"과 매우 유사하다. 주지하듯이 「封診式」은 B.C.266년 邢丘의 전투에서 획득한 首級을 놓고 소송을

---

47) 같은 책, p.291.
48) 같은 책, p.291.
49) 같은 책, p.291.
50) 같은 책, p.291.

벌이는 사례로 볼 때 秦國에서 작성된 것이 분명하다.[51] ③의 외부에서 온 자를 경계하라는 내용은 마치 李斯와 같은 外國人에 대해서 내려졌던 逐客令과 관련이 있는 것으로 보인다. ④⑥은 관리의 선발과 등용은 철저히 능력에 의거할 것을 주문한 것이며, ⑤는 法網과 體制, 階級秩序를 중시하라는 것이며, ⑦은 商鞅·韓非子가 주장한 "法令不私議" 원칙과 "法吏"제도를 의미하는 것으로 생각된다. 이상과 같은 것은 秦簡 발견 이전에도 알려져 있던 秦帝國의 法家的 指向性을 재확인시켜 주는 것이므로 흥미롭다.

이상과 같은 내용은 「爲吏之道」가 秦國에서 작성되었을 가능성을 시사한다. 그리고 그 작성시점은 秦王 政이 전혀 諱되지 않았고, 制書와 黔首로 更名되기 이전의 命書와 百姓이라는 용어를 사용하고 있는 것으로 보아 秦王 政의 즉위 이전에 작성된 것으로 추정된다.[52] 그리고 법치를 표방하면서도 질서정연한 계급지배체제의 모습은 秦末의 비정상적인 정치행태와 法家의 "嚴刑苛法"과는 차원이 다른 것이었다고 생각된다. 이것이 바로 昭王때 秦國을 방문했던 荀子가 목도하고 칭송한 秦國의 상황이 아니었을까?[53] "일체 사람들을 올바르게 행동케 하려면 스스로 모범을 보여야 한다. 民은 그 모범을 보고서 올바른 행동을 하게 된다. 만약 그 표준이 올바르지 않으면 민심은 장차 떠나버릴 것이며, 친척처럼 따르게 하는 것이 어렵게 된다."고 한 것은 秦의 위정자가 治民함에 있어 도덕성에 관심을 표명하지 않았다면 제시되기 어려운 대목이다. 그러한 의미에서 秦帝國이 「爲吏之道」에 표

51) 같은 책, pp.256-257.
52) 『睡虎地秦墓竹簡』, pp.281-291, 680 "必精潔正直", 681 "凡戾人, 表以身, 民將望表以戾眞. 表若不正, 民心將移乃難親", 689 "命書時會", 691 "將發令, 索其政, 毋發可異史煩請. 令數図回環, 百姓搖(搖)貳乃難請." 699 "正以橋(矯)之", 719 "從政之經", 722 "決獄不正", 725 "子孝, 政之本也"(숫자는 竹簡의 번호).
53) 『荀子』 「議兵篇」과 「彊國篇」에는 荀子가 목도한 秦國의 조정·사대부·관리·백성의 기강이 잘 이루어지고 있다는 내용이 기술되어 있다.

방한 치국이론을 실행에 옮기지는 못했더라도, 秦의 정치적 지향목표
가 漢代 정론가들의 시각과는 상당히 다른 것이다. 또한 표면상일 수
도 있겠지만 국가가 추구하는 治國이념, 牧民의식은 대체로 공통된다
는 보편성의 원칙이 秦國에도 적용될 수 있다고 생각한다.

「爲吏之道」에서 秦國이 추구한 국가의 보편적 理想 가운데 가장 중
요한 것은 "徭役과 賞罰의 공평함, 賦斂의 적절함, 엄한 통치의 부정,
노역 징발의 기일엄수, 人民의 신뢰받는 정치, 民에 휴식부여, 民力에
따른 徵稅"라는 내용이다. 이 내용들은 중국 역대왕조의 황제들이 기
근·자연재해의 발생 시 백성을 구휼하고 은혜를 베풀 때 詔書에서 누
차 언급했던 것들과 하등의 차이도 없다. 이 같은 「爲吏之道」를 종결
짓는 말은 "언제나 노여워해 있으면 民은 장차 도망갈 것이다."라는
말일 것이다. 「爲吏之道」는 같은 내용 중에서도 모순되는 바가 있기는
하지만, 적어도 전체의 논지는 法令을 중시하되 가혹한 통치는 부정
하며, 儒家사상에서 중요시하는 덕목이 부정되고 있지 않다. 「爲吏之
道」에 施恩的인 내용이 포함되어 있다는 사실은 秦國의 통치를 "嚴而小
恩"한 모습으로만 기술한 漢代의 기록이 편파적일 수도 있음을 말해
준다. 그러면 秦의 爲政者가 보편적 국가목표를 실현하기 위해 요구
한 官吏의 理想的 模型은 어떤 것일까?

① 관리는 精潔·正直·無私하며 賞罰에 맞게 하고, 嚴剛하나 가혹·포학
하지 않고, 寬容·忠信·和平하며, 하급자에 자애롭게 하고 능욕하지
않으며, 상급자를 공경하고, 賢者를 존경해야 한다.

② 吏의 五善은 忠信해야 하고, 상급자를 공경하며, 청렴하고 비방받는
일을 하지 않으며, 세밀히 사무처리를 하여 정확하게 하는 것이며,
善行을 행하고 恭敬과 辭讓을 보여야 한다. 이 다섯 가지가 모두 이
루어지면 반드시 大賞이 있다.

③ 吏의 五失은 奢侈, 驕傲, 專斷, 犯上, 士 천시, 財物 중시이다. 또한 民
　에의 오만, 官府내의 지위 불만, 徵收를 잘하는 것, 명령 불복종, 公
　務망각, 절친한 자의 부정 묵인, 하급자를 부리는 방법의 미숙, 부당
　한 요역 징발, 행동이 수반되지 않은 언변, 상급자 비방이다.

①은 관리가 직무를 수행할 때 청렴결백하고, 법령을 엄정하게 적
용하더라도 가혹하게 하지 않고, 하급자에 관대하고 상급자를 공경하
는 근무태도를 주문하고 있다. ②③은 「語書」의 良吏와 惡吏의 표준과
도 일치하고 있는데,[54] 청렴결백, 포학의 부정, 관용의 중시, 하급자에
대한 자애, 상급자에 대한 공경, 업무처리의 정확성, 선행, 공경과 사
양 등이 秦代 관리들의 선행으로 간주되고 있다. 이러한 것을 준수할
때 그들은 신상필벌의 원칙에 입각하여 상을 내리도록 하였다. 관리
들이 준수해야 할 근무자세를 규정함에 있어 ①과 ②③의 내용은 표현
상 약간의 차이는 있지만 동일한 것이라고 할 수 있다. 秦이 관리에게
요구한 청렴결백성, 포학의 부정, 관용, 하급자 사랑, 상급자 공경, 업
무처리의 정확성과 같은 원칙은 어느 시대에도 통용될 수 있는 훌륭
한 내용들이다.

다음으로는 「爲吏之道」에 보이는 秦의 法治·重刑主義와 무관한 내
용들을 살펴보자.

① 아랫사람에게 자애롭게 하고 능욕하지 않으며, 윗사람을 공경하고
　범하지 말며, 간언을 들어주고 그것을 막지 말라. 백성의 능력을 세
　밀히 판단하고, 백성의 힘을 잘 헤아려, 慰勞로써 그들을 인도하고,
　올바른 것으로써 그들을 矯導한다. … 賢者를 존경하고 俊傑을 기르
　면, 재야에 있는 인재들이 조정에 있는 것처럼 된다.[55]

---

54) 『睡虎地秦墓竹簡』, p.19, "凡良吏, 明法律令, 事無不能也. 又廉潔敦愨而好佐上.
　… 惡吏 …不明法律令 不知事 不廉潔 毋以佐上 偸惰疾事…."

② 노여움도 기쁨으로 될 수 있고, 즐거움도 슬픔으로 될 수 있으며, 지혜로움도 어리석은 것으로 될 수 있으며, 혈기가 왕성한 것도 쇠퇴할 수 있으며, 용감함도 굴복할 수 있으며, 억센 것도 부드러워질 수 있으며, 仁도 참을 수 있다. 포학한 자는 자신의 명에 죽을 수 없다.[56]

③ 이로써 군주된 자는 은혜로와야 하고, 신하된 자는 충성해야 하고, 아비된 자는 자애로와야 하고, 아들된 자는 효도해야 한다. 이것을 신중히 행하면 官은 다스려지지 않음이 없고, 志는 관철되지 않음이 없다. 상급자가 되면 현명해야 하고 하급자가 되면 명령에 따라야 한다. 君主는 부드러워야 하고, 臣下는 충성스러워야 하며, 아비는 자애로워야 하고, 아들은 효성스러워야 함이 정치의 근본이다. 뜻이 관철되고 관부가 다스려지며, 윗사람이 현명하고 아랫사람이 명령에 따르는 것은 정치의 근본이다.[57]

④ 해악을 제거하고 이로움을 일으키며, 萬姓에 자애롭게 한다. 죄 없는 자에게 죄를 주지 않고, 죄 없는 자는 사면함이 마땅하다. 고아·과부·가난한자·노약자·홀아비는 徭役을 고르게 하고, 賞罰을 공평히 하며, 오만하고 사나운 자는 (벌을 준다.) 토지를 개간하고 邑의 인구를 충실히 하며, 賦斂은 한도를 넘지 않게 한다.[58]

⑤ 거처함은 齋戒하듯이 하고, 말은 맹세와 같이 지키고, 밖에 나가서는 공경한 태도를 취하고, 항상 지켜야할 원칙을 폐기해서는 안되

---

55) 같은 책, p.281.
56) 같은 책, p.281.
57) 같은 책, p.285.
58) 같은 책, p.285.

며, 그 명확한 것은 빛처럼 빛나게 해야 한다. 백성에게 베풂으로써 기쁘게 하고, (백성을) 공경하게 하여 분발시키고, 은혜를 베풀어 모여들게 하고, 관대하게 다스린다. 엄격하게 하면 다스려지지 않는다. 民을 (징발하여) 사용하는 경우는 기일을 지키고, 수레를 인도하는 驃騎처럼 천천히 걷게 하여 民을 두렵게 하지 않는다.[59]

⑥ 人民이 다스려지면 그들을 경건하게 의지하도록 하게 하고, 그들을 풀어주어 휴식하게 하며, 편안하게 그들을 다스린다. 그들이 진술하는 것을 기다렸다가, 그것에 따라 나쁜 행동을 바로잡는다. 그에 따라 백성을 징발하고, 그들을 이끌고 일을 일으킨다면, 비록 높은 산이 있다하더라도 북을 두드려 오를 수 있을 것이다. 人民이 이미 교화되고 윗사람도 교만하지 않으며, 자세하게 가르치고 인도함에 있어 게을리 하지 않으며, 올바르게 추천하고 밝게 다스린다. 편안하게 다스리고 人民에게 바라보게 한다. 도로가 평탄하면 수레에 편리하고, 정도가 심하더라도 극한 상황까지 이르지 않게 해야 하며, 공사를 일으킬 경우라도 반드시 신속하게 하며, 밤낮으로 계속하도록 한다.[60]

⑦ 토지가 경작되고 성이 견고해지면 민심이 곧 편해진다. 百事가 이미 이루어지면 민심이 안녕해지고, 이미 뒷날의 근심도 없어지게 되니, 정치의 大綱에 따르는 것이다. 언제나 노여워해 있으면 民은 장차 도망갈 것이다.[61]

위에 인용한 것을 정리하면, ①은 아래 사람에 대한 자애와 윗사람

---

59) 같은 책, p.288.
60) 같은 책, p.288.
61) 같은 책, p.288.

에 대한 공경, 현자에 대한 존경과 등용을 언급하고 있다. ②는 老子의 物極必反의 논리를 연상시키는 구절이며, ③은 君臣父子 사이의 惠·忠·慈·孝의 개념이 중복된 기술이며, ④는 백성에 대한 恤政, 무죄자에 대한 사면, 공평한 繇役의 부과와 기일엄수, 엄격한 통치의 부정, 과도한 세금징수의 억제가 언급되어 있으며, ⑤⑥은 관대한 정치와 黃老的인 休息政治, 民力에 따른 徵稅를 주장한 것이며, ⑦은 노여운 정치를 부정한 것이다.

이상에서 주목되는 것은 老子적인 사고, 儒家의 三綱五倫, 黃老政治의 휴식정책 등과 같은 것이다. 「爲吏之道」의 仁義·惠民에 관한 설교, 특히 君은 懷(惠), 臣은 忠, 父는 慈, 子는 孝의 덕목을 갖출 것을 강조한 부분은 유가의 三綱과 같은 내용이다. 또한 그 내용은 폭력적이고 억압적인 것이 아니라, 백성에 은혜를 베풀고 그에 따라 백성도 국가 통치에 협조하는 상호 의존 정치를 주장하는 것이다. 이는 秦國의 정치가 "專任刑罰"했다는 漢初 정치가들의 주장과는 현격한 차이를 보이고 있으며, 오히려 후술할 秦始皇의 巡狩碑에 보이는 내용과 일맥상통하는 것이라고 할 수 있다.

또한 「爲吏之道」의 적지 않은 곳에 『老子』『荀子』『禮記』『說苑』『呂氏春秋』 등의 문장이 보이고 있다. 예컨대 「爲吏之道」의 "廉而毋刖"은 『老子』『荀子』 등에 보이는 "廉而不劌"의 관용구를 인용한 것으로 생각된다.[62] 그 내용은 『荀子』「法行篇」에 군자가 옥을 귀하게 여기고 珉(옥 비슷한 돌)을 천하게 여기는 이유를 물어본 子貢에 대해서 공자는 玉이 가지는 다양한 측면을 군자의 덕에 비유하면서, "玉은 모가 나있지만 사람을 상하게 하지 않는데, 이것은 군자의 德行과 비슷하다(廉而不劌行也)"고 한 내용이다.[63] 이 구절이 『老子』와 長沙 馬王堆 3號 漢墓

---

62) 早稻田大學秦簡硏究會, 「雲夢睡虎地秦墓竹簡爲吏之道譯注初稿(一)」(『史滴』 9, 1988), p.115.

63) 『荀子集解』 卷20 「法行篇」, p.20, "夫玉者君子比德焉. 溫潤而澤仁也. 栗而理知

에서 출토된 帛書老子乙本에도 보이고 있는 것으로 보아 당시에 매우 유행하였던 말이었던 것이다.[64]

아울러 「爲吏之道」의 "노여움도 기쁨으로 될 수 있고, 즐거움도 슬픔으로 될 수 있으며, 지혜로움도 어리석은 것으로 될 수 있으며, 혈기가 왕성한 것도 쇠퇴할 수 있으며, 용감함도 굴복할 수 있으며, 억센 것도 부드러워질 수 있으며, 仁도 참을 수 있다."는 것은 노자의 사상으로 보인다.[65] 이것에 연속되는 "强良不得"은 『老子』 下篇 42章에 "强梁者不得其死"라는 구절과 동일한 내용이다. 『馬王堆帛書老子甲本』에는 强梁을 强良이라고 기록하였는데, 그 의미는 흉악하고 횡포하다는 것이다. 이로 볼 때 「爲吏之道」는 老子의 사상이 포함되어 있다고 볼 수 있다.

「爲吏之道」는 劉向이 찬술한 『說苑』의 내용과도 밀접한 관련성을 가지고 있다. "安樂必戒, 毋行可悔"와 "强梁者不得其死"라는 것은 모두 『說苑』 「敬愼」에 보인다. 孔子가 주나라 太廟를 참관했을 때 보았던 銅像 뒷면의 銘文에 있는 "安樂必戒, 無所行悔"와 약간 글자상의 차이는 있지만 동일한 내용이며, 그 다음에는 "强梁者不得其死"라는 구절이 있다. 결국 周室의 太廟에 있었던 내용이 세간에 널리 전해지고, 이것이 秦에도 전해져 관리들을 규율하는 것으로서 되었을 것이다. 또한 "吏有五善, 一曰中信敬上, 二曰精(淸)廉毋謗, 三曰擧事審當, 四曰喜爲善行, 五曰龏(恭)敬多

也, 堅剛而不屈義也. 廉而不劌行也, 折而不橈勇也." 군자는 玉을 德에 비유한다. 색깔이 따뜻하고 윤택이 있는 것은 仁과 비슷하며, 견고하면서도 무늬가 있는 것은 知와 비슷하다. 堅剛하면서도 굽히지 않는 것은 義와 비슷하다. 모가 나있지만 사람을 상하게 하지 않는 것은 德行과 비슷하다. 꺾일지언정 굽혀지지 않는 것은 勇과 비슷하기 때문이다.

64) 『老子翼』(東京: 富山房, 1972) 下篇, p.35, "是以聖人, 方而不割, 廉而不劌, 直而不肆, 光而不燿". 長沙 馬王堆 3號 漢墓 출토의 帛書老子乙本에 "是以方而不割, 兼(廉)而不刺, 直而不紲, 光而不眺(耀)"라고 있다.[國家文物局古文獻硏究室, 『馬王堆漢墓帛書(壹)』(北京: 文物出版社, 1980), p.91.]

65) 早稻田大學秦簡硏究會, 위의 논문, p.115.

讓, 五者畢至, 必有大賞"이라는 구절은 『說苑』「談叢」에 "恭敬遜讓, 精廉無 謗, 慈仁愛人, 必受其賞"이라는 것과 유사하다. 또한 "中不方, 名不章, 外 不員"은 『說苑』「談叢」의 "中不方, 名不章, 外不圜, 禍之門"이라고 한 것의 마지막 1句가 생략된 것만 다를 뿐 동일하다. 또한 「爲吏之道」의 "口, 關也. 舌, 几(機)也. 一堵失言 四馬弗能追也. 口者, 關也. 舌者符璽也. 璽而不 發, 身亦毋薛(辭)."라는 문장은 『說苑』「談叢」의 "口者, 關也. 舌者, 機也. 出言不當, 四馬不能追也. 口者, 關也. 舌者, 兵也. 出言不當, 反自傷也."라는 문장과 거의 일치하고 있다. 劉向은 前漢의 저명한 유가이므로, 그의 저술내용을 「爲吏之道」에서 찾을 수 있다는 것은 秦代에 유학의 영향을 확인할 수 있는 것이다.[66]

한편 728-9의 "臨材見利, 不取苟富, 臨難見死, 不取苟免."이라는 것은 『禮記』「曲禮上」의 "敖不可長, 欲不可從, 志不可滿, 樂不可極, 臨材毋苟得, 臨難毋苟免."이라는 것과 유사하다. 또한 "寬俗(容)忠信, 和平毋怨."의 "寬俗(容)"과 "和平"은 『呂氏春秋』「音律」에 "夾鐘之月, 寬裕和平, 行德去 刑, 無或作事以害群生."의 "寬裕和平"과 비슷하다.

이처럼 『說苑』과 「爲吏之道」의 내용이 매우 흡사한 것으로 볼 때 양 자의 사상적 배경에 대해서는 주의할 필요가 있다. 『說苑』은 고대부터 西周·春秋戰國時代를 거쳐, 秦, 그리고 劉向 자신이 살았던 漢代까지의 遺聞逸事를 中書와 民間에 있는 서적을 교정할 때 『新序』에 기술하고 남은 것을 모은 것이다.[67] 내용은 諸子의 언행, 국가흥망의 도리, 哲 理, 격언 등 매우 다양한데, 『說苑』을 저술할 때 매우 다양한 서적을 참고했기 때문일 것이다. 이와 마찬가지로 『說苑』『老子』『禮記』 등 다 양한 내원을 가지고 있는 「爲吏之道」는 秦國 이외의 지역에서도 유입 된 부분이 존재한다. 따라서 이것도 睡虎地 11호 秦墓에 보이는 秦的

66) 張晋藩, 「從秦簡《爲吏之道》看秦의"治吏思想"」, 『中國法律史論』(北京: 法律出 版社, 1982), pp.107-108.
67) [淸] 嚴可均, 『全上古三代秦漢三國六朝文·全後漢文』(北京: 中華書局, 1958), p.334.

인 요소와 동방육국의 요소가 혼합된 경향을 보이고 있다.

「爲吏之道」 출토 이후, 그와 유사한 내용을 담고 있는 문헌들이 속속 출토되어 「爲吏之道」와의 상관성, 나아가 秦帝國의 통치사상을 파악하는데 도움이 된다. 王家臺秦簡의 「政事之常(2004)」, 北京大學藏秦簡牘의 「從政之經(2012)」,[68] 嶽麓秦簡의 「爲吏治官及黔首(2010)」가 그것이다.

① 「政事之常」

王家臺秦簡은 1993년 3월 江陵縣 荊州鎭 郢北村(楚의 紀南城 동남쪽 5킬로미터 지점)의 16座 秦漢墓 가운데 秦墓 15號에서 나온 것이다. 그중에는 歸藏, 效律, 政事之常 등이 포함되어 있었는데, 지금까지도 석문의 내용이 발표되지 않고 있다.[69] 「政事之常」과 「爲吏之道」는 내용상 기본적으로 일치하고, 순서만 약간의 차이가 있다.[70]

② 「從政之經」

2010년에 北京大學은 香港馮燊均國學基金會의 기증을 받아서 海外로 유출되었던 秦簡牘을 소장하게 되었다. 출토지점은 불명이지만, 竹簡 卷四의 「道里書」에 근거할 때 簡牘은 지금의 湖北省 중부의 雲夢·荊州(秦代의 安陸, 江陵)에서 도굴되어 해외로 유출된 것으로 추정된다. 「從政之經」은 卷九에 속해있고, 모두 46枚의 簡으로 구성되어 있다. 內容과 體例는 雲夢睡虎地 「爲吏之道」와 자못 가까운데, 篇題가 발견되지 않았다. 때문에 簡文에 "爲官함에 있어 마땅히 기피해야 할 節에 근거하여 '從正(政)之經'을 首句로 삼고 있다."는 것에 근거해 그것을 임시로 篇名으로 삼았다. 내용은 대부분 睡虎地秦簡의 「爲吏之道」와 동일하다. 다만 사용한 용어(字詞)와 구

---

68) 北京大學出土文獻硏究所, 「北京大學藏秦簡牘槪述」(『文物』 2012-6), p.67.
69) 王明欽, 「王家臺秦墓竹簡槪述」, 『新出簡帛硏究』(北京: 文物出版社, 2004), p.26; 林素淸, 「秦簡爲吏之道與爲吏治官及黔首硏究」(『簡帛』 8輯, 2013), p.283.
70) 林素淸, 위의 논문, p.287.

절의 위치에 차이가 있다.[71]

③ 嶽麓秦簡의 「爲吏治官及黔首」

2007年 12月, 湖南大學嶽麓書院이 香港 골동품시장에서 구입한 嶽麓書院
藏秦簡 가운데 睡虎地秦簡의 「爲吏之道」와 抄寫形式과 내용면에서 흡사한
문헌이 포함되어 있다. 이 秦簡은 모두 80여매로 이루어졌다. 睡虎地秦簡
「爲吏之道」와 嶽麓書院藏秦簡 「爲吏治官及黔首」의 내용은 近似하며, 字詞는
조금 차이가 있고, 순서에 약간 다름이 있는 정도이다.[72] 다만 후자가 전
자의 문장에 비해 진일보한 加工을 한 것이고, 簡文의 문장이 보다 세련되
어 있다.[73]

위의 문헌들을 비교분석한 결과는 「政事之常」, 「爲吏之道」와 「爲吏治
官及黔首」의 내용이 큰 차이가 없다는 사실이다.[74] 또한 이러한 문헌
들이 모두 雲夢·荊州(秦代의 安陸, 江陵) 등지의 秦墓에서 출토되었다
는 사실은 이러한 내용이 秦國에서 광범위하게 배포·유행되었을 가능
성을 시사한다.

위에서 언급한 것처럼 諸子의 사상이 포함된 「爲吏之道」類의 문헌
들이 秦國내에서 유행한 시점을 살펴보고자 한다. 秦國내에 제자백가
사상 등 동방육국의 문화가 어느 정도로 유행되었는지를 보아야 할
것이다. 「爲吏之道」의 많은 부분이 『說苑』등에 존재하는 것으로 볼 때,

---

71) 朱鳳瀚, 「北大藏秦簡《從政之經》述要」(『文物』 2012-6), pp.74-79. 北大藏秦簡 「從
政之經」은 整理·研究 중에 있어서, 睡虎地簡 「爲吏之道」·嶽麓書院簡 「爲吏治
官及黔首」와의 관계는 아직 기다려야 한다. 그것과 湖北荊州王家台15號秦墓
출토 竹簡인 「政事之常」과의 관계 역시 王家台簡 全文의 발표를 기다려서
재차 연구해야 한다.
72) 林素淸, 위의 논문, p.307.
73) 朱鳳瀚, 위의 논문, p.76.
74) 林素淸, 위의 논문, p.291.

그 내원이 秦國 외부에 있었음을 부정할 수 없다. 그리고 「爲吏之道」
그 자체가 외국에서 수입된 것인지, 아니면 외국에서 수입된 다양한
사상을 기초로 秦國 내에서 재편집한 것인지는 알 수 없지만, 무엇보
다 중요한 것은 이러한 내용이 秦國의 관리들에게 읽히고 있다는 사
실이다. 그러한 의미에서 秦國에 동방육국의 정치이념이 수입되어 있
었는지 여부는 중요한 문제이다.

　秦國과 동방육국의 문화교류에 대해서는 두 가지 상반된 견해가
존재한다. 예컨대, 黃灼耀는 다음과 같이 秦國에 동방육국의 문물이
상당한 정도로 수입되어 있다고 주장한다.[75] 서주말에서 춘추초에 원
래 周의 근거지를 접수했기 때문에 秦의 문화는 周문화의 색채를 농
후하게 가지고 있었다. 또한 李斯의 「諫逐客書」에 보면 鄭衛의 음악이
秦國에 들어와 있는 것을 알 수 있고, 秦始皇 때 秦人은 殷俗을 계승해
臘이라 하지 않고 嘉平이라고 칭한 것처럼 풍속과 습관의 방면에서
동방의 색채를 보존하고 있었다. 또한 문화의 수입 과정에서 秦國에
종법관념이 강하지 않았기 때문에 많은 외국인을 중용할 수 있었고,
결과적으로 동방각국의 문화가 유입되었다. 예컨대 商鞅이 趙良과의
대화중에 "지금 나는 그 가르침을 바꿔 남녀의 구별을 만들고, 大築冀
闕은 魯衛의 것처럼 (모방)할 것이다."라고 한 것은 秦人의 윤리도덕관
념을 개혁하여 동방 각국과 같은 문명된 禮教를 세울 것이라고 주장
한 것이다.[76] 黃灼耀는 이상의 증거로 볼 때 秦國에 동방의 문화가 유
입되어 있다고 보았다.

　반면에 李曉東·黃曉芬은 秦國에 수입된 동방의 문화가 강하지 않았
다고 주장하고 있다. 그는 이 문제가 秦문화의 功利주의적 특징 및 엄
격한 종법제 결핍과 직접적인 상관관계가 있다고 보았다. 戰國시기까
지 秦國 군주 지위의 세습은 왕왕 嫡庶를 구분하지 않고 兄終弟繼하였

75) 黃灼耀, 「論秦文化的淵源及其發展途徑」(『華南師院學報』 1981-3), pp.40-43.
76) 『史記』 卷68 「商君列傳」, p.2234.

다. 이같은 嫡長子를 중시하는 종법관념의 결핍으로 秦人은 尊尊·親
親·孝의 덕목을 강조하지 않았고, 정치상으로도 仁政을 시행하지 않
았으며, 종교상으로도 祖上崇拜를 중시하지 않았다는 것이다. 결과적
으로 엄격한 宗法制가 결핍되었기 때문에 秦문화는 종법제를 중시하
는 周·齊魯문화에 동화되지 않았다는 것이다.[77]

그러나 종법제의 결여가 동방문화의 흡수에 방해가 되었다고는
생각되지 않는다. 전국말까지 秦의 왕위계승상 적장자 상속제가 확립
되지 않은 것으로 볼 때 종법제가 확립되지 않은 것은 사실이다. 그
러나 폐쇄적이고 배타적인 종법적 귀족제도가 확립되었다면 춘추시
대의 百里奚·由余, 戰國시대의 商鞅·張儀·范雎 등 수많은 외국인이 秦
의 관료기구에 들어오는 것은 불가능했을 것이다.[78] 춘추시대에 戎王
의 사신인 由余에게 秦 繆公이 궁실·금은보화를 보여주며 "중국은 詩
書禮樂法度로써 정치를 행한다."고 한 것은 秦에도 이같은 동방문화,
특히 詩書禮樂이 수입되어 있음을 보여준다. 이 "중국"이라는 범위에
秦도 포함됨은 물론이다.[79] 그렇다고 해서 동방의 문화가 秦에서 활
성화되어 있었던 것은 아니다. 기존의 문헌사료에서 알 수 있듯이 秦
國의 물질문화가 동방 육국의 문화보다는 훨씬 현실적이고 소박하며,
이는 放馬灘日書와 睡虎地日書의 비교에서도 증명된다. 실제로 秦昭王
은 유생이 국가에 무익하다는 이유에서 荀子의 유세를 거절할 정도로
"秦無儒"의 전통을 고수했고, 실제로 荀子가 살펴본 秦國은 유가의 영
향이 전무한 상태였다.[80]

그러나 「爲吏之道」 등의 여러 문헌에 儒家·道家思想의 영향이 보이

77) 李曉東·黃曉芬, 「從《日書》看秦人鬼神觀及秦文化特徵」(『歷史研究』1987-4), p.63.
78) 林劍鳴, 「從秦人價值觀看秦文化的特点」(『歷史研究』1987-3), pp.71-75.
79) 『史記』卷5 「秦本紀」, pp.192-193.
80) 『荀子集解』卷4 「儒效」, p.4, "秦昭王問, 孫卿子曰, 儒無益於人之國."; 같은 책,
    卷11 「彊國」, p.17, "然而縣之以王者之功名, 則倜倜然其不及遠矣. 是何也, 則其
    殆無儒邪."

는 것을 어떻게 설명할 수 있을까? 또한 秦始皇의 刻石文에 포함되어
있는 유가적인 내용을 어떻게 설명할 수 있을까? 필자의 생각으로는
荀子가 秦을 방문했을 때 실제로 秦에 유가가 없었던 것으로 생각된
다. 그러다가 어느 시점을 경계로 그러한 상황이 변화했을 것으로 보
인다. 荀子의 秦國 방문은 『荀子』 「强國篇」에서 추정할 수 있다. 이를 보
면 楚가 秦의 공격으로 수도를 陳蔡之間으로 천도한 사실이 보이고, 龍
崗秦簡에도 확인된 바 있는 秦의 沙羨(사이) 점령 사실, 應侯 范雎가 荀
子를 접견한 사실 등이 보인다. 荀子가 范雎와 만난 시점은 范雎가 應
侯에 봉해지고 사망하는 昭王 41년에서 52년(B.C.266-255) 사이의 일로
서,[81] 이 때 荀子는 秦國에 儒家가 없다고 언급하였다. 그러나 呂不韋가
『呂氏春秋』를 저술할 때 수많은 유가들이 참여하였는데,[82] 이것이 秦國
에 유가들이 많아지는 결정적 계기가 된 것으로 생각된다. 『呂氏春秋』
의 저술시점은 秦始皇 6년(B.C.241)인데,[83] 이는 荀子가 秦國을 방문했
을 때로부터 최대 25년, 최소 14년이 경과한 시점이다. 呂不韋가 文信侯
에 봉해지고 정계에 두각을 나타낸 莊襄王 원년 또는 『呂氏春秋』가 완
성되는 秦王政 8년부터 睡虎地 11호 묘주인 喜가 사망하는 秦始皇 30년
사이에는 사상계에 큰 변화가 초래되어 동방육국의 각종 사상이 秦國
에 유입되었고, 이러한 조류의 변화가 바로 「爲吏之道」에 반영된 것으

---

81) 『睡虎地秦墓竹簡』 「編年記」, p.6.
82) 『呂氏春秋』에서 "使其賓客所著者也"라 했는데, 이러한 賓客을 高誘는 "不韋乃
    集儒書, 使著其所聞, 爲十二紀, 八覽, 六論, 各十餘萬言."(呂氏春秋序)라 하여
    유생들이 저술한 것으로 기술하고 있다. 陳奇猷, 『呂氏春秋校釋』(北京: 學林
    出版社, 1984), p.2.
83) 郭沫若, 「呂不韋與秦王政的批判」, 『郭沫若全集(歷史編 2)』(北京: 人民出版社,
    1982), p.401. 郭沫若은 『呂氏春秋』 「序意篇」에 "維秦八年, 歲在涒灘, 秋甲子朔,
    朔之日良人請問十二紀."라는 기록으로 볼 때 成書연대가 秦始皇 8년이라고
    보았으나, 洪家義는 역법을 검증한 후 "維秦八年"은 秦王政 6년으로서 이 때
    에 찬술되기 시작하여 2년에 걸쳐 완성되었다고 고찰하였다. 동씨, 『呂不韋
    評傳』(南京: 南京大學出版社, 1995), pp.96-101.

로 생각된다.

朱鳳瀚은 최근 출토된 「爲吏之道」類의 문서들을 비교하여 그 抄寫 시점을 「從政之經」, 「爲吏之道」, 「爲吏治官及黔首」의 순으로 빠르다고 다음과 같이 분석하였다.

우선 「從政之經」은 내용상 전체 구성 및 다수의 文句가 睡虎地秦簡 「爲吏之道」와 비슷한데, 양자가 秦王朝가 추진한 官吏 敎育 방식의 讀本이라는 것을 말해준다. 동일한 원본에서 비롯되었을 것이고, 그 차이는 講授와 傳抄하는 과정 중에 형성된 것이고, 양자의 抄寫 연대가 비교적 접근해있었을 것이다. 「爲吏之道」의 문장 구조는 「從政之經」에 비해 보다 완전하고, 서로 같은 뜻의 章節이 보다 집중해있다. 더욱이 「從政之經」의 "從政之經" 題目下의 몇 개 段의 "一曰"에서 "五曰"의 文字를 "吏有五善", "吏有五失"의 標題句에 추가한 것은 진일보한 規範化가 이루어졌다고 보았다. 따라서 「從政之經」의 문장이 「爲吏之道」보다 조금 빠를 가능성이 있다.

嶽麓書院簡의 「爲吏治官及黔首」 역시 많은 내용이 위의 「從政之經」 「爲吏之道」와 일치한다. 다만 단어구사, 文句 形式上 변동이 있고, 한층 文義를 강화하고 있다. 따라서 위의 2종의 簡과는 차이가 상대적으로 크다. 이밖에 「爲吏治官及黔首」는 「爲吏之道」簡文의 "吏有五善", "吏有五失"의 기초위에 "吏有五過"과 "吏有五則"의 句를 추가하여 簡文이 官吏를 訓誡하는 작용을 더욱 명확하게 하고 있다. 嶽麓簡의 成文과 抄寫年代는 北大簡 「從政之經」과 睡虎地簡 「爲吏之道」보다 조금 늦을 것 같다.

또한 嶽麓簡에서는 北大簡과 睡虎地簡中에 몇 곳에서 "士", "民"이라고 칭한 것을 "黔首"로 고쳤다. 원래 "黔首"라는 칭호는 秦代에 처음 출현한 것은 아니지만, 秦始皇 26年(B.C.221)에 "更名民曰黔首"라고 하령하였다. 이것이 행정명령이라면, 적어도 北大簡과 睡虎地簡 中에 "黔首"라고 칭하지 않은 것은 書寫時間이 이 법령의 하달 시점인 秦始皇 26年 이전일 가능성이 있고, 嶽麓簡에 "黔首"라고 칭한 것은 이 법령의 하달

된 秦始皇 26年 이후라고 할 수 있다

北大簡 「從政之經」 末節에는 "賢者"로 題目을 달았는데, 그 가운데는 諸子書를 인용했을 뿐만 아니라, 『詩經』의 詩句도 인용하고 있다. 現任 官吏가 된 자가 이렇게 한다는 것은 秦始皇 34年(B.C.213)에 李斯가 이후에는 "有敢偶語『詩』, 『書』者棄市"라고 상주하여 始皇帝에게 비준되어 법령으로 실시한 이후에는 할 수 있는 바가 아니었다. 따라서 北大簡 「從政之經」의 抄寫연대는 늦어도 秦始皇 34年보다 늦지는 않았을 것이다. 더욱이 "更名民曰黔首"한 秦始皇 26年(B.C.221)보다 빨랐을 가능성이 있다.[84]

이상에서 언급한 朱鳳瀚의 논증은 秦始皇 26年(B.C.221) 이전부터 「從政之經」 「爲吏之道」가 초사되기 시작했고, 焚書坑儒가 일어나는 秦始皇 34年 이전까지 抄寫가 완성되었을 것이라는 결론이다. 「爲吏之道」에 이처럼 다양한 사상이 용해되어 있었던 상황은 바로 秦始皇 34년 焚書 시기에 사상이 雜多하고 사람마다 異論이 있었고, "사람마다 그 선호하는 개인적 학문으로써 上이 건립한 것을 비난하는" 국면의 형성과 일맥상통하는 것이다.[85] 焚書坑儒는 역으로 말하면 秦始皇 시기에 法家의 주장을 채택했지만, 그와 병행하여 儒生 역시 활동하고 있었음을 반증하는 것이다. 따라서 焚書坑儒와 동일한 시기의 「爲吏之道」 내에 儒家·道家思想이 포함되어 있는 것은 크게 이상할 것이 없다. 「爲吏之道」의 儒家思想과 秦始皇의 法家思想 중시는 漢宣帝가 말했던 覇道·王道의 혼합정치가 漢帝國만의 것이 아님을 알 수 있게 한다.[86] 즉, 秦은

---

84) 朱鳳瀚, 위의 논문, p.79.
85) 邢義田, 위의 논문, pp.163-164; 『史記』 卷87 「李斯列傳」, p.2546, "古者天下散亂, 莫能相一, 是以諸侯竝作, 語皆道古以害今, 飾虛言以亂實, 人善其所私學, 以非上所建立, … 而私學乃相與非法教之制, 聞令下, 卽各以其私學議之, 入則心非, 出則巷議, 非主以爲名, 異趣以爲高, 率群下以造謗. …臣請諸有文學詩書百家語者 蠲除去之."
86) 張晉藩, 위의 논문, p.110.

한편으로는 嚴刑·苛法을 통해, 다른 한편으로는 「爲吏之道」에 보이는 寬·仁·愛·惠·慈·孝의 윤리도덕을 통해 제국을 통치했다고 할 수 있다.

그렇다면 진시황 34년 焚書사건이 발생하기 전에 「爲吏之道」 類가 秦帝國의 南郡 일대에서 유행했다는 것인데, 이 문헌들은 秦帝國에서 어떠한 기능을 하였을까? 「爲吏之道」의 성격에 대하여, 睡虎地秦簡 整理小組는 학습하여 관리가 되려는 사람들이 사용한 識字敎本이라고 하였다.

睡虎地秦簡整理小組는 「爲吏之道」의 적지 않은 곳에 『禮記』『大戴禮記』『說苑』 등과 동일한 내용이 있다. 簡文 가운데 "除害興利"節은 每句四字로 이루어져 있고, 내용이 대부분 관리가 자주 사용하는 단어로 구성되어 있으나, 어느 곳은 의미가 상호 연결되지 않고 있어 관리가 되고자 하는 사람들이 사용하는 習字本으로 보고 있다. 또 이러한 4字1句의 형식은 秦代의 字書인 「倉頡篇」「爰曆篇」「博學篇」과 비슷하다고 보고 있다. 그리고 마지막에 魏의 법률이 추가된 것은 농업생산과 군사역량을 강화하기 위한 목적이 바로 秦法의 정신과 비슷하기 때문에 여기에 抄錄되었을 것으로 보고 있다. 整理小組의 견해는 「爲吏之道」가 秦國에서 기원한 것이며, 관리들의 識字敎本으로 사용되었다는 것이다.[87]

臺灣의 吳福助는 동일한 입장에서 秦代에 관리가 되려는 사람의 학습에 제공되는 宦學識字敎材 또는 道德敎材임을 정밀하게 논증하였다. 「爲吏之道」는 秦代의 "學吏制度"와 관련이 있다고 보았다. 秦代의 각급 정부기구에 필요한 吏員은 일반적으로 재능을 중시하였다. 이로 인해 宦學이든 私學이든 상관하지 않았고, 혹은 正式 吏員에게 가서 공부하는 學徒가 되었다. 모두 반드시 우선적으로 吏의 업무능력과 자격을 취득한 연후에 재차 長吏와 결합한 辟置를 통해서 吏途에 진입하게 된다. 이러한 학리제도를 당시에는 "宦學" 혹은 "學宦"이라고 칭했다. 「爲

---

87) 雲夢睡虎地秦墓編寫組, 『雲夢睡虎地秦墓』(北京: 文物出版社, 1981), p.21.

吏之道」는 墓主 喜의 청년시 교육받을 때의 교재였거나 후일 교직을 맡았을 때 지방 吏員生徒를 훈련하는 교과서였다는 것이다. 「爲吏之道」의 4자1구로 되어있는 文體形式은 「倉頡篇」 계통이라는 것이다. 그것이 摘抄한 語彙 역시 安徽阜陽漢簡 「倉頡篇」과 자못 가깝다는 것이다. 雜抄文書類의 宦學識字課本은 墓主人이 당시 통용되던 교과서를 摘編했거나 혹은 개인이 저술하여 자습하거나 타인을 敎授하는 용도였다는 것이다.[88]

吳福助는 識字敎本 또는 道德敎材라는 두 개의 관점에서 후자라고 인식한 듯하다.[89] 즉, 그는 "「爲吏之道」는 嬴秦宦學道德敎材이다."라고 분명히 지적하였다. 「爲吏之道」의 성질은 秦의 "以吏爲師"制度下에서 일반 學吏의 吏員이 法律科目을 修習하고 난 후에 별도로 함께 배우는 道德課程敎材였다. 그것은 현재 알려진 중국 최초의 宦學道德敎材이며, 戰國秦漢時代의 學吏生徒가 사용한 道德敎材의 일반 상황을 알 수 있다는 것이다.[90]

朱鳳瀚은 從政之經에 賢者라는 제명이 달려있는 것에 대해서, 그 내용은 몇 단의 문자가 雜抄되어 있고, 그 내용은 「爲吏之道」 또는 「爲吏治官及黔首」에 보이지 않는 것인데, 이러한 몇 종의 문서는 모두 각각 爲吏生活을 하거나, 從政에 필요한 준비서와 箴言錄을 초록한 것이라고 하였다.[91]

이상의 견해 이외에도 「爲吏之道」는 지방 小吏를 훈련시키는 교재였을 것이라는 설과,[92] 관리의 任用·考劾의 표준이 되는 것이므로 宋

---

88) 吳福助, 「爲吏之道宦學識字敎材論考」, 『睡虎地秦簡論考』(臺北: 文津出版社, 1994), pp.139-168.

89) 陳松長, 「秦代宦學讀本的又一個版本 −嶽麓書院藏秦簡《爲吏治官及黔首》略說」, 簡帛網 http://www.bsm.org.cn/show_article.php?id=1150

90) 吳福助, 위의 책, pp.177-182.

91) 朱鳳瀚, 위의 논문, p.79.

92) 邢義田, 위의 논문, p.166. 邢義田은 「爲吏之道」가 "戒之戒之", "謹之謹之", "愼

代 이후 編寫된 官箴과 유사한 성질의 것이라는 설,[93] 周秦 이래의 수많은 정치가·사상가의 주장과 정치에 종사한 경험의 총결이라는 설,[94] 점령지역의 반발을 무마하기 위하여 관대한 통치를 표방한 「爲吏之道」를 地方小吏에게 습득케 하고 점령지 통치를 일임했다는 설,[95] 적어도 2명 이상이 각각 다른 시기에 쓴 것으로, 본문은 官箴형식이나 일부는 急就章·弟子職처럼 관리가 되고자 하는 자의 學習字書라는 설이 있다.[96]

이상의 논의를 보면 宦學識字敎材(學習字書)인지 아니면 宦學道德敎材(官箴)인지로 의견이 정리될 수 있다. 이에 대해 陳松長은 嶽麓書院藏秦簡 「爲吏治官及黔首」의 簡號 1531·1541·0072의 3매 간문 문장을 분석하고 秦代에 學吏制度의 요구에 근거하여 編寫된 宦學讀本인데, 정확히 말하면 "官課(관리고과)"의 필독 교과서라고 주장하였다.

> 1531(背面): 爲吏治官及黔首
>
> 1531(正面): 此治官黔首及身之要也, 與它官課, 有式令能最, 欲毋殿, 欲毋罪, 皆不可得. 欲最之道, 把此
>
> 1541: 爲人君則惠, 爲人臣則忠, 爲人父則茲(慈), 爲人子則孝, 爲人下則聖(聽), 爲人友則不爭. 能行此, 終
>
> 0072: 日視之, 篡毋舍, 風庸爲首, 精正守事, 勸毋失時, 攻成爲保, 審用律令, 興利除害, 終身毋咎.

之愼之"와 같은 敎誨的 語調로 충만되어 있으며, 5欄으로 된 가장 아래에는 학습자의 기억에 편리하게 하기 위한 韻文八首의 押韻이 있는 사실로 보아, 地方 小吏를 훈련시키는 교재였을 가능성이 있다고 추정했다.

93) 張晉藩, 위의 논문, pp.96-98. 다만 「爲吏之道」는 관리개인의 통치권술과 처세철학에 국한되어 있는 宋代 이후의 官箴과 달리, 봉건계급의 조직성, 관료의 국가관리형식과 표준이 강조되어 있다고 주장한다.

94) 陳抗生, 「秦法和秦人執法」(『江漢論壇』 1979-3), p.63.

95) 湯淺邦弘, 위의 논문, pp.32-33.

96) 張永成, 「秦簡爲吏之道篇的版式及其正附文問題」(『簡牘學報』 10, 1981), p.69.

1531(正面) 簡文의 처음에 "治官黔首及身之要也"라고 한 것은 이 문장이 治官·治黔首·治身의 핵심을 언급한 것이다. 이에 입각할 때 이 문서의 성질은 단순한 宦學識字教材가 아니라는 것이다.

陳松長은 동일한 1531(正面)의 "與它官課, 有式令能最."에서 이 문장의 목적을 알 수 있다고 하였다. "與"는 "用"의 뜻이고, "課"와 "試"는 같은 뜻이다. "課"는 考核·測試의 뜻이다. "官課" 역시 官吏에 대해 考核한다는 뜻이다. "式"은 模範·法度·規矩의 뜻이다. 이렇게 해석하면, "與它官課, 有式令能最."는 "그것을 사용해 官吏의 考核을 진행하고, 法度規矩가 있으면 가장 좋은 成績을 얻을 것"이라는 뜻이다. 이로써 「爲吏治官及黔首」 문장의 성질은 "道德教材"가 아니라, "官課(관리고과)"의 필독교과서라는 것이다.

陳松長은 또 다음과 같이 宦學讀本이라고 주장하고 있다. 1541호 簡文의 "爲人君則惠, 爲人臣忠, 爲人父則茲(慈), 爲人子則孝, 爲人下則聖(聽), 爲人友則不爭"의 문자는 대부분 睡虎地秦簡 「爲吏之道」에도 보이는 것이다. 그것이 미치는 대상은 人君·人臣·人父·人子·人下·人友 等을 포괄한다. 강조한 것은 儒家倫理의 理想規範인데, 일종의 道德追求인 것 같으나, 簡文의 목적은 도리어 이 문헌을 읽는 모든 사람에게 "精正守事", "審用律令", "興利除害"하여, "終身毋咎"의 保證을 勸諭하려는 것에 있었다. 이것은 단순한 "道德教材"가 아니라, 秦代에 學吏制度의 요구에 근거하여 編寫된 宦學讀本이다. 이러한 讀本은 당시에 고정된 기본내용을 가지고 있고, 통용되는 抄寫格式을 가지고 있었다.

이상에서 언급한 바와 같이 「爲吏之道」 등은 관리의 자습서, 도덕교본, 관리고과에 필요한 교과서 등 여러 가지 견해가 있다. 어떠한 것이라고 하더라도 秦始皇 34年 "禁私學"을 下令하기 전에 秦人 가운데 官吏가 되는 자는 실제적으로 다양한 학설의 교육을 받았다는 사실이 분명하다.[97] 이는 아마도 商鞅變法 이래 확립된 秦國의 법가노선과 별도로, 呂不韋 등의 入秦 등을 전후하여 다양한 동방육국의 문화사조가

秦國에 수입된 것을 반영한 것이라고 생각한다. 그리고 이러한 사조
는 진시황 34년 "禁私學"의 조치가 내려지면서 다시 商鞅式의 법가노
선으로 회귀한 것으로 생각된다.

IV. 「封診式」과 秦帝國 재평가

다음으로는 睡虎地秦簡에 포함되어 있는 「封診式」을 분석함으로써
秦帝國의 법률 운용방식이 漢代人의 비판과 다른 측면을 가지고 있음
을 살펴보고자 한다. 「爲吏之道」의 내용 중 일부가 본래 東方六國에서
들어왔을 가능성이 있는 것에 비해, 앞서 언급한 것처럼 「封診式」은
秦 자체 내에서 작성되어 시행된 내용이기 때문에 秦國의 법 운용방
식을 잘 보여주는 것이다.

① 「治獄: 治獄, 能以書從迹其言, 毋笞掠而得人情爲上; 笞掠爲下; 有恐爲敗.」

② 「訊獄: 凡訊獄, 必先盡聽其言而書之, 各展其辭, 雖知其訑, 勿庸輒詰. 其
辭已盡書而毋解, 乃以詰者詰之. 詰之又盡聽書其解辭, 又視其它無解者以
復詰之. 詰之極而數訑, 更言不服, 其律當笞掠者, 乃笞掠. 笞掠之必書曰:
爰書: 以某數更言, 無解辭, 笞訊某.」[98]

위의 「封診式」은 피의자의 訊問 방법을 규정한 治獄과 訊獄의 두 부
분으로 구성되어 있다. 治獄은 "글로 진술내용을 써서 그 말의 내용을
추적하며, 笞掠하지 않고 실상을 알아내는 것이 최상의 방법이며, 고

---

97) 朱鳳瀚, 위의 논문, p.79.
98) 『睡虎地秦墓竹簡』, pp.245-246.

문에 의해 자백을 얻는 것은 가장 좋지 않은 방법"이라는 내용을 담고 있다. 訊獄은 "신문시 피의자의 진술을 완전히 듣고 그것을 기록으로 남기는 방법을 취하며, 비록 그것이 거짓이라는 것을 알더라도 즉시 詰問하지 않는다. 힐문할 때는 진술기록을 보면서 분명하지 않은 문제가 있으면 계속 힐문하고, 힐문시 피의자의 답변이 궁해 수차 속이거나 진술을 변경하면서 罪를 인정하지 않을 경우 법에 의거해 고문을 가한다. 고문할 때는 반드시 아래와 같이 기록한다. 爰書: 아무개가 수차 진술을 변경하므로 판명할 수 없어 아무개를 고문하여 訊問한다."는 내용이다. 특히 중요한 부분은 "고문은 피의자가 계속 진술을 바꾸면서 죄를 인정하지 않을 때에만 가한다는 것이고, 爰書로 그 근거를 남겨야 한다."는 것이다. 『史記』 『漢書』 등의 기록에 보이는 수많은 고문 사례에서 알 수 있듯이 이 같은 治獄·訊獄의 정신과 원칙이 실제로는 遵守되지 않았지만, 원칙상 秦代의 재판이 고문을 최후의 수단으로 삼는, 이른바 합리적·이성적인 측면이 풍부했음을 보여준다.[99]

흥미로운 것은 『唐律疏議』 「斷獄」의 "訊囚察辭理" 條에도 이와 매우 흡사한 내용이 있다는 사실이다. 즉, "범죄자의 범죄상황을 우선 살피고, 자백내용이 이치에 맞는지를 살펴야 하며, 반복해서 이를 검증해야한다. 그래도 판결할 수 없을 경우 반드시 심문해야 할 범죄사실은 새로이 문안을 만들어 현재 장관의 동의를 얻은 연후에 고문을 한다. 위반한 자는 杖 60대이다."라는 내용이다.[100] 이 조문은 「封診式」과 字句가 완전히 동일하지는 않지만, 「封診式」의 영향을 받은 것이 아닐까 할 정도로 그 정신과 내용은 일치한다. 비록 충분한 증거가 없어 단

---

99) 邢義田, 위의 논문, pp.165-166. 司法의 합리적 정신과 관련하여 600 여매의 秦律에서는 陰陽五行說의 흔적을 찾아볼 수 없는데, 이점은 「日書」와 漢 이후의 법률에 陰陽五行思想이 충만해 있는 점과는 크게 다른 점이다.

100) 錢大群 撰, 『唐律疏議新注』(南京: 南京師範大學出版社, 2007), p.967, "476 諸應訊囚者, 必先以情, 審察辭理, 反復參驗, 猶未能決, 事須訊問者, 立案同判, 然後拷訊. 違者 杖六十."

언할 수는 없지만, 「封診式」의 이러한 정신이 漢律에 승계되고 이후 唐律에 남았을 가능성도 있다.

이상에서 고찰한 바와 같이, 雲夢秦律에는 유가사상의 영향을 살피기 곤란할 뿐만 아니라, 商鞅의 重刑嚴罰主義에 기초한 것이 분명하다. 반면에 「爲吏之道」에는 유가사상을 비롯한 제자백가의 사상이 명백히 나타나며 秦의 치국이념이 重刑主義를 추구하지 않고 있으며, 「封診式」에는 가혹한 拷問 위주의 재판이 아니라 진실을 규명하려는 합리주의가 나타나 있다. 이처럼 외관상 秦의 법률적용 자세가 후대 王朝와 마찬가지로 사회정의의 실현에 궁극적 목표를 두고 있는 현상을 어떻게 이해하여야 할 것인가?

「封診式」의 拷問을 자제시키는 규정은 사실상 책상 위의 문서에 불과할지도 모른다. 고문을 자행하는 근대국가도 법률상으로는 고문을 금지한 것처럼 항상 원칙과 실제는 다를 수 있는 것이다. 그러한 고문 억제의 규정이 존재했더라도 秦始皇과 二世皇帝 통치하의 農民·刑徒·奴隸가 肉刑·苦役·飢餓·死亡의 위협속에 있었음은 趙背戶村 刑徒墓의 잔혹하게 매장된 유골에서 여실히 증명된다.[101] 비단 이 같은 경향은 秦帝國만이 아니라, 漢帝國에서도 지속되고 있는 것 같다. 景帝의 陽陵과 洛陽 刑徒墓에서 출토된 형도들의 매장상태는 漢帝國 역시 秦帝國과 같은 법치방식에서 크게 벗어나지 못했음을 말해준다.[102] 그렇다면 秦帝國의 가혹한 통치가 趙背戶村에서 증명되고 있는 사실은 漢初의 정론가들의 주장이 충분한 설득력을 갖지만, 景帝의 陽陵 刑徒墓는 그들의 논리가 편파적이었음을 웅변한다.

이러한 분석과 병행하여야 할 것은 秦始皇의 巡狩碑에 나타난 내용인데, 漢帝國의 王道와 覇道의 혼합에 의한 정치방식과 유사하므로 재평가를 받을 필요가 있다. 비록 會稽 刻石의 "宣省習俗, 黔首齋莊", "防

---

101) 始皇陵秦俑考古發掘隊, 「秦始皇陵西側趙背戶村秦刑徒墓」(『文物』 1982-3), pp.6-7.
102) 秦中行, 「漢陽陵附近鉗徒墓的發現」(『文物』 1972-7), p.52.

隔內外, 禁止淫泆, 男女絜誠"등의 기록은 南郡守騰의 「語書」와 비슷하므로 법치적인 내용으로 볼 수도 있으나,[103] 그것은 남녀의 예의를 존중하는 것으로도 이해될 수 있으므로 반드시 「語書」처럼 법치적 주장이라고 볼 필요는 없다. 중요한 것은 秦始皇이 남긴 각석문에 秦代의 엄형중벌을 나타내는 것이 드물다는 사실이다. 예컨대 泰山 刻石文의 내용을 보면, 敎化, 經典중시, 존비귀천의 계급질서, 남녀 사이의 예의 등을 강조하고 있다.

> 밤낮으로 자고 일어날 때마다 오래도록 이익이 될 것을 건설하고, 오로지 가르침을 일으키며, 경전을 가르쳐 뜻에 통하게 하고, 멀고 가까운 곳이 모두 다스려지도록 한다. 聖志를 모두 받들고, 귀천이 분명하며, 남녀의 예를 따르도록 하며, 신중하게 맡은 일을 준수하도록 하며, 안팎을 밝게 나누고 청정하지 않음이 없으며, 後嗣에 베풀어지도록 한다.[104]

또한 會稽山 刻石文에는 부부 사이의 예의, 천하의 교화, 법도의 준수를 주장하고 있다.

> 잘못을 꾸며 옳다고 선전하며, (남편이 죽고) 아들이 있는데도 버리고 시집을 가면, 죽은 자(남편)를 배반한 不貞이다. 內外를 격리시켜 淫佚함을 금지시키면 남녀가 깨끗해지며, 남편이 유부녀와 간통하면 죽여도 무죄가 된다. 남자는 올바른 길을 가는 데도 妻가 도망하여 시집을 가면 아들은 어미를 잃게 된다. 모두 교화되어 청렴해지고 크게 다스려져 습속을 깨끗하게 하면 천하가 그 풍속을 이어 받아 아름다운 經을 받게 된다. 모두 궤도를 준수하게 되고, 화목·안락하게 되며, 돈독하고 힘쓰게 되어, 법

---

103) 黃留珠, 「秦文化的南播」(『秦漢史論叢』 6), p.261.
104) 『史記』 卷6 「秦始皇本紀」, p.243, "夙興夜寐, 建設長利, 專隆教誨, 訓經宣達, 遠近畢理, 咸承聖志, 貴賤分明, 男女禮順, 愼遵職事, 昭隔內外, 靡不淸淨, 施于後嗣."

령에 순종하지 않음이 없게 된다. 黔首는 깨끗해지고, 사람들이 동일한 법
도를 즐기며, 즐거이 태평을 유지하게 되며, 후손은 삼가 법을 받들게 되
고, 무한히 다스려지며, 수레와 배가 기울어짐이 없게 된다.[105]

또한 晉太康郡國志에 보이는 會稽 각석문에는 禮·義·孝·仁에 의한
교화를 언급하고 있다.

　禮로써 하늘을 섬기고, 義로써 입신하고, 孝로써 부모를 섬기고, 仁으
로써 사람 됨됨이를 이루게 한다. 천하사방의 안쪽이 모두 군현으로 되고
四屬八蠻이 모두 와서 貢職하며, 백성들이 번식하고 하늘의 녹을 영원히
얻었으므로 돌에 새기고 號를 바꾼다.[106]

이상의 刻石文의 내용에서 볼 때 秦代의 禮俗개혁, 특히 秦始皇의
천하 교화의 과정 중에서 유가사상의 편린을 확인하기는 어렵지 않
다. 또 秦代의 印璽에는 敬事·敬上·修身·忠信·正行亡私·日敬毋怠·中人
등 유가윤리로 충만된 가르침이 많다.[107] 과거 秦帝國은 禮儀·敎化를
등한시했던 것으로 이해되어 왔으나, 印章에서도 이러한 내용이 보이
는 것은 秦國도 나름대로의 도덕적 규범을 구비하고 있었다고 보아야
한다. 적어도 秦始皇도 漢武帝와 마찬가지로 유가의 예교로 사회의 도
덕규범을 확립한 것이며, 후대 유가들이 주장하는 승냥이와 같은 존

105) 『史記』卷6「秦始皇本紀」, p.262, "飾省宣義, 有子而家, 倍死不貞, 防隔內外, 禁
止淫泆, 男女潔誠, 夫爲寄豭, 殺之無罪. 男秉義程, 妻爲逃嫁, 子不得母. 咸化廉
清, 大治濯俗, 天下承風, 蒙被休經. 皆遵度軌, 和安敦勉, 莫不順令. 黔首脩絜,
人樂同則, 嘉保太平, 後敬奉法, 常治無極, 輿舟不傾."
106) [唐] 杜佑, 『通典』卷54「禮」(北京: 中華書局, 1988), p.1508, "事天以禮, 立
身以義, 事父以孝, 成人以仁. 四守之內, 莫不郡縣, 四屬八蠻, 咸來貢職, 人庶蕃
息, 天祿永得, 刻石改號.(晉太康郡國志)."
107) 李學勤, 『東周與秦代文明』(北京: 文物出版社, 1984), p.332; 黃留珠, 위의 논문, p.276.

재는 아니었다.

V. 결론

이상에서 필자는 수호지 11호 秦墓의 주인인 喜가 秦人이라는 前稿의 결론을 근거로 하여, 그와 함께 부장된 문서를 분석함으로써 秦帝國의 통치 이념이 과연 漢代人의 주장과 같이 부정적이었는가를 고찰하였다. 필자는 두 가지 점을 염두에 두고 이 문제를 고찰하였다. 첫째는, 漢代人에 의해 이루어진 사료는 일단 사료의 진위 여부를 판단한 후에 이용하여야 할 것이라는 점이다. 秦簡에 보이는 秦律이 嚴格·細密·苛酷한 것은 사실이지만, 같은 戰國時代의 기타 東方諸國의 法令도 가혹한 것이었다.

李悝의 법률도 결국 戰國 魏의 것이고, 그것을 商鞅이 모방한 것이기 때문에, 秦律은 魏의 법률의 모방에 불과하다. 그렇다면 魏의 법률도 秦律과 마찬가지로 비판받아야 하는데, 魏의 법률에 대해 漢代人이 비판하고 있는 흔적은 없다. 秦의 법률이념도 餘他 동방국가의 법률과 마찬가지로 社會正義의 具現에 궁극적 목표를 두고 있음은 「語書」에 "法律令이라는 것은 그것을 통해 民을 敎導하는 것이고 淫僻을 제거하고 惡俗을 없애 民으로 하여금 善을 실행하는 것으로 나아가게 하는 것"이라고 정의한 것에 명확히 나타나 있다.[108]

漢왕조의 秦에 대한 비판은 漢律에 대한 曹魏정권의, 魏律에 대한 司馬晋정권의 비판과 동일범주에 속하기 때문에,[109] 그들의 비판을

---

108) 『睡虎地秦墓竹簡』, p.15.
109) 『漢書』 卷23 「刑法志」, p.1112, "今漢承衰周暴秦極弊之流, 俗已薄於三代而行堯舜之刑."; 『晋書』 卷30 「刑法志」, p.922, "魏武帝亦難以藩國改漢朝之制, 遂寢不行…又嫌漢律太重, 故令依律論者聽得科半 使從半減也."; 같은 책, p.926, "及景

그대로 신빙하기는 곤란하다. 특히 漢初에 劉邦은 秦의 법령을 約法三
章으로 폐지했다고 하지만 실은 秦法을 그대로 계승하고 있다. 또한
秦의 治獄之吏의 수법이 그대로 漢帝國의 十失 가운데 하나로서 계승
되고 있다는 路溫舒의 비판은 漢帝國 역시 秦帝國의 폐단을 그대로 계
승했다는 증거라고 할 수 있다. 오히려 罪刑法定主義를 무시하고 법령
에 규정된 것 이상으로 가혹하게 법을 집행한 관리를 처벌하지 않고
사면하는 "緩深故之罪", "急縱出之誅", "腹非之法"과 같은 酷法을 容認하
고 法制化한 漢武帝도 비판받아야 하며, 秦律의 가혹한 점만을 거론하
는 것은 타당하지 않다.[110]

　　둘째는 확립되어 있는 제도와 이를 운용하는 인간의 恣意性은 별
개의 문제라는 점이다. 秦簡 발견 이전까지 秦帝國이 尙法했다는 것으
로만 이해되어 왔으나, 「爲吏之道」와 「封診式」에 보이는 제국통치의 이
념은 尙法主義로만 일관한 것은 아니었다. 오히려 「爲吏之道」와 「封診
式」에 보이는 秦代의 治吏사상은 한대인의 상상 이상으로 합리적이고
도 寬大·宥和스러운 것이었다. 그럼에도 이 같은 治吏思想이 그대로
실천되지 않은 것은 역시 제도적 결함이 아니라 인위적인 운용상의
폐해라고 해야 할 것이다.

　　「語書」에 나타난 것처럼, 秦은 법령을 중시하여 官吏들에게 法令의
숙지를 요구하고, 법령의 숙지정도에 따라 良吏·惡吏로 구분하였다.
"良吏는 法律令에 밝고 사안 처리에 불가능이 없으며, 廉潔하고 忠厚誠
實하여 君上을 위하여 힘을 다할 수 있다." 이에 반하여 "惡吏는 法律
令에 밝지 못하고 업무를 알지 못하며, 廉潔하지 못하여, 君上을 도울

　　帝(司馬師)輔政, 是時魏法, 犯大逆者, 誅己出之女, 大魏承秦漢之弊, 未及革
　　制."; 같은 책, p.927, "文帝爲晋王 患前代律令本注煩雜."
110) 오히려 秦律에서는 主法의 吏가 法令所定의 刑罰보다도 무겁거나 가벼운
　　형벌을 科하고, 法令에 전혀 규정이 없는 형벌을 과하는 것은 過失에 의한
　　誤審이라고 해도 有罪로 되었다는 罪刑法定主義의 원칙을 상기할 필요가
　　있다.

수 없다."고 정의한 것은 秦國의 良吏와 惡吏의 구분기준이 法律을 숙지하여 행정업무를 정확하게 처리하며, 청렴결백한 자세로 군주에 충성하였는지 여부에 있었음을 말해주는 것이다. 이 良吏의 표준으로부터 결코 秦帝國의 통치가 혹법 지향주의라는 느낌을 찾아보기는 힘들다. 이 같은 법령준수를 강조한 南郡守의 법치정책이야말로 진정 秦國의 통치모습이 아닐까?

또한 「爲吏之道」에 입각해 볼 때 秦의 통치이념이 民의 가혹한 탄압에 목적을 두었다고 판단해서도 안된다. 「語書」의 良吏표준과 마찬가지로, 「爲吏之道」에서도 청렴결백, 포학의 부정, 관용의 중시, 하급자 사랑, 상급자 공경, 업무처리의 정확성을 주장하고 있으며, 이는 어느 정권에서도 채택할 수 있는 훌륭한 관리의 기준이라고 할 수 있다. 아울러 民에 대해서도 요역·상벌의 공정함, 세금징수의 적절함, 가혹한 통치의 자제, 요역동원의 기일엄수, 백성의 신뢰받는 정치, 民에 휴식부여, 民의 능력에 맞는 세금징수를 주장하고 있다. 결국 이와 같은 국가의 통치자세는 비록 실현되지 않은 것이라 하더라도 그 존재가치가 충분하다고 할 수 있다.

雲夢睡虎地 11號墓와 秦楚문화 융합

Ⅰ. 서론

漢初의 政論家들에서 비롯된 秦帝國에 대한 평가는 일관되게 부정적인 것이었고, 특히 陸賈의 『新論』과 賈誼의 「過秦論」은 秦帝國의 성격을 포악한 것으로 결정짓는 단서를 열었다. 그것은 마치 秦帝國을 "惡의 제국"으로 간주한 평가였다. 과연 秦帝國의 통치는 가혹한 것이었고, 그 멸망은 가혹한 법가적 통치로부터 비롯되었는가? 어떤 정권의 붕괴 이면에는 당연히 붕괴를 초래한 원인이 있었다. 秦帝國의 경우 후일 역대 정권이 토지 소유구조의 불균형으로 농민반란이 발생한 것과 달리 대규모 요역동원과 학정에서 陳勝·吳廣의 난이 시작되었음은 주지의 사실이다.

그러나 秦帝國이 가혹한 법치를 일삼았다는 주장을 수긍할 수 없는 이유는 1975년 출토된 雲夢秦簡의 「封診式」과 「爲吏之道」의 존재로 인한 것이다. 그 내용 가운데는 秦帝國의 통치가 합리적·이성적인 것이라고 판단할 수 있는 부분도 많다. 따라서 漢代에 저술된 『史記』와 『漢書』 등의 기록에 보이는 秦帝國 비판은 漢帝國의 정통성을 확립하기 위한 목적에서 기술되었을 가능성도 배제할 수 없다.

필자는 秦帝國의 통치이념을 규명하기 위해서 雲夢 睡虎地에서 출토된 秦簡文書들을 주요한 분석대상으로 삼았다. 종래에 睡虎地秦簡을 분석할 때 성격이 상반되는 문서들, 즉 「語書」와 「爲吏之道」가 함께 출토된 것에 대해 명쾌한 해석을 내리지 못했다. 즉 전자는 법가적인 것이고, 후자는 非법가적인데, 이것이 왜 함께 출토할 수밖에 없었는 가 하는 문제를 고찰하지 못했다. 혹자는 墓主가 楚人이라고 간주하고 있고, 혹자는 이를 秦人이라고 간주하는 등 출발점부터 정리되지 못했다. 楚人이 「爲吏之道」를 가지고 있는 것은 楚國의 정치사상이 다양하기 때문이라고 할 수 있으나, 만약 秦人이라면 사상적 다양성이 부족하고 법치만을 고집한 秦國에서 이러한 문서가 통용된 것으로 볼 때 秦國의 사상적 획일성을 주장하는 과거의 견해는 어느 정도 유보되어야 한다는 쪽으로 결론이 전개될 수 있다.

필자는 우선 秦簡의 주인인 睡虎地 11호 墓主의 출신이 규명되어야만, 그가 秦國의 법가주의 노선과 배치되는 문서를 소장하고 있었던 이유가 밝혀질 수 있으리라 생각한다. 雲夢秦簡의 소유주인 喜에 대해 整理小組는 일단 그를 秦國출신으로 간주하였으나, 이에 대해 반대하는 견해도 존재한다.[1] 아쉬운 것은 이러한 논쟁들이 단지 喜의 출신을 분석하는 것으로 그치고 있다는 점이다. 그 논의는 그 자체로 끝날 것이 아니라 秦帝國의 통치이념 및 그것이 실제의 정치에 적용된 결과까지도 연장시켜 검토되어야 할 것이다.

墓主인 喜의 출신 분석에 있어 주요한 도구가 되는 것은 역시 고고학적인 분석이다. 墓에서 출토된 유물의 제조 지역 및 독특한 組合형식, 棺槨의 내원, 葬式형태 등을 분석하여 墓主의 출신을 확정하는 방

---

1) 商慶夫는 「封診式」의 내용 중 秦國에 대한 비우호적인 서술은 도저히 秦人의 것으로 간주할 수 없다고 하여 그를 楚國출신으로 간주하였다. 즉각 이에 대한 楊劍虹의 반론과 商慶夫의 재반론이 계속 발표되었다. 한편 일본의 松崎つねこ도 喜가 楚國출신임을 주장하였다. 商慶夫, 「睡虎地秦簡〈編年記〉의 作者及其思想研究」(『文史哲』 1980-4), pp.65-72(이하 초론으로 약칭); 商慶夫, 「再論秦簡〈編年記〉作者的思想傾向」(『文史哲』 1987-6), pp.12-16(이하 재론으로 약칭함); 楊劍虹, 「睡虎地秦簡編年記作者及其政治態度」(『江漢考古』 1984-3), pp.95-99; 松崎つねこ, 「睡虎地十一號秦墓竹簡編年記よりみた墓主喜について」(『東洋學報』 61-3・4, 1980), p.16 등 참조.

법이다. 이것은 기존의 논자들이 많이 행했던 분석방법이다.

그 다음으로는 睡虎地日書의 내원을 검토하는 방법이다. 睡虎地日書 에는 秦 建除와 楚 建除가 모두 포함되어 있다. 建除는 무엇인가? 建除 는 吉凶禁忌의 기재에 근거하여 행동을 결정하는 擇日術이다. 출토 日 書의 建除는 모두 "建除表"와 "行事宜忌(禁忌)"의 2부분으로 구성되어 있 다. "建除"라고 부르는 것은 建과 除 두 개 神煞의 合稱이다. 建除術에서 일 년의 모든 日은 建·除·盈·平·定·摯·柀·危·成·收·開·閉 등 12개 建除十 二神(建除十二直)이 윤번으로 배치되고 十二地支(子·丑·寅·卯 등)가 배 합된다. 아래의 것이 秦除의 "建除表"이다. 神煞마다 각각 行事의 宜忌 (禁忌)가 있고, 사용자는 이에 근거하여 吉·凶日을 선택한다(行事宜忌).

[표 1] 睡虎地秦墓竹簡의 秦系 建除

秦系 建除	建	除	盈	平	定	摯	柀	危	成	收	開	閉
正月	建 寅	除 卯	盈 辰	平 巳	定 午	摯 未	柀 申	危 酉	成 戌	收 亥	開 子	閉 丑
二月	建 卯	除 辰	盈 巳	平 午	定 未	摯 申	柀 酉	危 戌	成 亥	收 子	開 丑	閉 寅
三月	建 辰	除 巳	盈 午	平 未	定 申	摯 酉	柀 戌	危 亥	成 子	收 丑	開 寅	閉 卯
四月	建 巳	除 午	盈 未	平 申	定 酉	摯 戌	柀 亥	危 子	成 丑	收 寅	開 卯	閉 辰
五月	建 午	除 未	盈 申	平 酉	定 戌	摯 亥	柀 子	危 丑	成 寅	收 卯	開 辰	閉 巳
六月	建 未	除 申	盈 酉	平 戌	定 亥	摯 子	柀 丑	危 寅	成 卯	收 辰	開 巳	閉 午
七月	建 申	除 酉	盈 戌	平 亥	定 子	摯 丑	柀 寅	危 卯	成 辰	收 巳	開 午	閉 未
八月	建 酉	除 戌	盈 亥	平 子	定 丑	摯 寅	柀 卯	危 辰	成 巳	收 午	開 未	閉 申
九月	建 戌	除 亥	盈 子	平 丑	定 寅	摯 卯	柀 辰	危 巳	成 午	收 未	開 申	閉 酉

秦系 建除	建	除	盈	平	定	摯	柀	危	成	收	開	閉
十月	建亥	除子	盈丑	平寅	定卯	摯辰	柀巳	危午	成未	收申	開酉	閉戌
十一月	建子	除丑	盈寅	平卯	定辰	摯巳	柀午	危未	成申	收酉	開戌	閉亥
十二月	建丑	除寅	盈卯	平辰	定巳	摯午	柀未	危申	成酉	收戌	開亥	閉子

그런데 "建除"는 楚系와 秦系의 양대 계열로 나뉜다. 楚 지역에서 출토한 楚簡의 "建除"는 九店楚簡의 것이 대표적이며, 秦 지역 출토의 "建除"는 放馬灘秦簡이 대표적이다. 楚 지역에서 출토한 睡虎地秦簡의 "建除"는 楚系와 秦系가 모두 포함되어 있다. 양자는 아래의 표에서 볼 수 있듯이 建除十二神이 3개만 일치하고 나머지는 다를 정도로 판이하다.

[표 2] 秦系와 楚系의 建除

秦系:睡簡 甲 "秦除"	建	除	盈	平	定	摯	柀	危	成	收	開	閉
楚系:睡簡 甲 "除"	建	陷	彼	平	寧	空	坐	蓋	成	甬	濡	嬴

睡虎地 11號 墓主가 일관되게 사용한 역법이 어떠한 것인지를 규명할 수 있다. 이미 연구된 바와 같이 秦은 顓頊曆을, 楚는 楚正(丑正曆, 殷曆)을 사용하고 있었다. 日書에 사용된 역법이 과연 어느 지역의 것인지가 규명된다면 墓主의 출신도 판명될 수 있을 것이다. 이 작업에는 天水縣에서 출토된 放馬灘日書와의 비교가 유효할 것으로 생각된다.

墓主의 신분이 밝혀진다면 진의 하급관리였던 그가 秦帝國의 법가 노선과 상반되는 「爲吏之道」를 소지하고 있었던 이유에 대한 해답이 도출될 수 있을 것이다. 그리고 秦始皇이 남긴 巡狩碑, 睡虎地秦墓의 「封診式」의 내용도 정당한 평가를 받을 수 있을 것이며, 한걸음 더 나아가 종래 부정적 평가를 받아왔던 秦帝國에 대해서도 올바른 평가를 내릴 수 있다고 생각한다. 만약 秦國이 혹법만의 통치를 일삼았다면 통일은 불가능했을 것이고, 통일 이전에 秦國 내부의 안정조차 보장받지 못했을 것이다. 荀子의 秦의 정치평가에 나타나 있듯이, 秦에 의해 통일이 이룩된 것은 내부 구성원의 지지와 일체감을 형성할 수 있는 정치가 이루어지고 있었을 것이다. 본고는 이러한 취지 하에서 우선 睡虎地 11號墓 주인의 출신을 분석하는 것에 초점을 맞추고자 하며, 그가 「爲吏之道」를 보유한 이유 및 秦帝國의 통치방법에 대해서는 별고에서 규명할 것이다.

Ⅱ. 睡虎地 11號 秦墓 논의

睡虎地 11號 秦墓의 묘주가 생전에 보유했던 「語書」, 「封診式」, 「爲吏之道」 등은 매우 상반된 성격을 띠고 있다. 즉, 「語書」는 秦帝國의 법령을 강력하게 집행하고, 秦王政의 이름을 엄격하게 諱하는 등 秦帝國의 법치적 통치방법에 충실하고 군주권에 충성심을 표시하고 있다. 반면에 「編年記」에는 일부 논자들의 주장이기는 하지만 秦王들에 대해 공손하지 않은 측면도 있다. 그리고 「爲吏之道」에는 각종 諸子百家의 사상이 어지럽게 섞여 있다고 할 정도로 秦의 법치이념과 무관해 보이는 내용들이 포함되어 있다. 과연 睡虎地 11호묘의 주인은 어떠한 사상적 경향을 지녔던 인물이기에 秦의 통치이념과 부합되는 자료 및 그와 상반되는 자료를 두루 보유하고 있었는가?

현재 睡虎地 11호 秦墓의 문서를 검토한 논자들의 주장은 흙의 출신을 秦人과 楚人으로 보는 두 가지로 나뉜다. 처음 雲夢 睡虎地秦簡을 분석한 整理小組는 秦人說을 주장하였다. 정리소조는 秦人說 주장의 근거를 雲夢睡虎地 秦墓의 부장기물은 關中秦墓, 鄭州 崗杜 秦墓, 江陵의 鳳凰山 秦墓 기물과 문화적 특징이 기본적으로 일치하지만, 江漢지구의 戰國 초·중기의 楚墓와 鳳凰山 전국말기 楚人후예의 묘지 기물의 문화특징과는 현저한 차이가 있다는 점에서 찾고 있다. 즉, 睡虎地秦墓의 陶器는 일상 사용하던 용기이며, 그 기물의 조합은 釜·盂·甑·瓮·罐·壺 등의 통일성을 갖고 있는데, 이는 楚墓에서 출토되는 器物의 종류와 다르다는 것이다.[2] 이러한 정리소조의 견해는 墓主 喜를 秦人으로 간주한 최초의 견해라고 할 수 있다. 이후 주장되는 秦人說은 모두 이 같은 秦·楚의 매장습속의 비교 및 출토도기, 청동기의 종류 등 고고학적 연구를 통해 판단하고 있다.

그러나 秦人說에 모든 학자들이 동의한 것은 아니며, 「編年記」의 검토를 통해 楚人說의 주장도 나오고 있다.[3] 商慶夫는 묘주 喜에 대해

---

2) 雲夢睡虎地秦墓編寫組, 『雲夢睡虎地秦墓』(北京: 文物出版社, 1981), pp.70-71. ① 關中지구의 秦墓에 수장된 陶器는 일상 생활용구이며, 器物의 기본적인 조합은 釜·盂·甑·瓮·罐·壺이다. 그리고 ②江陵 鳳凰山의 전국말기의 묘와 秦代 묘지중 한 부류는 鼎을 위주로 한 禮器이고 기본조합은 鼎·盒·壺, 또는 鼎·罐이다. 또다른 부류는 일상생활용구를 수장한 것으로 기본조합은 釜·盂·甑·瓮·壺이다. ③鄭州 崗杜의 秦人墓의 수장도기도 역시 일상생활용구로서 기본조합은 釜·盂·甑·瓮·壺·碗이다. 반면에 ④江陵·信陽·長沙 등지의 전국 초·중기의 楚墓는 銅器와 陶器는 鼎 위주의 禮器이며, 기본조합은 鼎·簋·壺 또는 鼎·敦·壺이고, 둘째, 江陵 鳳凰山 전한 초기묘와 雲夢 大墳頭 1호 漢墓의 수장기물은 생활용구이고, 기본조합은 鼎·壺 또는 釜·盂·甑·罐·壺이다. ①②③의 기물이 일치하는 것으로 볼 때, 秦人의 생활습관은 어느 곳으로 이주하더라도 계속 유지되었던 것으로 보인다. ④의 경우도 楚墓는 秦墓의 기물과 차이점이 보이며, 통일후의 것(④의 둘째)은 楚墓와 秦墓의 양자를 혼합한 형태이다.

3) 松崎恒子, 「從湖北秦墓看秦的統一和戰國傳統文化的結合」(『中國史研究』 1989-1), p.120.

"상당한 사회적 지위를 가진 楚人의
후예이며, 실의에 빠진 지식인이자
하급관리이다. 그는 秦國의 통일전쟁
및 이후 건립된 秦王朝에 대해 저항
하고 불만을 나타내는 정서를 드러내
고 있다. 그의 정치태도는 背秦向楚"
라고 주장했다.[4] 그가 묘주 喜를 楚人
이라고 보는 첫 번째 이유는 관문서
인 「語書」에 秦始皇의 이름 政을 피하
기 위해 正月을 端月로 諱하여 공경심
을 표시하고 있으나, 「編年記」에는 秦
始皇의 이름을 3곳에서 諱하지 않고

[그림 1] 睡虎地 11호 秦墓 瑪瑙環

2. 瑪瑙環 (M11 : 70)

"正月"이라 기록한 것, 현재의 군주에 대해 "今上", "今王"이라 표현하
지 않고, 今으로만 표기한 것 때문이다.[5] 군주에 대한 "大不敬"의 태도
라 할 수 있는 "今元年", "今過安陸"이라고 기술한 것은 喜가 심혈을 기
울여 기록한 것이며, 그의 정치경향을 반영한 것이라고 주장하였다.[6]
둘째, 3명의 秦王의 사망에 대해서 薨이라는 표현 대신 死라고 기술하
고, 부모의 죽음에 대해서는 公終, 嫗終이라고 하여 부모를 존경하는
親親의 감정이 나타나 있는데,[7] 이것은 秦國의 군주에 대한 不敬일 뿐
만 아니라, 저주에 가깝다고 주장하였다.[8]

이상의 商慶夫 주장에 대해 楊劍虹은 다음과 같은 반론을 제기하였
다. 그는 첫째, 喜의 부친이 "吏誰從軍(묘주 喜의 가족 중 斗食 이하의

---

4) 商慶夫, 초론, p.69; 商慶夫, 재론, p.13.
5) 같은 논문, 초론, p.69.
6) 같은 논문, 초론, p.69.
7) 商慶夫, 재론, pp.13-14.
8) 商慶夫, 초론, p.69.

少吏 한 사람을 선발해 종군하게 한 것)"한 秦의 小吏출신이며,[9] 흠 본인의 정치사상의 경향도 楚의 故地에서 秦의 執法官吏를 하면서 秦國의 정책을 관철했으므로 "背秦向楚"할 수는 없다고 주장하였다.[10] 또한 秦始皇의 이름에 대한 不諱의 문제에 대해서 정부 문건인「語書」에는 반드시 諱해야 하지만, 개인적인 글의 경우 諱하지 않더라도 진시황에게 대불경을 표시하는 것은 아니라고 하였다.[11] 今王의 문제에 대해서도 이것은 글자를 단축하기 위한 것이지 곡필하여 의미를 전달하려는 것은 아니며,[12] 3명의 秦王에 대해서 모두 死라고 기술한 문제에 대해서는, 비록『春秋』에 천자의 죽음은 崩, 제후의 죽음은 薨, 대부의 죽음은 終, 사의 죽음은 卒, 서민은 死라고 한다는 원칙이 있으나, 이는 제대로 준수되지 않아『史記』「秦本紀」에 秦王의 사망에는 薨 대신 卒이라고만 했으며, 武王의 경우 死, 진시황의 경우 崩이라 한 곳도 있으나, 死라고 기술한 곳도 있다고 주장하였다.[13]

또한 "묘주 흠의 무덤에서 한 개의 銅鼎이 나온 것은 응당 권력의 상징이고, 특히 [그림 1]의 瑪瑙環(『雲夢睡虎地秦墓』 p.59의 圖版 四四:2)을 7개로 깨뜨려 머리, 목, 복부 및 양손 등 7곳에 둔 것은 묘주가 과거의 戰國七雄이 분립한 국면의 회복을 잊지 못한 것"이라는 商慶夫의 주장에 대해,[14] 楊劍虹은 "雲夢睡虎地 수장기물의 문화특징은 關中秦墓, 鄭州崗杜秦人墓, 江陵鳳凰山 秦人墓의 수장기물의 문화특징과 기본적으로 같고, 江漢지구의 전국중기 楚墓, 鳳凰山전국말기 楚人후예의 묘에 보이는 수장기물의 문화특징과는 크게 차이난다."[15]는 整理小組

---

 9) 楊劍虹,「睡虎地秦簡〈編年記〉作者及其政治態度」(『江漢考古』 1984-3), p.95.
10) 같은 논문, p.96.
11) 같은 논문, pp.97-98.
12) 같은 논문, p.98.
13) 같은 논문, p.98.
14) 商慶夫, 초론, pp.69-70.
15) 雲夢睡虎地秦墓編寫組,『雲夢睡虎地秦墓(1981)』, pp.70-71.

의 글을 인용하여 이미 순장품에 명확한 秦문화의 특징이 있기 때문
에 喜는 秦人이지 楚人은 아니라고 주장하였다.[16]

특히 楊劍虹은 葬式의 측면에서 喜가 秦人임에 틀림없다고 주장하
였다. 秦人은 屈肢葬을 사용했고, 關中에서는 股骨과 脛骨의 각도가 40°
정도의 彎曲이 심한 굴지장도 있다. 楚人의 葬式에는 屈肢葬과 牛頭를
순장하는 풍속이 거의 없기 때문에 묘주 喜의 仰伸屈肢葬 채용과 牛頭
를 순장한 葬式은 秦人의 후예임을 보여주는 것이라고 주장했다. 만
약 喜가 楚人이면서도 楚의 장례습속을 버리고 秦의 장례습속으로 바
꿨다면, 자신의 조상조차 포기한 사람이고, 견고하게 秦을 옹호하는
정치사상을 가졌을 것이라고 주장하였다.

銅鼎이 권력의 상징이라는 商慶夫의 문제제기에 대해서도, 그 銅鼎
은 三晉의 형식을 가진 것이며, 秦人이 비교적 일찍 三晉문화를 흡수
한 증거라고 말한다. 그러므로 秦墓에 서로 동류형의 銅鼎이 많고, 그
것은 楚式 銅鼎의 造型과는 완전히 다르므로, 喜의 묘속에 있는 銅鼎으
로 楚貴族의 표식을 삼을 수는 없다고 주장하였다.[17]

이 같은 논의 이외에도 喜가 秦人이라는 주장에 문제를 제기한 사
람은 松崎つねこ로서, 그의 논지는 다음과 같다. 첫째, 「編年記」에 육국
멸망과 시황제의 통일을 기록하지 않았는데, 통일전쟁을 적극적으로
지지한 자가 기술했다면 지극히 이상한 일이다.[18] 「編年記」에 楚지역
에서 사망한 楚와 유관한 사람들을 집중적으로 기록하고 있는 것은
喜의 관심이 오로지 楚에 집중되는 것이다.[19] 秦帝國 말기 蕭何처럼
관료조직의 말단에 있으면서 반란측에 가담해 활약한 예가 많은데,[20]

---

16) 楊劍虹, 위의 논문, p.98.
17) 같은 논문, p.99.
18) 松崎つねこ, 위의 논문, p.16.
19) 같은 논문, p.19.
20) 같은 논문, p.23.

秦의 하급관리들에 있어 법에 능통한 것과 충성심은 별개의 것이었다고 주장하였다.[21]

둘째, 고고학적 유물에 秦의 요소가 있는 墓葬을 秦人의 묘라고 한다면, 역으로 舊戰國 楚民은 원래의 楚墓전통을 계속 보유한다는 논리가 성립된다는 것이다. 그러나 현재 발견되고 있는 江漢지역의 秦代墓에는 단순히 戰國 楚墓의 전통만을 계속 가지고 있는 것은 없다. 도리어 墓主가 분명히 楚人임이 밝혀졌으나, 그 墓葬의 형식은 도리어 秦式을 채용한 江陵 鳳凰山 70號 秦墓의 사례가 중요한 사례로 될 수 있다는 것이다. 이 묘 출토의 銅·玉印에는 "伶賢"이라는 글자가 있는데, 伶氏는 楚國 樂官의 동족이고 따라서 그는 楚人이다. 그러나 이 묘에 수장된 陶器는 倣銅禮器가 아니라, 秦人墓에서 주로 출토되는 陶瓷·甋·盂 등의 생활용구이다. 결론적으로 松崎つねこ는 이 사례를 분명히 수장품의 관점에서 楚人墓를 秦人墓로 오인한 것이며, 수장품이 秦式이든 楚式이든 묘주의 신분을 판명할 수 있는 결정적 요소가 될 수 없다고 보았다. 만약 秦末에 이르기까지 秦人墓와 楚人墓의 구별이 계속되었다면, 이 같은 구별은 적어도 漢初까지도 존재해야 하지만, 현재 이 같은 형적은 발견되지 않고 있다고 주장하였다.[22] 이상과 같은 수호지 11호 묘주의 출신에 대한 분석은 수호지 진묘가 발견될 초기에는 매우 활발하게 전개되었으나, 그후 이 논의는 잠잠해진 상태이다. 중국학계에서는 대체로 정리소조의 견해를 따르고 있는 상태이지만, 楚人說 주장자들의 의문점이 완전히 해소된 상태는 아니다.

---

21) 같은 논문, p.25.
22) 松崎恒子, 위의 논문, pp.120-121.

Ⅲ. 秦·楚墓의 특징과 睡虎地 11호 秦墓

이상에서 睡虎地 11호 秦墓의 墓主가 秦人인지 여부를 둘러싼 논의를 정리해 보았다. 이러한 논의의 문제점은 춘추전국의 각종 墓葬제도의 변화상을 고려하지 않고 갑작스럽게 결론을 도출했기 때문에 나온 것이다. 따라서 적어도 전국시대의 秦楚의 묘장제도의 전반적인 모습과 특징을 검토하면서, 秦楚 양 문화 사이에 발생하는 문화변용의 과정을 확인하여야 한다. 최근 郭德維가 고고학 유물의 검토를 통해 睡虎地 11호墓의 출신을 검증할 수 있는 단서를 제공한 것은 많은 시사점을 제공한다.[23] 첫째, 江陵지역에서 전국 후기 갑자기 楚國의 문화가 사라지고, 秦漢의 문화적 요소로 바뀐 것은 과연 秦國의 白起가 이 지역을 점령하고 南郡을 설치한 이후에 舊楚國의 民들이 자신들의 문화를 포기하고 秦國의 문화를 흡수한 것에서 연유한 것일까? 둘째, 江陵지역의 문화가 楚國的인 것에서 秦漢的인 것으로 변모할 때, 그같은 급속한 문화적 단절이 발생할 수 있을까 하는 것이다.

이러한 관점은 수호지 11호묘에도 적용할 수 있다. 묘주인 喜가 사망한 것은 B.C.278년 白起가 楚國의 수도 鄢(江陵)을 점령한 후 불과 61년만인 진시황 30년(B.C.217)이다. 만약 墓主 喜가 楚人이라면, 楚人들이 과거 조상 대대로 사용하던 각종 器物을 순식간에 포기하고 秦國에서 생산된 것을 수입하여 사용하고, 아울러 이를 墓地에 부장하는 등 자신의 문화와 생활습관을 포기할 수 있을 것인가? 특히 墓葬제도라는 관습은 父祖로부터 계승하는 것이므로 쉽사리 바뀔 수 있는 것이 아닌 보수적인 것이다. 이러한 의문을 해결하기 위해서 秦·楚人의 墓葬의 특성부터 살펴보자.

---

23) 郭德維, 『楚系墓葬研究』(武漢: 湖北教育出版社, 1995).

1. 楚 墓

楚國의 묘는 江陵지역의 것이 가장 전형적인 특징을 보유하고 있는데, 秦漢墓와 비교할 때 독특한 墓葬文化를 가지고 있다. ① 대다수 楚墓는 방향이 일치되고 있다. 묘갱의 방향은 大中型墓의 경우 東向 또는 南向이지만, 小型墓는 南向이며,[24] 墓道가 있는 墓는 墓道를 대부분 墓室의 남단에 설치했다. 예를 들어 江陵 雨台山의 558기의 楚墓 중 421기가 남북향이며, 그중 두향이 남향(160-200°)인 것은 369기이며, 북향인 것이 28기(0-30°)이다.[25] 墓道의 경사는 비교적 커서 일반적으로 20-32° 정도가 된다. 壁龕이 있는 묘는 龕이 모두 묘실의 남벽, 즉 頭向쪽에 있다. 남쪽을 가리키는 매장현상은 楚人의 장례습속과 종교미신과 관련이 있는 것으로 보인다. 또한 楚墓의 묘갱배열에는 순서와 방향의 일치성이 보인다. 당시에는 하장시 兆域을 통일적으로 안배했을 것으로 보이며, 어떤 사람도 임의로 안장하지 못했을 것으로 생각된다.[26]

② 楚墓의 묘갱은 모두 윗부분이 넓고, 바닥이 좁은 長方形의 竪穴墓이다. 江陵지구의 대형 楚墓에는 封土·台階(층계)가 있으며, 전국시기의 초묘에는 台階의 많고 적음이 중요한 특징이며, 그에 따라 묘의 규모도 달라진다.[27] 반면에 江陵지역의 秦墓는 방향에 규칙이 없고 기본적으로 台階, 墓道가 없는 등 楚墓와 다른 특징을 보인다.[28]

③ 外槨室은 "Ⅱ"형태를 띠고 있으며, 평면상으로는 長方形이다. 槨의 내부는 일반적으로 3개의 箱(頭箱·邊箱·棺箱)으로 구분되었으며, 각 箱은 隔梁·隔板·門으로 서로 분리되어 있다.[29] 槨蓋板은 橫鋪이며, 蓋

---

24) 王從禮, 「楚墓葬制分析」(『江漢考古』 1988-2), p.100.

25) 郭德維, 위의 책, p.174.

26) 陳耀鈞, 「試論江陵楚墓的特點」(『江漢考古』 1980-2), p.31.

27) 같은 논문, p.31.

28) 郭德維, 위의 책, p.333.

29) 湖北省荊州地區博物館, 「江陵揚家山135號秦墓發掘簡報」(『文物』 1993-8), p.10.

板의 위에는 竹席이나 蘆席을 깔았다. 목곽의 주위와 頂部는 모두 靑膏泥(白膏泥)로 塡土하였다. 棺의 형식은 아래 [그림 2]의 懸空(底)弧棺, 懸底方棺, 平底方棺(長方形盒棺)이 있는데, 그 중에서 수량이 가장 많은 懸空(底)弧棺은 楚墓의 가장 중요한 특징이며, 시대는 나머지 두 개의 棺에 비해 빠르다.[30] 懸空(底)棺의 바닥은 허공에 뜬 懸空형태이며, 棺底板은 얇고, 두 개의 橫墊木 위에 놓여있다. 하부의 공간은 대략 棺身의 1/3 내지 2/5가 된다. 棺의 외부형태는 弧棺(덮개판과 벽판이 弧形)과 方官(덮개판과 벽판이 평면)의 두 종류가 있다. 모든 棺身은 明榫(장부)를 사용하여 결합하였고, 暗楔栓釘(나무못)을 사용하지 않았다.[31] 일반귀족 내지 서민의 묘는 90% 정도가 끈이나 絲帶로 棺밖을 묶는 현상을 보이고 있는데, 이것은 이들만의 독특한 禮制의 반영이다.[32]

④ 江陵초묘의 葬式은 仰身直肢葬이다. 雨台山楚墓의 뼈는 물에 떠있기 때문에 정확하지는 않지만, 보존상태가 비교적 양호한 29기 묘의 인골은 모두 仰身直肢葬이다.[33] 몇백 기의 江陵楚墓 가운데 지금까지 屈肢葬을 비롯한 다른 葬式은 발견되지 않고 있으므로, 楚人의 葬式은 거의 모두 仰身直肢葬이라고 할 수 있다.[34] 반면에 關中의 秦墓는 거의 屈肢葬이며, 洛陽 中州路

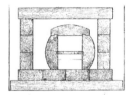

[그림 2] 江陵 雨台山 楚墓棺槨

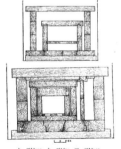

上: 雨M159 中: 雨M89 下: 雨M558
圖一 江陵雨台山楚墓棺槨橫剖面圖

30) 陳耀鈞, 위의 논문, p.32.
31) 郭德維, 위의 책, pp.19, 176-177.
32) 王從禮, 위의 논문, p.104.
33) 陳耀鈞, 위의 논문, p.32.
34) 宋公文·張君, 『楚國風俗志』(武漢: 湖北敎育出版社, 1995), p.248.

東周墓도 256기중 215기가 屈肢葬이고 仰身直肢葬은 겨우 30기에 불과하다.[35] 이로 볼 때 楚墓와 關中·中原의 葬式은 분명히 다름을 알 수 있다.

⑤ 楚墓에는 靑銅禮器와 放銅禮器가 많은데, 주요기물은 鼎·敦·壺 또는 鼎·簠·缶의 조합으로 구성되어 있다. 陶器의 조합은 鬲鉢罐·鬲鉢長頸壺·鼎簠壺·鼎敦壺·鼎盒壺鈁이다. 도기 가운데 高足隔·高獸足鼎·長頸壺 등은 모두 강릉지역 초묘의 지방적 특색이며, 다른 지역의 東周墓에서는 보이지 않고, 江陵秦漢墓에 조금 나타난다.[36] 아울러 대량의 칠목기가 부장되어 있는데, 그것에는 鎭墓獸·虎座飛鳥·虎座鳥架鼓瑟 등이 있다.[37] 楚에서 前漢으로 갈수록, 楚墓에서 많이 나타나는 鎭墓獸 등과 같은 禮樂의식이나 迷信색채를 띠는 기물은 점차 소멸되고 秦漢시기에는 실용생활용구가 매장되었다.

⑥ 楚墓에는 戈矛柄·劍鞘·劍盒·箭箙 등과 같이 다양한 병기가 대량으로 출토되고 있으나, 秦漢墓에는 帶劍 불허의 원칙 때문에 이러한 기물이 드물다.[38] 558기의 雨台山 楚墓에서는 병기가 500여건, 天星觀 1호묘에서는 100건이 출토되었는데, 특히 청동검은 江陵楚墓에서 보편적으로 출토된다. 雨台山楚墓에서는 소박한 單棺墓 89기에서조차 검이 출토되고, 수장품이 전혀 없는 無槨無棺의 묘에서도 항상 검이 출토되고 있다.[39] 춘추에서 전국시대까지 楚人의 주요 炊事용기는 陶鬲인데, 江陵 紀南城 東周유지와 그 춘추에서 전국 楚墓에서는 대량의 陶鬲이 출토되었다. 즉, 陶鬲을 사용하는 것은 楚人의 주요한 특징이다.[40]

35) 陳耀鈞, 위의 논문, p.33.
36) 같은 논문, p.32.
37) 郭德維, 위의 책, p.322.
38) 같은 책, p.179.
39) 陳耀鈞, 위의 논문, pp.32-33.
40) 郭德維, 위의 책, p.327.

2. 戰國秦墓

다음으로는 關中지역의 秦人 墓葬의 특성에 대해 살펴보기로 한다. 秦墓는 楚墓와 분명한 차이점을 보이고 있다. ① 춘추와 전국초기의 秦墓는 중원지역 동시기의 묘와 마찬가지로 모두 長方形 竪穴土坑墓이며, 棺槨을 사용했다.[41] 어떤 경우는 槨을 枋土로 만들었으며, 槨蓋위에는 蘆席·石圭 등을 깔았다. 전국 중기에는 長方形 竪穴土坑式이며, 生土로 된 二層台가 있다. 어떤 것은 生土二層台로 곽벽을 삼고 그 위에 鋪槨板을 놓기도 하였다.[42] 戰國 중후기에는 長方形 竪穴土坑墓 외에 土洞墓가 출현했다. 지하묘는 지상생활의 縮影이라고 할 수 있는데, 土洞墓는 關中지역의 황토고원에 조영한 窯洞이라는 생활공간과 관련이 있다. 옛날부터 甘肅·陝西·河南·山西의 황토고원에서는 窯洞을 파고 생활공간으로 삼았다. 土洞墓의 洞室은 槨의 작용을 하므로 일반적으로 단지 목관으로만 葬具를 삼았고, 洞室입구는 木板으로 문을 만들었다.[43] 棺은 長方盒 모양이며, 竹席으로 시체를 싸지 않고, 관 바닥에 草木灰를 깔았다. 전국중기에는 隨葬器物을 두기 위해서 설치한 壁龕이 보편적으로 사용되었다.

---

41) 屈鴻鈞, 「陝西寶鷄陽平鎭秦家溝村秦墓發掘記」(『考古』 1965-7), pp.339-346.

42) 葉小燕, 「秦墓初探」(『考古』 1982-1), p.69.

43) 葉小燕, 위의 논문, pp.68-69; 考古硏究所陝西考古調査發掘隊, 「寶鷄和西安附近考古發掘簡報」(『考古通迅』 1955-2), pp.34-35; 雍城考古工作隊, 「鳳翔縣高莊戰國秦墓發掘簡報」(『文物』 1980-9), pp.10-14.

[그림 3] 半坡墓 屈肢葬

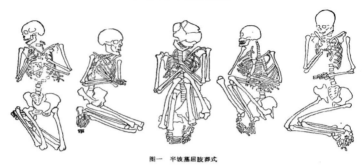

图一   半坡墓屈肢葬式

　②墓의 방향은 대부분 東西向(頭向:서쪽)이며, 이는 이들이 서쪽으로부터 이동해왔을 가능성을 보여준다. ③ 춘추초기의 秦人에게는 屈肢葬이 성행하였다. [그림 3][44)과 [그림 4][45)에 보이듯이 양손을 가슴 또는 배 위에 올려놓고, 脛骨과 股骨의 夾角(內角)은 일반적으로 40도 이하이며, 심지어는 서로 합해 있다. 이같은 屈肢의 각도를 보면 사후에 시신의 다리를 즉시로 묶어야 가능한 것임을 알 수 있다. 屈肢葬은 東周시기의 秦墓가 아니면 발견되지 않는다.

　반면 중원의 전통적인 葬式은 仰身直肢葬이고, 두향은 북향이다. 중원지역에서는 屈肢葬이 전국시대 중기에 들어와서야 仰身直肢葬과 함께 병행되고 있다.[46) 그러나 屈肢의 정도는 秦의 것과 비교해 경미

---

44) 葉小燕, 위의 논문, p.66.

45) 寶鷄市博物館·寶鷄縣圖博館, 「寶鷄縣西高泉村春秋秦墓發掘記」(『文物』 1980-9), pp.1-2.

46) [淸] 阮元, 『十三經注疏·禮記·檀弓』(北京: 中華書局, 1979), p.1302, "孔子曰 殷已慤, 吾從周. 葬於北方北首, 三代之達禮也. 之幽之故也."; 宋公文·張君, 위의 책, p.251. 중원지역의 屈肢葬과 直肢葬의 비율은 시대와 지역에 따라 차이점을 보이고 있다. 우선 그 분포범위는 河北의 唐山, 山東의 城子崖, 河南의 安陽 大司空村, 洛陽 등지에서 발견되는 등 매우 넓지만, 세밀히 관찰하면 점차 서쪽의 秦國지역으로부터 유입된 것임을 알 수 있다. 예컨대 河南省 輝縣의 琉璃閣의 80기의 전국묘의 경우 전국초기의 것은 伸肢葬이나, 전국중기

하고 자세 역시 자연스럽다. 中原 屈肢葬의 경골과 고골의 내각은 45°이상이며, 일반적으로 90-135° 사이로서 각도가 많이 완만해졌다. 秦朝가 멸망한 후 漢初까지는 秦風이 날로 감소하고, 墓葬형태는 現地와 동일하게 되었다. 屈肢葬도 점차 소멸되어 갔고, 屈肢葬으로 판명된 것도 屈肢의 각도가 많이 넓어졌다.[47]

[그림 4] 寶鷄縣西高泉村 春秋秦墓

『嶽麓書院藏秦簡(肆)』 364 + 365簡에 "槽高三尺, 廣一【尺】八寸, 袤六尺, 厚毋過二寸"이라는 법률 조항이 있다.[48] 즉, 棺은 높이 69.3cm, 폭 41.58cm, 길이 138.6 cm, 두께는 4.62cm를 초과하지 못한다는 규정이다. 일반 성인의 신장은 棺의 길이 六尺(138.6cm)보다 훨씬 크다. 『睡虎地秦墓竹簡』 「秦律十八種·倉律」의 "隸臣·城旦高不盈六尺五寸, 隸妾·舂高不盈六尺二寸, 皆爲小."라고 하여 隸臣·城旦의 신장이 六尺五寸(150.15cm), 隸妾·舂은 六尺二寸(143.22cm) 미만이면 모두 미성년자로 간주한다. 秦代에 신장이 六尺五寸(150.15cm)을 초과해야만 남자성인으로 간주하는데, 棺木의 길이를 六尺으로 제한했다면 시신을 棺木 가운데 넣는 것이 불가능하다. 이것은 秦地에서 행해진 "屈肢葬"의 습속을 반영한 법률규정이다.[49]

周海鋒은 굴지장의 규정을 보통 百姓 또는 스스로 安葬한 官吏에게는 준수하도록 강제할 수 없었으며, 가장 전형적인 예가 雲夢睡虎地11

전반부에 屈肢葬이 나타나기 시작하고, 전국말기로 갈수록 굴지장이 많아진다. 즉, 中原지역의 굴지장은 秦의 굴지장이 東進하여 생겨난 결과라고 할 수 있다.

47) 葉小燕, 위의 논문, p.71.
48) 陳松長 編, 『嶽麓書院藏秦簡(肆)』(上海: 上海辭書出版社, 2015), pp.215-216.
49) 周海鋒, 『秦律令研究――以《嶽麓書院藏秦簡》(肆)爲重點』(湖南大學博士學位論文 2016), pp.156-157.

號墓의 主人 喜가 秦 下層官吏가 되어 채용한 것은 直肢葬의 형식이라고 주장하였다. 秦의 葬俗이 楚地에서 광범위하게 전파되지 않았던 것에 원인이 있는데, 이는 구습속이 안정되어 있고, 진왕조의 이 지역 통치기간이 짧은 것과 관계있다고 보았다.[50]

그런데 睡虎地11號秦墓는 길이가 2m, 폭이 0.74m, 높이가 0.72m이고, 葬式은 "仰身曲肢"로 되어 있다. 周海鋒은 왜 葬式을 仰身直肢葬으로 착각했는지 모르겠으나, 整理小組는 분명히 "仰身曲肢"로 기술하고 있다. 필자가 축척을 이용해 도판의 喜의 키를 재어보니, 대략 굴지된 상태에서 165cm로 추정된다.[51] 비록 관의 크기가 2m로서 嶽麓秦簡의 법규를 준수하지는 않았으나 시신은 굴지장을 취하고 있는 것이다.

屈肢葬式의 의미가 종교신앙 및 민족습속과 관련이 있는 것은 사실이나 만족할 만한 해석이 있는 것은 아니다. 사람이 사후에 땅속에 매장될 때 원래 모체 내에 있던 태아의 모습을 회복한다는 견해도 있고, 死者가 살아있는 사람에게 앙화를 끼치는 것을 두려워했기 때문에 끈으로 묶어서 그 영혼이 나오는 것을 저지하려 했다는 주장도 있다.[52]

④ 춘추시대의 秦墓에는 하층귀족도 대부분 청동 예기를 부장했고 심지어는 노예를 순장했으나, 전국이후에 청동 예기를 부장하는 것은 급격히 감소되었다. 秦國의 청동기는 銅鼎·蒜頭壺·鍪·繭形壺 등이 있는데, 이중 蒜頭壺·鍪·繭形壺는 전형적인 秦器이다.[53] ⑤ 전국에는 鼎·簋·方壺의 仿銅陶禮器도 적고, 대부분의 隨葬器物은 釜·盂·甑·瓮·罐·壺 등 實用陶器로 구성되어 있는데, 이것은 中原 및 楚國과 다른 뚜렷한 특징이다. 청동병기 역시 많이 보이지 않고, 적은 수의 帶鉤 등과 같은 銅

---

50) 같은 논문, pp156-157.

51) 孝感地區第二期亦工亦農文物考古訓練班, 「湖北雲夢睡虎地十一號秦墓發掘簡報」 (『文物』 1976-6), pp.1-2.

52) 周海鋒, 위의 논문, p.156.

53) 駐馬店地區文管會 等, 「河南泌陽秦墓」(『文物』 1980-9), p.21; 湖北省荊州地區博物館, 「江陵高台18號墓發掘簡報」(『文物』 1993-8), p.20.

器만이 출현하는 것도 楚墓와 분명히 다른 점이다.[54]

3. 江陵 秦漢墓

　다음으로는 戰國말기에서 秦帝國·漢初의 江陵지방에 조성된 묘의 葬制에 대해서 살펴보자. 이 지역은 B.C.278년 白起에 의해 점령된 후 秦의 판도에 들어왔기 때문에 秦楚 양문화의 접촉이 발생하였다. ①江陵 鳳凰山 秦漢墓의 대다수는 일치된 방향이 없고 33기의 묘는 두향이 북향 14, 동향 9, 남향 5, 서향 4, 북향 1기 등으로 다양하다. 이것은 강릉초묘의 두향이 대부분 남쪽을 향한 것과는 다르다.[55] 台階는 설치되지 않았고, 곽실은 "Ⅱ"형태이며 내부는 대체로 3개의 箱으로 구분되어 있다. 棺의 형식은 長方盒形(平底方棺)이며, 懸空(底)弧棺, 懸底方棺을 사용한 묘는 없다. 長方盒形(平底方棺)은 江陵지역의 秦墓·睡虎地秦墓에서 공통적으로 보이는 특징이다.[56] 壁板 등은 두껍고, 明榫은 극히 드물게 사용되었으며, 暗楔(쐐기)을 나무못으로 사용하여 관을 결합하였다.[57] 곽실과 頭箱·邊箱 사이에 보편적으로 門과 窓이 설치되어 있고, 頭箱·邊箱에 대량의 칠기·죽기를 수장하고 있다. 극소수지만 秦墓에는 倣銅陶禮器와 銅禮器도 수장되어 있는데,[58] 출토되는 倣銅禮器는 鼎·鈁·蒜頭壺·洗·盂 등 각지의 秦墓에서 발견되는 기물의 조합과 같다. 그러나 倣銅陶禮器는 많이 보이지 않고, 대신 甕·罐·壺·盂 등의 生活陶器가 출토한다. 이는 江陵鳳凰山·雲夢睡虎地·西安半坡·客省庄 등지의 秦墓의 陶器組合과도 같다.[59] ②紀南城은 楚國의 도성으로 장기

---

54) 葉小燕, 위의 논문, pp.65-72.
55) 陳耀鈞, 위의 논문, p.34.
56) 湖北省荊州地區博物館, 「江陵揚家山135號秦墓發掘簡報」(『文物』 1993-8), pp.8-9.
57) 郭德維, 위의 책, pp.176-177.
58) 陳耀鈞, 위의 논문, pp.31-34.
59) 湖北省荊州地區博物館, 위의 논문, pp.8-9.

간 지속된 초문화의 영향이 갑자기 사라진 것이 아니기 때문에, 鳳凰
山 秦漢墓는 초묘의 특징도 남아있다. 土坑竪穴의 묘갱구조, 靑灰泥를
사용하는 塡土의 방식, "Ⅱ"형태 및 頭箱·邊箱을 가지고 있는 곽실 구
조는 초묘와 동일하며, 葬式도 仰身直肢葬이고, 秦墓에 항상 보이는 側
身直肢葬은 보이지 않는다.

　이상과 같은 분석 하에서 이제 관건이 되는 睡虎地秦墓의 상황을
비교하여 보기로 한다. 睡虎地秦墓의 묘지들은 모두 長方形竪穴土坑木
槨墓로서, 墓道와 封土가 없다. 묘의 방향은 모두 달라, 남북방향이 5기,
동서방향이 7기이다. 墓葬의 형태는 모두 기본적으로 같아서 9·11호묘
는 壁龕이 있다.[60] 7·11호묘는 묘실 구조면에서 동일하여 곽실 평면은
"Ⅱ"形으로 되어 있고, 槨은 橫梁에 의해 頭箱·槨室로 분리되어 있으며,
橫梁 아래에 雙扇門板이 설치되어 있다. 곽실의 위에는 蓋板이 있고, 그
위에 다시 樹皮 또는 草를 깔았고, 蓋板 아래에는 墊草 또는 蘆席이 있

었다. [그림 5]에서 보듯이
11호묘의 棺은 楚墓에서
많이 보이는 長方盒形棺
(平底方棺), 즉 棺의 바닥
이 槨에 닿아 있는 형식을
사용하고 있다.[61] 다만 楚
墓와 마찬가지로 頂板은
직각형의 榫斗로 양쪽 圈
의 凹槽안에 끼워맞춰 槨
圈을 강화시켰다. 한편 葬
式에 있어 7호묘는 仰身直

[그림 5] 睡虎地 11號 墓

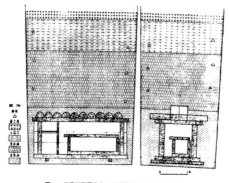

图— 墓葬剖面图（左, 纵剖面图, 右, 横剖面图）

60) 雲夢睡虎地秦墓編寫組,『雲夢睡虎地秦墓』, p.3; 湖北孝感地區第二期亦工亦農文
　　物考古訓練班,「湖北雲夢睡虎地十一座秦墓發掘簡報」(『文物』1976-9), p.51.
61) 孝感地區第二期亦工亦農文物考古訓練班, 위의 논문(1976-6), p.1.

肢葬, 11호묘는 仰身屈肢葬([그림 6])으로서 서로 다르며, 11호묘는 두향이 西向(두향 285°)으로서 전형적 秦墓에 보이는 방향이다.[62]

이 묘지들에는 楚문화의 영향도 적지 않아 靑膏泥를 사용한 것이 대부분이다. 中原墓와 楚墓의 가장 근본적인 차이점은 塡土를 白膏泥·靑膏泥로 채워 넣었느냐 여부에 있었다.[63] 관곽 주위를 白膏泥·靑膏泥로 메꾼 후에 五花土를 덮는 것이 楚人의 습속임은 江陵楚墓에서 잘 증명된다. 睡虎地秦墓에 靑膏泥를 사용한 것은 진문화가 초문화의 영향을 받은 것으로 秦楚문화의 융합이라 할 수 있다.

[그림 6] 睡虎地 11 호 묘주

睡虎地秦墓의 보고서에서는 기물의 조합을 통일 이전의 묘(7호묘로 대표됨, 3·4·5·6·8·10)와 통일 이후의 묘(11호묘로 대표됨, 9·12·13·14)로 구분하고 있다.[64] 통일 이전과 이후의 기물은 형식상 약간의 변화가 보이지만 기물의 조합은 거의 일치한다고 할 수 있다. 통일 이전의 묘인 7호묘의 출토 유물은 瓮·鍪·瓿·盒·罐·匜·卮·釜·盂·壺이고, 통일 이후의 묘장인 11호묘 출토유물은 瓮·鍪·瓿·盒·罐·匜·卮·釜·盂·壺로서,[65] 양자의 유물은 거의 일치하고 있는 것으로 보아, 모두 같은 문화를 가지

---

62) 『雲夢睡虎地秦墓』, p.8.
63) 宋公文·張君, 위의 책, p.216. 또한 江陵지구 雨台山의 單棺墓 264기 중에서 117기가 靑膏泥와 五花土를, 147기의 묘가 五花土만을 채웠다. 靑膏泥는 44%를 차지하며, 一槨一棺墓 248기중에서 183기가 먼저 靑膏泥를 채워넣고, 후에 五花土를 채워넣었으며, 65기는 五花土만을 채워 넣었다. 靑膏泥를 넣은 것은 74%를 차지한다.(宋公文·張君, 위의 책, p.208.)
64) 湖北孝感地區第二期亦工亦農文物考古訓練班, 위의 논문(1976-9), p.59.
65) 『雲夢睡虎地秦墓』, p.9.

고 있는 사람들로 생각되기도 한다.[66]

　12기의 묘지에서 출토한 기물의 특징은 주로 일상생활에서 사용되는 器皿이 수장되어 있다는 것에 있다. 기본적인 조합은 釜·盂·甑·瓮·罐·壺·盂이며, 어떤 묘에서는 茧形壺가 출토되기도 하였다. 이와 같은 일상용기의 조합형식은 楚의 것과는 완전히 다르다. 江陵 九店楚墓처럼 楚墓는 전국말기에, 심지어 秦國이 278년 安陸·郢을 점령한 후에도 계속 鼎·敦·盒·壺와 같은 禮器조합형식을 채용하고 있다. 이처럼 秦楚墓의 가장 중요한 차이는 族屬과 文化傳統이 다른 것이다.[67]

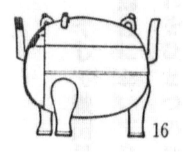

[그림 7] 鳳翔 高莊 16號墓 鼎

[그림 8] 睡虎地 11호묘 銅鼎

5. 銅　　鼎

　睡虎地의 개별적인 묘에서는 銅鼎 또는 鐵鼎이 수장되기도 하였으나, 더욱 많은 묘에서는 銅鍪와 銅蒜頭壺 등 秦문화의 전형적인 기물이 출토하였다. 이러한 수장기물 가운데 陶罐·甑·茧形壺·銅蒜頭壺·壺·鍪·鼎은 모두 秦器의 대표적인 것들이다.[68] 11호묘에서는 銅鼎이 출토

66) 같은 책, p.9. 그밖에 匜·鼎·銅劍 등이 더 있는데 이것은 거의 7호묘와 동일하다고 볼 수 있다.
67) 劉信芳·梁柱, 『雲夢龍崗秦簡』(北京: 科學出版社, 1997), pp.1-3.
68) 葉小燕, 위의 논문, p.70. 『雲夢睡虎地秦墓』의 M11: 39의 銅鍪는 黃曉芬의 戰

하고 있는데[그림8], 이것을 銅鼎을 수장하는 楚문화적 요소로 볼 수도 있겠으나, 이것은 楚國의 양식이 아니라 秦의 양식이다.[69] [그림 7]의 鳳翔 高莊 16號墓의 鼎과 같이 秦鼎은 足이 짧으며, 三紐가 달린 융기한 모양의 뚜껑을 가지고 있고, 雙耳가 붙은 扁球形인데,[70] 이는 睡虎地秦墓에서 출토한 銅鼎 M11:54의 형태와 동일하다([그림 8, 雲夢睡虎地秦墓 : 圖版23]).[71]

주의할 것은 이러한 유물에서는 楚墓에서 항상 발견되는 楚人의 취사도구인 陶鬲이 보이지 않는다는 점이다. 鬲은 周式鬲과 楚式鬲으로 나뉘는데, 전자는 關中·洛陽 일대의 周代유지에서 출토하고, 후자는 江漢지역의 商周유지에서 출토한다. 周式鬲은 춘추시대의 단계에서 이미 쇠퇴하여, 鬲腿部가 짧아지고, 襠部가 내려간 것은 그것이 다른 支架에 의존하였음을 말해준다. 中原지역에서 竈釜는 楚지역보다 일찍 출현하였는데, 그 때문에 기존 취사도구인 鬲이 대체되어 戰國墓에서는 드물게 출현한다. 그러나 楚지역에서는 戰國중기까지 계속하여 鬲이 출토하고 있다.[72]

또한 睡虎地의 묘군에서 출토된 대량의 아름다운 칠기는 그 공예의 품격에서도 江陵과 長沙, 信陽출토의 楚國칠기와는 큰 차이가 있다. "咸亭"이라는 銘文이 보이는 것으로 보아 秦의 것임이 틀림없다. 이러한 상황은 이러한 묘지들이 주로 秦문화의 영향을 받은 것이고, 다만

國形Ⅱ[黃曉芬, 「秦の墓制とその起源」(『史林』 74-6, 1991), p.113]와 일치한다. 다만 11호묘의 것은 작은 손잡이도 달려있는 것이 차이점이나, M10:17, I 은 형태상 완전히 일치한다. 또한 M9:30의 銅蒜頭壺는 黃曉芬의 No.18의 것과 일치한다. 盂(M11:16)는 밑바닥에 "亭"字 낙인이 있고, "上造□"字가 새겨져 있는데, 秦國에서 생산된 것이다. 이것은 楚墓에는 보이지 않는다.

69) 葉小燕, 위의 논문, pp.69-70.
70) 黃曉芬, 위의 논문, pp.113-114.
71) 『雲夢睡虎地秦墓』, p.42. 또한 孝感地區第二期亦工亦農文物考古訓練班, 위의 논문(1976-6), p.15.
72) 郭德維, 위의 책, pp.203. 327.

어떤 묘는 초문화의 전통을 계승한 것도 있다.[73]

한편 雲夢 睡虎地 11호묘처럼 秦문화가 楚문화의 결합을 보여주는 좋은 예는 雲夢 龍崗에서 발굴한 15기의 小型 秦漢墓이다. 睡虎地와 龍崗의 秦墓는 거의 같은 시기의 것이고, 매우 가까운 거리에 위치해 있다. 龍崗은 본래 楚人이 생활하던 문화층이었으나 秦國의 영토로 편입된 후 秦의 墓地로 변모된 것이다.[74] 이것은 睡虎地秦墓와 동일한 예라고 할 수 있다. 龍崗秦墓는 長方形土坑竪穴木槨墓이고, 그중 동서향이 11, 남북향이 4座이다. 葬式은 仰身直肢葬(9)이 주된 것이고, 仰身屈肢葬(3), 側身屈肢葬(1), 불명인 것(2)이 있다. 출토기물은 陶瓮·釜·罐·甑·盂·陶汲水罐·鼎·盒·壺·鍪 등으로 睡虎地秦墓의 것처럼 秦式 器物이 출토하였다. 그리고 睡虎地秦墓와 마찬가지로 楚문화의 영향도 적지 않아 靑膏泥를 사용한 것이 대부분이다. 龍崗秦墓는 결국 睡虎地秦墓와 같은 江陵지역을 점령한 秦人의 본래 묘장특징과 현지 楚묘장의 특징이 결합된 양식이라고 할 수 있다.

이상에서 고찰한 睡虎地 11호 秦墓는 秦人이 楚의 영토에 깊이 들어가 그 문화의 영향을 받은 대표적 묘지이다. 長方形竪穴土坑木槨墓의 묘갱구조, 靑灰泥·白膏泥를 사용하는 塡土방식, 곽실 평면이 "Ⅱ"形으로 되어 있고, 橫梁에 의해 頭箱·棺室로 분리된 것, 棺이 長方盒形棺(平底方棺)으로 되어 있는 것은 楚墓와 동일하다. 대량의 隨葬漆器, 竹器가 있는 楚墓의 특수한 기법을 사용하고 있는데,[75] 다만 수장된 칠기는 咸陽에서 생산된 秦器이다. 또한 楚墓와 마찬가지로 頂板은 직각형의 榫斗로, 양쪽 圈의 凹槽 안에 끼워맞춰 槨圈을 강화시켰다.

그러나 秦의 특색도 지니고 있다. 墓道와 封土가 없으며, 壁龕이 있는 것은 秦式에 가깝다. 葬式은 秦墓에 항상 보이는 屈肢葬을 사용하고

73) 湖北孝感地區第二期亦工亦農文物考古訓練班, 위의 논문(1976-9), p.60.
74) 劉信芳·梁柱, 위의 책, pp.1-3.
75) 『雲夢睡虎地秦墓』, p.7.

있으며, 두향은 西向(285°)이다. 11호묘의 仰身屈肢葬은 비록 股骨과 脛骨의 內角이 110°를 이룰 정도로 彎曲은 심하지 않으나, 楚墓에는 어떤 屈肢葬도 발견되지 않았다는 것을 염두에 둔다면 이는 확실히 秦人의 습속을 계승한 것이라고 할 수 있다. 陶器는 瓮·鍪·甑·盒·罐·匜·卮·釜·盂·壺 등 일상 생활용기로서, 전형적 秦墓의 조합인 釜·盂·甑·瓮·罐·壺와 일치하고, 倣銅陶禮器는 잘 보이지 않는다. 이같은 것은 江陵鳳凰山, 雲夢睡虎地, 西安 半坡, 客省庄 등지의 秦墓의 陶器組合과도 같다.

이상에서 고찰한 내용을 11호 秦墓의 형식이 秦制·楚制의 어느 부분의 영향을 받았는지를 표로 정리하면 아래와 같다.

[표 3] 睡虎地 11號 秦墓의 특징

	楚墓(전국시기)	典型的 秦墓	전국중기 江陵 秦墓	睡虎地 11호묘	비고
墓의 형태	長方形竪穴土坑墓 頭龕: 적음	長方形竪穴土坑墓·土洞墓	장방형 수혈토갱묘, 관곽, 壁龕	장방형 수혈토갱묘, 壁龕,	壁龕:秦式
封土·台階·墓道	有	無	無	無	秦式
槨棺형태	懸底弧棺, 懸底方棺, 平底方棺(長方形盒型棺), 棺 內에 竹席으로 시체를 감쌈.		平底方棺(長方形盒型棺) 竹席없고, 棺 바닥에 草木灰를 깔았음.	平底方棺(長方形盒型棺)	楚式
墓向(頭向)	小型墓:南向	東西向(頭向은 西向)	방향불규칙	東西向 (頭向:西向)	秦式
葬式	仰身直肢葬.	屈肢葬	屈肢葬 및 直肢葬의 혼재	仰身屈肢葬	秦式
青銅器	鼎·簠·缶·鼎·敦·壺 등 다수 출토	青銅禮器극소	青銅禮器 극소	匜 鼎 鍪 釜 勺 削 鈧	秦式
陶器 조합	鼎, 敦·壺 또는 鼎, 簠, 缶 등 放銅陶禮器 盉(鐎壺), 罍缶, 盤, 匜 豆 甗, 陶鬲	釜, 盂, 甑, 瓮, 罐, 壺, 등 實用陶器	陶禮器가 적고, 釜 盂 甑 瓮 罐 壺 등 實用陶器	釜, 盂, 甑, 瓮, 罐, 壺, 鍪, 盒, 匜, 卮 등 실용도기	秦式

	楚墓(전국시기)	典型的 秦墓	전국중기 江陵 秦墓	睡虎地 11호묘	비고
墳土종류	青膏泥·白膏泥· 五花土	青膏泥·五花 土 없음	青膏泥, 五花土	青膏泥, 五花土	楚式
종교적 기물	鎮墓獸, 虎座飛 鳥, 虎座鳥架鼓瑟	無	無	無	秦式
병기	銅劍, 戈矛柄 劍鞘 劍盒 箭箙 등 병 기 대량출토	兵器없음	병기가 적음. 소 량의 帶鉤 등과 같 은 銅器만 출현	銅劍	병기수 장은 楚 式
칠기 문양	菱形幾何紋, 漩渦 紋, 雲紋, 点紋	鳥紋, 雲氣紋, 幾何紋, 梅花紋, 菱形紋, 点紋	魚頭紋, 樹葉紋, 鳥獸紋, 雲氣紋	鳥紋, 雲氣紋, 幾 何紋, 兩魚一鳳 紋, 梅花紋, 菱形 紋, 点紋	秦式

[표 3]에서 알 수 있듯이 11호 秦墓는 秦·楚 양 문화의 영향을 골고루 받았다고 생각한다. 따라서 이것만으로 11호 秦墓의 주인이 秦·楚人중 어느 쪽인지를 판명하기는 쉽지 않다고 생각한다. 다만 표의 비교에서도 楚墓의 특성보다는 秦墓의 특성이 보다 다수를 차지하고 있는 것은 분명히 나타난다.(8:3)

그러나 이러한 묘장제도의 특징 중에서도 가장 주목할 점은 屈肢葬이라고 생각한다. 앞서 언급한 것처럼, 秦人의 묘제는 甘肅 동부지역을 기반으로 하는 문화집단의 전통적인 묘제에서 생긴 것이고, 이묘지의 양식은 바로 秦人의 이동을 보여준다고 밖에 할 수 없다.[76] 屈肢葬의 의미가 종교신앙 및 민족습속과 깊은 관련을 가지고 있으며, 이것은 다른 민족에게 나타날 수 있는 성질의 것이 아니다. 특히 楚人의 墓葬에서 屈肢葬이 전혀 나타나지 않는 점은 이것이 秦人만의 독특한 민족습속이기 때문이다. 따라서 여러 가지 楚墓의 특징도 보이기는 하지만 가장 변하기 어려운 것이 묘장제도이기 때문에 屈肢葬을 사용한 11호묘의 묘주는 秦人이라고 생각된다.

---

76) 黃曉芬, 위의 논문, pp.131, 144.

또한 楚人은 日書에 보이듯이 자신의 풍습·습관을 포기한 것이 아니며, 이 때문에 秦吏들은 日書의 내용을 숙지하여야만 했고, 「語書」에서도 南郡守 騰은 法令이 존재함에도 鄕俗을 유지하고 있다고 비판하였다. 이러한 시각에서 볼 때 楚人은 장례습속에서도 자신들의 것을 유지했을 것으로 생각된다. 특히 묘장문화는 쉽사리 변화되기 어려운 보수적 성질의 것이기 때문이다.

IV. 睡虎地秦墓의 秦楚문화

이상에서 고찰한 바와 같이 수호지 11호 秦墓는 楚墓의 영향도 일부 있지만, 여러 가지 특징상 秦國의 묘장방식을 따른 것으로 생각된다. 江陵 일대에는 楚國의 문화전통이 B.C.278년 이후 단절되고 秦國의 문화로 대체되었다. 이후 漢代로 되어도 楚國의 문화전통은 회복되지 않고 있다. 이것은 과거 초국의 영토였던 다른 지역과 크게 대비되고 있는 점이다. 왜 江陵일대에서는 楚國의 문화적 요소가 사라졌는가?

江陵 일대에 楚의 문화전통이 계승되지 않은 이유는 두 가지로 고찰할 수 있다. 첫째는 秦國이 점령한 지역에 대해 통제가 엄격하여, 점령지역의 정치제도·사상의식·풍속습관을 포함한 모든 것이 秦化될 수밖에 없었던 것이고, 둘째는 江陵(郢)을 점령한 후 그 일대의 사회·경제적 파괴가 매우 심각했다는 것이다. 江陵은 楚國 정치·경제·문화의 중심지로서 번영했던 곳임에도, 秦國은 이곳을 점령하고 南郡으로 개명할 때 그 治所를 江陵에 두지 않았다. 이것은 南郡守 騰이 치소를 다른 곳에 마련하고 자신의 문서를 江陵에 보냈던 "江陵에는 문서를 별도로 만들어 郵로 배포하라(別書江陵, 布以郵行)"는 구절에서 알 수 있다. 또한 江陵 紀南城 내의 고고학 발굴 결과, 전국 이후 秦漢의 문

화층 퇴적이 없음이 밝혀졌는데, 江陵을 白起가 점령한 후 철저히 파괴되고 모든 도시가 폐허로 변모했음을 의미한다.[77]

그러한 증거는 고고학적인 증거에서 잘 증명되고 있다. 첫째는, 인구의 급격한 감소이다. 강릉지역에서 대량의 楚墓가 발견되었으나 秦墓는 매우 적었다. 강릉 지역에서 발견된 2,000여기의 묘지 중에서 90%가 楚墓, 10% 이하가 기타 시대의 묘이고, 秦과 秦漢시대에 속한 것은 겨우 20여 기에 불과하다. 그러나 이렇게 많은 江陵의 楚墓도 B.C.278년 秦將 白起가 郢을 함락시키는 시점까지만 출현한다.[78] 江陵지역에서 발굴된 묘지를 예로 들면, 雨台山묘지에서는 모두 558기의 묘가 발견되었으나 모두 楚墓이며, B.C.278년 이후에는 매장된 것이 없다. 이것은 바로 秦의 江陵점령 이후 楚人의 이 지역 거주가 단절되었음을 의미한다.

강릉 일대의 인구감소 원인은 여러 가지가 있을 수 있다. 첫째는, 전쟁에서 사망했거나, 楚王을 따라 도망했거나, 秦人에게 포로가 되었거나 도살되었을 가능성이 있다. 두 번째는, 생산력의 파괴이다. B.C.278년 이후 秦의 묘에서는 초묘에서 많이 보이는 鎭墓獸, 虎座飛鳥, 虎座鳥架鼓瑟 등이 보이지 않는다. 이러한 것은 絲織業에서도 마찬가지인데, 이것은 모두 郢都 지역의 파괴가 심각했기 때문이다.[79] 郢都 지역의 匠人들이 다른 지역으로 이주되었기 때문에 郢都 지역에는 칠공예를 담당할 자들이 존재하지 않았던 것으로 보인다. 따라서 湖北省 지역은 秦國에 의한 파괴가 심각하여 楚문화가 秦문화로 순탄하게 계승되지 않았던 것이 된다.

---

77) 郭德維, 위의 책, p.334.
78) 같은 책, pp.24-26. 陶器는 鼎·簠·缶 또는 鼎·敦·壺의 조합으로 되어 있으나, 중원에서 성행한 것은 鼎·豆·壺의 조합으로 되어 있어 서로 상이하다. 그러나 河南의 淮陽, 安徽의 長豊의 楚墓는 전국말기 楚墓의 자료를 보충하고 있다. 이러한 楚墓의 형태는 기본적으로 江陵 楚墓의 전통을 계승하고 있다.
79) 같은 책, pp.335-337.

　진국의 점령 후 江陵일대가 완전히 파괴되고, 楚人의 인구가 급격
히 감소한 상황 하에서 楚人의 무덤이 존재할 가능성은 희박하다. 또
한 秦人과 楚人의 대립이 예리한 상황하에서 楚人을 執法관리로 임용
할 가능성도 희박하기 때문에 11호 墓主의 무덤을 楚人의 무덤이라고
보기는 어렵다.

　秦의 문화가 확대된 것은 秦國이 중원의 각지를 점령하면서 현지
에 거주하던 원주민을 다른 곳으로 이주시키고 자국의 사면한 죄수
를 이주시키는 "出其人"의 정책에서 연유했다.[80] 出其人을 보여주는
자료는 睡虎地 4호묘 출토의 6호 木牘에서도 확인되고 있다. 전선에
나가 있는 驚이 安陸에 거주하고 있는 모친에게 보내온 書信에서 "新
地의 城은 대부분 비어 있으며, 범법한 故民(秦人)을 이주시켜 채웠다."
고 한 것은 바로 "出其人"의 정책을 보여준다.[81] 新地라는 이름에서 알
수 있듯이, 秦은 安陸(雲夢)을 점령한 후 새로이 획득한 楚地에 건설하
였으므로, 이곳의 新地城은 대부분 비어있었던 것이다. 새로운 점령지
역의 도시들이 대부분 전쟁으로 비어있고, 법령을 지키지 않은 故民
들이 徙民되었음을 말해준다.

　이 편지는 秦國의 점령으로 楚의 故地는 거의 무인지경 상태로 되
었으며, 아울러 楚人들은 秦國의 공포정치에 전율을 느끼고 있었던 것
으로 생각된다. 新地人들이 강도행위를 하므로 驚은 衷에게 新地에 가
지 말 것을 주문하고 있을 정도로 치안상태가 불안했던 것이다. 또 11
호 木牘에 "黑夫等直佐淮陽, 攻反城久, 傷未可智也."[82]라고 한 것에서 주

---

80)　『史記』 卷5 「秦本紀」, p.206, "(惠文王)十三年, … 使張儀取陝, 出其人與魏.";
　　　p.212, "(昭襄王)二十一年, (司馬)錯攻魏河內, 魏獻安邑, 秦出其人, 募徙河東 賜
　　　爵 赦罪人遷之."; p.213, "(昭襄王)二十六年, 赦罪人遷之穰."; p.213, "(昭襄王)二
　　　十七年, (司馬)錯攻楚, 赦罪人遷之南陽."; p.213, "(昭襄王)二十八年, 大良造白起
　　　攻楚取鄢·鄧, 赦罪人遷之."

81)　『雲夢睡虎地秦墓』, p.25, "衷令 … 聞新地城多空不實者, 且令故民有爲不如令者實
　　　… 爲驚祠祀, 若大廢毁, 以驚居反城中故 … 新地人盜, 衷唯毋方行新地, 急急急."

인공이 反城이라고 표시하고 있는 것으로 보아 楚國을 적대국으로 간주하고 있음이 분명하다.

이 수호지 지역의 묘들이 모두 楚國의 문화유지와 단절된 위에서 매장된 것이므로 기존에 이곳에 터전을 잡고 생활하던 楚人과는 다른 새로운 이주집단이라고 생각된다. 7호묘의 "五十一年曲陽士伍邦"의 기록은 秦이 安陸(雲夢)을 점령한 昭王 28년부터 정확히 23년만인 昭王 51년에 이곳이 촌락에서 墓葬지역으로 변모되었음을 말해준다.[83] 雲夢故城은 楚의 安陸이 진국에 점령된 후 새로이 건설되었거나 확충된 것이라고 할 수 있다.[84]

이처럼 대량의 秦軍과 罪囚가 遷徙되어 그곳에서 자손을 낳게되는 등 秦人의 이동에 따라, 그들의 독특한 문화습속이 이곳에 전파되었다. 특히 사후의 매장습속은 쉽게 바뀌는 것이 아니다. 그러나 出其人의 정책은 상대적이고 임시적인 것일 수밖에 없다. 이주된 秦人은 고립되고 격리된 생활이 불가능하기 때문에 필연적으로 현지 주민과 접촉하게 되고 문화가 융합하게 되었다.[85] 睡虎地秦墓와 龍崗秦墓는 일찍이 楚문화가 뿌리 깊은 영역에 조성된 것이므로. 여기에 보이는 秦楚문화의 混在현상은 양 문화의 접촉과정에서 당연히 발생할 수 있는 것이다.

秦人이 關東지역으로 진출하여 대규모로 縣城을 파괴하는 것은 戰國말기부터 시작된 것이다. 이 당시 秦의 군사세력의 확장에 따라 關東지역에도 秦의 墓葬이 출현한다. 그런데 戰國말기와 秦王朝시기의 關中지역의 秦墓는 모두 비교적 순수한 秦風을 유지하고 있으나, 새로이 점령한 지역의 秦墓에는 도리어 현지의 영향이 침투해 들어갔다.

---

82) 같은 책, pp.25-26.
83) 같은 책, p.6.
84) 黃盛璋, 「雲夢秦墓兩封家信中有關歷史地理的問題」(『文物』 1980-8), p.76.
85) 葉小燕, 위의 논문, pp.71-72.

이러한 현상은 關中에서 거리가 가까울수록 秦문화의 요소가 많고, 關中 지역에서 멀수록 현지문화와의 융합정도가 심하다.

　이러한 문화의 융합은 언어의 측면에서도 고찰될 수 있다. 이미 前漢의 揚雄이 『方言』에서 조사한 것처럼 前漢시대에도 각 지역의 언어적 차이는 심각했다. 하물며 통일 이전의 시대는 상황이 더욱 심하였을 것이다. 漢水와 揚子江 중류의 楚지역의 언어는 關中지역의 언어와 차이가 있었다. 그런데 江陵 일대에 진출한 秦人의 언어는 楚國의 언어와 융합하기 시작한 것으로 보인다. 그러한 예가 睡虎地秦墓 4호묘에서 출토된 木牘인데, 이 편지의 주인공은 秦人일 가능성이 높다. 우선 木牘은 秦隷, 즉 秦國의 문자를 사용하고, 頭向은 270°로서 서향을 취하고 있으므로 秦國의 문화와 관련성을 가지고 있는 것으로 보이지만, 屈肢葬을 사용했는지는 불명이다. 그러나 이들이 反城이라는 용어를 사용하고 있는 것으로 보아 秦國에 가담한 병사들임은 분명하다. 이 4호묘의 11호 목독에는 孝須(嬃), 東室季須(嬃)라는 것이 있는데,[86] 여기에 보이는 須는 楚人의 방언인데, 楚國에서는 姉를 須(嬃)라고 부르는 전통이 있다.[87] 그렇다면 이들 秦人은 楚人의 방언을 사용하고 있는 것이 되며, 이들이 초지역에 들어온 이후 언어적으로도 일체화되고 있음을 보여준다.

　아울러 江陵·雲夢 일대가 각 지역에 거주하던 죄수 등을 사민하였기 때문에 다양한 지역의 출신들이 거주하는 문화융합의 장이 되었

---

86) 『雲夢睡虎地秦墓』, p.25.
87) 『楚辭』 卷1 「離騷」(東京: 富山房, 1972), p.19, "女嬃之嬋媛兮, 注: 女嬃屈原姉也."; [漢] 許愼, [淸] 段玉裁 注, 『說文解字注(經韵樓臧版)』(臺北: 黎明文化事業公司, 1974), p.623, "嬃, 女字也. 楚辭曰, 女嬃之嬋媛, 賈侍中說, 楚人謂姉爲嬃." 楚人의 방언에는 언니를 嬃라고 불렀다. 한편 楚人인 樊噲가 呂后의 여동생 呂須(嬃)를 부인으로 맞이한 것에서 보더라도 그것이 언니가 아니라 동생을 가리키는 경우도 있으나 楚人 사이에서 자주 사용된 용어임을 알 수 있다.(『史記』 卷95 「樊噲列傳」, p.2659.)

을 가능성이 높다. 앞서 언급했던 睡虎地 7호묘의 槨室門楣上에는 음
각된 "五十一年曲陽士五邦"이라는 문자가 있다. 7호묘는 수장품에 칠기
가 많은 것으로 보아 中等地主의 墓라고 추정하는 견해도 있다.[88] 여
기에서의 五十一年은 재위기간으로 볼 때 秦 昭王의 51년(B.C.256)을 의
미하는 것은 확실한데, 『史記』에 보면 曲陽은 魏와 趙의 邑으로 나타나
있다. 두 개의 邑 가운데 秦國의 영토로 편입된 것이 분명한 것은 白起
가 B.C.287년 "秦拔我新垣曲陽之城"이라는 魏의 曲陽 기사만이 해당되
고, 趙의 영토는 이 당시 秦國에 편입되지 않았다.[89]

　　魏의 曲陽의 위치에 대해 『史記正義』에는 "括地志云, 曲陽故城在懷州
濟源縣西十里."라 했는데, 이곳은 後周 시대에 설치된 河南省 沁陽縣의
치소로서, 『讀史方輿紀要』에 河南 懷慶府 濟源縣(낙양의 황하 북쪽에 위
치)이라고 있는 것으로 보아 魏國의 曲陽에 해당되는 곳으로 생각된
다. 士伍 邦이라는 사람의 본적이 曲陽이라는 사실은 魏國출신이 雲夢
지역으로 사민되었거나, 秦國이 曲陽 점령 후 이곳에 徙民되었던 邦이
라는 秦人의 貫籍이 曲陽으로 변경된 후 병역 등에 종사하기 위해 曲
陽으로부터 楚전선인 이곳에 파견된 것인지는 알 수 없다. 다만 그의
葬式이 秦人의 전통 葬式인 屈肢葬 대신 仰身直肢葬을 사용한 것으로
볼 때 魏國출신일 가능성도 배제할 수 없다. 이처럼 주민구성이 다양
해졌기 때문에 墓葬방식도 다양해졌던 것으로 보인다. 睡虎地秦墓 12
기중 不明의 9기를 제외한 3기중 仰身直肢葬이 2기이고 전통적 秦人의
屈肢葬이 1기이고, 秦人의 두향인 동서향을 따른 것이 7기, 북향이 3기,
남향이 2기 등으로 혼재되어 있다. 이것은 秦人의 전통적인 두향방식

---

88) 湖北孝感地區第二期亦工亦農文物考古訓練班, 위의 논문(1976-9), p.52.

89) 『史記』 卷15 「六國年表」, p.740; 『史記』 卷44 「魏世家」, p.1853. 趙의 曲陽기사
　　는 『史記』 卷43 「趙世家」, p.1811, 『史記』 卷54 「曹相國世家」, p.2026에 보이는
　　데, 趙 武靈王 21년(B.C.313)의 기록으로, 常山의 曲陽에서 趙軍의 군사사실
　　을 기록하고 있을 뿐 秦國과는 관계가 없다. 趙의 曲陽은 『括地志』에 "上曲
　　陽은 定州 曲陽縣 西五里(石家庄 북쪽, 恒山郡에 소속됨)에 있다."고 했다.

인 서향이 많지만, 그밖에 기타지역의 두향방식이 있다는 것은 이제
이 지역의 주민구성이 다양해졌음을 보여준다.

V. 放馬灘·睡虎地 출토의 日書

앞장에서는 주로 睡虎地秦墓를 묘장제도에 입각하여 분석하였는
데, 秦楚문화가 혼합되어 있어 어떤 면으로는 아직도 확실한 결론을
내리지 못했다는 반론이 있을 수도 있겠다. 따라서 보다 확실한 결론
을 도출하기 위해, 이번에는 睡虎地日書를 분석하기로 하겠다. 주지하
는 바대로 日書는 秦國에서 유래된 부분과 楚國에서 유래된 것이 섞여
있어, 日書의 주인인 喜의 출신을 찾는 것은 결코 용이하지 않을 수
있다. 그러나 그가 어떠한 관점에서, 어떠한 출발점에서 日書를 재편
해 나갔느냐에 초점을 둔다면 그의 출신도 분석이 가능할 것이다.

日書의 유래를 분석한 논의 중에서 何雙全은 放馬灘日書가 순수한
秦國의 日書인 반면에, 睡虎地日書는 순수한 楚國의 日書라고 보았다.
그는 睡虎地日書에 秦國의 성분이 포함되어 있더라도, 주체 부분은 秦
의 것과 다르므로 그것은 秦代 楚人의 사상을 대표한다고 하여 楚人說
을 주장하였다.[90] 林劍鳴도 放馬灘日書는 禮制·道德·鬼神의 영향이 적
은 질박한 것이나, 睡虎地日書의 많은 부분은 禮制의 영향과 농후한
신비적 색채를 지녀 초문화 특징을 반영하고 있다고 주장하였다.[91]
이 두 개의 대표적 견해는 결국 睡虎地日書를 楚문화의 성격이 농후한
것으로 결론짓고 있다. 그렇더라도 이것을 소유했던 묘주 喜가 楚人
이었는지는 좀더 고찰을 요한다.

---

90) 何雙全, 「天水放馬灘秦簡甲種〈日書〉考述」, 『秦漢簡牘論文集』(蘭州: 甘肅人民出
版社, 1989).
91) 林劍鳴, 「〈睡〉簡與〈放〉簡〈日書〉比較研究」(『文博』 1993-5), p.19.

　필자는 우선 묘주 흽의 출신을 살피는 실마리로서 日書의 성립시기에 관해 살펴보고자 한다. 漢初에 사용하던 역법은 옛 四分曆의 하나인 顓頊曆이고, 日書에 사용된 역법도 顓頊曆이다.[92] 『史記』「秦本紀」의 昭王 42년 기사에 10월이 앞서 나오고, 9월이 연말에 나오며, 同 50년에도 10월이 앞서 나오고 2월이 나중에 나오고 있으며,[93] 雲夢秦簡의 「編年記」에도 昭王 56年에 後9月의 기사가 있다. 이러한 사실로 보아 顓頊曆은 그 상한선을 秦昭王 시기까지로 소급할 수 있다. 또한 日書에는 진시황을 諱하지 않고 있어, 그 成書 연대는 秦王 政의 즉위 연대(B.C.246)보다는 빠를 것이다.

　현재 甲(730-895, 895反-730反)·乙種(896-1154)으로 구분되는 두 개의 日書 중에서 을종이 갑종보다는 약간 빠를 것으로 생각된다. 甲種은 秦楚月名對照表가 있는 것으로 보아 白起가 江陵을 점령한 B.C.278년 이후의 것이 분명하고, 乙本은 없는 것으로 보아 형성연대가 B.C.278년 이전인 것으로 생각된다. 내용 면에서도 을종에 있는 것은 대부분 갑종에 보이나, 갑종의 내용은 을종에 없는 것이 많은 것으로 보아, 갑종이 을종보다 완성된 형태이고 후일 완성된 것으로 보인다.[94]

　결론적으로 睡虎地日書는 대략 白起의 江陵 점령시점인 B.C.278년에서 秦王政의 즉위 시점인 B.C.246년의 30여 년간에 형성된 내용이거나 編寫된 것으로 생각된다.[95] 을종이 江陵 점령 이전에 완성되었다는 추정이 옳다면, 앞으로 日書를 분석하는데 중요한 단서를 제공한다. 즉, 을종이 江陵을 점령하기 이전의 것이므로, 을종이 과연 어느 지역의 日書인지를 밝히면 11호 墓主 흽의 출신도 규명될 수 있다고 생각된다.

---

92) 陳久金·陳美東, 「臨沂出土漢初古曆初探」(『文物』 1974-3), pp.59-60.
93) 『史記』 卷5「秦本紀」, pp.213-214.
94) 劉樂賢, 「睡虎地秦簡日書의內容,性質及相關問題」(『中國社會科學院硏究生院學報(京)』 1993-1), pp.69-70.
95) 같은 논문, pp.67-68.

다음 [표 4]는 雲夢日書의 역법을 조사하기 위한 것인데, 사용된 역법과 내용의 유사성에 따라 각각 A(稷辰·秦), B(除·□), C(秦除·除)의 3개 항목으로 나눌 수 있다.96)

胡文輝의 연구에 의하면, 시간상의 순서는 建除A - B - C로 되어 있으며, 3개의 建除는 3종의 서로 다른 曆法형식에서 제정된 것이다.97) 建除 A는 正月子日에서 시작하므로, 그것이 의거한 역법은 당연히 建子之月로써 正月(歲首)을 삼는다.(즉 冬至가 들어있는 달인 음력 11월을 歲首로 삼음.) 이것이 춘추 중기에서 전국 중기까지 사용된 것으로 추정되는 진정한 周正이다. 建除 B는 十一月子日에서 시작하나, 그것이 의거한 역법은 建寅之月로 정월을 삼고, 建子之月로 歲首를 삼는다. 建子之月로 歲首를 삼고 있기 때문에 周正이라고 부를 수 있으나, 한편으로는 建寅之月로 정월을 삼고 있기 때문에 진정한 周正이라고 볼 수는 없다.

[표 4] 日書의 建除表

		日書 篇名, 號	月	子	丑	寅	卯	辰	巳	午	未	申	酉	戌	亥	子	丑	비고
睡虎地日書	建除 A	甲,稷辰 755-775 / 乙,秦 942-958	正月·二月	采秀	正陽	危陽	敫	禹	陰	徹	陰	禹	危陽	正陽	結			周正
	建除 B1	甲,除 730-742	十一月	濡結	贏陽	建交	陷害	彼陰	平達	寧外陽	空外害	坐外陰	蓋絶紀	成夬光	甬秀			周正·夏正의 竝用
	建除 B2	乙,□ 896-920	十一月	安濡	贏陽	建交	窅羅	作陰	平達	成外陽	空外害	髺外陰	蓋絶紀	成決光	復秀			
	建除 C1	乙,徐 921-941	正月			建	余	吉	實	窅	徹	衝	剽	虛	吉	實	閉	夏正

96) 胡文輝, 「〈日書〉起源考—兼論春秋戰國時期的曆法問題」, 『簡帛研究』 2輯(北京: 法律出版社, 1996), p.125.
97) 같은 논문, p.127.

	日書 篇名, 號		子	丑	寅	卯	辰	巳	午	未	申	酉	戌	亥	子	丑	비고
建除 C2	甲,秦除 743-754	正月			建	除	盈	平	定	摯	柀	危	成	收	開	閉	
放馬灘日書		正月			建	除	盈	平	定	執	彼	危	成	收	開	閉	夏正
淮南子 天文訓		正月			建	除	滿	平	定	執	破	危	成	收	開	閉	

建除 C는 正月寅日에서 시작하고 있는데, 그것이 의거한 역법은 建寅之月에 正月과 歲首를 두고 있는 夏正이다.[98](立春이 포함되어 있는 음력 正月을 歲首로 삼음.) 이에 대한 상세한 비교는 아래의 [표 5]를 참조하면 된다.

睡虎地 日書의 甲乙種에 보이는 3개의 建除는 日書가 형성되는 과정 중에 각각 다른 시기에 사용되었던 建除이다. 日書가 새로운 建除를 사용하는 것으로 바뀔 때, 오래된 建除가 本文속에 계속 남아있게 되고, 이러한 이유로 日書에는 3개의 建除가 중첩되어 남아있게 되었다. 따라서 日書의 형성은 상당히 오랜 시기를 경과했고, 周曆을 사용하던 시대에 출현해, 周曆과 夏曆을 병용하던 시대를 거쳐, 최종으로 夏曆을 사용하는 시대를 형성하였다.[99]

[표 5] 三正의 歲首

	秦	楚	周	殷	夏
12支	亥	亥	子	丑	寅
歲首(陰曆)	10월	10월	11월	12월	正月

위의 [표 4]에서 周曆의 建除A는 초기에 사용한 建除이고, 夏曆에 의거한 建除B, C는 후기에 사용한 建除이다. 建除 B는 초기에 사용한 建除A의 명칭을 사용하고 있는 것도 있다. [표 4]의 建除 C2의 秦除(743-

---

98) 같은 논문, p.128.
99) 같은 논문, pp.125-130.

754)와 放馬灘日書는 建除와 內容이 완전히 일치하는데, 특히 秦除에 秦의 독특한 官名인 "嗇夫"가 보이는 것으로 보아 그 출처가 秦임을 말해준다. 또 이미 후일 정형화된 『淮南子』 「天文訓」의 建除와 기본적으로 일치하고 있으므로 비교적 후기에 출현한 것이라고 할 수 있다. 이러한 사실들은 建除C2와 放馬灘의 建除가 모두 秦문화에서 기원한 것이며, 秦의 문화가 남파되는 과정에서 최종적으로 주도적 지위를 차지했음을 말해준다.[100] 이상과 같이 볼 때 睡虎地日書는 秦楚文化의 혼혈이며, 순수하게 楚의 입장에 서있다는 何雙全 등의 견해는 옳지 않다.[101]

여기에서 중요한 것은 앞의 表에서 보이는 역법들이 어느 지역에서 기원하였는가의 문제이다. 우선 A, B, C의 建除가 사용된 지역에 대해서 胡文輝는 언급하지 않았는데, 이를 규명하면 喜가 어느 지역 출신인지 규명될 수 있다. 우선 建除A가 사용된 지역에 대해서 살펴보자. 建除C2에 秦除라는 것이 있다. 앞에서 고찰했듯이 嗇夫라는 관명에서 보면 그것은 秦의 것임을 알 수 있다. 또한 秦除는 그 명칭에서 볼 때도 당연히 秦 지역의 建除규정이다. 睡虎地秦簡의 주석에서도 "除는 日者列傳의 建除인데, 여기에 秦除라고 칭한 것은 秦에서 기원한 것임을 말한다."고 하여 秦除의 기원이 秦지역에 있음을 언급하고 있다.[102] 마찬가지로 가장 오래된 建除A의 乙種에 보이는 「秦」 역시 명칭상 秦지역에서 기원했음은 당연하다. 만약에 喜가 楚人이라면, 放馬灘日書와 동일한 建除를 가지고 있는 秦除는 물론이고, 그 내용이 판이하게 다른 江陵 점령 이전의 단계에 완성된 建除A의 「秦」을 日書안에 포함시키지 않았을 것이다. 日書의 초기형태의 것이 楚除가 아니고 秦

---

100) 黃留珠, 「秦文化的南播」(『秦漢史論叢』 6), p.263.
101) 같은 논문, pp.260-261.
102) 睡虎地秦墓竹簡整理小組, 『睡虎地秦墓竹簡(正裝本)』(北京: 文物出版社, 1990), p.183.

除라는 사실로 볼 때 睡虎地 11호의 묘주가 진문화를 깊이 이해한 인물이라고 생각된다.

방금 建除A를 사용한 국가 또는 지역의 문제와 관련하여 필자는 秦지역에서 사용된 周曆이라고 고찰했다. 그런데 이 문제와 관련하여 工藤元男은 "楚의 建除는 十一月子日로 기점을 삼고, 夏正은 建寅之月로써 정월을 삼고, 秦의 建除는 正月寅日로 기점을 삼는다. 楚國은 周曆에서 기원한 것이고, 秦曆은 夏曆에서 기원한 것이다. 秦曆과 楚曆의 차이는 3개월인데, 바로 正月歲首와 11月歲首의 차이 때문"이라고 주장하여 楚國이 周曆을 사용하고 있다고 보았다.[103] 이것은 결과적으로 建除A를 楚國 기원의 것으로 보는 것인데, 여기에는 오해가 있다고 생각된다. 후술하듯이 楚는 睡虎地日書가 통용될 시기에 周曆을 사용하지 않았으며,[104] 子月(11月)에서 正月(1월)까지는 2개월인데도 그는 3개월이라고 하여 자신의 주장 내부에서조차 모순을 보이고 있으므로 그의 견해는 옳지 않다.

[표 6] 秦國과 楚國의 月名

陰曆	계절	干支	秦 (顓頊曆)	楚 (楚正)		夏正ㅣ (建寅)	殷正 (建丑)	周正 (建子)
10月	冬	亥	10월	冬夕	正月	10月	11月	12月
11月	冬至月	子	11月	屈夕	2月	11月	12月	正月
12月		丑	12月	援(遠)夕	3月	12月(閏月)	正月	2月(春)
1月		寅	正月	刑夷(刑尿)	4月	正月	2月	3月
2月	春	卯	2月	夏帝	5月	2月	3月	4月
3月		辰	3月	紡月(膏月)	6月	3月	4月	5月(夏)
4月		巳	4月	七月(夏尿)	7月	4月	5月	6月
5月	夏	午	5月	八月	8月	5月	6月	7月

103) 工藤元男, 「雲夢秦簡〈日書〉所見法與習俗」(『考古與文物』 1993-5), p.108.
104) 王紅星, 「包山簡牘所反映的楚國曆法問題」, 『包山楚墓』(北京: 文物出版社, 1991), p.530.

陰曆	계절	干支	秦 (顓頊曆)	楚 (楚正)		夏正 I (建寅)	殷正 (建丑)	周正 (建子)
6月		未	6月	九月	9月	6月	7月	8月(秋)
7月	秋	申	7月	十月	10月	7月	8月	9月
8月		酉	8月	爨月	11月	8月	9月	10月
9月		戌	9月	臝馬	12月	9月	10月	11月(冬)

[표 6]에서 확인할 수 있듯이, 楚에서는 7·8·9·10월을 제외하고는 자체의 독특한 月名을 사용하고 있다. 日書에 나타난 秦楚月曆比較表에 의하면 楚는 秦과 3개월의 차이를 보이고 있다. 다만 楚曆에서는 夏曆 10月로 歲首를 삼았으나 명칭을 冬夕으로 하였다.[105] 즉, 楚는 夏正의 논의를 떠나서 별도의 曆을 만든 것이었다. 夏正正月이 春의 시작을 의미하는 것에 대항해서, 겨울의 시작을 의식하여 正月로 삼고(楚正), 冬至를 포함하는 月을 二月로 고정시키고 있다.[106]

建除A의 周曆이 과연 楚國에서 사용했던 것인지와 관련하여 楚國에서 사용했던 曆法에 대해 살펴보자. 楚는 官에서는 殷曆을, 민간에서는 夏曆을 사용하였다. 包山楚簡에 보이는 紀年法을 분석하여 楚國에서 어떠한 역법을 사용했느냐를 놓고 劉彬徽와 王紅星의 논쟁이 벌어지고 있다. 전자는 楚國에서 建丑曆(殷曆)을 사용했다는 것이고,[107] 후자는 민간에서는 建寅夏曆을, 官曆에서는 建丑殷曆을 동시에 사용했다는 것이나,[108] 이중에서 王紅星의 견해가 정확하다. 두 사람의 견해에서 包山楚簡에서는 建丑曆(殷曆)의 사용에 대해 이견이 없는 것에서 알 수 있듯이 建丑曆의 사용은 확실하지만, 楚國에서는 夏正도 병용되고

---

105) 劉信芳, 「秦簡中的楚國〈日書〉試析」(『文博』 1992-4期), p.49; 劉彬徽, 「從包山楚簡紀時材料論及楚國紀年與楚曆」, 『包山楚墓』(北京: 文物出版社, 1991), p.538.
106) 尾形勇·平勢隆郎, 『世界の歷史(2)』(東京: 中央公論社, 1988), pp.42-49.
107) 劉彬徽, 위의 논문, pp.533-547; 同氏, 「包山楚簡研究二則」(『簡帛研究』 1輯), pp.12-18.
108) 王紅星, 위의 논문, pp.521-532; 劉彬徽, 「包山楚簡研究二則」, pp.12-18.

있었다.

劉彬徽는 王紅星의 견해를 부정할 때 극찬한 張培瑜의 『中國先秦史曆表』를 잘못 이용하고 있기 때문에 잘못된 결론을 도출하였다.[109] 즉, 鄂君啓節에 "大司馬昭陽敗晋師于襄陵之歲, 夏尿之月(5월), 乙亥之日." 이라는 기록과 包山楚簡의 "大司馬昭陽敗晋師于襄陵之歲, 夏岕之月(7월) 庚午之日."이라는 것은 모두 B.C.322년의 사건인데, 劉彬徽는 이를 『中國先秦史曆表』의 그 해의 干支와 비교하여, "만약 楚가 夏正曆法을 사용했다면, 5월 朔日은 丙申이고 그 달 안에 乙亥之日이 없으며, 7월의 朔日은 乙未일인데 역시 그 달안에 庚午之日이 없다."고 주장하였다. 그러나 『中國先秦史曆表』를 참고할 때, 楚國의 5월·7월은 각각 夏正의 2월·4월에 해당하므로 朔日은 각각 戊辰과 丁卯이다. 그러나 劉彬徽는 각각 2달 뒤인 7월과 9월의 朔日로 착각하였다. 실제로는 乙亥가 8일에, 庚午가 4일에 해당한다. 이것은 결과적으로 楚國에서 建丑曆과 夏曆이 동시에 사용되었다는 것을 말해준다. 이처럼 戰國중기에 楚國에서 사용된 것은 결코 周曆이 아님을 알 수 있다.

특히 建除A의 경우는 「秦」이라고 명기되어 있는 것으로 보아 秦에서 사용한 周曆이다. 때문에 楚에서 사용한 建丑曆·夏正曆과는 다르다. 또한 建除A는 B.C.278년 이전의 것으로서 包山楚簡의 B.C.322년과 약 40년 정도의 시간적 차이가 있는 것이다. 양자는 같은 시기에 사용되었을 가능성이 높다. 즉, 秦曆은 전국시대의 366년부터 十月(建亥)歲首의 顓頊曆으로 바뀌게 되었는데, 이것은 B.C.366년의 立春을 正月朔으로 하는, 소위 夏正을 채용한 것이었다.[110] 그 때까지의 古曆은 曆元의 기

---

109) 劉彬徽, 위의 책, p.541.
110) 新城新藏은 秦國의 顓頊曆 사용 시점을 기원전 366년 立春朔으로 보고 있다. 춘추후기에서 전국초기에 사용된 周正(冬至月=建子月이 정월에 해당함)이 2개월 떨어진 夏正(建寅月이 정월로 됨)으로 바뀌는 시기와 일치하는 것, 漢初의 많은 일식이 晦에 있는 것은 이 曆初가 어느 정도 시대를 경과했기 때문에 曆面과 合朔과의 사이에 차례로 차이가 발생했다는 이

준상태를 甲子·朔旦·冬至로 하는, 소위 周正에 의한 것이었다.[111] 日書
"玄戈"의 28宿 占星法은 10월부터 시작되는데, 이는 秦이 顓頊曆을 사용
한 증거이다. 이 견해가 옳다면 秦에서 A의 周曆을 사용한 것은 367년
까지이며, 包山楚簡에 夏正이 사용되는 것과 같은 시기에 秦에서도 寅
月을 正月로 삼는 夏正을 사용하고 있었던 것이다.

그렇다면 楚國에서는 周曆을 사용한 시기가 없었는가? 楚도 周曆을
사용한 시기가 있었는데, 周왕조가 강력했을 때는 당연히 주왕조에서
반포한 역법을 사용했으며, 春秋시대에도 周曆을 사용했던 것으로 보
인다. 그러나 춘추시기부터 제후국의 처한 위치가 서로 다르고 역법
을 사용한 연대도 오래되어 天體現象과 편차가 심해졌으며, 주왕실이
쇠퇴하고 나서 제후국은 改曆하려는 운동이 일어나게 되었다. 楚가
어느 시기부터 冬夕으로 歲首를 삼게 되었는지는 자료의 결핍으로 알
수 없으나, 楚는 남방의 非중국적 세계질서에 위치해 있으면서 일찍
부터 周의 종주권을 부정하고 있었기 때문에 周曆을 폐기하고 독자적
으로 새로운 월력을 사용한 시점 역시 빨랐을 것으로 생각된다. 따라
서 늦어도 戰國중기에는 殷曆을 사용한 것으로 보인다.[112]

다음으로는 建除 B에 대해 살펴보자. 睡虎地日書에는 11월 建子에 歲
首를 두고 있는 月曆이 있는데(建除B1과 B2), 이것은 建子에 歲首를 두
는 周曆과 같은 것으로 보일지 모르나 엄밀한 의미에서의 周曆은 아니
다. 그 이유는 周曆은 11月을 正月로 하고 있다. 그러나 이 月曆에서는

유에 의해, 기원전 350년 또는 360년경의 전국중기에 顓頊曆이 제정되었다
고 추정하였다. 顓頊曆은 B.C.366년을 元始甲寅의 歲로 하고 있으므로, 新
城新藏의 설에서 말하는 顓頊曆紀年法이 그에 해당한다. 그 설에 따르면
B.C.366년을 甲寅歲로 칭하는 이 기년법은 顓頊曆 그 것의 제정보다 백수
십년 후에 비로소 顓頊曆에 부가된 것으로 추정된다.[橋本敬造, 「顓頊曆元
と歲星紀年法」(『東方學報(京都)』 59, 1987), pp.327-335.]
111) 橋本敬造, 위의 논문, p.336.
112) 王紅星, 위의 논문, p.530.

1月을 별도로 正月이라 기록하고 있기 때문이다. 이것이 과연 어느 국가에서 사용했던 것인지는 알 수 없으나, 이에 대해서 劉信芳은 楚의 것으로 보고 있다.[113] 그러나 劉彬徽과 王紅星의 논증을 재검토하는 과정에서 설명했듯이 楚는 包山楚簡이 사용되고 있던 시기(B.C.316년 이전)에는 夏正(寅正, 正月歲首)과 殷正(丑正, 12月歲首)을 사용하고 있으므로 楚의 것이라고 볼 수는 없다. 또 B2의 乙種□는 乙種이 楚國점령 이전의 것이라서 楚와는 무관하므로, 楚 이외의 지역에서 사용되던 것이며, 가능성이 가장 높은 것은 秦지역이다. 이것은 周의 세력이 쇠퇴하여 그 권위가 상실되는 시점에 사용된 것이다. 建子之月에서 시작되는 것은 周의 희미한 영향력을 보여주는 것이고, 建寅之月에 正月을 둔 것은 민간에서 농사력으로 사용해왔던 夏曆을 새로이 채용한 것이다.

다음으로는 日書의 다른 부분에서 喜가 秦人임을 규명하도록 하겠다. 첫째, 建除A의 755簡에 "毋以楚九月己未台被新衣衣手□必死"라는 구절이 楚國과 관련된 것임은 쉽게 알 수 있다. 갑종의 日書는 江陵점령 이후의 것이고, 내용상으로도 楚國과 관련된 것이다. 그러나 建除A가 비록 楚國의 日書에서 연유한 것이더라도, 이미 "楚"자가 있는 것으로 보아 秦人의 입장에서 재차 기록한 것이라고 할 수 있다.

둘째, 『日書』의 甲種 793-796簡에 기록된 歲에는 "刑夷, 八月, 獻馬 歲在東方 … 正月楚刑夷, 二月楚夏夏尿, 三月楚紡月."의 기록이 있다.[114] 여기에서 앞부분은 歲星(木星)운행의 時月方位로 吉凶을 정하는 楚國의 占文이고, 뒷부분은 秦人의 각도에서 楚曆의 어떤 달은 秦曆의 어떤 달에 상당한다고 기록한 秦楚月名對照表와 각 달의 낮밤의 길이를 비

---

113) 劉信芳, 「秦簡中的楚國〈日書〉試析」(『文博』 1992-4期), p.52.
114) 睡虎地秦墓竹簡整理小組, 위의 책(1990), pp.190-191, "歲: 刑夷, 八月, 獻馬, 歲在東方 …夏夷, 九月, 中夕, 歲在南方, …紡月, 十月, 屈夕, 歲在西方 … 七月, 䕶月, 援夕, 歲在北方… 十月楚冬夕 …, 十一月楚屈夕…, 十二月楚援夕…, 正月楚刑夷…□二月楚夏尿… 三月楚紡月 …四月楚七月…五月楚八月…六月楚九月…七月楚十月…八月楚䕶月…- 九月楚鬳馬."

교한 것이다. 상단의 12개 月名은 완전히 楚制를 사용했기 때문에 楚
문화에 속한 것임이 분명하지만, 후자는 秦의 입장에서 楚制를 대조
하여 기술하였으므로 秦문화에 속하는 것이다. 秦楚月名對照表에서 그
가 秦과 楚의 월력을 비교하면서 秦國의 것을 먼저 기록한 것도 그가
秦 출신임을 보여준다. 만약 楚國출신이라면 초국의 것을 먼저 기록
했을 것이다.[115]

특히 낮과 밤의 길이가 비슷한 춘분이 속한 2월을 835(反面)簡에서
"二月, 日八夕八"이라 표현했고, 추분이 있는 8월을 "八月, 日八夕八"(920
簡), 829(反面)簡의 "八月, 日八夕八"이라 한 것은 바로 秦國의 顓頊曆에
입각한 것이다. 만약 睡虎地日書의 楚曆으로 표현한다면 5월(夏尿)과
11월(爨月)로 표현해야 했을 것이다. 이것은 바로 秦人의 각도에서 표
현한 것이라 생각된다.

이같은 秦楚月名對照表가 필요했던 것은 분명히 두 개의 문화가 혼
합되어 병행되기는 하였지만, 묘주인 喜가 어느 한쪽의 문화에 친숙
해 있지 못했기 때문이었을 것이다. 즉, 그가 秦과 楚의 한쪽 문화 속
에서 오랜 기간 동안 성장해왔던 때문에 양자의 차이에 대한 즉각적
이해가 불가능했던 것으로 생각된다. 특히 그는 獄吏를 담당한 秦吏
이고 도적의 체포가 日書에 입각하여 이루어지고 있는 현실에서 당연
히 楚國의 月曆에 대한 이해가 필요하였을 것이다. 결국 睡虎地日書와
放馬灘日書는 대략 秦國에 점령된 지 약 60년이 경과된 것임에도 양국
의 월력을 비교한 秦楚月名對照表가 필요했던 것으로 보아 이질적 문
화가 秦통일 후 단기간 내에 화학적 융합을 할 수 있을 정도의 간단
한 문제는 아니었다.[116]

雲夢지역을 점령한 이후 秦國의 문화에는 楚國의 문화가 많이 들어
왔다. 그러한 것을 바로 睡虎地日書에 용해되어 있는 楚國 日書에서 확

---

115) 工藤元男, 위의 논문, p.108.
116) 林劍鳴, 「〈睡〉簡與〈放〉簡日書比較研究」(『文博(西安)』1993-5), pp.18-19.

인할 수 있다. 楚國의 日書는 放馬灘日書와 睡虎地日書를 비교하면 용이하게 알 수 있다. 특히 이 내용들은 放馬灘日書에는 보이지 않고, 楚 지역의 睡虎地日書에만 있는 것이다.[117] 南郡 지역을 통치하는 관리로서 현지의 사정을 모르면 많은 문제점이 야기될 수 있기 때문에 秦國은 현지의 관리들에게 상당한 정도로 楚國 현지의 사정을 파악하도록 강조했던 것이 아닐까 생각된다.

또한 앞서 언급했던 "稷辰 … 毋以楚九月己未台(始)被新衣, 衣手□必死 (755)"는 衣에 관한 금기로서 "楚九月"은 秦六月에 해당한다. 이 달 己未日은 새옷을 입을 수 없으며, 그렇지 않으면 화를 초래한다는 금기이다. 여기에서 "楚九月"은 秦人의 입장에서 楚문화를 언급한 것이며, 이는 楚人의 民間禁忌가 日書에 편입되었음을 말해준다. 그밖에도 秦簡日書 가운데 歲篇, 嫁子篇, 毁棄篇, 土忌篇 등은 모두 원래 楚國의 일서였다.[118] 毁棄는 月을 방위에 배분하거나, 時月로 毁棄 및 作事의 길흉을 단정하는 점술이다. 그중 사용한 月名은 楚制도 있고, 秦制도 있다. "正月"의 앞에 있는 것은 楚制이고, "正月" 이하의 것은 모두 秦制이다. 이것도 秦楚문화가 혼합되어 사용된 전형적인 예라고 할 수 있다.[119]

이상에서 고찰한 바를 종합한다면, 日書의 기원은 周曆을 사용했던 秦國에 있었던 것이고, 이것이 周室의 쇠퇴시점에 夏曆이 병용되고, 建除C에 와서는 완전히 夏正으로 바뀐 것이다. 그리고 江陵지역을 점령한 후 통치의 필요와 문화접촉의 측면에서 楚日書의 내용이 秦日書의 안으로 들어오게 되었지만, 가급적이면 秦國의 입장에서 楚國의 日書

---

117) 黃留珠, 위의 논문, pp.258-261.
118) 劉信芳, 위의 논문, p.52.
119) 睡虎地秦墓竹簡整理小組, 위의 책(1990), pp.196-197, "毁棄: 八月, 九月, 十月毁棄南方, ·釁月, 鷹馬, 中夕毁棄西方 ·屈夕, 援(夕), 刑尿毁棄北(方), ·夏尸, 紡月毁棄東方, 皆吉. 援夕, 刑尸作事南方, ·紡月, 夏夕(尸), 八月作事西方, ·九月, 十月, 釁月作事北方, 鷹馬, 中夕, 屈夕作事東方, 皆吉. 正月 五月, 九月之丑 二月, 六月 十月之戌, 三月, 七月, 十一月之未, 四月 八月 十二月之辰, 勿以作事."

를 변형시키려 한 것이 주목된다. 이것은 바로 11호 묘주가 바로 秦國의 입장에 서 있음을 말해주는 것이다. 이와 같이 본다면 秦簡日書의 내용은 秦지역에서 형성되었고, 그후 楚지역으로 내려와 현지에 성행하던 日書의 내용이 추가된 것이며, 이때 秦人의 시각으로 재편된 것이다.

VI. 결론

1975년 출토된 雲夢秦簡의 「封診式」과 「爲吏之道」의 존재로 인해 漢初의 政論家들에서 비롯된 秦帝國에 대한 평가는 재검증될 필요성이 제기되었다. 雲夢秦簡 가운데는 秦帝國의 통치가 합리적·이성적인 것이라고 판단할 수 있는 부분도 많다. 따라서 漢代에 저술된 『史記』와 『漢書』 등의 기록에 보이는 秦帝國 비판은 漢帝國의 정통성을 확립하기 위한 목적에서 기술되었을 가능성도 배제할 수 없다.

필자는 秦帝國의 통치이념을 규명하기 위해서 雲夢 睡虎地에서 출토된 秦簡文書들을 분석하였다. 혹자는 墓主가 楚人이라고 간주하고 있고, 혹자는 이를 秦人이라고 간주하는 등 이견이 있고 정리되지 못했다. 秦簡整理小組는 秦人說을 주장하였으나, 이에 모든 학자들이 동의한 것은 아니며, 「編年記」의 검토를 통해 楚人說의 주장도 나오고 있다. 필자는 睡虎地 11호 秦墓의 형식을 면밀히 검증한 결과, 이것은 秦人이 楚의 영토에 깊이 들어가 그 문화의 영향을 받은 대표적 묘지라는 결론을 얻었다. 長方形竪穴土坑木槨墓의 묘갱구조, 靑灰泥·白膏泥를 사용하는 塡土방식, 槨室은 평면이 "II"形으로 되어 있고, 橫梁에 의해 頭箱·棺室로 분리된 것, 長方盒形(平底方棺)으로 되어 있는 棺의 양식은 楚墓와 동일하다. 대량의 隨葬漆器, 竹器가 있는 楚墓의 특수한 기법을 사용하고 있는데, 다만 수장된 칠기는 咸陽에서 생산된 秦器이다. 또한 楚墓와 마찬가지로 頂板은 직각형의 榫斗로, 양쪽 圈의 凹槽안에 끼워맞춰 槨圈을 강화시켰다.

그러나 秦의 특색도 지니고 있다. 墓道와 封土가 없으며, 壁龕이 있는 것은 秦式에 가깝다. 葬式은 秦墓에 항상 보이는 屈肢葬을 사용하고 있으며, 두향은 西向(285°)이다. 11호묘의 仰身屈肢葬은 비록 股骨과 脛骨의 內角이 110°를 이룰 정도로 彎曲은 심하지 않으나, 楚墓에는 어떤 屈肢葬도 발견되지 않았다는 것을 염두에 둔다면 이는 확실히 秦人의 습속을 계승한 것이라고 할 수 있다. 陶器는 瓮·鏊·甂·盒·罐·匜·卮·釜·盂·壺 등 일상 생활용기로서, 전형적 秦墓의 조합인 釜·盂·甂·瓮·罐·壺와 일치하고, 楚墓에 보이는 倣銅陶禮器는 잘 보이지 않는다. 이같은 것은 江陵鳳凰山·雲夢睡虎地·西安半坡·客省庄 등지의 秦墓의 陶器組合과도 같다.

결론적으로 11호 秦墓는 秦·楚 양 문화의 영향을 골고루 받았다고 생각한다. 따라서 이것만으로 11호 秦墓의 주인이 秦·楚人중 어느 쪽인지를 판명하기는 쉽지 않지만, 11호 秦墓의 영향을 비교한 표에서 입증되듯이 楚墓의 특성보다는 秦墓의 특성이 보다 다수를 차지하고 있는 것은 분명히 나타난다. 이러한 묘장제도의 특징 중에서도 가장 주목할 점은 屈肢葬이라고 생각한다. 秦人의 屈肢葬은 甘肅 동부지역을 기반으로 하는 문화집단의 전통적인 묘제에서 생긴 것이고, 이 묘지의 양식은 바로 秦人의 이동을 보여준다. 특히 楚人의 墓葬에서 屈肢葬이 전혀 나타나지 않는 점은 이것이 秦人만의 독특한 민족습속이기 때문이다. 따라서 여러 가지 楚墓의 특징도 보이기는 하지만 가장 변하기 어려운 것이 묘장제도이기 때문에 屈肢葬을 사용한 11호묘의 묘주는 秦人이라고 생각된다.

秦의 문화가 확대된 것은 秦國이 중원의 각지를 점령하면서 현지에 거주하던 원주민을 다른 곳으로 이주시키고 자국의 사면한 죄수를 이주시키는 "出其人"의 정책에서 연유했다. 이 수호지 지역의 묘들은 모두 楚國의 문화유지와 단절된 위에서 매장된 것이므로 기존에 이곳에 터전을 잡고 생활하던 楚人과는 다른 새로운 이주집단이라고 생각된다. 아울러 7호묘의 曲陽출신인 士伍 邦이 이곳에 매장된 사실은 秦이 安陸(雲夢)을 점령한 후 楚의 촌락이 墓葬지역으로 변모되고, 많은 중원지역의 주민들이 이주되었음을 말해준다.

이처럼 江陵·雲夢 일대가 각 지역에 거주하던 죄수 등을 사민하였기 때문에 다양한 지역의 출신들이 거주하는 문화융합의 장이 되었을 가능성이 높다. 江陵일대의 주민구성이 다양해졌기 때문에 墓葬방식도 다양해졌던 것으로 보인다. 睡虎地秦墓 12 기중 不明의 9기를 제외한 3기중 仰身直肢葬이 2기이고 전통적 秦人의 屈肢葬이 1기이고, 秦人의 두향인 동서향을 따른 것이 7기, 북향이 3기, 남향이 2기 등으로 혼재되어 있다. 이것은 秦人의 전통적인 두향방식인 서향이 많지만, 그밖에 기타지역의 두향방식이 있다는 것은 이제 이 지역의 주민구성이 다양해졌음을 보여준다.

대량의 秦軍과 罪囚가 遷徙되어 그곳에서 자손을 낳게 되는 등 秦人의 이동에 따라, 그들의 독특한 문화습속이 이곳에 전파되었다. 이주된 秦人은 고립되고 격리된 생활이 불가능하기 때문에 필연적으로 현지 주민과 접촉하게 되고 문화가 융합하게 되었다. 일찍이 楚문화가 뿌리 깊은 영역에 조성된 睡虎地秦墓와 龍崗秦墓의 秦楚문화 混在현상은 양 문화의 접촉과정에서 당연히 발생할 수 있는 것이다.

이러한 문화의 융합은 언어의 측면에서도 고찰될 수 있다. 江陵 일대에 진출한 秦人의 언어는 楚國의 언어와 융합하기 시작한 것으로 보인다. 그러한 예가 睡虎地秦墓 4호묘에서 출토된 木牘인데, 木牘은 秦隷, 즉 秦國의 문자를 사용하고, 頭向은 270°로서 서향을 취하고 있고, 이들이 反城이라는 용어를 사용하고 있는 것으로 보아 秦國에 가담한 병사들임은 분명하다. 그러나 이들은 楚人의 방언을 사용하고 있어 楚

지역에 들어온 이후 언어적으로도 일체화되고 있음을 보여준다.

묘장제도에 입각하여 분석한 喜의 출신에 대해서는 秦楚문화가 혼합되어 있어 확실한 결론을 내릴 수 없다는 이견이 있을 수 있기 때문에, 보다 확실한 결론을 도출하기 위해 睡虎地日書를 분석하였다. 그 방법은 墓主 喜가 어떠한 관점과 출발점에서 日書를 재편해 나갔느냐에 초점을 두고 분석하였다.

睡虎地日書의 을종은 白起가 江陵을 점령하는 B.C.278년 이전의 것이므로, 을종이 과연 어느 지역의 日書인지를 밝히면 11호 墓主 喜의 출신도 규명될 수 있다고 생각된다. 가장 오래된 建除 A(稷辰·秦)는 춘추 중기에서 전국 중기까지 사용된 것으로 추정되는 진정한 周曆이다. 建除A의 乙種에 보이는 「秦」 역시 명칭에서 볼 때 秦지역에서 기원한 것이다. 만약에 喜가 楚人이라면, 放馬灘日書와 동일한 建除를 가지고 있는 秦除는 물론이고, 그 내용이 판이하게 다른 江陵 점령 이전의 단계에 완성된 建除A의 「秦」을 日書안에 포함시키지 않았을 것이다. 日書의 초기형태의 것이 楚除가 아니고 秦除라고 하는 것은 睡虎地 11호의 묘주가 秦의 역법·일서를 깊이 이해한 인물이라고 생각된다.

戰國중기에 包山楚簡에서는 建丑曆과 夏正이 병용되고 있었다. 戰國중기에 楚國에서 사용된 것은 周曆이 아니었다. 楚도 周曆을 사용한 시기가 있었는데, 周왕조가 강력했을 때는 당연히 주왕조에서 반포한 역법을 사용했으며, 春秋시대에도 周曆을 사용했던 것으로 보인다. 그러나 춘추시기부터 제후국의 처한 위치가 서로 다르고 역법을 사용한 연대도 오래되어 天體現象과 편차가 심해졌으며, 주왕실이 쇠퇴하고 나서 제후국은 改曆하려는 운동이 일어나게 되었다. 楚는 남방의 非중국적 세계질서에 위치해 있으면서 일찍부터 周의 종주권을 부정하고 있었기 때문에 周曆을 폐기하고 독자적으로 새로운 월력을 사용한 시점 역시 빨랐을 것으로 생각된다. 따라서 늦어도 戰國중기에는 殷曆을 사용한 것으로 보인다.

日書의 기원은 周曆(建除A)을 사용했던 秦國에 있었던 것이고, 이것이 周室의 쇠퇴시점에 夏曆이 병용되고(建除B), 建除C에 와서는 완전히 夏正으로 바뀐 것이다. 그리고 江陵지역을 점령한 후 통치의 필요와 문화접촉의 측면에서 楚日書의 내용이 秦日書의 안으로 들어오게 되었지만, 가급적이면 秦國의 입장에서 楚國의 日書를 변형시키려 한 것이 주목된다. 이것은 바로 11호 묘주가 바로 秦國의 입장에 서 있음을 말해주는 것이다. 이와 같이 본다면 秦簡日書의 기원은 秦지역에 있었으며, 그후 楚지역으로 내려와 현지에 성행하던 日書의 내용이 추가된 것이며, 이때 秦人의 시각으로 재편된 것이다. 따라서 睡虎地 11호 묘의 주인은 秦人이라고 결론을 내릴 수 있다.

漢帝國의 성격과 高祖 功臣集團

- 秦制로의 회귀 -

Ⅰ. 서론

春秋·戰國時代 이래 중국인들의 통일에 대한 지대한 염원이 통일의 원동력이 되었음은 부정할 수 없다.[1] 당시 각국간에 행해진 放水전쟁과 같은 파괴적 전쟁에 고통받던 모든 인민이 통일을 간절히 희망함으로써 통일이 실현되었던 것이다. 이같은 장기간의 겸병전쟁을 끝내는 유일한 방법은 분열된 중국을 하나로 통일하는 것이었다. 孟子가 분열의 국면이 반드시 "하나로 통일되고(定于一)", 살인을 좋아하지 않는 자에 의해서만 통일이 가능하다고 한 것은 이같은 염원을 반영하는 것이다. 荀子가 "四海之間若一家"라고 한 것은 많은 사상가들에게 각국간의 경계선이 그다지 엄격하지 않음을 말해주는 것이다. 많은 정치가들은 모두 자신을 중국인이라 간주했고, 각국의 군주는 다른 나라의 인물이 왔을 때 그들을 중용했고, 결코 異國이라 해서 배척하지 않았다.[2] 각국의 정치제도는 전국말에 점차 접근했고, 그들의 경계선은 소멸되었다. 또한 각국간의 경제교류의 빈번과 교통의 발달이 통일조건을 제공했으며, 언어와 문자상의 차이는 전국말에 이르면 그다지 심하지 않았다. 秦·晋과 남쪽의 徐·楚·吳·越의 문자구조와 문장순서는 어떤 차이점이 없었으며, 齊魯와 楚國의 문자는 기본적으로

---

1) 李成珪, 「戰國時代 統一論의 形成과 그 背景」(『東洋史學研究』 8·9輯, 1975).
2) 徐揚杰, 「秦統一中國的原因的再探索」(『武漢大學學報』 1982-1), p.81.

같았다.[3] 결국 통일의 수요는 절박했고, 남은 문제는 누가 통일을 실현할 것인가만이 남았다.

이같은 염원위에서 이룩된 秦帝國의 통일이 단기간으로 끝나버린 것은 내연하는 지역간의 갈등문제를 완전히 불식하지 못한 채 이루어진 외면적 縫合에 불과한 것일 수도 있다. 戰國末의 양대세력이었던 秦·楚의 지역감정 대립은 그대로 秦帝國의 멸망에 직접적인 원인으로 작용했고, 秦末의 반란에는 郡縣論과 封建論의 대립이 계속 존재하였다. 결국 이러한 지역감정은 큰 주류는 아니고 이미 통일론의 대세에 밀려 漢帝國에 들어가서 소멸하기는 하지만 남방인에 대한 중원인들의 생각에 크게 변화가 생기는 것은 훨씬 후대에 들어서였다.

주지하듯이 劉邦은 楚國출신으로서 楚지역의 정서를 가지고 있는 인물임에도 궁극적으로 채택한 제도는 秦制였다. 이를 史書에서는 "漢承秦制"라는 말로 설명하고 있다. 楚출신임에도 적국이었던 秦의 제도를 채택했다는 일면 불가사의하게 느껴지는 이같은 현상은 사료상에 명백히 설명되지 않은 중간과정을 거쳐 이루어진 것이다. 따라서 漢帝國의 성격을 단순하게 "漢承秦制"라는 말로 설명할 수 없다.

이와 같은 문제를 분석하기 위하여, 高祖 및 그 집단의 지향성 문제도 중요하다. 만약 舊楚의 지배집단이 중국을 통일했다면 그 정권의 지향성은 크게 차이 났을 것이기 때문이다. 또한 關中지역과 秦吏의 역할도 중요하다. 그 이유는 劉邦집단이 근거지로 삼은 지역이 漢中·關中 등 戰國 秦의 故土이고, 劉邦집단의 두뇌역할을 수행한 핵심참모가 秦吏 출신이었기 때문이다. 이들 高祖의 功臣들에 대한 분석이 있어야만 왜 秦制로 이행되었고, 특히 秦律의 계승이 이루어졌는지 해명될 수 있다. 秦制를 채택하여 성립한 漢帝國의 입장에서, 또한 楚출

---

3) 郭沫若, 「呂不韋與秦王政的批判」, 『郭沫若全集(歷史編 2)』(北京: 人民出版社, 1982), p.488.

신인 劉邦이 적대관계에 있던 項羽 지배하의 楚人을 어떻게 처리하였는지도 주요한 고찰대상의 하나이다. 이상에서 언급한 문제는 漢帝國의 통일이 중국사에서 어떠한 의미를 지니고 있는지를 규명할 수 있는 열쇠가 된다고 생각한다.

II. 秦末의 반란과 지역할거

秦帝國의 멸망원인에 대해 漢 武帝시의 伍被가 "전쟁에 노출된 것 때문에 반란을 생각하는 자가 10室에 5, 百越공격에 백성의 마음이 떠나 와해하여 반란을 생각하는 자가 10室에 7, 阿房宮의 건축에 太半의 賦를 수탈했기 때문에 반란을 생각하는 자가 10室에 8이었다."라고 분석한 것처럼 반란의 가장 큰 원인이 太半의 賦(농민수입의 2/3)에 있었음은 분명하다.[4] 그러나 秦帝國의 붕괴원인을 太半의 賦에만 귀결시킬 것이 아니라 이같은 원인이 복합적으로 작용하였다고 보는 것이 옳다. 秦帝國의 멸망원인에 대한 伍被의 분석은 정곡을 뚫은 것이지만, 이같은 것들 외에도 기저에 놓여 있었던 것은 秦帝國의 통일이 지역간의 化學的 융합에 이르지 못한 物理的 통합수준에 머물렀기 때문이다.

秦帝國의 멸망에는 伍被가 말한 요인 이외에도 秦國人들의 楚國人

---

4) 『漢書』卷45「伍被傳」, pp.2171-2172, "暴兵露師, 常數十萬, 死者不可勝數, 僵尸滿野, 流血千里. 於是百姓力屈, 欲爲亂者十室而五. 又使徐福入海求仙藥, 多齎珍寶, 童男女三千人, 五種百工而行. 徐福得平原大澤, 止王不來. 於是百姓悲痛愁思, 欲爲亂者 十室而六. 又使尉佗踰五嶺, 攻百越, 尉佗知中國勞極, 止王南越. 行者不還, 往者莫返, 於是百姓離心瓦解, 欲爲亂者 十室而七. 興萬乘之駕, 作阿房之宮, 收太半之賦, 發閭左之戍. 父不寧子, 兄不安弟, 政苛刑慘, 民皆引領而望, 傾耳而聽, 悲號仰天, 叩心怨上, 欲爲亂者, 十室而八."; 好竝隆司, 『秦漢帝國史研究』(東京: 未來社, 1978), p.456.

들에 대한 차별적 대우가 크게 문제되었다고 생각된다. 본래 北方人의 楚人에 대한 관념은 "楚人은 원숭이에 冠을 씌어 놓았다."는 언급처럼 경멸적인 것이었다.[5] 이같은 南方人에 대한 경멸감 외에도 통일직후 秦國人이 지배자의 입장에서 楚人을 노예시했던 虐待의 문제도 크게 작용하였다.

秦國의 장군 章邯이 項羽에 항복했을 때 章邯의 사졸들은 과거 그들이 楚人에 가했던 학대 때문에 보복이 있지 않을까 두려워하였다. 즉, 과거 諸侯의 吏卒이 요역과 屯戍하기 위해 秦中(關中)에 들어오면 秦中民은 그들을 몹시 나쁘게 대우했다. 반대로 秦軍이 제후에 항복하게 되자 諸侯의 吏卒은 승리를 틈타 秦의 吏卒을 奴虜로서 부리고 욕보였다. 章邯의 吏卒들은 "章邯장군 등이 우리를 속여 제후에 항복했는데 지금 관중에 들어가 秦을 격파한다면 매우 좋지만, 만약 그렇지 못할 때 제후들은 우리들을 동쪽으로 포로로 끌고갈 것이고, 秦 또한 우리의 부모처자를 모두 죽일 것이다."라고 두려워하였다. 項羽는 항복한 秦軍의 이같은 심적 동요 때문에 이들을 신뢰할 수 없다고 생각해 20여만명을 坑殺했다.[6]

또다른 예로 劉邦에 투항한 秦의 騎士 重泉人 李必·駱甲과 같은 秦의 降將은 군대 지휘권을 반납하면서 "臣은 과거 秦民이었으므로 군대가 臣을 믿지 않을까 두렵습니다. 臣은 대왕의 좌우 가운데 善騎者에게 지휘를 맡길 것을 원합니다."라고 한 것은 秦人출신이 지휘할 때 출신지역의 문제로 발생할 수 있는 군대 통솔상의 난맥상을 우려한 것이었다.[7]

春秋戰國 이래로 중국인이 통일이라는 목표를 향해 매진해왔다는

---

5) 『漢書』 卷31 「項籍傳」, p.1808, "韓生曰:「人謂楚人沐猴而冠, 果然」, 羽聞之, 斬韓生."
6) 『漢書』 卷31 「項籍傳」, p.1807.
7) 『漢書』 卷41 「灌嬰傳」, pp.2080-2081.

것은 분명하지만, 반란봉기가 각 지역의 이익을 내걸고 분출하는 秦末의 상황하에서 그같은 통일론은 무색하게 되어버린다. 秦帝國 초기에는 통일완성으로 인해 六國의 유민은 秦帝國의 군사적 위력에 위압되어 잠시 무력반항을 포기하고 비폭력적인 반항활동을 했다.[8] 齊魯의 儒生博士들은 秦始皇의 封禪事를 비판했고, 淳于越은 復古주의를 주장하고 始皇帝가 죽으면 東郡의 刻石이 나누어진다고 하는 등 비폭력적인 反秦활동을 하는 사람은 각국 유민에 모두 있었다.[9] 특히 문화지식의 나라로서 지식인들이 가장 많았던 齊지역에는 反秦여론이 전파되기 쉬워서 秦國에 위협이 컸다. 또다른 문화국가인 魯 역시 비폭력적인 反秦 분위기가 만연했다. 陳涉이 왕이 되자 魯의 諸儒는 孔子의 禮器를 가지고 陳王에게 귀의했다. 이때 孔甲은 陳涉의 博士로 되어 마침내 涉과 함께 죽었다는 것은 秦帝國이 魯의 詩書를 焚書함으로써 쌓인 울분을 陳涉에 의탁해 풀어보고자 했던 것이다.[10] 魯는 守道의 인물이 많은 國으로 알려져 있는데, 叔孫通과 같은 변질적인 士를 좋아하지 않고 유가의 원리를 지키는 자가 많았다.[11] 魯의 유생들이 진섭의 張楚정권에 귀의한 요인은 한마디로 진제국의 문화탄압에 대한 반발이었다.

한편 구육국의 무력적 反攻도 진제국의 통일 이후 완전히 소멸된 것은 아니었다. 주요한 무력의 위협은 楚國에 있었다. 특히 楚懷王이 秦昭王의 비열한 속임수에 포로로 잡혀 秦에서 사망한 것은 楚國人의 마음속에 오래도록 원한으로 남아 있었다. 范增의 "楚는 비록 三戶만 있더라도, 秦을 멸망시킬 것은 필연코 楚일 것이다.(楚雖三戶, 亡秦必楚)"라는 민간의 속언은 楚人의 秦帝國에 대한 원망을 반영한 것이

---

8) 田余慶, 「說張楚」, 『秦漢魏晋史探微』(北京: 中華書局, 1993), p.21.
9) 夏子賢, 「略論秦王朝的覆滅」(『安慶師院社會科學學報』 1994-2), p.1.
10) 『史記』 卷121 「儒林列傳」, pp.3116-3117.
11) 好竝隆司, 위의 책, pp.458-459.

다.[12] 秦始皇이 동남쪽에 天子의 기운이 있기 때문에 東遊하여 이를 억압하려했다는 것은 실은 楚國지역의 反秦動靜에 매우 관심을 기울이고 불안해했다는 증거라고 할 수 있다.[13] 때문에 통일을 이룩한 秦始皇은 각국에 대한 방비조치를 취하지 않으면 안되었고, 주 대상을 齊楚로 삼아 천하의 豪富 12만家를 咸陽에 이주시킨 徙民정책은 그러한 대표적 조치였다.[14] 高祖가 昭·屈·景氏를 關中에 옮길 때에도 三晉과 燕에 대해서는 언급이 없는 것을 본다면, 楚國정권이 비록 멸망했다고 해도 이 3家가 가지고 있는 잠재역량은 적지 않았고, 여타 지역의 세력이 미미했음을 반영하는 것이다.[15]

이같은 東方六國民의 秦帝國에 대한 불만은 민간의 전설에서도 확인된다. 漢帝國이 성립한 후 백년정도 경과했을 때 司馬遷이 여러 지역을 방문해 始皇帝의 故事를 채집한 전설사료의 특징은 대부분 秦帝國에 반발하는 사람들의 감정을 전달하는 것이 많다.[16] 예컨대 始皇帝가 彭城을 지나갈 때 목욕재계하고 周鼎을 泗水에서 인양하려다 실패했다는 기록은 특히 주목된다. 이를 秦始皇이 泰山에서 封禪의식을 거행하려다 실패했다는 기록과 아울러 고찰하면, 齊魯 및 楚 지역의 秦帝國에 대한 반감은 물론이고 周鼎인양과 封禪거행에 실패한 秦帝國의 정통성을 부정하는 민간의 조소가 설화로서 표현되었을 가능성이 크다.[17] 특히 周鼎 인양의 실패 지역이 후일 項羽가 웅거한 彭城 일대였다는 것은 이 지역의 정서를 반영하는 것이기 때문에 시사하는 바가 크다.

12) 『漢書』 卷31 「項籍傳」, p.1799.
13) 『史記』 卷8 「高祖本紀」, p.348.
14) 『史記』 卷99 「劉敬列傳」, pp.2719-2720, "諸侯初起時, 非齊諸田, 楚昭屈景莫能興."
15) 張國光, 「"楚雖三戶, 亡秦必楚"解」(『江漢論壇』 1985-2), p.78.
16) 鶴間和幸, 「秦帝國の統一と地域」, 『舊中國における地域社會の特質』(文部省 1990-93年度科學研究費補助金一般研究(A)研究成果報告書), p.19.
17) 『史記』 卷6 「秦始皇本紀」 p.248; 『水經注校』(上海: 上海人民出版社, 1984), 卷25 泗水條, p.821; 『漢書』 卷25上 「郊祀志」, p.1200, "而鼎淪沒於泗水彭城下"; 『漢書』 卷64上 「吾丘壽王傳」, p.2798, "昔秦始皇親出鼎於彭城而不能得."

결론적으로 말한다면 秦帝國의 통일직후 시행한 일련의 정책은 春秋戰國時代 장기간 각국이 벌인 살상공방전과 지역간 분열에서 비롯된 갈등을 치유하기에는 적절치 못한 것이었다. 때문에 이같은 反秦 분위기는 "天下之民不樂爲秦民"이라는 말에 단적으로 표현되어 있다.[18]

秦末의 諸반란은 秦帝國에 멸망된 육국을 부흥하려는 공통의 슬로건을 내걸었다. 그러한 구육국 세력중에서도 가장 대표적인 것은 楚國의 유민세력이다. 秦末의 반란 이후 창출된 정권은 楚人에 의해 세 차례나 창출되었기 때문에 "5년 사이에 정권이 3번 바뀌었다(五年之間, 號令三嬗)"라 했는데, 三嬗은 모두 楚人인 陳涉(勝)·項氏·漢高祖의 교체를 지칭하는 것이다.[19] 그 최초의 정권인 진섭정권에 대한 南方楚人의 추억은 오랫동안 기억되고 있었다. 1970년대에 출토한 長沙馬王堆 漢墓帛書의 「五星占」 중에 五星行度와 다른 古佚書의 干支表에 秦 및 漢初의 紀年이 나열되어 있다. 「五星占」의 五星行度와 刑德佚書의 干支表 중에는 모두 진섭의 혁명정권을 "張楚"로 부르고, 秦始皇 37年(B.C.210) 이후에는 秦 二世皇帝의 연호를 표시하지 않고 계속 秦始皇 38년에서 40년의 연호를 사용하다가, 漢元年으로 넘어가고 있다. 이때 秦始皇 38년에서 40년의 칸에는 張楚라는 國號를 쓰고 있다.[20] 이는 秦帝國을 계승한 것은 項羽도 아니고 바로 張楚정권이었음을 말해주는 것이다.

非正史 기록의 이같은 연표는 楚출신 張楚정권에 정통성 부여를 의미하는 것이고, 司馬遷 역시 진섭이 秦末 농민반란의 효시를 열었다는 점을 높이 평가했다.[21] 진섭에 대한 高祖의 태도도 각별하여 高祖는 12년 12월에 秦始皇帝에게는 20家, 楚隱王 陳涉, 魏安釐王, 齊泯王 등에게 守塚 10家를 내렸는데, 『史記』 「陳涉世家」에는 司馬遷 당시 陳涉의

---

18) 蘇誠鑑, 「天下之民不樂爲秦民」(『安徽師大學報』 1981-3), pp.97-98.
19) 『史記』 卷16 「秦楚之際月表」, p.759; 田余慶, 위의 책, p.26.
20) 劉乃和, 「帛書所記"張楚"國號與西漢法家政治」(『文物』 1975-5), p.35.
21) 『漢書』 卷31 「陳勝傳」, p.1824.

守塚家가 30家로 늘었다.[22] 진섭의 守塚家가 秦始皇 및 기타 육국의 군주보다도 많고, 項羽의 守塚家가 아예 없다는 사실은 영웅적 인물 진섭의 張楚정권에 대한 漢代人들의 각별한 존경심을 보여준다.[23]

그러나 진섭의 張楚정권은 그의 王 즉위 문제를 놓고 심각한 분열 상태에 빠져 들었다. 이것은 봉건귀족과 신흥세력의 대립 그것이었 다. 陳의 호걸은 진섭이 楚의 사직을 세웠으니 그 공로는 당연히 王이 될 수 있다고 하였다. 張耳·陳餘는 王이 되지 말고 六國의 후예를 수립 하라고 주장했다. 결국 이들은 진섭이 육국의 후예를 세우지 않은 것 을 비판하고 武臣으로 하여금 독립하도록 설득했다.[24] 이로 인해 秦 末 군웅들의 지역할거 상황은 전국시대 그것의 재현이라고 할 정도로 분열되었다. 이들 육국의 후예들은 戰國時代의 국가체제를 회복하려 했기 때문에 봉건체제 수립시도가 곳곳에서 나타났다.

楚의 경우, 秦始皇 37년 會稽에 순수했을 때 이를 구경하던 項羽가 "저 자를 없애고 내가 대신할 수 있다."고 한 것은 楚國의 귀족후예가 재기하고자 하는 내면의 의지를 반영한 것이다.[25] 진섭의 패망후 秦 嘉는 楚國의 삼대 귀족 가운데 하나인 景氏집안의 景駒를 세워 楚王으 로 삼았다. 그리고 項梁이 楚懷王의 孫인 心을 역시 楚懷王으로 삼은 것은 舊楚國 귀족의 復國의지를 가리킨다.[26] 韓의 경우, 「秦始皇本紀」 에 秦始皇 29년 "동쪽으로 여행을 떠나 陽武의 博狼沙에 이르러 도적에 게 놀라 이를 잡으려 했으나 잡지 못했다."는 盜는 다름 아닌 韓의 공 자인 張良으로서, 그는 韓 귀족들의 復國 의지를 반영했다.[27] 張良은 項梁에게 "君은 이미 楚의 후예를 세웠는데, 韓의 諸公子 橫陽君 (韓)成

22) 『史記』 卷8 「高祖本紀」, p.391; 『史記』 卷48 「陳涉世家」, p.1961.
23) 田余慶, 위의 책, p.26.
24) 『漢書』 卷32 「張耳傳」, p.1832.
25) 夏子賢, 위의 논문, pp.3-4.
26) 같은 논문, pp.3-4.
27) 劉修明·喬宗傳, 「秦漢游俠的形成與演變」(『中國史研究』 1985-1), p.75.

이 賢하니 王으로 세울만하며, 그러면 友黨을 늘일 수 있다."라고 설득해 舊韓의 귀족을 왕으로 세웠다.[28] 齊의 경우, 田儋이 豪吏子弟들을 불러 말하기를 "제후가 모두 秦에 반란을 일으켜 자립했다. 齊는 역사가 오랜 국가로서, 田儋은 田氏이므로 마땅히 왕이 되어야 한다."고 한 것도 봉건적 질서를 회복하려는 귀족 의식의 발로인 것이다.[29] 戰國末 齊의 마지막 王은 建이었는데, 秦末기의에서 실력에 의해 齊王에 오른 田儋이 죽었다는 소식을 듣자 齊人은 戰國時代 齊王 建의 동생인 田假를 세웠다. 즉, 齊國人은 일찍이 봉건적 질서에 의한 전통적 관념에 기초하여 "王"의 계열인 田假를 세웠던 것이고 "相"의 계열인 田市를 축출했다.[30] 실력상으로는 田榮·田市쪽이 우월하지만 전통적 신분관계에 의하면 田假 계열이 전면에 나와야 했을 것이다.[31]

魏의 경우, 진섭이 魏王의 후예가 아닌 周市를 魏王으로 삼으려 하자, 周市는 이를 사양하고 "魏王의 후예를 반드시 세워야 한다."면서 魏 멸망시 庶人으로 강등되었던 魏咎를 영입하였다.[32] 趙의 경우, 陳涉의 휘하에서 벗어난 張耳가 趙 지역에서 武臣을 자립시킨 후 趙의 자구책을 노려 서쪽으로 秦에 대한 공격을 하지 말고 燕·代·河內 등을 확보하라고 주장한 사실에서 본다면 趙지역에서도 지역할거주의가 마찬가지로 있었다.[33] 燕의 경우, 武臣이 燕지역을 세력판도로 넣으려고 파견한 韓廣을 燕人이 세워 燕王으로 삼았다. 이 때에 燕지역의 사람들이 韓廣에게 "楚趙는 모두 이미 王을 세웠다. 燕은 비록 작으나 역시 萬乘의 나라이다. 원컨대 장군께서 자립해 王이 되어 주십시오."라고 한 것은 지역할거주의의 사례라고 할 수 있다.[34]

---

28) 『漢書』 卷40 「張良傳」, p.2025.

29) 『漢書』 卷33 「田儋傳」, p.1847.

30) 『史記』 卷94 「田儋列傳」, p.2644.

31) 好立隆司, 「漢代に於ける齊の田氏について」(『岡山史學』 21, 1968), p.56.

32) 『漢書』 卷33 「魏豹傳」, p.1845.

33) 『漢書』 卷32 「張耳傳」, p.1833.

중국 역사상 분열할거는 어떤 왕조의 붕괴 때마다 지역의 유력자를 중심으로 나타나는 것이 일반적이나, 이 시기 분열의 특징은 주로 구귀족 세력을 추대하려는 데에 있었다. 陳勝이 반란세력을 결집하지 못하고 秦에 패사한 것은 지역할거주의와 봉건론이 당시 극도로 성행했던 것에서 기인한다. 이같은 점에서 范增이 "지금 陳勝이 거사하였으나 楚의 후예를 세우지 않아 그 세력이 신장되지 못하고 있다."고 陳勝을 비판한 것은 귀족출신에 의해서만 민중세력이 규합될 수 있다고 하는 점에서 매우 시사적이다.[35]

戰國時代의 舊列國체제로 복귀하고 그 구심점은 구귀족이 담당해야 한다는 관념은 구귀족만이 아니라, 통일이라는 미증유의 경험에 친숙하지 못했던 庶民들에게도 있었다. 東陽(江蘇省 盱台 근처)의 少年이 縣令을 살해하고 東陽令史 陳嬰을 왕으로 삼으려 하자, 陳嬰의 모친은 이를 만류하며 陳嬰의 집안에는 일찍이 貴하게 된 자가 없는데도 갑자기 큰 이름을 얻는 것은 상서롭지 못하다고 하면서 項氏에 소속되는 것이 좋다고 한 것은 천하의 대세를 匹夫들이 좌우할 수 없다는 전통적 관념이 뿌리 깊게 남아 있었음을 반영한 것이다.[36] 당시에 있어 이같은 陳嬰 모자의 인식은 일반인들의 구귀족 재흥을 갈망하는 의식의 반영이고, 귀족세력의 재기 야심을 조장한 측면이 있다.[37] 項羽가 민심을 획득한 이유, 楚지역의 英布·蒲將軍 등이 휘하 부대를 이끌고 項羽에게 예속한 이유도 실상은 모두 項氏가 대대로 將軍의 가문이었다는 것에 있었다.[38] 한편으로는 일반인들이 반란의 선봉에 서기에는 역량이 부족했던 때문도 있었을 것이다. 劉邦이 沛縣 반란집단

---

34) 『漢書』卷31 「陳勝傳」, p.1791; 『漢書』卷32 「張耳傳」, p.1833.
35) 『漢書』卷31 「項籍傳」, p.1799.
36) 『漢書』卷31 「項籍傳」, p.1798.
37) 夏子賢, 위의 논문, pp.3-4.
38) 『漢書』卷31 「項籍傳」, p.1798.

의 우두머리가 된 이유가 蕭何 등이 秦吏로서 反秦행동에 선봉이 되는 것을 꺼렸던 점에 있었던 것을 본다면, 후일 반란 실패 시에 닥칠 위험을 두려워한 이유도 적지 않았던 것이다.

이것은 일반인의 관념 속에는 구귀족에 대한 봉건적 위계질서가 잔존하고 있고, 구귀족에게는 그들 출신만이 새로운 列國체제를 담당할 수 있다는 역사적 자부심이 있었던 것이다. 반면에 서민출신의 陳勝이 스스로 王이 되고 周市를 魏王으로 삼으려 했던 것은 바로 구귀족에 대한 배타적인 모습을 보여주는 것이라 할 수 있다. 따라서 秦末의 반란 집단에는 貴族 중심주의와 이를 부정하는 庶民 중심주의가 병존하고 있음을 알 수 있다. 그러나 전반적으로 보아 귀족출신의 봉건론이 강력했던 것은 주목할 만한 사항이다. 특히 "諸侯들이 처음 일어났을 때 齊의 諸田과 楚의 昭·屈·景이 아니면 일어날 수 없다."는 분위기 속에서 새로운 신흥세력이 정권을 창출한다는 것은 도저히 엄두도 내지 못할 일이었고,[39] 秦末 반란집단에 봉건적 관념이 매우 뿌리 깊게 남아 있었던 증거였다.[40]

결국 이같은 귀족적 할거주의는 項羽가 18인을 분봉했을 때 그 중에서 11인이 육국 귀족출신인 것으로 나타났다.[41] 項羽가 구 육국세력의 후예를 세운 것은 그가 과거의 楚國출신으로서 봉건론을 신봉한 때문이라는 지적도 있다. 실제로 對秦 전쟁에서 구 귀족세력의 연합을 통해 승리를 획득한 것과, 이와 아울러 중국 전역에 충만했던 이같은 봉건론도 결코 무시할 수 없었을 것이다. 그러나 楚漢戰爭을 통해 구 육국 귀족세력은 거의 소멸하였고, 유방은 신흥세력만으로 제국을 건설했다.

---

39) 『史記』 卷99 「劉敬列傳」, pp.2719-2720; 『漢書』 卷43 「劉敬傳」, p.2123.
40) 好竝隆司, 위의 논문, p.56.
41) 夏子賢, 위의 논문, pp.3-4.

III. 劉邦과 공신집단

項羽는 東楚지역을 대표하는 세력이고, 劉邦은 西楚를 대표하는 세력으로 발전하였다. 따라서 양자는 모두 楚지역의 반란세력이라는 점에서 공통하고, 이후의 楚漢전쟁은 실은 西楚와 東楚의 대결이었던 것이다. 필자는 우선 劉邦과 項羽의 지역구분을 통해 그같은 문제에 접근해 보기로 한다. 또한 劉邦집단의 구성요소를 규명함으로써 그들이 수립한 정권의 성격을 규명해 보기로 한다.

1. 楚지역과 劉邦

陳勝·項羽·劉邦은 모두 楚國지역에서 출신해 秦帝國 말기의 반란을 주도하였다. 이 시점에서 楚지역의 세력이 강대해진 이유는 楚國이 戰國시대 중기까지 秦과 양립할 수 있을 정도의 강대한 세력이었고, 아울러 揚子江 상류지역의 故都를 상실하고 근거지를 西楚지역으로 옮김으로써 楚國의 영향권으로 들어간 지역이 확대된 것에 있었다. 楚國의 범주는 『史記』 「貨殖列傳」에 다음과 같이 기술되어 있다.

> 越과 楚에는 세 가지 습속이 있다. 淮北·沛로부터 陳·汝南·南郡까지가 西楚에 해당되는데, 그 풍속이 날래고 쉽게 화를 내며 토지가 척박하여 축적된 것이 적다. 江陵은 옛날의 郢都인데 서쪽으로 巫·巴와 통하고, 동쪽으로는 雲夢의 풍요함이 있다. 陳은 楚와 夏의 경계선이 되는 곳으로 魚鹽의 財貨를 교환하므로 그 民 가운데는 장사꾼이 많다. … 彭城 이동지역으로 東海·吳·廣陵이 있는데, 이는 東楚이다. 衡山·九江·江南·豫章·長沙는 南楚에 해당하는데, 그 풍속은 대체로 西楚와 유사하다.[42]

---

42) 『史記』 卷129 「貨殖列傳」, pp.3266-3268.

이것은 司馬遷 당시의 楚지역 개념인데, 戰國초기와 비교한다면 그 범위가 매우 확대된 것이었다. 戰國初까지 楚國의 영토는 양자강 중류의 江陵을 중심한 지역이었으나, 전국말에 楚人은 秦國의 압박을 피해 江漢지역으로부터 陳(淮陽)으로 수도를 옮겼다.[43] 이때에 淮水와 揚子江 하류지역만이 아니라 徐州·陳留일대까지 楚國의 영토에 포함되었다. 이러한 楚國의 북벌은 戰國 후반기 秦國의 남하에 따라 江陵 지역의 영토를 상실하고 동방으로 진출할 수 밖에 없었던 사정에서 연유하며, B.C.262년 魯를 멸망시키고 荀子를 東海郡의 蘭陵令으로 삼았던 것도 그같은 과정중의 한 가지 사건이었다.[44] 楚國의 영토에 편입된 지역으로는 본고의 중요한 고찰대상인 沛도 포함된다. 본래 沛가 속했었던 國은 宋으로서, 宋은 曹에 멸망한 후 그 영토 중 梁·陳留는 魏에, 濟陰·東平은 齊에, 沛는 楚에 각각 편입되었다.[45]

楚國의 영토가 동북으로는 齊에 이르고 후에 수도를 陳으로 옮김에 따라 郢·郡의 楚國지배층만이 아니라 일반민도 마찬가지로 이동하여 淮北지구는 모두 楚의 풍속으로 바뀌었을 것이다. 앞서 말한 「貨殖列傳」의 "淮北·沛로부터 陳·汝南·南郡까지가 西楚에 해당되는데, 그 풍속이 날래고 쉽게 화를 낸다."는 西楚지역의 풍속이 南郡의 楚 故地와 동일해진 것은 楚民이 淮北으로 이주했기 때문이다.[46] 楚문화권의 서쪽 경계는 陳(淮陽)까지였다고 하나,[47] 좀더 서쪽의 南陽郡 등 본래 楚 方城 안에 있었던 지역까지도 楚문화권에 속했던 것으로 보인다. 즉, 陳勝의 고향인 陽城은 현재 南陽郡의 方城縣으로 추정되는데, 바로 이곳 출신인 陳勝의 친구가 "多"를 楚國의 방언인 "夥"라고 말한 것에 잘

---

43) 『漢書』 卷28下 「地理志」, pp.1665-1666, "(楚)幷呑江漢之間, 內滅陳魯之國, 後十餘世, 頃襄王東徙于陳.": 嚴耕望, 「戰國時代列國民風與生計」(『食貨』 14-9·10, 1985), p.2.
44) 『史記』 卷74 「荀卿列傳」, p.2348.
45) 『漢書』 卷28下 「地理志」, p.1664.
46) 嚴耕望, 위의 논문, p.7.
47) 『漢書』 卷40 「陳平傳」, p.2044, "陳, 楚之西界."

나타난다.[48]

이러한 楚지역의 중심지는 中原·齊지역으로 진출하는데 중요한 군
사적 요충지 彭城이었다. 이곳이 軍事據點都市임은 秦末 楚지역에서
반란을 일으킨 자 가운데 彭城에 주둔하거나 도읍한 자들이 많다는
사실에서 증명된다. 예컨대 秦嘉가 楚의 귀족출신인 景駒를 楚王으로
세우고 彭城 동쪽에 주둔한 사실, 項梁 사망후 呂臣·項羽·沛公 등이 彭
城 주변에 주둔한 사실, 義帝가 彭城을 도성으로 삼은 사실, 項羽가 자
립하여 西楚霸王이 되어 梁·楚地 9郡의 왕이 되었고 彭城에 도읍한 사
실 등은 바로 이 지역의 중심지가 彭城임을 말해준다.[49] 이들이 彭城
을 수도로 삼은 이유는 淮北일대가 경제적 선진지역이며 교통의 중심
지이고, 중원 진출 및 諸田의 齊를 견제하는데 중요한 전략상의 요충
지였기 때문이다.[50] 漢代에 들어가서도 이곳이 계속 전략상의 요충지
로 중시되었음은 高祖가 薛郡·東海·彭城의 36縣을 합쳐 楚國을 만들고
동생인 交를 楚王으로 삼았던 사실에서도 입증된다.[51]

楚지역의 양대 세력인 項羽와 劉邦은 楚문화권 하에서 성장한 인물
들이다. 본래 項羽의 집안은 汝南郡 북쪽의 項城縣에 대대로 楚國의 장
군으로서 봉해졌으며, 그후 東楚지역에 속하는 下相(臨淮縣)으로 이주
해왔다. 이곳은 魯의 영토였던 지역이나, 楚國에 멸망되어 복속되었

---

48) 陳勝의 고향인 陽城의 위치에 대해서는 여러 가지 설이 있지만, 그중에서
   도 譚其驤의 河南省 方城縣이라는 주장은 秦末의 劉邦의 作戰지역을 면밀히
   추적한 결과 도출된 위치이므로 가장 설득력이 있다. ①司馬貞은 潁川郡의
   陽城, ②顔師古는 汝南郡의 陽城侯國, ③譚其驤은 南陽郡의 陽城縣, 즉 지금
   의 河南省 南陽市의 동북에 있는 方城縣이라고 주장한다. 譚其驤, 「陳勝鄕里
   陽城考」(『社會科學戰線』 1981-2), pp.147-149.

49) 『漢書』 卷31 「項籍傳」, p.1810.

50) 鄭夏賢, 「項羽(B.C.232-202)와 項羽集團의 분석」, 『高柄翊先生回甲紀念史學論叢』
   (서울: 간행위원회, 1984), pp.83-86; 『中華人民共和國地名詞典(江蘇省)』(北京:
   商務印書館, 1987), pp.68-70.

51) 『漢書』 卷36 「楚元王傳」, p.1922.

다.[52] 漢高祖 역시 沛縣 豊邑 中陽里 출신이므로 楚문화권의 영향하에서 성장하였다. 高祖의 후궁인 戚夫人이 자신의 소생인 趙隱王 如意를 태자로 책봉하려는 시도가 실패했을 때 상심하자 高祖가 "나를 위해서 楚舞를 추어준다면 나는 너를 위해서 楚歌를 부르겠다."고 한 것은 그가 楚舞·楚歌를 즐기는 楚國 문화권에 깊히 훈염되어 있음을 말해준다.[53] 심지어 楚문화권이라고는 할 수 없는 定陶출신의 戚夫人조차도 楚문화에 어느 정도 親昵해져 있었던 것이다.

漢이 문화적으로 楚문화의 강력한 영향을 받았고, 특히 漢代에 戰國시대 楚國의 문학형식인 楚辭에서 기원한 漢賦가 성행한 것은 漢의 지배자가 楚출신인 것과 불가분의 관계를 갖고 있다. 漢賦의 번성 원인의 하나는 高祖가 바로 楚지역에서 출생하여 楚의 음악을 좋아했고, 群臣중에 楚人이 적지않은 것과 깊은 관련이 있다.[54] 『漢書』 「地理志」에서 西楚 東楚의 지역구분을 밝힌 것은 지리상의 구분에 불과할 뿐 문화상으로는 같은 범주에 속한다고 할 수 있다.

사료상에는 劉邦이 微時에 뚜렷하게 救世觀과 對秦敵對感을 가지고 있음을 보여주는 기록이 별로 없다. 그것은 그가 沛縣의 미미한 가문 출신이었던 것과 무관하지 않다. 沛縣에서의 인간관계를 보면 그것이 극명하게 나타난다. 單父(沛의 서쪽 75km정도) 출신의 呂公은 원수를 피해 沛縣에 정착했는데, 이것은 戰國시기 養士·任俠의 풍조가 성행한 분위기 하에서 沛令이 呂公을 초빙한 것이기도 하다. 呂公의 출신지인 單父는 漢代의 河內郡 山陽縣(지금의 河南 修武縣)에 해당하며, 呂不韋의 식읍인 洛陽과 함께 같은 三川郡 소속이므로 呂公은 呂不韋의 族人일 가능성이 있다.[55] 이같은 秦의 권력중심에 있었던 呂不韋와 혈연관

---

52) 『漢書』 卷28下 「地理志」, p.1662; 『漢書』 卷31 「項籍傳」, p.1795.

53) 『漢書』 卷97上 「外戚傳」, p.3937.

54) 『漢書』 卷22 「禮樂志」, p.1043, "高祖樂楚聲, 故房中樂楚聲也."; 徐志嘯, 「漢對楚文化的繼承關系」(『求索(長沙)』 1985-3), p.111.

계를 갖고 있었기 때문에 沛縣의 縣令도 그를 받아들였을 가능성이
있다.

沛의 豪傑吏들이 沛縣令에게 重客이 있다는 이야기를 듣고 賀禮를
드릴 때 蕭何가 主吏가 되어 예물을 관장했다. 이때 泗水亭長 劉邦도
참여했는데, 그는 1전도 없었으나 "축하금 일만전(賀錢 萬錢)"이라고
호언하자,[56] 蕭何는 劉季가 본래 큰소리만 잘치고, 이룩하는 일은 적
다고 呂公에게 충고하고 있다. 이것을 보면 蕭何는 초기에 절대로 劉
邦에 우호적이지 않았다. 呂公이 沛에 왔을 때는 秦帝國이 전성기일
때이고 지역에서 沛令의 권위는 절대적인 것이었다. 따라서 沛令에
연결을 갖는 것은 모든 의미에서 이권을 얻는 것과 같은 것이다. 蕭何
는 劉邦을 이권을 찾아다니는 要注意 인물로 간주하고 있는 것이고,
적어도 呂公이 沛에 오기까지는 소하와 유방 사이에 교제가 없었던
것이다.[57]

이와같던 蕭何가 吏事로써 劉邦을 돕고 특히 500錢을 보내준 이유
는 劉邦이 呂公의 딸 呂后와 결혼했기 때문일 것이다. 그렇다면 이제
까지 劉邦은 沛縣의 유력자들에 하찮은 존재였을 것이다. 이처럼 呂公
이 劉邦과 樊噲를 사위로 맞이한 데에는 그 나름대로 사람을 보는 인
물 판단기준이 있었을 것이다. 여기에서 呂公의 역할에 주의하지 않
으면 안된다. 樊噲·審食其 같은 임협적 인재를 주변에 모았다고 한다

---

55) 郭沫若, 위의 책, p.394.
56) 흥미로운 것은 『嶽麓書院藏秦簡(肆)』에 縣令이 축하객에게 금전을 갹출하는
율령이 발견되었는데, 이것은 呂公의 사례에 적용할 수 있을 듯하다. 그것
은 "昭襄王이 명하여 술자리를 열어 즉시 (그 자리에서 바로) 금전 및 기타
재물을 거두어서 사람들에게 사여하는 경우, (縣)令이 讓하면 縣丞이 出錢
하는 것을 청하고, 縣丞이 讓하면 현령이 出하는 것을 청하며, 이를 항상의
규칙으로 삼아라."라는 내용이다. "昭襄王命曰: 置酒節(即)徵錢金及它物以賜
人, 令獻(讓), 丞出; 丞獻(讓), 令請出, 以爲恒。 ●三年詔曰:(344)復用.(345)"
57) 美川修一, 「所謂漢の高祖の功臣の動向について」, 『中國前近代史硏究』(東京:
雄山閣, 1980), p.77.

면 呂公은 천리의 객을 모은 張耳에 미치지 못한다고는 해도, 沛縣에서 위세를 떨친 大俠이라고 할 수 있다. 劉邦은 沛縣에서 거의 무명에 가까운 游俠에 불과했으며, 呂后와 결혼하는 것에 의해 겨우 이름을 얻은데 지나지 않았다.[58]

戰國 이래 任俠을 숭상하는 기풍이 사회적으로 넘쳐흐르는 것에 착안하여 사람과 사람을 강고히 결합시키는 유대로서 임협정신의 개념을 제시한 사람은 增淵龍夫이다. 임협정신이 신의를 중시하고 타인을 위해 자신의 생명을 돌보지 않는 강고한 의지를 기반으로 하는 것이므로 任俠들의 밑에는 국가권력의 보호를 기대할 수 없는 전국시대의 서민이 그 사적 비호를 구해 모여들게 되었다. 여기에 민간에서 임협자의 결합을 중핵으로 하는 집단이 결집되는 계기가 있었다.[59]

劉邦도 이같은 任俠집단에 속한 인물이었다. 劉邦은 성년에 달했으나 家業에 종사하지 않고 술과 색을 좋아해 항상 王媼·武負를 따라 다니며 외상술을 먹고 客과 교유하였다.[60] 이같은 무뢰배적 특징은 劉邦만이 아니라 그의 부친에게서도 마찬가지로 확인된다. 『西京雜記』에는 "太上皇이 長安에 온 이후 深宮에 거주하며 기뻐하지 않아 高祖가 좌우에게 그 이유를 물으니 평생 동안 좋아했던 사람은 모두 屠販少年과 술장수와 떡장수이고, 鬪鷄와 蹴鞠으로써 기쁨을 삼았는데 이제 이러한 기쁨이 없으므로 즐겁지 않다는 것이었다. 그래서 고조는 新豊을 건설해 옛 친구를 불러 이주시키니 太上皇이 기뻐했다. 그러므로 新豊에는 무뢰배가 많고 衣冠子弟가 없었다."는 글이 있다.[61] 이는 劉邦과 마찬가지로 그의 부친도 屠販少年의 무리들과 교류한 무뢰배적 특징을 공유하고 있음을 말해주는 것이다. 여기에서 少年이라는

58) 같은 논문, pp.81-82.
59) 增淵龍夫, 『中國古代の社會と國家』(東京: 弘文堂, 1960), pp.49-94.
60) 『漢書』 卷1上 「高帝紀」, p.2.
61) 『西京雜記校註』(上海: 上海古籍, 1991), p.87.

존재가 주목된다.

劉邦집단 이외에도 秦末 군웅의 반란시 소년의 활약상을 보여주는 사례는 매우 많다. 山東郡縣의 少年들이 秦吏에게 괴로움을 당해 그 守尉를 죽이고 반란을 일으켜 陳涉에 응한 것, 張良이 陳涉의 기의시 少年 백여명을 모았다는 사실, 東陽少年이 현령을 죽이고 수천명 모여 있었다는 사실, 陳平 역시 少年을 따라 臨濟에 가서 魏王 咎를 섬겼던 사실, 酈商 역시 陳涉에 응해 少年을 모아 동서로 사람을 약탈하였다는 사례가 확인된다. 이처럼 少年이라는 용어가 史書에 자주 확인되고 敦煌漢簡에도 확인되는 것을 보면 당시 통용되었던 역사적 용어였음을 알 수 있다.[62] 이러한 사례는 秦末의 반란과 劉邦 집단에서 少年들이 차지하는 역할이 컸음을 알 수 있다.

대체로 少年과 壯年의 경계선은 30세이지만, 이는 간단하게 연령에 의해 불려지는 것이 아니라 실제로는 특정한 의미를 지니고 있다.[63] 少年 중에서 극단적으로 광란한 존재들은 법령을 위반하여 통치계급으로부터 惡少年이라고 불렸다. 이들은 또한 "閭巷少年", "閭里少年", "城中少年"이라고 불리기도 하며, 대체로는 직업이 비천하거나 아예 없는 도시 거주의 靑少年이었다. 戰國시기에 유협 가운데 聶政은 원수를 피하여 도살업자 사이로 숨었고, 스스로를 市井之人이라 불렀다.[64] 자객으로 유명한 荊軻는 燕의 狗屠者인 高漸離와 친했고,[65] 魏의 隱士 侯生에게는 屠殺의 직업을 가진 朱亥라는 客이 있는데 그는 스스로를 "市井鼓刀屠者"라고 표현하였다.[66] 韓信에게 치욕을 안긴 淮陰의 "屠中少年"은 屠販을 직업으로 삼았던 자이다. 劉邦이 沛에서 반란집단을

---

62) 林梅村·李均明 編, 『疏勒河流域出土漢簡』(北京: 文物出版社, 1984), p.75, no. 678, "出前見少年□."
63) 王子今, 「說秦漢"少年"與"惡少年"」(『中國史研究』 1991-4), pp.97-104.
64) 『史記』 卷86 「刺客列傳」, pp.2522-2523.
65) 『史記』 卷86 「刺客列傳」, p.2528.
66) 『史記』 卷77 「魏公子列傳」, pp.2380-2381.

형성했을 때 그 집단은 樊噲 등 沛縣의 생산집단 밖에 있었던 少年 수백인과, 蕭何·曹參 등 沛縣의 豪吏, 그리고 沛縣의 父老·子弟 등으로 구성되었다. 司馬遷은 豊沛의 蕭何·曹參·樊噲·滕公의 집을 방문했을 때 그들 중 일부가 과거 "鼓刀屠狗賣繒"의 직업에 종사했다고 상기하고 있다.[67] 이것은 劉邦의 교제범위가 위로는 豪族豪吏에서 아래로는 하층의 屠狗者에 이르기까지 광범위했음을 보여준다.

少年들은 市井에 거주하는 자가 많아 자연히 市籍을 가진 자가 많았다. 市籍을 가진 少年들이 상당부분 七科謫에 속하였다는 사실은 『漢書』「武帝紀」太初 元年에 大宛을 원정했을 때 징발한 天下謫民을 『漢書』「李廣利傳」에서는 郡國惡少年으로 기록하고 있는 것에서 알 수 있다.[68] 따라서 睢陽의 비단장수 출신인 高祖의 공신 灌嬰도 市籍을 가졌을 것이고 결국 七科謫 출신은 少年에 해당될 것으로 보인다.

王獻唐씨 所藏의 "縣中少年唯印"이 있는데, 이것은 秦楚之際에 군웅이 기의할 때 縣中 少年들이 아직 盟主에 소속되기 이전 사용했던 印으로 보인다. 西安 西鄕에서도 "少年唯印"이 출토되었는데 역시 秦末 少年들이 기의할 때 각인한 인장이다.[69] 이처럼 "少年唯印"의 인장이 다수 출토하는 것은 전국말 보편적으로 少年들이 집단을 형성하고 그 조직내에 唯(魁, 首令)의 권력이 존재하고 강고한 규율이 존재했음을 말해준다.[70] 또한 미천한 존재인 劉邦이 楚지역 반란집단 내에서 두각을 나타낸 것도 이같은 少年집단의 조직에 힘입은 바 컸던 것으로 생각된다. 앞서 언급한 바와 같이 劉邦에게서 뚜렷한 시국관·구세관 등이 보이지 않고, 그 집단이 종법질서·향리질서에서 이탈한 소년집

---

67) 『史記』卷95 「樊噲列傳」, p.2673.
68) 王子今, 위의 논문, p.102; 『漢書』卷6 「武帝紀」, p.200, "遣貳師將軍李廣利, 發天下謫民西征大宛"; 『史記』卷123 「大宛列傳」, p.3176; 『漢書』卷61 「李廣利傳」, p.2699.
69) 陳直, 『漢書新證』(天津: 天津人民出版社, 1979), p.241.
70) 王子今, 위의 논문, p.105.

단으로 구성된 것은 劉邦정권의 진로를 項羽와 차이나게 하는 요인으로 작용하였다. 즉, 劉邦의 임협집단이 項羽를 비롯한 귀족출신들과는 달리 楚國의 구지배체제의 부활을 의도했을 것으로는 보이지 않으며, 다만 楚지역의 정서를 반영하는 정도에서 그쳤을 것으로 보인다. 만약 귀족집단이 중국을 통일하였다면 중국의 지배체제가 漢高祖의 秦체제 수용과는 다른 방향으로 나아갔을 것이다.

2. 劉邦의 功臣과 西楚집단

거병 초기에 劉邦군단의 중핵을 점한 것은 劉邦과 입협적으로 서로 결합한 沛人뿐이었으나, 군단의 팽창에 따라 다수의 타향인이 混入되어 왔다. 劉邦 군단에 혼입된 타향인도 대부분 임협적 인물이고, 劉邦과 개별적으로 임협적 결합을 이루었기 때문에 그 중핵에 머물 수가 있었다. 이 劉邦 군단의 중핵을 점한 사람들이 천하 통일 후 漢조정을 구성하고 소위 高祖 공신으로 되었던 것이다.[71] 劉邦이 項梁에 소속되어 자신의 세력범위를 확대해 나가는 과정은 다음과 같다.

高祖는 秦二世 원년(B.C.209) 9월에 3천명으로 기의하였다. 秦二世 2年 2월에 碭을 공격해 6천명을 획득하였는데, 沛에서 함께 기의한 초기병력과 합쳐 9천명이 되었다. 同年 4월 項梁이 劉邦에게 豊을 점령시킬 때 5천의 병력을 주었다. 秦 3년 11월 剛武侯의 군대 4천명을 빼앗아 합쳤으나, 병력의 소모가 없었다고 가정하더라도 이때까지의 병력은 18000명에 불과했다. 그러나 劉邦이 項羽와 鴻溝에서 대치할 때의 병력은 자칭 10만명이므로 咸陽에 高祖가 입성하는 高祖 원년(B.C.206) 冬10월까지 각지를 점령하면서 群小병력을 자신의 휘하에 끌어들였음에 틀림없다. 그러한 예로는 功臣表에 보이는 군공서열 29위의 陳武가 2500명을 이끌고 薛에서 기의하여 劉邦에 합류한 것을 들 수 있다.

71) 美川修一, 위의 책, pp.64-65.

秦帝國 2세 원년 9月부터 2년 4월까지 8개월간 패공집단의 세력이 전개된 지역은 漢代의 沛郡을 중심으로 그 주변의 胡陵·方與·豊·薛·亢父·爰戚·廣戚·碭·蕭·下邑·祁 등에 미치고 있다. 項梁에 속하고 나서도 沛公집단은 계속 沛公에 인솔되어 통합된 행동을 하고 있으며, 作戰地域도 대개 項梁·項羽와는 다른 곳이 많았다. 그리고 그 사이에 彭越집단과 共鬪하거나, 酈食其·酈商·灌嬰·張蒼 등 후일 패공집단에서 중요한 역할을 수행하는 인물들을 자기 집단에 합류시켰다.

美川修一씨는 漢高祖의 조정에서 沛人의 비율은 공신 143명 가운데 47명(32.867%)으로서 출신지 면에서 沛人은 압도적으로 다수이고 조정에 큰 세력을 이루고 있다고 고찰하였다.[72] 그의 분석도 『史記』 및 『漢書』의 「高祖功臣表」를 자료로 이용했을 것이나, 필자의 분석은 그와 다르게 나타난다. 功臣表에 의하면 高祖功臣은 147명으로 나와 있으나 10명이 다른 열전에 기술되어 있어 실제로는 137명이다. 그들의 출신지는 列傳이 없는 자도 상당수 있으므로 美川修一씨처럼 정확하게 분석할 수 없으며, 그들이 初起한 지역을 그들의 鄕里와 가까운 곳으로 추정하는 수밖에 없다. 또한 이같은 자료조차 없는 자가 다수 있으므로 그들의 출신지를 확인하는 것은 매우 어렵다. 高祖가 6년 12월부터 12년 10월까지 수차에 걸쳐 列侯에 봉한 기록인 『漢書』 「高祖功臣表」를 검토하면 이들의 출신지가 확인된다.

[표 1] 高祖 공신의 출신권역

권역	참여 지점	인원	백분율
西楚	沛(19) 碭(14) 豊(8) 湖陵(1) 橫陽(1) 檶桑(1) 柘(1) 荊(1) 臨江(南郡)(1)	47	34.3
梁宋	魏(梁)(4) 單父(3) 宛朐(菏澤市2) 陽武(1) 定陶(1) 杠里(1) 亢父(1) 方與(1) 昌邑(1) 無鹽(東平國1)	16	11.7
東楚	留(4) 淮陰侯(2) 下邳(2) 東陽(1臨淮) 武陽(1) 項伯(下相) 韓	12	8.7

---

72) 같은 책, p.72.

권역	참여 지점	인원	백분율
	信(淮阴)		
秦	櫟陽(2) 內史(1) 杜(1) 岐(1) 好時(1) 漢中(1) 廢丘(1) 高陵(1) 下邦(1) 覇上(1)	11	8
齊魯	薛(8) 臨濟(齊州縣1)	9	6.5
越	越(4)	4	2.9
燕	燕(2)	2	1.5
趙	趙(2)	2	1.5
山西	晋陽(1) 代(1)	2	1.5
南楚	長沙(1)	1	0.7
河南	南陽(1)	1	0.7
河內	修武(焦作)	1	0.7
불명	이하 인명: 武虎 呂青 宣虎 閻澤赤 工師喜 尹恢 張越 單究 丙猜 鄂秋 其石 呂騰 陳錯 室中同 留肦 紀通 須無 鄧弱 張相如 陶舍 孫昔 趙堯 劉澤 杜恬 宣義 戚鰓 上不害 翟盱 賁赫	29	21.2
		137	99.9

高祖功臣表에 근거하여 만든 위의 표를 통하여 필자는 다음과 같은 결론을 얻었다. 첫째 高祖功臣表에 올라 있는 공신들은 원칙적으로 軍功을 수립해야만 封侯될 수 있었다. 『史記』「高祖功臣侯者年表」와 「惠景間侯者年表」에 劉邦이 봉후한 137명은 모두 軍功에 의해 책봉된 것이다. 合傳되어 있는 酈食其와 陸賈의 경우는 高祖의 封侯원칙을 잘 보여주는 대표적 예이다. 酈食其는 項羽에 항거하다 죽은 인물이다. 高祖가 열후공신을 추천할 때 酈食其의 아들 疥는 수차 병사를 지휘했어도 功이 侯에는 이르지 못했지만, 그 부친이 項羽에 항거하다 죽었기 때문에 高梁侯에 봉해졌다. 한편 陸賈는 太公이 項羽에 포로가 되었을 때 석방을 교섭했으나 실패했고, 侯公의 교섭은 성공했다. 이로 인해 侯公은 봉후되었으나, 끝내 陸賈는 봉후되지 못했다. 또한 漢 6년에 공신을 할 때, 張良은 戰鬪의 공이 없었으나, 高帝는 장막안에서 籌策을 운용하여 천리 밖에서 승리를 결정한 것은 子房의 공이라고 하며 몸소 齊의 3만호를 골라 주었다.[73] 이것은 모두 군공이 없으면 봉후될

수 없고, 軍功이 아니더라도 軍功에 준하는 공로를 세워야만 봉후될
수 있었던 증거라고 할 수 있다.

또한 高祖功臣表에 누차 보이는 "入覇上", 高祖 12년 3월 詔書의 "入
蜀漢定三秦者, 皆世世復"의 漢中(南鄭)수행과 三秦정복은 중요한 封侯基
準이 되었다.[74] 그중에서도 劉邦과 함께 漢中에 들어갔었는지 여부는
특히 중요하였다. 南鄭에서 高祖는 깊은 실의에 빠진 적이 있었다. 그
것은 그를 추종했던 山東人의 이탈 때문인데, 특히 韓信의 이탈로 대
표된다. 漢王이 南鄭에 이르렀을 때 여러 장수 및 사졸 중 동쪽으로
도망쳐 돌아가는 자가 많았으며, 治粟都尉 韓信 역시 도망가는 것을
蕭何가 추격해 데리고 돌아왔다.[75] 이 당시 南鄭에서 劉邦을 떠나 고
향으로 돌아간 諸將들의 숫자는 수십 명이었던 것으로 보아 高祖에게
주었던 위기감은 매우 컸던 것 같다. 심지어 高祖는 이때에 韓信을 데
려오려고 추격한 蕭何까지 도주한 것으로 오해했을 정도였다.[76] 따라
서 南鄭에서 도주했는지 여부는 후일 논공행상에서 중요하게 작용하
여 南鄭에서 탈출하지 않은 자들은 논공행상에서 높은 지위를 받게
되었다. 이밖에도 三秦·漢中지역의 인물도 다수 보이는 것은 高祖가
이곳을 거점으로 삼았기 때문이다.

둘째, 高祖공신중 상당수가 劉邦이 기의하여 주변지역을 공략할 때
부터 참여하고, 이후 入覇(관중에 들어 온 것), 入漢(漢中으로 쫓겨난
것), 定三秦(권토중래하여 관중으로 돌아온 것)의 과정을 함께 한 자들
이다. 이중에서도 沛縣출신이 가장 많은 19명이며 이들에게는 沛 중심
의 지역주의가 뿌리깊게 자리잡고 있었다.[77] 이밖에도 沛에 인접한

---

73) 『漢書』 卷40 「張良傳」, p.2031.
74) 『漢書』 卷1下 「高帝紀」, p.78.
75) 『漢書』 卷1上 「高帝紀」, p.29.
76) 『漢書』 卷34 「韓信傳」, p.1863.
77) 이들 沛縣집단은 태자였던 惠帝의 경질문제를 놓고 定陶출신의 戚姬와 대
   립함에 있어 강고하게 결속하고 있다. 美川修一, 위의 논문, pp.69-77.

지역으로는 碭(14), 豐(8), 薛(8)을 들 수 있는데, 그 퍼센티지는 전체 공신중에서 35.77%에 달하는 것이었다. 종래에는 豐沛라고만 언급되었지만, 실은 高祖功臣表를 분석하면 劉邦의 출생지로 알려진 豐邑 출신보다 碭·薛출신이 많고, 豐邑 출신은 의외로 3위로 밀려나 있다. 특히 碭지역은 高祖가 숨어있던 碭山과 관련이 있고, 아울러 劉邦이 二世皇帝 2년 2월 碭을 공격해 6천명을 획득한 것과 관련이 있을 것이다. 豐邑출신의 공신이 적은 것은 劉邦이 豐지역에서 인심을 얻지 못했기 때문에 雍齒가 반란을 일으키고 결국 豐이 魏로 붙은 것과 관련이 있다. 이로 인해 劉邦은 雍齒의 배반으로 豐의 주민을 오래도록 원망했던 것이다.

앞서 언급한 바와 같이, 劉邦은 일찍이 沛縣에서 세력을 떨친 토착 호족인 王陵을 兄事했던 미미한 존재였다. 그러나 새로이 沛縣에 출현한 호협 呂公이 沛令의 위광을 배경으로 沛縣 사회에 얼굴을 알리고 신변에 임협적 인재를 모을 때 그 사위가 됨으로써 신흥세력으로 발전했던 것이다. 王陵의 입장에서는 과거 아랫사람이었던 劉邦에 종속하는 것이 마음에 들지 않았을 것이다. 王陵의 친구 雍齒도 豐의 호협이었다고 생각되는데, 豐의 빈농출신인 劉邦에게 예속되는 것을 마찬가지로 싫어하여 周市에게 항복했다. 豐邑이 간단히 雍齒에 따른 것을 본다면, 성장한 고향에서의 劉邦의 평판이 나쁘고, 무뢰한인 劉邦에게 이끌려 풍읍이 파멸되는 것을 豐의 사람들이 두려워했을 것으로 생각된다.[78] 특히 劉邦에 있어 고향인 豐이 雍齒와 함께 배반했던 것은 두고두고 기억에 남았던 사건이었기 때문에 項羽의 패사 후에도 高祖는 沛人의 간청에 의해서야 겨우 豐邑에 復(요역면제권)을 허용해주는 등 계속 반감을 가지고 있었다. 이러한 雍齒의 반란으로 豐人 중 劉邦을 따랐던 사람들이 감소했던 것으로 보인다.

---

78) 美川修一, 위의 책, p.82.

그럼에도 豊에 대한 高祖의 생각은 남다른 면이 있었다. 통일 후인 高祖 11년 4월 豊人으로서 관중에 옮겨진 자는 모두 종신토록 復의 은택을 내렸다.[79] 沛의 父兄들이 雍齒의 반란으로 豊은 復을 받지 못했다고 탄원하자 高祖는 豊은 내가 생장한 곳이므로 잊지 못한다고 하면서 마찬가지로 復을 허용했다.[80] 실제로 장안에 豊邑을 그대로 재현하여 새로 건설한 이유는 高祖의 부친을 위한 것이기도 하지만, 또 다른 이유는 沛豊집단의 향수를 달래고 이들의 공동체 단결을 위한 沛豊집단 공동체를 구상한 것이라고 생각된다. 이상과 같은 것은 高祖의 豊沛人을 중심으로 하는 정책의 일단을 보여주는 것이다.

셋째, 高祖功臣들 중에는 西楚·梁宋 출신이 많다는 것이다. 그러한 점에서 필자는 豊沛집단보다는 西楚집단이라는 용어가 옳다고 생각된다. 앞서 언급한대로 西楚는 淮水 이북, 沛·陳·汝南·南郡지역이고, 東楚는 彭城以東·東海·吳·廣陵지역이며, 南楚는 衡山·九江·江南·豫章·長沙지역이다. 또한 芒·碭 이북에서 鉅野澤까지는 춘추시대의 梁·宋지역이나 이 지역에도 楚문화가 파급되었다. 위의 [표 1]에서 확인되듯이 西楚(47명) 梁宋(16명) 魯(8명) 齊(1명) 東楚의 留(4명) 등 沛를 중심한 西楚지역 출신이 모두 76명(55.5%)이나 되는 것은 高祖가 세력을 확대하는 과정에서 수습한 군대들이 많았기 때문이다. 高祖 공신의 출신지는 碭·留縣 동남 지역은 별로 없으며, 陳留 이서 지역 출신도 적다. 이것은 귀족집단의 봉건론과 지역할거주의가 성행한 결과 楚漢전쟁시의 각 세력권이 그 지역출신 지도자들의 휘하에 결속했음을 의미했다. 또한 劉邦이 秦國과 적대하는 과정에서 서쪽이 주요한 진격방향이었으며, 협력관계에 있던 東楚지역의 項羽세력권으로 세력을 확대할 필요도 없었다.

項羽의 세력권은 劉邦과 다른 彭城 이동지역으로 그 주력은 江東의

---

79) 『漢書』 卷1下 「高帝紀」, p.72.
80) 『漢書』 卷1下 「高帝紀」, p.74.

子弟 8천명이지만,[81] 본래 項羽 집안의 세력권은 下相(臨淮)지역이다. 東楚에 속하는 淮陰출신의 韓信이 처음 項羽의 지휘를 받았던 것은 바로 그것을 가리킨다. 그런데 項羽집단의 분포를 西楚라고 한 견해도 있으나, 실은 東楚에 해당하며 西楚출신의 劉邦과는 세력범위를 달리한다.[82] 項羽의 핵심세력은 吳로 피신한 후 이 지역 출신들을 모아 기의하였으므로 吳의 賢士大夫와 豪吏들로 구성되었을 것이다.[83] 項羽의 인재기용 방식은 신임하는 사람만을 기용하여 項氏이거나 妻의 昆弟가 아니면 비록 奇士라도 기용하지 않았다. 그의 부하 중에서 현재 출신지가 확인되는 자는 列傳이 없기 때문에 극히 적으며, 확인되는 자도 대체로 東楚지역출신이다.

范增은 廬江郡의 居巢, 項伯은 東海郡 下邳, 鍾離眛는 東海郡 月句縣, 曹咎는 蘄縣, 季布는 楚, 武涉은 盱台이다. 그러나 周殷, 龍且, 桓楚 등은 구체적으로 출신지가 명기된 바 없어 확인하기 곤란하다. 그러나 龍且가 "평생 韓信의 위인됨을 알고 있기 때문에 쉽게 대적할 수 있다. … 본래부터 韓信이 겁장이인 것을 알고 있다."고 한 언급 가운데 "평생"이라는 단어로 볼 때 龍且는 韓信과 동향인 淮陰출신으로 추정된다. 桓楚는 澤中에 망명해 있던 吳의 奇士로서 會稽太守 역시 잘 아는 것으로 보아 吳출신일 가능성이 높다. 또한 項羽가 휘하에 제후들을 거느리고, 齊·趙·漢 등과 싸울 때 友軍으로서 신임할 수 있었던 英布는 六縣출신이다.[84] 項羽가 東楚세력이면서도 그가 18제후를 임명할 때 자신을 西楚覇王이라고 칭한 이유는 아마도 그의 영토로 된 지역에 西楚지역

---

81) 『漢書』卷31 「項籍傳」, p.1819.
82) 鄭夏賢은 이들 지역이 居巢를 제외하고는 모두 西楚의 영역에 포함되는 것이고, 따라서 項羽가 차지한 西楚라는 것이 집단 구성원의 근거지로서 의미를 갖는다고 분석하였으나, 실은 東楚지역에 해당한다. 鄭夏賢, 위의 논문, p.72.
83) 『漢書』卷31 「項籍傳」, pp.1796-1797.
84) 『漢書』卷34 「黥布傳」, p.1882.

이 포함된 梁楚의 9郡이 들어있었기 때문이라 생각된다. 劉邦이 漢中에 위치했기 때문에 漢王이라고 칭한 것과 마찬가지의 이유로 생각된다.

이상과 같이 볼 때 논공행상의 핵심적인 원칙은 入覇上·入南鄭·定三秦의 과정을 高祖와 함께 동고동락하면서 軍功을 수립한 西楚출신 優先의 封侯였다는 것이었다. 그럼에도 이같은 분봉원칙은 모든 공신들에게 공평한 것으로 받아들여진 것 같지 않다. 그 원인은 漢 6년 大功臣 20여명을 봉한 후, 논공행상에 불만을 품은 장군들의 모반의도가 나타났기 때문이다.

> 封을 받은 사람은 모두 蕭何·曹參과 같은 故人과 親愛하는 자이고, 誅殺된 자는 모두 평생 원수로 생각하던 자들입니다. 지금 軍吏의 功을 계산하는 데 있어 天下(토지)가 부족하여 폐하가 (자신들을) 모두 봉할 수 없지 않을까 하고 이들 무리가 걱정하는 것입니다. 또한 과실로 주살되는 것이 아닐까 의심하고 서로 모여 모반할 뿐입니다.[85]

張良의 이 말은 논공행상시 高祖가 親故관계가 있었던 자들을 軍功과 무관하게 서열을 바꾸어 놓았기 때문에 발생한 불온한 분위기를 말한 것이다. 예컨대 軍功이 없었던 蕭何는 13위에 불과했는데, 군공 1위인 曹參을 제치고 1위로 부상하자 많은 공신들의 불만이 야기되었던 상황을 말하는 것이다. 그러나 高祖가 그를 서열 1위로 올린 이유는 蕭何가 종족 수십인을 거느리고 高祖를 따랐으며, 入覇上·入漢·定三秦의 경로를 거치면서 高祖와 생사를 같이하고 高祖의 후방 근거지를 확보했다고 생각했기 때문이다.[86] 高祖가 본래 군공에 입각해 정해 놓았던 석차를 바꾸어 놓은 것을 『漢書』에서는 "作十八侯之位次"라고 표현하였다.[87] 18侯에 해당하는 자를 정리하면 다음과 같다.

---

85) 『漢書』 卷40 「張良傳」, pp. 2031-2032.
86) 『漢書』 卷39 「蕭何傳」, pp. 2008-2009.

[표 2] 18侯 位次의 변화

	성명	원래 위차	개정 위차	상승자: ▲
1	蕭何	13	1	▲
2	曹參	1	2	
3	張敖(張耳의 子)	99	3	▲
4	周勃	14	4	▲
5	樊噲	15	5	▲
6	酈商	16	6	▲
7	奚涓	45	7	▲
8	夏侯嬰	3	8	
9	灌嬰	17	9	▲
10	傅寬	5	10	
11	靳歙	2	11	
12	王陵	57	12	▲
13	陳武	29	13	▲
14	王吸	4	14	
15	薛歐	7	15	
16	周昌	18	16	▲
17	丁復	25	17	▲
18	蟲達	36	18	▲

[표 3] 18侯의 행적

번호	성명	첫 지위	初起	霸上	入漢	定三秦	魏齊	擊項
13	蕭何	客	沛	○	○	○		
1	曹參	中涓	沛	○	○	○		
99	張敖							
14	周勃	中涓	沛	○		○		○
15	樊噲	舍人	沛	○	○	○		○
16	酈商	將軍	岐			○.		○
45	奚涓	舍人	沛	咸陽	○			
3	夏侯嬰	秦令史	沛					
17	灌嬰	中涓	雎陽	○	○	○	齊	○
5	傅寬	舍人	橫陽	○		○	齊	
2	靳歙	中涓	宛朐	○	○			○
57	王陵		南陽					
29	陳武	將軍	薛	○			齊	
4	王吸	中涓	豊	○	○			○

87) 『漢書』卷16 「高惠高侯文功臣表」, p.527.

번호	성명	첫 지위	初起	霸上	入漢	定三秦	魏齊	擊項
7	薛歐	舍人	豊	○	○			○
18	周昌			○	○			
25	丁復	越將	薛	○	○	○		○
36	蟲達	西城戶	碭	○	○	○		○

이상의 표에서 알 수 있듯이 서열 상승자는 12명이며, 이중에서 6명은 18위권 밖에서 진입한 자이다. 이들 12명의 면면을 분석하면 다음과 같다. ㉠蕭何는 高祖 기의 초부터 따랐고, 高祖가 위태로울 때 關中의 병력을 동원해 高祖를 지원했고 후방지역의 안정을 도모하는 막중한 임무를 수행했다. ㉡張耳의 아들 張敖는 군공이 별로 없는 인물이다. 그의 부친 張耳는 처음 項羽를 따라 關中에 입관했고, 常山王에 임명되었으며, 漢에 복속한 후 4년에 趙王에 임명되었는데, 高祖가 특별히 신임한 인물이었다. 그 아들인 敖가 왕의 지위를 상속한 후 高祖의 딸 魯元公主와 결혼하였기 때문에 서열이 특별히 상승한 것이었다. ㉢周勃은 沛人으로서 中涓의 신분으로 高祖를 따라 행동을 같이하여 많은 군공을 세웠다. ㉣高祖의 同壻인 樊噲는 沛人으로서 高祖와 함께 芒碭의 山澤에서 은닉해 있었으며, 高祖를 鴻門의 위기에서 구출했다. ㉤酈商은 高陽人으로 4천명의 少年을 이끌고 沛公에 예속하였다. ㉥奚涓이 45위에서 7위로 오른 것은 그가 沛출신의 舍人으로 高祖를 따랐고 咸陽입성, 入漢, 諸侯평정에 공이 있었으며, "死軍事"라 기록된 것으로 보아 특별히 포상할 만한 이유가 있는 듯하다. ㉦灌嬰은 睢陽의 비단장수 출신으로 年少하지만 수차 力戰하여 滎陽 동쪽에서 楚의 騎馬를 대파하는 등 군공이 많은 인물이다. ㉧王陵은 劉邦이 과거 兄으로 섬겼던 인물로서 南陽에 독립세력으로 할거하다가, 그후 高祖의 項羽 공격시 漢에 투신하였다. 王陵의 모친은 그 때문에 項羽에 볼모로 잡혔으나 王陵이 高祖를 섬기는데 누가 될까봐 高祖를 섬기라는 유언을 남기고 자살하였는데, 이것이 王陵의 서열변경과 관련이 있을 것이다.

㉠陳武는 薛출신으로서 2500명을 거느리고 高祖에 귀의하였는데, 이것이 高祖에게 큰 은혜로 생각되었던 듯하며 그후 入覇하는 등 高祖와 생사고락을 함께 했다. ㉥周昌은 沛人으로서 사촌형 周苛와 함께 卒史로서 高祖를 따랐다. 周苛는 滎陽전투에서 項羽를 모욕하여 烹刑에 처해졌고, 이같은 項羽에 대한 원한 때문에 高祖는 항상 주창을 데리고 項羽를 공격했으며, 高祖 6년에 蕭何·曹參과 함께 봉해졌다. ㉢丁復은 越將으로서 薛에서 처음 高祖를 따라 覇에 이르렀고, 樓煩將으로서 入漢하였으며, 龍且를 팽성에서 격파하고 이후 項羽를 격파하는 등 공이 컸다. ㉣蟲達은 西域戶將 37인을 데리고 碭에서 따랐으며, 入覇·入漢·定三秦하는 과정에서 항우 격파에 공을 세웠다.

이들은 위의 [표 3] "18侯의 행적"에서 알 수 있듯이 대부분이 豊沛출신이며 覇上(入關中)에서 入漢(南鄭), 三秦정복, 項羽격파의 경로를 거쳤다는 공통점이 있고, 高祖와의 개인적 친분관계가 보다 중요한 요소로 작용했다. 예컨대 夏侯嬰은 군공이 별반 없으나 高祖의 부인과 태자, 노원공주를 보호한 공로로 인하여 높은 서열을 받았다. 이들은 中涓·舍人의 親信관계와 碭에서 기병한 본래의 멤버들이라고 할 수 있다. 이로써 볼 때 列侯의 位次는 軍功질서에 親疎관계를 가미한 것이라 할 수 있다.[88]

高祖는 親故가 있는 공신들만을 파격적으로 분봉했다는 諸將들의 불만을 해소하기 위하여 자신에게 가장 미움을 받은 雍齒를 봉후하였다. 결국 雍齒의 분봉으로 功臣들의 불만은 희망으로 전환되었으나 논공행상에 대한 불만이 완전히 해소된 것은 아니었다. 예컨대 高祖 10년 9월 陳豨 반란시에 이를 방어할 장수들을 선발하고 각각 1천호에 봉했을 때, 좌우의 신하들은 "폐하를 따라 蜀漢에 들어가고 楚를 정벌한 공신들에게도 아직 상을 두루 행하지 않았는데 지금 이들을 봉하시니

---

88) 朱紹侯, 『軍功爵制研究』(上海: 上海人民, 1990), pp.58-59.

이들은 어떤 공을 세웠습니까?"라고 불만을 표출하였다. 진희 정벌에
공을 세우기도 전에 封을 내린 것에 불만을 표시한 것은 入漢·伐楚에
공이 있었으나 분봉을 받지 못한 공신들이 있었음을 의미하는 것이
다.[89] 결국 이같은 불만은 高祖 10년 경까지도 해소되지 않고 있음을
보여주는 것이다.

이상의 18侯는 高祖가 宗廟에서 제사를 받들게한 功臣 40명에 포함
되었을 것이다. 『漢制考』의 "祭功臣於廟庭"이라는 항목에는 "宗廟祭功臣
四十人, 食堂下, 惟御僕滕公祭於廟門外塾."이라는 것이 있는데,[90] 여기에
는 滕公 夏侯嬰의 이름만 보일 뿐이다. 宗廟에서 제사를 받은 40명의
공신들의 면면은 알 수 없지만 이들 대부분이 漢帝國의 일등공신일
것임은 분명하다.[91] 또한 高后시에 齊人 田生이라는 자가 "제후의 邸第
를 백여개 보았는데 모두 高帝의 功臣이었다."고 한 말은 高祖가 공신
집단에 대해 은택을 베풀었음을 말해준다.[92]

그러나 劉邦은 같은 楚문화권에 속한 東楚지역 출신에 대해서는 우
대하지 않았다. 高祖의 군대에 楚지역 출신이 적지 않았을 것임은 項
羽가 패사하기 직전 사면초가시 "漢이 이미 楚를 모두 정복했는가? 어
찌 楚人이 이토록 많은가?"라고 한 말에서 잘 나타난다.[93] 이것은 楚
國의 군대 중에서 항복해온 자도 있겠지만, 劉邦의 군대도 楚語를 사
용하는 楚人이 많았다는 것을 반영하는 것이다. 즉 楚·漢 양군에는 지
역·문화적으로 동일한 범주에 속하는 사람들이 있었던 것이다. 그럼
에도 劉邦의 인재 등용시 東楚지역 출신이나 項羽 측근 인물은 결코
많지 않았다. 특히 『漢書』 등에서 沛 지역과 楚지역 출신을 기술할 때

89) 『漢書』 卷1下 「高帝紀」, p.68, "從入蜀漢, 伐楚, 賞未偏行, 今封此, 何功?"
90) 沈家本, 『歷代刑法考(三)』(北京: 中華書局, 1985), p.1660.
91) 이는 『漢制考』 「漢舊儀」에 실려 있다고 하나, 현존 『漢舊儀』에는 없고 『周禮』
    「夏官 司勳」의 注에 인용되어 있다.
92) 『漢書』 卷35 「荊燕吳傳」, p.1901.
93) 『漢書』 卷31 「項籍傳」, p.1817.

지역명을 엄격히 구분하고 있는데, 高祖공신 가운데 楚지역 출신은 손으로 꼽을 수 있을 정도로 적다. 그나마 그들은 대부분 項羽의 降將뿐이었다. 楚國(彭城)과 沛가 직선거리로 54km정도밖에 되지 않지만 이 지역민들이 양분된 것임을 반영하고, 東楚는 보다 吳지역 정서에 가까운 것으로 보인다.

통일 직후 劉邦은 楚지역 출신의 등용보다는 오히려 項羽 측근 인물에 대해서 대대적 검거를 명령하였다. 그 예로 任俠으로 이름을 날렸던 楚人 季布는 수차 劉邦을 곤궁에 몰아넣었던 자로, 項羽 멸망후 劉邦이 그에게 千金의 현상금을 걸었던 것은 項羽에 협력했던 舊楚人에 대한 체포 및 탄압정책이 실시되었음을 상징적으로 보여준다. 또한 項羽와 전투시 자신을 살려주었던 季布의 母弟인 丁固를 그 主君에 불충했다는 이유로 처형한 것도 그러한 예에 속한다. 그러나 高祖의 신하들은 천하에 관대함을 표방하여 민심을 수습해야 한다고 생각하고 "項氏의 신하를 어찌 모두 주살할 수 있겠는가?"라고 중지를 제안했다.[94] 그후 季布는 河東守에 임명되고, 項羽를 魯公으로 추존해 穀城에 장사지내고 諸項氏의 일족은 모두 주살하지 않고, 項伯 등 4인은 열후로 삼아 劉氏의 성을 내렸다. 그렇더라도 이것을 가지고 楚출신이 대거 등용되었다고 보아서는 안된다. 이들 4인은 高祖의 창업에 협조한 자들이기 때문에 列侯에 봉한 것이었다.[95]

이같은 高祖의 人才등용 정책 때문에 楚人출신으로서 중용된 자는 극히 적다. 陸賈는 楚人으로서 客의 신분으로 高祖를 따라 천하통일에 종사했으나, 이 때 그의 활동상은 나타나 있지 않고 통일후의 행적만이 자세하다.[96] 陸賈와 같이 중용된 경우는 흔지 않으며 그가 등용된 것은 高祖의 통일전쟁에 협조한 때문이었다. 滕公 夏侯嬰이 통일 직후

94) 『漢書』 卷37 「季布傳」, p.1975.
95) 『漢書』 卷31 「項籍傳」, p.1820.
96) 『漢書』 卷43 「陸賈傳」, p.2111.

淮南王 英布가 반란을 일으켰을 때 반란진압의 묘책이 있다 하여 추천한 故楚國 令尹 薛公처럼 그도 재야에 머물고 말았을 것이다.[97] 高祖의 공신인 朱建은 楚人으로서 淮南王 英布의 相이었으나, 英布의 반란 모의시 반란의 중지를 간쟁했고, 반란 진압후 그같은 사실이 밝혀졌기 때문에 平原君에 임명되었다.[98] 위와 같은 경우는 모두 특수한 예에 해당되고, 高祖에 반기를 들었던 인물이 등용된 경우는 드물다.

蒯通이 韓信에게 漢·楚 어느 쪽에도 가담하지 말고 독립하라고 유세한 바대로 楚漢전쟁 시기는 누구도 믿을 수 없는 불확실한 시기였다.[99] 심지어 楚漢전쟁중 위기에 처한 高祖는 후방에 대한 불안감 때문에 蕭何에 대해서까지 의심을 품었고, 이에 蕭何는 자신의 일족을 高祖에게 인질로 보내자 高祖가 기뻐했다고 하는데 이것은 高祖의 심리상태를 보여주는 것이다.[100] 심지어는 손아래 동서 樊噲조차도 반란의 모함을 받았다.[101] 이처럼 가장 신임할 수 있는 豊沛집단에도 의심을 품고, 또한 高祖공신들에 대한 食邑분봉도 부족한 형편이었는데, 하물며 적대집단에 소속되어 있던 자들을 등용하기는 어려웠을 것이다.

IV. 秦制의 계승

1. 秦制로의 전환

項羽와 劉邦은 같은 楚지역 출신으로서 陳勝·景駒·楚懷王 아래에서 공동으로 反秦전쟁을 벌였기 때문에 반란초기의 官職·爵位 등은 戰國

97) 『漢書』 卷1下 「高帝紀」, p.73.
98) 『漢書』 卷43 「朱建傳」, p.2116.
99) 『漢書』 卷45 「蒯通傳」, p.2163.
100) 『漢書』 卷39 「蕭何傳」, p.2010.
101) 『漢書』 卷40 「陳平傳」, p.2045.

楚의 것을 따랐다. 따라서 劉邦이 초기에 楚國의 제도를 따른 것은 그
의 의지가 크게 작용한 것은 아니라고 할 수 있다. 물론 陳勝과 마찬
가지로 그도 楚人인 이상 楚制를 채택했을 가능성이 높지만 項羽 등과
같은 귀족들의 復國의지의 강도와는 달랐을 것이다. 劉邦집단은 戰國
시대 귀족집단과는 신분적으로 크게 차이나는 游俠세력을 중심으로
구성되었으며, 이같은 구성요소로 인해 그가 후일 구상한 지배체제가
山東六國의 귀족출신들이 의도하는 것과 달라질 가능성을 보였다.

　劉邦은 언제부터인지 楚制를 포기하고 秦制를 시행하고 있다. 이를
분석하는 데는 劉邦이 입관 후의 約法三章이 응당 관건이 될 것이라는
견해가 중공학계에서는 주류를 이루고 있다. 대부분의 중공학자들은
約法三章을 발포한 이후 劉邦의 정권은 지주정권과 秦國체제로 전환
하였다고 고찰하고 있다.[102] 그러나 필자가 다른 논문에서 고찰한 바
와 같이 約法三章은 秦帝國의 가혹한 법령을 제거해 고통받던 關中지
역의 민심을 수습하고, 혼란시기를 틈탄 살인·상해·절도 등의 범죄자
를 엄격히 다스려 통치질서를 확립하고자 하는 목적을 가지고 제출
된 것이다. 또한 約法三章은 당시 사회에서 관념적으로 통용되어온 同
害刑의 법사상을 이용한 것에 불과하지 특별한 의미가 부여된 것은
아니다.[103]

---

102) 예컨대 始平은 "漢王朝 건립후 劉邦이 직면한 문제는 '天下가 크게 혼란되
　　었고 秦法은 시행되지 않았다는 것'(『史記』「張耳陳餘列傳」)이었다. 그가
　　關中의 父老들과 約法三章을 제정한 것은 지주계급을 보호하고 농민혁명
　　을 반대하는 법률을 제정한 것으로 지주계급으로 전화한 표시이다. 이로
　　인해 父老豪杰은 모두 크게 기뻐하고 단지 沛公이 秦王이 되지 않을까 걱
　　정했다는 것이며, 蕭何는 秦法을 모아 시의적절한 것을 취하여 律九章을
　　만들었다."고 주장하고 있다.(始平,「秦末農民戰爭與法家政治」(『武漢大學學
　　報』1977-4), p.75.) 또한 朱紹侯는 "約法三章을 시행하는 시점에서 劉邦의 爵
　　制가 楚制에서 秦制로 이행하였으며, 入關하여 約法三章을 공포한 이후 史
　　書에는 다시는 漢王이 執帛 執圭와 같은 楚爵을 내린 기록이 보이지 않는
　　다."고 주장하고 있다.(朱紹侯, 위의 책, pp.54-55.)

대부분 楚國출신으로서 楚 지역의 정서를 반영하고 있는 劉邦집단이 갑자기 秦國체제를 수용한다는 것은 용이하지 않았다고 생각된다. 高祖가 豊沛에서 기의했을 때의 병력은 3천명이었고, 碭郡에서 6천명을 획득했는데 이들 楚지역 출신들이 高祖집단의 핵심을 구성했음은 말할 필요도 없다. 劉邦은 처음부터 秦制를 계승한 것이 아니고 처음에는 楚制를 따랐다. 劉邦이 스스로 인정하듯이, 그는 楚國의 부활을 구호로 내건 陳勝의 부하였다. 陳勝이 내걸은 "張楚"는 "張大楚國"의 의미이기 때문에 그가 만든 관제는 楚制였다. 陳勝이 上蔡人 房君 蔡賜에게 上柱國의 칭호를 내린 것이 그 증거라고 할 수 있다. 劉邦의 경우도 楚制를 따랐음은 그의 최초 직함인 沛公이 白公 勝, 葉公 諸梁의 경우와 같이 楚國의 지방장관을 의미하는 公이라고 칭한 것에서 증명되고 있다. 劉邦이 沛公을 칭한 이유에 대해서 주석가 孟康은 舊楚에서는 縣宰를 公이라 했기 때문에 楚制를 따른 것이라 하여 沛令과 沛公의 차이점을 설명하고 있다.[104] 그러나 사료상에는 약간의 혼동도 보이고 있다. 예컨대 夏侯嬰에게 劉邦이 내린 관직을 滕公이라고 표현한 것이 있는 반면,[105] 또다른 곳에서는 "賜爵執圭 …… 轉爲滕令"이라 하여 "公"이라 하지 않고 令이라 하고 있는 것이 그 예이다.[106] 이것은 후일 史官들이 夏侯嬰의 관직을 기록할 때 楚制를 漢制로 바꾸어 기록하는 과정에서 발생한 혼동으로 보인다.

『漢書新證』에 보면, 南鄭시기에도 계속 楚國의 官制를 고수했을 가능성이 있다. 陳勝이 국호를 제정할 때 "袒右稱大楚"[107]라고 한 부분에

---

103) 任仲爀, 「漢初 九章律의 제정과 그 의미」, 『宋甲鎬教授停年退任記念論文集』 (서울: 기념논문집간행위원회, 1993), pp.31-33.

104) 『漢書』 卷1上 「高帝紀」, p.11, "孟康曰 楚舊僭稱王, 其縣宰爲公, 陳涉爲楚王, 沛公起應涉, 故從楚制, 稱曰公."

105) 『漢書』 卷34 「韓信傳」, p.1862, "信乃仰視 適見滕公."

106) 『漢書』 卷41 「夏侯嬰傳」, p.2077.

107) 『漢書』 卷31 「陳勝傳」, p.1787.

대해 陳直씨는 다음과 같이 해석하고 있다. "秦代에는 尙左했는데 鳳翔
彪脚鎭 출토의 空心大畵塼에 그려진 兩王宴飮圖에는 모두 左手로 술잔
을 들고 있다. 陳勝이 기의할 때는 秦國의 습속을 고쳐 右祖하였다. 그
리고 漢高祖가 南鄭에 있을 때는 계속 楚國의 습속을 따라 尙右하였기
때문에 韓王信이 高祖에게 左遷이라 말한 것이고, 高祖 역시 趙堯를 칭
하여 左遷이라고 한 것이다. 周勃이 北軍에 들어갈 때 劉氏를 위하는
자는 左祖을 하고 呂氏를 위하는 자는 右祖라고 한 것은 尙左했던
秦俗을 따르고 楚國의 습속을 포기한 것이다."[108]

이상과 같은 陳直씨의 주석을 본다면 秦楚 지역간의 풍습은 현저
히 달랐다. 秦國은 尙左의 풍습이 있었으나, 楚國에서는 尙右의 풍습이
있고, 劉邦이 南鄭에 있을 때도 아직 尙右의 풍습이 있으므로 楚國의
풍습을 숭상한 것이다. 그러나 周勃이 呂后시기에 呂后일족을 주멸하
고자 北軍에 들어갈 때는 尙左하는 秦國의 풍습으로 이미 되돌아가 있
었음을 말해준다. 물론 左右중 어느 쪽을 숭상하는 것을 놓고 南鄭시
기 漢의 官制를 추정하는 것은 매우 위험스럽지만,[109] 劉邦이 南鄭에
있을 때 尙右한 것은 官制 등이 계속 楚國의 것을 따랐을 가능성을 보
여준다.

劉邦은 기병하여 입관할 때까지 將卒들의 사기를 진작시키기 위하
여 전투가 끝날 때마다 군공작을 하사하였는데, 사료상에 보이는 것
으로는 七大夫·國大夫·列大夫·上間(聞)爵·五大夫·卿·執帛·執圭·侯 등 9
개의 작위가 있다. 劉邦이 기의시에 시행한 軍功爵制에 대해 많은 사
람들이 주석을 달았으나, 모두 秦의 二十等爵制로 해석하였다.[110] 예
컨대 文穎은 國大夫를 "卽官大夫也. 爵第六級", 또 列大夫는 "卽公大夫也,

---

108) 陳直, 위의 책, p.238.
109) 秦爵중에는 陳直의 설과 달리 尙右하고 있는 경향이 있기 때문이다. 예컨
    대 右更(14급)은 左更(12급)보다, 右庶長(11급)은 左庶長(10급)보다 높다.
110) 朱紹侯, 위의 책, p.53.

爵第七級"이라 해석했고, 蘇林은 五大夫가 秦의 20등 군공작의 9급과 同名이므로 "五大夫, 第九爵名, 以五大夫爲將, 凡十人"이라 이해하는 등 楚爵을 秦爵으로 잘못 이해하였다.

이상의 9개 작위 가운데 5개의 작위는 楚國의 군공작제임을 확인할 수 있다. 劉邦의 공신들은 모두 七大夫에서 시작하고 있는데, 그것이 楚國 군공작제의 최하급은 아니다. 즉, 사료에 기재된 것은 모두 劉邦의 공신들이 모두 장군으로 된 이후의 작위이고, 사병들의 작위 획득 과정은 아니다.[111] 먼저, 七大夫가 秦爵·楚爵인지 여부의 확인이 필요하다. 楚爵에는 분명히 七大夫가 보인다. 漢은 元年(B.C.206) 4월부터 8월까지 楚의 제도를 폐지하고 漢의 爵制(秦의 軍功爵制)로 대체하고 있다. 때문에 漢爵으로 대체하기 이전 秦과 전투시 부하들에게 賜爵한 것은 楚制이므로 七大夫는 분명히 楚의 爵制라고 할 수 있다.[112] 五大夫는 『呂氏春秋』「仲冬紀·長見」에 荊(楚)文王이 五大夫를 하사한 기록이 있고,[113] 『戰國策』「楚策 1」에 "楚의 杜赫이 초왕에게 趙나라의 지지를 얻어오겠다고 유세하자, 초왕은 杜赫에게 五大夫 작위를 주려고 했다."라고 보이므로[114] 楚에서 五大夫의 작위가 존재함은 분명하다. 卿은 離騷의 王逸의 고증에 의하면, "楚 武王의 아들 瑕가 屈을 받아 卿

---

111) 朱紹侯, 위의 책, pp.52-53; 藤田高夫, 「漢代の軍功と爵制」(『東洋史硏究』 53-2, 1994), p.36.

112) 李開元, 「前漢初年における軍功受益階層の成立」(『史學雜誌』 99-11, 1990), p.10. 그러나 高祖5년 詔書에 보이는 七大夫는 秦爵이라고 할 수 있다. 秦爵에는 七大夫라는 명칭이 보이지 않고, 대신 公乘(8급) 바로 앞에 公大夫(7급)가 있다. 『商君書』「境內篇」 및 『漢書』「百官表」에 보이는 秦漢의 작제에서 公大夫는 7급작이므로 이를 七大夫라 불렀을 것이다.

113) [秦] 呂不韋, 陳奇猷 校釋, 『呂氏春秋校釋』(上海: 學林出版社, 1984), p.604, "荊文王曰:「覺譖數犯我以義, 違我以禮, 與處則不安, 曠之則不穀得焉, 不以吾身爵之, 後世有聖人, 將以非不穀」, 於是爵之五大夫."

114) 『戰國策·楚策一』(上海: 上海古籍出版社, 1985), p.497, "楚杜赫說楚王以取趙, 王且予之五大夫, 而令私行."

이 되었다."고 하여 그 존재가 확인된다.[115) 執帛은 『漢書』 「曹參傳」의 注에 "鄭氏曰, (執帛)楚爵也."라 하여 이것이 楚의 작위임이 분명하다.[116) 執圭와 侯는 『戰國策』 「楚策 1」에 "楚나라가 일찍이 秦과 원수를 맺어 漢中에서 전쟁을 했는데, 通侯·執珪 가운데 사망한 자가 70여인이었다."라고 보이고,[117) 『說苑』 「善說」의 "鄂君子 晳은 楚王의 母弟이다. 官은 令尹에 이르렀고, 爵은 執圭였다."는 것에서도 확인할 수 있다.[118) 이상에서와 같이 劉邦이 내린 작위 9개중에 5개가 戰國 楚의 것과 동일한 이상 劉邦은 楚制를 따르고 있음이 분명하다.

그렇다면 劉邦이 楚爵에서 秦爵으로 변경한 것은 어느 시점일까? 이에 대해 李開元은 劉邦이 秦二世 원년(B.C.209) 기병하고부터 漢 元年(B.C.206) 4월 漢中에 취국할 때까지 楚爵을 사용했다고 보았다. 그 이유로 들고 있는 것이 ① 秦二世 2년(B.C.208) 정월부터 劉邦은 楚王 景駒에 배속되어 있었기 때문에 楚制를 사용했고, ② 秦二世 2년 4월부터 劉邦은 楚의 장군인 項梁에 배속되어 있었고, 동년 6월부터 楚懷王의 배속하에 있었으므로 楚制를 계속 사용했고, ③ 漢 元年(B.C.206) 2월 劉邦이 漢王으로 되었을 때 각종 제도는 아직 변경되지 않았지만 軍中에서는 侯를 봉하는 것이 나타나기 시작했다. ④ 漢 元年(B.C.206) 4월 이후 劉邦軍에 사여된 楚爵은 하나도 보이지 않는다. 그 사이에 劉邦軍의 작제가 변경되었다고 보인다. ⑤ 漢 5년(B.C.202) 정월 劉邦이 황제

---

115) 董說, 『七國考訂補』(上海: 上海古籍, 1987), p.78; 『史記』 卷84 「屈原賈生列傳」, p.2481, "【正義】屈、景、昭皆楚之族. 王逸云 「楚王始都是, 生子瑕, 受屈爲卿, 因以爲氏.」"

116) 『漢書』 卷39 「曹參傳」, p.2013.

117) 『戰國策·楚策一』, p.507, "楚嘗與秦構難, 戰於漢中, 通侯執珪死者七十餘人, 遂亡漢中."

118) 『說苑全譯』(貴陽: 貴州人民, 1992), p.479; 또한 楚國의 작위에도 通侯 또는 列侯의 작위가 있었음은 확실하다. 夏侯嬰의 "沛公爲漢王, 賜嬰爵列侯, 號昭平侯, 復爲太僕, 從入蜀漢."(『漢書』 卷41 「夏侯嬰傳」, p.2077)이라는 기사를 보면 그는 蜀漢에 들어가기 이전에 列侯라는 작위를 받고 있다.

로 되었을 때 漢의 爵制의 改變은 거의 보이지 않는다. ⑥ 劉邦이 많은
공신을 봉해 열후로 삼은 것은 漢 6년(B.C.201) 1월부터였다.[119] 이상
을 정리하면 漢 元年(B.C.206) 4월 漢中에 취국하는 것을 경계로 하여
그 이전에는 楚制를 따라 楚爵을 사용했고, 그 이후로는 秦爵을 사용
했을 것이라는 추정이다.

그러나 이같은 견해에 의문을 제기하게 하는 것이 韓信의 관직 문
제이다. 『漢書』에는 韓信이 項羽를 떠나 劉邦을 따른 것은 入蜀한 이후
로 보고 있으나,[120] 『楚漢春秋』에는 鴻門에서 項羽가 劉邦을 죽이려다
풀어주었을 때 張良과 韓信이 白璧 한 쌍을 바치려고 갔던 기사가 있
는 것을 본다면 韓信의 劉邦에의 투항은 좀더 빨랐던 것이다.[121] 韓信
이 劉邦을 따라 漢中(南鄭)에 들어갔을 때 그의 관직은 楚의 관직인
"連敖"였다.[122] 韓信이 連敖로 있었던 시점은 정확하지 않지만 漢元年
4월에 劉邦이 就國했기 때문에 그 이후로 생각된다. 그는 계속 連敖로
있다가 治粟都尉에 임명되었는데, 그가 몇 월에 이 관직을 제수받았는
지는 분명치 않다.[123] 李開元씨의 주장중 ④에서 언급했듯이 漢元年 4
月 漢中에 취국한 이후 楚爵을 사여한 예도 보이지 않지만,[124] 마찬가
지로 秦爵을 사여한 예도 보이지 않기 때문에 秦制로의 전환시점을
확인할 수 없을 뿐더러, 오히려 韓信이 連敖가 된 사례에서 보이듯이
계속 楚官을 사용하고 있다. 따라서 李開元씨와 같은 방법으로는 그
시점을 확인하기 어렵다고 생각된다.

---

119) 李開元, 위의 논문, pp.16-20.
120) 『漢書』 卷34 「韓信傳」, p.1862, "漢王之入蜀, 信亡楚歸漢, 未得知名, 爲連敖."
121) 『楚漢春秋』(百部叢書集成, 藝文印書館), p.3.
122) 『漢書』 卷34 「韓信傳」, p.1862. 連敖는 楚國의 官印에 보이는 "連嚣之口三"으
　　　로서 連尹과 莫嚣가 합쳐진 관명이다. 李家浩, 「楚國官印考釋(4)」(『江漢考古』
　　　1984-2), p.47.
123) 荀悅의 『漢紀』에는 高祖 원년으로만 되어있고 月은 나와 있지 않다.
124) 李開元, 위의 논문, p.17, 표1 참조.

비록 정확한 시점을 확인하기 곤란하지만 漢中지역에 들어가고 나서 점차 秦制로의 전환이 이루어지고 있음은 분명하다. 楚출신으로서 당연히 楚制를 채택해야 했을 劉邦집단이 秦制를 채택한 이유는 무엇일까? 그것은 다음과 같은 이유에서 비롯되었을 것이다. 高祖 元年 (B.C.206) 夏 4월에 蕭何를 남겨두고 巴蜀의 租를 징수해 軍糧을 공급하고, 이에 근거해 元年 6월에 드디어 고조는 故道를 통해 雍을 습격하고 項羽에 반기를 드는 길로 들어서게 되었다.[125] 이때에 戶籍 정비가 전제되어 있어야만 蕭何의 조세징수가 가능했을 것이다. 조세 및 요역을 징수하려면 호적에 대한 정비가 우선되어야 했다. 정식적인 戶律이 제정된 것은 "爲法律令"의 九章律 제정시점인 高祖 2년 2~6월경이다.[126] 高祖 元年 4월 巴蜀의 租를 징수했다면 정식적인 戶律의 제정 이전에 우선 蕭何는 秦律을 원용했을 것으로 보인다.[127] 그리고 이 시점에서 漢의 分封지역이 秦의 故土였으므로 자연히 秦制의 채택으로 바뀌었을 것이다. 만약 楚制를 秦人에 강요했다면 劉邦은 이 지역의 기반을 상실할 우려도 있었을 것이다. 즉, 漢中지역에서 高祖를 배후 지원한 蕭何와 피지배집단인 漢中人들이 모두 秦制에 친숙해 있던 것이 秦制의 채택에 결정적 요인으로 작용했을 것이다. 그러므로 우선 손쉬운 방법인 秦制를 채택하여 秦의 제도에 오랫동안 익숙해 있던 한중인을 통치했을 것이다. 따라서 蕭何가 "爲法律令"한 때부터가 정식적인 秦制의 채택이라고 생각되지만, 그 시점은 高祖가 就國한 元年 4월부터 九章律을 제정하는 2年 6월경 사이에 점차적으로 楚制에서 秦制로의 변화가 있었을 것이다.

125) 『漢書』 卷1上 「高帝紀」, p.30.
126) 張家山漢簡 二年律令의 "二年"이 呂后 2년이라는 견해도 있지만, "爲法律令"이 高祖 2년에 이루어졌기 때문에 여기에서 "二年律令"이라는 제목이 나왔을 수도 있다.
127) 任仲爀, 위의 논문, pp.33-40.

高祖의 秦制 채택과 關中 定都는 밀접한 상관관계를 가지고 있다. 즉, 여기에는 關中집단 및 그밖의 지역출신의 가세라는 점이 고려되어야 한다. 앞서 분석한 [표 1]에서 본 바와 같이 高祖 공신 중 과거 戰國 秦의 본토에 해당하는 지역에서 출신한 자가 11명(8.03)%이었다는 것은 이러한 점에서 의미가 있다. 高祖도 楚출신이므로 項羽와 마찬가지로 豊沛지역에 수도를 정해야 하겠지만, 帝國統治의 입지조건이 좋은 洛陽과 關中을 고려에 넣었다. 이것은 項羽가 彭城에 수도를 정했다가 실패한 것을 반성한 것이다.

高祖가 洛陽에 도읍하려 한 것은 그곳이 周의 古都로서 입지조건을 갖추고 있었고, 山東지역출신이 많은 그의 將卒들에 선호되었기 때문이다. 그러나 齊人출신의 婁敬이 關中의 수도로서의 입지가 洛陽보다 우수함을 역설하자 首都의 선정문제가 대두하게 되었다. 이에 山東출신이 대다수인 群臣들은 다투어 洛陽이 周의 수백년 도읍이며, 秦國이 2대로 멸망한 것은 咸陽이 洛陽보다 못했기 때문이라고 주장했다. 여기에서 山東人이라는 것은 楚國이나 沛출신만을 지칭하는 것은 아니고, 함곡관 이동의 동방육국을 광범위하게 지칭한다.[128]

劉邦군대의 구성요소는 세력확장 과정에서 크게 변모했다. 劉邦은 漢 2년 夏 4월 滎陽·成皐에서 그의 군대를 크게 상실하자 이를 보충하기 위해 張耳·韓信으로부터 五諸侯兵 56만을 빼앗아 동쪽으로 楚를 정벌했고, 趙의 군대 未發者로 齊를 공격한 사실로 본다면 劉邦의 군대는 적어도 楚지역 출신만으로 구성된 것은 아니라고 할 수 있다.[129] 이 때의 五諸侯兵에 대해 服虔과 師古는 常山·河南·魏·韓·殷지역의 병

---

128) 山東을 『戰國策』과 『韓非子』에는 東方六國의 대명사로 사용하였으며, 주로 秦國을 상대로 한 稱謂이다. 山東의 "山"은 函谷關이 소재하는 殽山을 가리킨다. 漢代에는 山東이라는 단어가 關東·關外라는 단어와 통용되었다. 邢義田, 「試釋漢代的關東, 關西與山東, 山西」(『食貨』 13-1·2, 1983), p.19.

129) 『漢書』 卷34 「韓信傳」, p.1872.

력이라고 주석했는데, 이것은 三晉에 해당되는 지역이다.[130) 따라서 그의 군대의 인적 구성요소와 沛지역출신의 高祖공신이 고향에서 가까운 洛陽을 수도로 삼고자 한 것은 당연하다고 할 수 있다.

이같은 山東출신 공신들의 강력한 주장에 高祖는 수도의 확정에 결론을 내리지 못하였으나, 張良은 洛陽 주변의 면적은 수백리에 불과하고, 田地가 척박하며, 사면으로부터 적의 공격을 받을 수 있어 用武의 지역이 아니나, 長安은 殽函, 隴蜀으로 둘러싸인 옥야천리이며, 남쪽으로 巴蜀의 後援이, 북쪽으로는 胡苑의 이점이 있다고 주장하였다. 張良의 이 말을 듣고 高祖는 즉일로 關中을 수도로 정했다.[131) 漢高祖도 關中의 중요성에 대한 인식이 없는 것은 아니나, 劉敬과 張良의 주장이 너무 강조된 결과 중요성을 인식하지 못했다는 오해를 갖게 되었다.[132) 즉 蕭何가 획득한 秦의 圖書에 의하여 천하의 정치적 지리적 강약을 잘 파악하여 漢中, 巴蜀, 三秦의 유대관계 및 중요성을 인정하고 있었다.[133)

劉邦이 장안을 수도로 선택하는 데는 몇 가지 요인이 결정적으로 작용했을 것으로 생각된다. 첫째는 關中民들의 楚출신인 劉邦에 대한 인식이 적대적이지 않고 오히려 項羽에 적대적이었다는 것이다. 그 예로 "秦帝國의 章邯·司馬欣·董翳가 군대를 속이고 項羽에게 항복하였으나 項羽는 이들 秦人의 충성을 의심하고 진의 항복한 군졸 20여만명을 갱살했다. 따라서 秦의 父兄은 이를 뼈에 사무치게 원망했다. 반면에 劉邦은 關中에 들어왔을 때 조금도 해를 끼치지 않고 秦의 가혹한 법을 폐지하고 約法三章을 제정했다. 秦民은 劉邦이 秦에 왕 노릇하기

130) 『漢書』 卷1上 「高帝紀」, pp.35-36; 『漢書』 卷31 「項籍傳」, pp.1812-1813.
131) 『漢書』 卷40 「張良傳」, p.2028.
132) 崔在容, 「西漢 三輔의 成立과 그 機能」(『慶北史學』 8, 1985), p.86.
133) 『漢書』 卷39 「蕭何傳」, p.2006, "沛公具知天下扼塞戶口多少彊弱處民所疾苦, 以何得秦圖書也." 또한 同傳 pp.2006-2007에 "臣願大王王漢中養其民以致賢人, 收用巴蜀, 還定三秦天下可圖也."

를 바라고 있다."는 기사는 바로 關中民이 심정적으로 劉邦에 호의적
이었음을 말해주는 것이다.

둘째, 劉邦의 對楚전쟁에 있어 蜀漢·關中民이 수행한 역할이 적지
않았기 때문에 關中지역에 대한 인식이 변화했을 것이라는 것이다. 앞
서 언급한 바와 같이 張耳·韓信이 지휘하던 三晉지역 출신의 군대는
劉邦이 오랫동안 지휘하던 부대가 아니므로 깊이 신임할 수 없었고 오
히려 劉邦이 신임했던 것은 蕭何가 징발한 關中의 군대였다. 즉, 劉邦
이 彭城전투에서 대패했을 때 蕭何는 關中卒을 징발해 滎陽으로 보냈
다. 이후 이들은 滎陽의 京·索 지역에서 항우의 군대를 패배시키고, 楚
는 이 때문에 滎陽 서쪽으로 전진할 수 없었다.[134] 결국 漢軍의 승리
이유가 계속 關中지역에서 병력과 군량이 공급된 데에 있었다는 것은
關中이 高祖에 있어 매우 중요한 배후 근거지였음을 보여준다.[135]

劉邦의 최초 근거지인 漢中도 關中과 마찬가지로 배후 근거지 역할
을 하였다. 劉邦은 巴蜀·漢中지역의 41縣에 漢王으로 임명된 후 南鄭을
수도로 정하고 궁전을 건축했다. 현재 궁전유지에서 출토된 瓦當에는
"佳漢三年, 大幷天下", "當王天下"라는 문자가 있다.[136] 高祖가 項羽에 반
기를 들고 漢中으로부터 나와 關中지역에 공격을 가한 것은 高祖 元年
(B.C.206) 5월이므로 궁전은 高祖가 이미 項羽와 전쟁을 시작한 이후인
漢 3년(B.C.204)에 축조한 것이다. 따라서 계속 南鄭지역을 후방기지로
활용할 생각이 있었고 이곳에 대한 애착심이 있었던 것으로 보인다.
高祖가 漢 2년 춘정월에 "蜀漢民으로서 군사노고에 종사한 사람은 2년
동안 조세를 면제하고 關中卒로서 종군한 자는 家에 1년의 요역을 면
제해주었다."는 기사는 그가 沛豊人에 대해 내린 復에 다음가는 것으
로 蜀漢·關中출신에 대한 신임의 정도를 말해주는 것이다.[137] 이것은

---

134) 『漢書』 卷31 「項籍傳」, p.1813.
135) 『漢書』 卷31 「項籍傳」, p.1817, "時, 漢關中兵益出, 食多, 羽兵食少."
136) 陳直, 위의 책, p.6.

高祖가 關中지역을 중요한 지역적 근거지로 삼고 후일 定都한 이유가 있었을 것으로 생각된다. 결국 劉邦은 初起시에는 沛 주변지역 인물에 근거했으나, 項羽와의 쟁패단계에 들어가 기용한 인물들은 지역범위가 광범해져 山東人 및 秦民들이 망라되었고, 특히 漢中·關中·蜀 등의 군대에 힘입었다고 결론지을 수 있다.

2. 秦律의 계승

우리는 蕭何가 咸陽에 입성했을 때 秦의 丞相府에서 법률문서를 수습했다는 기록을 보았고, 필자 역시 이것은 漢帝國이 秦帝國의 제도를 계승하는데 있어 결정적 계기가 되었음을 고찰한 바 있다. 다만 이것만이 秦帝國 제도의 승계의 계기가 된 것이 아니다. 漢의 최초 封地가 秦의 지배를 받던 漢中·蜀지역이었으므로 漢의 율령은 필연적으로 秦律을 계승할 운명에 처했으며, 秦制의 계승이라는 방향으로 전환하게 되었다. 그리고 漢中에서 나와 기반으로 삼은 곳도 역시 關中지역이므로 이 지역에 대한 緣故 역시 무시할 수 없었으리라고 생각된다. 그중에서 秦制를 계승해 호적제도를 개편하고, 戶律·興律 등의 법령을 漢帝國이 받아들인 것은 제국통치에 대한 경험이 전무한 상태에서 秦國의 관리였던 蕭何가 가장 손쉽게 채택할 수 있는 방법이었다고 생각된다. 이러한 점에서 秦의 刀筆吏 출신인 蕭何라는 인물이 漢帝國의 정치적 진로에 끼친 영향은 절대적이라고 할 수 있다.

漢이 秦制를 계승한 증거로서는 律文을 비교하는 것이 가장 좋은 방법인데, 아래에 예시하는 張家山奏讞書에는 秦律과 비교할 수 있는 律文이 몇개 보인다. 高祖 10年 12月 9일의 〈案例 4〉에 보이는 漢律은 秦律을 字句의 수정없이 계승한 것이다.

---

137) 『漢書』 卷1上 「高帝紀」, p.33.

① 律: 도망한 사람을 娶하여 妻로 삼은 자는 黥爲城旦에 처하고 비록 몰랐더라도 그 죄를 감해주지 않는다.[138]

② 女子 甲이 남편을 버리고 도망했는데, 男子 乙 역시 함부로 도망하여 서로 夫妻가 되었다. 甲이 (乙에게) 그 사실을 알리지 않고 2년 동안 살다가 아이를 낳고서야 그 사실을 말했다. 乙은 즉시 버리지 않고 있다가 체포되었는데 어떻게 처리하는가? 黥城旦春에 해당한다.[139]

즉, ①은 張家山 奏讞書의 것이고, ②는 『睡虎地秦墓竹簡』의 「法律答問」이다. 『睡虎地秦墓竹簡』의 「法律答問」은 律文의 규정에 준거하여 구체적 사례들을 해석하는 것이다. 이러한 점에서 「法律答問」은 縣에서 판결에 어려움이 있는 재판사건을 중앙에 올린 奏讞書와 성격을 달리한다. ②는 내용을 잘 음미하면 바로 ①의 律에 대한 事例集이라고 할 수 있다. 즉, 秦律에도 ①과 똑같은 律이 존재했다는 증거이다. 奏讞書가 출토되기 이전에는 「法律答問」이 秦律의 原文은 아닌 것이 확실하지만, 어디까지가 律文인지 확인하기 어려웠다. 이제 이 「法律答問」 秦律 원문으로 생각되는 것이 奏讞書에 나타남으로써 역으로 漢律로부터 秦律을 복원하는 것이 가능하게 되었다.

또한 『二年律令與奏讞書』의 〈案例 5〉는 高祖 10년 7월 24일의 것으로 求盜의 체포에 불응하고 劍으로써 求盜에게 상처를 입힌 사건에 관한 기록이다. 그 죄목은 賊傷人에 해당하며 판결은 黥爲城旦에 처한다는 것이다.[140] 奏讞書 이외에도 이와 비슷한 내용은 『漢書』 「薛宣傳」에서

---

138) 江陵張家山漢簡整理小組, 「江陵張家山漢簡〈奏讞書〉釋文」(『文物』 1993-8), p.23, "律: 娶亡人爲妻, 黥爲城旦, 弗知, 非有減也."(이하 언급되는 張家山 奏讞書는 出典이 모두 동일하다.)
139) 『睡虎地秦墓竹簡』(北京: 文物出版社, 1978), 「法律答問」, p.223, "女子甲去夫亡, 男子乙亦蘭亡, 相夫妻, 甲弗告情, 居二歲生子, 乃告情, 乙即弗棄, 而得. 論何也. 當黥城旦春."

확인할 수 있다. 즉, "漢律, 鬪以刀傷人, 完爲城旦, 其賊加罪一等, 與謀者同罪."라는 것이 그것이다. 刀로써 다른 사람에게 상해를 입히면 完爲城旦에 해당하고 만약 賊傷人이라면 일등급의 죄를 추가한다는 것이다. 후자의 경우 完爲城旦보다 중형이라면 黥爲城旦에 해당할 것으로 추정된다.

이상의 「奏讞書」 및 「薛宣傳」에 보이는 漢律은 『睡虎地秦墓竹簡』에서 확인할 수 있다. 『睡虎地秦墓竹簡』의 ① "求盜追捕罪人, 罪人格殺求盜, 問殺人者賊殺人, 且鬪殺? 鬪殺人, 廷行事賊."[141]과 ② "鬪以針·鈈·錐, 若針·鈈·錐傷人, 各何論? 鬪(傷人), 當貲二甲, 賊(傷人), 當黥爲城旦."이 그것이다.[142] ①은 求盜가 죄인을 체포하고자 추격했으나 죄인이 求盜를 격살했다는 것인데, 이때에 이를 賊殺人으로 보는지 鬪殺人으로 보는지를 묻는 것이었다. 해답은 鬪殺人으로 본다는 것이나, 廷行事(판례)에서는 賊殺人으로 본다는 것이다. 賊의 의미는 沈家本에 의하면 故意가 있는 경우를 말한다.[143] 여기에서는 형량규정이 없으나 殺人者는 사형이므로 그 형량은 물론 사형이다. 다만 ①이 奏讞書와 다른 점은 奏讞書에서는 賊傷人이나, 「法律答問」에서는 賊殺人이라는 것이다. ②에서는 賊傷人에 대한 형량을 알아 볼 수 있는데, 鬪(傷人)은 貲二甲이고 賊(傷人)은 黥爲城旦의 형벌에 처한다. 다만 다른 것은 鬪傷人의 경우 貲二甲이 漢律에서는 完城旦으로 되어 있는 것이 다를 뿐이다. 그러나 이러한 법률상의 조목은 약간의 차이일 뿐 漢初의 율령은 『睡虎地秦墓竹簡』의 律令과 거의 대동소이할 것으로 생각된다.

漢代에 들어가면 『睡虎地秦墓竹簡』에 보이는 11진법은 어느 때인지 사라져 버렸다. 그런데 奏讞書 〈案例 7〉과 〈15〉에는 秦帝國이 멸망한지

---

140) 彭浩·陳偉·工藤元男, 『二年律令與奏讞書』(上海: 上海古籍出版社, 2007), p.343.
141) 『睡虎地秦墓竹簡』, p.179.
142) 같은 책, p.188.
143) 沈家本, 위의 책, p.1463, "凡言賊者, 有心之謂, 此疑卽後來律文之故殺也."

얼마 안된 시점이고, 또한 秦律을 계승했기 때문에 量刑의 표준을 11 진법으로 하고 있다. 秦律은 贓物의 價額이 660錢을 넘으면 중형으로 간주하여 黥爲城旦을 내리고 있다.[144] 특히 漢高祖 7년의 연도가 기록된 〈案例 15〉에는 "律, 盜贓(臧)直(値)過六百六十錢, 黥爲城旦."이라 하여 秦의 율문과 완전히 일치하고 있다. 이것도 漢律이 秦律을 字句의 수정 없이 그대로 계승한 증거라고 할 수 있다.[145]

이같은 秦律의 계승만이 아니라 朝廷의 의식도 그대로 秦制를 계승하였는데, 이것도 중요한 의미를 지니는 조치였다. 漢高祖 7년 10월 長樂宮이 완성되고 곧 叔孫通이 제정한 朝儀에 근거하여 제후왕 제후 문무백관 등으로 하여금 황제를 朝見하게 했다.[146] 高祖는 본래 秦의 儀法을 모두 없애고 簡易하게 했으나 군신들이 공을 다투면서 난동부리는 것을 보고, 예제를 마련할 것을 시도했다. 그래서 叔孫通이 만든 것은 "頗采古禮與秦儀雜就之"라 한 것처럼 古禮와 秦의 禮樂제도를 혼합한 것이었다.[147]

劉邦이 통일한 후 어떻게 제후와 공신, 문무백관들을 제압하여 사회를 안정시키고 천하를 태평하게 하는가 하는 점에 있어서 禮儀의 작용은 律令·軍法·章程에 비해 더욱 중요할 수도 있다.[148] 『漢書』「禮樂志」에 "今叔孫通所撰禮儀, 與律令同錄, 藏于理官."이라 있는데,[149] 顔師古의 언급처럼 理官은 法官으로서 叔孫通의 禮儀가 곧 법률과 같은 효력을 가지고 있음을 말해준다. 때문에 이는 당시 王侯將相·文武官吏만을 구속할 뿐만 아니라, 漢帝國의 권위를 높이는데 중요한 지위를 차지했다.[150]

---

144) 『睡虎地秦墓竹簡』, p.166, "臧値過六百六十, 黥甲爲城旦."
145) 『二年律令與奏讞書』, pp.352-353; 任仲爀, 위의 논문, pp.58-59.
146) 『漢書』卷43「叔孫通傳」, pp.2127-2128.
147) 같은 책, pp.2126-27.
148) 華友根, 위의 논문, p.56.
149) 『漢書』卷22「禮樂志」, p.1035.

3. 高祖 5년 詔書

高祖 5년(B.C.202) 12월 劉邦은 西楚霸王 項羽를 죽이고 楚漢전쟁에서
승리를 얻었다. 그해 春正月 劉邦은 제위에 올라 夏 5월에 兵을 모두
귀가시키고 "高帝五年詔"를 발포했다. 이 夏 5月 詔書는 高祖의 軍功을
수립한 군인들에 대한 보상을 보여주는데, 이 내용은 복잡하므로 전
문을 예시하고 분석하기로 하자.

詔書에 말하기를, "諸侯子로서 關中에 있는 자는 12년 동안의 요역을
면제하고, 고향으로 돌아간 자는 그 반으로 한다. 民이 과거에 서로 山澤
에 모여서 固守하면서 名數(호적)에 등록하지 않았는데, 이제 천하가 평정
되었으니 각각 그들의 縣으로 돌아가게 하고, 원래의 爵과 田宅을 회복해
주도록 하라. 吏는 文法과 敎訓으로써 頒布하도록 하고, 그들을 때리거나
辱하지 않도록 하라. 民이 飢餓 때문에 자신을 팔아 타인의 奴婢가 된 자
는 모두 免하여 庶人으로 삼도록 한다. 軍吏卒이 사면을 받았거나, 罪가
없는데도 爵이 없거나, 작위가 있으나 大夫에 미치지 못하는 자는 모두 爵
을 내려 大夫로 삼도록 한다. 원래 大夫 以上인 자에게는 爵을 각각 1級씩
하사하고, 七大夫 以上인 경우는 모두 食邑을 소유하게 하고, 七大夫 以下
인 경우는(여기에서 非는 衍文), 모두 그 자신 및 戶의 요역을 면제하고,
요역에 동원하지 말라."

또한 詔書에서 말하기를, "七大夫·公乘 以上은 모두 高爵이다. 諸侯子
및 從軍했다가 돌아간 자 가운데는 高爵이 매우 많은데, 내가 누차 吏에게
조서를 내려 (이들에게) 우선적으로 田宅을 지급하라고 한 것과 의당 吏
에게 청구할 것이 있는 자에게는 신속하게 지급하라. 爵이 혹 人君인 경
우는 上도 禮를 높이는 바인데, 오래도록 吏 앞에서 서있고, 결정이 나지
않으니 사리에 매우 어긋난 것이다. 전에 秦의 民爵이 公大夫以上이면, 令

---

150) 華友根, 위의 논문, p.57.

丞과 禮를 대등하게 할 수 있었다. 지금 나도 爵에 대하여 가볍게 대하지 않는데, 어찌 吏만이 이러한 일을 할 수 있는가! 또한 '法에는 功勞가 있으면 田宅을 지급하라'고 했는데, 지금 小吏 가운데 일찍이 從軍하지 않은 자가 규정에 차게 소유하고 있고, 도리어 공이 있는 자는 얻지 못하고 있는 것은 公을 배신하고 私를 세우려는 것이니, 守尉長吏의 敎訓이 매우 좋지 않다. 諸吏로 하여금 高爵을 잘 대접하도록 하여 나의 뜻에 부합하도록 하라. 또한 사찰(廉問)을 행하여 만약 나의 詔書대로 하지 않는 자가 있으면 중죄로써 논하라."[151]

첫째, 諸侯지역 출신의 군인(諸侯子)을 關中에 머물게 하기 위해서 남기를 원하는 자에게 12년간의 요역·부세를 면제시키고, 돌아가는 자는 6년간 면제시켜준다. 諸侯子에 대해서는 종래 두 가지 설이 있어 왔다. 먼저 宋의 宋祁의 說은 범위를 넓게 보아 일반 제후국의 사람들로 보는 것이고, 淸의 周壽昌의 설은 諸侯 일족, 즉 각 제후의 支屬(一族)이 종군한 자이고, 일반 國人 모두를 말한 것은 아닌 좁은 의미로 사용하고 있다.[152]

이에 대해서 최근 李開元씨는 호적이 제후왕국에 등록된 사람이라는 일반적 의미에서의 諸侯子가 아니라, 구체적인 의미가 부여된 법

---

151) 『漢書』卷1下 「高帝紀」, pp.54-55, "詔曰 ①諸侯子在關中者 復之十二歲 其歸者半之. ②民前或相聚保山澤 不書名數 今天下已定 令各歸其縣 復故爵田宅 吏以文法敎訓辨告 勿笞辱. 民以飢餓自賣爲奴婢者 皆免爲庶人 ③軍吏卒會赦 其亡罪而亡爵及不滿大夫者 皆賜爵爲大夫. 故大夫以上 賜爵各一級. 其七大夫以上 皆令食邑, 非七大夫以下, 皆復其身及戶, 勿事. ④又曰七大夫公乘以上 皆高爵也. 諸侯子及從軍歸者 甚多高爵, 吾數詔吏先與田宅 及所當求於吏者 亟與. 爵或人君 上所尊禮 久之吏前 曾不爲決 甚亡謂也. 異日 秦民爵公大夫以上令丞與亢禮 今吾于爵非輕也 吏獨安取此? ⑤且法以有功勞行田宅 今小吏未嘗從軍者多滿 而有功者顧不得 背公立私 守尉長吏敎訓甚不善 其令諸吏善遇高爵 稱吾意 且廉問有不如吾詔者 以重論之."

152) [淸] 王先謙, 『漢書補注』卷1下 「高帝紀」, pp.48-49; 朱紹侯, 위의 책, pp.55-56.

률용어라는 새로운 견해를 제시하였다. 그 구체적이라는 것은 高祖를 따라 漢中에 도착한 3만명의 漢의 사졸과 수만명의 楚人 및 각 제후국의 "慕從者"였다. 『史記』「高祖本紀」에 漢 2년(B.C.205) 6월 劉邦은 彭城전투에서 패배하고 關中으로 후퇴하고 나서 "諸侯子 중에서 關中에 있는 자를 모두 櫟陽에 모아 衛로 삼았다."고 했다. 이것은 긴급시 "諸侯子在關中者", 즉 신뢰할 수 있는 사람들을 모아 수도 櫟陽을 지키려 했던 것이다.[153] 실제로 高祖가 諸侯子弟를 肺腑와 같이 여기고 있었던 것은 사실이다.[154]

諸侯子는 최근 釋文이 발표된 張家山奏讞書의 〈案例 16〉에도 확인되고 있기 때문에 이것이 일반적 용어가 아님은 분명하다. 또한 앞서 말한 두 가지 설 가운데 諸侯國들의 일반인들이라는 宋祁의 說이 옳은 것으로 생각되는데, 실제로 高祖를 따라 漢中에 들어간 인물 가운데 楚國과 諸侯國의 公室출신이 몇이나 되겠는가? 일반 山東六國人 가운데 들어간 사람들을 諸侯子라고 불렀던 것으로 생각된다. 5년 詔書에서 한정부는 山東으로 돌아가려는 諸侯子에게 關中의 강화를 위해 定着을 요구했다. 그래서 關中에 거주하는 諸侯子에게 12년의 復이라는 우대조건이 제시된 것이다. 이것은 强幹弱枝정책을 고려하여 동방의 제후에게 楚漢전쟁을 경험한 노련한 군사력과 노동력이 유입되지 않도록 하기 위한 것이다. 즉, 高祖는 項羽의 실패를 거울삼아 동방에 분봉된 제후국을 견제하기 위해 楚漢전쟁에서 전투경험이 있는 강력한 軍團을 계속 확보하고자 이 조서를 내린 것이다.

둘째, "復故爵田宅"의 목적은 秦末 이래의 전쟁으로 山澤에 도피한 유민을 생산으로 돌아오게 하기 위해 본래의 작위와 토지·주택의 소유권을 회복시켜주는 것이다. 이를 위해 내린 令이 〈案例 14〉에 보인다. 즉, 高祖 8년 10월 安陸丞 忠의 奏讞書에는 獄史 五大夫 平이 名數(戶

153) 李開元, 위의 논문, pp.4-6.
154) 『史記』卷19「惠景間侯者年表」, p.977.

籍)가 없는 種이라는 자를 1개월 舍匿시켜주는 기록이 보인다. 은닉자
는 "令에 名數가 없는 자는 모두 名數에 自占하게 하고, 이 令이 縣·道
의 官에 도착한지 30일이 지나도 名數에 스스로 占書하지 않으면 모두
耐爲隷臣妾으로 삼고 禁錮에 처하게 하고, 爵·賞으로 감면할 수 없게
하고 舍匿시켜 준 자는 同罪를 준다."라는 令에 의해 耐爲隷臣으로 처
벌된다.[155] 이 令이 언제 제정된 것인지는 현재 문헌 사료에 전거가
없기 때문에 확인하기 곤란하다. 다만 필자가 이미 고찰한 것처럼, 九
章律의 戶律이 高祖 2년 6월경에 제정되었고, 이에 근거해서 제정된 令
으로 보인다.

　또한 高祖 5年 夏 5월의 조서에도 "民前或相聚保山澤, 不書名數, 今天
下已定, 令各歸其縣, 復故爵田宅."[156]이라는 기록이 있는 것으로 보아
고조 5년에는 호적 제도의 정비가 이미 완료되었음을 알 수 있다. 奏
讞書의 내용은 이같은 戶律에 입각하여 流民을 정착시키려고 시도한
것으로 보인다. 적어도 이 詔書와 함께 공포된 令일 가능성도 있으며,
5년 이전에 나온 것일 가능성도 있다. 이것은 漢初에 새로이 제정되어
유민 및 은닉자들을 정착시키거나 색출하고자 출현한 법령임에 틀림
없다. 당시 漢帝國의 簿籍에 등기하지 않은 사람이 매우 많았을 것이
고 故楚地는 더욱 그러했을 것이다.

　셋째, 軍吏卒에 賞을 장려하고 우대하여 작위가 없거나 大夫 이하
인 사람에게는 일률적으로 5급작인 大夫의 작위를 내린다는 것이다.
이 조치는 제 5급작 이상의 자에 불공평을 가져오므로 대책으로서 원
래 大夫 이상의 작위를 가진 자는 爵位 1급을 하사하고, 원래 7등급의
七大夫 이상의 작위를 가진 자는 모두 식읍을, 七大夫 이하에게는 개

155) 江陵張家山漢簡整理小組, 위의 논문, p.24, "令曰, 諸無名數者, 皆令自占書名
　　數, 令到縣道官, 盈卅日, 不自占書名數, 皆耐爲隷臣妾, 錮, 勿令以爵·賞免, 舍
　　匿者與同罪."
156) 『漢書』 卷1下 「高帝紀」, pp.54-55.

인 또는 全家의 요역을 면제한다.

넷째, 秦代의 정책에 근거하여, 七大夫·公乘 이상은 모두 高爵이므로 그에 대한 존중과 중시를 표시하기 위해 각 지방장관에게 반드시 田宅과 기타 요구를 만족시켜주고 지연시키지 말 것을 언급하고 있다. 諸侯子 및 從軍했다가 귀가한 자 가운데는 高爵의 소유자가 매우 많다는 것이다.

다섯째, 劉邦은 軍功爵制를 통하여 대량의 식읍을 가진 군공지주를 배출시켰다. "且法以有功勞行田宅, 今小吏未嘗從軍者多滿, 而有功者顧不得."이라는 규정을 보면, 군공작을 가진 사람은 전택을 받았고, 낮은 작위를 가진 수많은 병사들도 작은 토지를 획득하여 자경농이 되었을 것이다.[157] 從軍吏卒과 天下共有의 관점에서 高爵을 받은 軍吏卒은 비교적 많은 전택·식읍·특권을 향유하여 軍功地主가 되었다. 漢 5년의 조서에 의해 이들에게는 5등작의 大夫가 사여되고 한의 군공포상규정에 의해 5頃의 토지와 25畝의 택지가 사여되었다.[158]

이처럼 授爵된 자가 많았기 때문에 爵의 인플레가 이루어져 爵을 경시하는 상황이 만연해 있었고, 爵에 수반된 田宅수여가 실시곤란을 가져왔던 것이다.[159] 실제로 張家山 출토의 奏讞書에 보이는 인명의 대부분이 高爵者였다는 것은 楚漢戰爭에서 많은 군공자에 작위가 하사되고 아울러 高帝 5년 조서에 의해 부여된 결과라고 할 수 있다.[160]

---

157) 唐贊功,「漢初"布衣將相"淺論」(『中國史研究』 1984-1), p.10.

158) 李開元, 위의 논문, pp.27-28. 李開元씨에 의하면 60만명의 군대에 토지를 지급했을 때 전국의 墾田數의 약 40%를 점하게 된다. 60만 군대이므로 그 가족은 300만명으로 추산되고, 전체 인구 1500만-1800만의 20% 이상을 점하게 된다. 따라서 그는 前漢 초기에 軍吏卒를 주체로 하는 사회집단이 창설되었다고 주장했다. 그러나 이것은 숫자상의 계산으로 그칠 공산이 크다. 즉, 이 당시 漢帝國 정부가 墾田의 40%를 보유하고 있었는지가 의문이기 때문이다.

159) 好並隆司, 위의 책, p.248.

160) 예컨대, 〈案例 6〉의 公大夫 昌, 案例 8의 戍卒 官大夫, 案例 11의 大夫 犬,

張家山奏讞書중 漢代의 것에는 총 86명의 인물이 보이는데, 관리 54명에서 有爵者가 6명이고 나머지는 작위를 밝히지 않았기 때문에 확인할 수 없다. 일반인의 경우 19명이 유작자인데 上造(2급작) 1명, 簪裊(3급작) 1명, 大夫(5급작) 8명, 官大夫(6급작) 2명, 公大夫(7급작) 1명, 五大夫(9급작) 1명, 左庶長(10급작) 1명, 大庶長(18급작) 4명이다. 특히 5급작인 大夫가 많은 것은 5년 조서의 결과임을 여실히 보여준다. 그밖에 무작자는 士伍 4, 刑徒 4, 女子 4, 奴婢 6, 불명 3인데, 여자·노비·형도 등은 작위가 없는 자이므로 논외로 한다면 奏讞書에 보이는 대부분의 자들은 유작자로 볼 수 있다.

이상에서 고찰한 바대로 漢帝國은 高祖 5년 조서를 통하여 秦帝國의 軍功爵制를 공식적으로 선포했는데, 여기에서도 漢帝國의 상징적 국가경영 방침을 확인할 수 있었다. 高祖 5년 조서의 의미는 단지 軍功爵制를 통한 참전자들에 대한 포상으로 그치는 것은 아니다. 그것은 高祖를 지지하는 강력한 지주집단의 형성과 아울러, 秦爵을 帝國의 全人民에 하사함으로써 楚制와의 공식적인 결별을 의미하였다. 또한 楚漢전쟁시 발생한 각종 재산상의 혼돈상황을 인정한다면 너무나 혼란해질 것이므로 楚漢전쟁 이전상태의 소유권을 인정해주는 방향으로 나아갔다. 이것은 高祖정권이 안정될 수 있는 한 가지 조건을 마련해 준 것이다.

V. 결론

秦末에 반란이 진행되는 상황 하에서는 전국 국가들의 후예들의 지역할거주의가 성행했고, 이들에 의한 舊體制 회복이라는 것이 시대

案例 12의 郵人 官大夫 內 등이다.

적 대세였다. 漢高祖 劉邦세력은 少年들을 비롯한 任俠집단으로 구성
되었으므로 이들의 지향성은 귀족출신의 것과는 크게 달랐을 것으로
생각된다. 또한 劉邦이 微時에 뚜렷하게 救世觀과 對秦敵對感을 가지
고 있음을 보여주는 기록이 별로 없다. 그것은 그가 沛縣의 미미한 가
문출신이었던 것과 무관하지 않다. 項羽를 비롯한 귀족출신들과는 달
리 楚國의 구지배체제의 부활을 의도했을 것으로는 보이지 않았다.

　項羽는 東楚지역을 대표하는 세력이고, 劉邦은 西楚를 대표하는 세
력으로 발전하였다. 따라서 양자는 모두 楚지역의 반란세력이라는 점
에서 공통하고, 이후의 楚漢전쟁은 실은 西楚와 東楚의 대결이었던 것
이다. 楚지역의 세력이 강대하고, 결국 秦帝國이 楚人에 의해 붕괴된
이유는 楚國이 戰國시대 중기까지 秦과 양립할 수 있을 정도의 강대한
세력이었고, 아울러 揚子江 상류지역의 故都를 상실하고 근거지를 西
楚지역으로 이동함으로써 楚國의 영향권으로 들어간 지역이 확대된
것에 있었다.

　거병 초기에 劉邦군단의 중핵을 점한 것은 劉邦과 입협적으로 서
로 결합한 沛人뿐이었으나, 군단의 팽창에 따라 다수의 타향인이 混入
되어 왔다. 劉邦이 項羽와 鴻溝에서 대치할 때의 병력은 10만명이므로
咸陽에 高祖가 입성하는 高祖원년(B.C.206) 10월까지 각지를 점령하면
서 群小병력을 자신의 휘하에 끌어들였음에 틀림없다. 劉邦집단의 세
력을 구성한 자들은 漢代의 沛郡을 중심으로 그 주변의 胡陵·方與·豊·
薛·亢父·爰戚·廣戚·碭·蕭·下邑·祁 등에 미치고 있다.

　功臣表에 의하면 高祖功臣은 147명으로 나와 있으나 실제로는 137
명에 불과하다. 이들은 철저하게 軍功에 입각하여 封侯되었고, 상당수
가 劉邦이 기의할 때부터 入霸·入漢·定三秦의 과정을 함께 한 자들이
다. 이 가운데서도 沛縣출신이 가장 많은 19명이며, 沛에 인접한 지역
으로는 碭(14명) 豊(8명) 薛(8명)을 들 수 있는데, 그 퍼센티지는 전체
공신중에서 35.77%에 달하는 것이었다. 이들은 종래 豊沛라고만 언급

되었지만, 실은 劉邦의 출생지로 알려진 豊邑 출신보다 碭·薛지역출신
이 많다. 豊邑 출신이 적은 것은 雍齒의 반란으로 豊人중 劉邦을 따랐
던 사람들이 감소했기 때문이다. 高祖功臣의 출신이 西楚·梁宋출신이
많기 때문에 豊沛집단보다는 西楚집단이라는 용어가 옳다고 생각된
다. 통일직후 劉邦은 楚지역 출신의 등용보다는 오히려 項羽 측근 인
물에 대해서 대대적 검거를 명령하였다. 이같은 高祖의 人才등용 정
책 때문에 楚人출신으로서 중용된 자는 극히 적다. 蕭何·樊噲와 같은
豊沛집단에도 의심을 품고, 高祖공신들에 대한 食邑분봉도 부족한 형
편이었으므로 적대집단에 소속되어 있던 자들을 등용하기는 어려웠
을 것이다.

　劉邦이 楚爵에서 秦爵으로 변경한 것은 비록 정확한 시점을 확인하
기 곤란하지만 漢中지역에 들어가고 나서 점차 秦制로의 전환이 이루
어지고 있음은 분명하다. 그리고 漢의 分封지역이 秦의 故土였으므로
자연히 秦制의 채택으로 바뀌었을 것이다. 만약 楚制를 秦人에 강요했
다면 劉邦은 이 지역의 기반을 상실할 우려도 있었을 것이다. 즉, 漢
의 법령을 시행하는 蕭何와 피지배집단인 漢中지역인들이 모두 秦制
에 친숙해있던 것이 秦制의 채택에 결정적 요인으로 작용했을 것이
다. 제국통치에 대한 경험이 전무한 상태에서 秦國의 관리였던 蕭何
가 가장 손쉽게 채택할 수 있는 방법이라고 생각된다. 이러한 점에서
秦의 刀筆吏출신인 蕭何라는 인물이 漢帝國의 정치적 진로에 끼친 영
향은 절대적이라고 할 수 있다.

　유방의 秦制 채택과 關中 定都는 밀접한 상관관계를 가지고 있다.
즉, 여기에는 關中집단 및 그밖의 지역출신의 가세라는 점이 고려되
어야 한다. 高祖공신중 과거 戰國 秦의 본토에 해당하는 關中 출신자
가 11명(8.03)%이었다는 것은 의미가 있다. 關中民들의 楚출신인 劉邦
에 대한 인식이 적대적이지 않았고, 劉邦의 對楚전쟁에 있어 蜀漢·關
中民이 수행한 역할이 적지 않았기 때문에 關中지역에 대한 인식이

변화했을 것이라는 것이다. 劉邦이 신임했던 것은 蕭何가 징발한 關中의 군대였다. 漢軍의 승리 이유가 계속 關中지역에서 병력과 군량이 공급된 데에 있었다는 것은 關中이 高祖에 있어 매우 중요한 배후 근거지였음을 보여준다.

한제국은 秦律의 계승만이 아니라 朝廷의 의식도 그대로 秦制를 계승하였는데, 이것도 매우 중요한 의미를 지니는 조치였다. 叔孫通의 예악제도는 곧 법률과 같은 효력을 가지고 있었다. 때문에 이는 당시 王侯將相·文武官吏만을 구속할 뿐만 아니라, 권위를 높이는데 중요한 지위를 차지했다.

高祖 5년(B.C.202) 楚漢전쟁에서 승리를 얻은 그해 春正月 劉邦은 제위에 올라 夏 5월에 兵을 모두 귀가시키고 "高帝五年詔"를 발표했다. 高祖 5년 조서는 劉邦은 軍功爵制를 통하여 대량의 식읍을 가진 군공지주를 배출시켰다. 이처럼 授爵된 자가 많았기 때문에 爵의 인플레가 이루어져 爵을 경시하는 상황이 만연해 있었고, 爵에 수반된 田宅 수여가 곤란해졌던 것이다. 실제로 張家山출토의 奏讞書에 보이는 인명의 대부분이 高爵者였다는 것은 楚漢戰爭에서 많은 군공자에 작위가 하사되고 아울러 高帝 5년 조서에 의해 부여된 결과라고 할 수 있다. 高祖 5년조서의 의미는 단지 軍功爵制를 통한 참전자들에 대한 포상으로 그치는 것은 아니다. 그것은 高祖정권을 지탱시키는 강력한 지주집단의 형성과 아울러, 秦爵을 帝國의 全人民에 하사함으로써 楚制와의 공식적인 결별을 의미하였다. 일단 高祖는 前정권인 項羽의 楚를 부정해야 했으나, 楚출신인 자신이 그것을 부정한다는 것은 한계가 있었을 것이다.

결국 漢帝國은 秦制에 楚를 비롯한 山東六國人이 결합된 정권이라고 할 수 있으며, 이것이야말로 진정한 의미의 통일이라고 할 수 있다. 漢高祖 劉邦은 자신의 정권을 강화하기 위해 불가피하게 沛豊집단을 扶植시켰다고 하는 문제점은 있으나, 그것은 寸土를 바라고 高祖를 따른 그들을 홀대할 경우 야기될 위험성을 무시할 수 없었던 것이다. 이같은 인재등용의 편중은 역시 金翰奎 교수가 밝힌 바 있는 文景시기의 관료 선거방식에서 해소되기 시작하며,[161] 이같은 인재편중의 해소야말로 진정한 의미의 통일이라고 생각된다.

---

161) 金翰奎, 「西漢의 求賢과 文學之士」(『歷史學報』 75·76, 1976).

漢初 九章律의 제정과 그 의미

I. 서론

秦漢帝國의 지배질서를 규명하려는 노력은 각종의 주제, 예컨대 官僚制度·身分秩序·稅役制度·經濟構造·土地制度·統治思想·法令體制 등을 통해서 장기간에 걸쳐 진행되어 왔다. 이중에서도 특히 秦漢帝國의 지배구조를 규명함에 있어 法令은 각종 制度와 思想이 總結된 것이고, 이를 통해 支配行爲가 구체적으로 이루어진다는 점에서 그것이 점유하고 있는 위치는 중차대한 것이다. 그 중요성 때문에 漢代의 法律에 대한 연구는 復元의 형태로 일찍이 宋代 王應麟의 『漢制考』로부터 시작되었다.

그러나 본격적인 漢律 연구의 제 1단계는 淸末의 變法自强運動 시기에 설정해야 할 것이다. 漢律 연구가 본격화한 淸末 光緒 末年을 전후한 시기에 발표된 연구서는 薛允升의 『漢律輯存(光緒 말년)』, 杜貴墀의 『漢律輯證(1899)』, 張鵬一의 『漢律類纂(1907)』, 沈家本의 『漢律摭遺(1913)』, 程樹德의 『九朝律考(1919)』가 대표적이다. 淸末 光緒연간의 짧은 기간 동안 이들 연구가 동시에 이루어진 것은 근대화의 필요성을 절감한 중국 지식인들이 自國의 古法에 대해 반성하고, 그 첫 번째 단계로서 漢律에 주목하였기 때문이다. 이 시기의 法律 연구가 漢律에 집중된 원인은 그것이 魏晉律·唐宋律·明淸律의 원류가 되었기 때문에 지극히 당연한 것이었다. 그러나 이들의 연구가 漢律 이전의 法律에까지 미치지 못한 것은 그 이전의 법률자료가 거의 전무한 상태였기 때문이었을 것이다. 이들의 연구는 대부분 『史記』『漢書』『後漢書』 등 문헌사료에 산재해 있는 漢 律令의 佚文을 수집하여 注釋을 가하는 考證學的 方法을 취하고 있으므로, 佚文 수집의 수준을 크게 넘은 것은 아니다. 그러나 『九朝律考』와 『漢律摭遺』는 지금에도 漢律연구에 있어 빼놓을 수 없는 중요한 업적이다.

이 시기에는 法律史 연구와 병행하여 西北지역에서 출토된 漢簡문서를 통해 制度史를 연구하는 경향도 두드러졌다. 1907年 A. Stein이 敦煌에서 수백 매의 簡牘을 발견한 이후, 1930年 Hedin의 西北科學考査團이 居延지역에서 1만여 매의 簡牘을 발견했다. 이 문서에는 漢律의 佚文이 그렇게 많지는 않으나, 漢代 皇帝들의 詔書를 비롯한 각종 官文書가 완벽한 형태로 남아 있는 것이 적지 않으므로, 제도사 및 법률사 연구의 자료로 이용될 수 있는 것이다. 이를 통한 연구는 王國維·羅振玉·勞榦 등이 대표적이나, 이 시기의 연구는 法律史보다 簡牘學 연구에 치중한 것이었다.

漢律 연구의 제 2단계는 瀧川政次郞과 Hulsewé가 기존의 法律연구에 대한 연구사를 집필하여 과거의 연구를 일단락 지은 1940-50년대 이후부터 1975년 雲夢秦簡이 출토할 때까지이다. 이 시기에는 陳夢家·濱口重國·大庭脩·滋賀秀三·內田智雄·守屋美都雄·Hulsewé 등이 활동하였는데, 주로 日本 歷史學界의 연구가 활발하였다. 이들의 연구는 1단계적 연구가 律의 復元에 치중한 나머지 내용에 대한 천착이 부족하고, 考古探險隊의 성과인 簡牘類 및 金石文·封泥 등의 法制史 관계 사료를 활용해야 한다는 瀧川政次郞의 提言을 충실히 이행했던 것으로 생각된다. 특히 濱口重國은 漢代의 勞役刑에 대해, 大庭脩는 居延漢簡을 이용하여 漢 律令에 대한 깊은 연구를 이루어 놓았다.

이상의 연구에서는 漢律 이전의 法律, 즉 秦律에 관해서는 거의 언급하지 않은 상태로 유보해 두었다. 守屋美都雄이 李悝의 『法經』의 實在에 대해 고찰한 바 있으나, 자료의 한계를 극복하지 못하고 있는 상태이다. 역시 사료의 부족 때문이라고는 하나 B.C.4세기 중엽의 商鞅의 法律로부터 B.C.2세기초 蕭何의 九章律에 이르는 중간과정의 규명이 불가능하였기 때문에, 戰國 秦의 法律과 漢帝國의 律令 사이의 150년 정도는 연구의 공백으로 남아있다. 이것은 中國古代 律令 발전사의 초기단계를 규명하는데 가장 치명적인 결함이라고 하지 않을 수 없다. 이같은 원인은 이 시기의 법률자료가 극히 제한되어 있을 뿐만 아니라, 漢律의 발전과정에 대해 유일하게 개술한 『晉書』「刑法志」가 훨씬 후대인 唐초기에 저술된 것이므로 漢代의 律에 관한 자료를 자세하게 전달하고 있지 못하다는 데에 있다.

그러나 秦漢律의 연구는 1975년 雲夢秦律이 출토함으로써 기존의 연구수준을 일거에 뛰어넘는 제 3단계에 진입하게 되었다. 또한 雲夢秦簡이 출토된 시점을 전후하여 괄목할만한 考古學 成果가 있었던 것도 이 시기의 秦漢史 연구를 고무하였다. 예컨대, 1972년의 山東省 臨沂縣 銀雀山漢簡, 1972년의 長沙 馬王堆漢墓文書, 1973년의 江陵 鳳凰山十號漢墓簡牘, 1981년의 四川省 靑川出土의 秦田律, 1983-84년의 張家山漢簡 등이 그것이다. 이같은 考古學 遺物의 대량 출토는 당분간 없을 것으로 생각되는 전무후무한 것이다. 이같은 자료에 힘입어 기존의 연구가 未濟의 과제로 남겨두었던 많은 문제점들이 차례로 해결되기 시작하였다. 현재 이 자료를 이용하여 秦帝國의 官僚制度·徭役制度·身分制度·爵制 등 이른바 제도사 분야에 대한 연구가 일일이 枚擧하기 어려울 정도로 행해졌고, 그 결과는 漢代史의 연구에도 다대한 영향을 미치고 있는 것이 사실이다. 『睡虎地秦墓竹簡』을 통한 연구는 과거 사료의 부족으로 인해 방치되어왔던 秦漢時代의 律令에 대한 문제점들을 상당부분 해명시키고, 답보상태에 있던 이 분야의 연구를 높은 수준으로 제고시켰다. 또한 散佚된 형태로 남아있는 唐律 이전의 법령의 복원을 부분적으로 가능케 했다는 점에서, 『睡虎地秦墓竹簡』의 발굴을 통해 이룩된 律令 연구성과는 1970년대 말에서 1980년대에 걸친 중국사연구의 제 분야 중에서도 가장 괄목할만한 것이다.

주지하고 있듯이 『睡虎地秦墓竹簡』에 수록되어 있는 法律문서는 商鞅 이후의 秦律의 실체와 漢律로의 계승경로를 해결해 줄 수 있는 매우 중요한 자료이다. 이를 통한 최근의 연구는 秦漢律에서 종지되는 것이 아니라, 魏新律·晋泰始律·唐律까지도 연결시키고자 하는 경향을 보이고 있다. 그중에서도 漢律은 秦律의 직접적 영향을 받았기 때문에 秦律의 출토가 漢律 연구에 미친 영향은 극히 크다고 할 수 있다. 그러나 秦簡을 통한 연구는 주로 秦代의 각종 제도사에 집중되어 있고, 漢律에 대한 연구는 『文物』 1985年 1期에 湖北省 張家山의 漢墓에서 前漢 초기의 法律을 포함한 문서가 출토되었다는 보고가 있은 후, 오랜 기다림 끝에 張家山二四七號漢墓竹簡整理小組, 『張家山漢墓竹簡[二四七號墓]』(北京: 文物出版社, 2001)이 출판되었다. 그 이후에도 嶽麓書院藏秦簡(肆·伍·陸)과 里耶秦簡, 睡虎地77號西漢竹簡 등이 계속해서 발표되었다.

필자는 "漢承秦制"라고 하는 기록이 어느 정도 타당성을 가지고 있는지 주로 律令의 측면에서 고찰하고자 하며, 아울러 그같은 秦制의 계승은 漢代에 들어와 어떠한 방향으로 변모하는지를 고찰하고자 한다. 기존의 문헌사료를 통해 볼 때 漢帝國이 秦帝國의 각종 제도를 계승한 것은 분명히 나타나지만, 律令의 분야에 있어 漢律이 구체적으로 어떻게 秦律을 계승하였는가 하는 문제로 시각을 한정할 경우 우리는 그에 답하는데 주저할 수밖에 없다. 이와 같은 문제를 해결하는 것은 秦帝國과 漢帝國의 관계를 규명함에 있어 몇 가지 중요한 문제, 예컨대 기존연구에 있어 兩者를 連稱하여 秦漢帝國으로 부르는 것에 대한 合當性 여부, 제도적으로 兩帝國이 계승관계를 가지고 있었다면 그 同異點이 필연코 존재했을 것인데 그것은 무엇인가 하는 등의 문제를 해결하는 데 중요한 접근방식의 하나라고 생각된다.

그러한 접근방식의 하나가 각종 制度와 思想이 축약·집합된 法律의 고찰이라고 생각되는데, 이를 위하여 漢初 蕭何가 제정한 九章律의 실체를 밝히는데 주력하고자 한다. 그 이유는 前漢의 법률은 중기 이후 새로운 법령의 추가로 점차 秦律과의 乖離의 정도가 커져가지만, 蕭何의 九章律은 秦 멸망 직후 제정된 것이므로 秦律의 遺制가 그대로 남아 있기 때문이다.

漢代의 律令史에 있어 가장 중요한 인물로 부각되고 있는 인물은 蕭何이다. 그는 秦末의 일개 刀筆吏로서 秦帝國의 律令을 운용한 경험을 바탕으로, 秦의 수도 咸陽에 劉邦의 討秦軍이 입성했을 때 丞相府에 보관되어 있는 律令을 입수·보관하여 후일 漢律제정의 근간으로 삼았던 인물이다. 蕭何의 秦律 보관으로 인하여 項羽 입성시의 咸陽 파괴에도 불구하고 이 중요한 秦律은 滅絶되는 것을 면할 수 있었던 것인데, 蕭何가 이 律令을 보관하지 않았을 경우에도 秦律의 傳承이 완전히 불가능한 것은 아니었겠지만 이 정도의 완벽한 계승은 어려웠을 것이다. 그러나 蕭何가 秦律에 근거하여 九章律을 제정함으로써, 王朝 正統性의 측면에서 漢帝國이 집요하게 부정하려 했던 秦帝國의 정치제도가 그대로 답습되게 된 것은 역사적 아이러니라고 할 수 있다.

漢代 律令의 효시라고 일컬어지는 蕭何의 九章律을 주제로 한 專論은 자료의 부족으로 인해 극히 적은 편이다. 간혹 다른 주제를 연구할 때 잠깐 언급되는 정도에 불과하기 때문에, 九章律의 내용·성격, 그리고 그것이 제정된 의미에 대해서는 거의 밝혀지지 않았다고 할 수 있다. 특히 九章律에 대한 기존의 연구는 刑律(盜律·賊律·囚律·捕律·雜律·具律)의 復元에 집중되어 왔으며, 그것 또한 사료의 결핍 때문에 피상적인 수준을 벗어나고 있지 못하다. 필자는 기존 문헌사료에 근거해서도 어느 정도 九章律의 실체 및 제정경위를 파악할 수 있다고 생각하기 때문에 이에 대해서 집중적으로 고찰할 예정이다. 다행히 雲夢秦律의 출현으로 漢律 이전의 법률의 내용과 성격이 규명되었고, 이를 근거로 『史記』와 『漢書』에 보이는 각종 漢律 자료들을 추론하면 蕭何가 제정한 九章律의 성격도 재조명될 수 있을 것이다.

　　필자는 九章律의 성격과 특징을 규명하는 데는 刑律로서의 商鞅의 六律에 대한 고찰도 중요하지만, 그보다는 九章律에 새로 추가된, 六律과는 판이한 성격의 行政律인 戶律·興律·廐律의 3개의 事律에 대한 고찰이 보다 효율적이라고 생각한다. 다시 말하면 刑法을 正律로 간주하는 中國古代의 法律原則에 行政律에 해당하는 3개의 事律이 포함된 원인을 규명하는 것이 본고의 핵심 주제라고 할 수 있을 것이다.

　　필자는 위의 주제를 고찰하는 과중에 蕭何의 律 제정 시점이 매우 중요하다는 것을 발견했다. 종전에 이러한 시각에서 이 문제를 천착한 글은 보지 못했다. 제정시점의 문제가 해결되면 몇 가지 중요한 것들이 해결된다.

　　첫째, 어느 시점에 九章律이 제정되었는지, 많은 律 가운데서도 戶律·廐律·興律의 3事律이 九章律에 포함되게 되었는지를 밝힌다면, 蕭何의 율령제정의 목적이 밝혀질 수 있다. 이것이 밝혀진다면, 唐律에서까지 戶婚律·廐律·興律이 職制律 다음에 당연하게 위치하는 이유를 확인할 수 있을 것이다.

　　둘째, 蕭何의 율령 제정시점이 중요한 다른 이유는 『張家山漢簡』 "二年律令"의 명칭과 관련된 것이다. 지금까지의 논의는 九章律이 漢高祖 5년에 제정되었고, 二年律令이 呂后 二年의 것이므로 二年律令이라는 제목을 붙였다고 하면서 九章律의 제정연도와 二年律令의 시점을 관련시키지 않았다. 그러나 만약에 蕭何의 율령제정이 만약 高祖 2년이라고 한다면, 二年律令의 명칭에 대한 해석도 달라질 수 있다.

　　셋째, 蕭何가 제정한 율령이 9개로 그쳤는가의 문제이다. 二年律令에 27개의 律과 1개의 令이 있는데, 이 律令은 蕭何의 율령제정 시점으로부터 불과 십여 년 밖에 경과하지 않았기 때문에 蕭何가 제정한 법률이라고 봐도 무방하다. 이렇게 현존하는 30개에 가까운 율령이 존재한 것이므로, 蕭何는 高祖시기에 굳이 9개의 율령으로 국한하여 法律을 제정할 필요가 없었다.

Ⅱ. 約法三章

漢初의 律令 제정 문제를 고찰할 때 최초로 문제되는 것은 高祖가 項羽에 앞서 秦의 수도 咸陽을 점령한 직후인 B.C.206年 11月 여러 縣의 父老 豪桀들을 불러서 포고한 約法三章이다.[1] 高祖가 約法三章을 포고한 경위를 『史記』는 다음과 같이 기술하고 있다.

> 1) (沛公이) 여러 縣의 父老豪桀들을 불러 말하였다. "父老들이 秦의 가혹한 법에 오랫동안 고생해왔다. 誹謗한 자는 族刑에 처하고, 마주 보고 이야기한 자(偶語者)는 弃市에 처했었다. 내가 諸侯들과 약속한 것은 먼저 관중에 들어간 자를 그곳의 왕으로 삼는다는 것이었으니, 나는 마땅히 關中의 왕이 되어야 한다. (내가) 父老와 약속하건대, 法三章일 뿐이다. 殺人者는 사형에 처하고, 사람에게 상처를 입히거나 도둑질하면 모두 죄에 저촉된다. 그 밖의 모든 秦法을 제거한다. 여러 吏人들은 모두 이전처럼 안도하도록 하라. 무릇 내가 온 까닭은 부로들을 위해서 해되는 것을 제거하기 위함이고, 侵暴하려는 바가 아니니 두려워하지 말라! 장차 내가 군대를 霸上으로 물리려 하는 것은 제후들이 도착하는 것을 기다려 約束을 정하고자 함이다." 이에 사람을 시켜 秦吏와 함께 縣鄕邑으로 다니면서 告하여 알려주었다.[2]

---

1) 約法三章에 관한 中國學者들의 논의는 주로 農民戰爭의 성격문제와 관련된 것이 주종을 이루고 있다. 예컨대, 漆俠은 "約法三章이 잔악한 封建統治와 奴隷制 殘餘에 대한 農民과 奴隷들의 강렬한 요구가 표출된 것"으로 이해하고 있고『秦漢農民戰爭史』(北京: 三聯書店, 1962), pp.41-42, 田昌五는 "約法三章이 농민혁명을 반대하고 지주귀족과 봉건제도를 보호하는 것"이라 이해하였고, 顧誠은 "농민계급의 혁명정책"으로 이해하고 있으며, 彭年은 "상호 모순되는 농민의 평등사상과 지주계급의 禁盜사상이 혼합되어 있다."고 이해하였다.[彭年,「約法三章』新論」,『秦漢史論叢』3輯(西安: 陝西人民出版社, 1986), pp.66-76 참조].

즉, 高祖는 秦民이 가혹한 秦法에 고통받아왔기 때문에 그것을 폐지하고 대신 約法三章을 제정했다는 것이다. 이 기록에 보이는 約法三章은 살인한 자는 사형에 처하고, 사람에게 상해를 입히거나 도둑질한 자는 죄에 저촉된다는 殺·傷·盜에 관한 극히 간단한 내용으로 되어있다. "約"은 "約束"이라고도 하는데, 그 기원은 전쟁에 출전하기 직전 將軍이 士卒들에 행하는 誥와 誓에 있기 때문에, 오늘날의 使用例와는 큰 차이가 있는 軍法·軍律을 의미하였다. 그러나 約의 의미가 軍法이라는 의미로 국한되는 것은 아니고, 國家·民間·家庭에도 각각 約이 존재하고 있으며,[3] 특히 商鞅의 法을 約이라고 표현한 것으로 보아 約은 國法에도 사용되는 등 광범위한 용법을 가지고 있음을 알 수 있다.[4]

확실히 春秋戰國時代에는 約이라고 하는 것이 軍事집단 내부를 규율하는 軍法의 의미로서 많이 사용되고 있다. 增淵龍夫는 이같은 맥락에서 "關中의 여러 縣에 劉邦이 '約'한 간단한 법은 원래 劉邦집단의 내부규율을 위해 만든 집단의 '約'이었던 것을, 법령제도가 정비되지 않은 잠시 동안 關中의 여러 縣에 그대로 적용한 것"[5]이라고 고찰하였고, 岡田功도 이에 기본적으로 찬성하고 있다.[6]

---

2) 『史記』卷8 「高祖本紀」, pp.362-364, "(沛公)召諸縣父老豪桀曰 : 「父老苦秦苛法久矣, 者族, 偶語者弃市. 吾與諸侯約, 先入關者王之, 吾當王關中. 與父老約, 法三章耳 : 殺人者死, 傷人及盜抵罪. 餘悉除去秦法, 諸吏民皆案堵如故. 凡吾所以來, 爲父老除害, 非有所侵暴, 無恐! 且吾所以還軍霸上, 待諸侯至而定約束耳.」乃使人與秦吏行縣鄉邑, 告諭之."

3) 增淵龍夫, 「戰國秦漢時代における集團の「約」について」, 『中國古代の社會と國家』(東京 : 弘文堂, 1960), pp.147-165.

4) 『史記』卷68 「商君列傳」, p.2232, "行之四年, 公子虔復犯約, 劓之." 일반적으로 "約法三章"의 約은 '法'의 의미를 갖고 있지만, 『鹽鐵論』[馬非百 注釋 『鹽鐵論簡注』(北京 : 中華書局, 1984)] 卷57 「周秦」, "故高皇帝約秦苛法, 慰怨毒之民, 而長和睦之心"에 보이는 "約"이 "簡素化"의 의미를 가지고 있음은 주목할 필요가 있다.

5) 增淵龍夫, 위의 책, p.157.

6) 岡田功, 「戰國秦漢時代の約と律令について」(『歷史學研究』 1984-10 增刊號·總

　　그런데 이 約法三章은 劉邦이 자신의 집단을 통제하기 위하여 임시적으로 제정한 法이었지만, "殺人者死, 傷人及盜抵罪"라는 법률이 劉邦과 같은 군사집단만의 내부 규율은 아니었던 것이며, 戰國시대의 사회에서 일반적으로 인식되어왔던 법률관념이었던 것을 劉邦이 반복하여 천명한데 불과하다고 생각된다. 즉, 『呂氏春秋』의 "腹䵍이 말하였다. '墨子之法에 殺人者는 사형에 처하고, 사람을 다치게 한 자는 刑에 처한다.'고 하였다. 이는 사람의 살상을 것을 금하려고 하는 것이다. 무릇 사람의 殺傷을 금지하는 것은 천하의 큰 정의이다."라고 한 墨子集團의 法은 高祖의 約法三章의 내용과 동일하다.[7] 墨子집단은 극히 엄격한 자체의 규율을 가지고 있는 일종의 전투집단으로서, 劉邦집단과 전투집단이라는 공통성을 가지고 있기 때문에 約이 전투집단에만 보이는 것으로 생각할 수도 있을 것이다. 그러나 이같은 約의 내용은 전투집단에 한정하여 보이는 것이 아니며, 『荀子』에도 이와 유사한 내용의 글이 보인다.

　　2) 옛날 武王이 商을 정벌해 紂王을 죽이고, 그 머리를 잘라서 붉은 깃발에 걸었다. 무릇 포악하고 사나운 자를 토벌해 죽이는 것은 잘 다스려지는 것이다. 殺人者는 사형에 처하고, 사람을 다치게 한 자를 刑에 처하는 것은 百王들이 똑같이 한 바이지만, 그 유래한 곳은 알지 못한다. 刑이 그 罪에 합당하면 (나라가) 다스려지고, 죄에 합당하지 않으면 (나라가) 어지러워진다. 그러므로 (나라가) 다스려지려면 형벌이 무겁고, 어지러워지려면 형벌이 가벼우며, 잘 다스려지는 시기의 범죄는 진정 형벌이 무겁기 때문이며, 어지러운 시기의 범죄는

534號), p.41.

7) [秦] 呂不韋, 陳奇猷 校釋, 『呂氏春秋校釋』(上海: 學林出版社, 1984), 「去私」, p.56, "腹䵍曰「墨子之法曰: 殺人者死, 傷人者刑.」 此所以禁殺傷人也. 夫禁殺傷人者, 天下之大義也."

진정 형벌이 가볍기 때문이다. 『書』에 말하기를 "刑罰은 어느 시기는 가볍고 어느 시기는 무겁다."고 한 것은 이를 말하는 것이다.[8]

이 예문은 殺人·傷人한 자에게 처벌을 가하는 것은 百王 不變의 常法이며, 형벌이 죄에 맞으면 국가가 통치되며 국가가 올바로 통치되려면 형벌을 嚴重하게 적용해야 한다는 내용으로서, "殺人者死, 傷人者刑"의 부분은 高祖가 咸陽의 父老들과 약속한 것과 완전히 일치한다. 위 예문의 논지는 형벌의 엄격한 적용을 통하여 治國秩序의 확립을 구현하는 것에 그 주안점이 주어지므로, 劉邦의 約法三章의 취지라고 일반적으로 인식되어오던 "가혹한 秦法의 폐지"라는 것과는 전혀 성격을 달리한다.

만약 劉邦이 당시 사회의 통념으로서 유행하던 이같은 형법관념을 咸陽의 父老들과 약속하였다면 高祖의 約法三章의 목적은 한 가지가 추가되어 다음과 같이 두 가지로 대별될 수 있다. 하나는 가혹한 秦法을 제거하여 고통받던 秦人의 民心을 수습하겠다는 목적이며, 다른 하나는 『荀子』에 보이는 것처럼 犯罪行爲와 동일한 刑罰을 부과하는 同害刑의 原則을 적용함으로써 혼란시기를 틈탄 殺·傷·盜의 범죄자를 엄격히 다스려 통치질서를 확립하겠다는 목적이라고 할 수 있다. 따라서 約法三章이라고 하는 것은 增淵龍夫와 같이 劉邦집단의 독창적 內部規律이라고 이해하기보다 당시 사회에서 관념적으로 통용되어 오던 同害刑의 法思想을 劉邦集團이 이용했던 것으로 생각된다.[9] 따라서

---

8) 『荀子集解』(東京: 富山房, 1972) 卷12 「正論」, pp.10-11.

9) 約法三章의 내용이 荀悅, 『漢紀』(臺北: 商務印書館, 1971), p.10의 "十有一月 沛公與秦人約法三章, 殺人者死, 傷人者刑, 及盜抵罪."와 『鹽鐵論』55 「刑德」에 "古者, 傷人有創者刑, 盜有臧者罰, 殺人者死."라는 기록 및 『呂氏春秋』 『荀子』에 보이고 있는 것으로 보아 오랜 기원을 가지고 있는 형법개념인 것으로 생각된다. 또한 約法三章의 내용은 王莽말기의 赤眉집단의 구호에도 출현하는데, 赤眉집단이 군사집단이라는 것에 집착하여 約法을 增淵龍夫처럼 戰時

戰國時代의 문헌에 누차 확인되는 이 刑法원칙은 漢高祖가 자신의 집단을 통제하기 위하여 임시적으로 제정한 것이기도 하지만, 엄밀히 말한다면 中國 古代 法思想의 根底에 흐르고 있는 同害刑的 原則을 이용한 것이라고 이해하여야 할 것이다.[10]

그러나 여기에서 우리가 유의해야 할 것은 劉邦집단의 내부규율로서 정해진 約法三章이 모든 秦律을 폐지하고 단지 위의 "殺人者死, 傷人及盜抵罪"의 3개 조항만 남겼는지, 아니면 秦律에서 約法三章의 내용에 해당하는 盜律·賊律 중 가혹한 것만을 削除한 것인지는 조금 재고해 보아야 할 것이다. 위의 『史記』 「高祖本紀」의 "餘悉除去秦法"이라는 기록을 보면 約法三章에는 마치 秦法이 모두 폐지되고 위의 3개 조항만 남은 것처럼 보인다. 그렇더라도 의문은 남는데, 예를 들어 劉邦이 약속한 約法三章의 전체 내용이 살인한 자는 사형에 처하고, 사람에게 상해를 입히거나 도둑질한 자는 죄에 저촉된다는 3개 조항만으로 이루어졌는지, 아니면 雲夢秦律의 「法律答問」에 보이는 盜·賊·囚·捕·雜·具法의 세부적인 조항들을 殘存시켜 적용했는지는 재검토할 필요가 있을 것으로 생각된다. 위의 세 가지 조항 가운데 상해죄를 범했을 경우 雲夢秦律과 같은 세부적 조항이 존재하지 않으면 범죄에 상응하는 처벌을 가하는 것이 어렵기 때문에 約法三章이 戰時 상황하에서 임시적으로 제정된 점을 고려한다고 해도 3개 조항만으로는 治獄행정의 처리가 곤란했을 것으로 생각되며, 秦律의 많은 부분이 잔존해 있었을 것으로 생각된다.[11]

___

에 나온 내부적 규율로서만 파악해서는 안될 것이다. 예컨대, 『漢書』 「薛宣傳」에 "殺人者死, 傷人者刑, 古今之通道, 三代所不易也."라는 것은 이 법률내용이 戰時에만 국한된 것이 아님을 보여주는 것이다.

10) 堀毅, 「秦漢賊律攷」, 『慶應義塾創立125年記念論文集』(東京: 慶應大, 1983), pp.370-383. 同害刑이라는 것은 犯罪者가 범한 죄와 동일한 처벌을 가한다는 원칙이다. 한편 成宮嘉造는 이 형법원칙을 "應報刑主義"라고 이해하였다.[「前漢の法の變動と法思想」 『法學研究·愛知學院大學論叢』 2-1·2, 1961), p.27.]

또한 約法三章의 "章"의 의미는 매우 많은 조항으로 이루어져 있는 九章律의 "章"과 같은 것으로 생각되는데, "章"이라는 것은 "集類爲篇, 結事爲章"[12]이라는 말처럼 여러 개의 사항들이 조합되어 이루어지는 것이기 때문에 約法三章에도 적지 않은 내용의 법조문이 포함되어 있을 것으로 생각된다. 따라서 위의 예문에서 "餘悉除去秦法"이라고 한 것의 의미는 雲夢秦律의 「法律答問」에 보이는 가혹한 조항들만의 폐지로 이해되며, 秦의 盜律·賊律 가운데 기본적 골격을 이루는 법률은 계속 유효했을 것으로 생각된다.

III. 九章律의 제정 시점

漢高祖가 咸陽의 父老들에게 임시적으로 공포했던 約法三章을 폐지하고 나서 제정한 것이 蕭何의 九章律인데, 기존의 연구는 蕭何의 九章律이 단순히 約法三章의 내용이 불충분하다는 이유 때문에 제정된 것이라고 이해하고 있다. 물론 그같은 견해에 대해 전적으로 부정하는 것은 아니나, 九章律의 제정에는 별도의 附加的 이유가 존재했던 것으로 생각된다. 결론부터 말한다면 蕭何의 九章律 제정은 對楚戰爭에서 苦戰하는 漢高祖를 지원하기 위한 하나의 조치였다고 생각된다. 『晉書』

---

11) 成宮嘉造, 위의 논문, p.9. 成宮嘉造 역시 필자와 동일한 의문을 제기하고 있다. 그는 "法三章에 의해 그밖의 모든 秦의 刑法이 제거되었다는 착오에 많은 사람이 빠지기 쉽다. 이 착오에 유도되어 天下人心의 收攬을 노리는 일시의 공허한 宣傳的 성격을 다분히 갖고 있다고 할 수 있다. … 따라서 班固는 漢初에 비록 約法三章이 배를 삼킬 정도로 큰 고기도 빠져나갈 수 있을 만큼 法網이 허술하였지만, 그러나 그 大辟에는 夷三族之令조차 있었다."고 하면서 約法三章이 公布되었으나 秦律이 완전히 폐지된 것은 아니라고 고찰하였다.

12) 『晉書』卷30 「刑法志」, p.923.

「刑法志」에 의하면 商鞅의 六律에서 유래한 秦의 正律(기본법)은 刑律로만 구성되어 있는데,[13] 蕭何의 九章律은 그같은 기존의 법률원칙을 파기하고 刑律 이외에 3개의 事律을 추가시켰다.[14] 필자의 견해로는 事律의 추가는 군사적인 필요에서 발생한 부득이한 법률원칙의 파기라고 생각되며, 이같은 사정에서 본다면 九章律은 법률이 시대적 요청의 産物이라고 하는 명제의 현저한 일례라고 할 수 있다.

　蕭何의 九章律 제정목적은, 그것이 정확히 어느 시점에 제정되었는가, 어떠한 상황 하에서 제정되었는가 하는 점 등을 규명하면 자동적으로 해명되리라 생각된다. 九章律의 제정시기에 대해서 고찰한 논문은 소수에 불과하다. 필자가 알고 있기로는 小川茂樹·初師賓·彭年씨의 견해 외에는 없는 것으로 생각되는데, 결론부터 말한다면 이중에서 小川茂樹의 견해를 제외하고는 모두 정확하지 않다고 생각된다.[15]

---

13) 『晋書』 卷30 「刑法志」, p.922, "其文起自魏文侯師李悝. 悝撰次諸國法, 著法經. …是故所著六篇而已, 然皆罪名之制也. 商君受之以相秦."

14) 二十五史에서 事律이라는 용어는 『晋書』 「刑法志」에 처음 보이며, 刑律의 상대적인 용어로서 行政律의 의미이다.(『晋書』 卷30 「刑法志」, p.922, "漢承秦制, 蕭何定律, 除參夷連坐之罪, 增部主見知之條, 益事律興·廐·戶三篇, 合爲九篇.") 이 용어는 『管子』 「君臣」에도 "吏嗇夫盡有資程事律"이라는 기록이 존재하는 것으로 보아 적어도 戰國時代에는 출현한 것으로 보인다. 資程은 징벌의 규칙, 事律은 제도·직무에 관련된 法律인데, 이것은 후대의 事律과 상통하는 것이라고 보여진다.[黃盛璋, 「雲夢秦簡辨正」(『考古學報』 1979-1), p.12.]

15) 小川茂樹는 "蕭何가 정식으로 律令을 제정한 것은 漢 통일후의 일이겠지만, 이미 高祖가 漢中王이었을 때부터 治國의 법률은 만들어져 있었을 것이다. 특히 軍馬의 징발, 租稅의 징수를 규정한 事律 3篇은 楚漢戰線에 兵力軍資를 후방에서 보충한 蕭何가 필요로 한 바였으므로 이때에 原形을 제정했었을 것"으로 추정하였다.[「漢律略考」, 『桑原博士還曆紀念東洋史論叢』(東京: 弘文堂, 1931), p.1078.] 初師賓씨는 "高祖의 천하평정이 5年 5月이고, 그 이전은 楚漢이 相爭하고 있었으므로 九章律의 제정은 통일 이후일 것"이라고 추정하고 있으며[「居延簡中所見漢代〈囚律〉佚文考—居延新簡"責寇恩事"의 幾個問題的訂補」(『考古與文物』 1984-2), p.100 注26], 彭年씨 역시 "劉邦의 황제 즉위후 九章律이 제정되었다."고 보았다[《約法三章》新論」, 『秦漢史論叢』 3輯(西安: 陝

필자의 견해를 전개해가는 첫 번째 과정으로서 九章律이 언제 제
정되었을까 하는 문제에 주목하고자 한다. 현존 사료에 蕭何의 九章律
이라고 하는 명칭이 『漢書』「刑法志」[16)와 『論衡』「謝短」[17)에 처음 보이
는 것으로 볼 때 그 명칭은 班固와 王充이 활동하던 後漢시대 前期를
전후하여 출현한 것으로 생각되며, 그 이전까지 九章律의 명칭은 형
성되지 않았을 가능성이 있다. 그렇다면 前漢의 九章律 관련 사료가
"九章律"이라고 明記되어 있지 않았을 가능성을 일단 염두에 두어야
할 것이다. 현재 필자가 摘出한 九章律 관련 사료에서 그 제정 시점을
고찰하는 것은 九章律이라고 하는 것이 어떠한 실체의 것이었는지를
규명케 하는 관건이 된다. 우선 九章律의 제정시점을 살필 수 있는 사
료로는 다음의 상호 모순된 것 2개를 들 수 있다.

> 3) 처음에 민심에 따라서 三章之約을 만들었다. 천하가 평정되자(天下
> 旣定), 蕭何에게 律令을 撰次하게 하고, 韓信에게 軍法을 재차 申述하
> 게 했고, 張蒼에게는 章程을 정하게 했으며, 叔孫通에게는 禮儀를 제
> 정하게 했고, 陸賈에게는 新語를 저술하게 하였다.[18)

> 4) 漢나라가 일어나 高祖가 처음 관중에 들어와 約法三章을 제정하였
> 다. "殺人者는 사형에 처하고, 사람을 상하게 하거나 도둑질한 자는
> 罪를 준다." 번잡하고 가혹한 법을 없애니 백성들이 크게 기뻐하였

西人民, 1986), p.70]. 이밖에 池田雄一씨는 "蕭何의 九章律은 종래의 刑法典에
긴급을 요한다고 판단되는 바의 興律·廐律·戶律의 3편을 가했다."고 고찰
한 바 있으나[「湖北雲夢睡虎地出土の秦律」, 『律令制—中國朝鮮の法と國家』(東
京: 汲古書院, 1986), p.25.], 그 시기에 대해서는 언급하지 않고 있다.

16) 『漢書』 卷23 「刑法志」, p.1096, "於是相國蕭何攟摭秦法, 取其宜於時者, 作律九章."

17) 『論衡注釋』(北京: 中華書局, 1979), pp.724-725, "九章誰所作也 … 蕭何律有九章."

18) 『漢書』 卷1下 「高帝紀」, pp.80-81, "初順民心作三章之約. 天下旣定, 命蕭何次律
令, 韓信申軍法, 張蒼定章程, 叔孫通制禮儀, 陸賈造新語."

다. 그 후에 四夷가 복종하지 않고 전쟁이 끝나지 않아 三章의 法으
로는 간사한 범죄를 막기에 부족하였다. 이에 相國 蕭何가 秦法을
收集하여 시의에 맞는 것을 취하여 律九章을 만들었다.[19]

3)에서는 蕭何의 法律제정이 "天下旣定"의 시점에서 이루어졌다고
기술하고 있는데, "旣定"이라는 표현은 項羽를 敗死시키는 高祖 5年 冬
12月 이후를 가리키는 것이 『史記』와 『漢書』의 일반적 서술방법이다.
예컨대 高祖 6年 12月條의 "天下旣安"의 "旣"라는 표현도 高祖가 項羽를
敗死시킨 후 자신을 따르던 부하가 범법한 것에 대해 사면령을 내린
것이다.[20]

그렇다면 3)에서 蕭何의 九章律이 項羽 패사 이후 제정된 것이 확실
한 것일까? 이를 확인하기 위해 韓信·張蒼·叔孫通·陸賈의 법 제정 또
는 저술 시점을 고찰할 필요가 있다. 韓信의 軍法 제정 기록은 다른
곳에서 확인할 수 없으나, 그가 漢 5年 正月 齊王에서 楚王으로 移封된
이후로는 권력의 중심에서 멀어진 상황이므로 漢帝國의 軍法 제정을
담당할 수 없었다고 생각된다. 그가 軍功을 이유로 齊王에 책봉을 요
구할 때부터 高祖는 그를 신임하지 않았으므로, 軍律 제정은 그가 大
將으로 되는 漢 元年 4月에서 8月 사이로 추정된다.[21] 張蒼의 章程 제
정 시점은 불분명하여 확인할 수 없으나, 叔孫通의 禮儀는 項羽 死後인
高祖 6年에 제정되어 高祖 7年의 正月 旦日의 朝會에 적용되고 있다.[22]
陸賈의 新語는 高祖에게 守成의 필요성을 역설한 후 그 저술을 명받았

19) 『漢書』 卷23 「刑法志」, p.1096, "漢興, 高祖初入關, 約法三章曰:「殺人者死, 傷人
及盜抵罪.」蠲削煩苛, 兆民大說. 其後四夷未附, 兵革未息, 三章之法不足以禦姦,
於是相國蕭何攈摭秦法, 取其宜於時者, 作律九章."
20) 『漢書』 卷1下 「高帝紀」, p.59, "詔曰: 天下旣安, 豪桀有功者, 封侯新立, 未能盡圖其
功, 身居軍九年, 或未習法令, 或以其故犯法, 大者死刑, 吾甚憐之, 其赦天下."
21) 李開元, 「前漢初年における軍功受益階層の成立」(『史學雜誌』 99-11, 1990), pp.18-20.
22) 『漢書』 卷43 「叔孫通傳」, pp.2126-2127.

기 때문에 천하통일 이후로 생각된다.

따라서 3)에 열거된 사실은 많은 것이 천하 통일 이후에 이루어진 것들임을 알 수 있다. 그렇다면 3)사료의 "天下旣定"의 언급과 같이 많은 사항들이 高祖의 중국 통일 후 이루어졌기 때문에, 蕭何의 九章律 역시 천하 통일 후 어느 시점에서 제정되었을 것으로 보인다. 그러나 3)의 "旣定"이라는 시점이 본래 高祖의 天下통일 이후를 지칭함에도 불구하고, 韓信의 軍法제정이 천하 통일 이전으로 추정되기 때문에 "旣定"에 근거해 九章律의 제정 시점을 項羽 敗死 이후로 단정하기도 어렵다. 따라서 3)사료에 근거해 九章律 제정의 시점을 추정하는 것은 많은 어려움이 따른다고 생각된다.

4)에서 "四夷가 복종하지 않고 전쟁이 끝나지 않아"라는 기록은 약간의 고찰을 요한다. 일반적으로 "夷"는 주변 이민족을 지칭하지만, 여기에서는 漢初 中國에 위협을 가한 匈奴를 지칭한 것으로 보인다. 秦末·漢初에 匈奴單于 冒頓은 秦始皇 시기 상실한 匈奴地를 수복한 후 燕·代 지방을 침입했다. 당시 匈奴와 漢은 朝那(甘肅省 固原 부근)에서 膚施(陝西省 延安 부근)로 이어지는 故河南塞를 경계로 대치하고 있었다. 高祖는 元年(B.C.206) 8月 關中정복을 시작하여, 2年 6月 雍王 章邯을 죽이고 三秦세력을 완전히 소멸시켰다. 이로써 關中은 高祖의 수중에 장악되는데, 이것은 달리 말하면 과거 三秦이 담당하던 匈奴방어의 부담을 漢이 승계하지 않으면 안되었다는 것을 말해준다. 이 상황을 「匈奴傳」에서는 "이 때에 漢은 바야흐로 項羽와 서로 대치하고 있어 중국은 전쟁으로 피폐해졌다."고 하여 項羽와 대치하고 있을 때 匈奴가 남하했다고 기록하고 있으며,[23] 바로 이 사료는 4)의 "四夷가 복종하지

---

23) 『漢書』 卷94上 「匈奴傳」, p.3750, "(匈奴)與漢關故河南塞, 至朝那膚施, 遂侵燕代. 是時, 漢方與項羽相距, 中國罷於兵革, 以故冒頓得自强, 控弦之士三十餘萬.";『史記』 卷110 「匈奴列傳」, p.2887, "復稍度河南與中國界於故塞." 「匈奴列傳」의 이상과 같은 기록은 "四夷未附"가 상투적 표현이 아님을 보여준다. 여기에서 匈

않고 전쟁이 끝나지 않아"라는 기록과 일치한다고 할 수 있다.

한편 匈奴가 유목민족의 특성인 領土에 대한 욕심이 없어서 이 지역까지 남하하지 않았다는 추정은 불가능하다. 匈奴의 單于 冒頓이 東胡와의 사이에 있던 버려진 땅을 점령하려 했을 때 이에 반대한 臣下들을 斬하면서 "땅이라는 것은 나라의 근본(地者國之本也)"이라고 한 것은 이 당시 匈奴의 冒頓이 영토확장에 대한 욕구가 강했음을 말해준다.[24] 따라서 高祖 2年경 匈奴와의 대규모 전투가 없었다고 해서 匈奴의 위협이 없었다거나, 項羽와의 전투 때문에 匈奴 방어에 餘力이 없었다고 생각해서는 안될 것이다. 이 시점에서 高祖의 주요 관심사는 물론 項羽에 집중되었겠지만, 임시 수도 櫟陽에 근접한 지역까지 匈奴가 남하해 있는 사실을 도외시할 수는 없었을 것이다. 이상과 같이 고찰한다면 4)의 "四夷가 복종하지 않고 전쟁이 끝나지 않"는 한 가지는 異民族의 문제를, 다른 하나는 項羽와의 통일전쟁의 문제를 지칭하는 것으로 보인다.

전술한 바와 같이 3)사료는 "천하가 평정되자(天下既定)"라는 字句에만 의할 경우 九章律 제정 시점이 項羽 敗死 이후로 추정할 가능성이 높으며, 4)사료는 楚漢戰爭이 종식되지 않은 시점으로 추정된다. 이처럼 蕭何의 九章律 제정시점에 대해 3), 4)의 두 사료가 모순하기 때문에, 이를 살피기 위한 단서로서 蕭何의 封侯관련 기사를 살펴보고자 한다. 주로 후방에서 高祖에의 군량·보충병 지원, 후방의 치안확보 등 군수품 보급과 후방지원 업무에만 치중하였을 뿐 전투에는 직접 참가하지 않은 蕭何가, 전투에서 수많은 부상을 당하며 군공을 세운 曹參을 제

奴가 故河南塞를 경계로 漢과 접경했다고 기록되어 있기 때문에, 이 지역을 漢이 점령한 것은 三秦중 최후까지 저항하던 雍王 章邯을 멸망시키는 高祖 2年 5월이므로, 이 이후의 시점을 가리킨다고 생각된다. 다시 말해서 그 이전까지는 三秦이 중간에 介在되어 있어 匈奴와 접경할 수 없었기 때문이다.
24) 『史記』 卷110 「匈奴列傳」, p.2889.

치고 제 1위의 위차에 오르게 되고 승상의 지위에까지 오르게 된 이유
에 대해서 「高祖功臣表」에는 다음과 같이 기록하고 있다.

> 5) 鄭文終侯 蕭何는 客으로서 처음 (高祖를) 따라 漢에 들어왔고, 丞相이
> 되어 蜀 및 關中을 지켰고, 군대에 식량을 공급했으며, (고조를) 도
> 와 諸侯를 평정했고, 法令을 제정하고(爲法令) 宗廟를 건립했으므로,
> 侯로 八千戶를 봉하였다. 高祖 (六年) 正月 丙午일에 封했으며, 九年
> 에 薨했다.25)

위의 기사에는 蕭何의 封侯 이유로서 후방지역인 蜀과 關中을 수비
하였고, 項羽와 전투하는 高祖에게 군량과 병력을 지원했으며, 法令을
제정하고 宗廟를 건립했다는 몇 가지 사실들이 기록되어 있다. 이 기
사에서 특히 주목할 점은 "爲法令"이라는 기사인데, 이것이 蕭何의 九
章律 제정과 관련이 있는지가 주목이 된다. 이같은 의문점을 확인하
기 위해서 다시 앞서 제시했던 『漢書』 「刑法志」의 4)사료를 재차 인용
해보기로 한다.

> 4) 漢나라가 일어나 高祖가 처음 관중에 들어와 約法三章을 제정하였
> 다. "殺人者는 사형에 처하고, 사람을 상하게 하거나 도둑질한 자는
> 罪를 준다." 번잡하고 가혹한 법을 없애니 백성들이 크게 기뻐하였
> 다. 그 후에 四夷가 복종하지 않고 전쟁이 끝나지 않아 三章의 法으
> 로는 간사한 범죄를 막기에 부족하였다. <u>이에 相國 蕭何가 秦法을
> 收集하여 시의에 맞는 것을 취하여 律九章을 만들었다.</u>

여기에서 주목할 것은 밑줄 친 부분인데, 여기에는 蕭何의 지위가

---

25) 『漢書』卷16「高祖功臣表」, pp.541-542, "鄭文終侯蕭何. 以客初入漢, 爲丞相, 守
蜀及關中, 給軍食, 佐定諸侯, 爲法令宗廟, 侯, 八千戶. (六年)正月丙午封, 九年薨."

相國으로 되어있다는 점이다. 蕭何가 丞相에서 相國으로 승진하게 된
경위는 陳豨의 반란으로 高祖가 직접 군대를 인솔하여 출병했을 당시
韓信이 關中에서 반란을 도모하자 呂后가 蕭何의 계책에 따라서 韓信
을 주살했는데, 蕭何는 이 공로로 丞相에서 相國으로 승진한 것이다.[26]
만약 蕭何의 지위를 相國이라고 기록하고 있는 『漢書』 「刑法志」의 기사
가 정확한 사료라고 한다면, 蕭何가 九章律을 제정한 것은 그가 相國
에 임명된 高祖 11年(B.C.198) 이후였을 것이다.[27]

그러나 九章律 제정시 蕭何의 관직이 相國이었다는 『漢書』 「刑法志」
의 기사를 무조건 신빙하는 것은 위험하다. 왜냐하면 후대의 史家가
기록을 남길 때는 관직명을 최종의 관직명으로 기록하는 예가 종종
있기 때문이다. 따라서 필자는 다음과 같은 두 가지 추정을 해보았다.
첫째, 班固가 蕭何의 相國 임명 시점인 11년 이전에 九章律이 제정되었
으나 그를 최종관직인 相國으로 기록했을 가능성, 둘째는 실제로 『漢
書』 「刑法志」의 기록과 같이 高祖 11年 이후에 제정되었기 때문에 相國
이라고 표현했다는 가능성이다.

그러나 蕭何가 相國으로 되는 高祖 11年 이후에 九章律이 제정되었
다는 후자의 추측에는 문제가 있다. 蕭何의 관직을 相國이라 기록한

---

26) 『漢書』 卷39 「蕭何傳」, p.2010.
27) 丞相의 관직명이 相國으로 更名된 시점에 대해서 『漢書』 「百官公卿表上」에는
   11년이라고 되어 있으나, 「百官公卿表下」에는 高祖 9年에 相國으로 변경되었
   다고 기록되어 있다. 王先謙은 『漢書補注』에서 동일한 『漢書』 「百官公卿表」
   上·下 사이에 이처럼 모순이 있는 것은 班固가 『史記』의 모순을 그대로 따랐
   기 때문에 이와같은 결과가 초래되었다고 하면서, 「百官公卿表下」의 9年 기
   록은 잘못되어 2칸 앞으로 옮겨진 것이라고 고찰하였다. 즉, 『史記』 卷18 「高
   祖功臣侯者年表」에는 "九年爲相國"이라 기록되어 있고, 『史記』 卷13 「蕭相國世
   家」에는 蕭何가 韓信을 주살하는 高祖 11年에 丞相에서 相國으로 된 것으로
   기록되어 있는데, 班固는 이 기록을 그대로 따랐기 때문에 이같은 오류를
   반복하고 있는 것이다. 한편 『史記漢書諸表訂補十種』 「校漢書八表」[(北京: 中
   華書局, 1982), pp.322-323]에서도 역시 11年 說을 주장하고 있다.

위의 『漢書』「刑法志」의 기록 자체 내에서도 상호 모순점이 발견되고 있는 것이다. 즉, "그 후에 四夷가 복종하지 않고 전쟁이 끝나지 않아 三章의 法으로는 간사한 범죄를 막기에 부족하였다. 이에 相國 蕭何가 秦法을 收集하여 시의에 맞는 것을 취하여 律九章을 만들었다(其後四夷未附, 兵革未息, 三章之法不足以禦奸. 於是相國蕭何攈摭秦法. 取其宜於時者, 作律九章.)"라는 기사에서 四夷라고 하는 것은 앞의 『漢書』「匈奴傳」에서도 살폈듯이 匈奴가 故河南塞 부근까지 남하하여 漢과 접경하고 있는 사실을 가리키며, "兵革未息"은 項羽와의 전투를 지칭한 것으로 생각된다. 따라서 「刑法志」의 기사에는 項羽와의 전쟁이 종식되는 高祖 5年 12月 이전의 상황이 내포되어 있어, 蕭何가 相國에 임명되는 高祖 11年의 기사와 상충된다. 또한 「高祖功臣表」에 六年 正月 丙午日 蕭何를 封侯한 이유로서 거론한 "爲法令"이라는 기사가 있는 것을 보면 법령제정은 項羽와의 전쟁 중에 행해진 것이 분명하므로, 위에 제시한 두 가지 추정 가운데서 前者가 타당하다고 결론지을 수 있다.

이같은 추정이 옳다면 項羽가 주살되는 高祖 5년 冬 12月 이전에 九章律은 완성되었을 것으로 생각된다. 그리고 『晉書』「刑法志」의 晉武帝 詔書에 "옛날 蕭何가 律令을 제정한 것으로 封을 받았다.(昔蕭何以定律令受封)"고 한 것은 蕭何가 律令을 제정한 공로로 봉후되었음을 의미하므로, 封侯시점이 九章律 제정시점보다 앞설 수는 없고 九章律의 제정은 분명히 그가 封侯된 高祖 6年 이전이었을 것이다.

이상에서 九章律의 제정시점이 일단 高祖 6年 正月 이전이라는 것이 확실해졌다고 생각되는데, 그 정확한 시점을 알 수 있는 것으로는 『漢書』「蕭何傳」의 다음 사료를 들 수 있다.

> 6) (蕭)何는 丞相으로서 巴蜀에 남아 수습을 했고, (巴蜀을) 鎭撫하고 (포고문을) 돌리고, 군대에 식량을 공급하였다. 漢 二年에 漢王이 諸侯와 함께 楚를 공격할 때, (蕭)何는 關中을 지키고, 太子를 모시고 櫟

陽을 경영(治)했으며, 令約束을 만들었고(爲令約束), 宗廟·社稷·宮室·
縣邑을 세우고 곧바로 상주하였다. 上은 可라고 재가하고 從事할 것
을 허락하였다. 만약 상주를 할 수 없으면 곧 사안을 판단하여 시행
하고 上이 오면 보고하였다. 戶口를 계산하고, (식량을) 轉漕하여 군
대에 공급하였으며, 漢王이 수차 군대를 잃고 도망가면 (蕭)何는 늘
關中卒을 徵募召集(興)하여 즉시 결원을 보충했다. 上은 이 일로 인
해 (蕭)何에게 關中의 문제를 전적으로 委任하였다.[28]

　위의 기사는 漢 2年에 高祖가 제후들을 인솔해 項羽를 공격할 때,
蕭何는 關中에 남아 太子(惠帝)를 모시고 임시 수도로 정했던 櫟陽을
鎭撫했으며, 아울러 "令約束을 만들었고(爲令約束)" 宗廟·社稷·宮室을
건립하고 縣邑을 정비한 내용이다. 이같은 제 조치는 蕭何가 高祖 출
정 중에 임의로 행한 편의적 조치로서, 사후에 高祖에게 보고하였던
것이다.
　위의 사료에서 九章律을 지칭한 것으로 보이는 "爲令約束"은 『史記』
「蕭相國世家」의 기록과 약간의 차이가 있다. 즉, 『漢書』의 "爲令約束"이
『史記』에는 다음과 같이 기록되어 있다.

　　7) 漢王이 군대를 이끌고 동쪽으로 三秦을 정복할 때, (蕭)何는 丞相으
　　　로서 巴蜀에 남아 수습을 했고, (巴蜀을) 鎭撫하고 (포고문을) 돌리
　　　고, 군대에 식량을 공급하였다. 漢 二年에 漢王이 諸侯와 함께 楚를
　　　공격할 때, (蕭)何는 關中을 지키고, 太子를 모시고 櫟陽을 경영(治)
　　　했으며, 法令約束을 만들었고(爲法令約束), 宗廟·社稷·宮室·縣邑을 세

28) 『漢書』 卷39 「蕭何傳」, p.2007, "何以丞相留收巴蜀, 塡撫諭告, 使給軍食. 漢二年,
漢王與諸侯擊楚, 何守關中, 侍太子, 治櫟陽. 爲令約束, 立宗廟, 社稷, 宮室, 縣
邑, 輒奏, 上可許以從事; 即不及奏, 輒以便宜施行, 上來以聞. 計戶轉漕給軍, 漢
王數失軍遁去, 何常興關中卒, 輒補缺. 上以此剸屬任何關中事."

우고 곧바로 상주하였다. 上은 可라고 재가하고 從事할 것을 허락하
였다. 만약 상주를 할 수 없으면 곧 사안을 판단하여 시행하고 上이
오면 보고하였다. 關中事(衍文) 戶口를 계산하고, (식량을) 轉漕하여
군대에 공급하였으며, 漢王이 수차 군대를 잃고 도망가면 (蕭)何는
늘 關中卒을 徵募召集(興)하여 즉시 결원을 보충했다. 上은 이 일로
인해 (蕭)何에게 關中의 문제를 전적으로 委任하였다.[29]

　『漢書』의 "爲令約束"이 『史記』에는 "爲法令約束"으로 기술되어 있다.
約은 律令과 서로 보완하면서 公的으로 기능할 수 있는 성격을 갖춘
공동체 내부의 規約이기도 했지만, 漢代에는 約束이 그러한 의미의 수
준을 넘어서 동시에 國家의 法令을 지칭하는 용어로 누차 사용되고
있다.[30] 그렇다면 『史記』에서 말하는 "爲法令約束"이라고 하는 것은 法
令제정을 의미하며, 보다 정확히 표현하면 蕭何의 九章律 제정을 지칭
한다고 생각된다. 그같은 추정은 "爲法令約束"이 분명히 법령제정의
사실을 지칭하는 것일 뿐만 아니라, 다음절에서 후술할 내용이지만
위의 예문의 "戶口를 계산하고, (식량을) 轉漕하여 군대에 공급하였으
며, 漢王이 수차 군대를 잃고 도망가면 (蕭)何는 늘 關中卒을 徵募召集
(興)하여 즉시 결원을 보충했다."의 부분이 바로 九章律 중 戶·興·廐律
의 3개 事律과 관련을 갖기 때문이다.

<hr>

29) 『史記』卷53「蕭相國世家」, p.2014, "漢王引兵東定三秦, 何以丞相留收巴蜀, 塡撫
諭告, 使給軍食. 漢二年, 漢王與諸侯擊楚, 何守關中, 侍太子, 治櫟陽. 爲法令約
束, 立宗廟社稷宮室縣邑, 輒奏上, 可, 許以從事 ; 即不及奏上, 輒以便宜施行, 上
來以聞. 關中事計戶口轉漕給軍, 漢王數失軍遁去, 何常興關中卒, 輒補缺. 上以
此專屬任何關中事."

30) 岡田功, 위의 논문, p.41. 約束이 法令의 의미로서 사용되고 있는 예는 다음
과 같다. 『史記』卷54「曹相國世家」, p.2029, "曹參代何爲漢相國, 擧事無所變更
一遵蕭何約束." ; 『史記』卷97「陸賈列傳」, p.2698, "陸生卒拜尉他爲南越王, 令稱
臣奉漢約." ; 『史記』卷120「汲黯列傳」, p.3107, "張湯方以更定律令爲廷尉, 黯數質
責湯於上前, 曰 …何乃取高皇帝約束紛更之爲?"

[표 1] 高祖 이년 전후의 大事記

고조	사건
원년 10월	秦 子嬰 항복
11월	
12월	
정월	懷王, 義帝 칭함, 項羽西楚霸王, 劉邦漢王
1월	
2월	
3월	
4월	18왕 就國
5월	漢王 故道로 기습
6월	
7월	
8월	章邯 포위, 司馬欣, 董翳 항복
9월	
2년 10월	項羽, 滅義帝
11월	漢王, 櫟陽에 도읍
12월	
정월	
1월	
2월	除秦社稷, 更立漢社稷
3월	漢王 義帝 發喪, 항우토벌
4월	(漢)王伐楚至彭城, 壞走. 惠帝 구출(敗後乃獨得孝惠)
5월	漢王 滎陽으로 패주. 蕭何, 關中老弱未傅者를 징발하여 滎陽으로 보냄. 甬道를 쌓아 敖倉곡식을 얻음
6월	1)漢王 櫟陽 귀환, 復如滎陽. 2)立爲太子, 大赦罪人. 令太子守櫟陽, 諸侯子在關中者皆集櫟陽爲衛. 3)引水灌廢丘, 廢丘降, 章邯自殺 更名廢丘爲槐里. 雍地定, 八十餘縣, 置河上, 渭南, 中地, 隴西, 上郡. 4)於是令祠官祀天地四方上帝山川, 以時祀之. 5)興關內卒乘塞.
7월	
8월	漢王如滎陽

高祖 1년에서 2년 사이에 일어난 사건을 [표 1]과 같이 정리하였다. 표에 입각하여 설명하면 다음과 같다. 고조는 원년 4월 漢中의 南鄭으로 就國했다가, 동년 5월 故道로 나와서 三秦을 공격하자 동년 7월 董翳(翟王)·司馬欣(塞王)이 투항했고, 章邯(雍王)만은 포위된 廢丘에서 저

항하였다. 2년 11월에는 櫟陽에 도읍을 정했다. 2월에는 秦社稷을 없애
고, 漢社稷을 다시 세웠다.

　　고조 2년 10월에 項羽가 義帝를 죽이는 사건이 나자, 동년 4월 高祖
는 "弔義帝文"을 발포하고 항우 토벌의 군대를 일으켜 彭城까지 이르
렀으나, 항우의 반격으로 대패하고 沛縣에 있던 가족 가운데 태자(孝
惠)를 길에서 만나 구하여 돌아오게 된다. 동년 5월 고조는 이 패배로
군대를 상실한 채 滎陽으로 도주하여 웅거하였다. 이에 관중을 지키
고 있던 蕭何는 關中의 老弱未傅者를 징발하여 滎陽으로 보내고, 甬道
를 쌓아 黃河와 연결시켜 敖倉곡식을 얻고 있다. 2년 6월에는 중요한
사건들이 많이 발생한다. 첫째는 高祖가 滎陽에서 櫟陽으로 귀환하고,
櫟陽에 滎陽과 동일하게 復을 내리고 있다. 둘째는 太子를 책봉하고,
罪人을 大赦하였으며. 太子로 하여금 櫟陽을 수비하게 하고, 諸侯子 가
운데 關中에 남아 있는 자를 모두 소집하여 櫟陽에서 지키게 하였다.
또한 渭水의 물을 廢丘로 끌어들여, 廢丘가 투항하고 章邯은 自殺하였
다. 이로써 高祖는 관중을 모두 평정하고 雍 지역에 80餘縣을 설치하
였다. 이렇게 되자 祠官으로 하여금 天地四方上帝山川에 제사를 지내
게 하였고, 關內卒을 징집하여 (興) 乘塞하게 하였다.[31]

　　荀悅의 『漢紀』에는 高祖 2年 春正月에 "蕭何守關中, 治櫟陽宮, 定約束,
轉漕給軍, 專任關中事."라는 기사를 배치하여 "約束"을 제정한 것이 高祖
2年 春正月의 사안이라고 보았다.[32] 다만 荀悅이 이것을 春正月로 비정
하는 것은 어떤 증거도 없는 것 같다. 국가체제의 확립이라는 측면에
서 보면 법령제정과 漢社稷의 수립은 잘맞는 조합이라 생각되므로 사
직을 세운 2월을 그 발포 시점으로 보아도 무방할 것 같다. 또한 廢丘
에서 농성하던 章邯을 제거한 6월은 雍地가 완전히 평정됨으로써 관
중·사천 지역에 적용할 법령이 필요하고, 동시에 태자책봉도 이루어

31) 『漢書』 卷1上 「高帝紀」, pp.36-38.
32) 荀悅, 『漢紀』(臺北: 商務印書館, 1971), p.13.

졌기 때문에 국가로서의 면모를 갖추고 있어서 "爲法令"한 것을 발포할 이유가 충분했다. 더구나 高祖가 項羽와 치열한 전투를 벌이던 그 와중에 滎陽으로부터 櫟陽으로 돌아온 것은 관중 평정을 기념하고, 부자가 함께 모인 자리에서 태자 책봉식을 거행하고, 법령 공포 등을 통해 새로운 국가체제의 선포를 기념하고자 하는 목적이 있었던 것으로 생각된다. "爲法令"의 정확한 시점은 알 수 없으나 대체로 高祖 2年 11월 櫟陽에 도읍하고, 2월에는 漢 社稷을 세우고, 2年 6월 太子를 세우고, "興關內卒乘塞"하는 사건들이 있었을 때로 추정된다. 법령의 撰次가 하루 이틀에 되는 것이 아니므로 고조가 항우와 彭城·滎陽에서 전쟁을 하던 시점에 櫟陽에서 법령의 발포를 준비했던 것으로 생각된다.

蕭何의 封侯 이유 중에는 "爲法令"("定律令")도 있었다. 高祖가 咸陽에 입성하던 고조 원년(B.C.206) 10월에 공포된 約法三章은 사실상 項羽가 입성하면서 폐지되었을 것이고, 그 이후 도래한 법령의 공백기를 蕭何가 "爲法令"하면서 해소했던 것이다.

이상의 추정에 잘못이 없다면 蕭何의 九章律은 漢 2年(B.C.205) 2-6월 사이에 제정되었음이 분명하다. 필자가 지금까지 九章律의 제정 시점에 대해 천착한 이유는 그것이 九章律의 제정 목적을 파악함에 있어 관건이 되기 때문이다. 다시 말해서 九章律의 제정시점이 통일전쟁의 종료 이전이라면 군사적인 이유와 깊은 관련을 가질 것이고, 종료 이후라면 그것은 漢帝國의 제도적 완비를 위한 것이기 때문이다. 그러나 이상에서 고찰한 바와 같이 九章律이 제정된 시점은 高祖 2年이고, 이때에 漢은 項羽에 의해 반강제적으로 漢中지역으로 축출되었다가 그후 三秦지방을 장악하는 등 계속적인 전투상태 하에 있었다. 때문에 자신의 본거지의 통치에 필요한 각종 刑法과 行政律(秦律十八種과 같은 것)이 절실히 요구된 이외에도, 高祖의 통일전쟁을 제도적으로 보장할 수 있는 戰時動員令의 補強이 필요하였다고 할 수 있다. 필자는 이같은 문제가 九章律 제정의 가장 핵심적인 이유였다고 생각한다.

이상과 같은 견해는 앞서 初師賓의 九章律 제정시점이 漢高祖 5年 5月이후라는 견해와 크게 다른 것이라고 할 수 있다. 또한 『後漢書』 「崔寔傳」에는 "昔高祖令蕭何, 作九章之律"[33]이라 하여 高祖의 명령에 의해 蕭何가 九章律을 제정한 것으로 되어 있는데, 이는 本末이 顚倒되어 있는 것이고 사실상은 蕭何의 着眼에 의해 제정되어 차후 高祖의 재가를 받았다고 이해하는 것이 옳다고 생각된다. 한편으로는 필자의 결론대로 九章律이 高祖 2年에 제정된 것이 분명하지만, 그것은 戰時상황하의 立法이므로 재차 高祖에 의해 補完되었을 가능성도 전혀 배제할 수 없는데, 혹시 그같은 후일의 法令 보완의 사실을 班固가 "天下旣定, 命蕭何次律令"이라 표현했을 가능성도 있다.

IV. 事律과 그 제정목적

蕭何가 雲夢秦律에 보이는 많은 單行律 중에서도 戶律·興律·廐律만을 正律에 포함시킨 이유는 무엇일까? 이같은 의문을 해소하기 위해서 우선 3개 事律의 내용을 고찰하고, 아울러 秦律의 事律이 漢의 九章律에서는 어떻게 변모하였는지를 살피고자 한다. 우선 九章律의 제정목적을 규명하는 데는 앞서 제시한 『漢書』 「刑法志」의 4)사료를 주목할 필요가 있다.

> 4) 漢나라가 일어나 高祖가 처음 관중에 들어와 約法三章을 제정하였다. "殺人者는 사형에 처하고, 사람을 상하게 하거나 도둑질한 자는 罪를 준다." 번잡하고 가혹한 법을 없애니 백성들이 크게 기뻐하였

---

33) 『後漢書』 卷52 「崔寔傳」, p.1729.

다. ㉠ 그 후에 四夷가 복종하지 않고 전쟁이 끝나지 않아 ㉡ 三章의 法으로는 간사한 범죄를 막기에 부족하였다. 이에 相國 蕭何가 秦法을 收集하여 시의에 맞는 것을 취하여 律九章을 만들었다.

『漢書』「刑法志」의 기사는 ㉠ 사방의 異民族이 漢에 복속하지 않았고 전쟁이 종식되지 않았으며, ㉡ 約法三章의 조항이 모든 범법행위를 금지하기에는 너무 소략하였다는 점을 언급하고 있다. 다시 말하면 ㉠은 군사적 요청에 의해서 九章律 중의 일부가 제정되었다는 것이고, ㉡은 內政의 司法的인 관점에서, "禦奸"하기 위해 盜·賊·囚·捕·雜·具律의 商鞅의 六律을 복원했다는 것을 의미한다. ㉠의 군사적 원인이라고 하는 것은 7)의 밑줄 친 부분을 지칭하는 것으로 생각된다.

> 7) 漢王이 군대를 이끌고 동쪽으로 三秦을 정복할 때, (蕭)何는 丞相으로서 巴蜀에 남아 수습을 했고, (巴蜀을) 鎭撫하고 (포고문을) 돌리고, 군대에 식량을 공급하였다. <u>漢 二年에 漢王이 諸侯와 함께 楚를 공격할 때, (蕭)何는 關中을 지키고, 太子를 모시고 櫟陽을 경영(治)했으며, 法令約束을 만들었고(爲令約束),</u> 宗廟·社稷·宮室·縣邑을 세우고 곧바로 상주하였다. 上은 可라고 재가하고 從事할 것을 허락하였다. 만약 상주를 할 수 없으면, 곧 사안을 판단하여 시행하고 上이 오면 보고하였다. 關中事(衍文) ㉢ 戶口를 계산하고, (식량을) 轉漕하여 군대에 공급하였으며, ㉣ <u>漢王이 수차 군대를 잃고 도망가면 (蕭)何는 늘 關中卒을 徵募召集(興)하여 즉시 결원을 보충했다.</u> ㉤ 上은 이 일로 인해 (蕭)何에게 關中의 문제를 전적으로 위임하였다.

위의 기사는 蕭何가 漢 2年에 법령을 제정하고, 그 법령에 의거해서 시행한 조처를 말해주는데, 그 내용들은 ㉢ 蕭何가 戶口를 조사하여 軍糧을 육로와 수로로 轉漕하고, ㉣ 漢王이 자주 敗走하여 군대를 상실하면 항상 關中의 卒을 일으켜(興) 부족해진 병력을 보충해주었으며, ⓒ高祖는 이로써 關中의 모든 행정을 蕭何에게 완전히 위임했다는 것으로 이루어져 있다. 다시 말하면 滎陽 戰線에서 항우와의 전쟁은 高祖가, 후방지역인 關中의 鎭撫와 군사물자·병력동원은 蕭何가 담당하는 이원적 업무분담이 이루어졌고, 특히 후자의 업무에 관한 것은 蕭何가 高祖에게 보고하여 시행한 경우도 있고, 보고하지 않고 편의에 따라 시행하고 후일 보고한 경우도 있다. 그렇다면 法令제정은 蕭何의 견해가 크게 작용했다고 보아야 할 것이다.

軍糧의 징수, 兵士의 징집, 요역의 징발과 같은 조치들은 모두 軍事와 관련된 것들이고, 이를 뒷받침할 법령의 존재가 전제되어야만 그 시행이 가능했을 것임은 말할 나위없다. 이같은 法律의 裏面的 뒷받침이야말로 바로 蕭何가 추가한 戶律·興律·廐律과 깊은 관련이 있다고 생각되는데, ⓒ의 부분은 戶律과, ⓔ의 부분은 興律과 밀접한 연관성을 지니고 있다. 다만 위에 인용한 사료에는 廐律과 관련된 부분이 보이지 않지만 이것은 뒤에서 다시 확인할 자료가 있으므로 그때 언급하기로 한다. 雲夢秦簡에는 事律로서 모두 31개의 律名 —— 실제로 秦律의 숫자는 이보다 훨씬 많을 것으로 추정된다 ——이 존재하는데 왜 蕭何는 이중에서 특별히 3개의 事律만을 선택한 것일까? 이것은 3개 事律의 내용을 살핌으로써 그 해답을 찾을 수 있을 것이다.

1. 戶律

우선 戶律이 제정된 경위에 관하여 논의를 진행하여 보자. 蕭何가 "爲法令約束"한 시점은 滎陽 일원에서 楚漢戰爭이 한창 치열하던 漢 2年이었으므로 戰爭財源의 징수와 兵源의 파악이 가장 시급한 문제였을 것이다. 그러나 전쟁으로 인한 농민의 거주지 이탈과 농업생산의 포기로 세금징수와 병사징발은 여의치 않았다. 아래의 기사는 전쟁으로 대폭 감소된 漢初의 戶口 실태를 보여주는 매우 적절한 기록일 것이다.

> 8) 天下가 처음 안정되자 예전의 大城名都의 (주민들이) 흩어지고 도망하여 戶口를 헤아릴 수 있는 것이 열 가운데 두셋이었다. 따라서 大侯라고 하더라도 萬家를 넘지 못했으며, 작은 것은 오륙백호에 불과했다. 후일 數世가 지나자, 民이 모두 鄕里로 돌아왔고, 戶는 더욱 번식하여, 蕭何·曹參·絳(周勃)·灌嬰 등은 4萬에 달하기도 했고, 小侯도 두 배에 이르렀고, 부유함도 그와 같았다.[34]

이 기사는 楚漢전쟁 직후의 戶口 상황을 보여주는 것인데, 전쟁과 기아에 의한 인구감소와 호적체계가 붕괴되어 파악할 수 없는 유망민이 증가했음을 보여주고 있다. 『張家山漢簡』 奏讞書에 보이는 도망노비들의 문제는 楚漢전쟁 시기 도망한 호구들의 문제가 심각했음을 말해준다. 蕭何가 九章律을 제정한 高祖 2年의 시점에도 거주지 이탈과 같은 이유로 국가가 파악할 수 있는 인구가 적었다는 점은 동일하였을 것이다. 특히 高祖 2年 6月, 三秦의 최후 세력인 雍王 章邯을 멸망시켜 새로이 漢의 영토로 편입된 지역을 효율적으로 파악하고 통치하기 위해서는 戶律의 정비가 급선무였을 것이다. 蕭何가 項羽와 死鬪 중인 高祖의 背後 補給基地로서 三秦지역을 정비하고자 軍役 징발의 근거가 되는 戶籍제도와 戶律을 재정비하였음은 충분히 이해가 가는 점이라고 할 수 있다.

居延漢簡에 보이는 戶籍을 보면 당시의 호적이 어떠한 목적에 사용되는지 잘 나타나 있다.[35] 漢代의 호적에 실린 항목은 戶의 家長·姓名·

---

34) 『史記』 卷18 「高祖功臣侯者年表」 序, pp.877-878, "天下初定, 故大城名都散亡, 戶口可得而數者十二三. 是以大侯不過萬家 小者五六百戶. 後數世, 民咸歸鄕里, 戶益息, 蕭·曹·絳·灌之屬或至四萬, 小侯自倍, 富厚如之."

居住地·爵位·職業·年齡·妻子·兄弟姉妹에 대한 기록과 牛馬·田宅·奴婢·車輛의 數量과 價格으로 이루어져 있다. 이같은 항목에 근거해 국가가 民에 부담시킬 수 있는 각종 부담으로는 保有財産에 대한 財産稅, 年齡에 입각한 요역과 병역, 戶口에 대한 口賦와 算賦라고 할 수 있다. 또한 戶籍의 용도는 이같은 稅源파악에만 있는 것이 아니라 原籍이탈자와 범죄자의 前科유무의 조회시에도 사용되었는데, 이것이 治安유지의 첫 번째 선결요건이었다고 생각된다.[36) 따라서 戶律은 주민의 동태파악, 거주지 불법이탈 방지,[37) 戶賦 등 稅源 파악의 근거가 되는 법률이었다. 蕭何는 이 규정에 의거해 각종 稅役을 징수함으로써 楚漢戰爭에 소모되는 거대한 규모의 軍事的 財源과 兵源을 보충하였을 것으로 생각된다. 이같은 財源·兵源파악의 필요성이야말로 기존의 刑法으로만 구성된 기본법에 行政律을 附加시킨 가장 중요한 이유라고 할 수 있을 것이다.

---

35) 謝桂華 等, 『居延漢簡釋文合校』(北京: 文物出版社, 1987), p.61, 37·35; pp.34-35, 24·1B.
   (1) 候長角得廣昌里公乘 禮忠年三十
      小奴二人直三萬 用馬五匹直二萬 宅一區萬
      大婢一人二萬 牛車二兩直四千 田五頃五萬
      車一乘直萬 服牛二六千 ●凡資直十五萬
   (2) 三塢燧長居延西道里公乘徐宗年五十
      妻妻 宅一區直三千 妻 妻一人
      子男一人 田五十畝直五千 男子一人 子男二人
      男同産二人 用牛二直五千 子女二人
      女同産二人 男同産二人
      女同産二人

36) 『睡虎地秦墓竹簡』(北京: 文物出版社, 1978), p.278, "亡自出 鄕某爰書 : 男子甲自詣, 辭曰 : 「士五(伍), 居某里, 以迺二月不識日去亡, 毋(無)它坐, 今來自出."

37) 『漢書』 卷5 「景帝紀」, p.139, "其議民欲徙寬大地者聽之."; 『漢書』, 卷46 「石奮傳」, p.2198, "去者便, 居者擾, 故爲流民法, 以禁重賦." 唐律에서도 농민이 자신의 戶籍에서 이탈하면 자신만이 아니라 家長에게도 처벌이 가해졌는데, 이는 漢의 戶律을 계승했을 가능성이 있다.

또한 필자의 戶律 제정의 근본적 목적이 戶口 파악을 통한 兵源의
징발에 있다는 견해는 雲夢秦簡에 보이는 魏의 戶律과 奔命律의 관계
에서 입증된다.

9) ●(魏 安釐王) 25年 閏12月 初6日 王이 相邦에게 명령한다. 民 가운데
　　어떤 자는 거주하는 邑을 떠나 야외에서 거주하며, 孤寡의 가정에
　　들어가 다른 사람의 婦女를 요구하는 것은 나라의 예부터 있던 현
　　상이 아니다. 지금부터 商賈客店을 운영하는 자(假門逆旅)와 다른 사
　　람의 집에 사위가 되거나 後父가 된 자(贅婿後父)는 立戶를 허락하지
　　않고, 田宇를 지급하지 않는다. 이러한 사람은 3대 이후에 관리가
　　되고자 하면 허락하고, 簿籍에 과거 某閭贅婿 某人의 증손이라고 써
　　야 한다. 魏戶律.[38]

10) ●(魏 安釐王) 25年 閏12月 初6日 王이 將軍에게 명령한다. 商賈客店
　　을 운영하는 자(假門逆旅)와 다른 사람의 집에 사위가 되거나 後父
　　가 된 자(贅婿後父), 또는 백성 가운데 주도적으로 耕種하지 않거나,
　　家屋을 수리하지 않는 것을 寡人은 좋아하지 않는다. 그들을 죽여
　　야겠지만 차마 그 宗族昆弟까지 죽일 수는 없다. 지금부터 그들을
　　파견하여 從軍시키고 將軍은 그들을 불쌍하게 여기지 말라. 소를
　　잡아서 병사들에게 먹일 때, 그들에게는 ⅓斗만 주고 고기는 주지
　　말라. 城을 공격할 때 사람이 부족하면 將軍은 그들로써 壕를 메우
　　게 하라. 魏奔命律.[39]

38) 『睡虎地秦墓竹簡』, pp.292-293, "二十五年閏再十二月丙午朔辛亥 ○告相邦:民
　　或棄邑居野 入人孤寡 徵人婦女 非邦之故也. 自今以來, 假門逆旅, 贅婿後父, 勿
　　令爲戶, 勿予田宇, 三世之後, 欲仕仕之, 仍署其籍曰: 故某閭贅婿某叟之仍孫. 魏
　　戶律."
39) 같은 책, p.294, "●二十五年閏再十二月丙午朔辛亥, ○告將軍: 假門逆旅, 贅婿
　　後父, 或率民不作, 不治家屋, 寡人弗欲. 且殺之, 不忍其宗族昆弟. 今遣從軍, 將

9), 10)의 魏戶律과 奔命律은 魏 安釐王 25年(B.C.252)에 相邦·將軍에게
명령한 假門逆旅·贅壻後父 등에 대한 통제조치이다. 왜 戶律과 奔命律
이 전후로 연속하여 출현한 것일까? 이같은 의문에 답하기 위해서는
兩律에 공통적으로 보이는 假門逆旅와 贅壻後父에 대해 알아볼 필요가
있다. 雲夢秦簡整理小組는 "假門은 賈門으로 읽으므로 商賈之家가 되며,
逆旅는 客店"이라 註釋했고, 吳榮曾은 이를 부정하고 假門을 賤人, 逆旅
를 外來之民으로 해석하였다.[40] 이처럼 假門과 逆旅에 대해서는 異說
이 존재한다.

魏戶律의 "民或棄邑居野, 入人孤寡, 徼人婦女, 非邦之故也. 自今以來, 假
門逆旅, 贅壻後父"의 문장을 분석하여 보면 "民或棄邑居野"는 假門逆旅에
해당되고, "入人孤寡, 徼人婦女"는 贅壻後父에 각각 해당되는 죄목임을
알 수 있다. "贅壻後父"를 "孤兒寡婦의 가정에 들어가 婦女子를 구하는
자"라고 정의한 것은 그 의미가 漢代의 주석과 정확하게 일치하는 것
이므로,[41] "假門逆旅"는 "邑을 버리고 野에 거주하는 사람들"을 의미하
는 것이다. 또한 「法律答問」에는 "何謂'旅人'? ●寄及客 是謂'旅人'"[42]이라
하여 "旅"를 他家에 寄居하거나 외국에서 온 客이라고 정의하고 있다.
假門과 逆旅의 본래 의미는 다르겠지만 連稱되어 사용되는 것으로 보

軍勿恤視. 烹牛食士, 賜之參飯而勿予殽. 攻城用其不足 將軍以堙壕. 魏奔命律."
奔命律이라는 것은 긴급한 군사적 상황이 발생한 지역으로 군대가 命을 받
아 신속히 이동하여 가는 것(奔走) 때문에 붙여진 律名이다.

40) 吳榮曾은 假門과 逆旅에 대해서 雲夢秦簡整理小組와 크게 견해를 달리하고
있다. 즉 그는 假門을 監門으로 보고 있는데, "假門逆旅"는 사료에 잘 나타
나지 않으나 監門은 逆旅와 連稱되어 "監門逆旅"로서 사료에 많이 나타나
며, 그 의미는 牛馬를 기르는 賤人이라는 것이다. 逆旅의 본래 의미는 旅舍
로서 外來之民으로 해석하고 三晋은 토지가 부족하므로 이들에게 토지를
급여하지 않았다는 것이다.[「監門考」(『中華文史論叢』 1981-3), pp.131-134.] 한
편 韓連琪는 名數(戶籍)가 없는 자라고 규정하였다.[「漢代的戶籍和上計制度」,
『先秦兩漢史論叢』(濟南: 齊魯書社, 1986), p.390].
41) 『睡虎地秦墓竹簡』, p.293, 注 5 참조.
42) 같은 책, p.238.

아 공통점도 있었던 것으로 보인다. 그 공통점이라는 것은 불법 入國하였거나 邑을 버리고 野에 거주하는 것이었다. 逆旅에 대해서는『商君書』「墾令」에 "廢逆旅, 則奸僞躁心私交疑農之民不行. 逆旅之民無以食, 則必農. 農則, 草必墾矣."라고 한 것이 있는데, 그 의미는 逆旅에 의해 奸僞·躁心·私交·疑農하는 民이 발생한다는 것이다.『商君書』의 기록만으로는 逆旅가 어떠한 실체인지는 불분명하나 戰國 각국이 추구하던 農本抑商 정책에 정면으로 위배되는 상인들이 포함되었던 것으로 생각된다.

이같은『睡虎地秦墓竹簡』과『商君書』의 정의에서 볼 때, 雲夢秦簡整理小組의 註釋과 같이 假門은 국가의 통제를 벗어나려는 상인들이며, 逆旅는 外來之民이 타국에 들어가 국가의 통제를 받지 않고 居野하거나 往來하면서 상행위에 종사하는 자들로 보는 것이 옳다고 생각된다. 그리고 贅壻는 貧苦한 백성의 자식이 타인에게 노비로 팔려서 삼년 안에 贖免되지 못했을 때 主家에서 짝지워준 여자와 결혼하고 賤役에 종사한 자를 말하며, 後父는 子가 있는 寡婦와 再婚한 자로서 사실상 贅壻의 일종이었다. 이들은 漢代 七科謫의 先驅로 생각된다.[43]

그렇다면 戶律에 근거하여 國家에 해악이 된다고 생각되는 賤人과 商人들을 파악한 것이 되고, 다시 이들을 軍律인 奔命律에 의거하여 戰線에 파견하려는, 戶律과 奔命律 간의 연속적 함수관계가 도출될 수 있다. 다시 말하면 人力징발의 근거가 되는 戶律과 軍律인 奔命律에 군사작전 시 將軍들이 취해야 할 贅壻後父의 취급요령을 일괄 규정하여 同日에 發布한 것은 戶律이 軍事行動과 밀접한 관련을 가지고 있음을 보여주는 것이다. 또한 魏戶律에 "贅壻後父는 立戶를 허락하지 않고, 田宇를 지급하지 않는다."고 한 것은 戶律의 본령을 언급한 것이라고 생각한다. 이것은 후술하는 바와 같이 二年律令의 戶律이 바로 立戶와

---

43)『漢書』卷6「武帝紀」, p.205, "張晏曰: 吏有罪一, 亡命二, 贅壻三, 賈人四, 故有市籍五, 父母有市籍六, 大父母有市籍七, 凡七科也." 이 중에서 賈人은 魏戶律의 逆旅에 해당되는 것으로 생각된다.

田宅지급을 규정한 것과 일치하고 있다. 따라서 戶律이 병력자원의
파악과 관련을 갖고 있고, 동시에 관중지역 등에 立戶와 전택지급 등
후방안정의 이유 때문에 蕭何가 戶律을 최우선적으로 제정한 것이라
고 생각한다.

　二年律令에 戶律이 포함되어 있지만, 嶽麓秦簡에는 확인되지 않는
다. 雲夢秦簡에는 戶律과 매우 밀접한 관련성이 있는 傅律·徭律 등이
포함되어 있고, 『史記』와 『睡虎地秦墓竹簡』에 秦代의 호적제도에 관한
기록이 누차 보이고 있는 것으로 볼 때 秦國에 정밀한 戶籍제도와 戶律
이 존재했을 것으로 생각된다.[44] 雲夢秦簡에 보이는 律名은 전체 秦律
가운데 일부분에 불과하고 누락되어 있는 秦律도 적지 않다고 생각되
며, 아울러 戶律 역시 雲夢秦簡에 기록이 누락되었을 가능성은 충분하
다고 하겠다. 특히 魏國에 戶律이 존재한 사실로 볼 때 魏國의 法律을
계속 수입해왔던 秦國에 戶律이 존재했을 가능성은 크다고 하겠다.

　魏戶律이 雲夢秦簡에 포함된 이유는 아마도 秦律에 없는 조항이기
때문일 것으로 생각되며, 魏戶律의 내용이 秦律化되었음은 漢律의 "七

---

44) 秦의 戶籍制度에 관한 기록으로는 獻公 10年(B.C.375)에 "爲戶籍相伍"라고 한
　　것이 최초이며, 이후 商鞅은 변법을 시행할 때 戶籍制度를 보다 강화하여
　　철저한 什伍制를 시행하고 民에 二男 이상 있을 때 分居하지 않으면 그 賦
　　를 倍로 한다는 규정을 세웠다. 이밖에도 『商君書』에는 秦國의 호적제도와
　　관련된 기록이 적지 않다.(『商君書』 「墾令」 2, 「毋得擅遷」; 「劃策」 18, "行間無
　　所逃, 遷徙無所入."; 「境內」 19, "四境之內, 丈夫女子, 皆有名于上, 生者著, 死者
　　削.") 또한 『睡虎地秦墓竹簡』에도 戶籍에 관련된 자료들이 보이는데, 「法律
　　答問」 가운데 "匿戶"의 규정이라던가(『睡虎地秦墓竹簡』, p.222), 民이 이주를
　　요청하고 호적의 기재 변경을 요구했음에도 관리가 이를 거부했을 때의
　　규정(같은 책, pp.213-214), 또한 『秦律雜抄』의 游士律에 秦人이 국경을 넘어
　　외국으로 도주했을 때 戶籍에서 삭제하는 규정(같은 책, p.130), 傅籍과 服役
　　에 관한 「傅律」 등의 규정을 볼 때 秦에는 후일의 戶律으로 발전할 수 있는
　　규정이 존재했음을 의미하는 것이다. 蕭何가 참조한 戶律은 이상과 같은
　　秦律이며, 동시에 그것은 秦의 丞相御史府에서 수습한 율령이었을 것이라
　　는 것은 분명하다.

科謫"에 贅壻에 관한 규정이 존재하는 사실로부터 알 수 있다. 戶律이
라는 律名은 蕭何가 새로이 창조한 것이 아니라 魏國 등에 이미 존재
했던 명칭을 계승했던 것으로 생각된다.[45]

[표 2] 秦漢의 戶律·廐律·興律

睡簡	嶽簡	二年律令	睡77[46]
魏戶律		戶律	戶律
廐苑律			廐律
	興律	興律	興律

　二年律令에 포함된 戶律을 보면, 蕭何가 이 戶律을 편찬한 이유를
충분히 짐작할 수 있다. 李振宏에 의하면, 高祖시기로부터 呂后 2년까
지는 불과 10여년이고, 이 기간에 법률의 제정에 큰 변화가 없기 때문
에, 二年律令은 곧 蕭何가 제정한 바로 그것이라고 해도 좋다.[47] 따라
서 아래에 요약한 二年律令의 戶律의 내용은 바로 蕭何가 제정한 바로
그것이라고 해도 과언이 아니다. 그 내용들은 다음과 같은 것들로 구
성되어 있다.

---

45) 漢初에도 戶律이 존재했던 것은 아래의 자료들에서 알 수 있다. 『藝文類聚』
　　5와 『御覽』 30에 인용되어 있는 『風俗通』 佚文의 "戶律 漢中巴蜀廣漢 自擇伏
　　日"이라는 戶律은 바로 漢初의 것으로 생각된다. 이에 대해 應劭는 高祖가
　　천하를 통일한 이후 漢王시기의 4郡을 우대하기 위해 제정했다고 했는데
　　(俗說, 漢中巴蜀廣漢, 土地溫暑, 草木早生晚枯, 氣異中國, 夷狄畜之, 故令自擇
　　伏日也, 謹案漢書, 高帝分四郡之中, 用良平之策, 還定三秦, 席卷天下, 蓋君子所
　　因者本也, 諸公定封, 加以金帛重, 夜寵異令, 自擇伏日, 不同於風俗也,), 小川茂
　　樹는 오히려 이 戶律의 文은 漢王시기에 胚胎된 것으로 천하통일후 율령제
　　정시 그 안에 포함되었을 것이라고 하였다(위의 논문, p.1088). 그러나 어느
　　주장을 따르든 漢初에 戶律이 존재했음은 분명하다.
46) 熊北生·陳偉·蔡丹, 「湖北雲夢睡虎地77號西漢墓出土簡牘概述」(『文物』 2018-3), p.43.
　　2006年 발견된 雲夢睡虎地77號 西漢墓는 漢文帝 10年(B.C.170)以後 10여년간의
　　것이고, 安陸縣의 官佐 및 陽武鄕 鄕佐로 있었던 사람의 무덤이다.
47) 李振宏, 「蕭何"作律九章"說質疑」(『歷史研究』 2005-3), p.179.

　　五大夫 이하의 伍 편성과 상호 규찰, 里典과 田典의 里門 관리(305-306 簡: 이하 숫자는 簡號), 隸臣妾 이상의 家室이 民里 거주 불허(307), 縣·邑의 문 개폐 규정(308), 不更 이하의 門 숙위 규정(309), 關內侯 이하 司寇, 隱官까지의 전택 지급 규정(310-316), 卿 이상의 戶田의 田租와 芻稾稅 면제 규정(317), 鄕部에서 田宅 지급시의 원칙 규정(爲戶 순서 및 작위)(318), 田宅의 縣官 반납시 거짓 代戶한 자의 처벌(319), 買宅으로 宅을 늘리려 할 경우의 불허규정, 吏 및 宦皇帝者의 舍室 구입허용 규정(320), 田宅 수령 후 매각시 재 지급 불허 규정(321), 戶 계승과 田宅 매매시 鄕部·田嗇夫·吏의 장부 정리 지체시의 처벌규정(322), 田宅을 타인 명의에 의탁한 자 및 타인을 위해 자신의 명의로 田宅을 등록한 자의 처벌 규정(324), 民의 나이 신고 규정(自占年)(325-326), 매년 8월 鄕部嗇夫·吏·令史 등의 호적 작성, 副本의 縣廷 보관 규정, 거주 이전시 戶籍과 年齡, 爵 등을 이주한 곳으로 이관하는 규정(328-330), 民의 宅園 戶籍·年細籍·田比地籍·田合籍·田租籍의 관리 규정(331-336), 民의 祖父母·父母 등이 노비와 馬·羊 및 그 밖의 다른 재물을 나누어 주는 규정(337-339), 後子가 父母·子·同産·主母·叚母에게 (재산을) 나누어 주는 규정(340), 寡夫·寡婦의 歸戶와 입양 규정(342-344), 다른 사람의 妻가 된 자의 戶를 만들 수 없는 규정, 民이 별도로 호를 구성하려고 하는 경우, 모두 8월 戶時에 행하는 규정(345) 등이다.

　　위의 戶律은 編戶와 田宅 賜與 기준, 호적 작성 및 관리 전반에 대한 사항을 규정하고 있다. 戶口 조사과정, 戶籍 관리, 財産分配의 절차 및 爲戶와 歸戶 및 入養의 조건이 담겨 있다. 戶律의 내용은 호적제도와 관련된 것만을 규정한 것은 아니며, 戶律을 후대에는 戶婚律로 부르는 것으로 보아 婚姻 및 相續에 관계되는 법률도 이에 포함되어 있었다.[48]

---

48) 戶律이 전적으로 租稅징수와 軍役·徭役 징발만을 목적으로 한 것은 물론

그런데 앞에서 고찰한 "爲法令約束"의 시점과 관련지어 볼 때 二年律令 戶律의 내용 중에서 가장 중요하다고 생각되는 것은 호적제도의 정비 및 전택지급 규정이라고 할 수 있다. 고조 2년 2월에서 6월까지는 항우와의 전쟁이 매우 긴박한 상황이었다. 高祖는 彭城 전투의 패배와 滎陽 퇴각 후의 접전 과정에서 다수의 병력 손실을 보았다. 부족한 병력을 충원하기 위해서는 정확한 호구 파악이 선행되었어야 했다. 동시에 전란으로 분산된 호구를 정착시키기 위해서는 전택지급이라는 유인책이 필요하였던 것이다. 동시에 章邯세력을 제거함으로써 관중 일대를 완벽하게 장악하였기 때문에 과거 舊秦 지역만이라도 제도적 정비의 필요성이 요구되었다고 생각한다. 이 문제가 蕭何로 하여금 시급히 戶律을 정비할 필요성을 느꼈다고 생각한다.

2. 廐律

雲夢秦律에는 廐苑律과 廐律이라는 律名이 존재하고 있는 것으로 보아 蕭何가 秦의 廐苑律을 계승하고 있다는 것을 알 수 있다. 현재 雲夢秦律에는 廐苑律이 3조 남아있다.

11) 4월, 7월, 10월, 정월에 田牛를 평가한다. 만 일년이 되면, 정월에 大課를 거행하고, 가장 우수한 성적을 받으면 田嗇夫에게 酒 1壺와 건육 10묶음을 하사하며, 소를 사육한 자에게 한 차례 更役을 면제하고, 牛長에게는 勞 30일을 하사한다; 가장 성적이 나쁜 자는 田嗇夫에게 견책을 주고, 소를 사육한 자에게 貲罰 2개월을 내린다. 그 소

아니다. 그러한 점에서 아래의 居延漢簡의 佚文은 주목된다. "☒知之. 當以父先令, 戶律從☒"[中國社會科學院考古硏究所, 『居延漢簡甲乙編』(北京: 中華書局, 1980), (202·10)] 이 簡文의 내용은 전후로 파괴가 심하여 자세한 내용은 알 수 없으나 父親의 遺言(先令)에 의거하여 戶律로써 從事한다는 내용인데, 이는 戶律이 遺言에 의한 相續문제도 규정하고 있음을 추정케 한다.

가 耕田했는데 소의 허리둘레가 수척했다면 일을 주관한 자를 1촌마다 笞 10대를 때린다. 또한 향리에서 검사를 하여, 성적이 가장 우수한 자에게는 田典에게 勞 10일을 하사하고, 성적이 가장 나쁜 자에게는 笞 30대를 때린다. 廄苑律[49]

12) 철제농구를 빌렸는데 낡아서 사용할 수 없거나 훼손된 것은 문서상으로 소모되었다고 보고하고, 원래 물건을 받고 배상시키지 않는다. 廄苑[50]

13) 公牛馬를 데리고 방목할 때, 牛馬가 죽으면 신속히 牛馬가 죽었을 때의 縣에 보고하고, 縣에서는 급히 조사하고 죽은 牛馬를 납입한다. 그 납입한 것이 신속하지 않아 牛馬가 부패하게 되면, 그것이 부패하지 않았을 때의 가격으로 배상하게 한다. 만약 小隷臣이 질병으로 사망하게 되면, 응당 … 처리한다; 만약에 小隷臣이 질병으로 죽은 것이 아니라면 검시문서를 주관 관부에 보고하여 처리한다. 만약 大廄·中廄·宮廄의 馬牛라면 그 힘줄·가죽·뿔 및 고기의 價錢을 납입하고, 牛馬를 방목한 사람을 해당 관부에 보내야 한다. 만약 수레를 끄는 公牛馬인데, 牛馬가 어떤 縣에서 죽었다면, 그 縣에서는 검사를 하고, 그 고기를 모두 판매하며, 그런 후에 근육·가죽·뿔 및 판매한 價錢을 모두 납입한다. 판매한 錢이 규정된 수치보다 적으면, 수레를 끈 사람으로 하여금 배상하게 하고, 주관하는 관부에 보고하게 하며, 주관 관부는 우마를 팔은 縣에 통지하여 장부에서 삭제한다. 매년 縣·都官의 수레를 끈 牛를 한 차례씩 고과

---

49) 『睡虎地秦墓竹簡』, pp.30-31, "以四月、七月、十月、正月膚田牛. 卒歲, 以正月大課之, 最, 賜田嗇夫壺酉(酒)束脯, 爲旱〈皂〉者除一更, 賜牛長日三旬; 殿者, 誶田嗇夫, 罰冗皂者二月. 其以牛田, 牛減絜, 治(笞)主者寸十. 有(又)里課之, 最者, 賜田典日旬; 殿, 治(笞)卅. 廄苑律"

50) 『睡虎地秦墓竹簡』, p.32, "叚(假)鐵器, 銷敝不勝而毀者, 爲用書, 受勿責. 廄苑"

하고, 일 년간 牛가 10마리 이상인데 ⅓이 죽었거나, 10마리 이하이
거나, 수레 끄는 소를 받은 것이 연간 3마리 이상 죽으면 주관하는
관리, 소를 먹이는 吏主者·徒 및 令·丞은 有罪이다. 內史는 縣을 고
과하고, 太倉은 都官 및 소를 받아서 사용한 자를 고과한다. □□[51]

14) 佐를 임명할 때는 반드시 장년 이상의 사람으로 해야 하며, 이제
   막 傅籍에 오른 士伍를 임명해서는 안된다. 苑囿의 嗇夫가 부재라
   면, 縣에서 그 직무를 대리하는 사람을 두어야 하는데, 廐律에 의거
   하여 처리한다. 內史雜[52]

이상 廐苑律의 내용은 馬牛 등 가축의 飼養·放牧의 내용만 들어있
고, 문서의 傳遞·驛站 등과는 무관하다. 이같은 秦의 廐苑律이 漢에 계
승되어 발전되는 과정을 『晋書』 「刑法志」에 기록된 「魏律序略」에서는
다음과 같이 서술하고 있다.

15) 秦代에 廐置·乘傳·副車·食廚의 제도가 있었는데, 漢은 이 제도를 계
   승하고 고치지 않았으나, 후일 경제적으로 비용이 많이 소용되어
   점차 생략하였다. 後漢시대에는 騎置만 존속시키고 車馬를 폐지했
   는데도 廐律에 車馬의 조항이 계속 남아있어 虛設이 되었기 때문에

51) 『睡虎地秦墓竹簡』, p.33, "將牧公馬牛, 馬【牛】死者, 亟謁死所縣, 縣亟診而入之,
其入之其弗亟而令敗者, 令以其未敗直(値)賞(償)之. 其小隷臣疾死者, 告其□□
之; 其非疾死者, 以其診書告官論之. 其大廐、中廐、宮廐馬牛殹(也), 以其筋、革、
角及其賈(價)錢效, 其人詣其官. 其乘服公馬牛亡馬者而死縣, 縣診而雜賈(賣)其
肉, 即入其筋、革、角, 及索入其賈(價)錢, 錢少律者, 令其人備之而告官,官告馬牛
縣出之. 今課縣, 都官公服牛各一課, 卒歲, 十牛以上而三分一死; 不【盈】十牛以
下, 及受服牛者卒歲死三以上, 吏主者、徒食牛者及令、丞皆有罪. 內史課縣, 大
(太)倉課都官及受服者. □□"
52) 『睡虎地秦墓竹簡』, p.106, "秦律十八種 除佐必當壯以上, 毋除士五(伍)新傅. 苑嗇
夫不存, 縣爲置守, 如廐律. 內史雜"

厩律을 폐지하고 사용가능한 조목 중 科에 합치하는 것으로 郵驛令을 제정하였다.[53]

위의 기사는 漢이 秦代의 厩置·乘傳·副車·食廚의 제도를 계승하였으나, 경제적 부담 때문에 점차 줄이다가,[54] 後漢시대에는 騎置만 존속시켰고, 厩律에 폐지된 車馬의 조항이 계속 남아있어 虛設이 되었기 때문에 厩律을 폐지하고 사용 가능한 조목 중 科[55]에 합치하는 것으로 郵驛令을 제정하였다는 것이다. 漢律이 秦 厩律로부터 계승하였다는 항목 가운데 厩置는 馬를 비치해두고 使者의 여행시 驛馬를 교체해주는 驛站에 대한 조항이며, 乘傳은 傳車의 사용에 관한 규정이고, 副車는 後乘(主車를 수행하는 屬車)에 관한 규정이며,[56] 食廚는 여행자에게 음식의 지급을 규정한 것이다.

『晋書』「刑法志」의 「魏律序略」에 열거된 厩置·乘傳·副車·食廚라는 조목에서 볼 때 厩律이 마치 驛站제도만을 규정한 것으로 생각하기 쉽지만, 上記 조목들은 漢 厩律 중 改修·再編되어야 할 것들이므로 厩律

---

53) 『晋書』 卷30 「刑法志」, pp.924-925, "秦世舊有厩置·乘傳·副車·食廚, 漢初承秦不改, 後以費廣稍省, 故後漢但設騎置而無車馬. 律猶著其文, 則爲虛設, 故除厩律, 取其可用合科者, 以爲郵驛令."

54) 『漢書』 卷9 「元帝紀」, p.280, "太僕減穀食馬", p.281, "詔罷黃門乘輿狗馬" ; 『漢書』 卷10 「成帝紀」, p.306, "減乘輿厩馬"라는 일련의 조치는 바로 車馬제도의 점진적 폐지를 나타내는 기사라고 할 수 있다.

55) 본문에 언급한 『晋書』「刑法志」의 科는 沈家本 이래 律令의 副法으로 이해되어 왔으나, 滋賀秀三은 漢代에 科가 존재하지 않으며, 科는 三國 초기 각국이 漢朝에서 전해져온 法律과 구별하여 自國에서 새로이 제정한 法을 의미한다고 주장하였다. 본문의 科는 曹魏의 科로서 曹魏가 漢을 대신하기 이전인 제후국 시기에 魏國 내에의 시행을 목적으로 제정한 법령이었다. [滋賀秀三, 「漢唐間の法典についての二三の考證」(『東方學』 17, 1958), pp.1-3.]

56) 『漢書』 卷57下 「司馬相如傳」, p.2589, "犯屬車之清塵"에 대한 應劭와 師古의 注에는 屬車에 대한 주석이 있다. "古者諸侯貳車九乘, 秦滅九國, 兼其車服, 漢依秦制, 故大駕屬車八十一乘", 師古曰"屬者 言相連續不絶也."

의 本領과 불일치하는 것들이다. 廐置·乘傳과 같은 제도를 시행하는
데는 다량의 馬가 필요하였는데, 이같은 馬와의 관련성 때문에 廐置·
食廚 등의 조목이 廐律에 편입된 것이다.[57] 만약 『晉書』에 기록된 것을
그대로 신봉한다면 廐律은 驛站에 관한 법률이라고 해야 할 것이나, 『唐
律疏議』를 보면 그것이 순수하게 馬牛의 蓄養만을 규정한 것임을 알
수 있다.

> 16) [疏議] 廐庫律은 漢에서 九章律을 제정할 때에 처음으로 廐律을 만들
> 어 더한 것이다. 魏에서는 廐와 관련된 사항을 여러 篇目에 분산하
> 여 편입하였다. 晉에서는 牧畜에 관한 일을 거기에 합하여 廐牧律
> 이라 불렀다. (南朝) 宋에서부터 梁에 이르기까지는 다시 廐律이라
> 불렀다. 北魏(後魏)에서는 太和 年間에 牧産律로 불렀다가 正始 年間
> 에 이르러 다시 廐牧律로 불렀다. 北齊·北周를 거치면서는 다시 명
> 칭을 고친 것이 없었다. 隋의 開皇 연간에 倉庫의 일을 덧붙여 廐庫
> 律로 명칭을 바꾸었다. 廐란 한데 모은다는 뜻이니 말과 소를 모아
> 두는 곳이다. 庫는 舍의 의미로서, 兵器나 갑옷·財貨·布帛을 보관하
> 는 곳이다. 그러므로 齊·魯 지역에서는 庫를 舍라고 하였다. 戶에
> 관한 일이 끝나면 廐庫에 관한 일이 다음이 된다. 그러므로 戶婚의
> 아래에 두었다.[58]

漢에서 唐에 이르는 廐律의 律名 변화과정을 설명하고 있는데, 이
규정들은 廐律이 주로 馬牛의 牧養과 관련이 있음을 보여준다. 아울러

57) 高恒, 「漢律篇名新淺」(『法律史論叢』 1, 1981), pp.150-151.
58) 『唐律疏議譯註』(長春: 吉林人民出版社, 1989), p.533, "[疏議曰 廐庫律者, 漢制九
   章, 創加廐律, 魏以廐事散入諸篇. 晉以牧事合之, 名爲廐牧律. 自宋及梁, 復名廐
   律. 後魏太和年名牧産律, 至正始年復名廐牧律. 歷北齊·後周, 更無改作. 隋開皇
   以庫事附之, 更名廐庫律. 廐者, 鳩聚也, 馬牛之所聚, 庫者, 舍也, 兵甲財帛之所
   藏, 故齊魯謂庫爲舍. 戶事旣終, 廐庫爲次, 故在戶婚之下."

唐律의 廐庫律을 보더라도 그것은 순수하게 馬牛의 牧養만을 규정하고
있을 뿐이며, 오히려 驛站에 관한 규정은 職制律에 규정되어 있다.[59]
따라서 「魏律序略」에 의거하여 廐律을 마치 驛站에 관한 법률이라고만
이해해서는 안될 것이다.

『晋書』「刑法志」에 기록되어 있는 秦代 廐律을 雲夢秦律·二年律令의
律名과 비교하여 보면 廐律이 驛站제도를 규정한 律이 아님은 분명하
게 드러난다. 즉, 「魏律序略」의 항목 가운데 乘傳·副車의 경우 雲夢秦律
에는 구체적인 律名이 나타나지 않았지만, 廐置는 行書律, 食廚는 傳食
律에 규정되어 있다. 이것은 驛站에 관련이 있는 廐置·食廚가 廐苑律과
는 별도의 律에 규정되고 있음을 보여주는 것이며, 또한 4개 항목이
雲夢秦律에서 廐律이라는 律名하에 통합된 것이 아님을 보여주는 것이
다. 이같은 사정은 漢의 廐律에도 마찬가지라고 할 수 있다. 즉, 二
年律令에는 傳食律이 廐律과는 별개로 존재하는데, 이것은 『晋書』「刑
法志」의 廐律에 傳食이 포함되어 있는 것과는 다른 것이다. 또한 이같
은 사실은 廐律의 本領이 순수하게 牛馬의 飼養에 있었음을 말해주는
것이다.

상기와 같이 牛馬의 飼養을 규정한 廐律과 驛站을 규정한 傳食律이
별도로 존재하다가 「魏律序略」이 출현한 시점에서는 통합된 형태로
나타나고 있다. 그 통합의 시점은 二年律令에 이 律名들이 분리되어
나타나는 것으로 보아 漢初가 아니고 이후 어느 한 시점으로 생각된
다. 따라서 漢初 蕭何의 九章律 제정원칙은, 秦律을 分解하여 관련 있

---

59) 唐律의 廐庫律은 "牧畜産死失及課不充", "驗畜産不實", "官馬不調習", "故殺官私
馬牛", "犬傷殺畜産" 등 馬牛를 비롯한 畜産 관련의 규정으로 이루어져 있고,
驛傳과 行書제도는 職制律에 "制書官文書誤輒改定", "驛使稽程", "驛使以書寄
人", "文書應遣驛不遣" 등과 같이 기록되어 있다. 따라서 廐律은 驛傳·文書傳
達보다는 馬牛와 같은 畜産의 飼養을 本領으로 하고 있음을 알 수 있다. 또
한 『唐律疏議附錄』의 「廐庫 第五」에도 역시 "廐蓄畜産, 庫舍器幣, 爲之防限,
以謹國用."이라 하여 廐律이 畜産의 번식을 위주로 한 律임을 밝히고 있다.

는 조항들끼리 어떤 통합된 律名하에 收合한 것이 아니라, 기존의 秦律을 대부분 수정 없이 계승한 것이라고 할 수 있다.

한편 池田雄一은 "秦律의 廐苑律이 漢律에서는 廐律로 律名이 변경되었는데, 이같은 律名上의 변화는 秦代 廐苑律의 내용이 漢代에 들어와 변화되었기 때문"이라면서 다음과 같이 논하고 있다.[60]

> 『漢書』「文帝紀」에는 "太僕見馬遺財足, 餘皆以給傳置"라 하여 帝室의 輿馬인 廐馬 苑馬를 관장하는 太僕의 이름이 景帝 이전인 文帝시에 이미 보이고 있다. 그리고 太僕은 「百官公卿表」에 의하면 "秦官"으로 되어 있는데 … 問題의 驛傳制는 前揭의 「文帝紀」의 "太僕이 보유하고 있는 현재의 馬는 단지 부족하지 않을 정도만 남기고 나머지는 傳置에 보내라."는 기사에서 볼 때 太僕의 조직과는 별도의 존재로 되어 있다. 이것은 漢의 ㉠廐律이 秦制의 通信驛傳體制를 계승했다고 해도 ㉡苑馬를 관장했다고 생각되는 太僕 관계의 직무와는 분리되어 있던 것으로 되며, 蕭何가 秦의 廐苑律의 "苑"字를 삭제하고 다만 廐律로 한 배경에는 漢 廐律의 대상으로 된 馬가 秦律의 경우의 廐苑馬와 다른 관리체계를 취한 것이라는 것을 시사하는 것이다.

池田雄一의 견해는 다음과 같이 분석할 수 있다. 즉, 첫째, 廐律은 通信驛傳體制를 규정한 것이며, 둘째, 苑馬를 규정한 律은 분명히 지적하지 않았지만 廐律은 아니라는 것으로 이해된다.([표 3] 참조)

[표 3] 池田雄一의 廐律 이해

關系律	律의 內容	所管部署
廐律	通信驛傳體制	?
?律	苑馬	太僕

60) 池田雄一, 위의 논문, pp.18-19.

우선 ⓒ의 傳置(驛站)가 苑馬를 관장한 太僕과 별도의 관리체계 하에 있었기 때문에 廐苑律에서 "苑"字를 삭제하고 廐律로 개정했다는 씨의 고찰에 대해 살펴보자. 우선 太僕과 驛傳이 어떠한 관계에 있었는지를 규명하기 위해『漢書』「百官公卿表」의 太僕條를 살펴보자. 太僕 소속의 관부에는 "邊郡六牧師苑令, 各兩丞"이라 하여 苑馬를 飼養하는 牧師苑이 존재하고 있는데, 이것은 서북변경에 모두 36개소가 分置되어 馬 36萬頭를 飼養하였던『漢舊儀』의 牧師諸苑 바로 그것이었다.[61] 또한 馬를 養牧하는 목장은 서북변경에만 설치된 것이 아니라, 長安城과 上林園 내에도 설치되어 있었다. 이상과 같이 漢帝國에는 馬를 사육하고 번식시키는 "馬苑"이 존재하였는데, 池田雄一이 그것을 太僕의 소관 업무에 해당한다고 이해한 점에 대해서는 필자 역시 이견이 없다.

苑馬를 관장하는 太僕의 속관에 馬苑이 존재하였다면, 廐苑律에서 "苑"字를 제거해 廐律로 한 것은 단순히 律名의 簡略化에 불과한 것으로 밖에는 생각되지 않는데, 池田雄一이 廐律과 太僕의 관계를 분리시키는 것은 쉽사리 수긍할 수 없다. 이같은 池田의 견해는 廐律이 단지 驛傳通信體制만을 규정한 것으로 이해했기 때문에 발생한 오해라 생각되는데, 앞서 고찰한 바와 같이 驛傳通信을 규정한 것은 오히려 行書律이었다. 차라리 池田이 秦의 廐苑律에서 "苑"字를 삭제한 이유로서 太僕의 업무 가운데 牧場을 의미하는 "苑"의 폐지에서 구하였으면 설득력을 가질 수 있을 것이나, 이같은 가능성도 앞서의 「百官公卿表」에서 확인했듯이 太僕의 아래에는 邊郡牧場(苑)이 존재했기 때문에 존립할 가능성이 없다고 생각된다. 또한 廐苑律에서 언급된 大廐·中廐·宮廐 가운데에서 大廐는 太僕의 속관이며, 中廐는 皇后의 車馬가 所在하는 곳이다.[62]

---

61) 『漢書』卷19上「百官公卿表」, p.729; 趙夢涵, 「西漢的養馬業」(『中國社會經濟史研究』 1987-4), p.91.

62) 『漢書』卷19上「百官公卿表」, p.729, "太僕, 秦官, 掌輿馬, 有兩丞. 屬官有大廐,

다음으로는 驛傳이 과연 어느 官府의 직무였는지에 대해서 고찰해
보기로 한다. 驛傳은 丞相이 총괄하고 기타 여러 官府에서도 그 임무
상 驛傳과 관련을 가지고 있다. 예컨대 少府의 尙書令과 符節令은 章奏
의 上達과 詔書의 下達을 관장하기 때문에, 大鴻臚는 賓客의 朝覲을 담
당하기 때문에, 御史大夫는 使者의 郵傳 사용시 "封傳"을 관장하기 때
문에, 太尉 소속의 法曹는 郵驛이 군사와 관련된 통신업무이기 때문에
각각 驛傳과 밀접한 관련을 가지고 있다.[63] 그중에서도 驛官의 令丞을
하급속료로 거느린 大鴻臚야말로 郵傳 사무를 총괄한 책임자였다.[64]
그러나 傳舍와 亭의 長에 대한 任免權은 지방행정장관인 郡太守와 縣
令의 수중에 있었으며, 太守府에는 督郵가 있어 郵傳을 관리하였다.[65]
督郵는 "本以主郵書爲職, 因得糾劾長吏耳."라 하여 郵傳의 업무를 감독
하였다. 따라서 池田雄一의 지적대로 驛傳의 관할은 太僕과는 무관하
고, 中央에서는 丞相이 총괄하고 아울러 유관부서에서 각각 관할하며,
지방에서는 郡太守와 縣令이 관할한 것이라고 할 수 있다. 그러나 驛
傳이 太僕과는 무관하더라도, 驛傳은 廐律의 중심내용이 아니라는 앞
에서의 고찰을 상기할 필요가 있다.

그런데 池田雄一이 간과한 한 가지 중요한 사실이 있다. 즉, 그는
太僕 소속의 馬가 오로지 皇帝의 御用에만 사용되고 있는 것으로 파악
한 듯한데,[66] 그러나 漢帝國이 필요로 하는 대부분의 騎馬는 太僕에

未央、家馬三令, 各五丞一尉.";『漢書』卷63 「武五子傳」, p.2743, "師古曰:中廐,
皇后車馬所在也."

63) 劉廣生,『中國古代郵驛史』(北京: 人民郵電出版社, 1986), pp.52-53.
64) 高敏,「秦漢郵傳制度考略」(『歷史研究』1985-3), p.69.
65) 劉廣生, 위의 책, p.53.
66) 池田雄一이 "帝室의 輿馬인 廐馬 苑馬를 관장하는 太僕", "太僕이 보유하고
있는 현재의 馬는 단지 부족하지 않을 정도만 남기고 나머지는 傳置에 보
내라."는 견해는 太僕 관장의 馬가 帝室御用만으로 공급된 것으로 이해했
기 때문인데, 이것은 큰 오류라고 생각된다. 이미 加藤繁이 규명한 바와 같
이 國家財政은 大司農, 帝室財政은 少府 및 水衡都尉가 각각 관장하였다. 大

소속된 馬苑으로부터 보급받은 것이므로,[67] 太僕과 驛傳體系가 전혀 무관하다고만 볼 수는 없다. 또한 지방 郡縣에서 馬政을 담당한 馬丞은 평소 驛傳계통에 編制되어 통신업무를 담당하다가 戰時에는 기병에게 戰馬를 제공한 것으로 볼 때,[68] 郵驛계통과 太僕계통이 명확히 분리되기는 하지만 驛馬와 戰馬의 징발·사용에 있어서는 상호 借用관계가 존재하였다. 결론적으로 馬의 번식과 사육에 관한 총체적인 업무는 太僕이 관장하지만 馬苑에서 사육된 馬는 軍馬와 驛馬로서 공급되었던 것이다. 馬苑은 馬사육과 밀접한 관련을 갖기 때문에 太僕과 馬苑은 불가분의 관계에 있으며, 廐苑律에서 "苑"字를 삭제한 것은 省略에 불과하다고 생각된다. 또한 驛傳의 管掌업무는 여러 官府로 분산되어 있었다고 하더라도 驛馬의 최종적 管理는 해당 郡縣의 官吏들이 담당한다고 할 수 있다.

다음으로 ㉠의 廐律이 通信驛傳體制를 규정한 것이라는 그의 고찰에 대해 살펴보자. 秦漢律에서 驛傳체제를 규정한 것은 廐律이 아니라 行書律·傳食律이라는 점이며, 이것은 唐律에서도 일관되게 계승되었다. 다시말해서 太僕이 관장한 馬의 사육과 번식은 廐律에, 郵傳·驛馬의 管理는 行書律·傳食律에 규정되어 있었다는 점이다. 漢初의 律은 그 律名과 內容面에서 秦律과 큰 차이가 없다고 생각되는데, 廐律·行書律·傳食律의 관계가 아래의 表에 표시되어 있다.

司農의 재정 관할권에 소속된 太僕은 太廐·未央·路車令 및 서북의 36苑에서 馬를 牧養하여 주로 軍國用으로 공급하였고, 帝室 御用에 필요한 馬는 별도로 水衡의 六廐(成帝 때 폐지)와 黃門의 廐에서 飼養되어 공급되었다. 그리고 太僕의 馬 중에서 우수한 것만을 골라 少府, 水衡에 보충하는 경우도 있었을 것이나, 太僕은 본래 軍國用의 馬를 관장하는 것이지, 池田雄一의 견해처럼 帝室의 용도를 위해 馬를 牧養하는 것은 아니다. 加藤繁, 「漢代に於ける國家財政と帝室財政との區別並に帝室財政一斑」, 『支那經濟史考證』(東京: 汲古書院, 1952), pp.36-37, 96-100.

67) 龔留柱, 「秦漢時期軍馬的牧養和徵集」(『史學月刊』 1987-6), p.11.

68) 같은 논문, p.11.

[표 4] 廐律·行書律·傳食律의 관계

雲夢秦律	二年律令
廐苑律	없음
廐律	없음
行書律	行書律
傳食律	傳食律

위의 표에서 알 수 있듯이 雲夢秦律과 二年律令 중에서 行書律과 傳食律은 律名上 완전히 일치하며, 다만 秦律의 廐苑律과 廐律에 해당하는 것은 누락되어 있다. 二年律令이 呂后 2年(B.C.186)이전의 것이라는 것을 고려한다면, 이것은 高祖 2年(B.C.205)으로부터 19년 정도가 지난 시점의 것이기 때문에 蕭何의 九章律이 크게 변모하지 않았다고 보아도 큰 잘못이 없을 것이다. 이처럼 二年律令에는 廐律 외에 별도로 文書受發과 驛傳에서의 食事·宿泊에 관한 行書律과 傳食律이 규정되어 있는 것으로 볼 때 池田雄一이 驛傳체제를 규정한 것이 廐律이라고 이해한 것은 잘못된 것이라 생각된다.

秦律과 九章律 사이의 律名 계승에는 큰 차이가 없는데도 유독 廐苑律의 경우만 廐律로 변경시켰다고 파악한 池田雄一이 간과하고 있는 것은, 秦律에서는 廐苑律이라는 律名만 존재하는 것이 아니라, 그것을 簡稱하여 廐律이라 부르고 있는 점이다. 따라서 九章律에서는 이 두 가지 律名중에서 廐律이라는 것을 택했을 가능성이 있다. 또한 다음과 같은 추정도 가능할 것이다. 『續漢志』에 보면, 後漢時代에 들어가서 河西六郡界中에 있던 牧師菀이 폐지되었다는 것을 말해주는데, 養馬하는 목장이 없어지게 됨에 따라 "菀"字가 생략되어진 것이 아닐까 하는 추정을 할 수도 있다.[69]

그러면 왜 蕭何가 廐律의 제정에 힘쓰지 않으면 안되었을까? 그 첫 번째 이유로는 廐律이 戰鬪에 사용되는 牛馬를 蓄養하는 軍馬牧場,

---

69) 『後漢書』「百官志」25, p.3582, "又有牧師菀, 皆令官, 主養馬, 分在河西六郡界中, 中興皆省, 唯漢陽有流馬菀, 但以羽林郎監領."

驛傳通信業務에 필요한 馬의 공급과 관련된 律이었기 때문인 것으로 생각된다. 國家가 畜養하는 牛馬는 관리들의 乘馬·農業·運送 및 戰馬·驛馬로 사용되었다. 특히 牛馬는 通信驛傳과 軍需物資輸送에 절실히 요구되는 기동성을 가지고 있는 戰略物資였으므로, 楚漢戰爭을 배후에서 지원해야 하는 蕭何에게 厩律의 재정비가 절실히 필요하였고, 漢帝國의 기본법인 九章律의 一篇目으로 算入한 것으로 생각된다.

두 번째 이유로는 "天子부터 醇駟(같은 털 색깔의 말 4필)를 구할 수 없었고, 將相은 혹 牛車를 타거나 했다."[70]는 기사에서 알 수 있듯이 馬의 절대적 부족에 있다고 할 수 있다. 이 상황은 秦末·漢初의 전쟁과 혼란으로 인하여 馬의 수요에 공급이 미치지 못해 발생한 것으로, 심지어 馬 1匹의 가격이 百金이나 되는 지역도 있었다. 이처럼 馬가 절대 부족한 상황에서 民間의 馬 징발규정을 포함한 馬의 效率的 管理가 필요한 것은 당연하며, 그에 따라 蕭何의 厩律이 제정되었다고 할 수 있다. 이같은 馬 부족현상은 계속되어 景帝시 馬苑의 확장정책이 나온 후에도 해소되지 않았다. 匈奴와 대대적인 전투가 진행되는 武帝시기에는 더욱 심각해졌기 때문에 私馬를 징발하여 官馬의 부족을 보충하였고, 匈奴에 대해 계속적인 공세를 가하지 못한 데에는 馬의 부족에도 한 가지 원인이 있었다.[71]

景帝시의 馬苑 확장에 대해 『漢書』「食貨志」에는 "비로소 말을 키우는 馬苑을 만들어 씀씀이를 넓혔다(始造苑馬以廣用)"라 하여 마치 漢代에 들어와서 馬苑을 최초로 설치한 듯이 기록하고 있으나, 『史記』「平準書」에서는 "益造苑馬以廣用"이라 하여 기존의 苑馬제도를 확대하였다고 하였다. 이 두 가지 기록 중에서 『漢書』「食貨志」의 기록이 대체로 『史記』「平準書」를 거의 그대로 轉載한 것이 많다는 점에서 보면

---

70) 『漢書』 卷24上 「食貨志」, p.1127, "自天子不能塞醇駟, 而將相或乘牛車."
71) 『漢書』 卷55 「衛靑霍去病傳」, p.2488, "兩軍之出, 塞閱官及私馬凡十四萬匹, 而後入塞者不滿三萬匹."; p.2490, "自靑圍單于後十四歲而卒 竟不復擊匈奴者 以漢馬少."

『史記』쪽의 기록이 사실에 가까울 것으로 생각된다. 그리고 『漢書』에서 "始"字를 붙인 것은 漢代에 들어와서 최초로 馬苑을 설치했다는 의미이다. 과연 그렇다면 秦으로부터 승계한 官營牧場의 행방이 의문시되기 때문에 그 기사는 신빙하기 곤란하고, 『史記』의 기사와 같이 秦으로부터 接受한 官營牧場을 景帝 때 보다 더 확충하여 국가의 용도에 이용하게 했다는 것으로 이해해야 할 것이다.

앞에서도 언급한 바와 같이 蕭何는 秦律 중에서 시의적절한 것만을 취사선택하여 事律을 제정하였는데, 이때의 제정과정은 완벽성을 기하지 못하고 많은 허점을 보였던 것으로 생각된다. 즉 雲夢秦律에는 현재 廐苑律의 조문이 3조 남아 있으나, 廐苑律 이외에도 牛馬에 관한 규정은 여기저기에 散見한다. 예컨대 「內史雜」의 廐律・傳食律・行書律 등은 내용상으로 볼 때 모두 廐苑律에 포함되어져야 할 것이다. 예컨대 「傳食律」이 그 경우이다. 雲夢秦律에는 傳食律이 3조 보이고 있는데 그 내용은 驛傳에서의 飮食지급을 규정한 것으로 내용면에서 본다면 그것은 의당 廐苑律에 포함되어야 할 것이라고 생각된다. 비록 『晋書』「刑法志」에서는 廐律에 秦律의 傳食律을 의미하는 "食廚"가 포함되어 있으나, 二年律令에는 傳食律이 독립된 律名으로서 나타나는 것을 볼 때 漢初의 九章律에는 傳食律이 廐律내로 통합되지 않았다는 것을 알 수 있다. 食廚에 관한 「傳食律」은 『晋書』「刑法志」에 기록된 바와 같이 후일 어느 시점에서 廐律에 통합되었던 것이다. 廐苑律에 牛馬에 관한 규정들이 통합되어 있지 않은 점은 아직 秦律이 구성면에서 고도의 집중성을 구비하지 못했다는 것을 말해준다.

3. 興律

二年律令이 출토하기 이전에는 興律이라는 律名이 漢代의 기록에 全無하고,[72] 『晋書』「刑法志」에 九章律의 하나로서 거론하고 있는 것이

최초의 기록이었다. 雲夢秦律에도 興律이라고 하는 律名이 보이지 않
았다. 그후 二年律令에 興律이 확인되고, 嶽麓秦簡에도 興律이 발견됨
으로써 興律은 秦律과 漢律이 계승과정에 있었음이 밝혀지게 되었다.

"興"의 의미는 『唐律疏議』에 의하면 軍隊·徭役人衆의 徵募召集이라고
정의할 수 있다.

> 17) [疏議] 擅興律은 漢 丞相 蕭何가 처음으로 興律을 만들었고, 魏代에
> 擅事를 덧붙여 擅興律이라 이름한 것이다. 晋代에는 다시 擅字를
> 떼어 興律이라고만 하였다. 北齊 때에 다시 고쳐 興擅律이라 한 것
> 을 隋 開皇 때에 고쳐 擅興律이라 한 것이다. 비록 제목에 증감이
> 있고, 때에 따라 이어받고 바꾼 것은 있지만, 그 취지와 의의를 더
> 듬어 보면 한 가지이다. 국가의 大事는 軍戎에 있으니, 그에 대한
> 법령을 제정하여 국가 방위에 대비한다. 廐庫의 (일이) 갖추어진
> 다음에는 반드시 예상치 못한 사변에 대비하여야 하므로 군사에
> 대한 논술(擅興律)을 廐庫律의 다음 차례로 하였다.[73]

위의 글은 蕭何의 興律제정 사실과 그 이후의 변화과정을 밝혔는
데, 여기에서 주목할 것은 "국가의 大事는 軍戎에 있으니, 그에 대한
법령을 제정하여 국가 방위에 대비한다."고 했듯이 興律 제정의 취지

---

72) 단지 興律이라는 律名이 漢代의 기록에 보이지 않는다는 의미인데, "擅斥
　　除騎士, 乏軍興, 數罪"(『漢書』 卷76 「趙廣漢傳」, p.3205) "有不到者, 皆以乏軍興
　　論."(『後漢書』 卷3 「章帝紀」, p.143) 등의 기록에 兵源의 징발에 "興"이라는
　　용어가 사용된 것은 "軍興律"의 의미이기 때문에 興律의 존재는 분명하다.
　　秦律에 "興"이라는 용어가 보이는 것으로 보아 秦代에도 동일한 용법으로
　　사용되었을 것으로 추정된다.

73) 錢大群 撰, 『唐律疏議新注』, p.509, "[疏議曰, 擅興律者, 漢相蕭何創爲興律. 魏
　　以擅事附之, 名爲擅興律. 晋復去擅爲興. 又至高齊, 改爲興擅律. 隋開皇改爲擅
　　興律. 雖題目增損, 隨時沿革, 原其旨趣, 意義不殊. 大事在於軍戎, 設法須爲重
　　防. 廐庫足訖, 須備不虞. 故此論兵次於廐庫之下."

가 유사시의 병력동원에 있다는 사실이다. 『唐律疏議』의 附錄에도 興律을 "興戎動衆"이라고 정의하고 있는데,[74] 이것 역시 군대를 일으키고 人衆을 징발한다는 의미이다. 또한 『唐律疏議』에 보이는 총 24개의 조목을 조사해보면 모두 軍事와 관련된 사항으로 이루어져 있음을 알 수 있다.[75] 이상의 唐律의 정의로 볼 때 興律은 "軍戎", "興戎動衆"에 관한 軍事動員令이라고 할 수 있다.

위의 『唐律疏議』에 의하면 興律의 명칭은 누차 변동하였으나 그 본래의 제정 목적에는 변동이 없었다고 하였다. 秦漢의 興律 역시 "軍戎", "興戎動衆"이라는 취지에서 성립된 律이었는지를 조사해 볼 필요가 있다. 雲夢秦簡을 조사해 보면 興律과 관련 있는 다음과 같은 조항들이 있다.

18) 都邑에서 요역을 하거나 官府의 업무로 官舍에 머물 때 官物을 빌린 자가 사망하면 徒와 舍人이 책임지게 하는데, 그 책임을 지는 것은 興戎의 경우에 準한다. 工律[76]

19) 朝廷의 요역 징발시 불참하면 貲二甲에 처하고 날짜를 어긴 것이 3일에서 5일이면 견책에 처하고, 6일에서 10일까지는 貲一甲이다. … 비가 오면 興(징발)을 면제한다. … 縣에서 禁苑과 公馬牛苑을 보수할 때 徒를 興(징발)하여 참호·담장·울타리를 만들고 보수하며, 곧 苑吏에게 보고하면 苑吏는 순시한다. 徭律[77]

---

74) [宋] 孫奭, 『律附音義』(上海, 上海古籍出版社, 1984), p.253, "擅興第六, 興戎動衆, 爲國大事. 三(王)者制以取重, 人臣理不得專故設此法以防之."

75) 唐 擅興律의 내용을 모두 열거할 수 없지만 간단히 몇 가지만 들어보면, (1) 규정에 의거하지 않고 發兵했을 때의 처벌규정, (2)전쟁에 필요한 물자의 供給에 관한 규정, (3)兵符의 발급 규정, (4)衛士의 선발이 불공평할 때의 처벌규정, (5)征人의 이름을 대신한 자에 대한 처벌규정, (6)乏軍興에 대한 처벌규정 등 군사관계의 조목들로 구성되어 있다.

76) 『睡虎地秦墓竹簡』, pp.70-71, "邦中之縣(徭)及公事官(館)舍, 其叚(假)公, 叚(假)而有死亡者, 亦令其徒·舍人任其叚(假), 如從興戎然."

20) 百姓 가운데 모친 및 동생이 隷妾으로 되어 있는데, 본인이 유배죄
   (謫罪)가 아니면서 5년간의 변경경비(冗邊)를 자원하고자 한다면,
   그 날짜로서 병역기간(興日)을 제하지 않고, 한 사람을 庶人으로 면
   하게 하는 것을 허락한다. 司空[78]

이상의 工律·徭律·司空(律)에 "興"이라는 用語가 사용되고 있는 것
으로 볼 때 "興律"이라는 律名은 보이지 않으나 "興"이라고 하는 개념
은 이미 출현했던 것으로 생각된다. 그 興의 개념은 과연 唐律의 것과
일치하는 것인가? 우선 18)은 요역에 종사한 자에 興戍에 관한 규정을
援用한 것이므로 徭律과 興律이 별도로 존재했을 가능성을 시사하며,
19)의 興은 徵發의 의미를 가지며, 그 대상은 일반 人民과 刑徒를 가리
키는 것이고, 20)에서의 興은 군사적인 복무기일을 의미하는 것이다.
이로 볼 때 興은 요역 징발과 병역 징발의 두 가지 종류로 대별되며,
이것은 唐律의 "興"개념과 일치한다고 할 수 있다.[79]

雲夢秦簡의 단계에서는 秦律에 興律이 존재했었는지, 아니면 蕭何
가 興律을 새로이 제정한 것인지 분명하지 않았다. 그러나 二年律令과
嶽麓秦簡에 興律이 확인되면서 漢代 興律은 秦代의 것을 승계했음이
확인되었다. 아래에 二年律令의 興律(396-406簡)과 嶽麓秦簡의 興律을
예시해보도록 하자.

---

77) 같은 책, pp.76-77, "御中發徵, 乏弗行, 貲二甲. 失期三日到五日, 誶; 六日到旬,
   貲一盾; 過旬, 貲一甲. … 水雨, 除興. … 縣葆禁苑、公馬牛苑, 興徒以斬(塹)垣離
   (籬)散及補繕之, 輒以效苑吏, 苑吏循之. 徭律"
78) 같은 책, p.91, "百姓有母及同牲(生)爲隷妾, 非適(謫)罪毆(也)而欲爲冗邊五歲,
   毋貲(償)興日, 以免一人爲庶人, 許之. 司空"
79) 唐律의 擅興律에 "諸被差充丁夫·雜匠, 而稽留不赴者, 一日笞三十, 三日加一等,
   罪止杖一百"(錢大群 撰, 『唐律疏議新注』(南京: 南京師範大學出版社, 2007), p.546)
   이라는 규정은 요역에 丁夫와 雜匠을 징발하는 규정인데, 이로 볼 때 擅興律
   역시 軍興과 興 모두를 규정했음을 알 수 있다. 그러나 唐 擅興律은 軍興의
   규정이 대부분을 차지하고 있으며, 興도 군사와 관련된 것이 많다.

21) 縣·道의 관에서 취조한 死罪 및 과실·유희로 살인한 사안은 (취조
한) 조서가 이미 갖추어졌더라도 논죄해서는 안 되고, 조서를 (현·
도가) 소속된 이천석관에게 올린다. 이천석관은 공평무사한 都吏
에게 조서를 다시 조사하게 해서 이천석관에게 보고하도록 한다.
이천석관의 승은 신중히 (都吏가 보고한 내용을) 심사하여 논죄하
고는 현·도의 관에 고하여 사건을 처리하도록 한다. 徹侯의 읍에서
는 소재한 군의 군수에게 해당 사안을 올린다.[80]

22) 수자리를 서야 하는데 이미 명령을 받고도 달아나서 (임지로) 가
지 않은 것이 만 7일이거나, 수자리를 서면서 몰래 초소를 이탈하
거나 도망한 것이 만 1일 이상 7일까지는 贖耐에 처한다. 만 7일이
넘으면 耐爲隷臣이다. 3개월이 넘으면 完爲城旦이다.[81]

23) 긴급한 일로 급히 동원되었지만, 도망하여 가지 않은 경우 完爲城
旦으로 처벌한다.[82]

24) □□斬左趾爲城旦.[83]

25) 요역에서 도망하거나 수레와 소를 요역에 동원해야 하는데 내지
않으면 모두 하루에 벌금 12전을 부과하며, 또 요역에서 도망간 날
짜만큼 배상시킨다. 車◪[84]

---

80) 『張家山漢墓竹簡』, p.186, "縣道官所治死罪及過失、戱而殺人, 獄已具, 勿庸論,
上獄屬所二千石官. 二千石官令毋害都吏復案, 問(聞)二千石官, 二千石官(396)丞
謹讞, 當論, 乃告縣道官以從事. 徹侯邑上在所郡守.(397)"

81) 같은 책, p.186, "當戍, 已受令而逋不行盈七日, 若戍盜去署及亡過一日到七日,
贖耐; 過七日, 耐爲隷臣; 過三月, 完爲城旦.(398)"

82) 같은 책, p.186, "當奔命而逋不行, 完爲城旦.(399)"

83) 같은 책, p.186, "□□斬(?)左(?)止(趾)(?)爲城旦.(400)"

26) 徭(?)日(?)▨(402)[85]

27) 罰로 날짜 및 錢數가 있는 者[86]

28) 변경의 徼에 올라 경계를 서는데, 도망한 사람이 그 초소(관할 구역)를 통과하여 출입한 것을 발각하지 못했다면 벌금□▨이다.[87]

29) 봉수를 지키는 것에 가지 않거나, 적을 보고도 과실로 봉수(燔燧)를 올리지 못했거나, 봉수를 올렸지만 다음 봉수대에서 호응하지 못했다면, 모두 벌금 4량이다.[88]

30) 興律에 이르기를, 무릇 문서에서 회신을 구하는 경우, 모두 고하도록 하고 어느 曹에서 발송해야 하는 지를 서명하게 하며, 曹에 고하지 않았다면 회답할 때 답서에 서명하게 하는데 고할 때 서명하지 않았거나, 서명하고 돌려보냈는데도 고하지 않거나, 서명하지 않는 경우, 각 貲 1甲이다.[89]

31) ▨□ 縣·道의 官에 내려보냈는데 治罪하지 않거나 구류해놓고 治罪하지 않았다면 5일이 차면(5일이 되면) 貲 1盾이고, 5일에서 10일까

---

84) 같은 책, p.187, "乏徭及車牛當徭而乏之, 皆貲日十二錢, 有(又)賞(償)乏徭日, 車 ▨(401)"
85) 같은 책, p.187.
86) 같은 책, p.187, "▨罰有日及錢數者.(403)"
87) 같은 책, p.187, "乘徼, 亡人道其署出入, 弗覺, 罰金□▨(404)"
88) 같은 책, p.187, "守隧(燧)乏之, 及見寇失不燔隧(燧), 燔隧(燧)而次隧(燧)弗私 〈和〉, 皆罰金四兩.(405)"
89) 陳松長 編, 『嶽麓書院藏秦簡(肆)』(上海: 上海辭書出版社, 2015), p.161, "興律曰: 諸書求報者, 皆告, 令某曹發, 弗告曹, 報者署報書中某手, 告而弗署, 署而環 (還)及弗告, 及(281/0798) 不署手, 貲各一甲.(282/0794)"

지는 貲 1甲이고, 10일에서 20일까지는 貲 2甲이고, 그 후 10일이 지
나면, 즉시 1甲씩 부과한다.[90]

21)-29)의 二年律令의 興律은 縣·道의 관에서 취조한 死罪 및 과실·
유희로 살인한 사안의 조서를 이천석관에게 올리고 재조사하는 문제,
수자리 명령을 이행하지 않은 것의 처벌, 奔命으로 동원된 자가 도망
했을 때 完爲城旦으로 처벌하는 규정, 요역과 수레·소의 동원에 빠진
경우의 하루 벌금 12전 부과 규정, 변경의 徼 경계중 도망자가 관할
구역 통과시 발각하지 못했을 때의 벌금 규정, 봉수 규정을 지키지
않은 규정에 대한 처벌 규정 등이다. 이 내용은 예상대로 戍와 奔命의
불이행, 乏徭, 乘徼와 烽燧, 그리고 上獄의 규정들로 구성되어 있다.

30), 31)은 嶽麓秦簡의 興律인데, 문서의 회신에 어느 曹에서 답하는
지와 서명 및 서명하지 않았을 때의 처벌규정, 縣·道의 官에 범죄인을
내려보냈을 때 治罪하지 않고 구류한 기간에 따라 貲罰을 규정한 내
용이다. 興律과는 다소 무관한 내용이라고 할 수 있다. 21)도 興律의
본령에서 벗어난 내용으로 생각되는데, 『晋書』 「刑法志」에서 언급한
바 있는 "上獄"으로 생각되는 내용이다.

『晋書』 「刑法志」에 기록된 漢 興律의 조항으로는 "上獄", "考事報讞",
"擅興徭役", "乏徭", "稽留", "烽燧"가 있는데, 이 항목들을 고찰함에 있어
주의하여야 할 것은 아래의 [표 5]에 보이는 바와 같이 비록 興律에 포
함되어 있기는 하나, 魏新律에서 이 조항들을 별도의 律로 재편성할
만큼 興律의 本意와 遊離되어 있다는 점이다. 따라서 이 조목들이 그
대로 곧 興律의 本領 그 자체라기보다는, 興律과의 관련성으로 인해
興律에 포함되어졌다고 이해해야 할 것이다. 漢 興律의 조목들은 魏新

90) 같은책, p.162, "☒□下縣道官而弗治, 毄(繫)人而弗治, 盈五日, 貲一盾; 過五日到
十日, 貲一甲; 過十日到廿日, 貲二甲; 後有盈十日, 輒駕(加)一甲.(283/J14)"

律에서는 각각 별개의 律에 再編成되는데 그것은 다음의 表와 같다.

[표 5] 興律 조목의 변화

漢律		魏新律
興律	上獄 考事報讞	繫訊斷獄律
	擅興徭役	興擅律
	乏徭 稽留	乏留律
	烽燧	驚事律

『晉書』「刑法志」에 기록된 興律의 조목들은 이미 沈家本이 분석해 놓은 바 있는데, "上獄"은 21)의 율문과 같이 縣·道의 관에서 취조한 死罪를 이천석관에게 올린다는 내용으로 생각된다. "考事報讞"은 지방 郡國에서 재판한 罪囚의 재심을 위하여 訊問·拷問하는 규정이고, "擅興徭役"은 民의 사역시 규정에 의거하지 않고 임의로 사역시킬 때 처벌을 규정한 것이며, "乏徭"는 雲夢秦律에도 규정이 있는데, "乏"은 廢의 의미로서 요역에 복역하지 않고 도망하는 것을 가리키며 二年律令의 25)가 이에 해당한다. "稽留"는 魏新律에 乏留律로 변경된 것으로 보아 요역에 징발된 후 지정된 지점에 정해진 시각에 도착하지 않는 것을 가리키는 것으로 22)가 그것이라고 생각된다.[91] "烽燧"는 魏新律에서 "驚事律"에 포함된 것으로, 변방의 戍에 징집된 자들을 파견하였기 때

---

91) 『唐律疏議』의 擅興律에는 稽留에 대해 정확한 해석을 내릴 수 있는 조항이 있다. 즉, "231, 謂名已從軍, 兵馬並發, 不卽進路而致稽留者, 一日杖一百, 二日加一等, 二十日絞, 謂從軍人上道日計滿二十日."(錢大群, 『唐律疏議新注』, pp.524-525)이라는 규정에서 稽留의 의미는 병사가 이미 종군한 것으로 되어 있는데 종군하지 않았거나, 병사와 군마가 즉시로 출발하지 않아 늦어진 것을 말한다. 師古도 "律有乏興之法, 謂官有所興發而輒稽留, 闕乏其事也."[史游, 『急就篇』(長沙: 嶽麓書社, 1989), p.311]라 하여 官府에서 징발했으나 출발하지 않아 役에 불참한 것의 의미로 해석하였다.

문에 興律에 포함되었을 것인데, 29)가 이에 해당한다.

이상에서 고찰한 바와 같이 興律에는 軍興과 徭興에 관련된 규정도 있지만, 司法과 관련된 "上獄", "考事報讞" 등 刑獄·訊問의 裁判手續法 조항이 존재하는 것은 興律이 百姓과 刑徒를 이용하여 요역·군역을 시행하였기 때문이다. 秦漢시대에는 土木事業을 관장하는 官署가 동시에 獄을 관장하였으며, 이곳에 수용된 刑徒들은 城垣·禁苑·邊境要塞의 축조공사와 같은 요역에 동원되었다. 예컨대 秦의 土木을 관장하는 邦司空·縣司空은 토목사업을 관장하는 官府였으며, 秦 徭律에 "興徒"라고 한 것은 바로 이같은 刑徒의 동원을 의미하는 것이다. 興律이 이같이 刑徒의 동원을 규정한 것이라는 점과 蕭何가 九章律을 제정한 시점이 楚漢戰爭 중인 高祖 2年이라는 사실을 고려할 때, 興律제정의 목적은 역시 楚漢戰爭 수행과 櫟陽에 起役한 궁궐신축 등에 필요한 병력과 노동력의 확보에 있었다고 할 수 있다.

九章律 중 3개 事律은 漢初의 통일전쟁을 수행하는 과정에서 현실적 필요에 의해 제정된 것으로 생각되며, 이같은 현실적 필요성은 李悝 이래 지켜져 온 刑法을 위주로 한 기본법으로서의 六律에 事律이라는 行政法을 추가시키는 획기적 전환을 가져오게 되었다. 이것은 중국 고대 법제사상 하나의 중대한 변형이며, 이같이 일시적인 필요에 의해 刑法과 行政法을 혼합시킨 형법원칙의 왜곡 현상은 그후 晉 泰始律에 이르러 律에는 형법이, 슈에는 행정법만이 규정되게 됨으로써 해소되는 것이다. 그리고 새로이 추가된 事律 3篇의 律은 秦律을 그대로 계승했던 것이라고 생각된다. 이상에서의 고찰은 주로 3事律을 주된 대상으로 했기 때문에 蕭何가 九章律 이외에는 법령을 제정하지 않았을 것이라는 오해도 생길지 모르겠다. 그러나 二年律令에 보이는 律名은 蕭何 제정의 법령이 九章 이외에도 적지 않았음을 보여준다.

V. 漢律에서의 九章律의 위치

蕭何가 楚漢戰爭 와중에 제정한 九章律은, 關中 일원의 호적제도 정비, 토지지급, 高祖의 전쟁수행 지원을 목적으로 급조된 것이므로 상당수의 秦律이 수정 없이 그대로 계승되었을 것으로 보인다. 秦律과 漢律의 계승 정도는 역시 律令 사료의 부족으로 확연히 파악하기는 불가능하나, 雲夢秦律과 『漢書』에 보이는 각종 자료를 통하여 많은 부분이 계승되었음을 알 수 있다.

32) 內公孫이 無爵者인데 贖刑시에 公士에 준해서 贖耐할 수 있는가 아니면 없는가? 준해서 할 수 있다.[92]

33) 上造以上 및 內外公孫耳孫이 有罪로 刑 및 城旦舂이 된 자는 모두 耐爲鬼薪白粲이다.[93]

34) 무엇을 "宦者顯大夫"라고 하는가? ●仕宦하여 王이 알거나 六百石吏以上을 모두 "顯大夫"라고 한다.[94]

35) 爵 五大夫와 吏 六百石 以上 및 황제에게 仕宦하여 이름을 알고 있는 자가 有罪로 械를 채우는 것에 해당하는 자는 모두 繫되는 것을 면제한다.[95]

---

92) 『睡虎地秦墓竹簡』, p.231, "內公孫無爵者當贖刑, 得比公士贖耐 不得? 得比焉."
93) 『漢書』 卷2 「惠帝紀」, p.85, "上造以上及內外公孫耳孫有罪當刑及當爲城旦舂者, 皆耐爲鬼薪白粲."
94) 『睡虎地秦墓竹簡』, p.233, "何謂'宦者顯大夫?' ●宦及知於王及六百石吏以上, 皆謂'顯大夫'."
95) 『漢書』 卷2 「惠帝紀」, p.85, "爵五大夫吏六百石以上及宦皇帝而知名者有罪當盜械者皆頌繫."

위의 예문 중에서 32) 34)는 『睡虎地秦墓竹簡』 「法律答問」에 보이는 律이고, 33) 35)는 『漢書』 「惠帝紀」의 기록으로서 惠帝가 高祖의 사망 직후 하달한 조서에 보이는 것이다. 32)와 33)은 그 내용상 매우 유사한 점을 보이고 있다. 즉, 32)의 내용은 內公孫으로서 無爵者가 贖刑에 해당할 때는 公士에 준해서 贖耐의 처분을 받을 수 있다는 것인데, 33)의 내용은 上造 이상과 內外의 公孫·耳孫이 有罪로 인해 刑과 城旦舂에 해당하는 자는 모두 耐爲鬼薪白粲으로 한다는 내용이다. 「惠帝紀」의 漢律이 秦律의 내용보다 약간 상세할 뿐이지 그 기본적인 내용은 동일하다고 할 수 있다. 34)는 宦者顯大夫에 대한 定義를 問答한 것으로서 仕宦하거나 王에게 잘 알려진 인물, 그리고 六百石吏 이상을 모두 顯大夫라고 한다는 내용이다. 「惠帝紀」의 기사는 역시 이보다 약간 상세하여 五大夫 이상의 有爵者와 秩 六百石 이상의 官吏, 그리고 仕官하여 皇帝가 그 이름을 알고 있는 자는 有罪로 인해 盜械에 처해질 경우 모두 拘禁되는 것을 면제한다는 내용이다. 약간의 차이, 예컨대 王을 皇帝로 바꾼 것 이외에는 거의 동일하다고 할 수 있다.

秦律과 漢律이 일치하는 예는 현재 사료상의 제약으로 더 이상의 고찰이 불가능하지만, 위의 예로 볼 때 漢律은 秦律 條文의 字句조차도 그대로 계승했다고 할 수 있다. 그같은 원인은 律令 제정의 시간적 여유의 부족과 漢初 劉邦의 참모진 가운데서 秦律을 완전히 폐지하고 새로이 律令을 창안할 수 있는 인재의 부족에서 기인하는 것으로 생각된다.[96] 九章律은 아이러니하게도 漢帝國의 정통성 확립을 위해 부단히 부정하려했던 秦帝國의 법률을 字句조차 수정하지 않고 그대로 계승했던 것이다.

지금까지 필자는 蕭何의 "爲法令約束"을 九章律이라고 불러왔다. 그런데 과연 九章律의 명칭과 실체는 어떠할까? 이 문제를 논의한 것으

---

96) 大庭脩, 「雲夢出土竹書秦律の槪觀」, 『秦漢法制史の硏究』(東京: 創文社, 1982), p.81.

로는 李振宏·楊振紅·于振波의 글이 대표적이다.[97] 于振波에 의하면, "九章律"과 관련된 논쟁점은 다음과 같다. 첫째, 출토된 秦漢法律資料에 보이는 律名이 몇 십 개인데, 이는 9를 초과하며 "九章律"로는 이렇게 많은 律名을 포괄할 수 없다. 둘째, 『史記』와 『漢書』 등 漢代文獻에 "九章律"을 언급한 사례가 없는 것은 당시에 "九章律"이 없었다는 것이다. 셋째, 『漢書』 「刑法志」, 『論衡』 「謝短篇」에 "九章"이라고 언급한 "九"는 단지 "多"의 뜻일 뿐 실제의 숫자가 아니라는 것, 넷째, "九章律"이라고 명확하게 말한 문헌은 『晋書』 「刑法志」·『唐律疏議』 등인데 비교적 후기의 문헌들은 믿기가 어렵다는 것이다.[98]

우선 李振宏의 주장을 보자. 그는 司馬遷이 蕭何가 漢律을 만든 것은 분명하게 인식했지만, 司馬遷의 시기에 漢律이 九章이라는 이야기는 하지 않았다고 보았다.[99] 즉, 사마천은 蕭何가 九章律을 제정하지 않았다고 보지 않았다는 것이다. 그후 班固의 시점에 이르면 漢初의 법령에 대한 기억이 희미해지는 시대가 된다. 蕭何는 約法三章처럼 법률체계가 구비되지 않은 임시약법을 바꾸고 완비된 형태로 만들기 위해서는 "九章律"로는 감당할 수 없었다. 따라서 蕭何가 만든 것은 九章보다도 훨씬 많았다는 것이다. 따라서 반고가 창설한 "九章律"은 사실적 근거가 없고 이상화된 주장이라고 주장했다.[100] 따라서 李振宏은 蕭何가 漢律을 수정한 것이 고조 5년(B.C.202)이고 二年律令의 연대가 呂后 2년(B.C.186)이므로 16년간 대규모적인 법률수정이 없었으므로 현재 우리가 보는 二年律令은 蕭何가 제정한 것이라고 주장하였다.[101] 결론적으로 이년율령의 대부분의 조목과 내용은 "九章"으로는

---

97) 李振宏, 「蕭何"作律九章"說質疑」(『歷史研究』 2005-3); 楊振紅, 『出土簡牘與秦漢社會』(桂林: 廣西師範大學出版社, 2009); 于振波, 「淺談出土律令名目與"九章律"的關系」(『湖南大學學報』 24-4, 2010).

98) 于振波, 위의 논문, p.36.

99) 李振宏, 위의 논문, p.177.

100) 같은 논문, p.178.

포괄할 수 없는 것이므로, 이른바 蕭何가 "作律九章"이라는 것은 역사 사실에 부합하지 않는다고 주장하였다.[102]

楊振紅은 출토자료에 漢初 律名이 "九章律"의 9개를 초과한 몇 십 개인 것을 九章律과 기타 律篇의 관계에서 분석한 "秦漢律篇二級分類說"을 주장하였다. 우선 그가 분석한 표를 보도록 하자.

[표 6] 楊振紅의 **秦漢律篇二級分類**

一級律篇名	盜	賊	囚	捕	雜		具	興	廐		戶
二級律篇名	盜	賊	囚, 告, 收(?)	捕, 亡	雜, 金布, 關市, 效, 錢, 置吏(?), 均輸(?), 秩(?), 史(?),		具	興, 徭, 戍	廐, 廐苑, 傳食, 行書		戶, 田, 傅, 復(?), 置後(?),

양진홍의 주장은 다음과 같이 정리할 수 있다. 李悝는 盜·賊·囚·捕 의 律을 만들고, 이 4편에 들어가지 않는 律을 통합된 명칭의 雜律에 넣었다. 또한 具律을 만들어 "具其加減"하게 하였다. 劉邦의 통일 후 소하가 秦律 중 적합한 것을 事律로 만들어 興·廐·戶律을 증가시키고, 서로 동일한 성질의 事律을 3편 아래에 나누어 넣었다. 唐律에서 보면 二級律篇은 보이지 않으나, 魏律에는 존재한다고 주장하였다.[103]

그러나 于振波는 이 "秦漢律篇二級分類說"에 대하여 의문을 제기하 고 있다. 이러한 분류가 律典 자체에 갖추어져 있는 것인지, 아니면 抄錄과 사용 과정에서 일반화되어 형성된 것인지? 秦律에서 金布律인

---

101) 같은 논문, p.179.
102) 같은 논문, p.180.
103) 楊振紅, 위의 책, pp.27-28.

데, 漢律에서는 金布律과 錢律에 나뉘어 실려 있는 경우처럼 분명하지 않다.[104] 필자가 보기에도 秦律에 보면 하나의 율문이 두 개의 율령에 들어있는 경우도 많다.

　필자는 九章律은 漢初 율령 제정경위와 밀접한 관련을 가지고 있다고 분석했다. 唐律에서도 지속적으로 이 3개의 事律을 職制律 다음에 위치시키는 것으로 봐서 매우 중요하게 인식되고 있었다. 唐律疏議에서 "이미 職司에 관한 일을 모두 논하였으므로 곧 戶口와 婚姻의 일을 職制 다음에 둔다.", "戶에 관한 일이 끝나면 廐庫에 관한 일이 다음이 된다. 그러므로 戶婚의 아래에 두었다.", "廐庫의 (일이) 갖추어진 다음에는 반드시 예상치 못한 사변에 대비하여야 하므로 군사에 대한 논술(擅興律)을 廐庫律의 다음 차례로 하였다."고 하여 職制律 다음에 戶婚律·廐律·興律이 위치하는 것을 당연하게 여기고 있다. 唐律疏議의 기술을 보면, 唐律 단계에서 왜 3事律이 職制律 다음에 위치해야 하는지의 이유가 명확히 드러나 있지 않다.

　唐律에서 3事律이 중요시 된 이유는 漢代 이래의 전통 때문이다. 後漢末의 인물인 文穎이 『律經』이라고 부르고 있는 것처럼 "經", 즉 "聖典"으로서 절대적 지위를 차지하고 있었다.[105] 蕭何 및 九章律이 漢帝國에서 차지하는 위치가 중요하다는 사실은 王充이 『論衡』에 누차 蕭何 및 九章律의 중요성을 반복 서술하고 있는 사실로부터 짐작할 수 있다.[106] 蕭何의 九章律에 正法의 지위를 주었는데, 蕭何가 제정한 約束(즉, 法令)은 변경치 않는다는 曹參의 언급에 보이는 漢初의 전통과 무관하지 않

---

104) 于振波, 위의 논문, p.39.

105) 『漢書』 卷8 「宣帝紀」, p.253, "文穎曰, 蕭何承秦法, 所作爲律令, 律經是也"; 金秉駿, 「後漢 法律家의 活動과 그 性格」(『東洋史學硏究』 30輯, 1989), p.36.

106) 北京大學, 『論衡注釋』(北京: 中華書局, 1979), 「別通」, p.754, "蕭何入秦, 收拾文書, 漢所以能制九州者, 文書之力也."; 「效力」, p.750, "蕭何所以能使樊酈者, 以入秦收斂文書也. 衆將拾金, 何獨掇書, 坐知秦之形勢 是以能圖其利害. … 蕭何造律, 而漢室以寧. 案儀律之功, 重於野戰, 斬首之力, 不及尊主."

다고 생각된다.[107] 이같은 점 때문에 九章律은 漢帝國의 治國의 "經"으로서 儒家의 "經"과 같은 불변의 고정적 위치를 부여받게 되었던 것이다.[108] 漢代의 法令중시 풍조로 인해 국가를 통치하는 틀, 즉 "經"이라는 인식이 확산된 때문으로 생각되며, 그에 따라 儒家의 經典과 마찬가지로 律令을 3尺簡 또는 2尺4寸簡에 기록한 것으로 생각된다.[109]

궁극적으로 왜 九章律에 『律經』이라는 이름을 붙이고 唐律까지 그러한 전통이 계승되었던 것일까? 漢初 二年律令에 기록된 많은 20여개의 律 가운데에서 이 3事律이 중요하게 간주된 이유는 그것들이 高祖의 楚漢전쟁에 중요한 法律로서 기능했기 때문이다. 이같은 중시 때문에 漢初의 20여개의 율 가운데서도 핵심으로 간주되었던 것이다. 『史記』에는 그것을 "爲法令約束"이라 기술하였을 뿐 다른 곳에서도 강조를 하지 않고 있어, 그것이 "매우" 중요한 것이라고는 인식하지 않았던 것으로 생각된다. 그렇더라도 漢代人들은 "關中事計戶口轉漕給軍, 漢王數失軍遁去, 何常興關中卒, 輒補缺."의 사실과 3事律이 연계된 것이라는 것을 알고 있었던 것으로 생각된다. 때문에 3事律이 중요한 지위를 획득한 것이다.

于振波는 『論衡』 「謝短篇」을 분석한 결과 九章律의 "九"가 虛數가 아니라 실제의 숫자라고 주장하였다. 다만 "九章"이 漢律의 정식 명칭은 아니라고 보았다.[110] 前漢시대에 九章律이라는 명칭이 보이지 않았으나, 篇章 구조상으로 九章이므로 "九章律"이라고 漢律을 칭하게 되는 것은 오랜 시간에 걸쳐 일반화되는 과정을 거치게 되었다. 漢律의 전용 명칭으로 되는 것은 後漢때부터였다. 『史記』와 『漢書』 등 문헌에 "九

---

107) 『史記』 卷54 「曹相國世家」, p.2029, "曹參代何爲漢相國, 擧事無所變更, 一遵蕭何約束."
108) 『論衡注釋』, p.690, "固然, 法令漢家之經, 吏議決焉, 事定于法, 誠爲明矣."
109) 律令簡에 대해서는 拙稿, 『漢 律令의 形成과 發展에 대한 연구』(서울: 高麗大學校 博士學位論文, 1992) 참조.
110) 于振波, 위의 논문, p.38.

章律"이라는 명칭이 명확하게 보이지 않는 원인은 여기에 있었다.[111)
그러면 漢代 律의 정식명칭은 무엇일까?

　　1985年에 발견된 二年律令의 律名에 대해서 張家山漢簡整理小組는
제 1簡의 背面에 있는 "二年律令"이라는 문자에 근거해 그대로 「二年律
令」이라 명명하고 있으나, 陳耀鈞·閻頻·杜正勝·林劍鳴 등은 모두 "呂后
二年律令"이라고 해석하고 있다.[112) 張家山漢墓 M247에서 나온 曆譜는
呂后시기를 下限연대로 하고 있는데, 陳耀鈞은 "律令二十六種" 가운데
"呂宣王內孫, 外孫, 內耳孫玄孫"의 기록이 呂后 元年에 呂后가 부친 呂公
을 宣王으로 추존했으므로 "律令二十六種"의 연대는 呂后 元年 이후일
것이라고 추정했다.[113) 그러나 이를 陳耀鈞·杜正勝의 주장 그대로 "呂
后二年律令"이라고 단정하기는 이르다고 생각된다. "二年"은 高祖 2年,
惠帝 2年, 呂后 2年 가운데 한 해에 제정되었을 것이다. 특히 津關令에
는 相國·丞相 등의 官名이 보이는데, 呂后 元年에 相國은 폐지되고 左·
右丞相이 있었을 뿐이므로 津關令은 呂后 元年 이전의 것이라고 보아
야 한다. 또한 墓主가 呂后 2年에 사망했기 때문에 당해년의 율령이 墓
에 부장되었을지도 의문이다. 二年律令은 呂后 元年 이전의 것이므로
"二年"이라는 연도는 高祖 2年과 惠帝 2年 둘 중의 하나이다.

　　于振波도 嶽麓書院藏秦簡 1656号簡의 뒷면에 "律"字가 있는데 이는
秦律이 당시에 단순히 "律"이라 칭했고, "秦" 또는 "六章(律)" 등의 이름
으로 불리지 않았다고 했다. 또한 張家山漢簡 律令의 표제가 "二年律
令"으로 되어 있는데, 이 율령에 대한 간단한 표식이지 정식의 율령이

---

111) 같은 논문, p.39.
112) 陳耀鈞·閻頻,「江陵張家山漢墓的年代及相關問題」(『考古』1985-2), p.1125; 林劍
　　鳴,「中國の木簡の出土とその硏究の近況」(『史滴』7, 1986), p.8; 杜正勝,「傳統
　　法典之始原」,『編戶齊民』(臺北: 聯經出版事業公司, 1990), p.260.
113) 彭浩·陳偉·工藤元男,『二年律令與奏讞書』(上海: 上海古籍出版社, 2007), p.325.
　　"律令二十種(526簡)" □의 불분명한 글자를 진요균은 "之"으로 보고 있으
　　며, 陳偉는 현재의 28종에 유실된 囚律을 더한다면 29종이라고 보았다.

라고 볼 수 없다고 하였다. 하물며 律과 슦을 함께 베끼고 있기 때문에 정식 명칭이 될 수 없다고 하였다.[114] 그런데 앞에서 고찰한 바와 같이 蕭何의 율령제정이 高祖 2년에 제정되었다는 사실을 상기하면 "二年律令"의 명칭은 달리 생각해야 할 것이다. 위에 논의한 학자들은 모두 蕭何의 율령이 高祖 5년에 제정되었다고 생각했기 때문에 "二年"이 高祖 2년일 가능성을 놓친 것으로 생각된다. 二年律令이 漢高祖와 丞相 蕭何 2인에 의해 탄생되었다는 사실은 그것에 누구라도 함부로 손댈 수 없는 권위를 부여한 것이다.

확실히 漢帝國의 통치수단으로서의 律令은 儒家의 經典과 같은 지위를 획득하였는데, 그렇다고 과연 시대적 요청에 의해서 부단히 변모해 나아가는 律令이 불변의 상태로 고정될 수 있을지는 의문이다. 九章律에 『律經』이라는 명칭이 부여된 것에 의해 그것을 불변의 고정적 존재로 파악한 견해도 있으나,[115] 『論衡』에는 九章律의 불변성을 부정할 수 있는 사료가 있다.

> 36) 法律之家 역시 儒生이다. 묻기를, 九章(律)은 누가 만든 것인가? 저들은 皐陶가 作獄하였다고 들었기 때문에 반드시 皐陶라고 말할 것이다. 힐문해 묻기를, 皐陶는 堯舜(唐虞)시기 사람이고 唐虞의 형법은 五刑이다. 지금의 律을 살펴보니 五刑의 문장이 없다. 어떤 사람은 말하기를, 蕭何이다. 힐문해 묻기를, 蕭何는 高祖 때 사람이다. 孝文帝 시기에, 齊 太倉令 淳于意가 죄가 있어 長安으로 불려왔는데 그 딸 緹縈이 아버지를 위해 상서해서 말했다. 肉刑은 한번 시행하면 잘못을 뉘우치려고 해도 할 수 없다. 文帝가 그 말을 절실하게 여겨서 肉刑을 개정하였다. 지금의 九章律을 살피건대 象刑이지 肉刑이 아니다. 文帝는 蕭何 이후의 사람이고, 당시에 肉刑이 있었다.

---

114) 于振波, 위의 논문, p.38.
115) 金秉駿, 위의 논문, pp.19-23.

蕭何가 만들었는데, 도리어 象刑을 갖추고 있었다. 그런데도 九章
을 蕭何가 만들었다고 할 것인가?[116]

이것은 九章律을 皐陶와 蕭何가 제정했다고 이해한 儒生들의 어리
석은 法律觀을 비판한 내용인데,[117] 蕭何의 九章律에는 肉刑이 존재했
었으나,『論衡』의 저자 王充의 시기에는 九章律에 肉刑이 포함되어 있
지 않았다는 것이다. 王充 무렵에 肉刑 대신 象刑으로 처벌한 것은 유
명한 文帝의 肉刑 폐지령에 의한 것이다. 이처럼 蕭何가 제정한 九章律
은 비록 『律經』이라는 명칭이 부여되었더라도 肉刑폐지에서 보이듯이
고정불변의 것은 아니었고 부단히 개정되었던 것이다. 또한 景帝 元年
에 내린 詔書에는 笞法의 감형을 명령할 때 "其定律"이라고 하였는
데,[118] 景帝의 이 詔書는 九章律에 변경을 가한 것이라고 할 수 있다.

蕭何의 九章律은 전쟁 와중에 제정되었으므로 미비된 점이 많았고,
帝國 통치가 안정된 국면에 접어들고 국가제도를 정비하는 과정에서
새로이 보충해야 할 내용들이 많았으므로 부단한 法律의 補完·修訂 작
업이 뒤따랐다. 二年律令에 보이는 "律令二十□種"에 呂后 元年 이후의
律令이 포함되어 있고, 高祖 4年 8月에 내려진 詔書가 金布令으로 확정
되어진 것으로 볼 때 九章律의 보완 작업은 漢初부터 부단히 계속되었
다고 할 수 있다.[119] 그같은 律令의 증가는 크게 두 가지 형태로 나타

---

116) 『論衡注釋』「謝短」, p.724, "法律之家亦爲儒生. 問曰九章誰所作也. 彼聞皐陶作獄
　　必將曰皐陶也. 詰曰皐陶唐虞時 唐虞之刑五刑. 案今律無五刑之文. 或曰蕭何也.
　　詰曰蕭何, 高祖時也. 孝文之時, 齊太倉令淳于意有罪徵詣長安. 其女緹縈爲父上
　　書言, 肉刑壹施不得改悔. 文帝痛其言, 乃改肉刑. 案今九章象刑非肉刑也. 文帝在
　　蕭何後, 知時肉刑也. 蕭何所造, 反具肉刑(象刑)也, 而云九章蕭何造乎."
117) 九章律은 본래 蕭何가 제정한 것이나, 여기에서 말하는 九章律은 後漢시대
　　에 통용되던 法律을 가리킨다. 그러므로 儒生들이 蕭何가 九章律을 제정
　　했다고 대답한 것도 틀렸다고 王充은 비판한 것이다.
118) 『漢書』 卷23 「刑法志」, p.1100.
119) 『漢書』 卷1上 「高帝紀」, p.46에 "漢王下令, 軍士不幸死者, 吏爲衣衾棺斂, 轉

났다. 하나는 單行律의 제정이고, 다른 하나는 律典 보완을 위한 詔令의 令典化라고 할 수 있다. 전자로는 賈誼와 晁錯의 律令, 張湯의 越宮律, 趙禹의 朝律 등을 들 수 있으며, 후자로는 令甲·令乙과 같은 각종 詔書가 "令"으로 法令化된 것인데 이에 대해서는 別攷에서 논하기로 하고 전자에 대해서만 살피기로 한다.

賈誼가 제정한 法律은 正朔·服色·官名·禮樂·列侯就國令 등에 관한 것이며,[120] 晁錯가 제정한 것 역시 30篇 정도인데 아마 대부분 諸侯세력의 약화를 규정한 法令이었을 것으로 생각된다.[121] 武帝시에는 匈奴정벌과 武帝의 사치스런 생활에서 연유된 백성들의 궁핍화로 빈번이 발생한 도적과 범법행위를 진압하기 위하여 張湯과 趙禹가 "見知故縱", "監臨部主法"과 같은 법령을 제정하였다.[122] 또한 이들은 『史記』『漢書』에는 기록이 없으나, 西晉초 張斐의 『律序』에는 "張湯制越宮律, 趙禹作朝會正見律"이라고 하여 越宮律·朝律도 제정하였다. 이밖에도 사료상에 보이지는 않지만 고고학 자료에 확인되는 "□黃律"같은 것이 존재하는 것으로 볼 때 적지않은 律이 추가적으로 제정된 것으로 보인다.[123] 아래의 [표 7]은 이상과 같이 증가한 漢律의 律名을 보여준다.

律名 목록 [표 7]은 본서의 출판 직전에 발표된 漢初 惠帝와 文帝 시

　　送其家."라고 한 高祖의 명령이 『漢書』 卷1下 「高帝紀」, p.65에는 "臣瓚曰: 金布令曰 不幸死, 死所爲櫝, 傳歸所居縣, 賜以衣棺."이라 하여 이미 金布令으로 확정되어 있다.

120) 『漢書』 卷48 「賈誼傳」, p.2222.

121) 『漢書』 卷49 「晁錯傳」, pp.2299-2300, "錯又言宜削諸侯事, 及法令可更定者, 書凡三十篇, 孝文雖不盡聽, 然奇其材. … 景帝卽位, 以錯爲內史, … 法令多所更定 … 錯所更令三十章, 諸侯讙譁."

122) 『漢書』 卷23 「刑法志」, p.1101, "及至孝武卽位, 外事四夷之功, 內盛耳目之好, 徵發煩數, 百姓貧耗, 窮民犯法, 酷吏擊斷, 姦軌不勝, 於是招進張湯·趙禹之屬, 條定法令, 作見知故縱·監臨部主之法, 緩深故之罪, 急縱出之誅. 其後姦猾巧法, 轉相比況, 禁罔寖密. 律令凡三百五十九章, 大辟四百九條, 千八百八十二事, 死罪決事比萬三千四百七十二事. 文書盈於几閣, 典者不能徧睹."

123) 西安市文物管理處, 「西漢稱錢天平與法馬」(『文物』 1977-11), pp.69-73.

기의 律名 목록이다. 우선 2006년 발굴된 雲夢睡虎地 77號 漢墓의 율령 목록이다. 77號 漢墓는 1975년 발굴된 睡虎地 11號 秦墓와 70미터 떨어진 곳에 위치해 있다.[124] 다음으로 荊州市 胡家草場 12號 漢墓는 2018년 10월에서 2019년 3월까지 발굴되어 4000여 매의 簡牘이 출토되었고, 律令簡冊은 대략 3000여 매에 달한다.[125] 2013년 5월에서 11월까지 益陽 兎子山遺址에서 16개의 옛 우물 중 11개에서 簡牘이 출토되었다. 그 가운데 7號 井에서 簡牘이 2000여 매가 출토되었다. 簡牘은 第1-10層에서 출토되었는데, 내용은 漢初 吳芮의 長沙國 자료이다. 第 3-5層은 高后初의 자료이고, 第 6·7層 출토의 紀年簡은 모두 惠帝紀年이다.[126] 따라서 兎子山 자료는 文帝시기의 것인 雲夢睡虎地 77號 漢墓, 胡家草場 12號 漢墓보다 빠른 것이라고 할 수 있다.

[표 7] 秦·漢 律名 비교

	秦六律	睡簡	嶽簡(20)	里耶(1)	二年(27)	兎子山(44)	睡77(39)	胡家草場(45)	古人堤(2)	漢律六十篇	魏改漢律時引述	昭帝紀注
盜	●				●	●	●	●	●	●	●	
賊	●		●		●	●	●	●	●	●	●	
囚	●				●	●	●	●		●	●	
捕	●				●	●	●	●			●	
雜	●		●		●	●	●	●		●	●	

---

124) 陳偉, 「秦漢簡牘所見的律典體系」(『中國社會科學』 2021-1), pp.105-106; 熊北生·陳偉·蔡丹, 「湖北雲夢睡虎地77號西漢墓出土簡牘概述」(『文物』 2018-3), pp.43-53.

125) 李志芳·蔣魯敬, 「湖北荊州市胡家草場西漢墓M12出土簡牘概述」(『考古』 2020-2), pp.25-28; 蔣魯敬·李志芳, 「荊州胡家草場西漢墓M12出土的簡牘」(『出土文獻研究』 18, 2020), pp.168-182.

126) 張忠煒·張春龍, 「漢律體系新論――以益陽兎子山遺址所出漢律律名木牘爲中心」(『歷史研究』 2020-6).;

	秦六律	睡簡	嶽簡(20)	里耶(1)	二年(27)	兔子山(44)	睡77(39)	胡家草場(45)	古人堤(2)	漢律六十篇	魏改漢律時引述	昭帝紀注
具	●		●		●	●	●	●		●	●	
戶律(魏戶律)		●			●	●	●	●		●		
興			●		●	●	●	●		●	●	
廄(苑)		●				●	●	●		●	●	
金布		●	●		●		●	●			●	
尉												●
田		●	●		●							
倉		●	●			●	●					
關市		●	●		●		●	●				
工		●		●								
均工		●										
徭		●	●		●	●						
司空		●	●			●	●					
軍爵		●										
置吏		●	●		●	●	●	●				
效(校)		●			●	●	●	●				
傳食		●			●	●	●					
行書		●	●		●	●	●	●				
內史雜		●	●									
尉雜		●										
屬邦		●										
除吏		●										
遊士		●										
除弟子		●										
中勞		●										
藏		●										
公車司馬獵		●										
傅		●	●		●	●	●	●				
敦表		●										
捕盜		●										
戍律		●	●									

	秦六律	睡簡	嶽簡(20)	里耶(1)	二年(27)	兔子山(44)	睡77(39)	胡家草場(45)	古人堤(2)	漢律六十篇	魏改漢律時引述	昭帝紀注
亡			●		●	●	●	●				
尉卒			●			●	●	●				
奔敬			●									
獄校			●									
索			●									
收					●	●		廢				
錢					●	●	●	●				
均輸					●	●	●	●				
復					●	●	●	●				
賜					●		●	●				
置後					●	●	●	●				
爵					●	●	●	●				
秩					●	●		●				
史					●	●	●					
告						●	●	●				
祠						●	●	●				
葬						●	●	●				
遷						●	●					
市販						●	●	●				
奔命						●	●	●				
治水						●	●	●				
工作課						●	●	●				
臚						●	●	●				
齎						●	●					
越宮二十七										●		
朝						●		●		●		
工人程		●										
外樂						●		●				
諸侯秩						●						
蠻夷復除								●				
蠻夷士								●				

	秦六律	睡簡	嶽簡(20)	里耶(1)	二年(27)	兔子山(44)	睡77(39)	胡家草場(45)	古人堤(2)	漢律六十篇	魏改漢律時引述	昭帝紀注
蠻夷								●				
蠻夷雜								●				
上郡蠻夷閒								●				

위의 표를 보면 兔子山·睡虎地77·胡家草場 漢律의 3개 律名의 숫자는 약간 차이가 있으나 대체로 일치함을 알 수 있다. 3개 漢律은 獄律(□律)과 旁律로 분류되어 있다.

[표 8] 兔子山, 睡虎地77號漢墓, 胡家草場의 漢律 目錄

兔子山(44종) 惠帝			睡虎地77號漢墓(39종) 文帝			胡家草場(45종) 文帝		
獄律(17)	旁律(27)		□律(15)	旁律(24)		(?)(14)	旁律甲(18)	旁律乙(13)
盜	金布	臘	盜	金布	臘	盜	金布	臘
告	均輸	祠	告	均輸	祠	告	均輸	祠
具	戶	司空	具	戶	司空	具	戶	司空
賊	田	治水	賊	田	治水	賊	田	治水
捕	徭	工作課	捕	徭	工作課	捕	徭	工作課
亡	倉	傳食	亡	倉	傳食	亡	倉	傳食
雜	尉卒	外樂	雜	尉卒		雜	尉卒	外樂
囚	置後	葬	囚	置後	葬	囚	置後	葬
興	傅		興	傅		興	傅	蠻夷復除
關市	爵		關市	爵		關市	爵	蠻夷士
復	市販		復	市販		復	市販	蠻夷
效	置吏		校(效)	置吏		效	置吏	蠻夷雜
廄	賜		廄	賜		廄	賜	上郡蠻夷閒
錢	奔命		錢	奔命		錢	奔命	

兔子山(44종) 惠帝		睡虎地77號漢墓(39종) 文帝		胡家草場(45종) 文帝		
獄律(17)	旁律(27)	□律(15)	旁律(24)	(?)(14)	旁律甲(18)	旁律乙(13)
遷	行書	遷	行書		行書	
	齎		齎			
朝					朝	
	史		史			
	秩				秩	
收					(收: 폐지)	
	諸侯秩					

[표 8]에서 알 수 있듯이 3종 漢律의 율명 숫자는 대략 44·45개임을 알 수 있다. 일찍 보고서가 발표된 睡虎地 77號 漢墓의 분류 제목은 旁律과 □律인데, 최근 발표된 張忠煒·張春龍의 兔子山 논문에서는 □律이 獄律임이 밝혀졌다. 이것은 漢初에 율명을 獄律과 旁律로 정리한 것임을 알 수 있다. 여기에서의 獄律이 『晋書』「刑法志」의 正律이라고 할 수 있다. 獄律은 刑律을 포함한 14·15·17개로 구성되어 있다. 이것은 주로 범죄자의 체포와 관련된 것들이다.

3종 漢律의 獄律은 각자 숫자 상 차이가 있지만, 모두 九章律의 9개가 아니다. 後漢 시대부터 九章律의 명칭이 나타나는 것으로 볼 때, 그것은 蕭何가 楚漢전쟁 시기에 특별히 중시한 戶律·興律·廐律과 商鞅의 六律을 합하여 만든 용어인 것이다.

37) 漢은 秦制를 계승하여 蕭何가 律을 제정하였다. 參夷連坐의 罪를 폐지하고, 部主見知의 條를 추가하였으며, 事律인 興·廐·戶律의 3篇을 늘려 모두 9篇으로 하였다. 叔孫通은 (舊)刑律에 포함되지 않은 것을 추가하여 傍章 18篇을 만들었고, 張湯의 越宮律 27篇, 趙禹의 朝律 6篇을 합하여 60篇이 되었다.[127]

『晋書』에서는 蕭何의 九章律에 叔孫通의 傍章(18篇),[128] 張湯의 越宮律(27篇), 趙禹의 朝律(6篇)[129]을 합하여 60篇만을 漢律로 간주하고 있다.[130] 위의 [표 7]에서 확인한 것처럼 60篇에는 포함되어 있지 않지만 秦律로부터 계승한 각종 單行律이 분명히 기능하고 있었음에도 이것들만을 漢律로 처리한 것은 어떻게 이해하여야 할까? 우리는 60篇의 律 제정자가 漢初의 叔孫通에서 시작하여 武帝시대의 張湯·趙禹로 끝나고 있는 사실에 주목해야 한다.[131] 이것은 武帝시기까지 제정된 律令이 宣帝시기에 일단 고정화되고,[132] 이중 특히 중요한 專行律만을 계산했던 때문인 것으로 생각된다.

武帝시기 張湯·趙禹의 律令제정으로 그 항목이 급격히 증가했기 때문에 법률전문가조차도 파악할 수 없게 되는 폐단을 낳게 되었다. 이

---

127) 『晋書』 卷30 「刑法志」, p.922, "漢承秦制, 蕭何定律, 除參夷連坐之罪, 增部主見知之條, 益事律興, 廐, 戶三篇, 合爲九篇. 叔孫通益律所不及, 傍章十八篇, 張湯越宮律二十七篇, 趙禹朝律六篇, 合六十篇."

128) 다만 叔孫通의 傍章은 律로 불리지 않는데도 60篇에 포함되어진 것으로 보아 傍章은 魏代에 漢律로 인정되고 있었던 듯하다.

129) 『魏書』 「刑罰志」에는 武帝시에 50여篇의 律이 증가되었다고 하였는데(孝武世以姦軌滋甚 增律五十餘篇), 張湯과 趙禹가 제정한 越宮律(27篇)과 朝律(6篇)을 합쳐도 50篇이 되지 않으므로 그 외에도 20篇 정도의 律이 제정되었음을 알 수 있다.

130) 九章律(蕭何) 9篇, 傍章(叔孫通) 18篇, 越宮律(張湯) 27篇, 朝律(趙禹) 6篇은 모두 60篇이 된다. 九章의 "章"과 9篇의 "篇"은 어떠한 의미일까? 이것은 章=篇이라고 해석한 것일까? 『晋書』 「刑法志」의 "類型別로 모아놓은 것을 篇, 事項別로 묶어놓은 것을 章"이라는 정의 역시 篇과 章의 관계를 규명하는 데 미흡하다고 생각된다. 『論衡注釋』 「正說」(p.1589)에는 "夫經之有篇也, 猶有章句, 有章句也, 猶有文字也, 文字有意以立句, 句有數以連章, 章有體以成篇, 篇則章句之大者也."라 하여 文字--章--篇의 순서로 되어 있으며, 篇은 章句 가운데 큰 것이므로 蕭何의 九章은 九篇으로 이해할 수 있다. 한편 吳榮曾 씨도 章과 篇은 같은 것이 아니며 章이 더 큰 것일 가능성이 있다고 추정했다. 同氏, 「對中國上古的法典和刑罰的探索」(未刊稿)

131) 小川茂樹, 위의 논문, p.1085.

132) 같은 논문, p.1086.

때문에 宣帝 시기에는 律令의 刪定작업이 시도되었던 것이나, 대부분 가혹한 법령의 폐지에 국한된 것이고 근본적인 법률의 편성과 체제 문제에는 미치지 못하였다. 즉, 漢代에 제정된 각종 律令은 그 체제상 적절한 구분원칙이 결여되어 있었는데,『晋書』「刑法志」는 漢律의 이같은 현상에 대해 "모두 類를 모아 篇으로 했고, 事를 묶어 章으로 했는데 1章 가운데 事가 혹은 수십을 넘었으며, 事類는 비록 같더라도 輕重이 달랐으며, 大體로는 서로 다른 篇의 것이 採入되어 있는 경우가 많았다."고 분석했다. 漢律의 편찬체계는 "錯糅無常(뒤섞이고 어지러운 것이 일정하지 않다.)"이라는 한마디로 요약할 수 있듯이 무계통한 것이었다.[133]『晋書』「刑法志」의 이같은 평가는 漢이 400년동안 律令을 계속 보충하기만 했지 계통적으로 편찬하지 않았음을 보여준다. 漢代에는 이같이 증대된 율령의 방대함으로 인해 법률의 운용이 극히 곤란했고, 수차 이를 刪定하려는 시도가 있었으나 이를 성공시킨 예는 없었다. 魏新律의 제정목적은 바로 이같은 律名과 內容이 일치하지 않고, 刑律의 체제상으로도 적절하지 않으며, 운용상 발생한 불편을 시정하려는 데에 있었다.[134] 그리고 이같은 시도는 재차 司馬晋에 이르러 律을 순수한 刑書로 환원하고, 律의 副法인 令을 律에서 분리 독립시켜 비형벌적인 순수행정법규로 개조하는 것에 의해 일단락된다.[135]

---

133)『晋書』卷30「刑法志」, pp.922-923, "又漢時決事, 集爲令甲以下三百餘篇, 及司徒鮑公撰嫁娶辭訟決爲法比都目, 凡九百六卷. 世有增損., 率皆集類爲篇, 結事爲章, 一章之中或事過數十, 事類雖同, 輕重乖異. 而通條連句, 上下相蒙, 雖大體異篇, 實相採入."

134) 內田智雄,「魏律'序略'についての二・三の問題(上)」(『同志社法學』55, 1959), p.34.

135) 中田薰,「律令法系の發達について補考」(『法制史研究』3, 1953), p.94.

Ⅵ. 결론

『史記』와 『漢書』의 도처에 보이는 "漢承秦制"는 秦漢帝國을 連稱하게
하는 文言으로서, 특히 「百官志」에 나타난 官制는 이를 뒷받침하기나
하듯이 秦制 그 자체였다고 해도 과언이 아니다. 이같은 사정은 法律
의 측면에 있어서도 동일하여, 蕭何의 漢律은 秦律을 그대로 수정 없
이 계승한 것이다. 이같은 秦制의 계승 이유는 여러 가지가 있을 수
있겠지만, 漢帝國의 制度 立案者가 바로 秦帝國에 몸담았던 자들이기
때문이다.

B.C.207年 8月 漢高祖가 咸陽을 점령한 후 여러 縣의 父老 豪桀에 포
고한 約法三章은 살인한 자는 사형에 처하고, 상해를 입히거나 절도죄
를 범한 자는 죄에 저촉된다는 殺·傷·盜에 관한 극히 간단한 내용으
로 되어있다. 約法三章은 劉邦 자신의 군사집단을 통제하기 위하여 임
시적으로 제정한 規律이기도 하지만, 그것은 특정집단만의 법률이 아
니라 『呂氏春秋』『荀子』 등에 나타난 사회적으로 통념화된 同害刑의 법
률관념이었으며, 高祖가 이를 반복하여 천명한데 불과한 것이라고 생
각된다. 또한 유의해야 할 것은 劉邦집단의 내부규율로서 정해진 約法
三章이 모든 秦律을 폐지하고, 단지 "殺人者死, 傷人及盜抵罪"의 조항만
남겼는지, 아니면 秦律에서 約法三章에 해당하는 盜律·賊律중 가혹한
조항만을 削除한 것인지는 재고해보아야 할 여지가 있다. 戰時라고
해도 세 가지 조항만으로는 罪刑法定主義 원칙상 어떤 형벌을 줄 것인
지 분명치 않기 때문에 상당히 곤란했을 것으로 생각되며, 또한 章이
라는 것이 九章律의 "章", 『晋書』의 "結事爲章"과 같이 매우 많은 조항으
로 이루어져 있다는 사실을 고려할 때 約法三章이 단순히 3조항만으
로 이루어진 것으로는 생각되지 않으며 세부조항이 포함되어 있을
것으로 생각된다.

기존에는 約法三章을 폐지하고 九章律을 제정한 이유를 約法三章 내용의 미비에서만 찾았던 것이 일반적이었다. 九章律제정에는 그같은 이유 이외에도 중요한 별도의 附加的 이유가 존재했었음을 확인할 수 있었다. 高祖 2年이라는 시점에서 高祖는 項羽에 의해 반강제적으로 漢中지역에 축출되었다가 그후 三秦지방을 장악하는 등 계속적인 전투상태 하에 있었기 때문에 전투를 뒷받침할 수 있는 법률적 補强이 필요하였다고 할 수 있다. 蕭何의 九章律은 바로 高祖 2年 劉邦이 漢中에서 關中으로 진출하여 項羽와 격렬한 공방전을 벌이던 시기에 제정된 것이었다.

蕭何가 雲夢秦律에 보이는 많은 單行律 중에서도 戶律·興律·廐律을 正律에 포함시킨 이유는 九章律 제정의 목적을 규명할 수 있는 단서라고 할 수 있다. 高祖 2年에 蕭何는 戶口를 조사하여 軍糧의 轉漕와 徭役을 행하고, 漢王이 자주 敗走하여 군대를 상실하면 항상 關中의 卒을 일으켜(興) 병사의 부족을 보충해 주고 있다. 이같은 軍糧의 보급, 兵士의 징집, 요역의 징발과 같은 조치들은 모두 軍事와 관련된 것들이고, 이를 뒷받침할 법령의 존재가 전제되어야만 그 시행이 가능했을 것임은 말할 나위없다. 이같은 法律의 裏面的 支持의 필요성이야말로 바로 蕭何가 추가한 事律 3篇의 제정과 깊은 관련성이 있다고 생각한다.

蕭何가 九章律을 제정한 高祖 2年은 楚漢戰爭이 한창 치열하던 시기였으므로 전쟁재원의 징수와 兵源의 파악이 가장 시급한 문제였지만, 전쟁으로 인한 농민의 거주지 이탈로 세금징수와 병사징발은 여의치 않았다. 그러므로 蕭何가 후방의 軍糧과 兵源의 보급창 기능을 원활히 수행키 위한 조치로서 취한 것이 바로 호적제도의 정비였는데, 戶律은 이를 裏面에서 지지하는 법률적 장치였다. 또한 戶口파악을 통한 兵源의 징집이 戶律의 근본적 목적임은 雲夢秦簡에 보이는 魏戶律과 魏奔命律의 관계에서 잘 나타나 있다. 그리고 현존하는 張家山漢墓竹簡의 "二年律令"이라는 標題는 蕭何가 율령을 제정한 것이 高祖 2년이기 때문에 붙었을 가능성이 있다.

　漢律은 여러 가지 면에서 秦律을 발전적 형태로 개정시키고 있다. 다만 戶律의 경우『晋書』「刑法志」에는 그 조목이 나타나 있지 않고,『睡虎地秦墓竹簡』에도 戶律이라고 하는 篇名은 보이지 않는다. 그러나『史記』와『睡虎地秦墓竹簡』의 기록에 의하면 秦國에 매우 정밀한 호적제도가 존재했음은 분명하다. 이처럼 秦代의 호적제도에 관한 기록이 누차 보이고 있는 것으로 보아 秦律에 戶律이 존재하지 않았다고 보기는 어렵고, 雲夢秦簡에 누락되었을 것으로 추정된다. 특히 先進國인 魏國으로부터 法律을 계속 수입해왔던 秦國에 戶律이 존재했을 가능성은 크다고 하겠다. 바로 그러한 秦律에서의 戶律이 있었기 때문에, 정밀하고 다년간의 경험이 축약된 二年律令의 戶律이 만들어졌을 것이다.

　興律이라는 律名은 漢代의 기록에는 全無하고,『晋書』「刑法志」에 九章律의 하나로서 거론하고 있는 것이 최초의 기록이다. 唐律에 의하면 "興"의 의미는 군대를 일으키고 人衆을 징발한다는 것이므로, 興律은 軍事動員令인 동시에 군사작전에 징집된 병사의 범법행위의 처벌도 규정하고 있다. 또한『唐律疏議』에 보이는 총 24개의 조목을 조사해보면 모두 軍事와 관련된 사항으로 이루어져 있음을 알 수 있다.『唐律疏議』에 의하면 興律은 명칭상 변화하기는 하였으나 그 본래의 취지에는 변동이 없었으므로, 秦漢시대에도 동일한 내용의 법령이었을 것이다. 雲夢秦簡에는 "興律"이라는 律名은 보이지 않으나, 工律·徭律·司空에는 "興"이라는 用語가 사용되고 있으므로 "興"이라고 하는 개념은 이미 출현하고 있었던 것으로 생각되며, 그 興의 개념은 요역 징발과 병역 징발의 두 가지 종류로 대별되며, 이것은 唐律과도 일치한다고 할 수 있다.

　秦律에 "興"개념만이 보이며 興律이라는 律名은 보이지 않고, 이와 유사한 徭律이 보이므로 秦律에 興律이 존재했었는지 여부는 계속 의문으로 남아있었으나, 최근 발표된 악록진간과 이년율령에 興律이 확인됨으로써 그 의문은 해소되었다.

한편 興律에는 軍興과 徭興에 관련된 규정도 있지만, 司法과 관련된 "上獄", "考事報獻" 등 刑獄·訊問의 裁判手續法 조항이 존재한다. 이것은 興律이 刑徒를 이용하여 요역·군역을 시행하였기 때문이다. 秦漢시대에는 土木事業을 관장하는 官署가 동시에 獄을 관장하였으며, 이곳에 수용된 刑徒들은 城垣·禁苑·邊境要塞의 축조공사와 같은 요역에 동원되었다. 興律이 이같이 刑徒·兵力의 동원을 규정한 것이라는 점과 蕭何가 九章律을 제정한 시점이 楚漢戰爭 기간중인 高祖 2年이라는 사실을 종합할 때 興律제정의 목적은 역시 楚漢戰爭 수행과 長安에 起役한 궁궐신축 등에 필요한 병력·노동력의 확보에 있었다고 할 수 있다.

雲夢秦律에는 戶律과 興律의 律名이 보이지 않는데 비해서 廐苑律과 廐律이라는 律名이 동시에 존재하고 있는 것으로 보아 蕭何의 廐律은 秦의 廐苑律을 계승하였다는 것을 알 수 있다. 현재 雲夢秦律에는 廐苑律이 3조 보이는데, 이 규정으로 볼 때 廐苑은 馬牛 등의 가축을 飼養·放牧하는 장소였다. 『晋書』「刑法志」에 열거된 廐置·乘傳·副車·食廚라는 조목들에서 볼 때 廐律이 마치 驛站제도에 대한 규정만을 규정한 것으로 생각되는데, 이것은 『魏律序略』의 내용들이 漢律 중 改定되어야 할 조목만을 열거했기 때문에 상기 조목들은 廐律의 本領에서 이탈한 것이다. 廐置·乘傳과 같은 제도를 시행하는 데는 다량의 馬가 필요하였는데, 이같은 馬와의 관련성 때문에 廐置·食廚 등의 조목이 廐律에 편입된 것이다. 만약 『晋書』에 기록된 것을 그대로 신봉한다면 廐律은 驛站에 관한 법률이라고 해야 할 것이다. 그러나 『唐律疏議』에는 廐律이 주로 馬牛의 牧養과 관련이 있음을 보여주며, 아울러 唐律의 廐庫律을 보더라도 그것은 순수히 馬牛의 牧養만을 규정하고 있을 뿐이며, 오히려 驛站에 관한 규정은 職制律에 규정되어 있다. 따라서 廐律은 馬牛 등의 畜養·放牧 등을 규정한 律로 생각된다.

廐律을 제정한 이유는 牛馬가 戰馬·通信驛傳·軍需物資輸送에 긴요한 기동성을 가지고 있는 가축으로서 楚漢戰爭을 배후에서 지원해야 하는 蕭何로서는 그 확보가 절대적으로 필요했기 때문으로 생각된다. 또한 秦末·漢初의 혼란과 전쟁으로 인하여 馬의 수요에 공급이 미치지 못해 馬가 절대 부족한 상황에서 馬의 효율적 관리가 필요했기 때문으로 생각된다.

蕭何는 秦律중에서 시의적절한 것만을 취사선택하여 事律을 제정하였으나, 필요부분만을 채택하고 律名의 재편 조목의 재구성 등에는 여력이 미치지 못했던 것으로 생각된다. 즉, 雲夢秦律에는 현재 廐苑律 3개의 조문이 남아 있으나, 廐苑律 이외에도 牛馬에 관한 규정은 여기저기 散見하는데, 廐苑律에 牛馬에 관한 규정들이 통합되어 있지 않은 점은 아직 구성면에서 고도의 집중성을 구비하지 못하다는 것을 말해준다.

九章律은 後漢末의 인물인 文穎이 『律經』이라고 부르고 있는 것처럼 "經", 즉 "聖典"으로서 신봉되고 절대 개정불가의 절대적 지위를 차지하고 있었다. 九章律에 『律經』이라는 이름이 붙게 된 이유는 漢代의 法令 중시풍조로 인해 국가를 통치하는 틀, 즉 "經"이라는 인식이 확산된 때문으로 생각되나, 과연 시대적 요청에 의해 부단히 변모해 나가는 律令이 불변의 상태로 고정될 수 있을지는 의문이다.

蕭何의 九章律은 전쟁와중에 제정되었으므로 미비된 점이 많았을 것이고, 국가제도를 정비하는 과정에서 새로이 보완해야 할 필요성 때문에 부단한 法律의 補完·修訂작업이 뒤따랐는데, 그 작업은 漢初부터 부단히 시작되었다고 할 수 있다. 律令의 증가는 單行律의 제정과 律典 보완을 위한 詔令의 令典化의 형태로 나타났다. 蕭何 이후 제정된 律로서 확인되는 것은 賈誼 晁錯의 것을 비롯, 張湯의 越宮律, 趙禹의 朝律 등이 대표적인 것이다. 사료상에 보이지는 않지만 고고학 자료에 확인되는 □黃律같은 것이 존재하는 것으로 볼 때 적지않은 律이 제정된 것으로 보인다. 또한 「江陵張家山漢簡槪述」에 의하면 漢初의 律

名으로서 秦律에 확인되지 않는 새로운 律이 보이는 것으로 볼 때 적지 않은 律이 새로이 제정되어진 것으로 보인다. 그러나 漢代에 제정된 각종 律令은 罪名과 篇名이 서로 일치하지 않는 것들이 적지 않음을 보여준다. 漢은 400년 동안 律令을 계속 보충하기만 했지 계통적으로 편찬하지 않았기 때문에 그 편찬방법을 "錯柔無常"이라고 하며, 이같은 이유에서 魏晉律이 편찬되어진 것이다.

九章律의 제정을 재촉한 통일전쟁이라는 현실적 필요성은 李悝 이래 固守되어온 刑法을 위주로 한 기본법으로서의 六律에 事律이라는 行政法을 추가시키게 되는 하나의 획기적인 전환을 가져오게 되었다. 이것은 中國古代의 法制史上 하나의 중대한 變形이며, 이같이 일시적인 필요에 의해 刑法과 行政法을 혼합시킨 형법원칙의 왜곡 현상은 그 후 晉 泰始律에 가서야 수정을 보게 되는 것이다.

九章律은 漢初 政權이 불안정한 시기에 제정되었기 때문에 필연적으로 보완되어야 할 내재적인 문제점이 있었고, 또한 漢帝國의 영토확대와 정치발전에 수반하여 새로운 法令들이 제정되게 된 것은 필연적 추세였다. 九章律의 미비점을 보완하여 제정된 法令을 "令"이라고 하였는데, 律에 대비되는 令이 雲夢秦律에 보이고 있는 것으로 보아 令은 秦末에 이미 형성되기 시작하였다고 생각된다. 秦代의 令이 아직 저급한 발전단계에 머물러 있었다면, 漢代의 令은 보다 체계화되고 확대되어지는 단계를 거치게 되었다.

漢 律令의 정신과 儒家사상의 침투

I. 서론

필자는 한제국의 율령이 제정되는 과정을 고찰한 바 있다.[1] 그 논고에서 고찰한 주제들은 法律의 외형적 고찰에 국한되었고, 법률에 내재되어 있는 理念 또는 法律精神을 고찰 대상으로 한 것은 아니었다. 이 글에서는 漢律의 밑바닥에 흐르는 정신에 대한 분석과 漢律에 유가사상이 반영되어 中國古代 法律發展史의 일단계적 완성으로서의 魏晉律을 형성시키는 과정을 고찰할 예정이다.

우선 漢律이 魏晉律로 변모하는 과정을 살핌에 있어 다음과 같은 사항을 고찰하고자 한다. 첫째, 漢律이 秦律을 그대로 계승하고 거의 수정을 가하지 않았기 때문에 사실상 양자의 법 정신상에 있어 큰 차이점은 보이지 않는다. 2001년 二年律令의 釋文이 발표된 이후에 漢初 율령의 모습이 드러났다. 雲夢秦律과 二年律令의 내용을 비교한 논고에 의하면, 양자의 사이에 큰 변화는 없었다.[2]

그런데 이러한 秦漢律의 운용방식에 큰 변화가 발생했다. 武帝 시대에 董仲舒의 春秋決獄이 성행함으로써 法의 運用上에 변화를 가져오

---

1) 任仲爀, 「漢初 九章律의 제정과 그 의미」, 『宋甲鎬教授停年退任記念論文集』 (서울: 동간행위원회, 1993), pp.27-66; 「漢帝國의 성격과 高祖 功臣集團」(『淑大史論』 18집, 1996), pp.19-78.
2) 張忠煒, 「秦漢律令關系試探」(『文史哲』 2011-4); 陳紅太, 「從秦、漢律到唐律的變化看齊儒學對中國刑律的影響」(『政法論壇』 2006-11); 閆曉君, 「竹簡秦漢律與唐律」(『學術月刊』 2005-9).

는데, 이같은 변화의 내용과 전개과정에 대해 살펴볼 것이다. 두 번째로는 春秋之義를 이용한 法律해석이 시도된 이후 前漢 후기에는 그 방법을 답습하는 예가 매우 많아졌다. 法律 제정과 해석에 儒家官僚의 참여가 증대됨으로써 律令의 성격도 儒家的 色彩가 농후해지게 되는데, 이것이 기존의 漢律과 어떻게 달라지고 있는가를 고찰하기로 한다. 세 번째로는 春秋之義의 도입이 法律에 유가사상이 침투하는 계기를 마련한 것은 분명하지만, 秦律로부터의 탈피라는 목적을 달성했는가 하는 문제이다.

필자는 漢의 賊律을 분석하면서 그것이 唐律까지 승계되었음을 보았다. 그러나 모든 법률이 유가적 이념으로 바뀌는 것은 한계가 있었다.[3] 오히려 前漢말·後漢시대에 보이는 법령을 해석할 때 법령 해석자의 사이에서 발생하는 논쟁에 春秋之義가 악용되고 있으며, 春秋之義는 반드시 관대한 방향으로 해석된 것이 아니다. 반대로 법리논쟁에서 승리하기 위한 주관적 법해석의 도구로 사용되는 경우가 많았다는 것이다.

마지막으로 필자는 이상의 문제들을 罪刑法定主義라는 고리를 통해 연결하고자 한다. 春秋말 鄭子産에 의해 확립되어 秦律에도 계승된 罪刑法定主義 원칙은 漢代 儒家思想의 침투과정에서 가장 심각한 손상을 받고 있다. 罪刑法定主義는 성문화된 법령에 규정되지 않은 범죄를 처벌할 수 없는 것이다. 수많은 사항들을 일일이 법령으로 성문화하기는 곤란하다. 이러한 것은 판례라고 할 수 있는 決事比와 유가경전에 의거해 해석하는 것이다. 罪刑法定主義의 손상은 주로 律과 모순하는 儒家經典의 敎理가 정식의 律令으로 채택되지 않은 상태에서 律과 竝用되기 때문에 일어난 현상이다. 儒家의 官界점유와 法令 制定權 장

---

3) 任仲爀, 「漢·魏晉律에서의 篇章 체제의 변화 - 賊律을 중심으로 -」(『中國古中世史研究』 29, 2013).

악에 의해 法令의 외곽에 있던 禮가 入律됨에 따라 禮와 律의 모순·충
돌의 상황이 해소될 것 같이 보이지만, 唐代 이후에도 이같은 문제는
반복되고 있다. 唐律에서 법률이 유가화되었기 때문에 經義에 입각한
판결은 없어야 하는 것이 아니었을까? 그러나 유가화된 율령 하에서
도 죄형법정주의의 원칙을 따르지 않고 유가경전의 經義 및 諸儒章句
에 따르는 사례가 後唐 시기까지 출현하고 있다. 이것은 律令의 儒家
化 과정에서 매우 중요한 논제라고 할 수 있다. 즉, 현재의 法律과 入
律되지 않은 儒家經義가 계속해서 대립하고 있음을 말해준다.

II. 漢律의 運用정신

1. 秦漢律의 罪刑法定主義와 類推해석

漢初의 九章律은 秦律의 상당히 많은 부분을 修訂없이 계승했다. 이
같은 것은 叔孫通이 제정한 儀禮도 동일하였기 때문에,[4] 제도적 측면
에서 漢帝國은 秦帝國의 연장선상에 있었다고 할 수 있다. 九章律은 篇
目·內容이 모두 秦法을 계승하여 이루어진 것이므로 그 立法의 사상
역시 先秦 法家思想에 기초한 것이었다. 雲夢秦律에는 商鞅이 제시한
什伍조직과 連坐制, 姦事密告의 의무화, 軍爵制, 私鬪의 금지, 重農主義,
度量衡통일 등이 확인되었다. 때문에 商鞅에 의해 秦律이 제정된 사
실,[5] 그와 아울러 商鞅이 견지하고 있던 法家的 思想이 秦律에 반영되

---

4) 『漢書』 卷22 「禮樂志」, p.1043, "高祖時, 叔孫通因秦樂人制宗廟樂." 秦帝國에
   서 博士를 지냈던 叔孫通이 漢의 禮儀를 제정하려 했을 때 齊魯의 士들로부
   터 비판을 받고 있는데, 이것은 秦帝國의 권력과 결탁한 儒生들에 대한 在
   野 儒生들의 비판적 시각을 보여주는 것이다(같은 책, p.1034).
5) 高敏, 「商鞅《秦律》與雲夢出土《秦律》的區別和聯系」, 『雲夢秦簡初探』(新鄭: 河南人
   民, 1979), pp.43-57; 湯淺邦弘, 「秦の法と法思想」(『日本中國學會報』 36, 1984), p.27.

었을 것임은 확실하다. 商鞅을 비롯한 法家들이 가지고 있는 法思想은 司馬談의 정의에 잘 정의되어 있다. 法家의 "親疎를 구별하지 않고 貴賤을 차별하지 않고 모두 한결같이 法에 의해 처리"한다는 "一斷於法"의 사상은 현재의 용어로 표현하면 법률지상주의라고 할 수 있다.[6] 이에 반해 司馬談은 儒家를 "君臣·父子의 禮와 夫婦·長幼의 區別", 다시 말하면 貴賤·長幼·尊卑·親疎의 차별에 따라 禮의 적용에 차별을 둔다고 정의하였다.[7] 法家의 法과 儒家의 禮를 달리 표현한다면, 전자는 無差別性의 行爲規範이며 후자는 差別性의 行爲規範이라고 할 수 있다.[8] 본장에서 논의하려고 하는 바는 바로 法家가 제정한 秦漢律에 儒家의 差別性의 行爲規範인 禮가 침투하는 과정에 대한 것이다.

九章律 제정 이후 漢律은 개정된 적이 있으나, 儒家사상으로 수미일관된 법전을 만들지는 못했다. 文·景帝 시기 酷法 폐지는 武帝시 재차 酷法이 추가되고, 宣帝의 "專任刑法"함으로써 법률 유가화의 흐름은 중지되고 말았다. 그 후 宣帝 시에 廷尉史 路溫舒가 "덕을 숭상하고 형을 완화시키자는(尙德緩刑)" 글을 올려 法令 중의 문제점을 제시하고 法家정책의 포기를 주장했으나, 실현된 것은 司法 기구상에 4명의 廷尉平 증설로 끝나고 말았다. 이에 대해 涿郡太守 鄭昌이 이전 시대의 실책을 개선하기 위해서는 律令을 개정해야 한다고 했으나 실현되지 못했다.[9] 또한 後漢 和帝시 陳寵은 "律令을 경전과 뜻이 맞고(應經合義)", "禮와 서로 상응하게(與禮相應)" 수정하고자 했으나 이 건의 역시

6) 『史記』 卷130 「太史公自序」, p.3291; 北京廣播學院, 『商君書評注』(北京: 中華書局, 1976),「賞刑」第17, p.206, "所謂一刑者, 刑無等級, 自卿相將軍以至大夫庶人, 有不從王令犯國禁亂上制者, 罪死不赦."; 周鍾靈, 『韓非子索引』(北京: 中華書局, 1982),「有度」第6, p.737, "法不阿貴, 繩不撓曲, 法之所加, 智者弗能辭, 勇者弗敢爭, 刑過不避大臣, 賞善不遺匹夫."

7) 『史記』 卷130 「太史公自序」, p.3290.

8) 瞿同祖, 『中國法律與中國社會』(北京: 中華書局, 1981), pp.285-286.

9) 『漢書』 卷23 「刑法志」, p.1102.

실현되지 못했다.[10] 그러므로 兩漢시대에는 끝내 유가사상에 이론적 기초를 둔 계통적 法典은 제정되지 못했다.[11]

儒家사상으로 이론적 기초를 삼는 완비된 법전이 단기간에 제정될 수 없자, 현재 존재하는 法律을 유가적 관점에서 해석하는 방법이 나타났다. 引經決獄은 유가경전의 해석을 빌어서 재판을 행하는 것인데, 법가적인 법률의 부족한 점을 보완하는 것이 될 것이다. 개인적으로 法律을 해석하고 引經決獄하는 것이 성행한 원인은 武帝시기의 内儒外法의 정책에 있었다.[12] 儒家이념이 法律에 침투하는 과정을 설명하기 위한 첫 번째 수순으로 秦漢律을 내면에서 지지하는 罪刑法定主義를 고찰할 필요가 있다.[13]

刑과 그 罪를 法令(成文法)에 미리 규정하고, 이를 위반한 자에게만 처벌을 가하고, 범죄행위 시점에 成文규정이 없을 때는 범죄가 성립하지 않고 형벌을 科할 수 없다는 罪刑法定主義의 원칙은 戰國時代에 이미 성립하여 있었다. 罪刑法定主義는 다음과 같은 몇 가지 원칙을 가지고 있다. 첫째, 定罪科刑은 成文法 규정에만 의거하고 慣習法은 적용할 수 없으며, 刑期는 오직 법률상의 규정에만 근거하는 것이다. 둘째, 事後法은 과거의 행위에 대한 追溯를 할 수 없고, 처벌할 수도 없

---

10) 『後漢書』 卷46 「陳寵列傳」, p.1554.

11) 이같은 점은 後漢초 重罰정책을 시행하고자 했던 梁統이 文帝의 개혁도 肉刑폐지와 같은 극히 일부분에 그쳤다고 한 언급에 지적되어 있다. 『後漢書』 卷34 「梁統傳」, p.1166.

12) 高恒, 「論"引經決獄"」(『法律史論叢』 3, 1983), pp.54-55.

13) 본 장 제목에 사용된 「漢 律令의 정신과 儒家思想의 침투」의 "정신"은 "秦漢律의 원칙"으로서 많이 언급되고 있는 刑事責任年齡, 法律時效, 誣告反坐, 數罪競合時 처리, 故意와 過失, 減刑原則 등과 같은 구체적이고 기술적인 法律원칙을 대상으로 한 것이 아니라, 전반적으로 秦漢律을 제정하고 이를 管理·運營해온 司法官吏들의 法 制定精神 또는 守法精神을 대상으로 하려는 것이다. "秦漢律의 원칙"에 대해서는 蕭永淸, 「論兩漢刑法的基本原則」(『法律史論叢』 1, 1981) 참조.

다. 즉 刑法效力은 과거의 행위에 대해 소급할 수 없다. 셋째, 類推원
칙과 확대해석을 할 수 없다. 넷째, 罪가 의심스러울 때는 被告에 유
리하게 판결해야 한다는 원칙이다.[14]

秦律에도 죄형법정주의의 원칙이 확인된다. 첫째, 秦律은 관습법을
부정하고 있는데, 「法律答問」에는 관습법을 인정한 어떤 흔적도 없고,
오직 成文法으로 해석했을 뿐이다. 둘째, 遡及效를 인정한 흔적도 없
다. 예컨대 "赦免 이전에 1천 전을 절도하였다. 사면 후에 모두 사용하
다가 잡혔다. 어떻게 논해야 하는가? 처벌하지 말라."[15]라고 한 것은
赦免 이전에 훔친 千錢을 사면 후에 모두 사용했어도 그 절도의 시점
이 사면 이전이므로 소급하여 처벌하지 않는 것이다. 이것은 秦律에서
遡及效를 적용해 처벌하지 않고 있음을 보여준다. 셋째, 규정된 형벌
은 具體的·固定的이며, 어떠한 신축성도 없다. 이같은 법률 明文이 규
정한 범죄행위에 대해 秦律은 사법관리에게 엄격히 법에 의거하여 定
罪科刑할 것을 요구하고 있다. 만약 그렇게 하지 않으면 "罪刑法定"의
원칙을 집행하지 않은 형사책임을 추궁하고 있다. 이를 위해서 秦律
중에는 관리가 과실로 인하여 판결의 量刑이 부당할 때 부과하는 "失
刑罪", 관리가 범죄사실을 알고도 고의로 죄를 무겁게 하거나 가볍게
하는 "不直罪", 범죄자를 고의로 놓아주는 "縱囚罪"가 설정되어 있다.[16]

秦律을 계승한 漢律도 公布主義·不遡及主義·罪刑法定主義를 원칙으
로 하고 있다.[17] 漢律이 罪刑法定主義를 채택했음을 보여주는 대표적
인 예가 文帝 시의 廷尉 張釋之의 경우이다. 의도하지 않게 文帝의 馬를

14) 成宮嘉造, 「前漢の罪刑法定主義と事後法の禁止」(『商經研究』 26, 1971), p.2; 栗
勁, 『秦律通論』(濟南: 山東人民出版社, 1985), pp.172-173.
15) 『睡虎地秦墓竹簡』, p.167, "或以赦前盜千錢, 赦後盡用之而得, 論何也? 毋論."
16) 栗勁, 위의 책, p.178.
17) 『漢書』 卷1下 「高帝紀」, p.78, "其有不義背天子, 擅起兵者, 與天下共伐誅之布告
天下, 使明知朕意."; 『漢書』 卷12 「平帝紀」, p.348, "自今以來, 有司無得陳赦前事
置奏上."

놀라게 한 자에 대하여 犯蹕(皇帝 出行時 사람과 말의 통행금지를 어긴
것)의 죄로 벌금형에 처하려 한 張釋之의 판결에 文帝가 불만을 표시
하자, 張釋之는 "法이라고 하는 것은 天子가 天下와 함께 共有하는 것입
니다. 현재의 法에 의하면, 그것은 벌금형에 해당하는데, 다시 그것을
무겁게 (처벌)한다면 民이 法을 不信하게 될 것입니다. … 지금 이미 廷
尉에게 그 사건의 처리를 내렸는데, 天下의 저울인 廷尉를 한번 기울게
하면 천하의 法을 사용하는 것이 그로 인해 가볍거나 무거워지게 되
니 民이 어찌 手足을 놓을 바가 있겠습니까?"라고 하면서 犯蹕의 처벌
인 벌금 4량을 부과해야 한다는 것이다.[18] 이처럼 법률에 의거하여 처
리하는 전국시대 法家의 精神을 司馬談은 "一斷於法"이라 표현했던 것
이다. 이같은 法家的 전통은 漢代에도 계승되었는데, 漢吏는 三尺律令
을 받들어 종사할 뿐이며, 官吏가 法을 받들 때 律을 왜곡해서는 안된
다고 한 것은 모두 그같은 전통의 연장이라고 할 수 있다.[19]

秦律은 초기적 成文法이어서 刑事立法 수준이 초보적 단계에 머물
러 있었다. 입법상 一事一例의 원칙하에 있었으므로, 法의 표현 형식
상 槪括(포괄) 능력이 결여되어 있다. 오직 하나의 사안마다 하나의
법조문이 제정되어야 하는 "一事一例"의 원칙에 따라 법조문을 廣設해
야 했으므로 각종 구체적 법규를 일일이 제정하기는 어려웠다.[20] 이
원칙을 고수하는 이상 수많은 사안을 일일이 법조문으로 明文化하기
는 곤란했고, 법률상 명문규정이 없는 범죄가 발생시 秦律은 곤란에
처해지게 되었다. 때문에 秦律에서는 比와 廷行事의 방식을 채택하여

---

18) 『漢書』 卷50 「張釋之傳」, p.2310, "如淳曰:「乙令『蹕先至而犯者, 罰金四兩』.」" 張
釋之는 이 사건 이외에도 高廟의 玉環을 훔친 자를 族刑에 처하고자 한 文
帝의 주장에 찬성하지 않고, 罪刑法定主義의 원칙에 입각하여 族刑 대신 그
자에 한해서 死刑에 처할 것을 주장하여 관철하였다.
19) 『漢書』 卷83 「朱博傳」, p.3400; 『後漢書』 卷26 「趙憙傳」, p.914.
20) 이 점은 후술할 裵頠의 언급에 잘 지적되어 있다. 그는 罪刑法定主義의 한
계를 지적하고 있다.

成文法의 결함을 보완하였다.

우선 比에 대하여 언급하겠다. 秦律은 절대 다수 안건의 定罪科刑을 사전에 公開頒行된 成文法에 의거하고 있다.[21] 그러나 범죄 발생시 이를 治罪할 법령 조항이 없을 경우는 比類를 援用하여 사안을 판단하는데, 이를 比 또는 比附라는 것이다. 『睡虎地秦墓竹簡』「法律答問」에는 比 또는 比附라는 類推解釋을 적용한 사례가 존재한다.[22] "大父母를 구타하면, 黥爲城旦舂이다. 지금 高大父母를 구타하면 어떻게 논하는가? 大父母를 구타한 것에 比한다."라고 되어 있는데, 법률은 단지 大父母를 구타한 행위만 규정하고 있고, 高大父母를 구타한 행위는 규정하고 있지 않다. 이를 어떻게 처리할지 모를 때, "主法令之吏"에게 해석을 要請한다는 해석이다. 이에 대한 회답은 大父母를 구타한 것에 비견하여 治罪한다는 것이다. 이러한 "比"는 실제상 類推이다. 절도의 대상은 "盜馬", "盜牛", "盜羊", "盜布", "盜錢", "盜具", "盜徙封" 등과 같이 다양하고, 절도의 주체도 "害盜盜", "求盜盜", "公士盜", "伍盜", "妾盜", "父盜子", "子盜父", "奴盜主"와 같이 다양하다. 따라서 秦의 統治者가 어떠한 노력을 하더라도 그들은 사회의 모든 범죄활동을 묶을 수 있는 法律大全을 만들어낼 수 없다.[23] 수시로 보충하는 법령을 만들더라도 새로운 상황에 대응하기 어려웠다. 이 문제를 해결하기 위해 성문법에 완전히 배치되는 것도 아니고, 또한 법관의 임의에 완전히 맡겨두는 것도 아닌 방법, 즉 比(類推)를 허용하는 것이었다.[24] 秦은 執法者로 하여금 수시로 법에 규정되지 않은 새로운 상황을 만날 때마다 수시로

---

21) 栗勁, 위의 책, pp.182-183.
22) 『睡虎地秦墓竹簡』, p.184, "毆高大父母, 比(毆)大父母."; p.183, "臣强與主姦 何論? 比毆主."; p.187, "鈹, 戟, 矛有室者, 拔以鬪, 未有傷毆(也), 論比劍."; p.200, "其他罪比群盜者亦如此."; p.220, "以錦縵履不爲, 然而行事比焉."; p.231, "內公孫無爵者, 當贖刑, 得比公士贖耐, 不得? 得比焉."
23) 徐進·易見, 「秦代的"比"與"廷行事"」(『山東法學』1987-2期), pp.45-46.
24) 같은 논문, p.46.

"比" 또는 기타 수단에 의해 율령의 부족한 부분을 보충해야 했던 것이다.[25]

"比" 이외에 秦에는 判例라고 할 수 있는 "廷行事"가 있었다. 廷行事는 秦簡整理小組에 의하면, "法定成例"인데, 王念孫은 "行事者, 言己行之事, 舊例成法也.(行事라고 하는 것은 이미 행해진 사안을 말하는데, 舊例가 법으로 된 것이다.)"라고 했으며,[26] 이는 英國의 判例法에 해당한다. 秦이 成文法에 廷行事로써 보완한 것은 罪刑法定主義의 결점을 보완하고자 한 것이다. 秦律의 廷行事는 성립 경위에 의해 5종류로 분류할 수 있다. ① 법조문이 구체적이지 않아 執法者가 판단하기 어려워서 재판하는 과정에 보완·형성된 것, ② 법률의 불합리한 규정을 개정한 것, ③ 형사정책의 변화에 적응하기 위해 법률규정을 개정한 것, ④ 成文法 規定을 보충한 것, ⑤ 입법자가 예견하지 못한 새로운 상황을 처리하기 위한 것이 있었다.[27]

秦의 廷行事와 漢代의 "決事比"는 비슷하다.[28] 決事比는 案例들을 整理·加工하여 재판의 근거로 하는 것인데 일종의 판례법이라고 할 수 있다. 다만 양자는 구별할 수 있다. 秦의 廷行事는 단지 재판과정에서 자연적으로 형성된 분산적 案例이다. 그것은 비록 사법관리에 의해 운용된 바 있지만, 완전히 법률적 의의를 획득한 것은 아니다. 이에 반해 漢의 決事比는 司法의 실천과정에서 형성된 案例를 가공하고 정

---

25) 같은 논문, p.46.

26) 王念孫, 『讀書雜誌』 六 「漢書第十二」(北京: 中國書店, 1985), p.30.

27) 徐進·易見, 위의 논문, pp.47-48.

28) [清] 阮元, 『十三經注疏·周禮注疏·秋官·大司寇』(北京: 中華書局, 1979), p.871, "舊法成事品式, 若今律其有斷事, 皆依舊事斷之. 其無條, 取比類以決之. 故云決事比."; 『十三經注疏·禮記·王制』, p.1343, "鄭玄注: 小大, 猶輕重, 已行故事曰, 比."; 『漢書』 卷60 「杜延年傳」, p.2663, "延年乃奏記(霍)光爭, 以爲吏縱寬人, 有常法, 今更詆吳爲不道, 恐於法深."; 錢大群 撰, 『唐律疏議新注』(南京: 南京師範大學出版社, 2007) 卷30 「斷獄律」, p.981, "484 諸斷罪, 皆須具引律令格式正文. 違者, 笞三十."

리한 것이다. 決事比는 입법자가 법률효력을 인정한 판례법이라고 할 수 있다.[29]

蕭何가 漢律을 제정할 때 秦律의 決事比조차도 답습한 것으로 보인다. 漢初에 決事比가 존재했음은 "廷尉가 결정할 수 없는 것은 신실하게 준비하여 상주하고, 疑案에 필요한 比·律·令을 添附하여 황제에게 보고하라."는 高帝의 七年詔에서 확인할 수 있다.[30] 漢의 決事比가 秦의 것을 계승하지 않았으면 蕭何의 九章律 제정 직후인 高帝 7年의 시점에서 決事比를 언급한 것은 불가능했을 것이다.[31] 특히 決事比의 성격을 띤 張家山漢簡 「奏讞書」의 案例 17·18·22에는 秦始皇 2年·6年·27年의 것이 포함되어 있다. 이것은 漢律이 秦律의 決事比를 그대로 계승했음을 보여준다.[32] 秦漢의 治獄 행정에서 決事比의 비중이 컸다는 사실은 『睡虎地秦墓竹簡』의 「封診式」, 張家山漢律의 「奏讞書」, 江蘇省 連雲港市 花果山 출토의 「漢代簡牘」[33] 등과 같이 출토된 文物에 특히 決事比가 많다는 사실에서 입증된다.

여기에서 문제가 되는 것은 罪刑法定主義와 類推解釋의 충돌이다. "罪가 법에 규정되어 있지 않으면 소송할 수 없다."[34]라고 하여 율령에 명문규정이 없는 행위는 究問할 수 없고 罪로 되지 않는 罪刑法定主義의 원칙과, "조문이 없을 때는 比類를 취하여 판결한다. 그러므로 決事比라고 한다."[35]는 원칙이 충돌한다는 점이다. 그러나 決事比는 律

---

29) 徐進·易見, 위의 논문, p.48.

30) 『漢書』卷23 「刑法志」, p.1106, "廷尉所不能決, 謹具爲奏, 傅所當比律令以聞.; 呂麗·王侃, 「漢魏晋"比"辨析」(『法學研究』 2000-7), p.153.

31) 『漢書』卷4 「文帝紀」, p.132, "他不在令中者, 皆以此令比類從事." 이것도 유추 해석의 매우 좋은 예이다.

32) 張家山漢墓竹簡整理小組, 『張家山漢墓竹簡』(北京: 文物出版社, 2006), pp.100, 103, 109.

33) 李洪甫, 「江蘇連雲港市花果山出土的漢代簡牘」(『考古』 1982-5).

34) 『後漢書』卷38 「馮緄傳」, p.1283, "罪無正法, 不合致糾."

35) 『周禮』「秋官·大司寇」賈公彦疏: "若今律其有斷事, 皆依舊事斷之, 其無條, 取比

文에 관련 조항이 없을 경우 이루어진 判決例이므로 이미 법률효력을 가지고 있다. 決事比도 결국 罪刑法定主義의 한 가지 수단으로 되는 것이다. 決事比를 원용해서 해석하는 類推解釋은 별반 문제가 되지 않으나, 만약 법률의 유추해석을 儒家經義에 의거하는 경우 法令과 經義가 相衝하는 상황이 발생한다.

罪刑法定主義의 가장 큰 취약점은 예상할 수 없는 수많은 범죄사안을 일일이 법률로 明文化할 수 없다는 점이라면,[36] 일일이 明文化되지 못한 律令을 보완하기 위해 축적되어진 決事比 역시 또다른 문제를 야기하게 되었다. 決事比는 그 숫자가 많아 사안이 같을 경우라도 판결례가 重比와 輕比의 상이한 경우가 존재하였다.[37] 때문에 이를 이용해 官吏가 개인적 因緣에 의해 重比와 輕比를 편파적으로 적용시키는 事例가 허다하였다. 이 문제가 司法行政의 중요한 현안으로 부각하였다.

그 후에 姦猾한 관리들이 법을 교묘히 사용하여 서로 유사한 사례로 유추했으므로 법망이 점차 치밀하게 되었다. 律令은 총 합계가 359章이고, 大辟은 409條 1882事, 死罪의 決事比는 13472事나 되었다. 文書는 几閣에 가득 찼고, 관리하는 자도 모두 볼 수가 없었다. 이로써 郡國에서 율령을 접수하여 사용하는 자가 서로 모순되었다. 어떤 경우 죄가 같은 데도 판결이 서로 달랐다. 간사한 관리들이 기회를 이용하여 거래하여, 죄수를 살리려고 하면 生議를 부쳤고, 죄에 빠뜨리고자 하면 死罪의 比를 주었다. 의논하는 자들이 모두 원망하고 애통해했다.[38]

類以決之, 故云決事比."
36) 『晋書』 卷30 「刑法志」, p.935, "刑書之文有限, 而舛違之故無方, 故有臨時議處之制, 誠不能皆得循常也."
37) 본고의 「律令과 春秋之義의 충돌」에서 叔孫光의 경우가 좋은 예이다.
38) 『漢書』 卷23 「刑法志」, p.1101, "其後姦猾巧法, 轉相比況, 禁罔寖密. 律令凡三百五十九章, 大辟四百九條, 千八百八十二事, 死罪決事比萬三千四百七十二事. 文書盈於几閣, 典者不能徧睹. 是以郡國承用者駁, 或罪同而論異. 姦吏因緣爲市,

이것은 決事比의 문제점을 잘 요약한 것이다. 첫 번째의 문제점은 奸猾한 관리들이 決事比를 강압의 수단으로 삼게 되어 점차 그 숫자가 증가해 死罪의 決事比 하나만 해도 13472條에 이름으로써, 그 문서들이 律令을 보관하는 几閣에 가득하고 이를 관리하는 자도 두루 살펴볼 수 없는 상황에 이르렀다는 것이다. 두 번째 문제점은 중앙의 決事比가 증가함에 따라 法令 解釋能力이 떨어지는 지방 郡國의 官吏들이 決事比를 해석함에 駁議가 나오게 되고 罪는 동일한데도 판결이 다른 경우가 나오고, 姦吏들이 이를 이용해 私利추구의 수단으로 삼아 살려주고 싶은 자는 生議를, 죽이고 싶은 자는 死比로써 판결하는 사법 농단 현상이 발생하게 되었다는 것이다.

決事比가 긍정적 방향으로 사용한 경우도 있었지만 부정적인 사용례가 더 많았던 것으로 보인다. 後漢시대 桓譚의 상소에도 『漢書』 「刑法志」와 거의 대동소이한 決事比의 폐단이 기술되어 있는 것으로 볼 때, 決事比의 폐단이 보편적 현상이었음을 알 수 있다.[39] 決事比는 또한 사법행정의 번거로움을 가중시키는 폐단을 야기했다. 그것은 "奇請"과 "他比"로서 나타났다. 奇請은 刑法 규정의 조문 이외에 형벌을 주관하는 자가 별도로 請讞하여 罪를 판결하는 것이고, "他比"는 다른 유사한 類型을 인용하여 比附하는 것이다.[40] 請讞의 원칙은 漢高祖 7년의 조서에서 확립된 것이었다. 縣·道의 官에서 판결할 수 없는 疑獄을 소속 二千石官에게 올리면, 二千石官은 그것을 판결하여 回報하라는 것이다. 二千石官이 판결할 수 없는 것은 廷尉에게 이송하고, 廷尉도 역시 回報하며, 廷尉가 결정할 수 없는 것은 황제에게 상주하라는

所欲活則傅生議, 所欲陷則予死比, 議者咸冤傷之."
39) 『後漢書』 卷28上 「桓譚傳」, p.959.
40) 『漢書』 卷23 「刑法志」, p.1103, "至成帝河平中, 復下詔曰: 「甫刑云『五刑之屬三千, 大辟之罰其屬二百』, 今大辟之刑千有餘條, 律令煩多, 百有餘萬言, 奇請它比, 日以益滋, 自明習者不知其由, 欲以曉喩衆庶, 不亦難乎!"; "師古曰: 「奇請, 謂常文之外, 主者別有所請以定罪也. 它比, 謂引它類以比附之, 稍增律條也. 奇音居宜反.」"

것이다.[41] 그러나 請讞이 너무 많아지는 폐단이 곧 나타났다. 後漢의 陳忠은 23개의 조항을 決事比로 삼아 "請讞之弊"를 줄였는데,[42] 이는 아마도 지방 관부에서 결정할 수 없는 사안을 상급 관부로 올려 그 결정을 받는 것이 너무 많았기 때문인 것으로 생각된다. 決事比는 前·後漢 내내 事類別로 정리되지 않고 官吏들이 악용하는 폐단을 지속적으로 야기하였으며, 이 때문에 陳寵은 辭訟比 7卷을 만들어 重比와 輕比를 정리하고, 유사 사안의 발생시 이를 적용토록 하였다.[43]

　이상에서 고찰한 바와 같이 罪刑法定主義의 "一事一例"의 결점을 보완하기 위한 決事比는 法의 효력을 具有하게 됨으로써 成文法의 효력을 갖게 되지만, 그러나 동일한 事案에 相異한 여러 개의 비가 존재하는 것은 前漢·後漢 내내 폐단을 발생시켰다고 할 수 있다. 한편 決事比와는 다른 각도에서 罪刑法定主義에 심각한 危害를 가한 것은 春秋之獄이라고 할 수 있다.

---

41) 『漢書』 卷23 「刑法志」, p.1106, "高皇帝七年, 制詔御史:「獄之疑者, 吏或不敢決, 有罪者久而不論, 無罪者久繫不決. 自今以來, 縣道官獄疑者, 各讞所屬二千石官, 二千石官以其罪名當報之. 所不能決者, 皆移廷尉, 廷尉亦當報之. 廷尉所不能決, 謹具爲奏, 傳所當比律令以聞.」 上恩如此, 吏猶不能奉宣."

42) 『後漢書』 卷46 「陳忠傳」, pp.1555-1556, "忠略依寵意, 奏上二十三條, 爲決事比, 以省請讞之敝." 内田智雄은 이 請讞을 "故孝景中五年復下詔曰:「諸獄疑, 雖文致於法而於人心不厭者, 輒讞之.」"라는 것에 근거해 "법률상으로는 유죄가 되지만 특별히 天子의 재결을 바라는 것"이라고 해석했다. 『譯注中國歷代刑法志』(東京: 創文社, 1961), p.81 참조.

43) 『後漢書』 卷46 「陳寵傳」, pp.1548-1549, "躬生寵, 明習家業, 少爲州郡吏, 辟司徒鮑昱府. 是時三府掾屬專尙交遊, 以不肯視事爲高. 寵常非之, 獨勤心物務, 數爲昱陳當世便宜. 昱高其能, 轉爲辭曹, 掌天下獄訟, 其所平決, 無不厭服眾心. 時司徒辭訟, 久者數十年, 事類溷錯, 易爲輕重, 不良吏得生因緣. 寵爲昱撰辭訟比七卷, 決事科條, 皆以事類相從. 昱奏上之, 其後公府奉以爲法."

2. 律令과 春秋之義의 충돌

앞에서는 罪刑法定主義와 類推解釋의 문제를 다루었는데, 후자가 전자의 단점을 보완하기 위한 것이었다면, 春秋決獄은 懸案의 해결을 『春秋』에 의존하는 類推解釋의 일종이라 할 수 있다. 類推解釋은 法律에 明文이 없을 경우 다른 유사 조항을 援用하는 것이나, 春秋決獄은 實定法에 明文이 있더라도 그것을 배제하고 있는 점이 다르다고 할 수 있다. 決獄에 이용되는 經典은 詩·書·易·禮·春秋의 五經인데, 그중 『公羊春秋』를 위주로 하므로 春秋決獄이라고 한다.[44]

春秋決獄의 출현은 漢武帝시기 "獨尊儒術"로 표현되는 지배층의 통치사상 변화와 밀접한 관련을 가지고 있다. 엄밀히 말하면 春秋決獄은 董仲舒에 의해 시작된 것이라고 할 수는 없다. 春秋決獄의 유행은 武帝 이전에 經術吏가 몇 차례 治獄사건에 기용되어 皇帝의 心中에 부합한 決獄을 한데서 시작되었다고 보아야 할 것이다. 그러한 예로 景帝시 梁王의 袁盎 암살사건을 들 수 있다. 竇太后가 梁王을 景帝의 世子로 책봉하려고 하자, 袁盎은 春秋의 宋宣公의 예를 들면서 嫡長子 계승법을 따라야 한다고 주장했다. 이같은 袁盎의 진언 때문에 太子로 되지 못한 梁王은 袁盎을 살해하였다. 景帝가 同母弟인 梁王의 사법처리에 고심하자 公卿大臣들은 經術吏를 파견하여 이 사건을 처리토록 하자고 주장하였다. 이에 田叔과 呂季主를 파견하여 이 사건을 무난히 해결하였다.[45] 田叔은 黃老術을 배운 인물이며[46] 呂季主에 대해서는 기록이 없기 때문에 그가 經術吏였는지 여부를 확인할 수 없으나, 어쨌든 經術吏가 治獄사건을 처리했다는 것은 특기할 만하다.

또한 武帝가 太子에게 『公羊春秋』를 학습케 하고, 文吏 출신들이 治獄 과정에서 經學 지식의 결여를 自覺한 것도 律令에 儒家思想이 침투

---

44) 高恒, 「論"引經決獄"」(『法律史論叢』 3, 1983), p.52.
45) 『史記』 卷58 「梁孝王世家」, pp.2090-2092.
46) 『漢書』 卷37 「田叔傳」, p.1981.

하는 계기가 되었다고 할 수 있다. 그 대표적인 예를 武帝시기의 전형적인 刀筆吏 張湯에게서 찾아볼 수 있다. 武帝가 당시 文學에 관심을 갖자, 張湯은 大獄의 재판시 古義(經義)에 의거하고자 博士弟子를 청하여 『尙書』와 『春秋』를 학습하고 그들을 廷尉史에 임명하여 의심이 가는 事案을 공평히 판결하였다.[47] 이것은 武帝의 文學에 대한 관심이 가장 큰 원인을 제공한 것이다.

文學들이 春秋의 지식을 이용한 獄事 판결은 俗吏들과는 또다른 차원의 우수한 면이 있어 判決에 春秋之義를 이용하는 경향이 활성화된 것으로 생각된다. 그 예로 兒寬의 경우를 들 수 있다. 張湯이 廷尉로 있을 때 廷尉府는 文史法律의 관리들로 채워져 있었다. 兒寬은 유생으로서 그 사이에 있었으나, 업무에 능력이 없다고 官署(曹)를 배정받지 못하고 從史에 임명되었다. 마침 廷尉府에 疑事가 발생하였는데, 廷尉府의 관리들이 上奏한 文案은 계속 재가를 얻지 못하였으나, 兒寬이 작성한 文案은 즉시로 재가를 얻게 되었다. 그후 武帝가 張湯에게 "앞서의 上奏는 俗吏가 할 수 있는 것이 아닌데 누가 한 것이냐?"고 묻자 張湯은 이때부터 "嚮學"하게 되었고, 兒寬을 奏讞掾으로 삼아 "古法義"로써 疑獄을 판결케 하고 그를 심히 중시하게 되었다.[48]

『春秋』에 의한 決獄은 武帝시기부터 중앙집권화에 장애가 되는 요소를 제거하는데 一翼을 담당하게 되었다. 春秋之義로써 臣下들을 혹독하게 법으로 다스려 漢相이 되었던 公孫弘이 그 대표적인 인물이며, 이것이 漢代에 春秋之義가 부정적인 방향으로 사용된 효시였다.[49] 그러나 春秋之義를 본격적으로 決獄과 결부시킨 것은 董仲舒로 보아야

---

47) 『漢書』卷59「張湯傳」, p.2639.
48) 『漢書』卷58「兒寬傳」, pp.2628-2629.
49) 『史記』卷30「平準書」, p.1424, "自公孫弘以春秋之義繩臣下取漢相, 張湯用峻文決理爲廷尉, 於是見知之法生, 而廢格沮誹窮治之獄用矣. 其明年, 淮南·衡山·江都王謀反迹見, 而公卿尋端治之, 竟其黨與, 而坐死者數萬人, 長吏益慘急而法令明察."; 『漢書』卷44「淮南王傳」, p.2150, "(公孫)弘乃疑淮南有畔逆計, 深探其獄."

할 것이다. 董仲舒가 은퇴 후 家居할 때 朝廷에 大議가 있으면 使者 또는 廷尉 張湯이 그의 집을 방문하여 그 대책을 묻고는 하였다. 董仲舒는 그것을 『春秋決獄』으로 저술하였는데, 그 중 일부가 전한다. 우선 漢代의 대표적인 春秋之獄으로는, ① 呂步舒가 淮南獄을 다스린 것, ② 膠西王이 淮南王 安의 죄를 논한 것, ③ 終軍이 徐偃의 矯制를 힐문한 것, ④ 雋不疑가 成方遂를 포박한 것, ⑤ 御史中丞 衆 등이 薛況의 죄를 논한 것, ⑥ 龔勝이 傅晏의 죄를 논한 것이 있다.

①과 ②는 淮南王사건에 관한 것이다. ①의 呂步舒가 淮南獄의 처리에 관여한 것은 스승인 董仲舒와 관계가 있다.[50] 淮南王 安은 入朝시 太尉 田蚡과 "武帝에게는 태자가 없으니 그의 사후 자신이 마땅히 帝位를 계승할 것"이라는 逆言을 나누었다. 또한 建元 6年에 彗星이 나타난 것을 보고 游士가 이를 天下兵이 크게 일어날 조짐이라고 함에, 천하에 변이 일어나면 제후가 쟁탈전을 벌일 것에 대비해 전쟁무기와 자금을 비축하였다. 이 모반 음모가 발각되자 武帝는 董仲舒의 災異說을 想起하고 그의 弟子인 呂步舒에게 斧鉞을 주어 황제의 재가 없이도 "春秋誼로써 外에서 專斷"케 하였다.[51] 이것은 漢代의 決獄에 春秋之義가 적용된 대표적인 예이며, "春秋之義로써 外에서 專斷"을 허용한 것

---

50) 董仲舒는 家居하면서 遼東 高廟와 長陵 高園에 발생한 화재의 의미를 『春秋』에 근거하여 災異的 관점에서 해석한 것이 있었다. 그 내용은 "禮에 의하면 高廟가 遼東에 있음은 부당하고 高園이 長陵 근처에 있음도 부당하므로 철거해야 하며, 이와 동일한 의미에서 諸侯가 지방에서 不正행위를 하는 것은 그 고귀함이 高廟와 같더라도 주살해야 하고 京師에 거주하는 親姻戚의 고귀함이 高園과 같더라도 처벌해야 한다."는 것이다. 그런데 主父偃이 그 내용을 몰래 훔쳐보고 질투심에 상주하였던 바, 武帝는 이를 諸儒에게 下問했는데, 諸儒 중에 있었던 董仲舒의 제자 呂步舒가 스승의 글인 것을 모르고 이를 "大愚"라고 하여 董仲舒는 하옥되어 사형될 뻔하기도 하였다. 그후 淮南王사건이 발생하자 武帝는 呂步舒를 상기하고 그를 파견해 이 獄을 처리하게 했던 것이다.(『漢書』 卷27上 「五行志」, pp.1331-1333)

51) 『史記』 卷121 「儒林列傳」, p.3129; 『漢書』 卷27上 「五行志」, pp.1331-1333; 『漢書』 卷56 「董仲舒傳」, p.2524.

은 律令에 따르지 않아도 된다는 것을 인정하는 중대한 조치이다. 다시 말하면 漢帝國 내에서 律令과 春秋之義가 모순할 수도 있음을 시사해준다. ②는 膠西王이 淮南王의 죄를 논할 때 "淮南王 安은 법도를 폐하고 邪僻을 행했으며, 詐僞의 마음이 있어 天下를 어지럽히고 백성을 현혹시켰으며, 종묘를 배반하고 요언을 망령되게 만드니 春秋에 '신하가 반란하려는 마음을 가지면 안된다. 그러한 마음을 가지면 주살한다.'고 했는데 安의 죄는 將(모반하려는 마음)보다 무겁고 모반의 형태가 이미 정해졌다."고 탄핵하였다.[52]

③의 徐偃의 사건은 武帝시 春秋之義가 어떻게 운용되었는가를 여실히 보여준다. 이 사건은 春秋之義가 반드시 恩情主義의 방향으로만 사용된 것은 아니며, 당시의 정치상황과 관련하여 皇帝權을 일층 강화하는 방향으로 이용될 수 있음을 보여준다. 武帝의 元鼎 연간에 博士 徐偃이 膠東·魯國에 파견되어 皇帝의 재가 없이 鐵 鑄造와 製鹽을 허락한 것이 御史大夫 張湯에 의해 矯制로 탄핵되었다. 이에 徐偃은 "大夫는 疆域의 밖으로 나가면 社稷을 안정시키고 萬民을 존속시킬 수 있는 일은 君主의 명령을 받지 않고도 마음대로 행할 수 있다."는 春秋之義를 인용해 자신을 변론하였다.

武帝는 張湯이 徐偃을 굴복시킬 수 없자, 이 논의를 終軍에게 내려 비판하게 하였다. 終軍은 "옛날에는 (中國이) 諸侯國으로 분열되었고 풍속도 달라, 百里간이라도 서로 통하지 않았다. 聘會시에는 國家의 安危가 극히 짧은 순간에도 변할 수 있으므로 君主의 명령을 받지 않고도 臣下가 마음대로 할 수 있었으나, 지금은 천하가 통일되고 萬里가 풍속이 다르지 않기 때문에, 春秋에 王者는 밖이 없다고 한 것이다. 그러므로 (徐偃의 행위는) 矯制專行에 해당하는 것이니 사형에 처해야

---

52) 『漢書』 卷44 「淮南王傳」, p.2152. 膠西王이 탄핵에 인용한 春秋之義의 원문은 "臣毋將, 將而誅"로서 春秋之義 가운데 가장 빈번하게, 자의적으로 사용된 것인데, 자세한 것은 후술함.

한다."고 주장하였다. 武帝는 終軍의 논의를 옳게 여겨 재가하였다. 이처럼 하나의 사안에 대해서 徐偃의 "大夫가 국경을 벗어나면 자신의 판단에 따라 처리해도 된다.(大夫出疆, 專之可也)"는 것과 終軍의 "王者無外"라는 두 가지 春秋之義가 제시된 것은 春秋之義가 반드시 仁義·寬大한 방향으로 전개된 것이 아니고, 자신의 논리를 합리화하여 상대방을 제압하려는 방향으로 사용되었음을 말해주는 것이다. [53]

　④의 雋不疑가 成方遂를 포박한 사건은 昭帝 始元 5년에 발생한 것이다. 成方遂라는 자가 黃犢車를 타고 衛太子라 사칭한 사건이 발생하였을 때, 公卿들은 어찌할 바를 몰랐다. 雋不疑가 "여러분은 어찌 衛太子를 걱정하는가? 옛날 蒯聵가 명령을 어기고 出奔했을 때, 蒯聵의 아들 輒이 이를 거부하고 받아들이지 않았는데, 春秋는 이를 옳다고 하였다. 衛太子가 先帝에게 죄를 얻었는데 망명하여 죽지 않고 지금 스스로 왔으니 이는 罪人이다."라고 하면서 체포하여 詔獄으로 보냈다. 이 사건을 보고받은 昭帝와 霍光은 "公卿大臣은 마땅히 經術로써 大誼에 밝아야 한다."고 하였다. [54]

　⑤ 前漢말 薛宣의 아들 薛況이 박사 申咸을 테러한 사건도 ③과 마찬가지로 春秋之義를 자신의 논리의 합리화에 이용한 현저한 예라고 할 수 있다. 그 전말은 다음과 같다. 哀帝 초에 申咸은 "薛宣이 부모공양과 服喪을 행하지 않고 골육(동생인 薛修)을 박대했고, 또한 불충·불효로 면직되었으니 列侯에 봉해지는 것은 마땅치 않다."고 헐뜯었다. 이에 분노한 薛況은 자객 楊明을 사주하여 宮門 밖에서 申咸의 코와 입술을 자르고 몸에 8군데나 상처를 입혔다. 그런데 薛況에 대한 논의를 놓고 朝廷의 의견은 御史中丞 衆(丞相 孔光·大司空 師丹)을 중심으로 하는 견해와 廷尉 直(將軍 이하 博士·議郎 등)을 중심으로 하는 견해로 양분되었다.

53)『漢書』卷64下「終軍傳」, pp.2817-2818.
54)『漢書』卷71「雋不疑傳」, pp.3037-3038.

御史中丞의 견해는 "薛況은 申咸이 부친(薛宣)과 삼촌(薛修)의 사이가 좋지 않은 사실과, 後母의 服喪문제를 헐뜯고, 또 그가 곧 司隷에 임명되어 이 문제를 거론할까 두려워해 近臣을 宮闕 밖 大道의 사람들이 많은 곳에서 해쳤는데, 이것은 일반인이 분노 때문에 爭鬪한 것과는 다른 것이다. 近臣을 공경함은 君主에 가깝기 때문이고, 春秋之義에 본래의 마음이 나쁘면 功을 이루었더라도 誅殺됨을 면치 못한다고 했다. 薛況은 주모자(首惡)이며, 楊明은 하수인이니 功과 意가 전부 惡하며, 모두 大不敬에 해당하므로 사형에 처해야 한다."고 주장하였다.

한편 廷尉는 "律에 刃으로써 사람을 상하게 한 자의 죄는 完爲城旦이고, 고의(賊)의 경우는 1등급을 加罪하며 모의를 꾸민 자와 同罪로 한다고 하였다. 그가 申咸을 해치고자 한 것은 이미 계획이 서 있었던 것이므로 개인적인 變을 다툰 것이고, 비록 궁문 밖의 도로에서 해쳤더라도 일반인이 爭鬪한 것과 다를 바가 없다. '殺人者死, 傷人者刑'의 법칙은 古今의 공통된 도리이다. 春秋之義에 '原心定罪'라고 했는데, 薛況은 父親이 비방받는 것을 보고 분노한 것이며 다른 大惡은 없으니 이들을 사형에 처하는 것은 옳지 않다."고 주장하였다.

결국 이 사건에서는 두 개의 대립하는 "春秋之義"에 근거함으로써 하나는 棄市를, 다른 하나는 完城旦을 판결하는 판이한 주장이 나왔다. 최종적으로 후자인 廷尉의 주장이 채택되었다. 薛況은 爵減되어 完爲城旦으로 된 후, 다시 감형되어 敦煌으로 遷徙되고, 楊明은 사람을 賊傷하고 財物을 받은 죄로 처리되었다.[55] 그러나 논리의 정당성에 있어 廷尉는 春秋之義 이외에도 高祖의 約法三章의 "殺人者死, 傷人者刑"의 원칙과 같은 강력한 전거를 인용함으로써 결국 이 논쟁을 승리로 이끌었다.

⑥ 龔勝이 傅晏의 죄를 논한 경위는 다음과 같다. 哀帝의 祖母 定陶太

---

55) 『漢書』 卷83 「薛宣傳」, pp.3394-3396.

后는 成帝의 모친 王太后와 동등한 尊號를 구하고자 했으나, 傳喜와 丞相 孔光과 大司馬 師丹이 반대하였다. 그러자 定陶太后는 傳晏·朱博·趙玄으로 하여금 반대한 자들의 관직을 박탈하고, 傳喜의 봉후된 토지까지 몰수하고자 했다. 이를 알아차린 哀帝는 將軍·中二千石·諸大夫·博士·議郞 등으로 하여금 定陶太后와 모의한 자들의 죄를 논의케 하였다. 諫大夫 龔勝 등 14人은 "春秋之義에 姦으로써 君主를 섬기면 常刑이 있고 사면하지 않았다. 魯의 大夫 叔孫僑如가 公室을 專斷하고자 族兄인 季孫行父를 晋에 讒言하였고, 晋은 魯國을 어지럽혔다는 이유로 行父를 가두었다. 春秋는 이를 重히 여겨 기록하였다. 지금 (傳)晏이 天子의 命에 따르지 않고, 同族을 헐뜯었으며, 朝廷을 어지럽히고, 大臣을 협박해 上을 속이고, 計謀를 주동하고 질서를 어지럽히는 것을 주모했으니, 마땅히 朱博·趙玄과 同罪가 되어야 하며, 그 罪는 모두 不道."라고 하였다.[56] 傳晏의 사건도 春秋之義를 관대한 방향으로 사용한 것이 아니라, 傳晏의 처벌을 위한 논거로 사용되었음을 알 수 있다.

이상의 6가지 사례에서 春秋之義와 律의 상호 충돌이 명백한 것은 ①의 呂步舒의 경우와 ⑤의 薛況의 사건이다. 나머지는 律과 春秋之義가 충돌하는 것인지를 확인할 수 없다. ①은 완전히 律令을 배제하고 春秋에 입각해 처리한 것이고, ⑤는 "傷人者刑"의 律의 원칙을 주장한 廷尉와 春秋之義의 原心定罪에 입각한 御史中丞의 주장이 서로 모순되는 것임을 알 수 있었다. 정치적인 대사건을 논의할 때 春秋之義는 결코 寬大·溫厚·合理라는 원리와는 거리가 먼 것이고, 오히려 자신의 論理와 辯護에 유리한 방향으로 이용하는 것이 일반적이었다.[57] 이같은 春秋之獄 가운데 가장 자의적으로 사용된 것이 『公羊傳』의 "군주와 부모에게는 모반하려는 마음을 가질 수 없다. 단지 모반하려는 마음을

---

56) 『漢書』 卷83 「朱博傳」, p.3408.
57) 그러나 일반인의 治獄시에는 대체로 寬大·溫厚한 측면이 많았는데, 이는 후술할 董仲舒의 『春秋決獄』 佚文에 잘 나타난다.

갖기만 해도 주살할 수 있다.(君親無將, 將而誅焉)"는 원칙이다. 이 원칙은 『春秋公羊傳』 莊公 32年과 昭公 元年에 보이고 있다.

魯國에서 "君親無將, 將而誅焉"의 사안이 발생한 것은 아래와 같은 사정이 있었다. 魯桓公에게는 嫡長子인 魯莊公, 庶長子 慶父(孟孫氏), 庶次子 叔牙(叔孫氏), 嫡次子 季友(季孫氏)의 4아들이 있었다. 慶父는 가장 전횡했던 인물로, 叔牙를 黨으로 끌어들여 군주 지위를 노렸다. 동시에 형수인 魯莊公의 夫人 哀姜과 私通했다. 魯 莊公이 在位 32년째에 병이 들었다. 夫人 哀姜에게 "嫡嗣"가 없자 "庶子"에서 후계를 찾으려고 했다. 莊公은 叔牙와 상의했는데, 叔牙는 慶父에게 매수되어 慶父를 세울 것을 주장했다. 季友와 상의했는데, 季友는 魯莊公의 총희가 낳은 公子般을 추천하였으며, 동시에 叔牙를 주살하였다.

魯莊公의 사망후, 慶父는 전후로 사람을 시켜 國君인 公子般과 魯閔公을 살해하고 내란을 일으켰다. 季友는 魯莊公의 아들 姬申을 데리고 邾國으로 망명하면서 國人들에게 慶父를 죽이고, 姬申을 옹립하도록 하는 성토문을 발표했다. 國人들이 향응하자 두려워한 慶父는 莒國으로 도망하였다. 그후 莒國의 國君은 계우의 뇌물을 받고 慶父를 귀국시켰는데, 도중에 자살하였다.

"君親無將, 將而誅焉"은 季友가, 太子 子般을 암살하고 慶父를 즉위시키려는 叔牙의 계략을 알아차리고 주살한 것과 관련하여 나왔다. 『公羊傳』은 "군주와 부모에게는 모반하려는 마음을 가질 수 없다. 단지 모반하려는 마음을 갖기만 해도 주살할 수 있다.(君親無將, 將而誅焉)

… 兄(叔牙)의 誅殺을 피할 수 없는 것은 君臣의 義이다."라고 하여 君臣
之義에 입각한 兄의 誅殺을 긍정하였다. 그러나 그후 慶父가 子般을 살
해하고 또 閔公을 살해했을 때, 季友는 慶父를 주살하려 하지 않고 그
대신 慶父의 僕人 鄧扈樂을 주살했는데, 이에 대한 『公羊傳』의 평가는
앞의 叔牙의 誅殺의 경우와는 판이하다. "獄이 歸結되는 바에 因해서
그 情實을 살피지 않고(事實을 파악하지 않고) 鄧扈樂을 주살한 것은
親親의 道"이며 "천천히 추격하여 賊(慶父)을 놓친 것은 親親의 道"라고
하였다. 이처럼 후자의 평가는 철저한 家族主義와 兄弟愛를 중요시하
는 것이지만, 前者의 君臣之義에 입각한 "君親無將, 將而誅焉"의 원칙과
는 정반대의 것이다.

　　여기에서 문제는 日原利國도 언급하고 있는 것처럼,[58] 漢代에 皇帝
의 親姻戚의 모반 사건을 처리할 때 전자의 "君親無將, 將而誅焉"의 원
칙만을 강조할 뿐, 후자의 "親親之道"는 鄒陽이 언급한 것을 제외하고
는 대부분 언급이 없는 점이다.[59] 따라서 季友가 叔牙를 주살한 것이
이 사건의 전부인 것으로 오인되고 있는 것이다. "君親無將, 將而誅焉"
만을 강조한 현저한 예가 『漢書』 「董賢傳」에 보인다.

　　황제의 외삼촌 丁明이 대신 大司馬가 되었다. 임명된 후에 董賢이 총애
　를 받는 것을 꺼려 했다. 丞相 王嘉가 죽었을 때, 丁明은 심히 불쌍히 여겼
　다. 황제는 점차 董賢을 중시하고 그 관직을 최고로 높이려 했으나, 丁明이
　이처럼 방해가 되는 것을 원망하였다. 드디어 冊書로써 丁明을 면직시켜
　서 말하였다. … "군주와 부모에게는 모반하려는 마음을 가질 수 없다. 단
　지 모반하려는 마음을 갖기만 해도 주살할 수 있다." 그러므로 季友가 叔牙
　를 鴆殺한 것이고 春秋가 그 행위를 賢하다고 한 것이다. 晋大夫 趙盾은 변

---

58) 日原利國, 「漢代の刑罰における主觀主義 - 『春秋』と刑罰との關係」, 『漢代思想
　　の研究』(東京: 硏文出版, 1986), pp.93-98.

59) 『漢書』 卷51 「鄒陽傳」, p.2355.

경에서 돌아와서 역신 趙穿이 靈公을 시해한 것을 토벌하지 않았기 때문에 弑君이라 하였다. 朕은 將軍이 重刑에 처하는 것을 원치 않기에 문서를 내려 알린다. 將軍은 잘못을 아직도 고치지 않고 재차 丞相 嘉와 서로 결당하여 王嘉로 하여금 의탁할 것이 있게 하여 나를 속이도록 하였다.[60]

哀帝가 丁明을 힐책할 때 예로 들은 두 가지 사항, 즉 季友와 趙盾의 예는 일견 무리없이 적용할 수 있는 것으로 보인다. 그러나 양자는 조화롭지 않으며 서로 모순된다. 이것은 매우 자의적인 인용이다. 趙盾이 직접 君主를 시해하지 않았지만 君主(靈公)의 弑害犯(趙穿)을 서서히 추격하여 도주케 하였기 때문에 받게 된 弑君의 비판은 역시 季友에게도 적용되어야 함이 마땅하다. 즉, 季友 역시 子般과 閔公을 시해한 慶父를 천천히 추격함으로써 결국 그를 도주하게 하였다. 그의 행위는 趙盾과 하등의 다를 바 없으나, 春秋는 이를 오히려 親親之道로 칭송하고 있다. 漢代의 "春秋之義" 引用者들이 趙盾을 비판하고자 하면 의당 동일한 행동을 취한 季友도 거론하는 것이 타당할 것이다. 또한 未遂犯인 叔牙를 독살하고, 旣囚犯인 慶父를 놓아준 것이 결국 親親之道에 해당한다는 억설을 따르는 것이 旣遂犯과 未遂犯을 구별하여 처벌하고 있는 漢律의 법정신에 일치하는 것인지도 확인하고 있지 않다. 결국 春秋之義를 인용함에 있어서는 자신에 유리한 방향으로 해석하는 것이 이 당시의 특색이라고 할 수 있다.

이제 春秋之義가 민간의 治獄에서 어떻게 이용되고 있는지 董仲舒의 春秋決獄의 佚文을 통해 살펴보겠지만, 그것 역시 현존 율령과 모순되는 바가 적지 않았다.

---

60) 『漢書』 93 「董賢傳」, pp.3735-3736, "上舅丁明代爲大司馬, 亦任職, 頗害賢寵, 及丞相王嘉死, 明甚憐之. 上痛重賢, 欲極其位, 而恨明如此, 遂冊免(丁)明曰: … 蓋『君親無將, 將而誅之』. 是以季友鴆叔牙, 春秋賢之; 趙盾不討賊, 謂之弑君. 朕閔將軍陷于重刑, 故以書飭. 將軍遂非不改, 復與丞相嘉相比, 令嘉有依, 得以罔上."

당시에 疑獄이 있었다. "甲은 자식이 없어서 길가에 버려진 아이 乙을 주워다 기르고 아들로 삼았다. 乙이 장성하였는데, 사람을 죽이는 죄를 저지르고 그 내용을 甲에게 이야기하자, 甲은 乙을 숨겨주었다. 甲은 어떻게 論해야 하는가?" 仲舒가 논하였다. "甲은 자식이 없어서 乙을 살려서 길렀다. 비록 낳은 자식은 아니나, 무엇과 그것을 바꾸리오! 詩에 이르기를 '뽕나무 벌레 새끼들을 나나니벌이 데려온다.' 春秋之義에 '아버지는 아들을 숨겨준다.'고 했는데, 甲은 마땅히 乙을 숨겨줘야 한다." 詔書로 坐시키지 말라고 하였다.[61]

甲이 길에서 주운 棄兒(乙)를 아들로 삼아 키웠는데, 乙이 살인을 한 후 養父 甲에게 고백하자 甲은 乙을 은닉시켜주었다. 이 경우 首匿法에 의거해 甲이 처벌되는지를 물은 것인데, 董仲舒는 "父爲子隱"이라는 春秋之義에 의거, 부친은 자식을 숨겨줄 수 있으므로 坐되지 않는다고 해석하였다. 그러나 董仲舒의 이 논의는 宣帝 地節 4年에 내려진 "지금부터 아들은 父母를 主謀하여 숨겨주고, 妻는 남편을 숨겨주며, 손자는 大父母를 숨겨줘도 모두 죄에 연루시키지 마라. 父母가 아들을 숨겨주고, 남편이 妻를 숨겨주고, 大父母도 손자를 숨겨주었는데, 罪가 사형(殊死)이면 모두 廷尉에게 上請하여 보고하라."는 조서와 비교하면 두 가지 측면에서 武帝시기의 首匿法과 충돌하고 있음을 알 수 있다.[62] 최근 출토된 秦律에서 보면, 父母·子·同産·夫妻가 죄를 지었을 때 舍匿하면 "舍匿罪人律"로 처벌하고 있는데,[63] 가족 간에도 숨겨줄

---

61) [唐] 杜佑, 『通典』(北京: 中華書局, 1988) 卷69, p.1911, "東晉成帝, 咸化五年, 散騎侍郎, 喬賀妻, 于氏上表, 引.", "時有疑獄曰: 「甲無子, 拾道旁棄兒乙養之以爲子. 及乙長, 有罪殺人, 以狀語甲, 甲藏匿乙. 甲當何論?」 仲舒斷曰: 「甲無子, 振活養乙, 雖非所生, 誰與易之! 詩云『螟蛉有子, 蜾蠃負之.』 春秋之義, 『父爲子隱』, 甲宜匿乙.」 詔不當坐."

62) 『漢書』 卷8 「宣帝紀」, p.251, "自今子首匿父母, 妻匿夫, 孫匿大父母, 皆勿坐. 其父母匿子, 夫匿妻, 大父母匿孫, 罪殊死, 皆上請廷尉以聞."

수 없었다.

첫째, 위의 예문과 같이 宣帝 地節 4年에 이르러서야 首匿法을 완화시킨 詔書가 내려졌기 때문에 武帝시기에는 首匿法이 엄연히 시행되고 있었던 것이다.[64] 따라서 그 養父는 首匿法에 저촉되어 殊死를 숨겨준 죄인 黥爲城旦春의 처벌을 받아야 했을 것이다.[65] 그럼에도 董仲舒가 春秋之義에 의거하여 살인한 子息을 은닉시켜준 養父를 無罪로 판결했다면, 그의 決獄은 現行法과 분명히 충돌하는 것이라 할 수 있다. 비록 董仲舒의 관심이 棄兒를 주워다 키운 것에 대한 父子관계의 성립여부에 집중되어 있고, 首匿法에의 저촉 여부에는 크게 관심을 두지 않았던 것이라 하더라도 그의 논의가 現行의 首匿法과 충돌함은 분명하다.

두 번째로 법률과 충돌되는 점은 宣帝의 首匿法 완화가 일방면으로만 추진되었기 때문에 子息을 은닉한 養父는 완화된 首匿法의 적용을 받지 못하고 계속 사형에 해당한다는 사실이다. 즉, 宣帝의 완화조치는 子가 父母, 孫이 大父母, 妻가 夫를 은닉시켜주는, 다시말해 卑親이

---

63) 陳松長 編, 『嶽麓書院藏秦簡(肆)』(上海: 上海辭書出版社, 2015), p.40, "父母、子、同産、夫妻或有罪而舍匿之其室及敝(蔽)匿之于外, 皆以舍匿罪人律論之.(006/1930)"

64) 『後漢書』卷34 「梁統傳」, p.1166, "武帝–豪桀犯禁, 姦吏弄法, 故重首匿之科著知從之律, 以破朋黨, 以懲隱匿." 秦律에는 처가 남편을 고발하는 조항이 있으며(『睡虎地秦墓竹簡』, p.224, "夫有罪, 妻先告, 不收. 妻勝臣妾·衣器當收不當? 不當收."), 漢律도 이같은 連坐制를 계승하여 親屬의 首匿은 물론 父子간의 범죄 은닉도 처벌을 받았다(『漢書』卷16 「高惠高后文功臣表」, p.548, "臨汝侯灌賢元朔五年 坐子傷人首匿免.")

65) 『張家山漢墓竹簡』, p.31, "匿罪人, 死罪, 黥爲城旦春, 它各與同罪. 其所匿未去而告之, 除. 諸舍匿罪人, 罪人自出, 若先自告, 罪減, 亦減舍匿者罪.(167)" 이년율령에 의하면 死罪를 은닉시킨 자는 黥爲城旦春으로 처벌된다. 鹽鐵會議에서 文學이 族刑連坐制에 반대하는 근거로 父子相隱을 역설한 것도 武帝시기 父子간의 相隱이 不法이었음을 말해준다. 『鹽鐵論』의 인용은 『公羊傳』成公 16年조에 근거한 것이다. 馬非百, 『鹽鐵論簡注』(北京: 中華書局, 1984) 57 「周秦」, p.404, "春秋曰 子有罪執其父 臣有罪執其君 聽失之大者也."

尊親을 은닉시켜주는 경우에만 적용되고, 그 반대의 경우는 해당되지 않는다. 그렇기 때문에 尊親이 卑親을 은닉시켜준 董仲舒의 春秋決獄의 사례는 地節 4年의 首匿法 완화 조치의 적용을 받지 못하고 계속 殊死罪에 해당된다. 다만 宣帝의 조서에서 廷尉에게 上請하여 보고하라는 것으로 보아 비교적 완화된 처벌을 강구했던 것으로 보인다.[66] 그렇다면 董仲舒의 논의는 養父의 생명을 구해주는 寬大한 방향으로 전개되기는 했지만, 엄격히 말해 현행의 首匿法을 침해한 중대한 행위이다. 秦代와 같이 법령을 개인이 사사로이 논의할 수 없는 "法不私議" 원칙이 통행되던 시기라면 법령을 마음대로 왜곡한 것이므로 중대한 처벌을 받아야 했을 것이다. 律令과 모순되는 董仲舒의 春秋決獄의 다른 예로는 아래의 것을 들 수 있다.

> 甲에게는 아들 乙이 있었는데 丙에게 양육을 부탁하였다. 乙이 후일 장성해졌는데, 丙이 기른 것이다. 甲이 술에 취하여 乙에게 말하였다. 너는 나의 아들이다. 乙이 노하여 甲을 杖으로 20대를 때렸다. 甲은 乙이 본디 자신의 아들이었기 때문에 분을 이기지 못하고 縣官에 自告하였다. 仲舒가 논하였다. 甲이 乙을 낳았는데, 기를 수가 없어서 丙에게 부탁한 것이다. 義가 이미 끊어졌으므로 비록 甲을 杖으로 때렸다고 하더라도 응당 坐되어서는 안된다.[67]

---

66) 『公羊傳』「閔公元年」의 何休注에 "論季子當從議親之辟, 猶律親親得相首匿, 當與叔孫得臣有差."라고 한 것을 보면 後漢의 律에서는 親親間의 首匿法이 卑親의 尊親 首匿하는 경우에만 적용되는 것이 아니라 상호간에 首匿할 수 있는 상태로 완화되어진 것으로 보인다. [淸] 阮元, 『十三經注疏·春秋公羊傳注疏』(北京: 中華書局, 1979), p.2243.

67) [唐] 杜佑, 『通典』卷69, p.1911, "東晉成帝咸化五年, 散騎侍郎賀喬妻于氏上表引. 甲有子乙以乞丙, 乙後長大, 而丙所成育, 甲因酒色謂乙曰, 汝是吾子, 乙怒杖甲二十, 甲以乙本是其子, 不勝其忿, 自告縣官. 仲舒斷之曰, 甲生乙, 不能長育, 以乞丙, 於義已絶矣, 雖杖甲, 不應坐."

董仲舒는 이미 父子之義가 끊어졌으므로 坐되지 않는다고 하였다. 이미 父子관계가 단절되었으므로 他人간의 관계에 해당된다. 여기에서 他人을 구타한 처벌을 받아야 함에도 坐되지 않는다고 한 것은 논의가 生父의 구타 문제만으로 국한한 것이다. 만약 親父로 간주했다면 그 죄는 棄市이다.

한편 安帝초에 淸河相 叔孫光이 臧罪를 범해 그 아들까지 禁錮의 처분을 받았던 일이 있었다. 居延都尉 范邠이 동일한 죄를 범하자, 이에 대해 三公과 廷尉가 논의케 하였다. 司徒 楊震·司空 陳褒·廷尉 張皓는 叔孫光의 比(決事比)에 준거해야 한다고 했으나, 太尉인 劉愷만은 좋은 일은 자손에까지 미치게 하고, 나쁜 일은 그 자신에 국한시키는 것이 사람들을 선행으로 나아가게 하는 것이라고 주장하였다. 두 개의 대립된 견해 중에서 安帝는 劉愷의 견해를 채택하였다. 叔孫光의 사례에서 보면, 臧罪에 대한 처벌은 禁錮刑이며, 叔孫光은 이에 의해 처벌된 것임을 알 수 있다. 居延都尉 范邠은 이같은 決事比의 적용을 받지 않고 春秋之義에 의해 그 아들은 禁錮를 면한 것이다.[68] 그렇다면 叔孫光과 范邠은 동일한 臧罪를 범하고도 상이한 처벌을 받은 것이다. 范邠의 경우는 분명히 동일한 사안에 여러 가지 決事比가 형성되게 하는 일 요인이 되었던 것이다. 范邠의 경우는 분명히 臧罪를 범했을 때 적용하는 決事比가 존재함에도 그것을 적용치 않고 春秋之義에 입각하여 판결한 것이다. 이처럼 春秋之義가 유행하게 됨으로써 결국 法律은 그 자리를 經義에 내어주게 되었던 것이다.

한편 春秋之義는 본래의 의미와 다르게 인식되어 부작용을 낳는 경우도 존재하였다. 春秋之義에 있어 報讐의 본래적 의미는 『公羊傳』의 "아들이 원수를 갚지 않으면 아들이 아니다(子不報讐, 非子也)", "아

---

68) 『後漢書』 卷39 「劉愷傳」, pp.1308-1309, "愷獨以爲春秋之義, 『善善及子孫, 惡惡止其身』, 所以進人於善也."

버지가 피살되지 않았어도 아들은 복수할 수 있다.(父不受誅, 子復讐可
也)"와 같이 父子兄弟의 관계에만 성립하는 것이다. 그러나 이같은 報
讐의 의미는 周黨의 경우에 보이는 것처럼 명백히 잘못 인식되는 경
우도 있었다.

　光武帝 시기의 周黨은 어려서 鄕佐에게 모욕을 당했던 적이 있었는
데, 그 후 그는 長安에 유학해 春秋를 배우면서 報讐之義를 배우자 즉
시 학업을 그만두고 報讐를 행하고자 귀향하여 鄕佐에게 결투일을 정
하였다. 鄕佐는 正(兵으로도 해석함)을 데리고 가서 공격케 하여 周黨
이 부상을 당하게 되었다. 應劭는 이에 대해 "報讐라는 것은 오직 父兄
이 모욕을 당하거나 피해를 입었을 때 하는 것일 뿐인데 한때의 분노
때문에 狂怒를 만들 수 있겠는가? 이미 그것은 春秋之義와는 거리가
먼 것이고 조상으로 하여금 다시는 血食을 못하게 했으니 不孝이며
지혜롭지 못하다."고 평하였다.[69]

　春秋之義는 春秋의 정신을 강조하는 漢代人에 의해 중시됨으로써
春秋의 긍정적 요소를 漢律의 酷法에 적용함으로써 긍정적 효과도 적
지 않게 가져온 것은 사실이다. 그러나 동일한 사안에 두 개의 모순된
春秋之義가 적용되는 경우 결코 그것이 緩刑의 효과를 가져오는 것이
아니고 소위 政爭的 방향으로 전개되었던 것이다. "君親無將, 將而誅焉"
의 원칙만을 강조한 것은 春秋之義의 의도적 취사선택이라고 할 수 있
다. 대부분의 경우 황제권을 강화하는 과정에서 皇帝의 의지에 어긋나
는 요인을 제거하는데 사용되었다. 罪刑法定主義를 채택한 漢律에서는
"罪無正法, 不合致絀"와 같이 律令에 명문규정이 없는 행위는 究問할 수
없고 罪로 되지 않는다.[70] 그러나 儒家經義를 "定罪量刑"의 근거로 삼
는 春秋의 원칙은 實定法에 관계없이 내면의지의 선악에 의거해 판단

하는 것이다.[71] 내면의 의지가 선하면 법령을 위반해도 처벌하지 않고, 의지가 악하면 법령을 위반하지 않았더라도 주살하는 것은 實定法을 정면에서 부정하는 방향으로 전개된 것이며, 그 害惡은 法이 없는 것보다 심하다고 할 수 있다.[72] 董仲舒는 이같은 春秋決獄이 律과 어긋나지 않는다고 하였으나,[73] 위에서 살펴본 바와 같이 公羊理論은 행위사실을 무시하고, 內部의 心意만을 문제로 하는 主觀主義이기 때문에[74] 실제의 경우 律令과 모순되는 것도 적지 않았다.

또한 儒家經義는 안건을 심리할 때 인용하기에 불편하였다. 우선 모든 사법관리가 완전히 儒家經典에 통달해 있는 것이 아니므로 구체적인 안건을 심리할 때 즉시로 적합한 經義를 찾아내는 것은 불가능하다. 또다른 문제점은 經典의 문자가 간략하고 含義가 신축적이며, 고정된 定義가 없어 본래 의미와 다르게 사용되는 경우도 있으므로 同罪에 다른 형벌이 나오는 혼란이 생긴다.[75] 이처럼 董仲舒의 春秋之義가 秦漢律의 기본원칙인 罪刑法定主義를 파괴하고 있음에도『春秋』라고 하는 "怪力의 審判書"의 권위에 눌려 그에 대해 비판을 가한 자는 보이지 않는다.

儒家들이 律令에 침투시키고자 노력했던 經義는『公羊傳』의 "春秋之義"만에 국한되지 않고, 古文經인『左傳』『周禮』도 인용하여 자신의 논리를 관철하고자 했던 것이다. 八議는 親·故·賢·能·功·貴·勤·賓의 8종류의 사람들이 범죄를 저질렀을 때는 반드시 황제의 결재를 받거나 처벌을 경감받는 제도이다. 後漢시대에는 八議 대상자들이 법률적용

---

71)『鹽鐵論簡注』55「刑德」, p.393, "春秋之治獄, 論心定罪, 志善而違于法者免, 志惡而合于法者誅."

72)『晋書』卷30「刑法志」, p.938.

73) 北京大歷史系,『論衡注釋』(北京: 中華書局, 1979)「程材」, p.690, "董仲舒表春秋之義, 稽合於律, 無乖異者."

74) 日原利國, 위의 책, p.85.

75) 高恒, 위의 논문, pp.67-68.

에 있어 일반인보다 월등하게 우대되고 있지 못했고, 魏律에서 비로소 入律되는 것이다.[76] 儒家들은 八議의 法制化를 관철시키고자 했으나,[77] 梁統은 "春秋에서 주살할 때는 친척도 피하지 않는다.(春秋之誅, 不避親戚)"라 하여 八議와 정면으로 모순되는 귀절을 인용하고 있는데,[78] 이는 親戚의 주살도 인정하는『左傳』에 근거한 것이다.[79] 何休가『春秋』로써 漢事 600여조를 駁議하여『公羊傳』의 본래 의미를 절묘하게 얻었다고 했는데, 服虔이 이 중 60조를 골라 駁議한 것도 左傳的 해석이다.[80] 이로 볼 때『公羊傳』과『左傳』의 학문상의 차이가 이같은 분야에서 노정되고 있음을 알 수 있다.

前漢과 後漢에는 각각 酷吏라고 하여 "嚴刑峻法"으로 治民하는 一群의 관리들이 존재하였다. 冨谷至는 酷吏의 법적용이 당시의 儒學(春秋公羊學)과 밀접한 관계가 있다고 고찰하고 있어 주목된다.[81] 그에 의하면『史記』「酷吏列傳」에는 酷吏와 儒者의 결합을 보여주는 기사가 보인다. 酷吏가 적용한 見知·腹誹의 法은 公羊의 心情을 중시하는 主觀主義적 법해석의 표현이고, 心情이라는 실체 없는 것에 의존하기 때문에 혹리의 恣意的 법적용을 용이하게 했다고 한다.[82] 그러나 酷吏들이

---

76) 程樹德, 위의 책, p.207.

77) [清] 阮元,『十三經注疏·周禮注疏·秋官·小司寇』, p.874, "鄭司農云若今時宗室有罪先請是也.";『後漢書』卷48「應劭傳」, p.1611.

78) 『後漢書』卷34「梁統傳」, p.1168.

79) 『左傳』隱公 4年「大義滅親」, 昭公 元年"周公殺管叔而蔡叔, 夫豈不愛, 王室故也." 宣帝期 이후 春秋와 春秋之義가 穀梁傳을 가리키는 경우가 있는데, 이 경우에서도 春秋之義가『公羊傳』만을 지칭한 것은 아니며,『左傳』을 의미하는 경우도 있었음을 알 수 있다.

80) 『後漢書』卷79下「儒林傳」, pp.2582-2583.

81) 冨谷至,「西漢後半期の政治と春秋學」(『東洋史研究』36, 1977), pp.88-89.

82) 冨谷至, 위의 논문, p.88. 冨谷至는『漢書』卷24下「食貨志」, p.1168, "湯奏當異九卿見令不便, 不入言而腹非, 論死. 自是後有腹非之法比, 而公卿大夫多諂諛取容."에 근거하여 "腹誹之法比"가 公羊의 心情을 중시하는 주관주의적 법해석이라고 주장하였으나, 이 사료만으로 "腹誹之法比"가 春秋之義에 근거해

公羊學을 체득한 사료는 張湯을 제외하고는 전무하였다. 刀筆吏에서 진급한 酷吏들로서는 『春秋』와 『尙書』를 학습하는 것이 매우 난해하기 때문에, 일단 酷吏 일반과 公羊學을 관련지으려 하는 것은 무리라고 생각된다. 오히려 앞서 언급한 각종 決事比의 증가가 자연스럽게 酷吏的 法適用을 가능케 했을 것이다. 公羊學에 입각한 治獄은 오히려 儒家(董仲舒, 公孫弘)들의 고유 영역이었던 것으로 보인다.

冨谷至는 더 나아가 "西漢 후반기에는 혹리의 주관적 법해석이 『漢書』 중에 보이지 않게 되었으며, 酷吏가 중시한 見知法 대신 法律 명문에 의거한 공정한 법적용이 중시되고 객관주의적 법해석이 중시되었으며, 이것은 『左傳』을 학습한 循吏의 진출과 유관하다."고 이해했다.[83] 그러나 이같은 해석은 지나친 확대해석으로 생각된다. 일견 이 견해는 後漢에는 公羊的 春秋之義에 입각한 主觀的 法解釋이 없다고 이

서 나왔는지는 검토의 여지가 있다. 다음 사료를 보더라도 張湯과 春秋之義가 관련성을 가지고 있는 듯이 보이지만, 자세히 보면 이 사료에서 張湯과 春秋之義를 연결시킬 수 없다. 『史記』 卷30 「平準書」, p.1424, "自公孫弘以春秋之義繩臣下取漢相, 張湯用峻文決理爲廷尉, 於是見知之法生, 而廢格沮誹窮治之獄用矣. 其明年, 淮南·衡山·江都王謀反迹見, 而公卿尋端治之, 竟其黨與, 而坐死者數萬人, 長吏益慘急而法令明察." 張湯이 董仲舒를 방문하며 春秋決獄에 관심을 보인 것은 인정되더라도, 酷吏 일반과 春秋之義를 연결시키는 것은 무리가 따른다.

83) 『左傳』은 행위의 평가를 事=結果에 따라 판단하는데 더 나아가 『左傳』은 인간의 행위가 준거해야 할 "事"도 중시한다. 준거해야 할 "事"는 法律·刑法이고, 행위의 卽事評價는 法중시로 결부된다. 『左傳』에서 높은 평가를 얻고 있는 것은 齊晏子·鄭子産으로 여러 곳에서 그들의 언동에 대한 찬사를 주고 있고, 子産의 언동중 형벌중시 중벌주의의 긍정이 엿보인다. 子産의 刑鼎주조는 형법의 성문화를 의미한다. 행위의 卽情평가를 특징으로 하는 『公羊傳』에서는 "春秋之義"가 형벌의 판단기준으로 되는데, 그것은 不文法적 "規範"이라고 해야할 것이다. 그러나 『左傳』은 成文法적 형법을 시인하고 있는 것이다. 法중시의 입장에 선 『左傳』이 法의 엄격한 적용, 엄격한 尙法主義로의 지향을 특징으로 하는 것이 지적될 수 있다(冨谷至, 위의 논문, pp.72-74).

해한 것으로 생각된다. 그러나 後漢에는 春秋之義에 입각한 법 해석이 더욱 성행하고 官吏들의 주관적 해석에 의한 比附 이용이 더욱 확대되고 있는데, 冨谷至는 이 점을 설명치 않고 있다.

또한 冨谷至는 형법 자체에서도 主觀主義的 解釋에서 客觀的 解釋으로 이행했다는 것, 거기에 酷吏와 循吏의 성격의 相違를 구하고 싶다고 했다.[84] 이 견해는 지나치게 圖式的으로『公羊傳』에서『左傳』으로의 이행에 짜맞춘 것이라 생각되며, 秦法 이후의 法制史的인 흐름은 도외시된 듯한 감을 준다. 즉, 後漢시대에도 여전히 春秋之義가 성행하는데, 그것은 心情을 중시하는 주관주의적 법해석이기 때문에 左傳的 春秋之義라기 보다는 公羊的 春秋之義라고 할 수 있다. 물론『後漢書』「儒林傳」에는 公羊的 春秋之義를 何休가 左傳的 春秋之義로 비판한 것이 있으나, 대체로 後漢시대에 유행한 것은 公羊的 春秋之義라고 할 수 있다.

III. 後漢 法律家와 儒家사상의 영향

1. 法律家와 儒家注律家의 출현

漢代의 "儒者宗"으로 인식된 今文 公羊學者 董仲舒가 법률해석에 미친 영향은 매우 심대하여, 後漢代의 난해한 법률 해석 때 春秋를 인용하지 않은 경우는 드물었다. 그리고 그의 春秋決獄은 前漢末・後漢初부터 立法과 司法에 유가사상이 침투하는 데 큰 역할을 하였다.[85]

---

84) 冨谷至는 "張敞 이하 劉歆에 이르는 西漢 후반기의 左傳 전수에 관련된 사람들에 나타나는 공통점은 左傳學을 배운 자 중 穀梁學에도 통해있는 자가 많았고(蕭望之, 尹更始, 尹咸, 翟方進, 胡常), 左傳家 중에는 法律에 정통한 能吏라 칭해진 자들이 많다.(張敞, 翟方進 路溫舒)"고 고찰하였다. 同氏, 위의 논문, pp.66-68 참조.

85) 高恒, 위의 논문, pp.66-67.

前漢과 後漢의 법률연구에 보이는 뚜렷한 차이점은 첫째, 法令에 대한 논의가 개방되어, 陳寵·陳忠·郭躬 등 전문적으로 律令을 연구하는 일련의 法律家들이 출현했다는 점이다. 이들은 순수한 法律學者의 성격이 강하고, 관직도 廷尉 계통에 많이 임명되었으며, 法律과 經典 중에서 法律쪽에 치중한 인물이라고 할 수 있다.

둘째는 위의 法律家와는 별도의 계통이라 할 수 있는, 馬融·鄭玄 등 儒學者들에 의한 律令 연구이다. 이들은 經典을 律令으로 해석하기도 하고, 律令에 章句를 만들기도 하였다. 이같은 작업을 통해 법령을 연구하고 나아가 법령에 유가사상을 침투시키고 있는 이들은 漢律의 儒家化에 큰 역할을 하였다.[86] 특히 이들이 律令을 儒家經典으로 해석한 諸儒章句(律令章句)는 後漢말기에 10여 家에 이르렀으며, 法律과 동등한 효력을 가지고 있었기 때문에 法家 또는 행정관리들에 의해 法律이 제정되고 해석되어온 과거의 방식에 큰 전환을 가져오게 되었다.[87] 이같은 몇 가지 특징은 秦漢의 法律이 나아가는 방향을 제시하고 있는 指標라고 생각되므로 이 특징들에 대해서 고찰하기로 한다.

1) 法律家계통의 律令學(郭躬과 陳寵)

法令에 대한 논의가 개인에 의해서 행해질 수 없었던 것이 解禁되고, 法律家라고 하는 전문적으로 律令을 연구하는 학자들이 출현했다는 점에 대해 고찰해보자.[88] 『史記』 『漢書』에는 누차 법령논의를 금지

---

86) 祝總斌, 「略論晋律之儒家化」(『中國史硏究』 1985-2), pp.109-110.
87) 法律家와 儒家注律家는 구분되어야 할 것으로 생각된다. 『後漢書』에서 양자는 혼동되어 표현되고 있지 않다. 法律家는 "又律有三家, 其說各異."(『後漢書』 卷46 「陳寵傳」, p.1554)라 했는데 비해, 儒家注律家에 대해서는 "後人生意, 各爲章句. 叔孫宣·郭令卿·馬融·鄭玄諸儒章句十有餘家, 家數十萬言."(『晋書』 卷30 「刑法志」, p.922)라 하여 律家와 章句家를 구분하고 있다.
88) 『後漢書』 「酷吏傳」에는 이들 法律家와 달리, 戰國時代 法家의 영향을 받아 吏民에 대한 통치를 嚴猛하게 하고 申韓의 法을 신봉하는 일군의 酷吏집단

하는 "法不私議", "毋私議", "私議不行", "勿擅議", "不私曲", "不得肆議", "禁
庶人私議, 流言四布"라는 文言이 보이고 있다.[89] 法不私議는 두 가지 의
미를 내포하는데, 첫째는 君主와 그 대행자인 사법관리의 法 적용에
있어 私慾·私慾·私恩으로써 枉法해서는 안된다는 원리이고, 둘째는 法
의 解釋權·處罰權은 君主, 그 대행자에 專屬하는 權能이므로 민간인의
關與·批判을 不許한다는 원리이다.[90] 이같은 법령 논의 금지는 戰國
중기 商鞅 이래 지속되어온 것이며, 『商君書』에 보이는 法吏의 존재도
이같은 官方의 法解釋 독점을 보여주는 것이다.[91] 『睡虎地秦墓竹簡』의
法律答問도 律에 대한 官吏들의 問答을 기록한 이른바 官方의 해석이
며, 그것은 속성상 秦律의 本意에서 크게 벗어나지 않은 것이다. 이같
은 官方의 法解釋 독점은 前漢의 杜周·杜延年 父子의 大杜律과 小杜律의
출현 이래 점차 해소되어 갔다.[92]

무엇보다도 律家 출현의 계기는 武帝시기의 法令과 決事比의 증가
에 있었다고 이해해야 할 것이다. 즉, 武帝시기 決事比의 증가로 輕重

이 존재하고 있는데, 이들과 後漢의 法律家와는 구별해야 한다. 또한 後漢
의 法律家를 戰國法家의 영향을 받고 있는 酷吏들과 구별하고 있는 金秉駿
의 견해는 정확하다고 할 수 있다. 同氏, 「後漢法律家의 活動과 그 性格」(『東
洋史學研究』 30, 1989), pp.1-63 참조.

89) 成宮嘉造, 「前漢까지의 法不私議」, p.25.
90) 같은 논문, p.26.
91) 『史記』 卷68 「商君列傳」, p.2231, "秦民初言令不便者有來言令便者, 衛鞅曰「此
皆亂化之民也」, 盡遷之於邊城.";『商君書』「定分」, "爲置法官, 置立法之吏, 以爲
天下師, 令萬民無陷于危險.", "吏民欲知法令者, 皆問法官."
92) 大杜律과 小杜律에 관련된 자료는 몇 개의 단편적인 것에 지나지 않으므로
자세한 내용을 알 수는 없다. 大杜는 武帝시의 酷吏 杜周이고, 小杜는 그의
아들 杜延年이다. 杜周는 "治皆酷暴"한 자였고, 杜延年은 "行寬厚"한 자였으
므로, 법률해석 역시 차이가 있었을 것으로 보인다. 이같은 법률 해석상의
차이가 後漢 시기에는 하나의 독립된 解釋學으로 발전해 大小杜律을 사숙
하는 자가 많았다. 後漢초에 있었던 "律有三家" 가운데 大·小杜律이 포함되
었던 것으로 생각된다.

이 각각 다른 法律해석이 나왔기 때문에, "죄수를 살리려고 하면 生議를 부쳤고, 죄에 빠뜨리고자 하면 死罪의 比를 주었다."는 것에서 보듯이 比附의 해석이 다르게 되고, 제자들에게 傳習된 것도 다양하게 되어 드디어 章句가 출현하게 되었다. 이를 계통적으로 이해하고자 나온 것이 杜周와 그 아들 杜延年의 大杜律·小杜律이었을 것이다. 이중 小杜律이 유행한 것은 杜延年의 小杜律이 酷吏인 杜周의 大杜律의 단점을 보완한 "寬大"한 것이었기 때문일 것이다. 大·小杜律의 출현은 법해석의 解禁이 後漢에서 시작된 것이 아니라, 이미 前漢 중기의 董仲舒 무렵부터 시작하는 것으로 보아야 한다. 앞에서 董仲舒의 春秋決獄을 고찰할 때 분명히 나타났듯이, 춘추결옥은 漢律의 규정을 새로이 해석하는 도구로서의 지위를 확립하는 전기를 마련하였기 때문이다. 그러나 大·小杜律의 존재가 『後漢書』에 확인되는 것으로 보아 후한의 법률가들은 이것을 텍스트로 삼아 본격적으로 연구하기 시작한 것으로 생각된다.[93] 따라서 본격적인 律令의 연구가 활성화되는 풍조는 後漢에 이르러서였던 것으로 생각된다.

　陳寵의 증조부 陳咸은 前漢의 成帝·哀帝시기에 律令의 지식으로 尙書에 임명되었고, 王莽시기에는 前漢의 법령의 滅絶을 우려해 모두 壁속에 감추어 보관했던 인물이었다. 陳氏 가문의 法律家 전통은 그에게서 비롯되었다. 그후 欽 - 躬 - 寵 - 忠으로 이어진 가계는 모두 법률에 능통하였다. 陳寵은 "以法律傳家"하여 理官이 되었으나 疑獄을 의논할 때는 항상 經典을 比附하여 寬恕한 판결을 내리고자 하였던 儒家의

---

93) 『後漢書』 卷46 「郭躬傳」, p.1543, "郭躬字仲孫, 潁川陽翟人也. 家世衣冠. 父弘, 習小杜律. 李賢 注, 前書, 杜周武帝時爲廷尉·御史大夫, 斷獄深刻. 少子延年亦明法律, 宣帝時又爲御史大夫. 對父故言小."; 『後漢書』 卷46 「陳寵傳」, p.1554, "漢興以來, 三百二年, 憲令稍增, 科條無限. 又律有三家, 其說各異."; 『隸釋』(四部叢刊廣編, 臺灣商務印書館), 7 "車騎將軍馮緄碑", p.13上, "習父業, 治春秋嚴韓, 詩倉氏兼律大杜"; 같은 책, 12, "荊州從事苑鎭碑", p.137, "韜律大杜, 綜皋陶甫侯之遺風."

영향이 깊은 인물이다. 형법조문 역시 經義에 입각해 甫刑과 禮儀 3천
의 수에 합치하고자 하였으나, 詔獄吏가 罪囚와 交通하는 데에 坐되어
면직되었기 때문에 시행되지 않았다.[94] 이같은 그의 의도는 "以禮律合
論", "應經合義", "與禮相應"하는 儒家經典과 漢律의 표리관계를 완성하
고자 한 것이다.

郭躬의 부친인 郭弘은 小杜律을 학습하고 郡의 決曹掾으로서 斷獄을
30년 동안 했던 인물이다. 郭躬은 어려서부터 부친의 가업을 이어받
았고, 徒衆에게 講授를 했는데 항상 그 무리가 수백인이나 되었다.[95]
그는 郡史에서 출발하여 公府에 辟召되었고, 그후 廷尉正·廷尉 등 司法
官吏의 길을 걸었다. 그의 아들 역시 法律에 밝았고, 조카인 鎭은 어려
서부터 家業을 전수받아 尚書·廷尉에 이르렀으며, 鎭의 아들인 賀와 禎
역시 廷尉에 올랐다. 鎭의 조카인 禧도 가업인 律令을 익히고 儒學도
좋아하였는데 廷尉로 되었다. 그리하여 郭躬 이후의 자손은 대대로 法
律을 전수하고, 公(1인), 廷尉(7인), 正·監·平 등 사법관리가 많이 배출
되었다.[96]

이처럼 郭躬과 陳寵의 가문은 後漢의 유명한 법률가 집안이지만 양
자 사이에는 약간 차이가 있었다. 郭躬은 前漢의 張釋之류의 철저한

---

94) 『後漢書』 卷46 「陳寵傳」, p.1554, "禮之所去, 刑之所取, 失禮則入刑, 相爲表裏者
也. 今律令死刑六百一十, 耐罪千六百九十八, 贖罪以下二千六百八十一, 溢於甫
刑者千九百八十九, 其四百一十大辟, 千五百耐罪, 七十九贖罪. 春秋保乾圖曰:『
王者三百年一蠲法.』漢興以來, 三百二年, 憲令稍增, 科條無限. 又律有三家, 其
說各異. 宜令三公·廷尉平定律令, 應經合義者, 可使大辟二百, 而耐罪·贖罪二千
八百, 并爲三千, 悉刪除其餘令, 與禮相應, 以易萬人視聽, 以致刑措之美, 傳之無
窮.』未及施行, 會坐詔獄吏與囚交通抵罪. 詔特免刑, 拜爲尚書."; 같은 책,
p.1555, "初, 父寵在廷尉, 上除漢法溢於甫刑者, 未施行, 及寵免後遂寢."
95) 陳寵과 郭躬의 자손들은 律令에 의해 公侯二千石에 올랐는데, 律令이 經學
과 마찬가지로 고급관리로 되는 경로임을 알 수 있다. 이같은 사회풍조로
인해 이들 밑에서 法律을 학습하는 무리들이 많았던 것으로 생각된다.
96) 『後漢書』 卷46 「郭躬傳」, pp.1543-1546.

죄형법정주의이고, 陳寵은 법률에 경서지식을 합체하는 방법이다. 郭躬은 순수한 法律家의 입장에서 獄事를 처리하고 있다. 예컨대, 騎都尉 秦彭이 奉車都尉 竇固의 副將으로서 匈奴 원정 중 별도로 駐屯하고 있을 때 法에 의거해 斬人한 사건이 그 예이다. 이때 皇帝·朝臣들은 "軍征시 校尉는 督(將軍)의 통솔을 받아야 하는데 秦彭이 斧鉞도 없이 專殺한 것은 擅斷행위이므로 사형에 처해야 한다."는 竇固의 주장에 찬성하였다. 그러나 郭躬은 "督의 지휘를 받는 것은 部曲에 소속된 자의 경우이고, 秦彭은 軍隊를 마음대로 할 수 있는 別將이므로 이와는 다르며, 兵事는 순식간에 변화할 수 있는 것이므로 미리 督帥에게 아뢰지 않아도 된다. 또한 漢制에는 棨戟이 곧 斧鉞을 대신할 수 있으므로, 그의 행위는 법령상 죄가 되지 않는다."고 하였다.[97] 그의 법률지식은 해박한 것이었기 때문에 당시의 실력자 竇固도 이의를 제기하지 못하였던 것이다.

또 하나의 예는 中常侍 孫章이 詔書를 잘못 전달하여 罪囚를 죽게 한 사건이었다. 兄弟가 함께 살인한 사건이 있었는데, 皇帝는 兄이 弟를 訓敎하지 않은 때문이라고 생각하여 兄은 사형, 弟는 減死로 論하였다. 中常侍 孫章이 詔書를 잘못 전달하여 두 사람 모두 사형이라고 傳言하였다. 이 사안에 대해 尚書는 孫章이 矯制하였으므로 腰斬에 처해야 한다고 주장하였다. 반면에 郭躬은 "법령에는 고의(故)와 실수(誤)가 있는데, 孫章이 命을 잘못 전달한 것은 過誤에 해당하며 過誤에 해당하는 법령은 罰金刑에 해당한다."[98]고 주장하였다. 郭躬이 獄事를 처리한 방법은 위의 두 가지 예에서 확인할 수 있듯이, 순수하게 法律家의 입장이었다.[99]

---

97) 『後漢書』 卷46 「郭躬傳」, p.1543.
98) 『後漢書』 卷46 「郭躬傳」, p.1544.
99) 그가 『詩經』의 「小雅」와 『論語』의 文句를 인용한 것으로 보아, 儒家經典의 지식도 쌓았음은 분명하다.

陳寵의 집안이 春秋에 근거해 獄事를 처리한 것은 郭躬의 경우와
다른 점이다. 章帝 元和 2년에 과거 三冬之月에 집행했던 斷獄論死제도
를 冬初十月에 집행하는 것으로 개정되었는데, 이후 가뭄이 들자 이
法律의 개정 때문에 한발이 들었으므로 이를 다시 과거의 제도로 회
복하자는 주장이 있었다. 그러자 陳寵은 『月令』과 『春秋』의 문장을 들
어 그같은 주장을 반박했다.[100] 廷尉로 된 후 疑獄이 발생할 때 매번
經典을 附加하여 寬恕로운 판결을 내렸고, 甫刑의 숫자보다 많은 법령
은 폐지하였다. 따라서 陳寵은 法律을 傳受하였으나, 또한 經書에도 兼
通하였던 것이다.[101] 그의 아들 陳忠의 경우도 마찬가지이다. 八議에
의거 母子兄弟가 代死할 수 있게 하였고, 代身하는 자는 赦免하도록 하
였다. 또한 大臣의 三年喪 문제에 있어 그는 『孝經』과 『春秋』를 인용해
大臣들이 三年喪을 마칠 때까지 官에 出仕하지 않을 것을 주장했으나
채택되지는 못하였다.

이들 순수한 법률가적 입장에 있던 자들도 직접 法律을 관장하는
직책에 있었기 때문에 법률의 改廢를 단행했으나, 다만 독자적으로 大·
小杜律과 같이 律家를 형성하는 단계에 이르지는 못했고, 당시 전해지
고 있는 大·小杜律을 학습하는 단계에 머물러 있었다. 이같은 점은 章
句學을 하는 자들이 家學을 형성한 것과 다른 점이라고 할 수 있다.

2) 章句學(經學者의 律令연구)

章句學을 전문으로 하는 학자들이 법령에 주석을 가하는 작업을
통해 법령을 연구하고, 나아가 법령에 유가사상을 침투시키고 있다는

---

100) 『後漢書』 卷46 「陳寵傳」, pp. 1550-1551.
101) 『後漢書』 卷46 「陳寵傳」, p. 1555, "寵雖傳法律, 而兼通經書." 이 귀절에 法律과
經書가 대립된 존재로 나타나 있는 것은 『論衡』에 文吏와 儒生이 대립된
존재로 기술되어 있는 것과도 같다. 이것은 後漢시대에 法律과 經書가 대
립된 존재로 이해되고 있음을 보여주는데, 이같은 이유에서 법률을 연구
하는 부류를 法律家 출신과 儒學者 출신을 구별하였다.

점에 대해 고찰해보자. 이들은 郭躬·陳寵과는 다른 부류들이다. 그 대
표적인 인물은 鄭司農(先鄭)과 鄭玄(後鄭)일 것이다. 法家정신에 기초해
있는 秦漢律에 대해 흥취가 일어나 叔孫宣·郭令卿·馬融·鄭玄 등의 儒家
가 法律章句를 만든 것은 극히 흥미로운 일이다. 그들은 법률을 해석
할 수 있는 기회를 이용하여 법률을 左右했을 것이므로, 法律은 儒家
의 주석 하에서 이미 본래의 모습을 갖고 있지 않았을 것이다.[102]

漢代의 법률과 제도를 유가경전의 이념으로 禮敎化하는 과정에서
律과의 충돌은 필연적이었다. 이를 해결하기 위한 방법으로서 律에 대
한 연구를 儒家라도 등한히 할 수 없었을 것이다. 당시 법률이 이미
반포되면 臣下는 임의로 改修할 수 없고, 皇帝의 동의를 얻어야만 한두
개의 조항을 고칠 수 있었다. 극히 노력이 많이 들고 성공한다는 보장
도 없고, 儒家思想에 이론적 기초를 둔 법전을 단기간에 제정할 수 없
었기 때문에 漢代 儒家들은 노력의 대부분을 章句의 註釋 및 經義決獄
에 경주했다.[103] 法律이 이미 반포되면 관리 마음대로 改修할 수 없는
상황에서, 法律의 註釋은 가장 좋은 방법일 것이다. 儒家이면서도 法律
章句를 만든 의도는 바로 여기에 있었던 것이다. 또한 應劭의 경우에
서 보면 당시 散佚된 律令의 복구를 위해서 필요했을 것이다.[104]

---

102) 鶴間和幸, 「漢律における墳丘規定について」(『東洋文化』 60, 1980), pp.8-9. 鄭
玄에게는 經書·緯書·律이 일체화되어 있는데, 이것은 그에게서만 보이는
것이 아니라 後漢 초기 이래의 사상적 동향과 깊이 관련된 것이다. 그가
『周禮』 및 緯書인 『含文嘉』에 주석을 가함에 있어 漢律의 墳丘 조항을 인용
한 것은 律學家로서 經學에 접한 측면을 보여주고 있다. 이밖에도 鄭玄은
『周禮』의 經文 해석시 漢律을 인용하고 있다. 예컨대, 「春官·典路」注 "漢律上
計律, 陳屬車於庭.", 「秋官·庶氏」注 "賊律曰, 敢蠱人及敎令者棄市."과 같은 것
이 그것이다. 鄭司農(鄭衆)은 「秋官·司刺」注에서 "過失若今律過失殺人不坐
死", "幼弱老施若今律令未滿八歲, 八十以上, 非手殺人, 他皆不坐."라 해석했다.
103) 瞿同祖, 「中國法律之儒家化」, 『中國法律與中國社會』(北京: 中華書局, 1981),
pp.334-335; 高恒, 위의 논문, p.55.
104) 그가 편찬한 것으로는 『律本章句』 『尚書舊事』 『廷尉板令』 『決事比例』 『司徒
都目』 『五曹詔書』 및 『春秋斷獄』의 모두 205편이며, 또한 『駁議』 30편을 集

『史記』『漢書』에 인용된 註釋家의 律說에서 법률관을 확인하는 작업은 鄭玄의 章句를 비롯한 諸儒章句의 律說이 겨우 8개밖에 남아있지 않기 때문에 용이하지 않다.[105] 五經과 漢律에는 모두 章句가 있었다. 유가경전의 章句는 본래 經文의 章 또는 句를 독립시켜서 상세한 설명을 가하려는 것이다. 儒家經典의 章句는 現傳하는 것이 없기 때문에 자세히 알 수는 없지만, 章마다 句마다 세밀한 해설을 가하는 것으로 생각되며, 그 특징은 번잡하다는 것이다.[106] 이같은 章句學의 번잡한 특징은 律令에도 그대로 적용된다고 생각된다. 後漢말 叔孫宣·郭令卿·馬融·鄭玄 등 10餘家의 律令章句는 家마다 수십만 言이며, 斷罪에 사용되는 것은 모두 2萬6272條, 773萬2200여言이나 되었다. 너무도 내용이 많았기 때문에 이를 사용하기가 극히 어려워 魏代에는 鄭氏章句만을 사용케 한 것이다.

律說은 經典과 漢代의 제도를 해석하는 데 많이 사용되었다. 如淳은 『漢書』에 주석할 때 항상 律說을 인용하고 있다. 『漢書』「諸侯王表」의 張晏 인용의 "律鄭氏說"은 鄭玄의 "漢律章句"인데,[107] 이것은 漢代 律學의 巨作이다. 何休가 『公羊傳』에 注한 것, 兩鄭이 『周禮』를 주석할 때 모두 漢律로써 經을 설명한 것, 許愼이 『說文』을 저술할 때 漢律로 解字

했다. 『律本章句』의 「律本」은 李悝·蕭何·張湯·趙禹 등의 법률은 律의 本源이 되기 때문에 그것들에 대한 章句로 생각되며, 應劭가 스스로 章句를 편찬한 것이므로 諸儒章句와는 다른 것이다. 『尙書舊事』는 尙書의 故事品式을 말하는 것이다. 沈家本, 『歷代刑法考』, pp.876-877 참조.

105) 程樹德, 위의 책, pp.190-191.
106) 章句의 특징은 번잡하고 經書해석에서 이탈하는 경향이 있어, 章句의 學을 하지 않으려는 경향이 나타났다. 章句學은 그 번다함 때문에 世間의 비판을 받아 이윽고 후세에 전해지지 않고 소멸하게 되었다. 野村茂夫, 「前漢章句의 學試探」(『愛知敎大硏究報告·人文社會』 27, 1978), pp.5-11 참조.
107) 『漢書』 卷14 「諸侯王表」, p.395, "張晏曰: 「律鄭氏說, 封諸侯過限曰附益. 或曰阿媚王侯, 有重法也.」" 錢劍夫는 章句를 律說과 같은 의미로 보고 있다. 錢劍夫, 「中國封建社會只有律家律學律治而無法家法學法治說」(『學術月刊』 1979-2), p.48 참조.

한 것은 모두 經典해석을 漢代의 法律과 대조시켜 행하는 수법이다.[108] 이러한 의미에서 律과 經은 동등한 위치에 도달했다고 할 수 있다.[109] 經典을 律令으로 해석하는 것은 佛教가 처음 민간에 그 교리를 전파할 때 난해함으로 인해 이해시키기 곤란하자 中國式의 格義佛教를 창출해낸 것처럼, 난해한 經典을 해석하기 위해 늘상 접촉하는 律令을 통해 설명했을 가능성도 있다. 그러나 그것은 단순히 經文 그 자체의 이해를 위한 것이 아니고, 註釋에서 漢制를 제시하는 것에 의해 역으로 이상화된 周制에서 漢制의 기조를 구하고, 사상적인 보강을 하려는 적극적 의도를 갖고 있었다고 설명하는 것이 보다 설득력을 가질 것이다.[110]

유가들이 율령에 유가적 이념을 침투시키고자 하는 의도에서 율령 연구를 활발하게 했는데, 이들이 法令에 대한 거부반응 없이 접근할 수 있었던 데에는 또 다른 이유가 있었다. 法의 제정자를 戰國時代의 法家에서 구하는 것이 아니라, 『尚書』에 보이는 皋陶에게서 구하는, 法에 대한 인식의 일대전환에서 그 이유를 찾아야 할 것이다. 皋陶는 『尚書』의 「舜典」「大禹謨」「皋陶謨」와 『詩經』의 「魯頌·泮水」 등에 고대의 형법을 제정했던 인물로 기록되어 있다. 前漢시대에는 이같은 점이 크게 부각되지 않았으나,[111] 後漢시대에는 儒家經典의 위치상승으로

---

108) 錢劍夫, 위의 논문, p.48.

109) 『漢書』 卷22 「禮樂志」, p.1035, "今叔孫通所撰禮儀, 與律令同錄, 臧於理官法家 又復不傳."

110) 鶴間和幸, 위의 논문, pp.8-9.

111) 『漢書』의 皋陶에 관한 기록은 아래와 같은데, ⑧의 前漢 말의 劉向의 언급을 제외하고는 대부분 皋陶가 법과는 무관하며, 賢者의 의미로서 기록되어 있다. ①『漢書』 卷28下, 地理志」, p.1638, "蓼, 故國, 皋縣後, 爲楚所滅." ②『漢書』 卷36 「楚元王傳」, p.1945, "禹, 稷與皋陶傳相汲引, 不爲比周. 何則? 忠於爲國, 無邪心也." ③『漢書』 卷64下 「王褒傳」, p.2826, "若堯, 舜, 禹, 湯, 文, 武之君, 獲稷, 契, 皋陶, 伊尹, 呂望, 明明在朝, 穆穆列布, 聚精會神, 相得益章." ④『漢書』 卷65 「東方朔傳」, p.2860, "譬若以周邵爲丞相, 孔丘爲御史大夫, 太公爲將軍, 畢公高

심지어는 『後漢書』와 『論衡』에 九章律을 제정한 인물로까지 인식되게 되었다.[112] 이같은 인식변화의 단서는 『尙書』에 법률을 皐陶가 창시했다는 기록에 있었다. 이 사실은 皐陶가 法令의 創始者로서의 위치를 확립하는데 결정적인 근거가 되었고, 律을 經으로까지 인식하게 되었다. 이에 따라 儒家들이 法律을 연구하는데 있어 法을 戰國時代의 法家와 동일선상에 놓고 보는 忌避的 要素가 제거되었음을 의미하였다. 이같은 경향에 의해 儒家經典과 律令을 동시에 공부하는 門徒가 출현하는 것은 물론이고,[113] 王充이 "法律之家, 亦爲儒生"이라고 언급한 것은 법령 연구가 儒生들에 의해서도 활발히 전개된 증거이다.[114]

이들에 있어서는 律이 皐陶에 의해 제정된 것이므로 禮와 律을 幷擧해도 하등의 거리낌이 있을 수 없었다. 그러나 실제로 漢律은 皐陶가 제정한 것이 아니라 秦律의 계통을 이은 것이다. 儒家들의 理想과

拾遺於後, 弁嚴子爲衛尉, 皐陶爲大理, 后稷爲司農 …." ⑤『漢書』卷72「王吉傳」, p.3065, "舜, 湯不用三公九卿之世而擧皐陶, 伊尹, 不仁者遠." ⑥『漢書』卷87上, 「揚雄傳」, p.3530, "乃搜述索耦皐, 伊之徒, 冠倫魁能, 函甘棠之惠, 挾東征之意, 相與齊虖陽靈之宮." ⑦『漢書』卷99中「王莽傳」, p.4105, "予惟黃帝, 帝少昊, 帝顓頊, 帝嚳, 帝堯, 帝舜, 帝夏禹, 皐陶, 伊尹咸有聖德, 假于皇天, 功烈巍巍, 光施于遠." ⑧『漢書』卷22「禮樂志」, pp.1033-1034, "劉向因是說上: 「宜興辟雍, 設庠序, 陳禮樂, 隆雅頌之聲, 盛揖攘之容, 以風化天下. 如此而不治者, 未之有也. 或曰, 不能具禮. 禮以養人爲本, 如有過差, 是過而養人也. 刑罰之過, 或至死傷. 今之刑, 非皐陶之法也, 而有司請定法, 削則削, 筆則筆, 救時務也."

112) 『後漢書』卷35「曹褒傳」, p.1202, "皐陶不爲盜制死刑, 管仲遇盜而升諸公."; 『後漢書』卷44「張敏傳」, p.1503, "臣伏見孔子垂經典, 皐陶造法律, 原其本意, 皆欲禁民爲非也. 未曉輕侮之法將以何禁?"; 『論衡』「謝短」p.724, "法律之家, 亦爲儒生, 問曰, 九章誰所作也. 彼聞皐陶作獄, 必將曰皐陶也." 특히『論衡』에서는 九章律 제정자를 蕭何가 아니라 皐陶라고 인식하는 자조차 있었는데, 이같은 誤解는 王充에 의해 지적되었지만 어쨌든 律을 經으로 인식할 정도까지 사회저변의 인식이 변화해 있었다(『論衡注釋』「謝短」, p.724, "或曰: 固然, 法令, 漢家之經, 吏議決焉, 事定于法, 誠爲明矣.")

113) 『後漢書』卷62「鐘皓傳」, p.2064, "鐘皓…爲郡著姓, 世善刑律. 皓少以篤行稱, 公府連辟, 爲二兄未仕, 避隱密山, 以詩律敎授門徒千餘人."

114) 『論衡注釋』「謝短」, p.724.

는 달리 하나의 事案에 유가적 禮와 법가적 律을 동시에 적용하는 것
이 용이한 것은 아니었다. 禮와 律 사이에 발생하는 괴리현상을 제거
하는 것이 당시 律令을 연구하는 자들에 있어서 가장 큰 문제로 대두
하게 되었다. 그런데 春秋決獄과 같이 經書로써 事案을 판단하는 것은
사안마다 반복되는 번거로운 일일 수 있다. 좋은 방법은 經書의 정신
및 규범을 律에 흡수 반영시켜 지속적으로 유가적인 법률에 의거해
사안을 결정하는 것이다.[115] 따라서 後漢시대에는 春秋之義를 통해 사
안을 판단하는 방식에서 진일보하여 儒家思想이 律令내로 들어가 律
令을 변화시키고 있다. 이같은 작업은 後漢시대의 法律연구자 가운데
章句學者보다는 주로 현직 관료의 法律家들에 의해 추진되고 있다.

2. 儒家思想의 법률 침투

法律의 儒家化라는 것은 法條文에 儒家經典의 禮의 정신과 규범을
흡수시키는 것이라고 정의할 수 있다.[116] 後漢의 儒家들이 法律에 經
典의 사상을 침투시키는 과정을 언급하기 전에 최근 발견된 雲夢秦律
에 儒家經典의 이념이 침투된 것이 있는지를 간단하게 확인하고자 한
다. 이와 관련하여 거론할 수 있는 것은 孝의 문제, 三赦의 문제, 相隱
의 문제 등이다.

「封診式」에 某里의 士伍 甲은 자신의 아들이 不孝이므로 死刑에 처
해줄 것을 官府에 요청하고 있는 것으로 보아,[117] 秦律에서도 孝는 중
요한 德目의 하나로 생각된다. 또한 『周禮』의 三赦제도는 幼少者·老人·
精神薄弱者의 범죄시 刑事責任의 능력에 문제가 있으므로 처벌을 감면
하는 규정인데, 秦律의 신장 6尺 이하의 범죄시에는 그 처벌을 완전히

---

115) 祝總斌, 위의 논문, p.112.
116) 같은 논문, p.111.
117) 『睡虎地秦墓竹簡』, p.263. 또한 「法律答問」, p.195에도 免老가 不孝를 고발한
사례가 있다.

면죄되지는 않지만 감면시키는 규정[118]은 三赦의 유약자 처벌감면의 규정과 흡사한 것이다. 그러나 老人에 대한 처벌면제가 완벽하지 않아서 처벌을 받는 경우도 있었던 것으로 보아 三赦의 제도가 완벽하게 시행되었다고 볼 수 없다.[119] 정신질환자에 대한 규정은 『睡虎地秦墓竹簡』에 보이지 않지만 癩病患者를 산채로 水葬 또는 埋葬시키는 것은 病弱者에 대한 보호 규정이 없음을 반영하는 것이 아닐까 한다.[120]

相隱의 제도는 孔子의 "父는 자식의 잘못을 숨겨주고, 자식은 父의 잘못을 숨겨주는데, 정직함은 그 안에 있는 것이다."라는 敎說에서 비롯된 것으로,[121] 『睡虎地秦墓竹簡』의 "非公室告"는 相隱의 제도와 다른 것으로 생각된다. "非公室告"는 아들이 부모의 재산을 훔치거나, 부모가 아들 및 奴妾을 擅殺하거나 刑을 가했을 때 이를 公室에 고발할 수 없도록 하는 것, 아들이 부모를 고발하거나 臣妾이 主를 고발하지 못하도록 하는 것이다.[122] "非公室告"는 일견 相隱과 유사한 듯이 보이지만 양자의 이면에 흐르는 정신은 완전히 다른 것이다. 宣帝가 父子·夫婦간의 相隱을 허락한 조서에서 "비록 患禍가 있더라도 죽음을 무릅쓰고 父子·夫婦간의 道를 지켜야 하며, 그래야만 진실로 사랑이 마음에서 맺어지고 仁厚한 것이 지극해진다."고 한 것은 相隱의 정신이 가족 내의 사랑을 전제로 한 것임을 말해준다.[123] 이에 반해 『睡虎地秦墓竹

---

118) 같은 책, pp.153, 218.
119) 같은 책, p.143, "匿敖童, 及占癃不審, 典, 老贖耐. ●百姓不當老, 至老時不用請, 敢爲酢(詐)僞者, 貲二甲; 典, 老弗告, 貲各一甲; 伍人, 戶一盾, 皆遷(遷)之. ●傅律."
120) 같은 책, p.203.
121) [淸] 阮元, 『十三經注疏·論語注疏·子路』, p.2507, "葉公語孔子曰 : 「吾黨有直躬者, 其父攘羊, 而子證之.」 孔子曰 : 「吾黨之直者異於是. 父爲子隱, 子爲父隱, 直在其中矣.」"
122) 『睡虎地秦墓竹簡』, pp.195-196.
123) 『漢書』卷8「宣帝紀」, p.251, "夏五月, 詔曰 : 「父子之親, 夫婦之道, 天性也. 雖有患禍, 猶蒙死而存之. 誠愛結於心, 仁厚之至也, 豈能違之哉! 自今子首匿父母, 妻匿夫, 孫匿大父母, 皆勿坐. 其父母匿子, 夫匿妻, 大父母匿孫, 罪殊死, 皆上請

簡』의 "非公室告"는 가족간의 절도 또는 살해와 같은 가족 내의 不和를 대상으로 했고, 卑屬이 尊屬을 고발하지 못하도록 한 것은 국가권력이 가족내의 가부장권의 권위를 침범하지 못하도록 한 것이다. 이와 아울러 『睡虎地秦墓竹簡』에는 妻가 夫를 고발하면 몰수되지 않고 妻의 媵臣妾·衣器도 몰수되지 않는다는 조항이 있다.[124] 이 조항은 부부간의 범죄를 은닉하도록 허용한 相隱에 정면으로 위배되는 것이다.

이상에서 雲夢秦律에 보이는 유가사상의 법률정신과 유사한 것을 대상으로 추출해 보았으나, 人倫과 法常識的인 측면에서 당연히 채택되었으리라고 생각되는 孝의 중시, 幼少者의 減罪와 같은 것을 제외하고는 儒家들이 중시하는 법사상들이 적었다고 할 수 있다. 이것은 秦律의 제정에 儒家들의 참여가 이루어지지 못했기 때문에 당연한 결과로 생각된다.

漢代에 이르러서는 儒家思想이 法律에 미치는 현상이 秦代에 비해서 훨씬 뚜렷하게 나타난다. 前漢시대에 유행한 春秋決獄은 유가사상이 사법 분야에 미친 영향이 크다는 것을 말해주는 것이다. 前漢시대의 法律에 영향을 끼친 儒家思想이 확인된 것으로는 宣帝시기에 相隱제도가 허용된 것과 『禮記』「內則」의 "道路, 男子由右, 女子由左."라는 經義가 王莽시기 구체적 법령으로 제정되어 범한 자는 상징적 형벌로 그 의복을 붉게 하였다.[125] 그리고 班固가 「刑法志」의 말미에서 前漢시대의 法律이 五聽·三宥·三赦제도에 근접했다고 한 것은 漢律에 유가적

廷尉以聞.」"

124) 『睡虎地秦墓竹簡』, p.224.

125) 『漢書』 卷89 「循吏傳」, p.3632, "男女異路, 道不拾遺.";『漢書』 99上 「王莽傳」, pp.4076-4077, "莽奏定著令. 又奏爲市無二賈, 官無獄訟, 邑無盜賊, 野無飢民, 道不拾遺, 男女異路之制, 犯者象刑.";『漢書』 卷99下 「王莽傳」, p.4164, "出見男女不異路者, 尊自下車, 以象刑赭幡汙染其衣." 이밖에도 宣帝시 黃霸를 褒揚한 制書 중에 "男女異路"를 치적으로 삼고 있는 사실은 經義가 큰 영향력을 미치고 있음을 보여준다.

요소가 침투한 것을 반영한 것이라 할 수 있다.[126] 그러나 漢律의 儒家化에 한계가 없는 것은 아니었다. 즉, 漢代에는 禮가 아직 律에 대량으로 들어가지 못했고, 春秋決獄 이외에는 禮가 실제 司法 중에서 律令과 서로 비교될 수 있는 지위에 이르지 못했다. 다시 말해서 晋代와 비교될 정도로 禮와 律이 竝擧되지는 못하였고, 唐代와 같이 禮가 완전하게 律과 결합한 정도까지는 도저히 이르지 못하였다.[127] 이제 後漢시대에 儒家사상이 法律에 침투되는 정도를 살펴보기로 한다.

1) 儀禮의 개정

前漢 高祖시 叔孫通이, 술에 만취해 궁전의 기둥을 劍으로 치는 등 무례한 행동을 보인 武將들을 근엄한 宮廷의례 안으로 끌어들임으로써 이들에게 皇帝의 권위가 지고무상한 것임을 인식시킨 것은 유명한 일화이다. 이 당시 叔孫通이 제정한 朝廷 儀禮의 濫本은 秦禮였고,[128] 그의 儀禮 제정에 대해 당시 魯儒들은 비판적 시각을 보내고 협조하지 않았다. 그들의 시각에서 보면, 秦朝의 博士를 지냈다가 또다시 漢朝와 결탁한 叔孫通은 현실과 타협하는 비굴한 儒生이었다. 현실참여파의 儒生이 秦朝의 法家的 制度를 참고하여 만든 漢儀는 前漢 내내 존중되어 왔지만, 한걸음 더 나아가 後漢시대 들어 經學이 사회의 禮制를 지배함으로써 漢의 儀禮를 經典과 부합시키려는 기운이 대두한 것은 당연한 것이었다.

曹褒는 光武帝 시기에 博士였던 부친 曹充의 가업을 계승하여 禮學을 연구하였고, 章帝시기에 博士가 되어 叔孫通의 "漢儀"에 대신할 새로운 禮樂을 제정하고자 하였다. 그는 "叔孫通의 漢儀는 散略하고 대부분이 經(典)과 맞지 않으니 지금 의당 禮에 의해 조목별로 개정하라."

---

126) 『漢書』 卷23 「刑法志」, pp.1106, "自此之後, 獄刑益詳, 近於五聽三宥之意."
127) 祝總斌, 위의 논문, p.113.
128) 『漢書』 卷43 「叔孫通傳」, p.2126, "通曰 … 臣願頗采古禮與秦儀, 雜就之."

는 章帝의 조칙을 받아 舊典(叔孫通의 漢儀)을 참고하고 五經과 讖記의 문장을 혼합하여 天子에서 庶人에 이르는 冠婚吉凶終始의 제도를 제정하였다. 마침 章帝에 이어 즉위한 和帝는 이를 "新禮"라 이름붙이고 시행하는 듯했으나, 그후 太尉 張酺와 尚書 張敏은 "曹褒가 함부로 漢禮를 제정하고 聖術을 파괴하고 어지럽혔으니 마땅히 刑誅를 가해야 한다."면서 "新禮"의 제정을 반대하였다. 和帝는 이들의 주장을 받아들이지 않았으나 新禮의 시행도 역시 중단되었다.[129] 이처럼 後漢시대에는 儒家經典과 讖緯思想의 교리가 法律과 制度 내부로 침투하고자 하는 시도가 누차 있으나 그것이 기존의 제도와 항상 충돌하는 것에서 알 수 있듯이 용이한 작업이 아니었다.

여기에서 우리는 曹褒를 탄핵한 張敏과 張酺는 어떠한 인물이었으며, 그들의 사상이 曹褒와 어떻게 相異했기에 新禮제정에 반대했는가를 살펴볼 필요가 있다. 張敏은 후술할 輕侮之法에 관련 있는 인물로 章帝 建初 2年(A.D. 77) 孝廉으로 천거된 후 建初 5年 尚書에 임명되었다. 그의 개인적 학문을 살필 수 있는 기록은 전혀 없으나, 輕侮之法을 駁議할 때 『公羊傳』과 기타 儒家 관련 기록을 언급한 것에서 보면 유가적 소양이 있었던 것으로 보인다. 그러나 그것은 당시에 있어 官吏에게 일반적으로 갖추어진 素養으로 생각되며, 그는 司隷校尉와 汝南太守로 봉직시의 태도를 "淸約하고 번거롭지 않았으며, 형벌을 사용하는 것이 공평하고 올바랐다. 다스림에 능력이 있다는 명성이 있었다.", "在位할 때 法을 받들 뿐이었다."라고 한 것으로 보면 순수하게 法律을 준수하여 임무를 수행한 관리로 생각된다.[130]

그러나 張敏과 달리 張酺는 유가 집안에서 성장한 관료였다. 그는 어려서 從祖父(張充)로부터 『尚書』를 배워 그 家業을 능히 傳할 수 있었

---

129) 『後漢書』 卷35 「曹褒傳」, pp. 1202-1203.

130) 『後漢書』 卷44 「張敏傳」, pp. 1502-1504, "淸約不煩, 用刑平正, 有理能名.", "在位奉法而已."

으며, 尚書敎授로서 御前에서 侍講하고 經義를 지키던 전형적인 유가
였다. 그가 東郡太守로 임명될 때 "臣은 經術로 (폐하의) 左右에서 給事
했을 뿐 직무를 바꾼 적이 없어서 文法(법령)을 알지 못하는데도 외람
되게 符節을 나누어 郡을 다스리고 千里에 정치를 행하라고 하시니 반
드시 陛下의 은혜를 갚지 못하고 그 자리를 욕되게 하는 잘못을 저지
르게 될 것입니다."라고 상소한 것은 그가 순수한 儒者였음을 말해주
는 것이다.[131] 따라서 이들이 유가 박사출신 집안의 曹褒를 비판한 것
은 曹褒의 행위 그 자체에 대한 부정적 시각에서 비롯된 것이지, 法家
와 儒家의 사상적 대립에서 연유된 것이라고 할 수는 없다. 이것은 儒
家經典에 입각해 漢禮를 개혁하려는 것이 그것도 다름 아닌 儒家官僚
에 의해 비판된 것은 漢高祖 이래의 舊典은 신성불가침이며, 그 제도
를 개혁하는 것이 지극히 어려운 일이었음을 알 수 있다. 그 비판의
논지 가운데 "함부로 漢禮를 제정하고 聖術을 파괴하고 어지럽혔으니"
라고 한 것에서 알 수 있다. 그러나 기존 법령의 개혁이 모두 난관에
봉착한 것만은 아니며, 儒家의 교리가 침투하여 점차 漢律의 내용에
변화를 가져온 것도 적지 않았다.

2) 經典과 律文 조항의 일체화

經과 法의 일체화는 비록 성과를 거두지 못했지만, 陳寵이 詔獄吏와
죄수가 交通한 사건으로 면직되지 않았으면 시행될 가능성이 높았다.
그는 王者는 삼백년마다 한 번씩 法을 刪定한다는 『春秋保乾圖』의 기록
에 의거, 漢도 개국 이래 302년이 경과했으므로 법령의 刪定을 가해야
한다고 주장했다. 또한 『尚書』의 甫刑 조항과 漢律의 刑法 조문을 일치
시켜 甫刑의 숫자보다 많은 것을 폐지하고자 하였다.[132] 이같은 주장

---

131) 『後漢書』 卷45 「張酺傳」, pp.1528-1529, "臣愚以經術給事左右, 少不更職, 不曉
　　文法. 猥當剖符典郡, 班政千里, 必有負恩辱位之咎."
132) 『後漢書』 卷46 「陳寵傳」, p.1554.

은 陳寵에 의해서 처음 주장된 것이 아니다. 前漢 成帝의 河平 연간 詔書에 "五刑의 종류는 三千이고, 大辟의 罰은 二百인데, 지금 大辟의 刑은 千餘條나 되어 律令이 번다하며, 백여만言이나 된다. 奇請과 他比는 날로 늘어나 법률에 明習한 자조차도 어떻게 할 바를 모르니, 衆庶를 가르치고자 하나 어렵지 않겠는가? … 中二千石·二千石·博士와 律令에 明習한 자로 하여금 死刑의 조항을 감축할 수 있는 것 및 폐지해야 할 법조문을 의논하여 분명히 알 수 있도록 조목조목 상주하라."[133]고 한 것은 陳寵의 논의가 前漢말 이래 계속 되어온 것임을 알 수 있다. 禮經과 刑法의 조항수를 일치시키고자 했다는 사실은 양자의 表裏一體化를 의도했다는 점에서 매우 중요하다.

3) 喪制(官吏의 三年喪)

三年喪의 문제는 儒家경전에 기술되어 있는 것이다. 孔子는 "자식이 태어나 삼년이 된 연후에야 부모의 품을 벗어날 수 있으니, 三年喪은 天下의 공통된 喪制"라고 했고,[134] 『中庸』에는 "三年喪은 天子에 이르기까지 한결같으며, 父母의 喪은 貴賤 없이 한 가지"라 했다.[135] 그러나 秦代에는 관리의 경우 부모 사망 시 1개월 후에 관부로 복귀하도록 하였다.[136]

官吏의 三年喪이 정식의 제도로서 법령에 규정되는 것은 漢代에 이르러서였다. 三年喪은 官吏의 통치사무에 지장을 초래하므로 文帝는 遺詔에서 36일의 喪制를 제정하였다.[137] 武帝시 左內史였던 公孫弘이

---

133) 『漢書』 卷23 「刑法志」, p.1103.

134) [淸] 阮元, 『十三經注疏·論語注疏·陽貨』, p.2526, "子生三年, 然後免於父母之懷. 夫三年之喪, 天下之通喪也."

135) 『中庸說』(東京: 富山房, 1972), p.11, "三年之喪, 達乎天子, 父母之喪, 無貴賤一也."

136) 陳松長 主編, 『嶽麓書院藏秦簡(伍)』(上海: 上海辭書出版社, 2017), p.196, "●令曰 : 吏父母死, 已葬一月; 子, 同產, 旬五日; 泰父母及父母同產死, 已葬, 五日之官. 官去家五百里以上, 父母妻死(295/1884)"

後母의 喪때 3년 동안 服喪했던 기록이 있는 것으로 보아,[138] 文帝의 조치는 임시적이었던 것으로 보이지만, 大臣들의 三年喪 제도 역시 정식으로 성립된 것은 아니다. 즉, 三年喪의 제도는 後漢 安帝 元初 3년에 "初聽大臣二千石刺史行三年喪"이라는 詔令에서 최초로 定制化되고 있는 것으로 보아 安帝 때까지 制度로서 확정되지 못했음을 알 수 있다.[139] 그후 桓帝 延熹 2년 刺史와 二千石의 三年喪을 폐지할 때까지 삼년상이 시행되었다.[140] 이는 정권의 이익과 모순이 발생하면 儒家의 교리라도 채택되지 않았음을 보여주는 것으로, 유가사상이 법률에 침투하는 것이 순탄하지 않았음을 보여준다. 三國시대에는 이를 시행할 만한 여유가 없었고, 西晉시대에는 武帝가 禮를 강조하여 "3년상을 당한 將吏들은 휴가를 주어 喪을 마치게 하고 백성은 그 요역을 면제하게 하라."고 함으로써 三年喪을 허락하였다.[141]

4) 冬月 斷獄

季節에 입각하여 行刑하는 제도는 先秦 이래의 전통이었다. 『左傳』에는 "賞은 春夏에 시행하고 刑은 秋冬에 시행한다."고 했고, 『禮記』「月令」과 『呂氏春秋』「十二紀」에는 "春夏에는 萬物이 생장하므로 獄訟刑戮을 행할 수 없고 다만 秋冬에만 刑殺할 수 있다."고 하였다. 따라서 반드시 秋冬에 사형을 집행하도록 하는 것이 先秦 이래의 전통이나, 秦代에 이같은 것이 제도화되었는지는 불확실하다. 『嶽麓書院藏秦簡』에 秋

---

137) 『漢書』 卷4 「文帝紀」, p.132.

138) 『漢書』 卷58 「公孫弘傳」, p.2619.

139) 『後漢書』 卷5 「安帝紀」, p.226; 『後漢書』 卷46 「陳忠傳」, p.1560, "元初三年有詔, 大臣得行三年喪, 服闋還職."

140) 『後漢書』 卷7 「桓帝紀」, p.304, "復斷刺史二千石行三年喪."

141) 『晋書』 卷44 「鄭默傳」, p.1252, "尋拜大鴻臚, 遭母喪, 舊制, 旣葬還職, 默自陳懇至. 久而見許. 遂改法定令, 聽大臣終喪, 自默始也."; 『晋書』 卷3 「世祖武帝紀」, p.53, "諸將吏遭三年喪者, 遣寧終喪. 百姓復其徭役."

冬에만 刑殺한다는 내용이 보이지 않는 것은 "秦은 사철 모두 行刑했
다."는 陳寵의 언급을 뒷받침한다. 漢代에는 儒家의 陰陽五行과 天人相
關의 학설에 기초해서 형벌의 시행을 계절과 관련지어 秋冬에 治獄하
고 12月 立春에는 죄수를 재판하지 말라는 律이 제정되어 있었다.[142]
이같은 규정은 章帝 元和 2年 7月 개정을 보게 되어 12월만이 아니라
11월에도 죄수의 재판을 행하지 못하게 하였다. 그런데 바로 그 해에
가뭄이 들자 長水校尉 賈宗 等이 "斷獄을 三冬 내내 하지 않았기 때문에
陰氣가 微弱해지고 陽氣가 發泄하여 災旱을 불러들인 것"이라며 원래
의 제도로 복귀시킬 것을 주장하였다. 章帝는 이를 公卿에게 논의케
하였는데, 陳寵은 다음과 같이 주장하였다.

> 冬至라는 節氣는 陽氣가 처음 싹트기 때문에 11월에 蘭·射干·芸·荔가
> 나오는 反應이 있는 것입니다. 時令에 여러 살아있는 것들이 움직이면 形
> 體를 편히 한다고 했습니다. (11월은 만물이 미미하고 드러나지 않았으므
> 로, 11월을) 天은 正으로 삼고, 周는 春으로 삼았습니다. 12월은 陽氣가 위
> 로 통하고 꿩이 울고 닭이 새끼를 까니, 地는 그것을 正으로 삼으며, 殷은
> 그것을 春으로 삼았습니다. 13월은 陽氣가 이미 이르러 天地가 교접하여
> 만물이 이미 모두 나왔고 땅속에 있던 벌레도 비로소 움직이기 시작하니,
> 人은 이를 正으로 삼았고, 夏는 그것을 春으로 삼았습니다. 三微(11·12·13
> 월)가 드러나 형체가 이루어지니 三統이 통합니다. 周는 天으로써 元을 삼
> 았고, 殷은 地로써 元을 삼았고, 夏는 人으로써 元을 삼았는데, 만약 이 때
> 에 行刑한다면 殷周의 歲首는 모두 流血로 될 것이고 인심에도 합하지 못
> 할 것이며, 天意를 고려하지 않은 것입니다. 月令에 孟冬의 달에 곧 獄刑으
> 로 나가도록 하며 斷罪받지 않은 자가 남지 않도록 한다고 한 것은 大刑
> 은 모두 立冬에 한다는 것을 밝혀주는 것입니다. 또한 仲冬의 달에는 身이

---

142) 『後漢書』 卷3 「章帝紀」, pp.152-153, "律, 十二月立春不以報囚."

편안하기를 바라고 일은 조용하기를 바란다고 했습니다. 만약 威怒를 내리게 되면 편안하다고 할 수 없으며, 만약 大刑을 행하게 된다면 조용하다고 할 수 없습니다. 논의에 참여한 자들은 모두 가뭄이 이르게 된 것이 改律에 있다고 하는데 저의 생각으로는 殷周가 斷獄을 三微(11·12·13月)에 하지 않음으로써 교화가 이루어지고 편안해졌으며 災害가 없었습니다. 元和 이전에도 모두 三冬에 斷獄했으나 홍수와 가뭄의 災異가 나타나 왕왕 걱정거리가 되었습니다. 이로써 말할 수 있는 것은 災害는 다른 應으로부터 온 것이고 改律 때문이 아닙니다. 秦은 虐政을 했고 사철 모두 行刑했으며, 聖漢이 처음 일어나서 이를 고쳐 簡易한 것을 따랐습니다. 蕭何가 律을 만들었을 때 季秋에 죄수를 論하여 모두 入春의 달을 피했으나, 天과 地가 正月로 삼은 것과 두 王朝가 春으로 했던 것을 고려에 넣지 않은 것은 실제로 잘못된 것입니다. 폐하는 幽微한 것을 깊이 분석하여 진실로 그 맞는 것을 잡아야 합니다. 백년의 잘못을 개혁해 영원한 功을 세우면 위로는 받드는 공경함이 있고 아래로는 미묘함을 받드는 은혜가 있습니다. 春秋의 문장과 月令의 뜻에 맞게 한 것이니 功業을 성스럽고 아름답게 하는데 중도에서 의심하는 것은 마땅하지 않습니다.[143]

章帝는 이 주장을 받아들이고 그 제도를 바꾸지 않았다. 이같은 陳寵의 상서와 여타 사료를 종합하여 行刑시기를 고찰하면 다음과 같다.

孟冬은 10월을, 仲冬은 11월을, 季冬은 12월을 가리키며, "盡三冬"은 12월까지를 의미한다. 立冬과 冬至는 모두 24節氣의 하나이며, 양자 사이의 日數는 약 45일이다. 일반적으로 立冬은 10월초 전후에 있고, 冬至는 11월 중순 전후에 있다. 冬이 어느 때 끝나는가는 治獄활동이 어느 때 정지하는가를 말한다. 대체적으로 章帝 元和 2年(A.D.85) 이전에는 "盡三冬之月", 즉 12월이 끝나는 것과 동시에 중지했고, 元和 2年 이

---

143) 『後漢書』 卷46 「陳寵傳」, pp.1550-1551.

후에서 安帝 永初 元年(A.D.107년)의 사이에는 어느 때 끝나는가에 대해 두 가지 설이 있다.

「章帝紀」「陳寵傳」에 근거하면, 10월까지 행해지는 것 같고, 「魯恭傳」에 의하면 冬至에 끝나는 것(11월까지)으로 추측된다. 永初 이후에는 立春이 12월에 있는 것을 제외하고, 일반적으로 "盡三冬之月"하여 12월로 그치게 되었다. 따라서 治獄기간은 章帝 元和 2년(A.D.85)에서 和帝 永元 14年(A.D.102)까지의 17년간은 入秋에서 10월(또는 冬至)까지 4개월 정도였고, 和帝 永元 15年(A.D.103)에서 安帝 永初 元年(A.D.107)까지의 4년간은 入夏에서 10월(또는 冬至)까지 7개월 정도였고, 그 나머지 연대에는 일반적으로 入秋에서 盡冬까지 약 반년간이었다.[144] 비록 이같은 변화는 있었으나, 그 변화가 모두 儒家經典에 의거한 것임은 말할 것도 없다.

5) 八議

儒家의 經典으로서 前漢 후반부터 중요해진 『周禮』는 西周의 제도를 반영하는 것이 아닌 후세의 僞作이라고 본다. 비록 그렇다고 해도 매우 중요한 영향을 미쳤다. 『周禮』「秋官·司寇」에는 親·故·賢·能·功·貴·勤·賓의 자는 범죄시 감면하는 "八議"의 특권이 규정되어 있었다.[145] 漢律에는 八議가 규정되어 있지 않으나 그에 근접한 先請의 제도가 시행되고 있었다.[146]

---

144) 楊鴻年, 「漢代用刑與季節的關係」(『法律史論叢』 2, 1982), pp.181-182.
145) [淸] 阮元, 『十三經注疏·周禮注疏·秋官·小司寇』, pp.873-874, "(小司寇)以五刑聽萬民之獄訟, 附于刑 … 凡命夫命婦, 不躬坐獄訟. 凡王之同族, 有罪不卽市. … 一曰議親之辟, 二曰議故之辟, 三曰議賢之辟, 四曰議能之辟, 五曰議功之辟, 六曰議貴之辟, 七曰議勤之辟, 八曰議賓之辟."
146) 秦律에는 『周禮』의 규정과는 별도로 八議와 유사한 제도가 시행되고 있었다. ①②는 秦律의 규정이며, ③④는 이를 계승한 漢律의 규정이다. 이로 볼 때 八議의 조항과 유사한 先請의 제도는 秦律을 계승한 것임을 알 수

高祖시 "郎中이 罪耐 以上이면 先請하게 하라.", 宣帝시 "(黃龍元年) 吏六百石이고 大夫이면, 有罪시 先請하게 하라.", 平帝 시기에 "(元始元年) 公·列侯의 嗣子가 有罪시에 耐以上이면 先請하게 하라.", 光武帝시기에 "吏가 六百石이하에서 墨綬 長·相에 이르기까지, 有罪시에 先請하라.", "犯法者가 髡以上일 때, 諸宗正에 먼저 보고하고, 宗正은 그것으로써 보고하고 나서야 판결한다."는 것은 議親·議賢·議貴의 규정과 유사하다.[147]

後漢말에는 八議사상이 이미 사회에 유행했으나 아직 入律되지 못했는데, 그것은 陳忠에 대한 應劭의 駁議에 八議가 보이고 있는 사실에서 추측할 수 있다.[148] 魏律에서는 우선 八議를 律文에 기록함으로써 실제로 晉唐律의 先驅를 이루었다.[149] 晉의 武帝가 華廙의 관직을 폐하고 부친인 華表의 爵을 계승하지 못하게 한 것에 대해, 有司가 "廙는 世子이며, 諸侯의 범법시 八議로써 平處하는 것은 功을 기리고 爵을 중

있다. ①內公孫無爵者當贖刑, 得比公士贖耐, 不得? 得比焉. ②何謂"宦者顯大夫?" ●宦及知於王, 及六百石吏以上, 皆謂"顯大夫". ③上造以上及內外公孫耳孫有罪當刑及當爲城旦春者 皆耐爲鬼薪白粲. ④爵五大夫吏六百石以上 及宦皇帝而知名者有罪當盜械者皆頌繫.

147) 『漢書』 卷1下 「高帝紀」, p.63, "令郎中有罪耐以上請之."; 『漢書』 卷8 「宣帝紀」, p.274, "(黃龍元年) 吏六百石位大夫, 有罪先請, 秩祿上通, 足以效其賢材, 自今以來毋得擧."; 『漢書』 卷12 「平帝紀」, p.349, "(元始元年) 公, 列侯嗣子有罪, 耐以上先請."; 『後漢書』 卷1上 「光武帝紀」, p.35, "庚辰, 詔曰: 吏不滿六百石, 下至墨綬長, 相, 有罪先請."; 『後漢書』 志26 「百官志」, p.3589, "宗正, 卿一人, 中二千石. 本注曰: 掌序錄王國嫡庶之次, 及諸宗室親屬遠近, 郡國歲因計上宗室名籍. 若有犯法當髡以上, 先上諸宗正, 宗正以聞, 乃報決."

148) 『後漢書』 卷48 「應劭傳」, pp.1610-1611. 應劭는 陳忠이 八議의 이론으로써 罪囚의 생명을 구한 것에 대해, 그들은 八議의 규정에 해당되지 않는다고 『尙書』를 인용해 비판하였는데, 이같은 사실로 보아 八議가 後漢시대에 유행하고 있음을 알 수 있다.

149) 『三國志』 卷9 「魏書/夏侯尙傳」, p.303 注引 『魏略』, "明帝時許允爲尙書選曹郎與陳國袁侃對, 同坐職事, 皆收送獄. 詔旨嚴切, 當有死者, 正直者爲重, 允謂侃曰: 卿, 功臣之子, 法應八議, 不憂死也."; 『三國志』 卷20 「魏書/中山恭王袞傳」, p.583, "王素敬愼, 邂逅至此, 其以議親之典議之."

히 여기는 까닭이고, 嫡統이 棄罪를 범한 것이 아닌데도 廢하는 것은
중한 것이고, 律에 의거하여 마땅히 襲封을 허락해야 한다.”고 주장했
는데,[150] 이로써 볼 때 晉律에는 八議가 法制化되어 있음을 알 수 있다.

6) 復讐(輕侮法)

前漢에는 輕侮法이 없었으나, 『禮記』 「曲禮」의 父兄의 원수에 대한
복수를 허용한 사상이 前漢말 이래 점차 사회에 만연하게 됨에 따라
復讐가 끼치는 해악 때문에 이의 허용 여부에 대한 논의가 나오게 되
었다.[151] 光武帝때 桓譚은 復讐하는 풍속에 대해 반대하고 있는데, “사
람들이 서로 살상을 하게 되면 이미 법에 의해 처벌을 받더라도 사적
으로 怨讐가 되어 子孫이 서로 보복하여 후에 분노가 전보다 깊어지
게 되어 戶를 멸족시키게 된다. 그런데도 풍속에서는 이를 豪健이라
하기 때문에 겁많고 약한 사람이라도 힘써 그것을 행하려고 한다. 이
는 사람들이 스스로 죄를 다스리는 것을 들어주는 것이며 法禁을 존
재하지 못하게 하는 것이다. 마땅히 舊令을 거듭 밝혀 이미 官府에서
의 誅殺에 伏罪했음에도 사사로이 서로 살상한 자는 비록 복수한 자
가 도망했더라도 그 가속 모두를 변경으로 옮기고, 서로 傷하게 한 자
는 평소의 형벌보다 二等을 가하고 顧山하여 贖罪할 수 없도록 한다면
仇怨이 스스로 풀리게 되고 盜賊이 그치게 될 것.”이라고 하였다.[152]
桓譚의 이같은 논의는 실상 『周禮』 「地官」의 調人에 근거한 것이다.[153]
그후 章帝의 建初 연간에 輕侮之法이 잠시 제정된 적이 있었다. 章

---

150) 『晉書』 卷44 「華廙傳」, p.1261.
151) [淸] 阮元, 『十三經注疏·禮記正義·曲禮』, p.1250, “父之讐, 弗與共戴天, 兄弟之
    讐不反兵.” 注 “父者子之天, 殺己之天, 與共戴天, 非孝子也. 行求殺之乃止 恒
    執殺之備.”
152) 『後漢書』 卷28上 「桓譚傳」, p.958.
153) [淸] 阮元, 『十三經注疏·周禮注疏·地官·調人』, p.732, “凡和難, 父之讐, 諸海外,
    兄弟之讐, 諸千里之外, 從父兄弟之讐, 不同國.”

帝시 어떤 자가 자신의 부친을 侮辱한 자를 살해하였는데, 본래의 刑法에 의하면 그 죄는 死刑에 해당하였다. 章帝는 이를 減刑하여 사형을 면제시켰는데, 이것이 후에 比(판례)로 되었다. 그러나 和帝시 張敏은 이를 反駁하여 "지금 公羊傳의 '子不報讐, 非子也(아들이 원수를 갚지 않으면 아들이 아니다)' '父不受誅, 子復讐可也.(아버지가 피살되지 않았더라도 아들이 복수할 수 있다)'라는 春秋之義에 의거하여 살인한 자를 감형시키고자 하는데, 法令에서 이를 인정하지 않는 것은 '相殺之路'를 열어줄 수 없기 때문이다. 또한 孔子가 經典을 만들어 교훈한 것과 皐陶가 法을 만든 것은 民으로 하여금 非行을 범하지 못하게 한 것이며, 또한 人間이 세상에서 가장 귀하고 殺人한 자는 死刑에 처하는 것이 三代의 공통된 제도인데도, 지금 殺路를 개방해 1人을 죽지 않게 하여 天下가 그 피해를 입게 하는 것이므로 公羊傳에 의한 '輕侮之法'은 폐지하여야 한다."고 주장하여 和帝의 재가를 얻었다.[154]

　　이것은 春秋之義와 律令의 "殺人者死"의 원칙이 충돌하여 결국 후자가 승리하고 있음을 보여주는 것이다. 이것은 아직 春秋之義가 律令을 변화시키는 데에는 한계가 있었음을 보여주는 것이다. 또한 앞서 언급한 바대로 張敏이라는 인물이 曹褒의 "新禮"제정에 반대하고 기존의 叔孫通의 "漢儀"를 고수했던 사람임을 상기할 때 그는 유가적 개혁을 반대하고 守舊的 입장을 취한 인물로 생각된다.

　　그러나 後漢시대에는 法令을 위반하고 사사로이 복수를 하는 행위가 성행하여 民家에는 高樓를 만들어 그 위에 鼓를 놓고 위급시 邑里에 알려 구조를 요청하는 상황까지 일어났다.[155] 曹魏 초기에는 사회

---

154) 『後漢書』 卷44 「張敏傳」, pp.1502-1503.
155) 『後漢書』 卷67 「黨錮列傳·魏朗」, p.2200, "兄爲鄕人所殺, 朗白日操刃, 報讐於縣中, 遂亡命到陳國."; [宋] 李昉, 『太平御覽』(北京: 中華書局, 1985) 卷598, p.2694, "王褒約僮注", "漢時官不禁報怨 民家皆高樓鼓其上, 有急卽上樓擊鼓, 以告邑里, 令救助."

적 불안정으로 개인적 復讐행위가 성행하여, 魏 文帝는 개인적으로 복수를 하는 자는 族刑에 처한다는 詔書를 내렸다.[156) 그러나 그후 6년 뒤인 太和 3年(A.D.229) 魏律18篇을 제정할 때 復讐를 한정적으로 허용했다. 즉, 儒家의 經義에 의거하여 復讐를 행한 자에게 族刑을 내리던 입장에서 후퇴하여 殺人하고 도주한 자를 추격하여 복수하는 것을 허락하고, 다만 사면을 받은 자나 과실에 의한 살인의 경우는 復讐를 허락하지 않는 절충적인 방법을 채택하였다.[157)

7) 三赦

三赦는 幼弱者·老人·精神薄弱者의 범죄시 그 죄를 감면해주는 제도이다.[158) 秦律에서는 老幼犯罪者에게 관대한 처벌을 행했다. 秦簡에는 형사책임과 관련하여 "六尺", "不盈六尺"의 기록이 보이는데, 이에 대해 整理小組는 "古時에 일반적으로 男子 15歲는 신장이 六尺이고, '六尺' '不盈六尺'이라고 한 六尺은 判刑時의 경계선이 된다."고 하였다.[159) 秦代에 老年犯罪者에 대한 우대에 대해서는 자료에 한계가 있다. 秦律十八種·司空律에 "杖城旦은 감시하지 말라고 하였다."라고 한 것으로 보아서 우대를 하였던 것으로 보이지만,[160) 형사책임 연령에 대해서는 알 수 있는 자료가 없다.

漢代에 들어가면 신장이 연령규정으로 바뀌고 있다. 惠帝의 즉위

---

156) 『三國志』卷2「魏書/文帝紀」, p.82, "(黃初四年) 詔曰: 喪亂以來, 兵革未戢, 天下之人, 互相殘殺, 今海内初定, 敢有私復讐者, 皆族之."

157) 祝總斌, 위의 논문, p.114; 沈家本, 위의 책, p.919; 『晋書』卷30「刑法志」, p.925, "賊鬪殺人, 以劾而亡, 許依古義, 聽子弟得追殺之. 會赦及過誤相殺, 不得報讐, 所以止殺害也."

158) 『晋書』卷30「刑法志」, p.917, "一赦曰幼弱, 再赦曰老旄, 三赦曰蠢愚."

159) 『睡虎地秦墓竹簡』, p.153, "甲盜牛, 盜牛時高六尺, 穀(繋)一歲, 復丈, 高六尺七寸, 問甲可(何)論? 當完城旦."

160) 같은 책, p.89, "城旦舂衣赤衣, 冒赤氈, 枸櫝欙杕之. 仗城旦勿將司; 其名將司者, 將司之."

조서에 "民으로서 나이가 70세 이상이거나 10세 이하인 자가 죄를 지어 刑罪의 처벌을 받게 되면 이를 完刑으로 대체하라."고 했는데,[161] 이것은 二年律令의 具律 문장과 정확하게 일치하고 있다.[162] 成帝 鴻嘉 元年에 내린 漢令에 "나이가 7세 미만이거나 賊鬪하다가 殺人했거나 殊死의 죄를 범한 자는 廷尉에게 上請하여 減死로 될 수 있게 하라."[163]는 것에 대해 班固는 이 조치가 三赦제도에 근사한 것이라 평했다.[164] 班固의 주장과 달리, 이년율령의 이 조문은 사실상 秦律을 승계한 것이라고 생각되기 때문에, 先秦시기부터 존재했던 보편적인 관념이라고 생각된다. 이밖에도 景帝·宣帝 모두 유사한 詔令을 내리고 있다. 또한 "何武가 전에 이미 은혜를 입어 조서에서 罷官하기로 결정했고, 그 사건은 三赦의 과정을 거쳤다."[165]라는 기록으로 볼 때 前漢시대에 三赦제도가 상당한 정도로까지 法律에 침투되어 있음을 알 수 있다.

　　그러나 三赦 가운데 정신질환이 있는 자의 減罪에 대한 것은 後漢시대의 陳忠에 이르러서야 법령으로 되었다. 즉, 이 규정은 앞서 언급한 班固의 언급에도 누락되어 있을 뿐만 아니라, "廷尉決事"에는 정신병이 있는 자의 살인행위를 사형에 처한 것으로 보아 정신병자의 처벌 감면까지 法令으로 규정한 것은 아니었고,[166] 後漢의 陳忠에 이르러서 정신병자의 살인죄는 減刑되게 되었다.[167] 이것은 『周禮』의 三赦제도에서 연원하는 것이다.

---

161) 『漢書』 卷2 「惠帝紀」, p.85, "民年七十以上若不滿十歲有罪當刑者, 皆完之."
162) 『張家山漢墓竹簡』, p.146, "有罪年不盈十歲, 除; 其殺人, 完爲城旦春."
163) 『漢書』 卷23 「刑法志」, p.1106.
164) 『漢書』 卷23 「刑法志」, p.1106.
165) 『漢書』 卷83 「朱博傳」, pp.3407-3408.
166) [宋] 李昉, 『太平御覽』, 卷646, p.2893, "河内太守上, 民張太有狂病, 病發殺母弟, 應梟首, 遇赦, 謂不當除之, 梟首如故."
167) 『後漢書』 卷46 「陳忠傳」, pp.1555-1556, "而苛法稍繁, 人不堪之. 忠略依寵意, 奏上二十三條, 爲決事比, 以省請讞之敝. 又上除蠶室刑; 解臧吏三世禁錮; 狂易殺人, 得減重論; 母子兄弟相代死, 聽, 赦所代者. 事皆施行."

이상에서 고찰한 바와 같이 儒家가 禮를 入法시키고자 하는 시도는 漢代에 이미 시작되었으나 그 추진과정에서 실패한 것도 있고, 성공한 것도 있었다. 法 條文의 구속 때문에 經義를 응용해 決獄하는 방향으로 전환하는 경우도 많았다. 또한 漢代의 禮와 律은 일체화된 것이 아니라, 儒家經典에 의한 決獄과 법률에 의한 결옥이 구분되고 있다. 이처럼 漢律에 儒家사상이 침투함에 있어 한계를 보인 것은 秦漢律의 뿌리 깊은 法家的 전통 때문인 것으로 생각된다. 秦漢律은 商鞅 이래의 法家 또는 實務政治家에 의해서 제정된 것이며, 法家的 전통은 뿌리 깊게 자리잡고 있었다. 특히 漢代의 법령은 楚漢이 대치하는 급박한 상황에서 제정되었으므로, 秦律을 대폭 수정한 바 없이 계승했고, 이후 秦律의 정신은 漢朝의 법률에서도 살아남았다.

漢帝國이 秦朝의 法家政治 路線을 누누이 비판했음에도 불구하고, 秦漢 兩帝國의 제도가 일란성 쌍둥이임은 부인할 수 없는 사실이었다. 때문에 路溫舒와 같은 사람들이 秦의 가혹한 법치가 잔존해 있다고 비난한 것이다.[168] 武帝시기의 儒學 중시정책에도 불구하고, 漢律의 儒家化는 法律을 담당하는 官職에 儒家가 진출하고, 관료사회의 법률의 유가화를 용인하는 분위기가 성숙될 때까지 기다리지 않으면 안되었던 것으로 생각된다. 사실상 법률이라는 것이 당시 지배층의 사고에서 도출된 것이므로, 이들의 思考에 대전환을 가져오는 계기가 없다면 법률 역시 개정되기 어렵다. 누차 漢律을 개정하려는 시도에도 불구하고 본격적인 시도가 나타나지 않는 것은 法律의 분야에서 漢朝의 秦朝 法家路線 수용이라는 "漢承秦制"가 대세였기 때문이다. 이년율령을 보면 그것은 秦律 그 자체였던 것이다. 한 고조의 구장률은 개정되어서는 안되는 律經이었던 것이다. 張酺와 張敏이 曹褒가 함부로 漢禮를 제정하고 聖術을 파괴했다고 비난한 것도 그러한 관점이다. 이렇

---

168) 『漢書』 卷51 「路溫舒傳」, p.2369, "臣聞秦有十失, 其一尚存, 治獄之吏是也."

게 성역의 범주에 들어있는 漢律에 대한 대대적 개혁은 儒家가 法律
改正作業에 참여하는 시기까지 기다리지 않으면 안되었다. 그같은 시
기는 바로 魏晉시기라고 생각된다.

『晉書』 「刑法志」에 의하면 魏의 형법개정은 많은 부분을 古義에 따
랐다. 法家的 來源을 가지고 있는 秦漢律에 漢 이전의 儒家가 숭앙한
이상제도인 古義를 투입하였다.[169] 또한 魏律의 제정자는 劉劭·陳群·
韓遜·荀詵 등인데, 이중 賈充 1인을 제외하고는 모두 儒家主義에 傾斜
했고,[170] 晉律제정시의 人選도 儒學者로 한정했으므로 魏晉律의 儒家化
는 당연한 귀결이다.[171] 이 점은 秦漢律의 제정자가 법가였던 것과는
분명한 대조를 이룬다. 曹魏가 新律18편을 제정하면서 法律의 儒家化
는 가속화되었고, 晉·北魏·北齊의 법률은 모두 이 운동의 연속이라고
할 수 있다.[172] 晉律은 중국 율령발전의 과정에서 중요한 변곡점을 이
룬 것으로 완전히 "一準乎禮"하게 儒家精神을 체현하였다.[173] 따라서
중국법률의 儒家化는 漢에서 잉태되기 시작하여 魏晉에서 완성을 본
것이라고 할 수 있다.[174]

---

169) ①『唐六典』注 "八議自魏晉宋, 隋唐皆載于律."은 『周禮』의 八議가 魏代에 入
律된 사실을, ②"許依古義聽子弟得追殺之"는 『禮記』의 怨讐에 復讐하는 것
이 漢代에는 금지되었으나 그것이 허락된 사실을, ③"除異子之科, 使父子無
異財也. 毆兄姉加至五歲刑, 以明敎化也."는 商鞅이 제정한 異子之科를 폐지
하고 父 생존시 父子간에 재산을 분배하지 못하게 한 사실을 각각 보여주
고 있다. 또한 魏의 "士亡法, 罪及妻子"에서는 이 法의 폐지를 주장하는데
詩·記·禮·書 등이 전거로 동원되고 있다.

170) 『三國志』 卷21 「魏書/劉劭傳」, p.618, "(劉劭)受詔集五經以類相從, 正始中執經
講學."; 같은 책, p.620, "以爲宜制禮作樂以移風易俗, 著樂論, 十四篇."

171) 瞿同祖, 위의 책, p.337.

172) 같은 책, pp.341-345.

173) 祝總斌, 위의 논문, p.112.

174) 같은 논문, pp.111-118. 祝總斌에 의하면, 魏晉律의 특징은 ①司法中에 禮와
律이 幷擧되며, 함께 法律효력을 갖는다. ②官吏는 삼년상을 마칠 수 있었
으며, 居喪시의 違禮는 법률제재를 받는다. ③私復仇에 대한 折衷방법. 和
帝시 輕侮法폐지(실제로는 私復仇가 성행) ④繼母의 명분은 親母와 같다.

魏晋律에서는 모두 禮·律이라는 용어가 함께 거론되는데,[175] 兩者 모두 법률적 효력을 가지고 있다. 禮와 律은 점차 결합하여, 禮의 정신과 규범이 대량으로 法律에 흡수되어 반영되게 되었다. 西晋에서 判案시 禮와 律을 함께 거론하였다. 西晋 왕조는 이를 통해 禮의 중시를 표명하고자 했고, 入律되지 않은 違禮행위를 판단할 때 단독적으로 禮에만 근거해 판단하는 것도 허용했다. 北魏 太平眞君 6年의 다음 기록은 법률의 유가화라는 것의 한계도 보인다

> 有司의 재판이 공평하지 않으므로 詔로써 여러 疑獄은 모두 中書로 보내서 古經義에 의거해 論決하도록 했다.[176]

이것은 儒家 經義에 법률효력을 인정한 것이다. 그러나 어떻게 보면 經義의 법률효력이 成文法을 초월한 것일 수도 있다. 또한 北魏시 高允이 해결되지 않는 獄訟을 經義로서 판결케 한 것은 北朝에 이르러서도 漢代 동중서와 마찬가지로 疑獄의 판단에 어려움이 있을 때 유가의 경의에 의거하고 있는 것이다.[177] 이것은 율령을 모두 유가화한다고 하더라도 疑獄이 발생하는 것은 면하기 어려운 것이다.

---

⑤父在時 子는 分家異財할 수 없다. ⑥以妾爲妻를 금지함. ⑦貴族官吏의 범법시 특권을 향유하였다는 것으로 요약할 수 있다.

175) ①『晋書』卷50「庾純傳」, p.1398, "凡斷正臧否, 宜先稽之禮律. 八十者, 一子不從政, 九十者, 其家不從政, 新令亦如之. 按純父年八十一, 兄弟六人, 三人在家, 不廢侍養, 純不求供養, 其於禮律未有違也." 이것은 『禮記』「王制」의 "(父母)九十者, 其家不從政."라는 經義가 晋律에 반영된 것이다. ②『晋書』卷92「李充傳」, p.2389, "先王以道德之不行, 故以仁義化之, 仁義之不篤, 故以禮律檢之." ③『晋書』卷84「殷仲堪傳」, p.2195, "異姓相養, 禮律所不許."

176) 『魏書』卷111「刑罰志」, p.2875, "六年春, 以有司斷法不平, 詔諸疑獄皆付中書, 依古經義, 論決之."

177) 『魏書』卷48「高允傳」, p.1089, "高允, 尤好春秋公羊. … 初眞君中, 以獄訟留滯, 始令中書以經義斷諸疑事, 允據律評刑三十餘載, 內外稱平."

이상을 요약한다면 法典의 編纂·修訂은 儒家의 수중으로 들어감으로써, 그들은 이같은 기회를 이용해 대폭적으로 율령의 개혁을 단행했다. 유가들은 자신들에게 주어진 더욱 많은 기회를 통해 儒家의 精華인 禮를 法律條文 안으로 끌어들임으로써 마침내 법률은 儒家사상이 지배하는 것으로 귀결되었다. 이같은 과정은 漢代에서 시작되어 魏晉에서 완성을 보게 되었으며, 晉律의 가장 중요한 특징을 "禮敎의 방벽을 높이고, 五服에 준해서 죄를 처벌한다(峻禮敎之防, 準五服以制罪)"[178]라고 표현한 것은 晉律이 이미 儒家化되었음을 말해주는 것이다. 즉, 그것은 刑律로 禮敎를 보호하고, 禮敎를 위반하면 중형으로 처벌하고, 服制에 근거해 親屬間의 구별에 의해 定罪量刑하는 것이다.

IV. 罪刑法定主義의 확립과 그 한계

後漢시대부터 律令에 유가사상이 침투하고 諸儒章句가 큰 영향을 미치게 됨에 따라서 문제점도 적지 않게 발생했다. 罪刑法定主義와 관련하여 문제가 된 것은 다음의 두 가지였다. 첫째, 이미 入律된 儒家思想의 敎理는 律로서 기능하기 때문에 문제가 발생하지 않으나 아직 律에 들어가지 못한 儒家사상이 律과 충돌하는 것, 둘째, 司法에 종사하는 官吏들이 儒家의 章句를 자의적으로 남용하는 것을 들 수 있다. 罪刑法定主義와의 충돌 문제에 대해 총괄적으로 논의한 것은 『晉書』「刑法志」의 劉頌[179]의 上奏文일 것이다. 劉頌은 章句學이 罪刑法定主義를

---

178) 『晉書』卷30「刑法志」, p.927, "峻禮敎之防, 準五服以制罪."
179) 劉頌의 字는 子雅, 대대로 廣陵의 명족이다. 文帝시 相府掾으로 되고, 武帝시 尙書三公郎이 되고, 그후 6년간 廷尉로 있었다. 당시인은 그의 공평한 斷獄을 張釋之에 비유하였다. 이 上奏文을 올렸을 때는 대략 55세 정도였고, 30년 가까이 관직에 재직했으므로 그의 사상은 성숙의 단계에 도달했

파괴하는 현상이 나오게 된 경위를 체계적으로 분석하고 그 해결책을 모색하였다.

晋惠帝시기에 함께 활약한 裴頠와 劉頌은 罪刑法定主義가 가지고 있는 단점을 완벽하리만치 현대적 의미에서 통찰하고 있다. 즉, 裴頠는 秦漢律이 채택한 "一事一例"라는 자체적 한계 때문에 決事比와 章句가 출현하게 된 것으로 이해하고 있다. 즉, "刑書의 文은 한정적이지만 違反사례는 다양하다. 그 때문에 사안이 발생할 때마다 臨時로 상의하여 처리하는 제도가 있는 것이고, 그 모든 것을 常典으로 삼기는 곤란하다."라고 했고,[180] 劉頌은 "천하는 지극히 크고 事務는 많고 복잡하여, 때로는 법의 조문을 따르거나 令에 부합할 수 없는 경우도 있다."고 罪刑法定主義의 한계를 지적하고 있다.[181]

劉頌은 罪刑法定主義를 固守한 대표적인 인물로 張釋之를 꼽고, 晋의 司法정책도 이같은 방향으로 나갈 것을 지향했다. 이같은 罪刑法定主義의 역사적 성립 경위에 대해 그는 "上古시대에는 事가 있을 때마다 그 내용을 의논하여 罪를 정했고, 형벌법을 미리 정해두지 않았다. 그런데 夏·殷·周로 되면 法을 기록하여 象魏(궁문 밖의 높은 건축물)에 게시하였다. 이 三代의 군주는 謹深하고 현명했으나, 모두 적절한 妙鑑을 버리고 법조문에 근거하는 簡直한 準則에 따랐다. 그것은 上古와 三代의 성인의 德이 다르기 때문이 아니라, 만난 時勢가 달랐기 때문이다."라 하여 上古시대에는 "議事以制"의 방식을 택했지만 三代에는 罪刑法定主義를 선택하였다고 보았다.[182] "議事以制"는 法律에 근거하는 것이 아니라, 여러 사람이 의논하는 방식이었다.

고, 그의 사상은 엄중하면서도 철학적 특징이 있다.

180) 『晋書』卷30 「刑法志」, p.935, "刑書之文有限, 而舛違之故無方, 故有臨時議處之制, 誠不能皆得循常也."
181) 『晋書』卷30 「刑法志」, p.937, "然天下至大, 事務眾雜, 時有不得悉循文如令."
182) 『晋書』卷30 「刑法志」, p.937, "上古議事以制, 不爲刑辟. 夏殷及周, 書法象魏. 三代之君齊聖, 然咸棄曲當之妙鑒, 而任徵文之直準, 非聖有殊, 所遇異也."

그러나 劉頌 당시의 상황은 "中古 즉 夏·殷·周에 미치지 못하는 것
으로 재판을 담당하는 자는 人情이 만족하는 방향으로 가려고 하고,
事件이 있을 때마다 그 내용을 의논하여 罪를 결정하는 방법에 의탁
하려 하고 있다. 그 말을 들으면 아름다운 것같으나, 理致로써 논하면
틀린 바가 있다."고 하여 上古시대의 "議事以制"의 방식에 의해 論罪하
는 방식으로의 回歸를 비판하였다. 이것은 孔子와 叔向 등이 고집한
"議事以制"의 방식, 다시 말해서 유가들이 사건이 발생할 때마다 罪刑
法定主義의 원칙을 따르지 않고, 儒家經義에 따르는 방식을 비난한 것
일 수도 있다. "일단 법을 확립한 이상은 법에서 떠나 小善을 구해서
는 안되며, 만약 항상 그것이 善이라는 이유 때문에 법의 위치를 뺏는
다면 사람들은 善을 추구하고 法을 두려워하지 않게 되고 그 해악은
법이 없는 것보다도 심하게 된다."고 할 수 있다.[183]

뿐만 아니라, 그의 시대에는 "近世 이래 점차 法에는 門派가 많아져
서 令의 적용이 심히 통일성을 잃고 있다."는 현상이 일어나고 있는
데,[184] 이는 바로 前節에서 고찰한 漢의 章句學 출현 이래 法令해석의
說이 많아진 것을 지적한 것이라고 할 수 있다.

법의 밖으로 나가 임기응변의 裁斷을 하는 것은 하나의 사건에 대해서
한정해 본다면, 인정을 만족시키고 듣는데 좋으며, 耳目을 기쁘게 할 수
있으니 잠시 뜻을 만족시키는 통쾌함이 있고, 條文에 근거해 인심을 만족
시키지 못하는 것에 비하여 월등히 좋은 것이다. 그러나 이것을 일으켜
常制로 하고, 始終 이에 의해 事를 행한다면 항상 하나를 얻고 열을 잃으
므로, 조금 얻는 것은 반드시 잃는 바가 크다.[185]

---

183) 『晉書』 卷30 「刑法志」, p.938.
184) 『晉書』 卷30 「刑法志」, p.935.
185) 『晉書』 卷30 「刑法志」, p.937, "夫出法權制, 指施一事, 厭情合聽, 可適耳目, 誠
有臨時當意之快, 勝於徵文不允人心也. 然起爲經制, 終年施用, 恒得一而失十.
故小有所得者, 必大有所失."

劉頌은 많은 法門에서 人情만을 만족시키는 판단을 하는 것이 章句學의 폐단이라고 비판하였다. 여기에서 문제가 되는 것은 바로 "법의 밖으로 나가 임기응변의 裁斷을 하는 것"이다. 이미 經義가 律令안으로 들어와 法을 변화시킨 것은 이미 법령으로서의 효력을 가지고 있으므로 아무런 문제가 없으나, 法의 밖에 있는 經義로 판단하는 것이 문제가 되는 것이다. 그같은 것이 가능했던 것은 章句學이 이미 律令과 동등한 효력을 취득했기 때문일 것이다. 北魏 太平眞君 6年에도 계속 疑獄을 古經義에 의거한 것이 그러한 사례이다.

그러면 왜 法門이 많아지고 두 가지 의견(二端)이 출현하는 것일까? 그것에 대해 그는 法의 궁극적 원리는 理致에 있는데도, 君主는 善을 추구하고자 하므로, 이같은 矛盾 때문에 법의 체제가 簡直해질 수 없으며, 法의 조항이 많아지고 法門이 많아져 두 가지 의견(二端)이 나오게 된다고 보았다. 여기에서 그는 당시 政令이 群下에서 나오고 각자가 私情에 입각하므로 刑法이 일정하지 않은 책임을 황제에게 돌리고 있다.

그의 비판 요점은 皇帝가 법률에 의거하기보다는 자신의 의지에 의거하고자 하기 때문에, 官吏가 적용하는 법조문과 괴리하게 되며, 法門이 많은 것을 이용해 법률을 따르지 않는 자가 출현해 공평성을 잃게 되는 것이라는 것이다. 결국 가장 좋은 방법은 人情에 어긋나더라도 법률조문에 입각해 판단하는 것이라는 것이다. 그러한 방법으로 그는 三段階 司法方式을 제시하고 있는데, 우선 法을 관장하는 관리는 반드시 法條文을 지키도록 하고, 이들이 막히는 어려운 사안은 大臣들로 하여금 해결케 하고, 大臣이 해결할 수 없는 문제는 人主가 時宜에 적절하게 임기응변식으로 처리하도록 하고 있다. 이것은 漢代 請讞제도로의 복귀이다.

이처럼 司法官吏·大臣·君主가 각각 해결할 수 있는 3단계를 설정하였으나, 가장 중요한 첫 번째 단계의 司法官吏를 "일을 처리하는데 일정함이 없는" 존재로 인식했다. 때문에 이들에게는 임기응변으로 판결하는 것이 허락되지 않고, 오직 법률과 법령의 正文에 의하도록 하며, 만약 正文이 없을 경우에는 刑名律 및 法例律에 준거하여 判斷하고, 律의 正文과 刑名律 및 法例律이 언급하고 있지 않은 경우 그 죄를 논해서는 안된다고 주장했다.[186] 그리고 法條文을 지키는 것은 "死生"의 태도로써 임하도록 하는 罪刑法定主義의 固守를 강조하였다.

이상과 같은 劉頌의 논의로부터 볼 때, 아직 入律되지 않은 禮에 입각해 司法判決을 하는 것에 대해서 사법관리들이 수긍하지 않았음을 알 수 있다. 그는 律에 규정되지 않은 사안의 처리에 있어 經義의 원용을 언급하고 있지 않은데, 이것은 禮의 숭고한 지위를 인정하지 않은 것이 아니라 아직 律令에 흡수되지 않은 禮가 法律효력을 갖는다는 것에 대해서만 부정한 것일 뿐이다. 熊遠이 律令에 들어가지 못한 禮도 成法으로 간주한 것에 비하여,[187] 劉頌은 法律에 흡수되지 않은 外部의 禮에 법률적 效力을 부여치 않으려 했다.

劉頌이 파악한 晋代의 章句 폐단은 南朝에서도 지속되었다. 南朝의 王朝에서는 張斐와 杜預의 律章句 20卷이 법령으로서의 위치를 굳히게 되었다. 張斐와 杜預의 章句가 유행한 것은 바로 漢代 諸儒 章句의 영향이라고 할 수 있으며, 그것에는 동일사안에 대해 生死가 완전히 다

---

186) 『晋書』卷30「刑法志」, p.938, "律法斷罪, 皆當以法律令正文, 若無正文, 依附名例斷之, 其正文名例所不及, 皆勿論."

187) 東晋時 熊遠의 상주 역시 크게 보아 罪刑法定主義의 원칙을 따르고 있으나, 劉頌과는 약간 다르다. "駁議를 행하는 자는 만약 그것이 律令과 節度에 어긋날 경우에도, 마땅히 經傳 및 前의 比 및 故事에 합치하도록 하고, 情에 맡겨 旣成의 법을 파괴해서는 안된다. 내가 생각컨대 마땅히 令(錄)事에 명하여 다시 條制(規定)를 설정하고, 의론을 세우는 자는 모두 의당 律令經傳을 인용하지 않으면 안된다. …봉직하는 관리는 다만 法文에 의거하여 事를 決斷할 뿐이다." 이 인용문은 劉頌의 주장과는 다른 것이다. 主簿 熊遠의 언급은 당시 經典의 법률 效力을 律令과 동등하게 인정하는 것이었다.

른 판결을 내리는 폐단조차도 계승했음을 알 수 있다. 특히 西晉 이후 유행한 張斐와 杜預의 章句는 生殺의 결론이 완전히 달랐는데, 晋의 泰始 이래로 그것을 오직 斟酌(趣捨)하고 參用하였던 관계로 관리들이 司法시 生殺權을 專斷하는 폐단을 낳게 하였다. 이같은 폐단을 없애기 위해 南齊의 尚書刪定郎 王植은 張斐와 杜預의 章句를 刪定하여 張斐의 章句에서 731조, 杜預의 章句에서 791조, 兩家가 각각 다르게 주석했으나 그 의미가 제대로 된 것은 107조, 그 注가 서로 같은 것 103조를 모아 1732조(본문의 1532조는 잘못된 것)를 만들었다.[188]

또한 經義해석에 의거한 폐단은 위의 것보다 더 후대의 것인 『五代會要』16「大理寺」에 잘 나타나 있다. 아래 예문은 後唐 長興 2年 大理寺卿 李廷範의 上奏로서 당시의 經義決獄의 풍조를 말해준다.

太和 四年(唐 文宗 830年)十二月三日 刑部의 員外郎인 張諷이 상주하였다. "大理寺官의 刑獄을 결단함에는 舊例에 따라 卿으로부터 司直의 訴事에 이르기까지 모두 각자가 본 바를 진술할 것을 허락하였습니다. 제가 본 바로는, 律文을 사용치 않고 經義를 부회하며, 그 法을 讞正하여 가슴속의 생각에 따라 하는 것이 아니라, 章句의 說을 마음대로 이용하여 罪名을 정하고 있습니다. 근자에 法司의 斷獄例는 모두 詞句를 주워 모으므로 律文은 빠뜨려 생략하고 있습니다. 또한 한 가지 죄가 法에 저촉되면 結斷한 판결문이 혹은 살리고 혹은 죽여 드디어 刑名이 정해지지 않게 되고, 사

---

188)『南齊書』卷48「孔稚圭傳」, pp.835-836, "江左相承用晋世張杜律二十卷, 世祖留心法令, 數訊因徒, 詔獄官詳正舊注. 先是七年, 尚書刪定郎王植撰定律章表奏之, 曰:「臣尋晋律, 文簡辭約, 旨通大綱, 事之所質, 取斷難釋. 張斐杜預同注一章, 而生殺永殊. 自晋泰始以來, 唯斟酌參用. 是則吏挾威福之勢, 民懷不對之怨, 所以溫舒獻辭於失政, 絳侯忼慨而興歎. 皇運革祚, 道冠前王, 陛下紹興, 光開帝業. 下車之痛, 每惻上仁, 滿堂之悲, 有矜聖思. 爰發德音, 刪正刑律, 敕臣集定張杜二注. 謹礪愚蒙, 盡思詳撰, 削其煩害, 錄其允衷. 取張注七百三十一條, 杜注七百九十一條, 或二家兩釋, 於義乃備者, 又取一百七條. 其注相同者, 取一百三條. 集爲一書. 凡一千五百三十二條, 爲二十卷. 請付外詳校, 摘其違謬."

람들은 그 사사로움을 따르고 있습니다. 臣은 今後로 각각 律文을 찾아 살펴 그 실질을 갖추어 기록하여 刑辟을 정하도록 하고, 만약 능히 經義를 인용하여 情理를 분석할 수 있으면 아울러 본 經義에 맡겨 상세히 논하도록 하며, 만약 禮律에 기록된 것이 아니면 함부로 판단하여 범한 죄 이상으로 나가지 않도록 할 것을 청합니다.[189]

이상에서 법률조문을 적용치 않고 經義와 章句에 의거해 판단함으로써 律文이 드디어 死文化되었음을 알 수 있다. "죄수를 살리려고 하면 生議를 부쳤고, 죄에 빠뜨리고자 하면 死罪의 比를 주었다."는 것을 보면 재판방식이 漢代와 조금도 다를 바 없음을 알 수 있다. 隋唐 이후 春秋決獄과 같은 經義에 의한 판단 방식이 점차 쇠퇴했다고 보는 견해도 있으나,[190] 이같은 唐代 李廷範의 상주로 볼 때 그 설에 찬성할 수 없다. 經義의 附會, 章句의 濫用에 의한 律令과 經義의 대립관계는 漢代 이후 唐代까지 지속된 것임을 알 수 있다. 새로운 사안이 발생할 때마다 法令에 의거하지 않고 계속 經義에 의거해 판단하는 "議事以制"의 방식을 고수한다면, 이같은 폐단은 종식시키기가 불가능했을 것이다.

V. 결론

漢代의 구장률은 楚漢이 대치한 급박한 상황에서 제정되었으므로, 秦律의 대부분을 그대로 계승한 것으로 되었고, 이후 秦律의 정신은 漢朝의 법률정책을 결정짓는 것이 되었다. 사실상 법률이라는 것이 당시 지배층의 사고에서 도출된 것이므로, 이들의 사고의 대전환을 가

---

189) [宋] 王溥, 『五代會要』(上海: 上海古籍, 1978), p.271.
190) 江淳, 「漢代"春秋決獄"淺談」(『廣西師範大學學報』 1989-1), p.61.

져오는 계기가 없다면 법률 역시 개정되기 어렵다.

文帝의 형법개혁은 전체 法律 중에서 극히 일부에 국한된 것에 불과했고, 그후 武帝시의 法律은 秦律로 회귀하는 양상조차 보이고 있다. 때문에 武帝 이후 漢律에 대한 비판과 개정요구가 계속되었으나 儒家사상으로 이론적 기초를 삼은 法典을 제정하는 데까지 이르지는 못했다. 儒家사상이 秦律의 계승본이라 할 수 있는 九章律을 변화시키는 과정을 추적하는 것은 秦漢 양제국의 성격을 논의함에 있어 중요하다고 생각된다. 그같은 관점에서 첫째, 秦律에 儒家의 영향이 전무한지 여부, 둘째 董仲舒의 春秋之義를 이용한 法律해석 방법이 시도된 이후 律令의 성격도 儒家的 色彩가 농후하게 되는데, 秦律과 다른 새로운 漢律的 요소는 무엇인가 하는 점, 셋째는 前漢말·後漢시대에 보이는 法律과 儒家이념의 대립문제에 대해 고찰해보았다.

雲夢秦律에는 商鞅이 제시한 什伍組織과 連坐制, 姦事密告 의무화, 軍爵制, 私鬪禁止, 重農主義, 度量衡統一 등이 확인된다. 따라서 雲夢秦律이 商鞅제정의 것임은 확실하고, 秦律에 그가 확립한 制度的 영향이 뿌리깊었음을 부인할 수 없다. 秦律에는 法家의 사상을 제외하고는, 漢律의 儒家化과정에서 入律된 禮敎思想은 확인할 수 없었다. 이것이 관련 법률사료의 부족 때문인지 아니면 실제로 秦律에 儒家사상의 영향이 없었기 때문인지는 확인하기 곤란하지만, 儒家들이 秦에서 法律의 제작과정에 참여치 않았다면 유가의 사상이 法律에 침투하기는 곤란했을 것이다.

秦은 법령을 중시하여 官吏들에게 法令의 熟知를 요구하였다. 그렇다고해도 秦律이 民의 가혹한 탄압에 목적을 두었다고 판단해서는 안된다. 적어도 외관상으로는 秦의 法律 이념도 餘他 王朝의 법률과 마찬가지로 사회정의에 궁극적 목표를 두고 있었던 것이다. 秦律은 죄형법정주의를 철저화한 것이고, 酷法이 존재했더라도 이를 漢帝國 역시 계승하고 있기 때문에 漢代人의 秦律비판을 전적으로 수용할 수는

없다. 오히려 「爲吏之道」와 「封診式」에 보이는 것처럼 秦代의 治吏사상
은 漢代人의 상상 이상으로 合理的이고도 寬大·宥和한 것이었다. 그럼
에도 이같은 治吏思想이 그대로 실천되지 않은 것은 역시 제도적 결
함이 아니라 운용상의 弊害라고 해야 할 것이다.

秦律에서는 기본적으로 罪刑法定主義의 원칙을 채택하고 있다. 어
떠한 범죄 발생시 이를 治罪할 법령 조항이 없을 경우 類似條項을 援
用하여 사안을 판단하는데, 요즘의 判例라고 할 수 있는 決事比의 방
식을 통해 類推解釋을 허용하고 있다. 秦律을 계승한 漢律도 公布主義·
不遡及主義·罪刑法定主義를 원칙으로 하고 있으며, 秦律의 決事比도 계
승하고 있다. 이같은 比附는, 罪刑法定主義하에서 法令條文이 一事一文
의 원칙에 의거해 제정되고 있으므로 법령을 웬만큼 제정하지 않고
서는 모든 사안에 대응할 수 없다는 단점을 보완하기 위하여 나온 것
이다. 그러나 律令을 보완하기 위한 決事比 역시 새로운 문제를 야기
하게 되었다. 武帝시기 격증한 決事比는 事案이 같을 경우라도 重比와
輕比의 상이한 判例가 존재하였기 때문에, 관리가 決事比를 편파적으
로 적용시키는 事例가 허다하였다.

漢代에는 禮가 아직 律에 대량으로 들어가지 못했고, 春秋決獄 이
외에는 禮가 실제 司法 중에서 律令과 서로 비교될 수 있는 지위에 이
르지 못했다. 九章律은 篇目·內容이 모두 秦法을 계승하여 이루어진
것이므로 그 立法의 사상 역시 先秦 法家思想에 기초한 것이었다. 九章
律 제정 이후 漢律은 개정된 적이 있으나, 儒家사상으로 수미 일관된
법전을 만들지는 못했다. 儒家사상으로 이론적 기초를 삼는 완비된
법전이 단기간에 제정될 수 없다면 현재 존재하는 法律을 유가적 관
점에서 해석하는 것인데, 引經決獄은 이 방면의 부족한 점을 보충한
것이다. 개인들이 사적으로 法律을 해석하고 引經決獄하는 것이 성행
한 원인은 여기에 있다.

春秋決獄은 決事比와는 다른 일종의 類推解釋으로서 그 類推의 근거

를 經義에서 구하는 것이었다. 그러나 春秋決獄은 春秋의 긍정적 요소를 漢律에 적용하여 해석함으로써 긍정적 효과도 적지 않았다. 그러나 儒家經義에 입각해 "定罪量刑"하는 것은 범죄자의 내면 의지의 선악에 의거해 판단하는 것이므로 완전히 實定法을 부정하는 방향으로 전개되는 경우도 적지 않았다. 春秋之義의 자의적 운용은 罪刑法定主義의 원칙을 파괴했을 뿐만 아니라, 동일한 사안에 두 개의 모순된 春秋之義가 적용되는 경우 결코 그것이 緩刑의 효과를 가져오는 것이 아니고 소위 政爭的 방향과 春秋之義의 악의적 取捨選擇의 방향으로 전개되었다. 또한 儒家經義를 이용해 안건을 심리할 때 모든 사법관리가 완전히 儒家經典에 통달해 있는 것이 아니기 때문에 즉시 적합한 經義를 찾아내는 것은 불가능했다. 또한 經典의 문자가 간략하고 含義가 심오하며 고정된 定義가 없기 때문에 본래의 의미와 다르게 사용되고 同罪에 다른 형벌이 나오는 혼란이 발생했다.

今文 公羊學者 董仲舒의 법률해석에 미친 영향은 매우 심대하여 後漢시의 법률해석에 있어 春秋를 인용하지 않은 경우는 드물었다. 前漢 후반 이래 立法과 司法에 유가사상의 침투가 날로 증대되었다. 그에 따라 前漢과 後漢의 法律史에 있어 현저한 차이점이 발생하였다. 그것은 법률을 연구하는 집단의 출현이었다. 그 연구집단은 두 부류로 구별된다. 하나는 법률을 전문적으로 연구하는 法律學 계통이다. 그들의 관직도 廷尉계통에 많이 임명되었으며, 法律과 經典 중에서 法律쪽에 치중한 인물이라고 할 수 있다. 그 대표적인 것이 後漢의 陳寵·郭躬 가문이라고 할 수 있다. 다른 하나는 儒學者들에 의한 律令연구로서 이들은 經典을 律令으로 해석하기도 하고, 律令에 章句를 만들기도 하였다. 이들에 의한 律令章句는 後漢말기에 10여 家에 이르렀으며, 이를 諸儒章句라고 하기도 하였다. 後漢의 儒家들이 法律에 주석을 가함으로써 蕭何의 九章律에는 儒家經典의 이념이 침투되는 이른바 儒家化현상이 본격화하게 되었다.

法家정신에 기초해 있는 秦漢律에 대해 儒家學者들이 法律에 대한 흥취가 일어나 法律章句를 만든 것은 깊은 의미가 내재하였다. 漢代의 법률과 제도를 禮敎化하는 과정에서 필연적으로 律과의 충돌이 발생될 것이고, 이를 해결하기 위한 방법으로서 律에 대한 연구를 儒家라도 등한히 할 수 없었을 것이다. 따라서 法律이 이미 반포되면 마음대로 改修할 수 없는 상황에서, 法律의 註釋은 가장 좋은 방법이다. 儒家이면서도 法律章句를 만든 것은 그 의도가 존재했을 것이고 결코 우연이 아니었을 것이다.

儒家가 法令에 대한 거부반응 없이 접근할 수 있었던 데에는 法의 제정자를 『尙書』에 보이는 皐陶에게서 구하는, 法에 대한 인식의 일대 전환에서 그 이유를 찾아야 할 것이다. 이같은 경향에 의해 儒家經典과 律令을 동시에 공부하는 門徒가 출현하는 것은 물론이고, "法律之家도 역시 儒生이다."라고 한 王充의 언급처럼 법령 연구가 儒生들에 의해서도 활발히 전개되었다.

後漢시대에는 前漢의 叔孫通이 제정한 禮를 개정하고자 하는 시도가 있었다. 사실상 叔孫通이 제정한 禮儀의 濫本은 秦禮였고 前漢 내내 존중되어 왔지만, 後漢시대 들어 經學이 사회의 禮制를 지배함으로써 叔孫通의 禮儀에 대한 비판이 대두하였다. 曹襃가 새로이 禮樂을 제정하고자 한 시도는 바로 그러한 표현이었으나 太尉 張鋪와 尙書 張敏의 반대로 실현되지 못했다. 刑法의 조항을 禮經에 의거하여 조정하자는 陳寵의 논의는 성공할 수도 있었으나 그의 개인적 사정에 의해 실현되지 못했다. 三年喪의 문제는 官吏의 근무와 관련되는 것이므로 누차 改廢되다가, 魏晋律에 이르러서야 시행되었다. 季節에 입각하여 行刑하는 제도는 先秦 이래의 전통으로서 漢代에도 儒家의 陰陽五行과 天人相關의 학설에 기초해 형벌의 시행을 계절과 관련시키는 것이 제도화되었다. 이같은 결정이 儒家經典에 의거한 것임은 말할 것도 없다. 八議는 漢律에 그 條項이 없으나 그와 근접한 先請의 제도가 시행되고 있었고, 後漢말에 이르러서도 상당한 영향력을 가지고 있었으나 魏晉律에 이르러서야 八議가 法制化되었다. 前漢에는 輕侮法이 없었으나, 『禮記』「曲禮」의 經義에 의거한 復讐풍조가 前漢말 이래 점차 사회에 만연하게 됨에 따라 이의 허용 여부에 대한 논의가 나오게 되었다. 그러나 결국 漢代에는 復讐가 금지되고 있는데, 이것은 아직 春秋之義가 律令을 변화시키는 데에는 한계가 있었음을 보여주는 것이다. 三赦制度는 幼弱者·老人·精神薄弱者의 범죄는 예외적으로 減免규정을 두는 것이다. 漢律에는 年少者·年老者·精神薄弱者에 대한 감면조치가 있는 것으로 보아 前漢시대에 三赦제도가 이미 시행되고 있음을 알 수 있다.

이처럼 法家의 계통을 이은 秦漢의 법률에 儒家가 禮를 入法시키고자 하는 시도가 漢代에 이미 시작되었으나, 그 추진과정에서 儒家의 교리라도 채택되지 않은 경우가 적지 않았다. 이것은 儒家사상이 법률에 침투하는 것이 순탄하지 않았고, 아울러 漢律이 진정한 儒家化를 이룩했다고 볼 수 없음을 보여준다.

그러나 魏晉의 형법개정은 많은 부분을 古義에 따랐다. 魏律의 제정자는 대부분 儒家主義에 傾斜했고, 晋律제정시의 人選도 儒學者로 한정했으므로 儒家化된 法律이 제정된 것은 당연하다. 法典의 編製·修訂이 儒家의 수중으로 들어감으로써, 儒家들은 주어진 절호의 기회를 이용해 禮를 法律條文 안으로 끌어들였다. 『晋書』의 제정방침을 "峻禮敎之防, 準五服以制罪(예교를 위반하는 범죄는 중형으로 처벌하며, 五服 이내 친속간의 범죄행위를 定罪量刑한다.)"라 한 것처럼 法律은 儒家사상이 지배하는 것으로 끝나게 되었다.

그러나 儒家사상이 法律과 合體하게 됨으로써 문제점도 적지 않게 발생했다. 이미 入律된 儒家思想의 敎理는 律로서 기능하기 때문에 문제가 없다고 하더라도 아직 律에 들어가 있지 않은 儒家사상이 律과 충돌하는 경우가 있고, 儒家의 章句가 남용되는 경우도 있었다.

劉頌은 儒家들이 사건이 발생할 때마다 罪刑法定主義의 원칙을 따

르지 않고, 儒家經義에 따르는 방식을 비난하고 있다. "일단 법을 확립
한 이상은 진실로 법에서 떠나 小善을 구해서는 안되며, 만약 항상 그
것이 善이라는 이유 때문에 법의 위치를 뺏는다면 사람들은 善을 추
구하고 法을 두려워하지 않게 되고 그 해악은 법이 없는 것보다도 심
하게 된다."고 할 수 있다. 그는 漢의 章句學 출현 이래 法令해석의 說
이 많아지고, 이들 法門은 人情에 따르는 司法判斷을 내린다고 章句學
의 폐단을 비판하였다. 그는 이미 經義가 律令 안으로 들어와 法을 변
화시킨 것은 이미 법령으로서의 효력을 가지고 있으므로 아무런 문
제가 없으나, 法의 밖에 있는 經義로 판단하는 것이 문제가 되고 있다
고 보았다. 그는 아직 入律되지 않은 禮에 입각해 司法判決을 하는 것
에 대해 수긍하지 않았다. 그가 제시한 가장 좋은 방법은 人情에 어긋
나더라도 조문에 입각해 판단하는 것이라는 것이다. 法을 관장하는
官吏들에게는 임기응변으로 판결하는 것이 허락되지 않고, 오직 法律
에 근거하여 판단을 해야 하되, 守文은 "死生"의 태도로써 임해야 한
다. 그러나 劉頌의 이같은 제안에도 불구하고, 南朝의 王朝에서는 張斐
와 杜預의 律章句 20卷이 법령으로서의 위치를 굳히고 章句學에 의한
多門의 폐단이 거론되고 있을 뿐만 아니라, 『五代會要』에까지 經義해
석의 폐단이 지적되는 것으로 볼 때 章句의 영향력은 漢代 이후 오래
도록 지속되었던 것임을 알 수 있다.

漢代의 不道罪*

Ⅰ. 서론

　　많은 학자들이 唐律을 법률 유가화의 결정체라고 표현할 때, 『四庫全書總目提要』의 "一準乎禮"라는 4字를 인용하고 있다.[1] 그것은 唐律이 유가의 禮에 입각하여 제정된 것이라는 것이다. 실제로 『唐律疏議』名例律에는 "德과 禮는 政教의 바탕이 되고, 刑과 罰은 政教의 쓰임이 된다. 이것은 황혼과 새벽, 봄과 가을이 서로에 의존하여 완전한 것을 이루는 것과 같은 것이다."라고 하여,[2] 德·禮가 刑·罰보다 근원적인 것임을 밝히고 있다.

　　실제로 많은 중국의 학자들이 晉律 이래 율령이 유가화되었다고 주장하였다. 가장 먼저 中國法律儒家化의 문제를 제기한 陳寅恪은 "고대 禮와 律의 관계는 밀접하였는데, 司馬氏가 東漢말년의 儒學大族으로서 晉室을 창건하고 중국을 통치할 때 제정된 刑律은 특히 유가화되었고, 남조 역대에 계승되었다. 北魏에서 律을 개정할 때 재차 (晉律을) 채용하였으며, 여러 번 변화를 거쳐 北齊·隋에서 唐에 이르렀는데, 실로 華夏 刑律의 불변의 정통을 이루었다."고 하여 晉律단계에서 유가화가 이루어졌다고 주장하였다.[3] 瞿同祖는 "이른바 法律儒家化는 표

---

* 본 연구는 숙명여자대학교 2012년도 교내연구비 지원에 의해 수행되었음.
1) [清] 永瑢·紀昀 等, 『四庫全書總目提要』(石家莊: 河北人民, 2000), p.2161.
2) 錢大群, 『唐律疏議新注』(南京: 南京師範大學出版社, 2007), p.3, "德禮爲政教之本, 刑罰爲政教之用, 猶昏曉陽秋相須而成者也."
3) 陳寅恪, 『隋唐制度淵源略論稿』(北京: 三聯書店, 2001), p.111.

면상 백성에게 법을 알려서 법을 두렵게 하여 지키게 하는 것(明刑弼敎)이지만, 골자는 禮가 法에 들어가게 하는 것이라 할 수 있다. 법가가 만든 법률 안에 禮의 정신과 내용을 어떻게 넣는가 하는 문제였다. …… 『四庫全書提要』의 '唐律은 한결같이 禮에 준거하였다(唐律一准乎禮)'는 말은 법률 유가화 이후 가장 핵심적인 결론이라고 할 수 있다. 근대 중국과 서양의 학자들이 항상 中國法律은 儒家主義의 법률이라고 말하고 있는 것도 唐 이래의 현존하는 법전에 근거하여 주장한 것이다."라고 하였다.[4] 陳寅恪·瞿同祖 이후에도 많은 학자들이 이러한 견해를 추종하고 있는데, 晋律이 유가화되어 가는 시점을 그 이전의 秦漢律과 크게 달라지는 轉折點으로 보는 입장에 대해 필자도 인정하는 바이지만, 어떤 부분은 과도하게 唐律을 찬미하는 측면도 있다고 생각한다.[5]

唐律의 유가화 논쟁은 주로 十惡과 八議를 중심으로 전개되었다.[6] 唐律의 十惡에 대한 疏議의 해석부터 지극히 유가적으로 편향되어 있다. 즉, 疏議에서는 謀反과 大不敬을 해석할 때 『左傳』과 『禮運』을 인용하여 유가 방식으로 해석하고 있으나,[7] 이 조항들은 원래 漢代에 존

---

4) 瞿同祖, 『中國法律與中國社會』(北京: 中華書局, 1981), p.356.

5) 필자는 당률의 상당수가 秦漢律에서 비롯된 것임을 「漢·魏晋律에서의 篇章體制의 변화 - 賊律을 중심으로 -」(『中國古中世史硏究』 29, 2013)에서 검토한 바 있다.

6) 郝鐵川과 范忠信의 논쟁은 흥미롭지만 二年律令의 석문이 발표되기 이전의 논쟁이므로 十惡논쟁에서는 보완해야 할 내용도 있다. 郝鐵川은 十惡 가운데 8조가 秦律에서 연원했다는 점을 들어 唐律까지 秦律의 영향이 남아있다고 주장했는데, 范忠信은 학철천의 견해를 조목조목 비판하면서 唐律은 유가화되었고, 특히 周禮 및 선진 시대의 유가경전의 영향이 컸다고 주장한다. 郝鐵川, 『中華法系硏究』(上海: 復旦大學出版社, 1997), pp.51-54; 范忠信, 『中国法律傳統的基本精神』(濟南: 山東人民出版社, 2001), pp.272-276.

7) 錢大群, 위의 책, pp.21-29, "一曰謀反. (謂謀危社稷.)【疏】議曰: 案『公羊傳』云: '君親無將, 將而必誅.' 謂將有逆心, 而害於君父者, 則必誅之. 『左傳』云: '天反時爲災, 人反德爲亂.' 然王者居宸極之至尊, 奉上天之寶命, 同二儀之覆載, 作兆庶

재했던 것이다. 그럼에도 戴炎輝는 "당률이 十惡을 篇의 앞부분에 둔 것은 도덕을 중심으로 삼는 것의 표현"이라고 하였고,[8] 十惡 조항의 근거를 유가경전에서 찾으려는 경향은 이년율령의 출토 이후에도 큰 변화가 없다.[9] 蘇亦工도 漢初 二年律令의 내용을 자신의 당률 연구에 반영하고 있지 않았다.[10] 즉, "漢나라에서 제정한 九章은 비록 없어졌으나 '不道' '不敬' 罪目은 지금 남아 있어, 그 기원을 더듬어 보면 대체로 漢代부터 비롯된 것이다."라는 唐律疏議의 힌트를 인용했지만,[11] 이러한 힌트를 二年律令과 연계시키지 못했다.[12] 이러한 현상은 학문의 세분화로 인하여 唐律과 秦漢律 연구자들의 연구가 상호 교환되지 않은 결과라고 할 수 있다.

본고는 唐律의 十惡이 유가사상에서 비롯되었다는 과도한 賞讚을 재검토하기 위해 漢代의 不道罪 문제에 대해서 고찰하기로 한다. 不道에 관한 大庭脩의 고전적 논문이 발표된 이래,[13] 중국학자들도 大庭脩의 唐律의 十惡 중 不孝 항목이 漢律에는 존재하지 않았다는 한 가지만을 비판하고 대부분 수용하고 있다. 大庭脩의 글은 그만큼 不道 관련한 글 가운데서는 독보적 존재감을 가지고 있다. 그리고 본문에서

之父母. 爲子爲臣, 惟忠惟孝. 乃敢包藏凶慝, 將起逆心, 規反天常, 悖逆人理, 故曰'謀反'. 六曰大不敬. (謂盜大祀神御之物, 乘輿服御物; 盜及僞造御寶; 合和御藥, 誤不如本方及封題誤; 若造御膳, 誤犯食禁; 御幸舟船, 誤不牢固; 指斥乘輿, 情理切害及對捍制使, 而無人臣之禮.) 【疏】議曰: 禮者, 敬之本; 敬者, 禮之輿. 故『禮運』云: '禮者君之柄, 所以別嫌明微, 考制度, 別仁義.' 責其所犯旣大, 皆無肅敬之心, 故曰大不敬.'

8) 戴炎輝, 『唐律通論』(臺北: 元照出版公司, 2010), p.196.
9) 蘇亦工, 「唐律"一准乎禮"辨正」(『政法論壇(中國政法大學學報)』24-3, 2006), p.127.
10) 같은 논문, p.127.
11) 錢大群, 위의 책, p.19, 【疏】議曰: 五刑之中, 十惡尤切, 虧損名教, 毁裂冠冕, 特標篇首, 以爲明誡. 其數甚惡者, 事類有十, 故稱'十惡'. 然漢制『九章』, 雖並湮沒, 其'不道' '不敬'之目見存, 原大厥初, 蓋起諸漢.'
12) 蘇亦工, 위의 논문, p.127.
13) 大庭脩, 『中國法制史の研究』(東京: 創文社, 1982), pp.101-164.

언급하겠지만 陳乃華·魏道明·梁文生 등의 논문도 시사하는 점이 많
다.[14] 본고는 唐律의 十惡에 대한 과도한 평가절상을 재검토하기 위해
그 기원을 이루는 漢代의 不道 문제를 분석할 것이다.

　첫째, 不道의 출현과 전개과정에 대해 살펴볼 것이다. 秦末에 출현
하는 부도죄가 한초의 율령인 二年律令에는 확인되지 않는다. 漢代 내
내 모반 조항은 大逆不道라고 칭해지지만 二年律令에서는 不道라는 표
현을 사용하지 않았다.[15] 특히 二年律令 전편에 걸쳐 不道의 용어가
한 차례도 확인되지 않는 것은 매우 특이하다. 그 이유가 不道罪가 아
직 성행하기 이전이라 기록되지 않은 때문일까, 아니면 부도죄가 원
래부터 漢律에 기록되지 않았던 때문일까?

　둘째, 대역부도와 부도의 개념 구분이다. 이에 대해서는 魏道明과
梁文生의 견해가 대립하고 있는데, 魏道明은 大逆不道가 국사범에 적
용되는 용어이지만, 不道는 일반적인 중죄에 사용되는 대응적 개념으
로 본다. 이에 반해 梁文生은 大逆不道를 전체 不道 가운데 하나로 이
해하는 종속적 개념으로 이해하였다.

　셋째, 漢代에는 大逆不道·不道·大不敬·不敬의 4개 등급이 보이는데
이러한 등급의 상관 관계에 대해 살펴보고자 한다. 일부 학자는 大不
敬도 不道에 속하는 것으로 언급하고 있고 그러한 자료가 있는 것도
사실이다. 그러나 많은 사례들에서 大不敬은 不道에 속하지 않는 독립
된 형태로 나타나 있다. 대립된 견해를 검토하기 위해 필자는 사례들
의 통계를 바탕으로 귀납적 분석을 시도할 것이다.

　넷째, 不道罪와 漢律의 모순 문제를 고찰할 것이다. 이것은 첫 번째

14) 陳乃華, 「秦漢"不道"罪考述」(『中國史研究』 1991-2); 魏道明, 「漢代的不道罪與大逆
　　不道罪」(『青海社會科學』 2003-2); 梁文生, 「"不道"罪源流考」(『河北法學』 2010-2).
15) 張家山二四七號漢墓竹簡整理小組, 『張家山漢墓竹簡[二四七號墓]』(이후 『張家
　　山漢墓竹簡』으로 약칭.)(北京: 文物出版社, 2001), p.133, "以城邑亭障反, 降諸
　　侯, 及守乘城亭障, 諸侯人來攻盜, 不堅守而棄去之若降之, 及謀反者, 皆要斬. 其
　　父母, 妻子, 同産, 無少長皆棄市. 其坐謀反者, 能偏捕, 若先告吏, 皆除坐者罪."

의문과 관련된 것이기도 한데, 不道 등이 법률로 제정되지 않은 채, 前·後漢 내내 실정법과 충돌하고 있는 사실은 不道 등의 법률적 발전이 미흡함을 반영한 것으로 보인다. 후대의 唐律에서 칭송을 받은 十惡이 漢代에는 아직 초보적인 형태로 존재하고 있는 것이다.

Ⅱ. 不道罪의 기원과 발전

일부 중국학자들은 부도죄의 기원을 『尙書』까지 소급하고 있다.[16] 부도죄의 가장 빠른 기록은 『尙書』「盤庚」에 商王 盤庚이 천도하기 전에 "不吉不迪(不善不道)한 자, 명령을 어기고 不敬한 자, 奸詐와 作亂한 자는 내가 劓刑과 族刑으로 모두 사형에 처할 것이며 新邑으로 그들을 옮기지 않을 것이다."라는 것이다.[17] 여기에서의 "不迪"이 후일의 "不道"가 되었다는 것이다. 또한 不道의 연원을 楚簡에서 찾는 학자도 있다. 『郭店楚墓竹簡』「成之聞之」의 "하늘이 大常을 내려 人倫을 다스렸고, 君臣의 義를 제정하고, 父子之親을 드러냈고, 夫婦의 구별을 나누었다. 이 때문에 小人은 天常을 어지럽혀서 大道에 거슬리는 것이다.(逆大道)"에 보이는 것이 不道罪의 雛形이라는 것이다.[18]

그러나 不道가 정사류에 처음으로 등장하는 것은 嫪毐와 呂不韋 사건 때가 최초라고 할 수 있다. 『史記』「秦始皇本紀」에 "지금부터 嫪毐·不韋처럼 國事를 장악하여 不道한 행위를 한 자는 그 집안을 몰수한

---

16) 陳乃華, 위의 논문, p.99.
17) 『尙書』「盤庚」, 『漢文大系』(東京: 富山房, 1954), p.12, "乃有不吉不迪, 顚越不恭, 暫遇奸宄, 我乃劓殄滅之, 無遺育, 無俾易種於茲新邑."
18) 崔永東, 『「王杖十簡」與「王杖詔書令冊」法律思想硏究─兼及"不道"罪考辨』(『法學硏究』 1999-2), p.136; 劉釗, 『郭店楚簡校釋簡』(福州: 福建人民出版社, 2005), p.137, "天降大常, 以理人倫. 制爲君臣之義, 著爲父子之親, 分爲夫婦之辨. 是故小人亂天常以逆大道."

다." 진시황 32년의 碣石비문에 "드디어 군대를 일으켜 無道한 자를 誅戮함으로써 逆을 행하는 자가 사라졌다."라고 하여 不道·無道가 언급되고 있다.[19]

최초의 不道의 성격에 대해, 陳乃華는 秦代의 嫪毐·呂不韋의 作亂을 不道라 부른 것에서 不道罪가 처음부터 謀反을 지칭하였다고 주장한다. 그에 따르면, "大逆의 逆은 屰의 假借이며, 不順의 뜻을 지니고 있다. 『國語』「晋語」에는 '逆, 反也', 『廣雅』「釋詁」에는 '逆, 亂也.'로 되어 있다. 이것은 逆이 최초에 반란 모반의 의미로 사용되고 있음을 말해준다." 는 것이다.[20] 그러나 先秦시대 不道 사료의 부족으로 인하여 그것들이 漢代의 대역무도와 동일한 의미로 사용되었는지는 명확하지 않다.

전술했듯이 일부 학자가 先秦 이전까지 不道罪의 시작을 소급하고 있지만, 二年律令에는 大逆과 不道의 용어가 아직 보이지 않는데 이는 아직 법제화되지 않았다는 증거이다.[21] 이러한 사실은 『史記』와 『漢書』의 不道출현을 정리한 아래의 표에서 확인할 수 있다. 高祖·惠帝시기에는 不道가 보이지 않고 文帝시기에 가서야 출현하고 있다. 또한 大逆無道와 함께 많이 출현하는 不敬도 문제 5년에 보이고 있다.[22] 따라서 大逆無道와 不敬이 점증하기 시작하는 시점은 文帝시기이며, 그 후 武帝시기에 대대적으로 증가하고 있다.[23] 이러한 것으로 보면 부도죄의

---

19) 『史記』 卷6 「秦始皇本紀」, p.231, "自今以來, 操國事不道如嫪毐、不韋者籍其門, 視此. 秋, 復嫪毐舍人遷蜀者."; 같은 책, p.252, "遂興師旅, 誅戮無道, 爲逆滅息."
20) 陳乃華, 위의 논문, p.99.
21) 후술하듯이 不道는 鳩杖主 구타 관련된 令에 보이는 것으로 보아서 律보다는 令에 있었을 가능성이 높다. 일부의 不道는 새로이 定著令의 과정을 거쳐서 令에 추가되고 있는 것으로 생각된다. 『漢書』 卷12 「平帝紀」, p.348, "有不如詔書爲虧恩, 以不道論. 定著令, 布告天下, 使明知之."
22) 『史記』 卷55 「留侯世家」, p.2049, "留侯不疑, 孝文帝五年坐不敬, 國除."
23) 『史記』 卷18 「高祖功臣侯者年表」, p.949, "元狩四年, 平坐爲太常不繕治園陵, 不敬, 國除."; 같은 책, p.892, "元朔二年, 侯勝坐不敬, 絕."; 같은 책, p.898, "元狩三年, 侯朝爲濟南太守, 與成陽王女通, 不敬, 國除."

기원을 『尙書』에까지 소급하는 것은 조급한 감이 있다. 그리고 後漢시대에는 不道가 많이 보이지 않는 것으로 보아 전한시대에 보다 많이 성행한 것임을 알 수 있다.

[표 1] 不道의 시기별 분석

大逆 不道	高祖	惠帝	文帝	景帝	武帝	昭帝	宣帝	元帝	成帝	哀帝	平帝	王莽
			1	1	12	2	5		1	3		2
	光武	明帝	章帝	和帝	安帝	順帝	桓帝	靈帝	獻帝			
			1	1	2	1		1	1			

不道	高祖	惠帝	文帝	景帝	武帝	昭帝	宣帝	元帝	成帝	哀帝	平帝	王莽
			1	1	7	2	10	9	19	9		1
	光武	明帝	章帝	和帝	安帝	順帝	桓帝	靈帝	獻帝			
					1							

大不敬	高祖	惠帝	文帝	景帝	武帝	昭帝	宣帝	元帝	成帝	哀帝	平帝	王莽
			1		3	1				4	1	2
	光武	明帝	章帝	和帝	安帝	順帝	桓帝	靈帝	獻帝			
	1	1		1			2	2				

不敬	高祖	惠帝	文帝	景帝	武帝	昭帝	宣帝	元帝	成帝	哀帝	平帝	王莽
			1		5		3		3			
	光武	明帝	章帝	和帝	安帝	順帝	桓帝	靈帝	獻帝			
						2						

文帝 3년 경부터 大逆不道가 확대된 이유는 무엇일까? 陳乃華는 文帝 2년의 조서에서 逆의 개념이 모반 이외의 사안으로까지 확대 사용된 것에 있다고 이유가 있다고 보았다.[24]

　　上이 말하였다: " … 民이 혹 上을 祝詛하기로 서로 약속을 한 이후에 서로 속였어도, 吏는 大逆으로 간주하고, 그가 다른 이야기를 하면 吏는 또한 誹謗이라고 한다. 이것은 小民이 무지몽매하여 사형죄를 범한 것인데, 朕은 심히 이에 찬성할 수 없다. 지금부터라도 이것을 범하는 자가 있다면 다스리지 않도록 하라."[25]

---

24) 陳乃華, 위의 논문, p.100.
25) 『史記』 卷10 「孝文本紀」, pp.423-424.

이것은 황제를 祝詛하려고 서로 약속했다가 후에 이행하지 않더라도 관리가 大逆으로 판결하는 것을 금지시킨 내용이다. 祝詛는 귀신에게 축원하여 화를 가하는 행위로서, 황제를 祝詛하는 것이 大逆에 포함되고 있다.[26] 즉, 모반 이외의 사항도 大逆에 포함되는 것, 즉 大逆의 범주가 넓어지고 있음을 알 수 있다.

그러나 필자의 생각으로는 祝詛上은 단순히 "모반 이외의 사항"이라고 과소평가해서는 안된다. 祝詛의 대상이 황제이기 때문이다. 이 때문에 모반과 차이가 없는 대형범죄로 간주하여 腰斬과 族刑이 가해지고 있다. 결론적으로 呂不韋의 모반과 文帝시의 祝詛上 사료만을 가지고는 대역부도가 모반에서 모반 이외의 사항으로 확대되었다는 결론을 도출하기에는 표본 사례가 過少하므로 앞으로 새로운 자료의 발굴과 분석이 필요하다. 다만 武帝 이후 不道의 영역이 확대되어 가는 경향은 명확하다.

그러면 원래의 逆은 어떤 의미일까? 逆은 蔡樞衡에 의하면 반란을 의미하였다. 즉, 그는 "逆과 屰은 동음이다. 屰은 不順의 의미이다. 『國語』「晋語」注에 '逆, 反也.' 『廣雅』「釋詁三」에 '逆, 亂也.'라고 했으며, 오제시대에 反逆과 亂은 글자는 다르지만 같은 의미이다."라고 하였다.[27] 그러나 蔡樞衡·陳乃華와 같이, 逆을 반역의 의미로만 살피는 것은 지나치게 협의의 해석이다. 오히려 원래의 逆에는 天道에 반하는 것, 理에 거스른 것의 의미로 많이 사용되고 있다.

『晋書』「刑法志」에는 張斐가 律表에서 不道를 "逆節絶理, 謂之不道"라고 정의를 내리고 있다. 逆節絶理는 일반적으로 "윤리와 人道를 위배한 행위"로 이해될 수 있다. 여기서 말하는 道는 法則·秩序·規律로 발전하고, 天道와 서로 대응하는 것은 人道이다. 禮는 합리적 행위·습관을 가리키며, 張斐가 注釋한 節과 理는 바로 禮와 樂을 가리키는데, 禮

---

26) 陳乃華, 위의 논문, p.100.
27) 蔡樞衡, 『中國刑法史』(北京: 中國法制出版社, 2005), pp.138-139.

樂制度는 바로 禮가 具體化된 것이므로, 不道罪는 禮와 관계가 있는 것이다.[28] 倫常人道는 광범위한 개념으로서 그 범위가 명확하지 않다. 이러한 시각이라면 逆을 굳이 모반으로만 국한시킬 이유가 없다. 다시 말해서 呂不韋사건에서 不道가 모반사건이기는 하지만, 처음부터 부도를 모반사건으로만 국한시킬 필요는 없는 것이다. 앞서의 郭店楚簡에도 말한 것처럼 大道에 거스리는 것도 不道인 것이다.

한代에 "不道" 죄명의 사용은 文帝 이래로 급격히 증가했고, 특히 不道罪가 포괄하고 있는 죄명의 증가는 漢武帝 및 그 이후의 시기에 이루어졌다. 武帝 때 不道에 포함된 것을 보면 巫蠱·祝詛上·殺人 등이며,[29] 그 이후에는 罔上·誤朝·狡猾 등의 영역으로 확대되고 있다. 전반적으로 不道 개념의 포괄 영역이 넓어져가고 있는 것이다. 不道의 사용빈도가 증가한 결과, 不道는 武帝시기부터 하나의 형벌등급으로 사용되고 있다. 「酷吏列傳(杜周)」에 처음으로 "不道以上"이라고 했는데,[30] 이것은 중죄를 지칭하는 등급의 표현이었다.

III. 不道罪의 종류

陳乃華는 不道罪가 前漢후기에 간단한 것에서 번잡한 것으로, 魏新律단계에는 재차 번잡한 것에서 간단한 것으로 이행하는 변화과정을 거쳤다고 주장하였다.[31] 즉, 不道罪는 謀反으로부터 非謀反의 영역으로 확장되어 이 罪名에 포함되어진 항목이 급격하게 13종 전후로 팽창했다는 것이다. 실제로 不道罪에 포함된 것은 謀反, 巫蠱, 祝詛上, 首

---

28) 梁文生, 위의 논문, p.54.
29) 陳乃華, 위의 논문, p.101.
30) 『史記』 卷122 「酷吏列傳(杜周)」, p.3153, "大抵盡詆不道以上."
31) 陳乃華, 위의 논문, p.103.

匿反者, 誹謗, 妖言, 以言語及犯宗廟園陵, 上僭, 誣罔主上, 漏泄省中語, 擊 "鳩杖主"(王杖主), 贓百萬以上 등의 13종(安作璋·陳乃華),[32] 謀反, 巫蠱, 祝詛主上, 首匿反者, 誹謗, 妖言, 奉使無狀, 上僭, 誣罔主上, 漏泄省中語, 迷國不道, 歐辱鳩杖主, 贓百萬以上, 殺一家非死罪三人 등 14종(梁文生)[33]의 범죄행위로 확대되었다.

그런데 종래의 연구는 부도의 개념 및 분류에 대해 혼동된 견해를 보이고 있으며(후술), 이를 검증하기 위해서는 일단 大逆不道·不道·大不敬·不敬으로 표시된 사례들을 항목별로 정리할 필요를 느꼈다. 이를 통하여 大逆不道와 不道의 차별성이 어떻게 나타나고 있는지 확인할 수가 있다.

1. 大逆不道

우선 大逆不道에 포함된 것을 보면 謀反, 皇帝謀立, 祝詛(巫蠱), 妖言惑衆, 亡(無)人臣禮, 궁궐난입 등이 있다.

1) 모반의 경우, 『漢書』「韓信傳」에 韓信이 고발되어 楚王에서 淮陰侯로 강등될 때, "이로부터 나날이 怨望했고, 거처함에 있어 늘 불만이었다."라고 했고, 그 후에 陳豨와 謀反하다가 三族이 멸족되었다. 韓信 등의 사례는 모반행위이지만, 사료에서도 아직 이를 大逆不道라고 칭하지 않았다. 이것은 不道가 이 시기에 성행하지 않은 것임을 의미했다. 그러나 文帝 이후의 모반 사례는 예외 없이 대역부도, 또는 모반대역으로 표시되어 있다.

2) 황제 謀立은 천자의 후계자 지위를 노리고 謀立을 시도하는 것이며, 이것 역시 大逆으로 기술되어 있다. 『後漢書』「河間孝王開」에서

---

32) 安作璋·陳乃華, 『秦漢官吏法研究』(濟南: 齊魯書社, 1993), p.214; 崔永東, 위의 논문, p.136.
33) 梁文生, 위의 논문, pp.52-53.

"상궤에서 벗어난 것을 도모했고, 神器를 엿보고 있는데, 大逆의 마음을 품고 있다."고 한 것도 역시 황제의 지위를 노리는 것을 가장 큰 대역으로 본 것이다. 이 사례는 2회이며, 모두 後漢이라는 공통점이 있다. 두 사례가 모반임에도 처벌이 貶爵되거나 削地로 그치고 가족이 족형에 처해지지 않은 것은 황제의 근친이기 때문이다.

3) 祝詛는 鬼神에게 축원하여 타인에게 화를 가하려는 巫術 행위이고, 巫蠱는 仇敵에게 위해를 가하려는 詛咒, 射偶人, 毒蠱 등의 巫術행위이다. 결국 양자는 巫蠱의 포괄 범주가 넓기는 하지만, 타인에게 위해를 가하려는 점에서 유사하다고 할 수 있다.[34] 漢代에 祝詛가 많이 나타나는 것은 그 효과를 믿는 신앙이 깊었던 것의 반증이며, 皇帝(上)를 대상으로 하는 祝詛행위는 大逆無道라는 중죄로 처벌하였다.

이상의 항목들이 국가·황제에 대한 직접적 위협이었다면, 妖言과 惑衆도 국가를 전복시킬 수 있는 위험성 때문에 大逆無道의 항목에 포함된 것으로 생각된다.

4) 妖言은 ① 현행 曆法과 時政을 반대하는 것, ② 氣象과 天象의 변화를 빌어서 主上의 행위를 비판하거나, ③ 자연의 기괴한 현상을 이유로 정치를 반대하는 것, ④ 함부로 신령의 이름을 빌어 무리를 모아 분란을 일으키는 것이다. 요언은 파급범위가 넓어 군중을 현혹할 수 있기 때문에 자주 惑衆의 죄목과 함께 나타난다.[35] 요언의 전파는 사회에 긴장과 공포정서를 조성하여 민중 생활과 사회 질서에 심각한 영향을 미치고, 이를 이용하여 민중을 모아 봉기를 일으켜 정부의 권위와 통치를 직접 위협할 수 있다. 따라서 先秦 이래 統治者는 社會訛言과 流言에 대해 매우 엄격했다. 『周禮』의 "七曰造言之刑"은 바로 그러한 것이다.[36]

---

34) 賈麗英, 「秦漢時期族刑論考」(『首都師範大學學報』 2008-2), pp.19-20.
35) 潘良熾, 「秦漢誹謗, 妖言罪同異辨析」(『中華文化論壇』 2004-4), pp.153-155.
36) 李傳軍, 「漢代的社會謠言和謠言控制」(『青島大學師範學院學報』 28-2, 2011), p.77;

5) 亡(無)臣子禮는 신하가 황제에게 갖춰야할 예의가 결여되었다는 의미이다. 亡臣子禮는 처벌이 大逆無道·大不敬·不道 등으로 처벌되었는데, 그 중에 大逆不道가 적용된 것은 鼂錯의 사례 뿐이다. 그에게 이것이 가해진 것은 "城邑을 吳에 주려했던" 모반죄의 죄목 때문이다. 그것은 적국에게 城邑亭障으로 모반하려 한 행위를 腰斬으로 처벌하도록 한 이년율령의 규정을 따른 것이다.[37]

6) 살인의 경우도 대역부도에 해당하는 것이 존재한다. 禁苑에 침입해 살인한 경우, 『龍崗秦簡』의 자료를 보면 단순한 禁苑 침입은 斬左趾에 불과하였다.[38] 그러나 宮園에 난입하여 살인을 한 咸宣의 경우 大逆無道가 되어 族刑에 처해지고 있다.[39] 咸宣의 경우는 단순한 금원 난입이 아니라 上林園의 蠶室門으로 闌入하여 亭을 공격하여 成信을 격살하였고, 활을 苑門에 맞히기도 하였다. 그 때문에 그는 大逆當族이 되었던 것이다. 郭解는 살인을 교사하여 大逆不道에 처해지고 있다. 郭解가 직접 살인한 것도 아니고 3인 이상을 살해한 것이 아님에도 大逆不道로 처형된 것은 任俠으로서 권력을 행사했기 때문이다.

2. 不道

不道는 大逆과 결합되어 있는 경우도 많지만, 大逆이 아닌 일반적

[淸] 阮元, 『十三經注疏·周禮·地官上·大司徒』(北京: 中華書局, 1979), pp.707-708, "以鄕八刑糾萬民: 一曰不孝之刑, 二曰不睦之刑, 三曰不婣之刑, 四曰不弟之刑, 五曰不任之刑, 六曰不恤之刑, 七曰造言之刑, 八曰亂民之刑. 鄭玄注曰: '糾猶割察也.……造言, 訛言惑衆.' 賈公彥疏云: '七曰造言之刑'者, 有造浮僞之言者, 亦刑之.……云'造言, 訛言惑衆'者, 案『王制』'行僞而堅, 言僞而辨', 與此造言一也, 是訛言惑衆也."

37) 『張家山漢墓竹簡』, p.133.

38) 馬彪, 『秦帝國の領土經營』(東京: 東京大學學術出版會, 2013), pp.156-157; 『雲夢龍崗』(北京: 中華書局, 2001), p.69, "賔出入及毋(無)符傳而闌入門者, 斬其男子斬左趾, □女【子】"

39) 『漢書』 卷90 「酷吏傳(咸宣)」, pp.3661-3662.

不道도 존재한다. 不道로 되는 원인은 誹謗(怨望), 罔上, 誤朝, 毆辱王杖主, 殺人, 不孝, 宗廟園陵 침범, 漏泄省中語, 狡猾, 亡臣子禮, 非所宜言 등이 있다.

1) 怨望과 誹謗은 종종 함께 나타난다. 怨望이 漢代에 매우 위험한 것으로 간주된 것은 그것이 謀反의 前兆로 간주되었기 때문이다. 예컨대 『漢書』「韓信傳」에 韓信이 고발되어 楚王에서 淮陰侯로 강등되어 원망하다가 후일 陳豨와 謀反하다가 族된 사례, 劉濞의 太子가 文帝의 皇太子(景帝)에게 擊殺당한 후에 "이로 인해 怨望하여 차츰 藩臣의 禮를 잃고 병을 칭해 조근하지 않았다."고 했고, 그 후에 七國之亂을 일으켜 주살된 사례 등이 그러한 예이다. 人臣이 일단 人主에 대해 怨望하는 마음을 가지고 있는 것이 발견되면 死刑에 처해진다. 嚴延年과 蕭望之가 처형되고 자살한 것이 그 예이다.[40]

또한 誹謗은 統治者 또는 집정자 개인의 품격에 대한 비평과 비난, 統治者와 집정자 개인행위 또는 施政에 대한 비판, 統治者의 통치행위에 표정으로 반대를 표시할 때이다. 怨望에 의해 대역부도가 된 경우도 있는데, 楊惲이 宣帝를 비방한 사례를 들 수 있다.

2) 誣罔, 罔上은 "誣罔主上"의 의미로서 모두 군주를 속이는 행위이다. 罔上은 貪殘吏를 추천한 경우, 신하로서 불충하여 황제를 속이는 경우, 황제를 보필하지 못할 경우, 대신으로서 그 소임을 다하지 못할 경우 등에 보이고 있다.

3) 誤朝의 사료는 高昌侯 董宏이 傅太后·丁姬의 尊號를 높여야 한다고 주장하다가 탄핵된 사례 이외에는 보이지 않는다. 이것은 조정을 그릇된 방향으로 이끄는 논의를 일으켰다는 죄목이다.

4) 70세 이상의 王杖 소지자를 毆辱할 경우 逆不道에 처하고 있다.[41]

---

40) 『漢書』卷90「酷吏傳(嚴延年)」, pp.3670-3671, "上書言延年罪名十事.已拜奏, 因飲藥自殺. 以明不欺.事下御史丞按驗, 有此數事, 以結延年, 坐怨望非謗政治不道棄市."; 易小平,「楊惲案考辨」(『廣西社會科學』 2012-2), p.113.

이 내용은 律이 아니라 令에 보이는데, 不道가 令에 규정된 보기 드문 사례이다.

5) 일반인이 범한 절도와 살인도 不道罪에 해당한다.[42] 如淳이 인용한 律에 의하면, 죄가 없는 1家의 3인 이상을 살해했을 경우 부도죄가 적용된다.[43] 이것은 律에도 不道 관련 조항이 존재하고 있음을 말해주는 사례이다.

6) 不孝는 大庭脩가 唐律의 十惡 가운데 漢代에 아직 不道罪로 성립하지 않은 것 중 하나라고 고찰했으나,[44] 이 주장은 많은 학자들에 의해 부정된 바 있다. 不孝는 漢代의 문헌사료에 不道罪로 간주되었다. 衡山王國의 태자 爽은 부친 衡山王 賜의 謀反을 상서하였다. 그러자 衡山王 賜는 태자 爽을 부친을 고발한 불효의 행위로서 不道로 反告하였고, 그 결과 爽은 棄市에 처해졌다. 태자 爽의 사안은 不孝를 不道로 간주한 漢代의 유일한 사례이다.[45]

秦律 및 二年律令에는 不孝를 棄市에 처하는 내용은 확인되지만, 이를 不道라고 규정한 내용은 없다. 秦律에는 불효자를 고발해 죽일 것을 요청하고, 「告子 爰書」에서는 체포하는 내용을 전하고 있다. 이년율령에는 자식이 부모 살해를 시도하거나, 구타하거나, 부모가 불효를 고발하면 모두 棄市에 처하고 있다.[46] 이는 형산왕국의 태자 爽이 棄市

---

41) 黨壽山, 「王杖詔書令冊」, 『漢簡研究文集』(蘭州: 甘肅人民出版社, 1984), p.37.

42) 『漢書』卷78「蕭望之傳」, p.3277, "又諸盜及殺人犯不道者, 百姓所疾苦也, 皆不得贖."

43) 『漢書』卷84「翟方進傳」, p.3415, "如淳曰: 律, 殺不辜一家三人爲不道."

44) 大庭脩, 위의 책, p.144.

45) 『史記』卷118「衡山王賜列傳」, p.3097; 『張家山漢墓竹簡』, p.139, "子牧殺父母, 毆詈泰父母, 父母, 段大母, 主母, 後母, 及父母告子不孝, 皆棄市.35(C315)"

46) 睡虎地秦墓竹簡整理小組, 『睡虎地秦墓竹簡』(北京: 文物出版社, 1978), p.195, "免老告人以爲不孝, 謁殺, 當三環之不? 不當環, 亟執勿失."; 같은 책, p.263, "告子爰書: 某里士五(伍)甲告曰:「甲親子同里士五(伍)丙不孝, 謁殺, 敢告.」即令令史己往執. 令史己爰書: 與牢隷臣某執丙, 得某室. 丞某訊丙, 辭曰:「甲親子, 誠不孝甲所, 毋(無)它坐罪.」"; 『張家山漢墓竹簡』, p.139, "子牧殺父母, 毆詈泰父母,

에 처해진 내용과 일치한다. 漢初의 율령에 불효죄를 不道로 규정하지 않았지만, 점차 不道개념의 확대로 不孝가 포함된 것으로 생각된다.

7) 종묘와 관련된 不道 자료는 많지 않지만, 宗廟와 園陵을 범하는 사례는 『史記』「張釋之列傳」에 보인다.[47] 文帝는 高祖廟의 玉環 절도자를 廷尉 張釋之에게 심의하게 하였는데, 張釋之는 律에 입각하여 宗廟服御物을 훔친 것으로 간주하여 棄市의 죄로 논하였다. 文帝가 廷尉에게 처리하게 한 목적은 族刑을 과형하려고 한 것인데, 廷尉는 법령에 근거할 뿐이라고 거부하였다. 張釋之는 文帝의 비판에 대해 만약에 도굴한 자가 있다면 가중 처벌할 방법이 없다고 반론을 제기하여 끝내 棄市로 처벌하였다.

여기에서 중요한 것은 "玉環을 훔친 것은 長陵의 흙을 훔친 逆(도굴)보다는 못하다(盜玉環不若盜長陵土之逆也)"의 문장에 보이는 황제릉의 도굴 문제인 것이다. 따라서 文帝가 高廟의 옥환 절도를 無道라고 했기에 이보다 중죄인 황제릉의 도굴은 당연히 無道에 해당할 것으로 생각된다.

종묘의 기물을 훔치는 것에 대한 처벌은 秦律과 漢律을 비교하면 강화되어가는 방향으로 전개되는 것 같다. 秦律에서는 종묘기물을 훔칠 때 貲以下의 가치를 가진 것은 耐爲隷臣에 처하고 있다. 이러했던 것이 漢文帝시기에 廟器를 훔치면 棄市刑으로 강화되었음을 알 수 있다.[48]

父母、叚大母、主母、後母, 及父母告子不孝, 皆棄市. 其子有罪當城旦舂、鬼薪白粲以上, 35(C315)及爲人奴婢者, 父母告不孝, 勿聽. 年七十以上告子不孝, 必三環之. 三環之各不同日而尚告, 乃聽之. 敎人不孝, 36(F168)黥爲城旦舂. 37(F174)."

47) 『史記』 卷102 「張釋之列傳」, p.2755.

48) 『睡虎地秦墓竹簡』, p.161, "「公祠未闋, 盜其具, 當貲以下耐爲隷臣.」 今或益〈盜〉一腎, 益〈盜〉一腎臧(贓)不盈一錢, 可(何)論? 祠固用心腎及它支(肢)物, 皆各爲一具, 一【具】之臧(贓)不盈一錢, 盜之當耐. 或直(値)卄錢, 而被盜之, 不盡一具, 及盜不直(置)者, 以律論."; 같은 책, p.162, "可(何)謂「祠未闋」? 置豆俎鬼前未徹乃爲「未闋」.

8) 漏泄省中語라는 것은 禁中에서 행해진 언행을 궁궐 외부로 누설한다는 의미이다. 이 사례는 京房과 淮陽王 舅 張博의 사안에 잘 나타나 있다. 京房은 周易의 陰陽에 밝아 元帝에게 총애를 받고 누차 국사를 논의했는데, 京房의 장인인 張博은 京房이 황제와 논의한 災異 및 密語를 기록하였다가 淮陽王에게 전하여 신임을 얻었다. 이것은 京房과 張博이 漏泄省中語의 죄를 범한 것이었고, 張博은 이에 더해 淮陽王으로부터 500金을 받은 것으로 인해 狡猾不道의 죄목이 추가되었다. 당시 張博은 梁王·趙王에게 쏠려있었던 元帝의 총애를 淮陽王에게 되돌려 周公·邵公과 같은 지위로 올라서게 하려고 획책하였다. 그러나 당시 제후의 황제 朝見은 금지되었으므로 張博은 石顯에게 500금의 뇌물을 주어 朝見을 허락받았다고 淮陽王에게 거짓말을 하였다. 따라서 淮陽王으로부터 500금을 받은 불법적인 금전수수 때문에 교활부도의 죄목으로 처벌되었다.[49]

京房은 漏泄省中語로, 淮陽王舅 張博의 兄弟는 諸侯王을 속여 잘못되게 하고, 政治를 誹謗하고, 狡猾不道의 죄목으로 腰斬되었다. 또 다른 자료에 의하면 張博은 "漏泄省中語, 博要斬"로 기술되어 있는 것으로 보아, 그는 漏泄省中語와 狡猾不道가 원인이 되어서 요참형에 처해진 것이다.

9) 狡猾不道는 부정한 금전의 수수와 관련되어 있는데,[50] 賈麗英은 이같은 설명으로는 충분하지 않으며, "狡猾"은 主上을 惑亂시키고, 조정의 정치를 傾亂시키며, 뇌물을 받는 것, 개인적 사익을 추구하여 폐단을 일으키는 것, 자신의 죄를 벗어나기 위해 타인을 무고하는 것

未置及不直(置)者不爲「具」, 必已置乃爲「具」." 魏律에서도 宗廟園陵을 침범하는 자는 大逆無道에 처하고 있다. 『晉書』卷30 「刑法志」, p.925, "又改賊律, 但以言語及犯宗廟園陵, 謂之大逆無道, 要斬, 家屬從坐, 不及祖父母·孫."

49) 『漢書』卷80 「宣元六王傳(淮陽憲王欽)」, pp.3314-3315.
50) 大庭脩, 위의 책, p.125.

등의 "詭詐性"의 犯罪行爲라고 주장하고 있다.[51] 그러나 『漢書』 등에 사용된 狡猾不道는 예외 없이 불법적인 금전 수수와 관련되어 있으므로 그 주장은 수긍하기 어렵다. 狡猾의 용어가 이렇게 불법적 금전수수에 국한되어 사용된 것은 不道罪를 구성한 다른 범죄들도 일정한 원칙 하에 사용되었을 가능성이 있음을 말해준다.

10) 亡臣子禮는 앞서 大逆不道의 齷錯 사례에서 언급한 바 있다. 亡臣子禮는 鮑宣이 재상을 모욕하고 자신을 체포하러 온 사자에 불응한 것, 王況이 국상 중에 掖庭貴人을 처로 맞아들이고, 霍光이 함부로 황제를 폐립하고, 趙廣漢은 재상을 욕보이는 등 공통적으로 군주에 대해 신하로서의 도리를 지키지 않았을 때 적용되었다. 亡臣子禮는 그 죄의 경중에 따라서 大逆不道, 大不敬不道 등으로 죄목이 가변적이다.

11) 非所宜言은 亡臣子禮와 유사한 면도 있다. 즉, 신하로서 해서는 안되는 언사를 했다는 것이기 때문이다. 非所宜言의 내용은 漢曆에 대한 비판, 야만족 사례를 중국 황실의 혈통에 비유하는 것, 亡秦에 漢朝를 비유하는 것, 재이의 원인을 황제에게 찾는 것 등이다. 동일한 非所宜言이지만, 그 발언 내용의 수위에 따라서 不道로 처벌되기도 하고, 大不敬으로 처벌되기도 하는 등 일정하지 않다.

이상에서 검토한 바에 의하면 大逆不道와 不道의 항목은 중복된 것을 제외하면 모두 15개라고 할 수 있다.

3. 大不敬

대불경의 사례들은 아래와 같은데, 대체로 禮儀와 관련된 것이 많다. 이것은 대불경의 내원이 禮儀와 관련된 것임을 말해준다.

1) 鄧通이 文帝를 희롱한 것, 2) 孝文廟의 侍祠 중에 술에 취하여 노래 부른 사건, 3) 繆王 齊가 자주 漢公卿 및 幸臣 所忠 등을 고발한 것

---

51) 賈麗英, 「"狡猾"罪論」(『學術論壇』 2008-1), p.135.

이 사실과 달라서 誣罔으로 된 사건, 4) 황제의 扶輦이 기둥에 부딪쳐 轅이 부러진 사건, 5) 孝文廟 正殿의 화재, 6) 選擧의 부실과 廷史를 욕한 사건, 7) 鮑宣이 使者의 체포를 거부해 人臣禮가 없는 것으로 된 사안, 8) 師丹의 吏가 상주 문서를 누출시킨 사안, 9) 王根과 王況이 先帝사망시 掖庭의 女樂五官인 殷嚴·王飛君 등을 聘取하여 잔치를 벌이고 가무를 즐겨서 先帝의 은혜를 배신하고, 臣子의 義를 위배한 사건, 10) 대신이 양자로 들어가서 實父를 위해 廟를 세우고 養父에게로 들어가지 않은 誣祖不孝의 행위, 11) 烏孫 大·小昆彌의 사신의 위차가 어긋나 있는 사안, 12) 孔仁이 함부로 天文冠을 벗은 사안, 13) 光武帝의 叔父인 趙王良이 五官將軍의 수레와 서로 마주쳤는데, 門候 岑尊을 불러 말 앞에서 머리를 조아리게 하여 藩臣之禮가 없는 것, 14) 博士 范升에 의해 周黨이 虛名을 노리거나, 군주에게 높은 지위를 구하려 한다고 大不敬으로 폄훼당한 사안, 15) 信陽侯 陰就가 외척인 것을 믿고서, 황제의 乘輿를 범한 사안, 16) 尚書僕射 郅壽가 尚書臺에 재직하면서 匈奴 공격을 논쟁할 때 언사가 과격했고, 또한 上書하여 公田 매입을 요청한 사안, 17) 楊秉 및 處士 韋著가 병을 칭하고 징소에 불응한 사건, 18) 太常 楊秉·洛陽市長 沐茂·郎中 上官資가 李雲을 변호하다가 대불경으로 된 사안, 19) 蔡邕·蔡質이 개인의 仇怨으로써 公事를 받들고 大臣을 해하려 했다는 혐의, 20) 陸康이 靈帝의 銅人 주조를 비판할 때, 멸망한 나라에 비유한 사안 등이다.

일반적으로 大不敬은 大逆不道·不道의 중대 죄질에 비하여 그 죄의 경중이 가벼운 사항임을 알 수 있다. 한편 非議詔書, 無人臣禮, 황제비판의 항목은 不道에도 포함되었지만, 대불경 항목에도 포함되어 있다. 이것은 어떤 항목이 不道에 포함되는지, 大不敬에 포함되는지 정확한 기준이 제도화되어 있지 않은 것에서 비롯된 것으로 보인다.

4. 不敬

다음으로는 不敬의 사례를 살펴보면 다음과 같다.

1) 南宮公主를 尚하는 것이 공경스럽지 않고, 2) 襜褕를 입고 입궁한 행위, 3) 宗廟의 酎祭시에 司馬門에서 下馬하지 않은 행위, 4) 太常廟의 술이 쉰 것, 5) 범죄를 저지른 제후왕 太子의 체포를 막은 행위, 6) 公門에서 내리지 않은 행위, 7) 殿上에 소변을 본 행위, 8) 長信少府가 원숭이 춤을 추어 列卿으로서의 체통을 잃은 행위, 9) 虎符를 가지고서 경계를 넘어 귀가한 행위, 10) 藩臣의 체통을 잃은 행위, 11) 尚書의 일을 누설하고, 황제의 聖德의 총명을 훼손시키고, 조서를 받드는 것을 성실하게 하지 않은 행위, 12) 병을 칭하고 징소에 불응한 행위, 13) 기밀사항을 탐지하고, 상서에서 격렬하게 표현한 행위, 14) 民이 綬(인장끈)를 짤 때 격식과 일치하지 않은 행위 등이다.

Ⅳ. 不道罪 등의 등급관계

1. 大逆無道와 不道의 관계

不道의 문제에서 우선 검토해야 할 것은 "大逆不道"와 "不道"의 관계인데, 이에 대해서는 이견이 보인다. 첫 번째 견해는 魏道明의 주장이다. 大逆不道는 國事犯의 專稱이며, 國事犯 이외의 기타 범죄행위 가운데 "逆節絶理"의 重罪를 "不道"로 보았다. 또한 大逆不道는 族刑에 처해지지만, 不道는 그 자신만 처형되는 것에서 볼 때 양자의 성질은 완전히 다른 것이라고 주장하고 있다.[52]

두 번째 관점은 不道罪 아래의 하위 개념으로 大逆不道를 포함시키

---

52) 魏道明, 위의 논문, pp.112-114.

는 견해이다. 梁文生은 "不道"罪는 독립된 죄명이 아니라, 여러 유형 범죄의 槪稱, 총칭이라는 것이다. 즉, 그는 "不道는 逆亂無道, 逆節傷化不道, 暴虐不道, 誤朝不道, 誣上不道, 罔上不道, 迷國罔上不道, 誣罔不道, 狡猾不道, 惑衆不道, 大不敬不道 등 많은 명목으로 되어 있다. 大逆不道 역시 '大逆, 不道'로 읽을 수 있고, '不道'의 類型犯에 속한다. 또한 '迷國罔上不道' 역시 '迷國罔上, 不道'로, '大不敬不道'는 '大不敬, 不道'로 읽을 수 있는데, 迷國罔上과 大不敬 등의 행위는 不道에 속한다."고 주장했다.[53]

결론적으로 魏道明은 大逆不道와 不道를 형벌의 등급으로 간주하는 것이며, 梁文生은 大逆不道를 부도죄의 구성 원인 가운데 하나로 간주하고 있다. 양자의 차이는 句讀의 방법에서 비롯된 것인데, 두 가지 견해 중에서 어떠한 것이 옳은 것일까?

이를 입증할 수 있는 사례로 아래의 몇 개의 증거들을 제시하겠다. 淳于長은 폐위된 허황후를 左皇后로 복권하는 것을 획책하였기 때문에 大逆無道로 처벌되었다. 『漢書』「外戚恩澤侯表」에는 "(定陵侯淳于長) 元延三年二月丙午封, 二年, 綏和元年, 坐大逆, 下獄死."라고 하여 大逆이라고만 했을 뿐 不道가 생략되어 있다. 비록 不道가 생략되어 있지만, 이것은 『漢書』「成帝紀」에는 "定陵侯淳于長大逆不道"라고 했고, 孔光은 "大逆無道, 父母妻子同産無少長皆棄市"라고 漢律을 인용했으므로 大逆不道의 축약임을 알 수 있다. 孔光이 인용한 漢律의 大逆無道에서 大逆과 無道를 원인과 결과로 보기는 옳지 않으며, 그보다 이 율문은 "大逆無道의 처벌을 받은 경우는 父母妻子同産을 棄市한다."라고 읽어야 한다. 그러면 淳于長은 어떤 이유로 대역무도에 처해졌을까? 그것은 "定陵侯淳于長坐執左道下獄死"라고 한 執左道가 원인이며, 大逆이 원인으로 된 것이 아니다. 또한 大逆이 원인이 아니라는 증거는 아래에서도 확인된다.

---

53) 梁文生, 위의 논문, p.53.

353 漢代의 不道罪 353

1) (楊惲은) 五鳳四年에 妖言을 하여, 大逆罪로 腰斬되었고, 國이 폐지되었다.[54]

2) (楊)惲이 황제의 총애를 입어 九卿諸吏와 宿衛하는 近臣이 되어, 上이 신임하는 바가 되어 政事에 관여하였으나, 충성과 사랑, 臣子의 義를 다하지 않고, 함부로 怨望하였으며, 訞惡言을 끌어들여, 大逆不道하였으니, 체포하여 다스릴 것을 청합니다.[55]

3) 賜·孟이 함부로 祆言을 늘어놓아 사람들을 현혹하게 하였으니 大逆不道라고 주청하였고, 모두 伏誅되었다.[56]

4) 國相 趙牧이 狀으로써 올렸는데, 恭을 祠祀시에 惡言하였다고 大逆不道로 誣奏하였다.[57]

5) 당시에 執金吾가 논죄하였는데, (蓋)寬饒의 의도는 선양을 요구하려는 것이었다고 하여 大逆不道가 되었다.[58]

위의 사료들은 각각 作爲妖言, 稱引爲訞惡言, 祆言惑衆, 祠祀惡言, 意欲求禮의 원인에 의하여 大逆不道의 처벌을 받은 것이다. 이러한 증거들은 모두 大逆이 不道의 원인이 되었다고 하는 梁文生의 견해를 부정하는 것이고, 오히려 여타 원인들에 의해 大逆이라는 결과를 받은 것이다.

---

54) 『史記』 卷20 「建元以來侯者年表」, p.1066.
55) 『漢書』 卷66 「楊敞傳(子惲)」, p.2893.
56) 『漢書』 卷75 「眭弘傳」, p.3154.
57) 『後漢書』 卷50 「孝明八王列傳(彭城靖王恭)」, p.1671.
58) 『漢書』 卷77 「蓋寬饒傳」, p.3247.

2. 不道와 大不敬의 등급 관계

다음으로는 不道와 不敬 등의 등급관계를 살피겠는데, 양자를 차등
적인 관계로 보아야 하는 자료와 그렇지 않은 자료가 있어 혼동을 주
고 있다. 따라서 그 문헌자료들을 소개하고 나서, 통계를 활용한 분석
을 시도하고자 한다.

이제 고찰할 『漢書』「傅喜傳」의 기사는 이러한 용어들이 차별적으
로 사용되었음을 보여준다. 아래의 사례에서 주범은 不道, 종범은 大
不敬·不敬을 받고 있으므로 이러한 등급차이가 존재하는 것으로 생각
된다.[59]

哀帝시기에 丁·傅氏들은 恭儉한 傅喜를 미워하여 갈등이 존재하였
다. 그러한 상황에서 傅太后는 成帝의 모친(王太后)과 동등한 존호를
요구하다가 傅喜와 丞相 孔光, 大司空 師丹의 반대에 직면했다. 傅喜를
원망한 傅太后는 孔鄕侯 傅晏을 시켜 丞相에게 압력을 넣어 傅喜를 大
司馬에서 면직시키고자 하였다. 부태후의 강력한 요구에 哀帝는 어쩔
수 없이 우선 師丹을 면직시켜 傅喜를 사퇴시키려했으나, 傅喜는 순순
히 응하지 않았다. 그후 哀帝는 傅喜의 大司馬 印綬를 회수하였고, 傅
太后도 조서를 내려 "안으로 불충의 마음을 품고, 附下罔上"하였다고
하여 就國시켰다.[60]

그후 哀帝는 朱博·趙玄·傅晏 3인이 傅太后의 지시에 의해 傅喜를 면
직시킨 사실을 알고 이 사안을 薛宣에게 조사시켰다. 薛宣은 朱博에게
는 "左道를 견지하고, 황제의 은혜를 虧損시켰으며, 貴戚에게 결탁함
으로써, 군주를 배신하고 신하에 따랐으니 정치를 어지럽힌 것이며,
姦人의 으뜸이며, 아래에 붙어 군주를 속였으니(附下罔上), 신하로서
不忠不道"라는 죄목으로, 御史大夫 趙玄에게는 "朱博이 말한 것이 불법

59) 『漢書』 卷83 「朱博傳」, p.3408.
60) 『漢書』 卷82 「傅喜傳」, p.3381.

임을 알고도 옳은 것을 굽혀서 불의에 따랐으니 大不敬"이라는 죄목
으로, 孔鄕侯 傅晏에게는 "朱博과 함께 傅喜의 면직을 논의하였으니,
예를 잃고 不敬"이라고 하는 각각의 죄목으로 탄핵하였다.

이러한 薛宣의 탄핵에 대한 의견은 두 가지로 나뉘었다. 우선 右將
軍 蟜望 등 44인은 薛宣의 주장에 찬성하였고, 諫大夫 龔勝 등 14인은
春秋之義에 입각하여 "지금 傅晏은 教令을 따르지 않고 族類에 폐해를
끼쳤으며 조정에 간여하여 어지럽히고, 대신에게 군주를 속일 것을
요구하고, 計謀를 꾸미고 서열을 어지럽혔으므로 博·玄과 동일한 죄
이므로 不道에 해당한다."고 하여 3인이 모두 不道罪에 해당한다고 주
장하였다.

薛宣이 언급한 不道 - 大不敬 - 不敬의 등급은 각각 죄목에 따라서
차등적으로 매겨진 것이다.[61] 그러나 龔勝의 관점에서 傅晏은 朱博·趙
玄과 같은 죄라고 하여 모두 不道罪로 할 것을 주장했다. 즉, 薛宣은
傅晏의 죄가 가장 가볍기 때문에 不敬을 주장했으나, 龔勝은 3인이 동
일한 죄이므로 모두 不道에 처해야 한다고 주장한 것이다. 이것은 不
道보다 不敬이 가볍다는 것을 말해준다. 그러나 이제부터 검토할 사
항들은 이러한 분석과 정면으로 배치되는 것들이다.

『漢書』「元后傳」에 보면, 王根 및 王況이 황제 사망 후 장례기간임에
도 불구하고 과거 掖庭女樂五官이었던 殷嚴·王飛君 等을 娶妻하고, 술
자리를 열고 歌舞를 즐기는 등 人臣禮를 다하지 않아 大不敬不道에 처
해졌다.[62] 앞서 不道·大不敬·不敬을 차등적으로 분류한 薛宣의 방식에
입각하면 大不敬과 不道가 묶인 형태는 나올 수 없다.

---

61) 『漢書』 卷83 「朱博傳」, pp.3407-3408.
62) 『漢書』 卷98 「元后傳」, p.4028, "案根骨肉至親, 社稷大臣, 先帝棄天下, 根不悲哀
思慕, 山陵未成, 公聘取故掖庭女樂五官殷嚴·王飛君等, 置酒歌舞, 捐忘先帝厚
恩, 背臣子義. 及根兄子成都侯況幸得以外親繼父爲列侯侍中, 不思報厚恩, 亦聘
取故掖庭貴人以爲妻, 皆無人臣禮, 大不敬不道."

大不敬不道의 또 다른 사례는 「鮑宣傳」에 보인다. 鮑宣은 丞相 孔光이 四時에 園陵을 순행할 때 馳道로 달리는 승상 官屬의 거마를 몰수하여 宰相을 욕보인 죄로써 탄핵되었다. 御史中丞·侍御史가 司隷官에 도착하여 체포하려 하자 鮑宣은 문을 닫고 使者를 들이지 않았다. 이로 인하여 鮑宣은 "亡人臣禮, 大不敬, 不道"의 혐의로 廷尉獄에 구금되었다.[63] 이렇게 볼 때에 大不敬은 不道의 범주에 포함된다. 또한 夏侯勝이 宣帝의 조서를 비판한 사건이 있는데, 이 사안을 「夏侯勝傳」에서는 "不道"라 했지만, 「循吏傳」에서는 "非議詔書大不敬"이라 한 것으로 보아 大不敬도 不道에 속함이 분명하다.[64]

이상에서 검토한 王根·鮑宣·夏侯勝의 사례는 모두 大不敬이 不道에 속함을 보여준다. 不道와 不敬을 다른 등급으로 분류하고, 동시에 不敬이 不道에 속함을 보여주는 모순되는 사료는 不道의 개념이 명확히 정립되지 않았음을 말해준다. 이렇게 혼란스러운 것은 前漢·後漢에 행해진 不道罪 등에 적용된 형벌과 주살 범위를 귀납적으로 고찰하면 자연스레 해결될 수 있을 것이다.

3. 大逆不道의 형벌

大逆不道에 과해지는 형벌이 무엇인지를 분석하여 다른 不道와의 科刑 차이를 검토하겠다. 漢代의 法定 死刑에는 梟首·斬·棄市의 3종류가 있는데, 漢律의 殊死는 梟首와 斬刑을 가리키며 이것은 受刑者의 신

---

63) 『漢書』 卷70 「鮑宣傳」, p.3093, "丞相孔光四時行園陵, 官屬以令行馳道中, 宣出逢之, 使吏鉤止丞相掾史, 沒入其車馬, 摧辱宰相. 事下御史, 中丞侍御史至司隷官, 欲捕從事, 閉門不肯内. 宣坐距閉使者, 亡人臣禮, 大不敬, 不道, 下廷尉獄."

64) 『漢書』 卷75 「夏侯勝傳」, p.3157, "於是丞相義·御史大夫廣明 劾奏勝非議詔書, 毁先帝, 不道, 及丞相長史黃霸阿縱勝, 不舉劾, 俱下獄";『漢書』 卷89 「循吏傳(黃霸)」, p.3629, "會宣帝即位, 在民間時知百姓苦吏急也, 聞霸持法平, 召以爲廷尉正, 數決疑獄, 庭中稱平. 守丞相長史, 坐公卿大議廷中 知長信少府夏侯勝非議詔書大不敬, 霸阿從不舉劾, 皆下廷尉, 繫獄當死."

체가 頸部 또는 腰部에서 分斷되는 것이다.[65] 殊死에 대한 해석은 다양하여, 張建國은 殊死에 가장 가벼운 棄市가 포함되지 않는다고 보았다.[66] 曹旅寧도 棄市는 天水 放馬灘1號秦墓에서 출토된 『墓主記』에 "棄之於市", 즉 市에서 처형된 丹이라는 자가 3년만에 復生했다는 것으로 보아 絞刑일 것으로 추정하여 棄市가 斬刑이 아닌 것으로 보았다.[67] 復生했다는 것은 목을 매는 교수형을 받았기 때문에 가능하다는 주장이다. 반면에 後漢 鄭玄의 주석을 신빙하여, 棄市는 絞刑이 아니라 刀刃으로 行刑하는 것으로 이해하는 주장도 있다.[68] 이러한 견해의 當否에 관계없이, 二年律令에는 모반의 경우, 주범은 腰斬에 처하고, 연좌된 父母妻子同産은 棄市에 처해졌다. 결국 주범과 가속을 구별하여 腰斬과 棄市에 처한 것은 行刑 방법의 차이에 있다. 이러한 차이를 혼동한 것이 陳乃華의 견해이다.

陳乃華는 趙破奴가 巫蠱罪로 족형에 처해지는 征和 2년을 계기로 巫蠱罪가 棄市에서 族刑으로 확대되었다고 주장하였다.[69] 陳乃華의 주장은 棄市와 族刑에 대한 이해에 문제가 있기 때문에 발생한 오해라고 생각된다. 진내화가 제시한 "敢蠱人者及敎令者棄市"는 『周禮』 鄭玄 注에 인용된 賊律의 조문으로 생각된다.[70] 이 조문의 존재는 陳乃華의 주장과 달리 오히려 鄭玄이 살았던 후한시대에도 계속하여 무고죄가 棄市로 처벌되고 있음을 말해준다. 즉, 二年律令에는 "有挾毒矢若菫(菫)毒、

---

65) 『漢書』 卷1下 「高帝紀」, p.51, "師古曰: 「殊, 絶也, 異也, 言其身首離絶而異處也.」"
66) 張建國, 「秦漢棄市非斬刑辨」(『北京大學學報』 1996-5), p.116.
67) 曹旅寧, 「從天水放馬灘秦簡看秦代的棄市」(『廣東社會科學』 2000-5), pp.134-139.
68) 連宏, 「兩漢魏晉棄市刑考辨」(『蘭州學刊』 2012-9), p.73; [清] 阮元, 『十三經注疏·周禮·秋官·掌戮』, p.883, "掌戮掌斬殺賊諜而搏之, 鄭玄注曰: 斬以鐵鉞, 若今要斬也, 殺以刀刃, 若今棄市也. 諜謂奸寇反閒者. 賊與諜罪大者斬之, 小者殺之."
69) 陳乃華, 위의 논문, p.101; 『漢書』 卷55 「趙破奴傳」, p.2493, "居匈奴中十歲, 復與其太子安國亡入漢. 後坐巫蠱, 族."
70) [清] 阮元, 『十三經注疏·周禮·秋官·庶氏』, p.888, "庶氏掌除毒蠱, 以攻說禬之, 嘉艸攻之. 鄭玄注: 毒蠱, 蠱物而病害人者. 賊律曰, 敢蠱人者及敎令者棄市."

糯, 及和爲謹(董)毒者, 皆棄市"라고 하여 鄭玄이 인용한 賊律과 동일한 내용을 규정하고 있으므로 巫蠱는 前漢초부터 後漢말까지 계속 棄市로 처벌하였음을 알 수 있다.[71] 그렇다면 趙破奴는 왜 巫蠱罪인데 族刑에 처해진 것일까? 『漢書』 「江充傳」의 기록에 의하면 民이 巫蠱를 하면 관리는 大逆亡道로 탄핵하였다는 기록이 있고 당연히 族刑에 처해졌다. 반면 二年律令에는 巫蠱를 棄市로 규정하고 있다. 「趙破奴傳」 「江充傳」과 二年律令의 모순된 것처럼 보이는 이 사실을 어떻게 무리 없이 이해할 수 있을까?

핵심은 陳乃華가 棄市와 族을 비교할 수 없는 대상임을 간과한 것이다. 앞서 언급한 것처럼 이년율령의 모반에서 주모자는 腰斬, 父母妻子同産은 棄市의 방법으로 처형하였다. 腰斬과 棄市는 처형의 방법을 기술한 것이고, 父母妻子同産을 연좌시킨 족형은 誅殺의 범주를 규정한 것이다. 즉, 腰斬·棄市는 처형의 방법이고, 族은 처형의 범주를 가리키는 것이다. 따라서 陳乃華처럼 棄市에서 族刑으로 확대되었다는 주장은 비교가 불가능한 두 개의 대상을 비교한 것이라고 할 수 있다. 결론적으로 무고를 하면 대역무도로 처벌되는데 주모자는 요참, 그리고 연좌된 가족은 棄市의 族刑에 처하는 것이다.

大逆不道에 가해지는 族刑의 범주와 관련해서는 『漢書』 「高帝紀」에 張晏은 父母兄弟妻子로 보고 있고, 如淳은 父族·母族·妻族으로 보고 있다.[72] 후대의 학자들은 如淳의 설을 긍정적으로 보는데, 陳乃華와 張建國의 견해가 대표적이다. 陳乃華는 秦漢의 族刑은 謀反罪와 非謀反罪의

71) 『張家山漢墓竹簡』, p.136. 蠱를 독물로 규정한 漢賊律은 唐律의 賊盜律에도 그대로 계승되어 있다. 錢大群, 『唐律疏議新注』, pp.579-580, "(262) 造畜蠱毒 諸造畜蠱毒(謂造合成蠱, 堪以害人者.)及教令者, 絞."
72) 『史記』 卷5 「秦本紀」, pp.179-180, "(文公)二十年, 法初有三族之罪. 注: 【集解】張晏曰:「父母、兄弟、妻子也.」如淳曰:「父族、母族、妻族也.」"; 『漢書』 卷1下 「高帝紀」, p.67, "貫高等謀逆發覺, 逮捕高等, 並捕趙王敖下獄.詔敢有隨王, 罪三族. 注: 張晏曰: '父母、兄弟、妻子也.' 如淳曰: '父族、母族、妻族也.' 師古曰: '如說是也.'"

두 개 계통이 있다고 주장한다. 즉, "謀反罪는 夷三族에 해당하며, 그
誅滅 범위는 罪가 五世에 미치거나, 또는 高祖에서 玄孫의 直系血親 및
配偶者이다. 非謀反罪의 大逆無道인 경우 한 글자인 族으로 기술되며,
주멸 범위는 父母妻子同産"이라고 주장하였다.[73) 張建國은 이 견해를
지지하며, 夷三族의 범위를 확대하여 正犯의 兄弟姐妹·妻妾과 위로는
高祖까지, 아래로는 玄孫의 직계 혈친 및 배우자까지 미친다고 주장했
다. 張建國은 "夷三族된 사람들은 다시는 그들의 직계혈친의 후손이
남아있는 것을 보지 못했다."고 주장한다.[74)

  그러나 이년율령의 출토 후 張晏의 설이 보다 설득력이 있음이 확
인되었다. 모반죄의 삼족 범위를 如淳과 같이 보는 것은 二年律令 賊
律의 모반죄의 범위가 父母妻子同産이라는 사실에 비춰보면 옳지 않
다. 기존의 문헌자료에도 이를 뒷받침하는 자료가 적지 않다. 武帝 時
期에 보이는 反法(謀反法)은 이년율령의 모반법을 지칭하는 것이며,
본인은 요참에, 가족은 족형에 처해지고 있다.[75) 『墨子』「號令」에도 三
族罪에 대해서는 명쾌한 해석이 있기 때문에 先秦에서 秦漢까지 족형
이 주살하는 범위는 계속 父母妻子同産이다.[76)

  또한 漢高祖가 貫高의 謀逆이 발각되자 趙王敖를 下獄하고 감히 王
을 따르는 자가 있으면 三族을 처벌하겠다는 엄포를 내린 사실도 三
族의 범위를 알 수 있는 자료가 포함되었다. 貫高가 "人情에 어찌 각기

---

73) 陳乃華, 「秦漢族刑考」(『山東師範大學學報』 1985-4), pp.39-41.
74) 張建國, 『帝制時代的中國法』(北京: 法律出版社, 1999), pp.146-147; 賈麗英, 위의
   논문(2008-2), p.12.
75) 『漢書』 卷53 「景十三王傳(江都易王非)」, p.2417, "議皆曰 : 「建失臣子道, 積久,
   輒蒙不忍, 遂謀反逆.所行無道, 雖桀紂惡不至於此.天誅所不赦, 當以反法誅.」
   有詔宗正、 廷尉即問建. 建自殺, 后成光等皆棄市."; 『漢書』 卷66 「劉屈氂傳」,
   p.2882, "諸太子賓客, 嘗出入宮門, 皆坐誅.其隨太子發兵, 以反法族."
76) 賈麗英, 위의 논문(2008-2), p.13; 『墨子閒語』 卷15 「號令」, 『漢文大系』(東京: 富
   山房, 1954), p.21, "有以私怨害城若吏事者, 父母、 妻子皆斷. 其以城爲外謀者, 三
   族.", "城上卒若吏各保其左右, 若欲以城爲外謀者, 父母、 妻子、 同産皆斷."

그 父母妻子를 사랑하지 않으리오? 지금 나의 三族을 모두 사형으로 논죄하고 있는데, 어찌 王으로써 나의 가족을 바꿀 수 있으랴!"라고 한 것은 三族의 범주가 父母妻子同産임을 말해주는 것이다.[77] 이상의 고찰을 통하여 大逆不道의 형벌은 본인은 腰斬, 가속은 棄市에 처하는 족형임을 알 수 있다. 이상에서 大逆不道가 처해진 형벌이 명확해졌는데, 다음으로는 不道·大不敬·不敬 등에 대해서 통계를 활용하여 검토하겠다.

4. 통계에 의한 大逆不道 등의 분석

[표 2] 前·後漢의 不道·不敬의 형벌

분류	항목	가족 연좌						사형								非사형									
		族	不坐	庶人	徒	不明	小計	腰斬	梟首	棄市	誅	自殺	獄死	不明	小計	國除	就國	廢爲侯	城旦鬼薪	赦	免庶人	削地	免職	勿治	小計
大逆不道	謀反	8	3			1	12	2		1	1	6		1	11			1							1
	謀立		2				2								0		1					1			2
	祝詛	6	1	1		6	14	6		1		4	2		14										0
	妖言		2		1	3	6	1		1		1			3				1		1	1			3
	臣禮	1					1	1							1										0
	계	35						29								6									
不道	誹謗		1			1	2			1					1						1				1
	罔上		5			11	16	1		1	2	1	3	1	9	1			1	1	3			1	7
	誤朝		2				2								0		1						1		2
	王杖				8		8			8					8										0
	殺人	1			1		2						1		2	1									1
	不孝		1				1			1					1										0
	園陵		1				1			1					1										0
	漏泄		2			3	5			2		1			3					2					2
	狡猾		5	1	4		10	1		1	1	1	2		6	1					1	1		1	4
	臣禮	2	3				5	1							1					1			1	1	3

77) 『漢書』 卷32 「陳餘傳」, p.1841.

		가족 연좌						사형								非사형									
	宜言	2		2	1	5		1			1			2				2				1	3		
	계	3	22	0	3	29	57	4	0	16	3	3	7	1	34	1	3	0	4	3	8	0	0	4	23
				57						34									23						
大不敬			7		1	13			2		3	1	1			1		2	1	4		6			
			21					7							14										
不敬			13							1		1			1	3	1	1	1		2	3			
			14					2							12										

　필자는 『漢書』와 『後漢書』에 보이는 大逆不道 등을 분석하여 [표 2]와 같은 결과를 얻었다. 위의 표에서 大逆不道·不道 등에 관한 다음과 같은 사실을 알 수 있다.

　大逆不道의 경우, 梟首 1회, 棄市 1회, 誅 3회, 自殺 11회, 獄死 2회, 불명 1회가 보이지만 압도적으로 많은 것은 腰斬(10회)이다.(각 항목을 세로로 합계할 것) 자살이 11회로서 不道 등에 비하여 많은데, 大逆不道가 사형 29회, 非사형 6회로서 사형 비율이 극히 높은 것 때문에 대역부도에 자살사례가 많다고 생각된다.[78] 또한 가족 연좌도 族刑(棄市)이 확인된 것만 15회인 것을 보면 대역부도에는 족형이 행해졌음을 알 수 있다. 이것은 전절에서 고찰한 분석 결과와 일치하는 것이다. 반면에 不道는 34:23으로 사형의 사례가 非사형보다도 약간 많다. 大不敬·不敬의 경우는 범죄자 본인이 사형되는 것보다는 非사죄의 처벌을 더 많이 받고 있다.(大不敬 7:14, 不敬 2:12) 결론적으로 대역부도는 사형과 非사형이 29:6으로 사형비율이 82%이다. 부도는 34:23으로 59%, 대불경은 7:14로 33%, 불경은 2:12로 14%이다. 이러한 사형 비율에서 보면

---

78) 籾山明, 『中國古代訴訟制度の硏究』(京都: 京都大學出版會, 2006), pp.41-42; 『漢書』 卷86 「王嘉傳」, pp.3501-3502, "主簿曰: 「將相不對理陳冤, 相踵以爲故事, 君侯宜引決.」" 漢代에는 "將相不辱"과 "將相不對理陳冤"의 전통이 있어서 皇帝가 조서를 내려 丞相을 廷尉獄에 보내면, 丞相은 죄의 유무와 관계없이 조서를 받는 즉시 자살을 하였다. 비록 이러한 전통에 의해 자살하는 것도 사실이지만, 大逆不道에 자살의 비율이 다른 것에 높은 것도 분명하다.

大逆不道 〉 不道 〉 大不敬 〉 不敬의 순서로 되어 있음을 알 수 있다.

不道의 경우, 가족연좌에서 불명으로 보이는 사례가 29회 보인다. 이렇게 不明의 숫자가 많은 것은 가족의 연좌가 사료에 나타나지 않아 불명으로 분류했기 때문이다. 不道로 처벌된 경우 父母妻子同産은 族刑의 대상이 아니었다. 그러한 예로, 不道로 棄市된 韓延壽의 아들이 연좌되지 않은 사실,[79] 罔上不道로 옥사한 王嘉의 아들은 不坐되고 있고,[80] 嚴延年은 "怨望非謗政治"하여 不道의 죄목으로 棄市되었으나, 그의 형제 5인은 연좌되지 않고 大官에 오른 사실을 들 수 있다.[81]

陳乃華는 족형으로 棄市에 처하던 것을 徙邊刑으로 바꾸는 것이 宣帝시기의 楊惲 사례부터 나타난다고 하였다.[82] 그러나 이미 武帝시기를 경계로 가족이 棄市에서 徙邊되는 사례가 출현하였다. 즉, 『漢書』 「景十三王傳(廣川惠王越)」에 廣川王 劉去가 재위시에 酷虐淫暴하여, 王后 昭信의 참언을 믿고, 後宮姬·婢 16人을 殘殺·生割·烹殺하였다. 그 죄로 廣川王 劉去는 폐위되자 자살하였고, 처자는 上庸으로 徙되었다.[83] 武

---

79) 『漢書』 卷76 「韓延壽傳」, p.3216, "子皆以父言去官不仕."
80) 『漢書』 卷86 「王嘉傳」, p.3503, "封嘉子崇爲新甫侯."
81) 『漢書』 卷90 「酷吏傳(嚴延年)」, p.3672, "延年兄弟五人皆有吏材, 至大官, 東海號曰「萬石嚴嫗」. 次弟彭祖, 至太子太傅, 在儒林傳."
82) 陳乃華, 위의 논문, p.102. 그런데 楊惲의 사례는 자세히 검토해볼 필요가 있다. 그가 받은 것은 不道인데, 이것과 腰斬과 가족의 遷徙刑은 상호 조합이 맞지 않기 때문이다. 양운은 不道를 받은 것으로 되어 있으나 腰斬을 받은 것으로 보아 大逆不道에 해당될 것으로 생각된다.
83) 『漢書』 卷53 「景十三王傳(廣川惠王越)」, p.2432, "制曰 : 「與列侯·中二千石·二千石·博士議.」 議者皆以爲去悖虐, 聽后昭信讒言, 燔燒亨煮, 生割剝人, 距師之諫, 殺其父子. 凡殺無辜十六人, 至一家母子三人, 逆節絶理. 其十五人在赦前, 大惡仍重, 當伏顯戮以示衆. 制曰 : 「朕不忍致王於法, 議其罰.」 有司請廢勿王, 與妻子徙上庸, 奏可. 與湯沐邑百戶. 去道自殺, 昭信棄市." 無罪者를 죽인 것 가운데 "一家母子三人"도 포함되었는데, 이는 漢律에서 大逆不道의 죄에 해당한다. 여기에서는 逆節絶理로 표현하고 있다. 逆節絶理는 『晉書』 「刑法志」에 不道로 표현된 것이므로, 大逆不道로 보아도 무방하다고 생각된다.

帝시기인 B.C.71년에 劉去의 처자가 上庸으로 徙된 것을 보면 陳乃華가
말한 宣帝시기보다 빠른 것이다. 그후 成帝 陽朔元年에 京兆尹 王章의
大逆罪의 경우 처자가 合浦로 徙되고 있다.[84] 이처럼 大逆不道에서 처
자가 변경으로 徙되는 경우도 있으나, 成帝시기에 孔光이 "大逆無道,
父母妻子同産無少長皆棄市"라고 한 것,[85] 후한 말 孔融의 사례에서 본
인은 腰斬되고 처자가 棄市된 것으로 볼 때 大逆不道의 경우 본인은
요참, 가속은 族刑에 처하는 漢初 二年律令의 내용이 개정되지 않았음
을 알 수 있다. 따라서 그때마다 大逆不道의 원칙이 약간씩 융통성 있
게 적용된 것임을 알 수 있다.

위의 논의를 정리한다면, 大逆不道罪는 주범은 腰斬에, 가족은 부모
처자형제를 棄市에 처하고 있다. 이는 二年律令 賊律의 조항 그대로이
다.[86] 그러나 일반 不道罪의 경우, 가족이 연좌되는 경우가 없다. 이를
통해 일반 不道罪가 大逆不道에 비해 처벌이 약했음을 알 수 있다.

V. 不道罪와 실정법의 충돌

漢律에 있어서 부도죄는 어떠한 존재일까? 그것은 唐律에서의 十惡
처럼 완벽한 지위를 확보하고 있을까? 우선 살필 것은 不道罪가 과연
漢代의 율령 조항에 나타나는지 여부이다. 우선 이년율령을 살펴보면
不道가 한 차례도 확인되지 않는다. 이것은 아직 부도죄가 발전하기
이전이라서 율령에 반영되지 않았다고 볼 수도 있다. 그런데 이년율

---

84) 『漢書』 卷27上 「五行志(火)」, p.1334, "明年, 京兆尹王章訟商忠直, 言鳳顓權, 鳳
   誣章以大逆皐, 下獄死, 妻子徙合浦.";『漢書』 卷10 「成帝紀」, p.311, "(陽朔元年)
   冬, 京兆尹王章有罪, 下獄死."
85) 『漢書』 卷81 「孔光傳」, p.3355.
86) 『張家山漢墓竹簡』, p.133.

령 이후의 자료들을 보면 不道가 율령에 기록되어 있을 가능성을 보여주는 자료와 그렇지 않은 자료가 보인다. 우선 부도가 율령에 기록되었을 가능성을 보여주는 자료로는 아래의 「平帝紀」를 들 수 있다.

> 조서에서 말하였다. "······ 백관들에게 분명히 알려서, 婦女가 직접 犯法한 것이 아닌 경우와 男子가 80세 이상과 7세 이하는 그 가족이 不道에 연좌된 것이 아니거나, 조서로 지명수배한 것이 아니면 기타는 모두 체포하지 않도록 하라."[87]

여기에서 "그 가족이 不道에 연좌된 것이 아니거나(家非坐不道)"라고 한 것을 보면 不道로 규정된 법률조항도 존재했을 가능성을 말해준다. 한편 『後漢書』 「光武帝紀」의 "犯法不道者"는 일반인이 범하는 不道의 죄가 규정되어 있는 것으로 생각될 수도 있겠으나, 법을 어겨서 不道에 처해진 자의 의미로도 해석 가능하다.[88] 후자라면 굳이 종류를 의미하기보다는 중범죄일 가능성도 있다.

반면에 前漢 成帝 시기의 廷尉 趙增壽의 언급은 不道가 과연 율령에 기록되어 있는지 의문이 가게 만든다.

成帝가 延陵(咸陽市 秦都區 周陵郷 嚴家溝村)을 만들다가 수년 후에 霸陵 曲亭(灞陵區 呂家堡村)의 남쪽을 좋아해서 새로이 昌陵을 造營하기 시작했다.[89] 陳湯은 元帝 이래 30년 가까이 중단되었던 陵邑徙民을 재차 주장하고 자신이 陵邑으로 솔선수범하여 徙民하겠다고 주장했다. 이 주장에 따라 먼저 昌陵邑을 일으키고 나중에 郡國民을 옮기려고 했던 것이다. 그러나 昌陵이 저지대에 있어서 지하 30미터 정도에

---

87) 『漢書』 卷12 「平帝紀」, p.356.
88) 『後漢書』 卷1下 「光武帝紀」, p.48, "又三輔遭難赤眉, 有犯法不道者, [三]前書音義曰 : 「律 : 殺不辜一家三人爲不道.」 自殊死以下, 皆赦除之."
89) 劉軍平, 「漢成帝與昌陵」(『西安教育學院學報』 19-2, 2004), pp.31-33.

서 물이 솟아오르고, 비용이 많이 들어 천하가 그 수고로움에 피폐해지자 원래의 延陵으로 돌아가야 하고 徙民하지 말아야 한다는 군신들의 논의가 있었다. 이에 丞相·御史가 延陵의 공사를 계속하고 창릉읍에 있던 주택을 허물려고 할 때 누군가가 진탕에게 "주택을 허물지 않으면 재차 徙民되지는 않겠지요?"라고 물었다. 陳湯은 "縣官(천자)께서는 羣臣의 말을 듣고 재차 徙民할 것이다."라고 하여 徙民이 행해진다는 불안감을 조성하였다. 成都后 王商이 원래 陳湯을 미워하였는데, 이 말을 듣고 惑衆不道로 처벌을 요구했다.

그러나 재차 사민할 것이라는 陳湯의 말이 전파된 것은 겨우 10여 인에 불과하였다, 그럼에도 丞相御史는 "湯이 惑衆하여 不道하고, 함부로 거짓되게 재이의 원인을 황제에게 돌리니 마땅히 해서는 안될 말이므로, 大不敬이다."라고 탄핵하였다. 이에 대해 廷尉 趙增壽는 진탕을 변론하였는데, 의미 있는 내용이 포함되어 있다. "不道는 正法에 없고(不道無正法), 범한 것이 극히 쉽게 죄가 되기 때문에, 臣下들은 법을 받들다가 실수를 하기 때문에 廷尉에게 재판을 넘기는 것이고, 比가 없는 것은 먼저 보고하여야 刑罰을 바로 할 수 있고, 人命을 중시하게 되는 것이다. 聖明한 군주께서 百姓을 불쌍히 여겨서 制書를 내려 昌陵의 공사를 중지시키고 吏民을 옮기지 말라고 한 명령은 이미 반포되었다. 그럼에도 陳湯이 함부로 자신의 생각으로 다른 사람에게 재차 징발하여 옮길 것이라고 하였다. 비록 자못 놀라게 한 것은 있으나, 이 이야기가 전해진 것이 많지 않아 백성들이 변고로 생각하지 않았으니 惑衆이라고까지 할 수는 없다. 陳湯이 거짓을 말하고, 있지도 않은 말을 늘어놓았으니 마땅히 해서는 안되는 말이니(非所宜言), 大不敬이다."라고 주장하였다.[90]

廷尉 趙增壽의 견해는 첫째 陳湯이 惑衆은 아니므로 不道罪에는 해

---

90) 『漢書』 卷70 「陳湯傳」, pp.3024-3026.

당되지 않으며, 둘째 非所宜言에는 해당되므로 大不敬으로 처벌해야 한다는 것으로 요약할 수 있다. 趙增壽의 주장에서 중요한 것은 不道 는 正法에 없다고 한 "不道無正法"의 사실이다. 이것은 不道가 법률조 항에 없다는 의미인데, 이에 대해서 沈家本·程樹德은 不道의 범죄에 어 떤 행위가 속하는지 구체적으로 규정되어 있지 않았고 不道는 고정된 개념이 아니라고 주장하였다.[91] 즉, 沈家本은 漢律의 不道는 專科(정식 조문)가 있지 않으므로, 讞者가 重比(무거운 판례)를 적용해 坐시킬 수 있다고 했으며,[92] 程樹德은 "漢代에는 獄論을 聽斷할 때 각각 正法이 있 다. 「王尊傳」에 '王尊은 正法으로써 재판하여 주살하자 모두 그 죄를 인 정하였다.'라고 한 것이 바로 이것이다. 不道不敬은 모두 正法에 없어 서 법을 논의하는 자는 比附하기가 용이했다."고 하였다.[93] 이것은 모 두 不道와 不敬이 법률조항에 없음을 지적한 것이다. 大庭修도 "無正法 은 律에 不法行爲와 그에 해당하는 형벌을 기록하지 않은 것"이라고 주장한다.[94] 無正法의 사례로는 아래의 2개 사례가 확인된다.

천자가 새로 즉위했는데 王尊이 대신을 중상하자 御史丞에게 상황을 조사하게 했다. 王尊에 대하여 "사면령 이전의 일을 함부로 속이고 비방 했고, 여러 차례 대신들을 상주했고, 법령에 없는데도 작은 잘못을 죄로 꾸며서(無正法, 飾成小過) 재상까지도 더러운 것에 빠지게 하고 공경을 욕 보였으며 국가를 경박스럽게 만들고, 사절을 공경스럽게 받들지 않았다." 고 탄핵하였다.[95]

---

91) 梁文生, 위의 논문, pp.51-52; 沈家本, 『歷代刑法考』(北京: 中華書局, 1985), pp.1415-1424; 程樹德, 『九朝律考』(北京: 中華書局, 2003), pp.94-95.

92) 沈家本, 위의 책, p.1423.

93) 程樹德, 위의 책, p.94.

94) 大庭修, 위의 책, p.143.

95) 『漢書』卷76 「王尊傳」, p.3232, "天子以新即位, 重傷大臣, 乃下御史丞問狀. 劾奏 尊「妄詆欺非謗赦前事, 猥歷奏大臣, 無正法, 飾成小過, 以塗汙宰相, 摧辱公卿,

여기에서도 "법령에 없는데도 작은 잘못을 죄로 꾸며서"는 죄형법 정주의에 어긋나게 법규정에 없는 사소한 잘못을 죄로 꾸며냈다는 것을 의미하였다. 無正法이 "법령에 없는 것"이라는 것은 앞서 趙增壽 의 경우와 일치한다. 또한 不道가 법조항과 어긋나게 적용되고 있는 것은 桑弘羊의 아들 桑遷의 사례에서 알 수 있다.

霍光이 형벌을 엄격하게 유지하고, 杜延年은 관대함으로써 보완하였 다. 燕王의 獄을 다룰 때, 御史大夫 桑弘羊의 아들 桑遷이 도망하여 부친의 故吏 侯史吳에게 숨었다. 후일 桑遷이 체포되어 법으로 처벌되었다. 사면 령이 내려지자 侯史吳는 스스로 자수하여 옥에 갇혔다. 廷尉 王平과 少府 徐仁이 모반사건을 공동으로 재판하면서, 두 사람 모두 桑遷은 부친의 모 반에 연좌된 것이고, 侯史吳는 이를 숨겨주었기 때문에 反者를 은닉한 것 이 아니라 隨從者를 은닉한 것으로 생각하고 赦令으로써 侯史吳의 죄를 면제하였다. 후에 侍御史가 이 사안을 재심했는데, 桑遷은 經術에 통하고, 아버지의 모반을 알면서도 간쟁하지 않았으니 반란한 주모자와 차이가 없으며, 侯史吳는 원래 三百石吏로서, 桑遷을 首匿한 것이라서 庶人이 隨從 者를 은닉한 것과는 다르므로 侯史吳는 사면을 받을 수 없다고 하였다. 그 래서 재심을 奏請하고, 廷尉(王平)와 少府(徐仁)를 反者를 풀어준 죄목으로 탄핵하였다. 少府 徐仁은 丞相 車千秋의 사위이므로 車千秋는 누차 侯史吳 를 위해서 말하였다. 千秋는 곽광이 (자신의 말을) 듣지 않을까 두려워하 여 中二千石·博士를 公車門에 소집하여 侯史吳를 어떠한 법으로 처벌해야 하는지 물었다. 議者들은 大將軍(곽광)의 뜻을 알기에 모두 侯史吳가 不道 에 해당한다는 견해를 견지하였다. 다음 날, 千秋는 衆議를 封上했고, 이에 곽광은 차천추가 마음대로 中二千石以下를 소집했고, 조정의 안과 밖에서 다른 말을 했다고 하여 드디어 廷尉 平·少府 仁을 獄에 가뒀다. 朝廷에서

轻薄國家, 奉使不敬.」

는 모두 승상이 연좌될 것을 두려워했다. 杜延年이 이에 奏記하여 霍光과 쟁론하기를, "吏가 죄인을 놓아주는 행위를 다스릴 때는 적용하는 常法이 있다. 지금 侯史吳를 무고하여 不道로 하는 것은 법이 각박하지 않을까 걱정된다. 또한 승상은 본래 가지고 있는 주관이 없고, 아래 관리를 위하여 좋은 말만 했는데 종래의 행동도 이러했을 뿐이다. 中二千石을 함부로 소집한 것은 심히 좋지 않다. 延年의 생각으로는 丞相은 재직한지 오래고, 先帝가 일을 맡겼으므로 큰 변고가 아니면 그를 해직할 수 없다. 요즘 백성들은 獄이 심하다고 말을 하고, 吏는 백성을 준엄하게 무고하는데, 지금 승상이 논의한 바 역시 獄事이다. 만약 이 사안이 승상에까지 미치면 군중의 마음에 합치되지 못할까 두렵다. 여러 아랫사람들이 시끄럽게 떠들고 서인들이 개인적으로 논하고, 유언비어가 사방으로 퍼지면, 延年은 천하에 장군의 이름이 훼손되지 않을까 걱정스럽다!" 霍光은 廷尉·少府가 法의 輕重을 농단하였다는 죄목으로 모두 棄市로 논하였고, 다만 丞相에게는 미치지 않게 하고 끝내 폄출하지 않았다. 杜延年이 논의의 공평함을 유지하고 조정을 화합되게 한 것이 모두 이와 같았다.[96]

원래 廷尉 平·少府 仁의 獄案은 이들이 桑遷을 은닉시켰던 侯史吳의 죄를 다스릴 때 桑遷의 혐의를 反者가 아니라 隨從者의 신분으로 간주했고, 또한 사면령이 내려져 侯史吳의 죄를 사면한 것에서 말미암은 것이었다. 반면 侍御史는 이 사안을 재심할 때, 桑遷이 부친의 모반사실을 알고 있었기 때문에 반란 주모자와 차이가 없으며, 侯史吳는 원래 三百石吏로서, 桑遷을 首匿한 것이므로 일반인이 隨從者를 은닉한 것과는 다르므로 不道에 해당한다고 주장하였다.

여기에서 不道와 현행법의 충돌을 고찰함에 있어 실마리가 되는 부분은 "議者들은 大將軍의 뜻을 알기에 모두 侯史吳가 不道에 해당한

---

96) 『漢書』卷60 「杜周傳(子延年)」, pp.2662-2663.

다고 하였다."는 부분과 延年이 "吏가 죄인을 놓아주는 행위를 다스릴 때는 적용하는 常法이 있다. 지금 侯史吳를 무고하여 不道로 하는 것은 법이 심각하지 않을까 걱정된다."라고 한 부분이다. 전자는 재판에 참여한 자들이 대장군 곽광의 의중에 따라서 侯史吳에게 부도죄를 적용했다는 것이므로 부도죄가 자의적으로 운용되었음을 말해준다. 후자의 杜延年의 언급은 죄인을 고의로 놓아줄 경우 처벌하는 常法(법률 규정)이 존재함에도 不道로 무고했다는 것은 죄형법정주의에 정면으로 위배되는 것이다. "今更詆吳爲不道"의 詆는 詆毁의 의미로서 사실을 왜곡하여 무고했다는 것이다. 특히 杜周와 그 아들 杜延年은 대대로 법률을 전공하고 大小杜律을 저술한 집안이기 때문에 법리 해석상 최고의 권위자라고 할 수 있다.[97] 杜延年의 아들 杜欽도 "令과 故事의 권위를 강조하고, 不敬之法이 실정법과 충돌하는 것을 반대하는 성향"은 杜周 이래 형성된 實定法 중시의 전통을 말해준다.[98] 杜延年이 언급한 常法은 이년율령의 다음 2개 조항이 해당되었을 것이다.

> 1) 죄인을 숨겼을 경우에 (은닉된 자가) 死罪에 해당하면 (숨겨준 자는) 黥城旦春에 처하고, 그 밖에는 각각 (은닉된 자와) 같은 죄로 처벌한다. 그 은닉된 죄인이 도망가기 전에 (죄인을) 고발하면 (숨겨준 자의) 죄는 면제해준다. 죄인을 은닉시켰는데, 죄인이 스스로 나오거나 또는 먼저 스스로 고발하면 죄를 감해주며, 숨겨준 자의 죄 또한 감해준다. 숨겨준 …[99]

---

97) 『後漢書』卷46「郭躬列傳」, p.1543, "郭躬字仲孫, 潁川陽翟人也. 家世衣冠. 父弘, 習小杜律. [一]前書, 杜周武帝時爲廷尉, 御史大夫, 斷獄深刻. 少子延年亦明法律, 宣帝時又爲御史大夫. 對父故言小."

98) 『漢書』卷79「馮野王傳」, p.3304, "今釋令與故事而假不敬之法, 甚違闕疑從去之意."

99) 『張家山漢墓竹簡』, p.155, "匿罪人, 死罪, 黥爲城旦春, 它各與同罪. 其所匿未去而告之, 除. 諸舍匿罪人, 罪人自出, 若先自告, 罪減, 亦減舍匿者罪. 所舍)167(C65)"

2) 옥사를 鞫問하는데, 고의로 놓아주거나, 죄의 경중을 고의로 달리하
   거나, 증거를 확인하거나 판결의 報告에 있어서 죄를 피하게 하려고
   고의로 철저히 심리하지 않은 경우는, 死罪라면 斬左止城旦으로 하
   고 그 외의 다른 형이라면 같은 형으로써 論斷한다.[100]

   위의 두 개의 율문 가운데 侯史吳의 사례에 적용해야 할 것은 죄인
을 은닉시킨 것과 자수했을 경우를 규정한 첫 번째 율문이다. 侯史吳
는 스스로 先自告했으므로 罪減되는 것을 의도했을 것이다. 두 번째
율문의 재판시 죄수를 고의로 풀어주는 행위를 의미하는 "鞫(鞠)獄故
縱"의 사안이 廷尉 王平과 少府 徐仁에 해당된다. 재판에서 死罪를 고
의로 방면한 관리는 斬左止爲城旦에 해당하는 형벌을 받는다. 그러나
이년율령의 이 조항은 일반적인 사죄의 경우로 생각되고, 후술할 衛
태자 사건시 丞相司直 田仁의 사례에서 알 수 있듯이, 縱反者의 사안은
이 조항의 적용을 받지 않았을 가능성도 있을 수 있다. 그에 따라서
王平과 徐仁은 縱反者의 적용을 받아서 昭帝 元鳳 3年 腰斬에 처해졌
다.[101] 결국 桑遷이 反者인지, 아니면 隨從者인지의 판단 여부가 王平·
徐仁의 재판에서 중요한 관건이 되었던 것이다. 후자라면 常法(二年律
令)의 적용을 받았을 것이나, 전자라면 적용조항이 달라져서 아래에
언급할 田仁의 경우와 같이 모반죄를 고의로 풀어준 것으로 처벌되어
야 했다.
   縱反者의 죄목으로 처단된 사례는 武帝시에 司直 田仁의 경우를 들
수 있다. 縱反者는 斬刑, 즉 腰斬에 처하는 것이 법률에 규정되어 있었

---

100) 『張家山漢墓竹簡』, p.147, "鞫獄故縱, 不直, 及診, 報, 辟故弗窮審者, 死罪, 斬
    左止(趾)爲城旦, 它各以其罪論之."
101) 『漢書』 卷7 「昭帝紀」, p.228, "夏四月, 少府徐仁, 廷尉王平, 左馮翊賈勝胡皆坐
    縱反者, 仁自殺, 平, 勝胡皆要斬.";『漢書』 卷68 「霍光傳」, p.2953, "廷尉李種、
    王平、左馮翊賈勝胡及車丞相女婿少府徐仁皆坐逆將軍(竟)[意]下獄死."

던 것으로 보인다. 江充의 무고사건으로 衛太子가 반란을 일으켰을 때 丞相 劉屈氂는 성문을 관장하던 田仁을 태자가 탈출하게 만든 죄로 참하려 하자, 어사대부 暴勝之는 司直이 이천석의 관리인데 참하려면 先請해야 한다고 제지하였다. 武帝가 "司直은 反者를 풀어준 자로서, 丞相이 斬하려는 것은 法에 있는 것인데, 어사대부는 어떤 이유로 함부로 막느냐?"라고 힐책하여 포승지는 자살하였다.[102] 또한 田仁은 "坐縱反者族"의 죄목으로 族刑에 처해졌고, 武帝가 田仁을 "斬"하는 것이 법이라고 한 것을 종합하면,[103] 縱反者 본인은 요참, 가족은 족형에 처하는 것이 원칙이었던 것으로 생각된다.

二年律令 賊律의 첫 번째 조항으로 나오는 모반은 매우 중대한 범죄이므로, "皆要斬. 其父母、妻子、同産, 無少長皆棄市"의 적용을 받는다. 武帝가 "丞相이 참하려 한 것은 법에 있는 것이다."라고 한 것에서 유추한다면 현재로서는 二年律令의 賊律에 모반자와 그 가족에 대한 규정만 보이지만, 필시 모반자와 그 협조자 등 연좌된 자들에 대한 내용이 존재했을 것이다. 이것은 이년율령의 적율 조항에 누락되어 있는 내용이라고 생각되는데, 이 처벌은 모반자 및 縱反者가 동일한 처벌을 받았음을 말해준다.

侯史吳를 不道로 본 것과 田仁의 경우는 사정이 다르다. 전자는 杜延年의 법리 분석에서 본다면 常法을 부정하고 왜곡되게 법률을 적용한 법리상의 논쟁이었다. 杜延年의 常法에 의하면 이년율령의 규정에 입각하여 死罪를 놓아줄 때는 斬左止爲城旦으로 처벌해야 하는 것이

---

102) 『漢書』 卷66 「劉屈氂傳」, p.2881, "會夜司直田仁部閉城門, 坐令太子得出, 丞相欲斬仁. 御史大夫暴勝之謂丞相曰:「司直, 吏二千石, 當先請, 柰何擅斬之.」丞相釋仁. 上聞而大怒, 下吏責問御史大夫曰:「司直縱反者, 丞相斬之, 法也, 大夫何以擅止之?」勝之皇恐, 自殺."

103) 『漢書』 卷37 「田叔傳」, p.1984, "月餘, 遷司直. 數歲, 戾太子擧兵, 仁部閉城門, 令太子得亡, 坐縱反者族.";『漢書』 卷66 「劉屈氂傳」, p.2881, "上聞而大怒, 下吏責問御史大夫曰:「司直縱反者, 丞相斬之, 法也, 大夫何以擅止之?」"

옳다. 또한 이해하기 어려운 것은 설령 侯史吳가 不道가 되었다면 縱
反者의 혐의이므로 요참에 처하는 것이 옳다. 그럼에도 그를 棄市에
처한 것은 동일한 縱反의 죄목으로 腰斬에 처해진 田仁과 비교할 때
형평성이 맞지 않는다.

廷尉 王平과 少府 徐仁의 경우는 죄수를 무단 방면한 吏를 처리하
는데 常法이 있다는 杜延年의 주장처럼 위에 인용한 2)의 조항을 적용
시키는 것이 옳다고 생각된다. 그럼에도 불구하고 이들을 縱反者의 不
道로 몰아서 腰斬에 처한 것은 不道가 자의적인 법률운용에 사용되었
다고 생각된다.

不道가 실정법에 위배되었던 것과 마찬가지로 不敬이 실정법과 충
돌되는 사례를 들 수 있다.

> 얼마 있다가 太子와 梁王이 함께 수레를 타고 入朝할 때 司馬門에서 내
> 리지 않자, 張釋之가 쫓아가서 太子·梁王을 저지하여 殿門에 들어가지 못
> 하게 하였다. 드디어 公門에서 내리지 않는 것을 不敬으로 탄핵하고 상주
> 하였다. 薄太后가 이를 보고하자, 文帝는 冠을 벗고 사죄하였다. "아이를
> 근실하게 가르치지 못했습니다." 薄太后가 사자를 시켜 조서를 받들어 太
> 子와 梁王을 사면하고 난 후에야 들어갈 수 있었다.[104]

"公門에서 내리지 않은 不敬"의 죄는 如淳의 주석에 의하면 벌금 4
량에 불과하다.[105] 高陵의 玉環 절도범에 대해 죄형법정주의를 주장
했던 장석지가 이 사안에서 벌금 4량에 불과한 죄를, 不敬(棄市)으로
처리한 것은 이해하기 어렵다. 하나의 不敬 범죄에 벌금 4량과 棄市의
넓은 간극을 이해하기란 쉽지 않다. 여기에서의 "不敬"을 불경한 행동

---

104) 『漢書』 卷50 「張釋之傳」, p.2309.
105) 『漢書』 卷50 「張釋之傳」, p.2309, "如淳曰:「宮衛令『諸出入殿門公車司馬門者皆
下, 不如令, 罰金四兩』.」"

으로 이해할 수도 있지만, 이것은 다른 不敬의 사례들이 棄市로 처벌된 것과 동일하게 적용되어야 할 것이기 때문에 벌금 4량과는 천양지차가 있다. 杜延年이 언급한 常法, 즉 실정법이 있음에도 이러한 不敬이 적용된 것은 馮野王의 사례에서 두흠이 언급한 것처럼 令과 故事는 놓아두고 不敬之法에 가탁하는 것이다.[106] 실정법과 不道·不敬이 충돌한 또 다른 사례로 薛宣의 예를 들 수 있다.

앞서 薛宣에게는 두 동생인 薛明·薛修가 있었다. 薛明은 南陽太守에 이르렀다. 薛修는 郡守·京兆尹·少府를 역임했고, 교류와 접대를 잘하여 州里의 칭송을 얻었다. 後母는 늘 薛修를 따라서 官에 거처하였다. 薛宣이 丞相이 되었을 때, 薛修는 臨菑令이 되었고, 薛宣이 後母를 맞이하려했으나, 薛修가 보내지 않았다. 後母가 병사하자, 薛修는 관직을 떠나 服喪을 하였다. 薛宣이 薛修에게 三年服喪은 능히 할 수 있는 사람이 적다고 말하자, 兄弟가 서로 공격하였는데, 薛修는 끝내 복상을 마쳤고, 이로 인해 형제는 불화하게 되었다.

오래되어 哀帝가 막 즉위했을 때, 博士 申咸이 給事中으로 있었는데, 역시 東海 사람이었다. 그는 薛宣이 供養과 喪服을 하지 않았으며, 骨肉간의 정이 옅고, 전에 忠孝하지 않은 것으로써 면직되었으니 재차 열후에 봉해져서 조정에 재직하는 것은 옳지 않다고 비방하였다. 薛宣의 아들 薛況이 右曹侍郎이었는데 누차 그 말을 듣자, 돈을 주고 客 楊明을 고용해, 申咸의 얼굴을 찔러 관직에 있지 못하게 하려고 했다. 마침 司隷의 자리가 비어서 薛況은 申咸이 그 자리로 갈까봐 두려워하여 드디어 楊明으로 하여금 신함을 궁문 밖에서 차단하고 코와 입술을 자르고 몸 8곳을 찔렀다.

이 사안이 有司에 내려졌다. 御史中丞 衆 등은 "薛況은 朝臣이고, 父(薛宣)는 과거 宰相이었으며, 재차 列侯에 봉해졌음에도, 서로 가르쳐 교화를

받들지 못하고, 骨肉이 서로 의심하여 申咸이 薛修의 말을 듣고 薛宣을 비방한 것으로 의심하였다. 申咸이 말한 것은 모두 설선의 행적이며, 여러 사람이 함께 보고 들은 바이다. 薛況은 給事中으로 있는 신함이 司隸가 된 후 설선을 탄핵할까봐 두려워하여, 공개적으로 明 등을 시켜서 宮闕에 가까운 큰 길의 사람 무리 속에서 길을 차단하고 近臣을 찔러서, 군주의 총명을 차단하고 論議의 단서를 두절시키려 했다. 흉포한 바가 꺼리는 바가 없다. 많은 군중이 시끄럽게 떠들고 사방으로 소문이 흘렀기 때문에 일반 백성이 분노하여 싸운 것과는 다르다. 臣이 듣건대 近臣을 존경하는 것은, 군주에 가깝기 때문이다. 禮에 말하기를, 公門에서는 말에서 내리고, 路馬(군주의 말)를 보면 軾(수레 앞의 횡목)을 쓰다듬는 것이다. 군주의 가축조차도 오히려 존경하는 것이다. 春秋之義에 의도가 나쁘면 공이 있어도 주살을 면하지 못한다. 上의 권위를 침범하는 근원을 키워서는 안된다. 況은 악을 저지른 주범이며, 明은 직접 부상을 입혔으니, 결과와 의도(功意)가 모두 악하다. 모두 大不敬이다. 楊明은 중죄로써 논해야 하며, 薛況은 모두 棄市이다."

廷尉 直은 "律에 '칼로써 싸우다가 사람에게 상해를 입히면 完爲城旦이며, 그것이 의도적으로 해친 경우라면 일등급을 가죄하며, 더불어 모의한 자는 같은 죄를 준다.'라고 되어 있다. 황제의 詔書에서 비방과 속임수로써 罪가 구성되는 일이 있어서는 안된다. 傳에 '사람을 義로써 대하지 않아 상처를 주는 것은 사람을 구타한 것과 죄가 같다. 不直을 미워하기 때문이다.' 申咸은 薛修와 친했고, 자주 설선의 나쁜 점을 말하여 소문이 나게 한 것은 옳지 않고, 정직하다고 할 수 없다. 況이 고의로 신함을 상하게 한 것은 計謀가 이미 확정되어 있었고, 후에 (申咸이) 司隸가 되었다는 것을 들었다. 이전에 모의한 것으로 楊明을 사주한 것이지, 申咸이 司隸가 되는 것을 두려워하여 모의를 꾸민 것은 아니다. 본래 싸움은 사적인 변고이고, 비록 掖門(금문)밖 도로에서 신함에게 부상을 입혔더라도 일반 사람의 싸움과 다를 바가 없다. 殺人한 자는 사형에, 상해를 입힌 자는 형벌

에 처하는 것이 고금의 통하는 이치이며, 三代 동안 바뀌지 않는 원리이다. 孔子가 말하길 '반드시 이름을 바르게 하라.'라고 했으니, 이름이 바르지 않으면 刑罰이 맞지 않는 상태가 나타나게 된다. 刑罰이 맞지 않으면 백성이 손발을 둘 곳이 없다. 지금 설황은 首惡으로, 양명은 친히 손으로 상처를 입혀 大不敬인데, 公과 私라고 하더라도 차이가 없다. 春秋之義에 원래의 마음을 살펴 죄를 결정한다 했으니, 원래 설황은 부친이 비방당하는 것을 보고 분노하였고, 다른 커다란 죄악은 없다. 여기에 무고와 속임수를 가하고 작은 잘못을 모아 大辟의 죄를 구성하여 사형에 빠지게 만드니 군주의 明詔에 위배되고, 아마도 法意가 아닌 듯하니 시행할 수 없다. 聖王은 노여움으로 형을 증가시키지 않는다. 양명은 不直으로 사람을 賊傷한 죄로 처벌해야 하고, 설황과 모의한 자는 모두 爵減하여 完爲城旦으로 하여야 한다."[107]

薛況이 자신의 부친 薛宣을 비난하는 박사 申咸을 테러한 사건에 대해, 황제가 公卿議臣에게 물은 결과, 견해는 두 가지로 나뉘었다. 丞相 孔光·大司空 師丹은 御史中丞의 견해에 찬성했고, 將軍以下 博士議郎은 모두 廷尉의 견해에 찬성했다. 御史中丞 衆과 廷尉 直의 견해는 대립되지만, 양자 모두 춘추지의를 인용하여 주장의 정당성을 확보하려 한 점은 일치한다. 다만 어사중승은 법률조문을 인용한 것이 아니라 오직 禮와 春秋之義에만 입각하여 大不敬으로 탄핵하였다. 그렇다면 어사중승의 大不敬은 법조문에 근거한 것이 아닌 자의적 법해석이라고 할 수 있다.

廷尉측에서도 법률조문과 공자의 언어와 춘추지의를 원용하여 자신의 주장을 합리화하려 했다. 다만 어사중승의 주장과의 차이점은 사법업무를 총괄하는 廷尉답게 구체적 법률조항까지 인용하여 完爲城旦

---

107) 『漢書』 卷83 「薛宣傳」, pp.3394-3396.

으로 판결한 것이다. 이에 반해 御史中丞의 大不敬 논거는 죄형법정주의에 입각한 것이 아니라 禮와 春秋之義에 근거한 것이다. 그 때문에 정위로부터 거짓과 무고라는 비판을 받는 것이다. 결국 최종 판결은 정위의 견해를 채택하여 설황은 본래대로라면 賊傷으로 되어 黥爲城旦이 되었을 것인데, 작위로 감죄되어 完爲城旦이 되어 돈황으로 徙邊되었던 것이다.

그렇다면 지금까지 고찰해온 陳湯·侯史吳·太子(景帝)·薛況의 사례에서 大不敬·不道의 상당 부분은 율령에 해당 조문이 있는 것이 아니고, 春秋之義 등을 이용하여 죄를 확정했던 것이다. 不道를 적용하는 것은 대체로 법률의 조항과는 무관하게 禮와 春秋之義 및 관리들의 주관적 해석에 따라서 법률을 적용하였던 것이다. 不道는 법령 밖에 존재하는 또다른 법령임을 알 수 있었다. 일종의 초법적인 것이 不道罪였던 것이다. 이러한 不道罪의 적용은 필연적으로 죄형법정주의와 모순을 야기하였다.

VI. 결론

漢初의 二年律令에는 不道 규정이 확인되지 않는다. 그후 不道는 文帝시기부터 나타나기 시작하여 武帝시기에 최고 정점을 찍은 이후 哀帝시기까지 많이 출현하였다. 不道罪는 체계화되지 못한 부분도 존재하였으나, 狡猾不道가 부정한 금전수수와 관련해 적용되는 것처럼 不道는 나름대로의 일정한 적용 원칙이 존재했던 듯하다. 大逆不道는 謀反, 謀立, 祝詛上, 妖言惑衆, 亡臣子禮와 같이 국가의 安危 및 황제와 관련된 것에 적용되고 있다. 不道는 誹謗, 罔上, 誤朝, 王杖 소유자 毆辱, 殺人, 不孝, 園陵침범, 漏泄省中語, 狡猾, 非所宜言 등에 적용되었다. 그리고 不敬의 경우는 이보다 중요하지 않은 사례들에 적용되고 있다. 大逆無道와 不道, 大不敬, 不敬의 등급 관계가 애매모호하였으나, 집행된 형벌의 통계를 가지고 분석하면 大逆不道(腰斬, 棄市), 不道(棄市), 大不敬, 不敬의 순서로 무거웠다고 생각된다.

不道 및 不敬 등은 漢代 내내 체계화되지 못하였다. 不道는 鳩杖令에 보이듯이 律보다는 令에 규정된 것으로 생각된다. 不道罪가 성행한 이후에도 율령에 규정되지 않고 자의적으로 사용된 결과 누차 實定法과 충돌하는 현상을 보이고 있는 것은 漢代에 초법적인 상태였음을 말해준다.

魏新律에서 不道法의 개정 상황을 보면 이 시기에 가서도 부분적 정리에 그친 것으로 생각된다.

> 또한 賊律을 고쳤는데, ① 단지 言語로써 군주를 비방하거나 宗廟와 園陵을 범하는 것을 大逆無道라고 칭하고, 범한 자는 腰斬에 처하고, 그 家屬은 연좌되나 祖父母·孫에는 미치지 않는다. ② 謀反大逆의 경우는 발생 즉시 체포해야 하고, 그 거주지를 연못으로 만들거나(汙瀦), 혹은 梟首와 醢刑에 처하고, 三族을 족멸한다. 이것은 율령에 없으나, 극악한 행위를 엄격하게 근절하기 위한 것이다.[108]

위의 조문은 魏新律에서 개정된 賊律의 일부이다. ①에서는 크게 군주에 대한 비방과 종묘와 원릉의 침범이라는 2가지 사항을 大逆無道에 포함시킨 것을 언급하였다. 文帝의 조서에 언급되었듯이, 군주를 祝詛하는 경우는 大逆으로 간주했지만, 誹謗은 단순한 不道에 속했었다.[109] 이제 誹謗도 大逆不道에 포함되어 처벌이 강화되었다. 또한 張

---

108) 『晋書』卷30「刑法志」, p.925, "改漢舊律不行於魏者皆除之, 又改賊律, 但以言語及犯宗廟園陵, 謂之大逆無道, 要斬, 家屬從坐, 不及祖父母·孫, 至於謀反大逆, 臨時捕之, 或汙瀦, 或梟菹, 夷其三族, 不在律令, 所以嚴絶惡跡也."

釋之가 재판한 高祖廟의 옥환을 절도한 죄는 棄市에 처한 것으로 보아
不道罪에 해당되었으나, 魏新律에서는 大逆不道에 포함시켜 강화시키
고 있다. 다만 이 경우 家屬의 연좌에서 祖父母·孫은 제외시켜 적용범
위를 축소시키고 있다.

②에서는 謀反大逆의 경우 "거주지를 연못으로 만들고, 梟首와 醢刑
에 처하고, 三族을 족멸한다. 이것은 율령에 없으나, 극악한 행위를
엄격하게 근절하기 위한 것."이라고 한 것은 해석하기가 곤란하다. 이
에 대해서는 "엄격하게 근절"이라는 것에 중점을 둔 것을 볼 때 형벌
의 방법을 율령에 기록하지 않은 것으로 생각된다.[110]

魏新律에서는 大逆不道에 관한 것만 보완했을 뿐 唐代의 십악과 같
은 형태는 아직 만들어내지 못했다. 『唐律疏議』「十惡」조에 따르면, 北
齊律에서는 "重罪十條"라고 하여 드디어 10개 조문이 보이고, 開皇律에
가서야 十惡의 죄명이 출현하였다.

北周·北齊때에는 비록 10條의 罪名은 갖추었으나 "十惡"의 罪目은 없었
다. 開皇 때에 法制를 제정하면서 비로소 이 科를 갖추게 되었는데, 옛 법
제(北齊 重罪十條)를 참작하여 그 수를 10條目으로 하였다. 大業 연간에 개
정할 때, (十惡의 죄명을) 다시 삭제하여 10조 가운데 8조만이 남게 되었

109) 『史記』 卷10 「孝文本紀」, pp.423-424.
110) 內田智雄도 형벌의 방법을 율령에 기재하지 않은 것으로 이해하고 있다.
즉, "모반대역에 관해서는 그 형벌의 방법을 율령에 기재하지 않은 것일
지, 아니면 형벌은 물론이고 모반대역에 관한 범죄규정 그 자체를 율령에
기재하지 않은 것인지 확실하지 않다. 전자라고 한다면 그것은 모반대역
에 대해서는 통상의 범죄의 경우와 다른 가혹한 형을 적용하는 것이므로
그것을 일반 형벌법규인 율령에는 기록할 수 없다는 의미일 것이다. 후자
라면 모반대역과 같은 범죄행위는 본래 있을 수 없는 것이므로 미리 이러
한 범죄를 규정하여 율령에 기재하는 것은 하지 않는다는 의미이다. 전자
의 의미로 해석하는 것이 타당할 것이다."[內田智雄, 『譯注中國歷代刑法志』
(東京: 創文社, 1964), pp.113-114. 주 17.]

다. 武德 이후에는 開皇律을 준수하여 증감한 것이 없었다.[111]

법률용어인 十惡은 불교경전이 번역된 후에 法律世界에 진입하게
되었다고 한다. 開皇律에서 "十惡"의 이름은 불교사상의 "十惡"의 관념
이 점차 중국인에게 접수되면서 등장하게 된 것이다. 불교사상의 十
惡과 당률의 十惡은 같지는 않지만, 開皇律 武德律의 수정과 永徽律疏
를 편찬한 입법자 가운데 적지 않은 불교신도가 참여한 것도 불교의
십악 용어가 律傳에 들어오는데 영향을 끼쳤다.[112]

---

111) 錢大群, 위의 책, pp.19-20.
112) 張海峰 「唐律"十惡"一詞的佛教淵源」(『現代法學』 34-3, 2012), pp.41-43.

王莽의 개혁

— 商鞅체제로부터의 이탈 —

Ⅰ. 서론

前漢왕조 전반 이후 武帝의 유학 중시정책으로 인해 유가관료들이 꾸준히 官界에 들어오게 되었다. 관료사회가 유가화 되면서 元帝 이후부터 郡國廟 폐지, 천자7묘제, 郊祀제도 등의 개혁의 문제가 등장하였다. 이러한 와중에 商鞅으로부터 비롯된 秦漢의 제도들은 전한 중기부터 유가이념이 침투하면서 변모하기 시작했다. 그리고 궁극적으로 유가경전의 황금세계를 실현하기 위하여 등장한 것이 王莽의 新왕조였다.

王莽의 新왕조는 불과 15년(A.D.8-23) 동안 존속했던 단명 왕조임에도 불구하고 禪讓에 의한 왕조찬탈의 최초 선례를 남겼고, 復古정치를 표방한 독특한 개혁을 단행함으로써 중국 역사상 오래도록 그 이름이 기억되고 있다. 특히 이 기간에 끊임없이 진행된 개혁은 이후 2천년간 개혁을 운위할 때마다 언급되어지고 모델로서 사용되고는 했다.

전근대의 王莽에 대한 평가는 부정적인 것이 주류를 이루었다. 班固는 『漢書』에서 "찬탈자"로 규정했고, 徐幹은 『中論』 「亡國篇」에서 王莽의 사람됨은 안으로는 奸邪하면서 겉으로는 古義를 숭모한다고 했다.[1] 王夫之는 『讀通鑑論』에서 王莽의 찬탈은 천하민의 뜻을 받들었기 때문에 순조롭게 이루어졌으나, 그것은 거짓된 겸양으로 유혹한 것이

---

1) 徐幹, 『中論』(臺北: 商務印書館, 1968), p.34.

며, 그는 한낱 小人에 불과하다고 평가하였다.[2] 또한 司馬光은 『資治通鑑』에서 「王莽傳」의 관련 자료를 인용할 때 害民의 기사만을 인용하고, 범법한 아들 王宇와 조카 王光을 죽인 것을 公平無事하다고 평가하지 않았다. 오히려 班固와 동일한 논법으로 王莽이 公正하다는 것을 가장하기 위한 수단으로 사용했다고 평가했다.[3] 사실상 "成則爲王, 敗則爲寇"의 원칙이 전통시대 역사가들의 인물 평가기준이 되어 왔음은 부정하기 어렵다. 그러나 『呂氏春秋』의 "天下者非一人之天下也"라는 관점에서 본다면 황제의 지위에 劉氏만이 올라야 할 이유도 없지만, 어쨌든 이같은 전근대의 王莽에 대한 평가는 부정적 인식을 가져왔고, 이로 인해 그의 개혁의 정당성 여부는 관심 밖으로 밀려나 있었다.

1922년 胡適이 王莽은 1900년 전의 사회주의자로서 1900년 동안 억울한 평가를 들었다고 주장한 이래,[4] 王莽에 대한 재평가 작업이 계속되어 왔으나 많은 업적이 나오지는 않았다. 中共정권의 성립 직후인 1950년대부터 본격적인 王莽평가가 시작되었고, 『中國史學硏究動態』의 「對王莽評價的兩種不同意見」의 제목이 시사하듯이 王莽평가는 확연히 긍정·부정의 두 방향으로 구분되었다.[5] 특히 1980년대에 들어 王莽을 中國古代改革家로 파악해 王莽의 복권을 시도하는 논문들이 다수 발표되었다. 그 논지는 주로 王莽의 찬탈자적 성격은 논외로 하고, 그의 개혁의 시대적 당위성에 우선을 두는 방향이다. 심지어 霍雨佳의 글을 비롯한 많은 논문들이 人心을 획득한 王莽이 漢을 대신한 것은 역사의 필연적 결과이며, 개혁의 실패로 英雄을 평가해서는 안된다고 주장하면서 王莽을 英雄으로 복권시켰다.[6]

---

2) [淸] 王夫之, 『讀通鑑論』(臺北: 商務印書館, 1968), p.92.
3) [宋] 司馬光, 『資治通鑑』(北京: 中華書局, 1956), 卷36, 漢紀28, p.1141, 1165.
4) 胡適, 「王莽」, 『胡適文存』(二集) 卷一; 「再論王莽」, 『胡適文存』(三集) 卷七, 民國叢書 第一編 93·94(上海: 上海書店, 1989).
5) 宋超, 「對王莽評價的兩種不同意見」, 『中國史學硏究動態』(北京: 中華書局, 1993), pp.79-84.

한편 王莽의 개혁을 일괄적으로 파악하지 않고 개혁의 개별적 내용을 분석한 후 부정적 측면과 진보적 측면이 모두 존재한다고 파악하는 절충적 견해도 제출되었다. 즉, 王莽의 개혁 가운데 토지와 노비정책은 역사상 창조적 의의가 있는 조치로 보았으며, 五均·六管정책은 경제 발전과정 가운데 필연적으로 존재했어야 하는 조치로 보고, 긍정적 요소가 없는 우매한 행동으로서 화폐개혁과 정치제도개혁을 파악하고 있다.[7]

이처럼 근년에는 王莽의 개혁에 대해 긍정적 평가가 적지 않게 제기되는 가운데, 부정적 입장에 선 견해도 결코 만만치 않다.[8] 부정적 견해는 王莽의 改制가 前漢의 사회경제 회복이라는 선의의 목적을 가지고 출발했으나, 인재기용의 부적절, 경험부족, 조급함 등으로 실패했다고 비판론을 펼쳤다. 이 견해들은 王莽을 僞君子的 측면과 改革의 부당성 측면에서 비판하고, 改制의 진실한 목적은 前漢사회의 문제점을 해결하는데 있었던 것이 아니라 王莽 개인의 정치야욕·이익을 달성하는데 있었다고 주장했다. 이러한 관점에서 張志哲은 王莽을 "부끄러운 어릿광대", "大功을 좋아하는 野心家", "典型的僞君子", "外戚政治의 産物"로 표현하고 있다.[9] 孟祥才는 王田·奴婢정책이 봉건 帝王의 이익을 위한 것, 즉 王莽 일족의 사리를 추구하기 위한 것이고, 기본적으로 역사발전에 위배되는 복고주의적 사상이라고 보았다.[10] 王田제도는 토지의 자유매매를 금지하고 井田制로 복귀하는 것인데, 폐지된 지 4백년이나 되는 井田制를 시행한다는 것은 역사 발전의 추세에 어

6) 葛承雍, 「王莽的悲劇」(『西北大學學報』 1981-1); 韓養民·葛承雍, 「王莽改制簡論」(『中國古代史論叢』 7輯, 1983); 霍雨佳, 「論王莽」(『海南師院學報』 1992-3).

7) 張道英·李泉, 「王莽改制的歷史地位」(『聊城師範學院學報』 1982-2); 孟聚, 「王田制是以限田爲目的的原始均田制」(『許昌師專學報』 1987-4).

8) 韓玉德, 「論王莽不是中國古代改革家」(『靑島師專學報』 1992-1).

9) 張志哲·羅義俊·郭志坤, 「王莽與劉秀」(『中國史硏究』 1980-2).

10) 孟祥才, 『王莽傳』(天津: 天津人民, 1982), p.94.

긋났기 때문에 실패한 것이고, 이는 결과적으로 경제법칙이 王莽의
행정명령에 승리했다는 것이다. 빈궁한 농민이 노비로 전락하는 추세
는 봉건사회에서 근본적으로 해결할 방법이 없으므로, 오히려 세금징
수를 완화하고 농업생산을 증대시켜 농민을 토지로 돌아오게 하는
것이 사회모순을 완화하는 가장 좋은 방법이라는 것이다.

　이상의 王莽 개혁에 대한 평가가 팽팽히 대립하는 가운데, 고고학
적 성과에 바탕해 王莽의 화폐개혁을 고찰하려는 시도도 있다.[11] 그
에 의하면 王莽의 화폐개혁은 우연한 현상이 아니며, 그것은 前漢 이
래 五銖錢이 가지고 있던 문제점에서 비롯된 필연적 결과라고 파악하
고 있다. 한편 일본에서의 王莽 연구는 今·古文의 대립, 讖緯說 등 사
상적 측면에서 접근한 것이 많았으나, 근년에는 그나마도 거의 발표
되고 있지 않는 형편이다. 일본에서의 王莽 연구 가운데 비교적 자료
의 정리와 해석에 典範이 될만한 논문을 발표한 河地重造는 王莽의 정
치가 현실과 괴리된 측면은 있으나, 그렇다고 夢想家도 偏執狂도 아니
라고 하였다. 왕망은 나름대로 사회를 보고 개혁을 지향했으나, 그의
뇌리에서 나올 때 그 방법은 현실성을 잃고 관념과 형식에 함몰되었
다고 평가하였다.[12]

　王莽과 그의 개혁에 대한 양립된 연구 방향은 제한된 시각으로 기
술한 班固의 『漢書』에 의존하는 한 앞으로도 오래도록 지속될 전망이
다. 그러나 前漢말의 제 상황을 종합하여 王莽의 개혁을 고찰한다면,
제한적이나마 올바른 평가를 추출해낼 수 있을 것이다. 본고는 첫째
王莽의 개혁이 당시 사회에 반드시 필요했을 정도로 사회모순이 심각
했는가 하는 측면에서 王莽 개혁의 時宜性을 규명해 보고자 한다. 改
革이라고 하는 것이 시행되었을 때는 반드시 개혁의 대상이 존재했
다. 그러한 관점에서 王莽이 개혁대상으로 삼은 前漢末의 여러 가지

---

11) 陳紹棣, 「試論王莽改幣」(『中國史研究』 1983-2).
12) 河地重造, 「王莽政權の出現」, 『世界歷史』 4(東京: 岩波書店, 1970).

문제들이 과연 심각했었는지, 또한 그 개혁이 時宜性을 가지고 있었는데도 실패했다면 그 이유가 어디에 있었는가를 규명해야 한다고 생각한다. 둘째, 周公으로 자임한 王莽이 추진한 정책은 이상적 사회였다는 周代로의 회귀를 꾀했다는 평가를 많이 들어왔는데 과연 그같은 평가가 적당한 것인지, 또한 개혁의 외관은 儒家的인 측면이 많지만 실제로는 漢武帝 시기의 정책들의 복사판이라는 평가도 있는데, 이것은 어떻게 이해해야 하는가? 셋째, 농민을 위한 개혁을 폈음에도 농민에 의해 그 정권이 붕괴되었다면 그 개혁의 어떠한 점이 잘못된 것이며, 농민반란이 왜 또다시 호족질서를 창출했는가 하는 점들을 주요 고찰대상으로 삼고자 한다.

Ⅱ. 前漢末의 社會와 王莽

1. 班固와 王莽

현재 王莽에 관한 주요한 사료는 漢王朝에 우호적인 班固의 『漢書』이므로 王莽의 개혁에 대한 정확한 평가에 장애가 되고 있다. 그러나 분량은 많지 않지만, 王莽정권에 참여하여 개혁을 근거리에서 보았던 桓譚이 班固와 함께 자료를 남겼기 때문에 반고 평가의 정확성에 대해 비교할 수 있다. 그렇더라도 이 두 사료가 모두 王莽의 정통성을 부정하는 後漢시대에 기술되었기 때문에 시대상황의 제약을 받았을 가능성이 농후하고 사료의 공정성 측면에서 문제가 존재할 수도 있다.

우선 班固와 王莽의 집안은 생면부지의 관계가 아니라 상호 인적교류가 있어 서로의 내막을 잘 아는 관계였다. 班氏의 집안이 名家로서 부각되는 것은 班固의 증조부 班況시기부터였다. 山西의 북쪽 樓煩에 있었던 班況은 元帝 말기에 上河農都尉에서 중앙으로 불려져 左曹越

騎校尉로 되고 貫籍도 扶風 安陵(咸陽 동북)으로 옮겼다. 成帝 초기 班況의 딸이 첩여(婕妤: 황제의 비빈 중 2번째 등급)로 된 것을 계기로 외척으로 부상하게 되면서, 班況의 3子인 伯(侍中)·游(中郞將)·稺(廣平太守)가 모두 출세하게 되고 班氏는 三輔의 명족으로 번영하게 되었다.[13] 稺의 아들이 彪, 손자가 固였다. 당시는 왕씨가 권력을 장악하고 있었으나, 班氏도 첩여를 낸 것을 통해 王氏와 접근하게 되었고, 특히 王莽은 少年·靑年시절 游·稺와 교유하고 있었다. 班游는 유학의 교양이 깊고 賢良方正으로 추거되어 석학 劉向과 함께 秘府 藏書의 교정에 참여해 그 공로로 공개되지 않았던 藏書의 副本을 하사받았다. 이 藏書가 班氏 家學의 기초가 되었다.

班固집안이 王莽정권 수립에 부정적 견해를 보인 것은 다음 몇 가지 사실에서 드러난다. 班游의 사망시 王莽은 緦麻를 행하고 布帛車馬를 후하게 보내주었던 데서 알 수 있듯이 두 사람은 매우 돈독한 관계를 유지했었는데, 王莽정권하에서 班固의 집안이 두드러진 활동을 보이지 않은 것은 찬탈을 둘러싸고 양자 간의 관계가 소원해졌음을 간접적으로 보여준다. 두 집안의 불화는 王莽의 당파와 심복들이 경쟁적으로 符瑞와 歌謠를 올려 王莽의 찬탈을 도왔으나, 班固의 조부 廣平王相 班稺는 이같은 기만술에 가담하지 않고 가요를 올리지 않은 채 無言으로 저항했던 것에서 비롯되었다. 班稺와 동일한 견해를 가지고 있던 瑯琊태수 公孫宏도 祥瑞 대신 災害를 조정에 보고하여 王莽의 찬탈에 반대의사를 표명하였다.[14] 王莽은 이를 알고 나서 甄豊 등을 이 지역에 파견해 위협하고 公孫宏은 "상서롭지 않은 것을 날조(空造不祥)"한 죄목으로 하옥되어 주살되었으며, 班稺는 班첩여의 집안이므로 치죄하지 말라는 元后의 비호로 면죄되었다. 班固의 집안은 이로 인해 王莽의 新朝 치하에서 두드러진 활동을 보이지 못했고, 재난을 입

---

13) 『漢書』 卷100上 「敍傳」, p.4205.
14) 같은 책, p.4204.

지도 않다.[15] 班固의 부친 班彪는 儒家의 신념을 굳게 지킨 인물로
서 「王命論」에서 劉氏정권에 대해 진심으로 칭송하고 있다.[16] 또한 班
彪가 『漢書』「成帝紀」의 贊에서 "臣의 고모는 後宮에 들어가 婕妤로 되
었다."고 자랑한 사실은 그가 심정적으로 漢帝國에 밀착되어 있음을
반영하는 것이다. 이상과 같은 것은 班氏집안이 외척이었기 때문에
생긴 親漢 감정이었을 것이고, 이는 찬탈자 王莽에 대해 저술할 때 자
연히 부정적 시각으로 표출되었을 것이다.

또한 班固가 저술한 『漢書』는 王莽을 불공대천의 원수로 여기던 後
漢 明帝의 命令에 의해 쓰여진 것이다. 班固가 아버지 班彪의 유업을
계승하여 『漢書』를 저술하고 있을 때 國史를 改作한다고 밀고되어 京兆
의 獄에 수감되고, 著述과 藏書도 몰수되었다. 그의 동생 班超는 옥사
할 것을 두려워하여 곧 洛陽으로 가서 "감히 함부로 저술하려는 것이
아니라 다만 부친이 기록하던 것을 계속해 漢事를 기록한데 불과하
다."고 상서했다. 아울러 京兆에서 압수한 그의 저술도 낙양으로 보내
졌는데, 明帝는 이를 친히 읽고 기특하게 생각하여 班固를 蘭臺令史에
임명하였다. 明帝가 읽은 『漢書』의 내용이 親漢的이지 않았다면, 그를
蘭臺令史에 임명할 리가 없다.[17] 이처럼 明帝의 칙령에 의해 저술을 명
받은 班固의 역사저술의 시각은 자연적으로 제한적일 수밖에 없었을
것이다. 그가 통치자의 의지에 영합하기 위해 漢德을 칭송하고 王莽
및 그 제도개혁에 대해 "천명을 거스르고, 인륜에 어긋난다(違天命, 逆
人倫)"고 한 것은 당연하다. 거의 2천년 동안 王莽을 野心家·僞君子로

---

15) 같은 책, p.4204, "由是班氏不顯莽朝, 亦不罹咎."
16) 『後漢書』 卷40上 「班彪列傳」, p.1324.
17) 이러한 점에서 稻葉一郞은 班固의 집안이 王莽정권에 적극적으로 관여하고
   있다고 보았으며, 후일 班固가 國史를 개작하고 있다고 밀고된 것도 그러
   한 혐의를 초래한 것이라고 보았다. 그러나 明帝가 읽은 내용은 反漢的 내
   용이 아니라는 점에서 이같은 주장은 설득력이 없다. 稻葉一郞, 「漢書の成
   立」(『東洋史研究』 48-3, 1989), p.34 참조.

이해하는 것이 定論으로 되었던 것의 근원은 班固에 있었던 것이다.[18]

그러나 班固의 시각이 불가피하게 王莽을 부정하는 방향으로 固型化되었다 하더라도, 그가 王莽의 사료에 曲筆을 가했는지는 별개의 문제이다. 班固는 王莽에 대해 부정적 입장에서 서술했지만, 그렇다고 사료를 왜곡해서 쓸 정도는 아닌 듯하다. 즉, 王莽을 비판하기 위해서 부정적인 자료를 많이 인용하고 있기는 하지만, 역사서술에 필요한 자료가 잘 마련되어 있었다. 班固의 집안에는 교정·정리된 秘府 藏書의 副本이 하사되어 있었고, 班固는 蘭臺令史로서 東觀의 서적을 마음대로 볼 수 있었다. 이것은 班固의 역사서술에 호조건이 구비되어 있었음을 말해주는 것이다. 『漢書』「王莽傳」은 각종 詔書와 官文書 등을 참조하여 기술한 것으로서, 특히 上卷의 居攝 원년 정월 이후 編年형식을 취해 主語가 생략된 서술이 많고, 또 다수의 策命과 詔令의 인용, 諸制度의 서술, 天災地變·災異의 기록 등에 소위 열전과는 다른 本紀의 느낌을 받는다.[19] 이러한 점에서 왕망에 관련된 사료는 국가의 공문서에 근거하여 기술한 것이므로 대부분 정확한 것으로 생각된다. 다만 적어도 왕망에 긍정적일 수 있는 사료의 기술에는 인색했을 것으로 생각된다.

2. 前漢末의 사회위기

다음으로는 王莽의 등장과 찬탈이 과연 그가 외척이었다는 이유만으로 가능했던 것일까 하는 문제를 살펴보기로 하자. 前漢말기 사회경제의 파탄은 皇室의 사치, 대토지 소유와 가혹한 국가부담 등에 의한 소농민층의 몰락에서 시작되었다. 成帝 이후 국가의 재정상태는

---

18) 이같은 점은 桓譚의 경우도 마찬가지이다. 비록 桓譚이 王莽의 정책을 비판했다 하더라도, 그가 살았던 後漢의 시대정신을 완전히 도외시하기는 어려웠을 것이다.
19) 稻葉一郎, 위의 논문, pp.39-41.

황제와 외척의 사치로 인해 날로 악화일로에 빠졌다. 成帝 자신도 이같은 상황을 잘 알고 있었던 듯하며, 倉稟이 텅비고 凶年·饑饉·疾病·賦斂苛酷·酷吏姦行 등의 책임을 물어 丞相 薛宣을 면직시키고 있다.[20] 薛宣에 이어 丞相이 된 翟方進은 부족한 국가재정을 충당하기 위하여 부단히 賦稅를 증가시켰다. 綏和 2年(B.C.7) 成帝가 그를 비판한 冊文에 보면 翟方進은 城郭 밖의 빈 땅에 田賦를 부과하고, 過更, 馬牛羊의 가축세, 소금·철기 가격의 인상, 酒業의 재시행 등으로 백성을 고갈시켰다고 하고 있다.[21] 이같은 成帝의 질책에 翟方進은 자살하고 말았는데, 丞相의 연이은 면직·자살은 成帝시의 사회경제의 파탄을 이면에서 방증해주는 사실이다.

그러나 前漢의 재정적 위기는 丞相으로부터 온 것이 아니라 成帝로부터 온 부분도 많았다. 谷永이 成帝의 정치를 비난하여, "昌陵을 개작하고, 宮館의 건축을 병행했으며, 이로 인해 요역·부렴의 증가는 驪山陵 축조시와 견줄만하며 천하를 피폐시켰다. … 公家에는 1년의 저축이 없었고, 백성에게는 열흘의 저축이 없어 상하가 모두 궁핍하여 서로 구원할 수 없었다."고 한 것은 前漢의 위기상황이 成帝에서 상당부분 비롯되었음을 말해준다.[22]

이와 아울러 외척 王氏의 사치는 극도에 달했다. 王鳳의 아우로서 봉후된 五侯의 경쟁적인 사치는 황제에 견줄만했다. 사방에서 보내온 뇌물과 진귀한 보물이 가득했으며, 後庭의 姬妾은 각각 수십 인 이고 僮奴는 千百으로 헤아렸으며, 鐘磬이 연이어 있고, 鄭女·倡優가 있었으며, 狗馬가 달렸고, 저택을 크게 지었으며, 白虎殿을 모방한 土山漸臺를 일으키는 등 僭越한 사치가 심각하였다.[23] 이같은 사치는 마침내

---

20) 『漢書』 卷83 「薛宣傳」, p.3393.
21) 『漢書』 卷84 「翟方進」, pp.3422-3423.
22) 『漢書』 卷85 「谷永傳」, p.3462.
23) 『漢書』 卷98 「元后傳」, pp.4023-4024.

成帝의 노여움을 초래했고 王商·王立·王根 등을 治罪하기에 이르렀다.[24] 또한 成帝의 建始·河平 시기에 외척 許·班氏의 貴盛은 조정을 진동시켰고 賞賜로 인해 국고를 고갈시켰다.[25]

이같은 成帝의 무절제 이외에도, 농민의 몰락을 가속화시키는 무거운 租稅, 관리의 가렴주구가 가중되었다. 특히 三輔지역의 賦斂은 정도를 지나쳤고 酷吏는 奸行을 일삼고 있었다.[26] 漢代 농민들에게 큰 부담을 준 것은 인두세로서, 그 부담은 史書의 기록보다 훨씬 가혹했던 듯하다. 江陵鳳凰山 十號漢墓의 簡牘을 보면, 算錢은 매월 수회에 걸쳐 징수하는데, 이 算錢을 합산하면 연간 480-600錢정도의 금액을 부담하게 된다. 만약 算錢이 算賦라면 史書에 보이는 一算 120錢과 큰 차이가 있는 것이다.[27] 자영농민들은 算賦가 부과되지 않는 노비가 되어 호족 대지주에 예속하든가, 자신의 향리를 떠나 타향으로 도망하는 방법으로 算賦의 부담에서 도피할 수밖에 없었다.[28]

한편 元帝 이후부터 儒學을 배워 관료계로 진출한 관료들의 대토지소유가 발전하였다. 이 시기에 관료가 습득해야 할 필수적 도구이자 덕목은 武帝·宣帝시 중시되었던 개인적 능력 대신 儒學의 교양으로 바뀌었다. 이것은 能吏 전통을 계승한 薛宣이 儒術부족으로 成帝에게

---

24) 같은 책, p.4024.

25) 『漢書』卷85「谷永傳」, p.3460.

26) 『漢書』卷83「薛宣傳」, p.3393.

27) 永田英正, 「江陵鳳凰山十號漢墓出土の簡牘 ──とくに算錢を中心として」, 佛教大學歷史研究室編, 『森鹿三博士送壽記念論文集』(東京: 同朋舍, 1977), p.140.

28) 『漢書』卷2「惠帝紀」, p.91. 6年 10月의 "女子年十五以上至三十不嫁五算"의 應劭 注에 "漢律, 人出一算, 算百二十錢, 唯賈人與奴婢倍算."라 있는 것처럼 상인과 노비에게는 1인에 대해서 2인분의 算賦가 부과되었는데, 노비의 경우는 그 소유자가 부담했다. 永田英正, 「漢代人頭稅の崩壞過程」(『東洋史研究』18-4, 1960), p.59 참조. 居延漢簡의 노비소유가 보편화되어 있고, 비록 後漢代의 예이기는 하지만, 20餘戶 가운데, 7명의 노비를 소유한 것이 1戶, 5인을 소유한 것이 4戶나 되는 것은 일반 編戶가 소유하는 노비의 숫자가 적지 않았음을 반영한다. 狩野直禎, 「四川省卑縣犀浦出土漢代殘碑」(『史窓』33, 1975), p.76.

멸시받은 것에서 잘 나타난다.[29] 따라서 官吏가 되기 위하여 치열하게 儒學을 배우는 풍조가 성행했음은 도처에 보인다. 小史시에 업무처리가 늦어 掾史로부터 모욕을 당했던 翟方進에게 蔡父가 "封侯될 관상이니 마땅히 經術을 배우라."고 한 것이나,[30] 觀相을 보는 자가 張禹의 모습을 기이하게 여겨 經典을 배우게 한 것은 유가경전 지식의 습득이 출세의 지름길임을 보여준다.[31]

元帝 이후 관료계에 진출한 儒家官僚들은, 武帝 이전까지 鹽鐵의 생산·판매 등에 종사하며 재부축적에 두드러진 활동을 보였던 商人들이 武帝의 告緡정책으로 몰락한 공백을 틈타 새로이 商人·高利貸業者·大地主로서 부상했다. 漢皇室의 일족으로 지방에 토착화한 귀족, 儒生출신의 官僚 등은 점차 대토지를 경영하거나, 막대한 자본을 바탕으로 高利貸 활동을 하였다. 法定의 이자율보다 높은 고리대로 곡식을 빌려주다 법에 저촉되어 작위를 상실한 陵鄕侯 劉訴,[32] 빈농에서 起家하여 고급관료가 된 匡衡·張禹·翟方進은 모두 고리대화·지주화한 官吏의 대표적 예이다. 또한 정치권력에 의존하지 않고 지방 鄕里 사회를 기반으로 성장한 중소 豪族層의 곡물 판매 중심의 상업활동도 현저해졌다.[33]

元帝로부터 哀帝시기까지 40여 년간에 귀족과 관료, 富商들의 토지 겸병은 심각해져 호족의 광폭함은 멸망한 秦代보다도 가혹했고, 豪民의 토지점유는 수천 경이나 되고 그 부는 王侯를 능가한다는 말이 나올 정도로 그 폐단의 심각성이 나타나기 시작했다. 儒生출신의 대관료들은 貢禹의 경우처럼 起家시 財産이 토지 100여畝, 萬錢도 되지 않는 소농민이었으나 高級官僚가 된 이후 대체로 大地主化했다.[34] 元帝·

---

29) 『漢書』 卷83 「薛宣傳」, p.3393.
30) 『漢書』 卷84 「翟方進」, p.3411.
31) 『漢書』 卷81 「張禹傳」, p.3347.
32) 『漢書』 卷15下 「王子侯表」, pp.503-504.
33) 多田狷介, 「漢代の地方商業について — 豪族と小農民の關係を中心に —」(『史潮』 92, 1965), p.42.

成帝시기의 匡衡은 農夫출신으로 가난하여 품팔이의 고용노동을 할
정도였으나, 3100頃이나 되는 樂安鄕에 봉해졌다.[35] 成帝의 스승으로
서 절대적 신임을 얻었던 張禹는 成帝로부터 수천만錢에 이르는 賞賜
를 받았고, 貨財를 증식하여 涇水·渭水의 관개된 지역의 기름지고 비
싼 토지를 400頃이나 구입했으며, 대저택에 살면서 奢淫한 생활을 했
다. 張禹 한 사람의 토지가 당시 涇·渭水 일대의 관개토지 4500餘頃의
10%에 육박했다는 것은 대토지소유의 심각성을 말해준다.[36] 외척 紅
陽侯 王立은 客을 시켜 南陽의 개간된 토지 수백 경을 점유했고, 백성
이 少府에서 陂澤을 빌려 개간한 토지를 점탈하였다.[37] 翟方進 역시
집안이 대대로 미천하였으나, 모친의 신발 짜는 노동으로 『春秋』를 공
부한 후 議郎으로 入仕하여 후일 식읍으로 천호를 받았다. 또한 王商
의 종족세력은 재산의 합계가 鉅萬으로 계산되며 私奴는 천으로 헤아
릴 정도로 대단한 것이었고,[38] 元帝가 태자(成帝)를 폐위하려 했을 때
이를 만류하여 成帝의 즉위에 공로가 컸던 史丹은 부친의 재산, 식읍,
누천금의 포상, 100여명으로 헤아리는 童奴를 보유했으며, 이를 가지
고 사치와 음락을 즐겼다.[39]

그밖에 중하급 이하 관료들의 탐오도 심각하였다. 左馮翊 관하의
현령들의 탐오는 심각했는데, 특히 櫟陽令 謝游는 大儒로 유명한 자임
에도 천명 이상의 適罰·作吏로부터 錢財 수십만을 수탈하였다.[40] 哀帝
시 諫議大夫 鮑宣이 董賢을 비판한 上書에 보이는 七亡·七死는 이 당시

34) 이에 대해서는 馬彪, 「試論漢代의 儒宗地主」(『中國史硏究』 1988-4) 참조.
35) 『漢書』 卷81 「匡衡傳」, pp.3345-3346.
36) 『漢書』 卷29 「溝洫志」, p.1685; 韓養民, 「西漢的"分田劫假"與土地兼幷」(『西北大
   學學報』 1981-1), p.83.
37) 『漢書』 卷77 「孫寶傳」, p.3258.
38) 『漢書』 卷82 「王商傳」, p.3373.
39) 『漢書』 卷82 「史丹傳」, p.3379.
40) 『漢書』 卷83 「薛宣傳」, p.3387.

의 사회적 병폐가 치유불가능 상태임을 말해준다.[41] 成帝가 公卿列侯·
親屬近臣들이 第宅을 넓히는데 힘쓰고 園池를 꾸미고 노비를 대량으
로 기른다고 한탄한 것은 통치행위에 무관심했던 그에게조차 알려질
정도로 토지집중은 심각했던 것이다.

이처럼 王莽이 처한 시대는 前漢이 거의 붕괴된 시기로서, 당시의
귀족관료들은 정치특권과 경제실력에 의거해 "노비를 대량으로 보유
하고 田宅을 무한정 보유"했으며, 豪强들은 "良田을 많이 보유하고 貧
民을 사역"하였고, 富商大賈들은 "물건을 저장해놓고 값이 오를 때를
기다리고 있었다." 더욱이 "이미 곡물로 세금을 바쳤는데도 또 稿稅를
내야했기 때문에", "굶어 죽거나", "사람끼리 잡아먹는" 상태에 빠지자
인심은 沸騰하였고 반란으로 연결되었다. 成帝 建始 4년 東郡 金隄의
붕괴, 陽朔 3년 潁川 鐵官徒의 폭동, 鴻嘉 3년 廣漢郡의 폭동, 永始 3년
尉氏·山陽 등에서 폭동이 일어난 것은 사회경제적 파탄의 필연적 결
과였다. 王莽의 찬탈이 가능했던 것은 翟義의 언급처럼 종실쇠약으로
울타리가 없었기 때문이기도 했지만, 成帝 이후의 사회경제적 파탄도
도외시할 수 없고, 王莽이 아니더라도 농민·형도의 반란은 언젠가 漢
帝國을 멸망시키는 원인이 되었을 것이다.

사회·경제적 위기와 아울러 정치사상의 측면에서 漢帝國의 통치를
위협하는 위험 사상, 즉 禪讓사상이 대두하였다. 王莽이 찬탈하기 훨
씬 이전인 前漢중기의 많은 지식인들이 漢의 수명은 이미 끝났다고
판단하고 왕조교체의 필요성을 강조하고 있었다. 公羊學의 대표적 학
자인 董仲舒의 災異 발언은 武帝 즉위 5년에 遼東郡의 高廟가 불탄 것
을 계기로 나온 것으로, 陰陽災異발언의 단초가 되었다.

董仲舒의 春秋災異思想, 즉 天人相關論은 公羊學의 역사철학과 陰陽
論의 자연철학이 합성된 것이었다.[42] 董仲舒의 역사관은 三正三統說로

---

41) 『漢書』 卷72 「鮑宣傳」, p.3088.
42) 伊藤計, 「董仲舒の災異說」(『集刊東洋學』 41, 1979), p.16.

표현되는 역사 순환론이다. 三正說은 夏·殷·周의 三代는 각각 正月을 建子(11月)·建丑(12月)·建寅(1月)로 하는 다른 曆法을 사용했고, 왕조 교체에 수반된 제도 개혁은 이 3正의 순환에 따른다는 것이다. 三統說은 曆法上의 子·丑·寅은 天·地·人의 三才에 해당하며, 각각 天統·地統·人統에 比定하는데, 이는 또한 黑統·白統·赤統이라 불리고 제도 개혁시의 服色은 이에 근거해 바꾸는 것이다.[43] 三統이 순환된다고 본 董仲舒의 논리는 王朝交替의 이론에 있어 五行相剋의 放伐 史觀이기 보다는 오히려 五行相生의 禪讓·循環의 史觀이다. 公羊家의 이른바 三科는 "存三統", "張三世", "異內外"인데, 그중 "存三統"이 孔子가 春秋에 의거해 혁명의 이상을 보여준 것이라 한다.[44]

　公羊家는 漢室에 아부하여 그 정통성을 확립해주는 과정에서 처음 혁명사상을 시인했다. 이러한 思想은 漢室이 융성할 때라면 문제가 없지만 쇠퇴했을 때에는 위험한 요소를 내포하고 있었다.[45] 바로 董仲舒 災異사상의 위험요소를 내포한 최초의 禪讓(革命)論은 昭帝시 董仲舒의 再傳弟子 眭孟(弘)에게서 나타났다.[46] 그는 泰山의 大石이 서고, 쓰러진 버드나무가 자립했다는 異變을 해석하여, 匹夫가 천자에 오르며, 漢家는 마땅히 賢人을 찾아 帝位를 禪讓해야 한다고 주장했다. 그

---

43) 齋木哲郎, 「董仲舒の春秋學」(『東方學』 75, 1988), p.8.
44) "新周, 故宋, 以春秋當新王"을 핵심 내용으로 하는 "存三統"은 孔子가 春秋로써 이상적인 새로운 왕조를 건설하고, 현재의 王者인 周는 쫓아내 殷의 자손과 함께 二王의 후예로 대우하고, 夏의 후예를 새로이 五帝의 下位에 추가한다는 것이다. 즉, 현시점에서 형식적이지만 三王朝의 후예를 존속시켜준다는 것이 "存三統"의 의미이며, 公羊學에서 말하는 革命의 사상이다.
45) 久野昇一, 「漢室再受命の思想に就いて」(『東亞論叢』 5, 1941), pp.305-311.
46) 그는 魯人으로 春秋를 董仲舒의 제자 嬴公에게서 배웠고, 선양설의 주장과 관련해 先師 董仲舒를 거론하는 것으로 보아 公羊春秋의 계통으로 보인다. 『漢書』 卷75 「眭弘傳」, pp.3153-3154, "先師董仲舒有言, 雖有繼體守文之君, 不害聖人之受命, 漢家堯後, 有傳國之運, 漢帝宜誰差天下求索賢人, 禪以帝位, 而退自封百里, 如殷周二王後, 以承順天命."; 『漢書』 卷36 「劉向傳」, p.1950, "王者必通三統, 明天命所授者博, 非獨一姓也."

주장은 漢이 堯의 후예이므로 堯가 舜에게 양위한 것처럼, 堯와 같이 14개월만에 출생한 昭帝도 양위해야 한다는 불측한 내용이었기 때문에, 그는 즉시 霍光에게 주살당했다. 여기에서 禪讓이라는 단어가 王莽에게서 갑자기 돌출한 것이 아니라, 그 단서는 昭帝 때부터 출현했다는 것에 주의해야 한다.

董仲舒 사망 후 그가 뿌리내린 災異사상은 齊에 전해져 齊學을 형성시켰다.[47] 前漢의 儒家는 1經 專修로서 師法을 중시하는 특징을 가지고 있으나, 여러 儒家經典에 공통적으로 적용할 수 있는 일반적 법칙, 즉 五行災異思想만은 어느 경학을 공부하든 습득하지 않으면 안되었다. 이러한 天人相關災異思想이 이른바 「洪範五行傳」을 중심으로 특히 齊學에서 크게 발달했다. 齊學의 「洪範五行傳」은 伏生의 『尙書大傳』과 董仲舒의 『春秋繁露』를 경과하여, 夏侯始昌에서 성숙되었다.[48]

이 齊學의 이념이 漢家에 위험하다고 본 것은 宣帝이다. 宣帝의 조부 戾太子는 穀梁春秋를 존중했고 그가 스승으로 삼은 사람은 瑕丘(山東 曲阜근처)의 江公이다. 江公은 武帝시 董仲舒와 함께 博士가 되어 각각 魯學·齊學의 입장에서 쟁론했으나, 江公은 눌변으로 항상 董仲舒에 당하지 못했기 때문에 齊學의 우위성이 확립되었다.[49] 조부의 穀梁學 선호라는 연유에서 宣帝는 穀梁學에 기울었다. 穀梁春秋는 荀子學 계통에 속하므로 法家的 요소가 강해, 현재의 황제를 존중하고 天子의 신성한 絶對的 권력을 부여하는 後王의 입장에 서있었기 때문에, 現狀을 항상 개혁하려는 公羊學보다도 체제 유지에 적절하였다.[50]

宣帝는 齊學의 입장에서 禪讓을 주장하는 蓋寬饒와 楊惲을 주살하였다. 蓋寬饒는 孟喜易을 버리고 韓嬰의 韓氏易을 배웠는데, 韓氏易은

---

47) 狩野直禎, 「霍光から王莽へ(1)」(『聖心女子大學論叢』 30, 1967), p.37.

48) 趙翼, 『二十二史箚記』(臺北: 洪氏出版社, 1978), 卷2, 「漢儒言災異」, pp.23-24.

49) 狩野直禎, 위의 논문, p.39.

50) 같은 논문, p.38.

韓詩와 달리 災異에 관련된 齊學의 기풍을 가지고 있다.[51] 蓋寬饒는 韓
氏易傳을 인용하여 "家에서는 아들에 물려주고, 官은 賢人에게 물려주
는데, 四時의 운행과 같이 功을 이룬 자는 떠나야 하며 훌륭한 사람을
얻지 못하면 그 자리(位)에 있어서는 안된다."며, 禪讓을 요구했다가
大逆無道로 주살되었다.[52] 韓氏易 가운데 禪讓을 요구하는 革命사상이
문제가 된 것이다. 楊惲은 司馬遷의 外孫으로 春秋(아마도 董氏春秋)를
배웠는데, 그가 "정월 이래 하늘이 흐리고 비가 오지 않는데, 이는 春
秋에 기록되어 있다. 이는 夏侯君이 말한 것."이라고 한 것은 앞서 宣
帝 옹립시에 夏侯勝이 昌邑王에게 "오래도록 하늘이 흐리고 비가 오지
않는 것은 신하 중에 천자를 해치려고 모의하는 자가 있다."고 예언
한 것을 반복한 것이다. 이는 宣帝를 누군가로 대체해야 한다는 革命
을 의미했으며, 역시 수년 후에 주살되었다.[53]

皇太子가 楊惲·蓋寬饒의 주살을 보고 형벌의 적용이 심각하며, 의당
儒生을 등용해야 한다고 했을 때 宣帝가 태자를 교체하려 했던 것은
유행하는 齊學의 독성을 태자가 관용했기 때문이다. 齊學의 災異발언
容認은 蓋寬饒·楊惲과 같이 禪讓에까지 이르는 변혁도 주장할 수 있었
기 때문이다. 宣帝 말년인 甘露 3년(B.C.51) 石渠閣의 五經토의는 穀梁春
秋를 중심한 魯學의 승리로 끝났는데, 이것은 齊學의 독성에 대한 반성
에서 그것과 魯學을 대립시켜 밸런스를 유지시키기 위한 것이다.[54]

그러나 元帝는 즉위 후 翼奉·蕭望之·貢禹·韋玄成·匡衡 등 소위 新儒
家를 중시했다.[55] 그들이 宣帝가 혐오했던 災異=變革派, 즉 齊學의 계

---

51) 『漢書』卷88 「儒林傳」, p.3614.
52) 『漢書』卷77 「蓋寬饒傳」, p.3247.
53) 『漢書』卷66 「楊惲傳」, pp.2889-2898.
54) 北村良和, 「前漢末の改禮について」(『日本中國學會報』33, 1981), pp.46-47.
55) 北村良和, 위의 논문, p.49; 『漢書』卷88 「儒林傳」, p.3613; 『漢書』卷83 「匡衡傳」, p.3332. 元帝는 太子시에 宣帝가 官界에서 축출한 匡衡과 사적으로 밀접한 교류를 맺고 있었다.

통이라는 것은 주목된다. 이들은 武帝시의 齊詩·尙書를 중시한 夏侯始昌에서 비롯된 齊學의 계열이며, 그의 제자 齊詩의 后蒼은 元帝시에 크게 활동한 翼奉·蕭望之·匡衡 등의 제자를 두었다.[56] 夏侯勝은 夏侯始昌의 族子로서 그로부터 尙書 및 洪範五行傳을 배웠고 災異에 밝았다. 蕭望之는 夏侯勝에게서 論語·禮服을 배웠고,[57] 貢禹는 嬴公·畦孟의 제자로 董仲舒의 公羊學 3傳弟子이며,[58] 韋玄成은 禮家로서 后蒼과 관계가 있다. 이같은 의미에서 翼奉·匡衡과 동문이라고 보아도 좋다. 韋玄成은 蓋寬饒·楊惲과 친구로서 宣帝시 파면되었으나 元帝가 재기용한 것이다.[59] 이상과 같이 元帝의 즉위로 인해 劉向 등의 穀梁學者는 물러나고 다시 齊學으로 기울게 되었다. 元帝는 이들 新儒家 관료들과 함께 변혁의 결정적인 제 1보로서 呂后가 절대 불변의 것임을 천명해 놓았던 高祖 이래의 郡國廟의 폐지와 天子七廟制의 도입을 단행했다.

　이와 같은 학문과 사상의 公羊學 중시 풍조 속에서, 漢朝의 危機와 禪讓革命을 주장하는 자들이 연속적으로 출현하였다. 谷永은 成帝에게 "天下는 天下人의 天下이며, 한사람의 天下가 아님을 밝혀야 한다."고 말하고 있다.[60] 또한 甘忠可의 제자로서 天官曆, 包元太平經 12권을 위조한 夏賀良은 哀帝에게 漢의 曆運이 쇠퇴했으므로 의당 하늘로부터 再受命해야 한다고 참언하여, 哀帝는 "陳聖劉太平皇帝"가 되고 "太初元將"으로 개원하였다.[61] 이로써 볼 때 前漢후기에는 萬世一系를 부정하는 禪讓사상이 크게 유행하여 王莽의 찬탈을 가능케 할 수 있는 사회적·학문적 분위기가 이미 형성되어 있었다.

---

56) 『漢書』 卷88 「儒林傳」, p.3613.
57) 『漢書』 卷78 「蕭望之傳」, p.3284.
58) 『漢書』 卷88 「儒林傳」, p.3617.
59) 『漢書』 卷73 「韋玄成傳」, p.3110.
60) 『漢書』 卷85 「谷永傳」, p.3467, "垂三統, 列三正; 去無道, 開有德, 不私一姓, 明天下乃天下之天下, 非一人之天下也."
61) 『漢書』 卷75 「李尋傳」, p.3192.

元帝의 天子七廟制 도입, 成帝의 郊祭 도입을 계기로 정치현실과 經學의 이념이 상호 관통하게 되었다. 이것은 외면적으로 經學이 現實政治에 승리를 거두고, 정치를 자신의 색깔로 도색한 것이지만, 經學은 이후 활력을 잃고 현실에 대한 비판력을 상실했다. 그리고 哀帝시기부터 讖緯라는 비합리적인 요소가 나타나기 시작했을 때, 정치에 魂을 팔아버린 經學은 그것을 규제할 힘을 이미 상실했다.[62] 2백년을 경과한 漢은 사실상 쇠운에 이르렀고, 讖緯說은 이같은 현실에 기초해 曆運에 의한 究厄을 누누이 논하고 있었다. 漢末의 유교는, 음양을 조화시키고 재이를 물리쳐 民을 안정시킬 성인을 待望하고 있었다. 이러한 기운이 일어날 때 나타난 것이 王莽이었다. 그가 불우했을 때 보여준 덕행과 정치집행과정에서의 겸양은 그를 성인으로서 인정하기에 충분했던 것이다. 한편 일반민도 符命을 믿고 혁명을 인정했던 것이다. 이 符命에 의한 혁명의 성취에서 당시의 시대사상, 특히 참위설의 성행을 엿볼 수 있다.[63]

前漢말 심각한 사회위기 앞에서 讖緯化·神學化·迷信化된 今文經學은 사회위기의 출로를 제시해주지 못했다. 오히려 官方이 아닌 古文經文 가운데 "托古改制"의 이론을 제시해주는 것이 적지 않았다. 따라서 王莽은 宰衡의 지위를 획득한 후 일계열의 지식계층을 흡수하는 조치를 취했다.[64] 平帝 元始 4년(A.D.4)말 그는 京師에 토목사업을 일으켜, 明堂·辟雍·靈臺와 學舍 萬區를 축조하고, 아울러 禮·古書·毛詩·周官·爾雅·天文·圖讖·鐘律·月令·兵法 등에 능통한 자들을 公車門에 불렀다. 아울러 太學 내에 左氏春秋·毛詩·周禮·古文尙書의 4家 古文經學 博士를 두었다.

王莽은 周公의 禮와 經學에서 개혁의 이론적 근거를 찾았고, 制禮作

---

62) 北村良和, 위의 논문, p.43.

63) 杉本忠, 「讖緯說の起源及び發達(二)」(『史學』 13-4), pp.70-71.

64) 孟祥才, 위의 책, pp.57-58.

樂의 활동을 하였다. 王莽의 생각으로는 制禮作樂은 海內를 안정시키는 수단이기 때문에 특히 地理와 制禮作樂에 힘썼던 것이다. 이 때문에 王莽의 개혁을 "復古", "奴隷制로의 後退"라고 비판하는 견해도 나오고 있다. 그러나 前漢 元帝 이후의 儒學이 점하는 사회적 비중에 비춰볼 때, 이것은 시대적 潮流로서 王莽의 복고주의로의 이행은 유가들의 궁극적 실천목표였던 것이다. 劉歆·桓譚·揚雄의 王莽집단 참여는 이같은 점에서 이해해야 한다. 劉歆 등 古文學者의 공통점은 박학다식하고 실용을 강구하고 章句學을 연구하지 않는 새로운 학풍을 수립했다는 것이다. 이것은 章句와 訓詁學을 중심으로 삼는 俗儒와는 현저히 다른 것이다.[65] 바로 이러한 점 때문에 揚雄·劉歆·桓譚과 같은 儒家들이 王莽을 중심으로 결합했던 것이다.

실상 王莽에게 僞君子로 볼 수 있는 측면이 없는 것은 아니다. "謙恭儉朴", "謹身博學하고 의복이 儒生과 같다."든가, 누차 錢과 田을 내서 빈민에게 분배해주었다든가, 長安城 내의 賑恤救疫할 수 있는 常滿倉을 개설한다거나, 皇室의 園池를 폐지한다든가, 재해 입은 빈민의 조세를 면제해준다든가 하는 조치는 찬탈을 위한 예비적 조치로서 간주할 수도 있다. 그러나 居攝 전에 上書하여 그를 歌頌한 자가 487,571명이나 되는 것은 王莽이 사회의 광범위한 신임을 얻었다는 것을 보여준다. 물론 이 숫자는 班固가 王莽의 僞善을 강조하기 위해 제시한 것일 수도 있겠고, 실제 이 숫자에 근거해 王莽이 사회를 欺妄했다고 이해하는 논자가 없는 것은 아니다. 그러나 반대로 이 숫자에서 사회 각 계층이 그에게 보인 기대를 班固조차 은폐하기 어려웠다는 해석도 가능하다.

儒生들로서 新왕조에 참여한 자들의 숫자도 적지 않았다. 천하의 逸禮·古書·毛詩·周官·天文·曆學·兵法·醫學·史學 등에 통달한 士人 수천

---

65) 蘇誠鑑, 「桓譚與王莽」(『安徽師大學報』 1986-1), p.39.

명이 長安에 모인 것은 바로 그러한 증거이다. 王莽이 哀帝의 외척에
게 밀려 就國하게 되자 많은 사람들이 王氏가 억울하게 당했다고 생
각한 것, 元壽 원년(B.C.2)에 일식이 일어나자 현량 周護·宋崇 등을 비
롯해 對策하여 新都侯 莽의 억울함을 訟하는 자가 많았다는 것은 왕망
에 대한 사회적 인망을 말해준다. 당시 王莽은 사회의 儒家 지식인층
을 비롯한 광범위한 계층에서 人心을 획득했다.[66] 요즘 우리 사회에
서도 문제가 되는 이른바 광신자(fandom)집단의 형성이었다. 이러한
민중들의 지지는 결국 왕망이 漢王朝를 부흥하고 침체된 사회경제를
부흥해줄 새로운 인물로서 평가받고 있었던 증거라 할 수 있다. 결론
적으로 말한다면 前漢말기는 王莽의 찬탈이 순조롭게 이루어질 수 있
는 사회적 분위기가 조성되어 있었다.

III. 王莽의 개혁과 추진세력

王莽의 개혁은 화폐·토지·노비·五均·六管·官制·地名 등 여러 방면
에 걸쳐 있고, 이를 개혁하는 과정에서 古文經典 중 특히 周禮·古文尚
書·春秋左氏傳·逸禮 등을 중시하였다. 그러나 王莽이 周禮 등의 고문을
중시했기 때문에 개혁도 古文 經義에만 입각했을 것이라 생각하는 것
은 예단에 불과하며, 오히려 今文經學 중에서도 그에게 이용될 수 있
는 것은 적극적으로 이용했다. 또한 그의 개혁은 앞으로 살펴보겠지
만 武帝가 실시했던 여러 제도들을 재차 시행한 것으로 실상 經典의
經義라는 외피를 제거하면 武帝 정책과의 차이점은 크게 찾아볼 수
없다.

---

66) 『漢書』 卷98 「元后傳」, p.4029; 『漢書』 卷99上 「王莽傳」, p.4043.

1. 개혁과 문제점

1) 화폐제도의 개혁

王莽의 개혁 가운데 가장 일찍 착수했고 또한 가장 실패했다는 평가를 듣는 것이 화폐개혁이다. 그는 아직 정식의 황제로 즉위하기 이전인 居攝 2년(A.D.7)에 제 1차 화폐개혁에 착수했다. 그의 개혁은 여러 측면에서 漢武帝의 개혁을 모방하고 있기 때문에, 양자의 개혁은 자주 비교된다. 화폐개혁 역시 마찬가지이다. 우선 그의 화폐개혁의 내용을 살펴보기 전에 武帝의 화폐개혁에 대해 잠시 언급하는 것이 왕망의 화폐개혁 이해에 도움이 될 것 같다.

漢武帝가 銅錢과 兌換시킨 고액의 화폐인 白鹿皮幣와 白金幣는 발행시에 "浮淫幷兼之徒"를 탄압한다는 명목을 걸었지만, 부족한 국가재정을 충당하려는 목적이 은폐되어 있었다. 때문에 화폐가치의 하락으로 백성은 큰 고통을 받았으나, 누차의 실패 끝에 결국 五銖錢의 발행으로 화폐개혁은 성공을 거두었다. 王莽의 화폐개혁도 부족한 국가재정의 충당을 위해 단행되었다는 점에서 유사하다는 평가를 받는다. 그럼에도 불구하고 전자는 성공하고, 후자는 실패한 이유는 무엇인가?

武帝는 모두 6차에 걸친 화폐개혁을 단행했는데, 이를 王莽의 개혁과 비교하면 왜 王莽의 개혁이 실패했는지 알 수 있다. 武帝의 1차 화폐개혁은 師古의 주석에 따르면 建元 원년(B.C.140) 원래 통용되던 四銖錢을 三銖錢으로 개주한 것인데, 그 결과 화폐 가치가 떨어지고 物價는 상승하는 인플레 현상이 발생하였다. 2차 화폐개혁은 建元 5년(B.C.136) 三銖錢을 폐지하고 半兩錢을 통용시킨 것이다. 당시 관리들이 半兩錢의 법정 중량이 四銖라고 말한 것으로 보아 文景시기의 四銖錢을 명목만 半兩錢이라 한 것에 불과하다. 3차 개혁은 元狩 4년(B.C.119)에 단행되었다. 黃金·銅錢 이외에 白鹿皮와 白金 두 종류의 화폐를 추가하고, 郡國으로 하여금 半兩錢을 없애고 새로이 三銖錢을 주조시켰다. 그것은 화폐표면에 三銖라는 글자를 넣고 중량과 일치시킨 것이다. 이 三銖錢으로의 개혁은 2차례에 걸친 개혁이 私鑄의 풍조와 인플레 현상만을 조장하였기 때문이고, 白鹿皮와 白金은 당시 關東 빈민 72만명의 徙民에 필요한 재원부족을 충당하기 위하여 시행한 것이다. 그러나 결과는 역시 마찬가지여서 盜鑄錢의 풍조를 조장했고 엄벌로도 금지시킬 수 없었다. 4차 개혁은 바로 다음해인 元狩 5년(B.C.118)에 시행된 五銖錢 주조였다. 개혁 이유는 재정곤란으로 戰士들이 봉급을 받지 못했고 三銖錢은 쉽게 盜鑄할 수 있었기 때문이다. 그러나 白金과 五銖錢을 주조한지 5년 후에 盜鑄錢으로 사형된 자가 수십만, 사면령이 내려지자 자수한 자가 백여만 명에 달했다는 기사는 이 개혁 역시 실패했음을 보여준다. 5차 개혁은 郡國의 盜鑄錢 성행과 화폐의 함량 미달을 방지하기 위해, 京師의 鑄官에서 赤銅으로 테두리를 한 赤側錢을 주조한 것이다. 賦징수에는 赤側錢이 아니면 통용될 수 없게 하여 각종 위조화폐에 타격을 가했다. 그러나 이것도 시행된 지 오래지 않아 교묘한 위조 화폐가 나오고 불편하여 폐지되었다.

이상과 같은 실패에서 화폐의 중량과 종류를 증감시키는 방법으로는 盜鑄錢의 금절이 불가능하다는 교훈을 얻었으므로, 필연적으로 국가가 화폐주조권을 장악함으로써 문제를 해결하고자 했다. 元鼎 4년(B.C.113) 郡國의 주조권을 폐지해 桑林의 三官(鍾官·辨銅·均輸)에서만 주조케 하고, 三官의 화폐가 아니면 통용될 수 없게 하고, 郡國 주조의 화폐는 모두 녹여서 三官으로 옮기게 했다. 이로 인해 민간에서 盜鑄할 때의 비용이 더 많게 되자 盜鑄錢은 현저히 감소하고, 교묘한 기술자와 대규모 鑄錢業者만이 盜鑄하게 되었다.[67] 이것이 제 6차 화폐개혁이었다.

최후의 五銖錢 개혁이 성공한 이유를 종합한다면 다음과 같이 정

---

67) 『漢書』 卷24下 「食貨志」, p.1169, "計其費不能相當, 唯眞工大奸乃盜爲之."

리할 수 있다. 첫째, 정부가 郡國의 주조권을 폐지시키고 화폐를 주조하는 전문기구인 桑林三官을 설치하고, 동전의 재료인 銅을 국가가 관리함으로써 민간 盜鑄의 근원을 봉쇄한 데 있었다. 둘째, 과거의 화폐개혁에는 화폐의 중량과 명목가치가 불일치했으나 이것을 일치시켰고, 제조공정이 복잡하여 쉽사리 위조할 수 없었다는 점이다. 예컨대 高后시기의 八銖錢, 文·景帝 시기의 四銖錢, 武帝시기의 四銖錢은 그 文이 모두 半兩으로 되어있기 때문에 실제중량과는 다르다. 더욱이 각 郡國과 민간인에게 화폐주조를 윤허했으므로 화폐의 혼란된 상태는 회복하기 어려웠다. 그러나 武帝때 桑林三官에서 통일적으로 주조한 화폐의 중량과 명목가치가 일치하게 되면서 盜鑄해도 이익이 남지 않자 盜鑄者들의 숫자가 줄어들게 되었다. 이같은 화폐개혁 성공으로 이후 昭帝·宣帝에서 哀帝시기까지 화폐를 개변하는 일이 없었고, 平帝 元始 연간까지 주조된 五銖錢은 280億萬餘錢이라고 한다. 武帝의 화폐개혁 성공은 후계자들에게 화폐 문제로 씨름하지 않도록 해주었고, 이를 반영하여 前漢 후기에는 화폐 문제가 언급되는 일이 적었다.[68]

　　王莽의 화폐개혁은 모두 5차례에 걸쳐 있었는데, 매회마다 약간씩 목적은 다르지만 일관된 경향은 高額의 名目貨幣 발행에 의한 화폐팽창책을 통해 재정확보를 시도한 것이다. 바로 이 점이 武帝의 화폐개혁과 다른 점이다. 居攝 2년(A.D.7) 5월에 단행된 1차 화폐개혁은 漢代의 화폐가 武帝 이후 五銖錢 한 종류로 통일된 것을 지양하고, 여러 종류의 화폐를 만들었다. 즉, 子幣와 母幣가 있어 서로 兌換되었다는 周의 화폐 교환방식을 모방하여 大錢(值 50), 契刀(值 500) 錯刀(值 5000)를 만들어, 五銖錢과 함께 모두 4종류의 화폐를 통용시켰다. 그러나 각 화폐간의 중량과 명목가치가 불합리하여 盜鑄錢의 풍속이 일어나게 하였다.(후술) 또한 列侯 이하에게는 황금을 소지하지 못하게 하고 官

---

68) 張誠, 「秦漢幣制改革略論」(『鄭州大學學報』 1993-2), p.19.

府에서 동전으로 교환해주었는데, 태환시에 황금의 가치만큼 동전을 지급하지 않았다.[69]

　1차 화폐개혁의 목적을 始建國 이후의 각종 제도개혁과 관련하여 본다면, 이것은 아직 居攝기간에 단행된 것이므로, 新왕조의 면모일신과는 관계가 없다고 할 수 있다. 王莽은 新王朝를 건국한 始建國 원년 漢帝國의 王子侯를 제거해 국가기초를 다지는 이외에, 新王朝의 開國 체제 확립의 일환으로 漢王朝의 각종 제도를 폐지하고, 新의 것으로 대체했다. 이것은 출토된 王莽의 도량형이 모두 "始建國元年正月癸酉朔日"에 일괄적으로 주조된 것에서 증명된다.[70]

　居攝 2년 "攝皇帝" 時에 1차 화폐개혁을 단행한 이유는 무엇일까?[71]

---

69) 『漢書』 卷99上 「王莽傳」, p.4087.

70) 漢興 이래 새로운 度量衡법령을 제정하지 못하고 계속 秦制를 사용했는데, 200여년이 경과하면서 제도가 문란해지게 되었다. 출토된 王莽의 도량형 실물은 "始建國元年正月癸酉朔日"라는 銘文을 가지고 있다. 始建國 원년 王莽은 秦에 이어 전국적으로 통일된 도량형기를 반포함으로써 新왕조의 위엄을 확립함과 동시에, 地主와 奸商들의 漢代 동안 혼란되어온 도량형기를 이용해 謀利하는 것에 제동을 가했다. 출토된 왕망의 도량형의 실물은 과거에 보기 힘든 완성도 높은 것이고, 그것은 淸代까지 영향을 미쳤다.

71) 王莽이 화폐개혁을 시도한 목적에 대해서는 經濟危機說, 財政危機說, 王莽의 蓄財野心說 등이 있다. 經濟危機說은 王莽의 화폐개혁의 목적이 西域 通商의 성행에 의해 동전의 보조화폐 역할을 한 황금의 유출로 경제불황을 타개하기 위한 것이라는 주장이다.[河地重造, 위의 논문, p.382; 山田勝芳, 「王莽代の財政」(『集刊東洋學』 33, 1975), p.77.] 경제불황은 화폐에서만 기인하는 것이 아니라, 자급자족적 경영의 호족 장원경제가 발전한 것에서도 기인한다는 주장이다. 결국 이런 요인에 의해 고대상업은 쇠퇴하고 황제에 의한 山澤의 家産化를 기반으로 하는 商工業稅 수입을 감소시켰다. 이같은 점에서 화폐정책은 국가보유화폐의 증가뿐만 아니라, 경제자극·상공업 활성화를 통한 염철전매수입·산택세·市井稅 등 商工業稅收를 증가시킬 목적도 있었다고 주장한다. 한편 財政危機說은 武帝와 마찬가지로 재정적자를 타개하기 위한 것이라는 주장이다. 王莽이 집정한 후 국고의 상태는 空虛했고 재정 수입이 없었기 때문에, 새로운 화폐를 주조해 황금을 兌換한 것이라는 견해이다. 또한 개인의 財富를 모으기 위한 개인적 야심에서 화

왕망이 攝皇帝의 지위에 있었기 때문에 개국 이전에 미리 장래의 청사진을 실행에 옮긴 것일까? 1차 화폐개혁의 목적에 대해 班固의 견해와 王莽의 견해는 상당한 차이점이 있다.

班固는 『漢書』 「食貨志」에서 師丹의 토지개혁이 실패한 이후에 漢帝國의 대토지소유는 심각했으나, 국가재정, 백성의 財富와 人口數, 주변민족과의 관계 등 재정상태가 양호했다고 주장한다. 王莽의 찬탈 전인 平帝의 元始 5년경 "王莽이 이미 태평을 이루고 북으로 흉노를 교화했으며 동으로는 海外의 국가를 중국에 조회하게 했으며, 남으로는 黃支를 위무했으나, 다만 서방으로는 아직 중국의 교화가 가해지지 못했다.", "天下가 태평하고 오곡이 잘 익었다."라는 기록을 보면 漢帝國은 매우 안정된 상태이며,[72] 왕망 즉위 초 匈奴정벌시의 국가재정도 양호했었다고 보았다.[73] 이처럼 『漢書』의 도처에서 班固는 前漢末·王莽初의 재정 상태는 오히려 안정된 국면을 유지했고 平帝 元始연간까지 주조된 280억만 전의 五銖錢이 아무런 문제가 없었음에도, 王莽이 周景王 시기에 있었다고 하는 子錢과 母錢이라는 周代의 화폐를 모방해 大錢을 주조했다고 비판했다.[74]

그러나 王莽의 언급은 班固와 사뭇 다르다. 王莽이 始建國 5년에 "내가 天命을 받고 眞皇帝에 즉위해 건국한 지 이미 오년인데, 陽九之厄(가뭄의 액운)이 이미 지나갔고, 百六之會도 이미 지나갔다."고 한

폐개혁을 했다는 주장도 있는데, 이것은 王莽의 궁성이 불탈 때 황금의 양을 보고 주장한 견해이다.

72) 『漢書』 卷99上 「王莽傳」, p.4077, "莽旣致太平, 北化匈奴, 東致海外, 南懷黃支, 唯西方未有加.";"天下太平 五穀成熟."

73) 『漢書』 卷24上 「食貨志」, p.1143, "宮室苑囿府庫之臧已侈, 百姓訾富雖不及文景, 然天下戶口最盛矣. … 王莽因漢承平之業, 匈奴稱藩, 百蠻賓服, 舟車所通, 盡爲臣妾, 府庫百官之富, 天下晏然. 莽一朝有之, 其心意未滿, 陋小漢家制度, 以爲疏闊.";『漢書』 卷94下 「匈奴傳」, p.3824, "(王)莽新卽位, 怙府庫之富欲立威, 乃拜十二部將率, … 議滿三十萬衆, 齎三百日糧, 同時十道並出, 窮迫匈奴…."

74) 같은 책, p.1151.

것은 王莽의 국가재정이 즉위 초에 비교적 나빴고,[75] 始建國 5년경에
이르러 호전되었다는 것이다. 또한 王莽이 天鳳 3년 官吏에게 처음으
로 봉록을 주기로 한 조서에서 "陽九之厄, 百六之會로 國用이 부족하고
民人들이 소동을 일으켜 公卿 이하에게 한 달의 祿으로 十緩布 2匹 또
는 帛 1匹을 주었는데, 내가 매번 그것을 생각하면 울적하지 않을 때
가 없었다. 이제 厄會가 이미 지나갔고 府帑은 비록 충족하지 않더라
도 조금씩 지급하겠다."고 한 것으로 보면 건국초에 王莽의 재정상태
는 관리의 봉록을 지급하지 못할 정도로 부실했음을 알 수 있다.[76]

이처럼 班固와 王莽의 시각이 천양지차임을 알 수 있는데, 과연 前
漢말기의 국가재정이 班固의 언급대로 충실하였을까? 武帝연간의 재
정위기는 昭帝·宣帝시기에 회복되었으나, 이후 元帝 이후 皇帝의 賞賜,
관료집단의 팽창과 유지비용, 통치집단의 낭비로 재정지출이 격증했
다. 이로써 前漢은 "天下가 공허해지고", "倉稟이 비었으며", "公家에는
일년을 버틸 식량이 없고 百姓은 열흘을 버틸 식량이 없어 상하가 모
두 궁핍해져 서로 구휼할 수 없고", "七死七亡"과 같은 재정위기의 상
황에 빠지게 되었다. 물론 王莽의 "陽九之厄, 百六之會"라는 표현이 상
투적인 것이기는 하지만, 前漢말의 재정상태는 成帝도 언급했듯이 극
도로 나빴던 것은 부정할 수 없는 사실이다. 한편 280億萬錢이나 발행
된 五銖錢에 전혀 문제가 없었던 것은 아니다. 元帝시 貢禹의 언급에

75) 『漢書』卷99中「王莽傳」, p.4131, "予之受命即眞, 到于建國五年, 已五載矣. 陽九
之阨既度, 百六之會已過. 歲在壽星, 塡在明堂, 倉龍癸酉, 德在中宮." 陰陽家가
數理에서 추출해낸 말로 災厄을 의미하는 陽九之厄·百六之會는 4617歲를 一
元으로 하는데, 처음 元에 들어가고 나서 106歲에 陽九가 있다는 뜻이다. 陽
은 旱災를 말하므로 106歲 가운데 가뭄이 9回 있다는 설이다.
76) 『漢書』卷99中「王莽傳」, p.4142, "五月, 莽下吏祿制度, 曰:「予遭陽九之阨, 百六
之會, 國用不足, 民人騷動, 自公卿以下, 一月之祿十緩布二匹, 或帛一匹. 予每念
之, 未嘗不戚焉. 今阨會已度, 府帑雖未能充, 略頗稍給, 其以六月朔庚寅始, 賦吏
祿皆如制度.」"

의하면, "五銖錢이 나온 지 70여년인데, 盜鑄錢으로 형을 받은 자가 많다."는 지적은 班固의 언급과 달리 五銖錢 역시 盜鑄의 폐단이 있었음을 보여준다.[77] 실제로 前漢말 고고학 유물에서 나타나는 五銖錢의 중량은 현저한 감소를 보이고 있다.

武帝의 元狩 5년(B.C.118) 발행한 五銖錢은 앞서 언급한 바와 같이 직경 2.3cm, 무게 3.5g으로 盜鑄해도 별로 이익이 남지 않을 정도로 화폐가치와 중량이 상호 조화를 이루었고, 화폐단위가 획일적이며, 圓形方空으로 꿰기에 적당했고 주위에 테두리가 있어 錢文의 마모를 방지할 수 있었다. 그런데 昭帝 이후 일부 지역에서 五銖錢의 중량이 감소하는 경향이 나타났다.

1957-1958년 河南省 洛陽市 西郊 漢墓 출토의 五銖錢의 평균중량은 昭帝시의 것이 3.26g, 宣帝·平帝시기의 것이 3.07g이다. 또한 1978년 四川省 威遠 출토의 것은 武帝시기가 3.1g, 宣帝시기가 2.7g이다. 이처럼 五銖錢의 중량이 감소하여 剪輪五銖錢(磨廓五銖錢)과 小五銖錢이 출현하게 되었다. 전자는 錢廓, 즉 화폐의 가장자리를 마모한 것으로 중량이 1.2g밖에 안된다. 사료에 기록이 보이지 않는 官鑄의 小五銖錢은 형태는 五銖錢과 같으나 직경 1.2cm, 중량 0.5g으로 五銖錢보다 작다. 小五銖錢의 주조는 기록에 보이지 않으나, 錢文에서 볼 때 보조화폐는 아니다.[78] 또한 昭帝시에도 鑄錢은 京師의 桑林三官에서 담당했으나 이미 화폐중량 감소의 폐단이 발생하고 있다. 즉, 『鹽鐵論』 「錯幣」에 "水衡의 三官에서 주조하게 했으나, 吏匠이 화폐의 중량을 줄였기 때문에 法式에 맞지 않고 두껍거나 얇고 경중에 차이가 있었다."고 한 것은 五銖錢이 출현한 지 얼마 안된 昭帝시에도 官吏·工匠들이 재료를 줄여 牟利를 한 증거이다.[79]

---

77) 『漢書』 卷24下 「食貨志」, p.1176.
78) 陳紹棣, 위의 논문, p.52.
79) 馬非百 注釋, 『鹽鐵論簡注』 (北京: 中華書局, 1984), p.33, "于是廢天下諸錢, 而專

減重은 과거의 명목가치와 실질가치의 불일치 문제를 재현하였고, 자연히 私鑄人이 증가하게 되었다. 국가에서 三官 발행의 錢이 아니면 통용시키지 않거나, 盜鑄者를 사형시켰어도 해결할 수 없었다. 전술한 元帝시 貢禹의 언급과 居延漢簡에 元康원년 盜鑄錢한 牛延壽 이외 24명의 체포를 명령한 것은 盜鑄錢이 再燃하고 있는 증거이다.[80] 또 다른 문제는 武帝의 五銖錢 발행 이래 280억만전이나 되는 화폐의 발행은 화폐가치의 하락과 물가의 상승을 초래했다. 米價는 石當 昭帝시 80-90文, 宣帝 120文, 元帝시 170文, 成帝·哀帝시 210-220文으로 지속적으로 상승했다.[81] 따라서 五銖錢에는 班固의 언급과 달리 상당히 많은 문제점이 존재했던 것으로 보아야 한다.

다음으로는 王莽의 1차 화폐개혁의 표면적 이유를 알 수 있는 자료로서는 미흡하지만 王莽의 언급을 예로 들어보자.

> 내가 전에 大麓(大司馬·宰衡시기)으로 있을 때부터 攝皇帝 때까지 漢氏의 三七之厄과 赤德의 기운이 다한 것을 깊이 생각하고 널리 그것을 구제할 방법을 찾아보았으며, 劉氏의 수명을 연장하는 술수를 써보지 않은 것이 없었다. 그러므로 金刀의 화폐를 만들어 그것을 구제하고자 한 것이다. … 『劉』字는 「卯·金·刀」로 이루어져 있는데, 正月에 (사악한 기운을 내쫓기 위한 佩飾으로서) 剛卯를 만들고 金刀 화폐를 만들었으나 그 효과는 모두 얻을 수 없었기 때문에 … 이에 재차 小錢을 만든 것이다.[82]

命水衡三官作, 吏匠侵削, 或不中式, 故有厚薄輕重."

80) 謝桂華 等, 『居延漢簡釋文合校』(北京: 文物出版社, 1987), p.33, 「20.12A」, "都尉書曰, 詔所名捕, 及鑄僞錢盜賊亡, 未得者, 牛延壽高建等, 四牒書到庚."

81) 陳紹棣, 위의 논문, p.53.

82) 『漢書』卷99中 「王莽傳」, pp.4108-4109, "予前在大麓, 至于攝假, 深惟漢氏三七之厄, 赤德氣盡, 思索(求)廣求, 所以輔劉延期之術, 靡所不用. 以故作金刀之利, 幾(冀)以濟之. … 夫『劉』之爲字「卯·金·刀」也. 正月剛卯, 金刀之利, 皆不得行 … 乃更作小錢.", "服虔曰:「剛卯, 以正月卯日作佩之, 長三(尺)[寸], 廣一寸, 四方, 或用(五)[玉], 或用金, 或用桃, 著革帶佩之. 今有玉在者, 銘其一面曰『正月剛卯』.

이것은 王莽이 大司馬·宰衡으로 있을 때 "漢氏三七之厄", 즉 漢이 210
년 만에 외척에 의해 멸망하는 것을 막기 위해,[83] 주술적인 것이기는
하지만 정월에 剛卯(强劉=强漢의 의미)라는 패식을 만들고, 金刀(錯刀)
등의 화폐를 만들었다는 내용이다. 이처럼 1차 화폐개혁은 王莽의 언
급을 그대로 믿는다면 한왕조의 수명 연장을 위한 것이었다. 居攝시
기에는 王莽의 찬탈의도가 이미 굳어진 상태였기 때문에 이것은 桓譚
의 언급대로 "잘못을 분식하고 옳은 것을 부정하는 것(飾非奪是)"에
불과할 수도 있으나, 적어도 王莽이 보기에는 자신이 攝皇帝로 있는
"漢"의 재정적 상태가 양호하지 못했던 것이다.

이와 아울러 桓譚의 언급과 같이, 기존의 漢制를 폐지하고 현실과
유리된 제도를 만들기를 좋아했다는 王莽이 居攝기간에 이미 황제와
거의 동일한 攝皇帝로서 周制로의 복귀를 시도한 조치였을 가능성도
높다. 이와 같은 가능성을 높여주는 사료로서 다음의 기사를 들 수 있다.

> 때마침 "옛날에는 龜貝로써 화폐를 삼았는데, 지금은 錢으로써 바꾸었
> 기 때문에 백성이 가난해졌으니 마땅히 화폐를 바꾸어야 한다."고 上書한
> 사람이 있었다. 哀帝가 師丹에게 묻자 師丹은 개혁할 수 있다고 대답하였
> 다. 그 문서가 내려져 有司들이 논의했는데, 모두가 錢을 사용한 지 오래
> 되었으므로 갑자기 바꾸기는 어렵다고 말했다. 師丹은 나이가 많아 앞서
> 말한 것을 잊어버려 후에는 公卿의 논의를 따랐다.[84]

金刀, 莽所鑄之錢也。" 剛卯는 辟邪하기 위한 장식물인 護符이다. 玉·犀·象
牙·金·桃木 등으로 만든 직육면체이다. 4면에 문자를 새기는데 首句에 "正
月剛卯旣央"이라고 쓰기 때문에 剛卯라고 칭한다.

83) 『漢書』 卷51 「路溫舒傳」, p.2372.

84) 『漢書』 卷86 「師丹傳」, p.3506, "會有上書言古者以龜貝爲貨 今以錢易之 民以故
貧 宜可改幣. 上以問丹 丹對言可改. 章下有司議 皆以爲行錢以來久 難卒變易.
丹老人 忘其前語 後從公卿議."

이 上書에서 중요한 것은 龜貝와 같은 古典的 화폐를 강조하는 사회적 분위기와 이것이 王莽의 제 3차 화폐개혁에서 그대로 실현되었다는 점이다. 上書가 제출된 시기는 정확하지 않지만, 高昌侯 董宏에 의해 傅太后의 존호 문제와 定陶共皇의 立廟 문제가 거론되고 있는 綏和 2년 5월의 시점에 제기된 것이므로 王莽이 綏和 2년 7월 실각하기 이전의 기록으로 보인다.[85] 이 上書를 올린 자가 누구일까? 당시 符命·上書를 올린 자들의 상당수가 王莽에게 阿諛하기 위한 자들이었고, 또 王莽이 의도적으로 諷(완곡하게 권유)하는 경우가 적지 않았다는 것에서 王莽과의 관련을 완전히 배제하기는 어렵다. 이 문제는 王田制 논의 시 추가로 고찰하기로 하겠다.

이상에서 언급한 바와 같이 王莽이 大司馬로 재직할 때 龜貝로의 개혁문제가 제기되었었고, 周景王 시기의 大錢 등을 모방한 개혁이라는 것을 볼 때 王莽의 周制 구현의지와 깊은 관련이 있다고 보여진다. 여기에 前漢말의 재정악화, 五銖錢의 盜鑄 문제가 존재했고, 王莽이 기존의 五銖錢 단일 화폐에 大錢(値 50) 契刀(500) 錯刀(5000)의 고액화폐를 추가한 것, 황금 태환시의 부등가 태환으로부터 이 화폐개혁이 前漢 후반기의 재정궁핍을 高額貨幣의 발행을 통해 해결하고자 하는 의도가 존재했다고 보여진다.[86]

2차 화폐개혁은 王莽이 찬탈하고 칭제한 始建國 원년(A.D.9)에 단행되었는데, 화폐개혁을 통해 新왕조의 성립을 천하에 알리고, 아울러 화폐에서 劉漢王朝의 흔적을 없애고자 하는 의도가 보인다. 이것은 새로운 왕조 출현시 의당 행하는 儀禮的 조치에 불과하다. 즉, 장기간

---

85) 이 문제는 王田制와 관련된 점도 있으므로 후술.

86) 이에 대해서 王莽 개인의 재물 애호벽 만이 아니라, 황금의 국외유출을 방지하고자 한 조치라고 파악하고 있으나,(河地重造, 위의 논문, p.382; 山田勝芳, 위의 논문, p.77.) 錯刀는 銅錢에 黃金을 象嵌하여 제조한 것이므로 민간의 黃金회수는 錯刀의 위조를 방지하기 위한 것이다. 蘇立岩, 「略論王莽及其改制」(『齊魯學刊』 1981-6), p.38 참조.

민간에서 신용을 얻어온 五銖錢, 그리고 居攝시기에 주조한 錯刀를 폐
지하고, 별도로 小錢(重1銖, 값 1)을 주조해 이전의 大錢과 함께 통용시
켰다. 그러나 2차 화폐개혁은 민중의 五銖錢에 대한 選好, 잦은 화폐개
혁에 대한 불신 등으로 실패하고 말았다.

　3차 개혁은 始建國 2년에 金·銀·龜·貝·錢·布의 화폐를 주조한 것으
로, 그의 화폐개혁 중 가장 황당한 것이었다. 始建國 2년이라는 해는
王莽정권과 匈奴 사이에 전쟁이 폭발하여 막대한 軍費가 요구됨으로
써 원래의 大·小錢으로서는 재정수요를 감당할 수 없었던 해이다. 화
폐개혁의 명목은 "寶貨가 모두 무거우면 작은 용도에 사용할 수 없고,
모두 가벼우면 운반하는데 많은 비용이 든다."고 했으나, 실은 전쟁비
용 조달의 목적이 은폐되어 있었다.

　이때의 화폐개혁은 형식과 질량의 측면에서 엄격성이 요구되어,
민간의 주조를 방지하고자 하였다. 그러나 발행한 화폐의 종류가 많
고, 화폐의 교환비율이 복잡하여, 화폐유통에 혼란을 초래하였다. 건
국 직후 민심이 아직 안정되지 않은 상태에서 번잡한 화폐를 발행한
것은 당시의 사회경제에 커다란 혼란을 야기하였기 때문에 민간에서
는 王莽의 화폐를 사용하지 않고, 계속해서 五銖錢으로만 거래하였다.
王莽은 화폐의 원칙을 무시하고, 五銖錢을 소지한 자는 변경으로 추방
한다는 조서를 내리는 등 국가의 공권력으로만 해결하려 했다. 그러
나 민간의 저항이 워낙 거세어 龜·貝·布는 사용을 금지하고 値 1의 小
錢과 値 50의 大錢만을 통용시켰다. 大·小錢의 통용도 여의치 않자 盜
鑄하면 5家를 연좌해 노비로 몰적하고, 吏民의 關所 출입시 布錢을 지
참하게 하여 符傳을 대신하게 하였다. 이를 소지하지 않으면 廚傳에
서 머물지 못하고 關津에서 억류하게 하였다.[87]

　王莽은 화폐개혁 성공의 관건이 名目 銅貨의 信用 여부에 있었음에

---

87) 『漢書』 卷99中 「王莽傳」, p.4122.

도 세 차례에 걸친 화폐개혁에서는 이를 인식하지 못했고, 사회적 위기가 팽배해가는 天鳳 원년(A.D.14)에 가서야 기존의 조치를 완화하는 4차 화폐개혁을 단행하였다. 그 내용은 金·銀·龜·貝를 계속 화폐로 사용하되, 그 명목가치를 증감하여 재차 발행했다. 보다 중요한 것은 大·小錢을 폐지하고, 대신에 貨布(値 25)와 貨泉(値 1)을 새로 통용시킨 것이다. 다만 大錢은 통용된 지 오래되어 폐지하더라도 계속 통용될 우려가 있으므로 大錢을 値 1로 하여 貨泉과 6년 동안 병행하였다. 그 중 貨泉은 중량이 5銖이고 値 1로서, 명칭만 다를 뿐 실제상으로는 形制·大小·重量·價値의 측면에서 五銖錢의 회복과도 같은 것이다.[88] 貨泉은 五銖錢과 동일하게 圓形方孔의 형태이며 文만 五銖에서 貨泉으로 바뀐 것이다. 貨布는 중량이 25銖이고 値25로서 전국시대 布錢과 형태가 동일하다. 貨布와 貨泉은 유통기간이 비교적 길었고 과거보다는 중량과 화폐가치가 합리적이었으나 이미 화폐제도는 혼란되어 있었다.

5차 개혁은 地皇 원년(A.D.20)에 단행되었는데, 大·小錢을 폐지하고 재차 貨布·貨泉을 시행했다. 이것은 4차 개혁의 반복과도 같은 것인데, 아마도 4차 개혁을 보다 강화하기 위한 조처로 생각된다. 이같은 4·5차 개혁에서 볼 때 王莽이 과거의 화폐개혁이 분명히 잘못되었다는 것과 五銖錢의 위력을 인식했기 때문에 형태상 과거의 五銖錢과 동일한 貨泉으로 회귀한 것이다.

王莽의 화폐정책이 실패한 원인은 다음 몇 가지로 요약할 수 있다. 첫째는 화폐 유통질서를 악화시키는 악성 고액화폐를 발행함으로써 인플레와 화폐신용절하를 조장하였다는 점이다. 현재 王莽 화폐 중 大錢·小錢·貨泉·貨布가 많이 출토되고 있다. 그중 가장 수량이 많은 것은 五銖錢에 근접한 형태의 大錢, 五銖錢의 부활이라 할 수 있는 貨泉이며, 명목가치가 높은 화폐들은 많지 않다.[89] 이로 볼 때 王莽의

---

88) 張誠, 위의 논문, p.21.
89) 陳紹棣, 위의 논문, p.56.

高額화폐는 전혀 시중에서 유통되지 않고 실패했음을 알 수 있다. 화폐는 본래 금속의 중량으로 그 가치가 결정되며, 동일한 화폐재료로 여러 종류의 화폐를 발행하면 매 화폐의 금속함량과 그 가치는 반드시 비례를 이루어야 했다. 王莽은 임의로 화폐가치를 규정하는 방법을 사용하여 화폐가치의 하락을 조성했다.[90] 화폐의 중량으로 계산한 실제가치와 액면가치의 비례가 합리적이어야 불법주조가 성행치 않는다는 것은 武帝의 五銖錢에서 여실히 증명되었다. 그러나 王莽의 경우는 가치비례가 불합리했고,[91] 늦게나마 貨泉으로 변경한 것은 바로 중량과 가치가 일치하는 五銖錢으로의 후퇴이다. 王莽이 前漢말기의 화폐가치하락·물가상승·재정적자의 위기상황을 해결하기 위해서는 생산력 회복을 통한 재화생산, 세금징수로 시장에 유통되는 화폐의 회수를 통해 하락한 화폐가치의 제고에 힘써야 했다.

화폐개혁은 중농억상 정책의 명목하에 진행된 것으로, 상인들은 자신들의 이익을 침해받았기 때문에 이에 저항했다. 그들은 화폐개혁으로 받은 피해를 보상받기 위해서라도 盜鑄를 감행했다. 이들이 주조한 화폐는 고고학 유물에서 확인되듯이 중량이 가볍고, 크기가 작으며, 재료와 주조기법이 조악하고, 광범위하게 많은 양이 유통되었다는 특징이 있다. 1957-58년 사이 洛陽 서쪽 교외 출토의 大錢 五十은 1635매인데, 기준이 『漢書』 「食貨志」에 일치하는 것은 22%이고, 78%가 私鑄錢이다.[92]

---

90) 孟祥才, 위의 책, pp.103-104.
91) 『漢書』 卷24下 「食貨志」, pp.1177-1178; 孟祥才, 위의 책, p.103. 1차 화폐개혁은 새로 주조한 무게 12銖의 大錢으로 五銖錢 50매를 태환했는데, 이는 서로의 차이가 20여배나 되는 不等價의 태환이었다. 大錢(12銖):五銖錢(250銖)=1:20.83. 3차 개혁시 1銖의 小錢은 가치가 1이고, 12銖의 大錢은 가치가 50이다. 小錢으로 大錢을 태환하면 서로의 차이가 4배나 된다. 小錢(重:1銖, 가치: 1), 大錢(重:12銖 가치: 50, 1:4.16). 15銖의 小布는 가치 100이고, 23銖의 次布는 가치 900이다.(6.67 : 39.13 = 1 : 5.86).

둘째, 王莽 화폐는 寶貨의 경우 5物 6名 28品으로, 종류가 번잡하고 換算이 곤란하다는 점이다. 특히 龜幣·貝幣와 같은 이미 화폐로서의 기능을 상실한 원시화폐를 발행했는데, 元龜는 長 1척2촌이고, 大貝는 長 4촌 8분으로 너무 컸기 때문에 사용·휴대가 불편했을 뿐만 아니라 명목가치와 실제가치의 차이가 너무 커서 사용하기를 원치 않았다.

셋째, 王莽의 빈번한 화폐개혁과 新舊 화폐의 교체시 舊幣를 태환해주지 않은 채 폐기하고 사용하지 않음으로써 舊화폐의 대량 보유자에 치명적 손실을 끼쳤다. 새로운 화폐가 일단 流通에 들어가면 구화폐는 신화폐로 兌換시켜 주어 구화폐 소지자들에게 불이익이 없도록 해야 하는데 이같은 대비가 없었다.

넷째, 화폐정책의 집행시 상인출신을 기용한 점이다. 王莽이 의거한 관료기구는 前漢의 舊관리들이므로 행정 효율성이 떨어지는데다, 그가 각 郡에 鑄錢을 감독하기 위해 파견한 命士는 大商賈 출신으로서, 자신들의 이익에 치명적 악영향을 끼친 화폐개혁에 적극적이지 않았고, 오히려 집행과정에서 각종 폐단을 야기했다.[93] 왕망의 개혁이 실패하여 멸망한 원인은 다방면에 걸쳐 있으나, 화폐개혁의 실패는 분명히 王莽정권의 멸망을 가속화시킨 중요한 원인이 되었다.

2) 토지·노비제도의 개혁

王莽은 始建國 원년(A.D.9) 토지제도와 노비제도에 일대 대개혁을 단행했는데, 그 목적은 세 가지로 귀납된다. 첫째는 토지의 겸병억제이고, 둘째는 농민의 노예전락 방지, 셋째는 이를 통한 編戶民의 건실화였다. 그의 王田제도는 실질적으로 限田의 의미로서 국가의 권력으로 대지주의 토지겸병을 제한하고, 겸병자의 토지를 국가가 計口分田

---

92) 陳紹棣, 위의 논문, p.59.
93) 『漢書』卷24下「食貨志」, p.1183, "乘傳求利, 交錯天下, 因與郡縣通奸, 多張空簿府藏不實, 百姓愈病."

하는 均田의 의미도 가지고 있었다. 그가 『周禮』와 經學에서 이론적 근거를 찾았기 때문에 中共학계에서는 이 개혁을 "奴隷制 時代로의 後退"라고 비판한다. 그러나 王莽의 토지개혁은 비현실적인 사회주의라는 평가를 받음에도 불구하고, 당시의 사회경제적 측면을 고려할 때 時宜性이 있었음은 인정해야 한다. 역사상의 어떤 개혁이라도 모두 그 개혁을 정당화할 수 있는 시대적 요건을 나름대로 구비하고 있다. 앞에서 기술한 바와 같이 前漢 후반기의 대토지 소유와 노비문제는 심각한 것으로, 어느 통치자라도 해결해야 할 중대한 사안이었다. 後漢 光武帝의 戶口·土地調査도 동일한 맥락에서 왕망이 실패한 이 문제를 해결하기 위한 것이었다.

王莽 이전에 대토지 소유의 문제점을 최초로 지적한 것은 董仲舒로서, 그는 현실적으로 시행하기 어려운 井田法 대신에 名田을 제한하고자 하였다. 그러나 당시의 토지겸병은 武帝의 통치를 파탄시킬 정도는 아니었던 모양으로 董仲舒의 주장은 주목받지 못했다. 그러나 전한 후반의 상황은 심각했다. 哀帝시 師丹은 限田을 건의했고, 丞相 孔光과 大司空 何武의 주청에 의해 諸侯·列侯·公主·吏民의 토지와 노비의 보유 상한선이 제정되었고, 이로 인해 田宅과 奴婢의 가격이 일시 하락하였다. 이러한 점에서 王莽이 논거를 古典에서 구한 것이 이상주의적으로 보일 뿐,[94] 그의 토지와 노비의 소유제한에 대한 인식은 정확한 것이었다. 그런데 주의할 점은 왕망의 王田·私屬制와 哀帝시기에 시행되었던 限田·限奴가 별개의 것으로 이해되는 것이 일반적이지만, 이것은 모두 王莽이 관련된 정책이라는 점이다.

王莽은 후일 자신이 大麓(大司馬)으로 있을 때 天下의 公田에 口井을 실시하여 당시에는 "嘉禾之祥"이 나타나는 등 효과를 보았다고 술회

---

94) [淸] 阮元, 『十三經注疏·周禮注疏·地官·小司徒』(北京: 中華書局, 1979), p.725, "乃均土地, 以稽其人民, 而周知其數."

하고 있다.[95] 물론 師丹의 것은 限田制이고, 王莽의 "天下公田口井"은
昭帝 이래 전통을 가지고 있는 "假民公田制"였으므로, 상호 무관한 것
으로 볼 수도 있다. 또한 전자는 名田을 대상으로 한 반면에, 후자는
公田을 대상으로 한 차이점이 있기는 하지만, "均貧富"의 이상을 공유
하고 있으며, 師丹의 限田制는 王莽의 "假民公田制"와 함께 시행되었을
가능성도 배제할 수 없다. 王莽은 大麓시의 井田制가 反虜逆賊을 만나
중지되었다고 했다. "反虜逆賊"은 아마도 居攝 2년(A.D.7) 반란을 일으
킨 翟義·趙明을 가리킬 가능성도 있지만, 董賢 또는 丁·傅氏를 가리킬
가능성이 더 높다.[96] 그 이유는 翟義가 반란을 일으키는 居攝 2년까지
14년 동안이나 限田제도가 시행된 것은 아니라고 보이기 때문이다.[97]
限田制는 당시 田宅奴婢의 가격을 하락시키는 등 긍정적 효과도 있었
으나, 丁·傅氏·董賢이 모두 불편하다고 하여 시행하지 않게 되었다.[98]
그런데 여기에서 限田制의 시행불발이 哀帝의 외척 傅氏와 師丹·孔光
등의 대립 측면에서 고찰할 필요가 있다.

成帝가 사망한 그해, 즉 哀帝가 즉위한 綏和 2년 師丹은 限田제도를
건의했는데, 특히 이것이 앞서 언급한 龔貝로의 개혁 상주문과 같은
해에 나왔다는 것은 주목할 만하다. 限田제도의 시행조서는 大司馬 王莽,

<hr />

95) 『漢書』 卷99中 「王莽傳」, p.4110, "予前在大麓, 始令天下公田口井." 口井은 師古에
의하면 "計口而爲正田." 嘉禾는 後漢시대에 많이 보이는데, 이삭이 많이 달려
있어 일종의 祥瑞로 간주된다. 『漢書』 卷58 「公孫弘傳」, p.2613, "甘露降 風雨時,
嘉禾興.";『白虎通』「封禪」"嘉禾者, 大禾也.";『論衡』「講瑞」"嘉禾生於禾中, 與禾
中異穗, 謂之, 嘉禾.";『東觀漢記』"光武生時, 有嘉禾一莖九穗, 縣境大熟, 因名秀.;
『東觀漢記』3 "延光二年九眞言, 嘉禾生, 禾百五十六本七百六十八穗."
96) 王莽은 丁·傅氏·董賢의 출현을 亂으로 표현하고 있다. 『漢書』 卷84 「翟方進傳」,
p.3431, "予惟趙傅丁董之亂, 遏絶繼嗣, 變剝適庶, 危亂漢朝, 以成三厄, 隊極厥命."
97) 『漢書』 卷86 「王嘉傳」, p.3496;『漢書』 卷18 「外戚恩澤侯表」, p.713. 王嘉의 상소
문에서 哀帝가 董賢에게 2000여頃을 하사함으로써 均田制를 파괴했다고 비
판하였는데, 이 均田制는 바로 師丹의 限田을 가리키며, 哀帝가 董賢을 高安
侯에 책봉하는 哀帝 建平 4年 전후하여 이 제도는 문란해졌다고 보여진다.
98) 『漢書』 卷24上 「食貨志」, p.1143.

曲陽侯 王根, 成都侯 王況이 실각하는 7월 직전에 내려졌다.[99] 따라서 限田制와 貨幣改革 논의는 모두 成帝 사망 직후 哀帝 즉위 초에 제기된 것으로 보인다. 이 때에 가장 중요한 문제는 王莽이 大司馬에서 물러난 시점인데, 이에 대해서는 논자마다 약간씩의 차이가 보이고 있으나, 干支를 검토한 결과 『資治通鑑』의 綏和 2년 7월의 해석이 정확하다.[100]

이러한 상태에서 토지소유에 제한을 가하는 限田제도는 과연 누가, 어느 시점에 제시한 것일까? 限田제도는 "哀帝卽位, 師丹輔政, 建言" 이라 하여 師丹이 제안한 것인데,[101] 輔政이라 표현한 것은 그가 哀帝 즉위 후 左將軍·關內侯·領尙書事의 지위에 있었기 때문이다.[102] 그런데 師丹이 限田制를 제기하자 哀帝는 이를 논의하게 했고, 이때 丞相 孔光·大司空 何武가 奏請하여 시행하게 된 것이다.[103] 兩人의 관직을 조사해보면, 孔光은 綏和 2年(B.C.7) 3月 丙戌日에 翟方進을 이어 승상이 되고 建平 2年(B.C.5) 4월 乙未日에 면직되었다. 何武는 綏和 元年(B.C.8) 4월 乙卯에 大司空이 되어 綏和 2년(B.C.7) 10월 癸酉日에 師丹에게 大司空을 물려주었다. 따라서 양인의 관직이 합치하는 기간은 綏和 2년

---

99) 『漢書』 卷11 「哀帝紀」, p.336.
100) 『漢書』 卷19下 「百官表」, p.843, "十一月丁卯大司馬莽賜金安車駟馬免, 庚午左將軍師丹爲大司馬 四月徙."; 王先謙, 『漢書補注』, p.333, 綏和 2年條: "王念孫曰 十一月丁卯漢紀作十月丁巳 通鑑作七月丁卯, 考異云師丹若以十一月爲司馬, 四月徙, 不得以十月爲司空也. 七月丁卯朔無丁巳, 年表月誤, 荀紀日誤. 先謙曰 傳云月餘徙, 此作四月未知孰是."; 萬斯同, 『漢將相大臣年表』, 『史記漢書諸表訂補十種』(上), p.459. 綏和 2년 12월에 면직된 것으로 나와 있다.
司馬光의 기술대로 「百官表」의 "十一月丁卯大司馬莽賜金安車駟馬免, 庚午左將軍師丹爲大司馬, 四月徙."라는 기사는 陳垣의 『二十史朔閏表』와 비교하면, 11월은 乙未朔이므로 丁卯日이 없고, "十一"을 "七"의 誤記로 보았을 때 7월은 丁卯朔이므로 庚午日은 7월 4일이 된다. 따라서 王莽은 7월 丁卯日(4일) 면직되고, 師丹이 7월 庚午日(4일) 大司馬에 취임한 것이다. 4月徙는 師丹이 10월 癸酉日(8일)에 大司空이 되므로 3개월 4일을 의미한 것이다.
101) 『漢書』 卷24上 「食貨志」, p.1142.
102) 『漢書』 卷86 「師丹傳」, p.3503.
103) 『漢書』 卷24上 「食貨志」, pp.1142-1143.

(B.C.7) 3월에서 동년 10월까지이다. 이 기간은 王莽이 大司馬에서 물러난 7월 4일 이후도 포함되므로, 王莽이 限田制에 관여했는지는 확인하기 어려우나, 「哀帝紀」의 限田制 기사가 7월 王氏 축출 이전에 기록된 것으로 보아 王莽이 大司馬로 재직 시 시행된 것으로 보인다.

한편 哀帝가 즉위한 綏和 2년 당시의 政治構圖라는 측면에서의 분석도 유용할 것 같다. 綏和 2년 哀帝가 즉위하고 정치는 大司馬 王莽, 左將軍·領尙書事 師丹, 丞相 孔光이 좌우하였는데, 이들은 정치적 노선이 합치했다. 孔光·師丹은 剛暴하고 권모술수에 뛰어난 哀帝의 할머니 傅太后를 꺼려했다. 이들은 北宮에 거처한 傅太后가 復道를 통해 아침저녁으로 황제의 처소에 출입하며 정치에 관여하는 것을 싫어했고, 또한 부태후가 尊號 문제에 있어 元太后와 동등한 太后로 격상시켜 줄 것을 요구하고 이에 동조하는 朱博 등의 群臣들에 반대했다. 孔光은 尊號 문제로 정적인 丁·傅氏·朱博과 대립하다 이들의 모함을 받아 승상에서 면직되었고, 哀帝 사망 후 太傅가 되었으나 王莽과 대결하려 하지 않고 그의 의지에 순종했으며 복권된 王莽의 권력강화에 적극 협조했다.[104]

師丹은 哀帝가 王氏를 축출하고 丁·傅氏를 임명하려는 기도에 대해 "成帝가 폐하를 후사로 삼은 공덕과 先帝의 사망 후 3년간은 정치를 宰相에게 위임하고 부친의 방법을 고치지 않는 점을 심사숙고해야 한다."고 상서하여 제동을 걸었다. 그는 이같은 정치 노선 때문에 哀帝· 丁·傅氏와 불화했고, 丁·傅氏의 자제들은 그의 사소한 잘못을 들춰내 음해하려 했다. 결국 그는 丁·傅氏의 존호 문제에 반대했다는 이유로 朱博에게 탄핵되어 庶人으로 되어 낙향했다.[105] 특히 師丹은 尊號 문제를 제기한 董宏을 王莽과 함께 탄핵하는 등 丁·傅氏를 政敵으로 간주했다는 측면에서 王莽과 동일한 정치노선을 걸었다. 王莽은 哀帝가

---

104) 『漢書』 卷81 「孔光傳」, pp.3356-3357.
105) 『漢書』 卷86 「師丹傳」, pp.3503-3509.

죽고 平帝가 즉위하자 恭皇廟를 허물고, 恭皇廟의 건립을 주장한 冷褒·段猶·董宏을 추방하였고, 반대로 작위를 상실하고 庶人이 된 師丹을 재차 封하여 義陽侯로 삼았다.[106]

그러면 이들이 王莽과 동일한 정치노선을 걸었던 이유는 무엇일까? 孔光은 孔子의 15世孫이고 학풍은 今文을 主로 하고 古文學을 兼修했다. 그가 劉歆의 左氏春秋를 博士官에 넣으려는 것에 찬성하지 않은 점은 今文學의 입장이나, 그의 집안이 모두 古文尙書·毛詩를 世傳하고 있다. 후사가 없는 成帝의 태자를 논의할 때 孔光은 中山孝王 興을 추천했다. 成帝와 中山孝王 興은 모두 元帝의 아들로서 형제간이었다. 今文學은 父子상속을, 古文學은 兄弟상속을 주장하는데, 孔光은 古文學의 입장에서 成帝의 아우를 추천한 것이다.[107] 師丹은 匡衡에게서 齊詩를 배우고, 劉歆과는 사이가 좋지 않던 今文學派였으나, 成帝시 甘泉·河東의 祠를 長安 南北郊로 옮길 것을 翟方進과 함께 올린 주장이 후일 平帝시에 王莽·劉歆 등의 古文學者에 의해 지지되었다. 바로 翟方進은 劉歆에게 左傳을 전수한 古文학자였다. 이처럼 師丹·孔光은 學統上에서 크고 작든 王莽이 칭송하는 古文학파의 영향을 받았던 것이다.

王太后를 정점으로 한 王莽·孔光·師丹의 구세력과 丁·傅太后를 정점으로 한 朱博 등의 新세력이 예리하게 대립하는 綏和 2년의 시점에서 貨幣改革·限田制가 출현한 것은 王莽일파의 일관된 정책이라고 보여진다. 이처럼 師丹·孔光과 王莽 등이 "均貧富"의 정책을 제시한 것은 이들 사이에 공통의 정치사상이 공유되어 있음을 말해주는 것이다.[108] 따라서 王莽이 시도한 토지·노비·화폐 등 개혁의 골격은 이미 찬탈 이전인 哀帝시기에 구상되었던 것이라고 보여진다. 그리고 王莽은 즉

---

106) 같은 책, pp.3509-3510.
107) 『漢書』 卷80 「宣元六王傳」, p.3327.
108) 藤川正數, 「前漢時代における宗廟禮說の變遷とその思想的根底」(『東方學』 28, 1964), pp.10-13.

위한 始建國원년(A.D.9)에 그의 개혁의 주요한 핵심부분인 토지제도와
노비제도의 개혁을 재차 시행한 것으로 생각된다. 王田制의 입안자는
井田制의 구체적 내용을 언명할 때 "莽曰"로 되어 있는 것으로 보아 王
莽 자신인 듯하며,[109] 그 구체적 입안자는 "明學男 張邯과 地理侯 孫陽
이 井田을 만들어 民으로 하여금 土業을 포기하게 했다."는 기술로 보
아 明學男 張邯과 地理侯 孫陽이다. 地理侯 孫陽은 『漢書』에 公孫祿의 井
田 비판시 1회 보일 뿐이므로, 단지 그가 王田制 제정에 깊숙이 관여
한 정도만을 알 수 있다.[110] 『漢書』에 모두 6회의 기록이 보이는 張邯
은 齊詩로 이름을 날린 유생으로서,[111] 九廟의 건립, 平帝를 위한 金縢
의 의미 해석 등으로 미루어 유가경전에 해박한 자로 생각되며, 이같
은 經典지식에 근거해 王田制를 제정한 듯하다.

내용면에서 실현 가능성이 높았던 師丹의 정책이 실패한 것에 비
추어, 王莽이 토지의 매매금지와 소유한도를 "男口八人未滿一井"으로
제한한 것은 인간의 욕구와 배치된다는 점에서 실패의 가능성이 높았
다. 그런데 西村元佑는 王莽의 王田制가 師丹의 정책보다 완화된 것이
라고 보았다. 즉, "王田制의 토지 억제 기준은 地主의 경우 8인 가족으
로 一井(900畝)이라는 것이므로 1인 당 112.5畝로 된다. 이것은 후세의
均田制의 受田기준과 비슷한 것이다. 그런데 王莽의 왕전제는 극히 가
혹하고 비현실적인 것으로 고찰되고 있는데, 王莽은 노예의 매매를 금
지하고 있을 뿐으로 기득권은 인정하고, 限田策처럼 일정의 限數를 결
정해 그 이상은 몰수하는 것이 아니라, 餘田을 구족향당에 분여한다는
것이므로, 哀帝의 限田策보다는 완화된 것."이라고 주장했다.[112]

---

109) 『漢書』 卷99中 「王莽傳」, pp.4110-4111.
110) 『漢書』 卷99下 「王莽傳」, p.4170.
111) 『漢書』 卷88 「儒林傳」, p.3613.
112) 西村元佑, 「漢代おける限田·王田制と大土地所有問題」(『龍谷大學論集』 397, 1971), p.64.

그러나 이 주장에는 수긍하기 어려운 점이 있다. 哀帝시에는 토지 제한을 王侯·吏民의 구별없이 일률적으로 30경 이하로 하고, 노비의 제한을 제후왕 200인, 열후 100인, 關內侯·吏民 30인 이하로 했다. 반면에 王田制에서는 제후왕 귀족 등에 대해서는 언급이 없어 그 소유한도의 제한 여부가 불분명하며, 1인당 토지 소유한도를 112.5畝로 한 것은 哀帝시의 30頃으로 한 것보다도 토지소유를 크게 제한한 것이다. 또한 限田은 매매를 불허한 것이 아니며 3년 기한을 설정해 위반시는 官府에서 몰수한다고 했다. 그러나 王田의 경우 매매를 불허하고, 몰수한다는 규정은 없으나 범법시 死刑에 처한다고 했으므로 王莽의 王田이 보다 강력한 것이라고 할 수 있다.

王莽의 왕전제는 그 구체적 시행세칙과 완성시한, 8인 이상의 家에 대한 규정이 없다. 이렇게 『漢書』에 쓰인 대로 규정이 엉성한 것은 아니겠지만, 만약 이 규정이 전부라면 吏民 모두가 이 제도를 악용하는 방법은 여러 가지가 있을 것이다.[113] 첫째, "男口가 8명에 차지 않음에도 田이 一井을 초과하는 자"의 나머지 토지를 반납하라고 할 때, 分家하여 재산을 나누는 것은 하나의 방법이 된다.[114] 왕망의 세금징수가 夫 단위로 이루어지고 있는 것은 1夫가 100畝의 토지를 받는다고 가정했기 때문이다.[115] 그러나 위의 조문을 그대로 이해한다면, 男丁 1인밖에 없더라도 900畝의 토지를 보유할 수 있다. 따라서 많은 토지를 보유한 지주는 단지 男丁 1인마다 재산을 나누면 대량의 토지는 보존할 수 있다. "男口不盈八而田過一井者"의 규정은 이 제도를 시행하는 관리들에게 폐단을 일으킬 수 있는 불충분한 제도라고 할 수 있다. 둘째, 男丁이 8인을 초과하면 토지는 900畝 이상 보유하는 것이 가능

---

113) 『漢書』 卷24上 「食貨志」, p.1144, "制度又不定, 吏緣爲姦."
114) 胡寄窓, 『中國經濟思想史(中)』(上海: 上海人民, 1983), p.155.
115) 『漢書』 卷24上 「食貨志」, p.1180, "凡田不耕爲不殖, 出三夫之税, 城郭中宅不樹藝者爲不毛, 出三夫之布, 民浮游無事, 出夫布一匹."; 山田勝芳, 위의 논문, p.71.

하므로 中小의 지주는 토지를 보존할 수 있게 된다. 단, 이와같이 하더라도 수만 경의 대지주는 일부의 토지를 국유로 빼앗겼을 것이다. 셋째, 一夫一婦의 100畝 소유규정은 실현될 수 없다는 점이다. 前漢시기 전국 토지를 戶에 따라 평균적으로 분배하면 매호당 68畝가 되므로,[116] 도저히 一夫一婦에게 百畝를 지급할 수 없다.

　王田·私屬제도의 실행은 초반부터 강력한 저항에 봉착했다. 이 제도의 가장 큰 毒素조항은 토지·노비의 매매금지였다. 王田制를 시행한 始建國 원년의 기록에 의하면 諸侯·卿大夫·庶民에 이르기까지 매매로 체포된 자가 헤아리기 어려울 정도라고 했다. 始建國 원년에 이같은 기사가 있는 것은 이 법령의 시행 직후 國家에 1井 이상의 토지를 몰수당하지 않기 위해서 諸侯·卿大夫·庶民 등 대토지 소유자들이 官府 몰래 토지를 매매했음을 반증한다. 토지의 매매로 체포된 자의 구성요소를 보면, 이 조치가 계층을 불문하고 모든 사람들에게 충격을 가했다는 것을 알 수 있다. 따라서 토지제도 개혁에 대한 반발은 일부 계층에 국한된 것이 아니고, 반발계수도 매우 강력했음을 말해준다. 이것은 요즘 정부의 아파트 규제에 대한 국민적 반발과 견줄 때 흥미롭다. 때문에 시행 3년만인 始建國 4년(A.D.12) 中郎 區博의 간언에 의해 王田令을 정지하고 매매를 허락함으로써 유명무실해졌고, 地皇 3년(A.D.22) 천하의 붕괴가 심각해지자 井田奴婢山澤之禁을 정식으로 폐지하였다.

　그러면 왜 王田制가 실패한 것일까? 王田制 폐지를 주장한 中郎 區博은 다음과 같이 주장하였다.

　井田은 비록 聖王의 법이지만 폐지된 지 오래 되었다. 周나라의 道는 이미 쇠퇴하여 民이 따르지 않는다. 秦은 민심에 순응하는 방법을 알았기

---

116) 胡寄窓, 위의 책, p.156.

때문에 큰 이익을 획득할 수 있었다. 그러므로 廬井을 폐지하고 阡陌을 설치하여 드디어 전 중국의 왕이 되었다. 지금까지도 그것에 폐단이 있다는 소리를 못 들었다. 민심을 거스르며 천년동안 끊어진 것을 다시 시행하려 하는 것은 堯舜이 다시 살아나온다고 해도 행해질 수 없다. 천하가 初定상태이고 萬民이 막 歸附한 상태에서는 진실로 시행해서는 안된다.[117]

區博의 논법에 井田制는 성스러운 周制이고 秦의 商鞅이 이를 파괴했다는 전통적 儒家의 주장이 완전히 倒置되어있다. 王莽 이전까지 대세로 되어 있던 秦의 토지사유제가 비록 폐단이 있더라도 폐지하는 것은 불가능하며, 토지 국유제는 堯舜이 다시 살아난다 하더라도 시행하기 어려운 난제이며, 모든 농민이 私有制를 비난하는 것은 아니라는 주장이다.

그러면 "民心에 거스린다"고 한 民心은 꼭 대토지소유자만을 지칭하는 것일까? 물론 대토지소유자들에게는 이 조치가 대단한 충격을 주었을 것이다. 그런데 1頃 이하의 토지를 보유하고 있어 충격이 크지 않았을 小農들에게는 과연 달가운 조치였을까? 처음에는 자신의 이익에 큰 상관이 없으므로 無心히 받아들였을 것이나, 이 조치가 인간의 기본적 욕구에 위배됨을 알고부터는 저항하기 시작했을 것이다. 즉, 근면하게 노동해서 富를 축적하더라도 토지를 1井 이상 구입할 수 없었기 때문에 노동욕구를 좌절시켰을 것이며, 각종 재해 발생시 호구지책으로 토지를 팔아야 했을 경우 토지매매를 불허했기 때문에 불편한 경우도 있었을 것이다. 또한 元帝시 "貧民은 비록 田土를 하사하더라도 헐값으로 팔아버린다."고 한 貢禹의 언급처럼 王田을 팔아버

---

117) 『漢書』 卷99中 「王莽傳」, pp.4129-4130, "井田雖聖王法, 其廢久矣. 周道既衰, 而民不從. 秦知順民之心, 可以獲大利也, 故滅廬井而置阡陌, 遂王諸夏, 訖今海內未厭其敝. 今欲違民心, 追復千載絕迹, 雖堯舜復起, 而無百年之漸, 弗能行也. 天下初定, 萬民新附, 誠未可施行."

리고 재차 流民으로 되고자 하는 경향도 존재했을 것이다.[118] 관료지주의 소작인·노비가 되는 것이 무조건 나쁜 것만은 아니고, 흉년의 기아와 관리의 가렴주구로부터 피난처 및 최소한의 생계를 보장받는다는 매력이 있었다.

漢代의 농민들은 보통 노비를 소유하고 있는 경우가 많았으므로 이것의 매매 금지도 좋은 반응을 얻지 못했다. 奴婢제도에 있어서는 그 명칭을 私屬으로 개칭하고 매매를 불허했다. 노비매매 금지의 목적은 노비로 전락하는 상당수가 가난한 농민이었기 때문에 현재의 노비를 대상으로 한다기 보다는 장차 노비로 전락할 가능성이 있는 貧農을 대상으로 한 것이었다. 奴婢의 매매가 계속된다면, 王田을 지급받은 농민들이 파산해 재차 노비로 전락하고 대토지소유가 극성할 가능성이 있으므로 王田制와 奴婢賣買禁止는 밀접한 관련을 갖는 것이다.

노비정책은 私奴婢에 대해서만 적용되는 것이고, 官奴婢에 대해서는 적용되지 않았다. 노예를 私屬이라 하여 賣買를 불허한 것은 실질상으로 노비제의 凍結일 뿐 노비제를 부정한 것은 아니다. 王莽의 정책이 계속 장기간 집행된다면 노비가 소멸할 것이라는 견해가 있을 수 있으나, 이는 옳지 않다. 왜냐하면 노비정책 중 현재 노비의 해방 규정 및 자손에 대한 처리규정이 없기 때문이다. 이것은 분명히 그들이 해방될 수 없다는 것을 말해준다. 私屬이라는 용어는 왕망시기에 처음 등장하는 것이 아니라, 이미 二年律令에서 등장하고 있다. 주인이 선행한 노비를 방면할 때 奴는 私屬으로, 婢는 庶人으로 삼았다. 그리고 주인이 사망할 때 私屬을 庶人으로 삼는 것이다. 이것을 보면 私屬은 완전히 해방된 존재가 아니라 준노예에 해당하는 것이다.[119] 노

118) 『漢書』 卷72 「貢禹傳」, p.3075.
119) 彭浩·陳偉·工藤元男, 『二年律令與奏讞書』(上海: 上海古籍出版社, 2007), p.155, "奴婢爲善而主欲免者, 許之, 奴命曰私屬, 婢爲庶人, 皆復使, 及筭事之如奴婢. 主死若有罪,(162) 以私屬爲庶人, 刑者以爲隱官, 所免不善, 身免者得復入奴婢

비사용이 불법이 아닌 상황 하에서, 파산농민이 노비로 전락하는 것을 막을 수 없다. 노비정책은 시행 3년만에 폐지되었으나, 王莽은 노비의 口錢을 30배 증가시켜 每人당 3600文을 징수하는 방식으로 개인의 노비사용을 억제하려 했다.[120]

無土地 농민에게 王田을 지급했는데, 왜 赤眉와 같은 농민반란집단에 의해 그 정권이 멸망했을까? 王田制의 실패에 의해 王莽정권이 붕괴된 것으로 파악하고 있으나, 토지제도는 신속히 원상회복되었기 때문에 왕망정권 붕괴의 주된 원인은 아니다. 즉, 區博의 간언에 의해 始建國 4년 王田·奴婢의 매매가 허락된 것이다. 그러나 원상회복되었더라도 이후 이 문제에 대한 사회의 비판이 완전히 가라앉은 것은 아니다. 그 예로 魏成 大尹 李焉과 卜者 王況의 반란 모의시에, 王況이 新室 즉위 이래의 秕政으로 거론한 것은 토지·노비의 매매금지, 화폐의 改錢, 요역과 군대 징발, 四夷침입 등이며,[121] 왕망 말기 농민반란군의 격문 가운데 토지매매의 불허를 王莽의 罪狀 가운데 하나로 들고 있는 것을 들 수 있다.[122] 그러나 王田制는 일찍 유명무실해졌기 때문에 그의 다른 개혁과 달리 중대한 위기를 조성하지 않았고, 董仲舒·師丹의 限田策과 같이 一回的 事案으로 지나가 버릴 수도 있었다. 그러므로 王莽정권의 붕괴원인은 다른 곳에서 찾아야 할 것이다. 즉, 王田制는 赤眉 반란의 먼 遠因으로 작용한 것이다.

王莽 말기 赤眉 등의 반란 주도세력은 향촌의 지배세력이지만, 그 구성원은 빈농들이다. 이들의 반란참여는 위와 같은 원인 이외에도 관리의 가렴주구, 匈奴 원정시의 조세징수, 天災로 인한 생계 유지 곤란 등의 불만에서 비롯된 것이다. 赤眉 등의 농민반란이 실패로 끝나

之. 其亡, 有它罪, 以奴婢律論之.(163)"

120) 孟祥才, 위의 책, p.93.

121) 『漢書』 卷99下 「王莽傳」, p.4166.

122) 『後漢書』 卷13 「隗囂傳」, p.516.

고, 보수적인 호족들의 後漢정권이 성립되면서, 재차 호족의 대토지소유와 소농민의 몰락이 심각한 사회문제로 대두되었다. 그러자 荀悅·仲長統 등이 王莽類의 토지정책을 재차 제기하였다.[123] 이것은 농민반란을 통해서 토지 등의 사회문제가 완벽히 해결되지 못한 것이 그 원인이다. 漢初에 秦의 토지제도에 변혁을 가하지 않았음에도 토지문제가 큰 사회문제로 대두되지 않은 것은 楚漢전쟁을 통해 과거의 지주계층의 소멸과 인구 감소로 안정된 토지소유구조가 형성되었기 때문이다. 즉, 장기간의 분열과 전쟁, 인구감소는 대토지소유의 압력을 완화시킨다. 荀悅이 정전제에 대한 평가에서 인구가 적을 때에 시행해야만 정전제가 성공할 수 있다고 한 것은 그 요점을 잘 파악한 것이라고 할 수 있다.[124]

3) 五均·六管

六管제도는 정부가 鹽·鐵·酒·山澤·工商稅收·五均賖貸鑄錢을 직접 관리하는 것이다. 이 조치는 王莽이 직접 창출한 제도가 아니라, 과거의 방법과 경험을 흡수하여 발전시킨 것이다. 즉, 武帝 이래 실시되어온 鹽鐵專賣·平準·鑄錢 및 昭帝시 폐지된 酒 전매, 先秦 이래의 전통을 갖고 있는 국가의 산택점유라는 이상을 재구현한 것이다. 염철전매 제도는 元帝시기에 한번 폐지된 이외에는 계속 시행되어 왔고, 酒전매는 武帝시기부터 昭帝시기까지 18년간 시행된 것이었다.

始建國 2년(A.D.10) 王莽은 우선 염철전매 정책의 실시를 주장하고, 이어 魯匡의 건의를 받아들여 酒의 官營전매를 회복하였다. 班固의 논

---

123) 荀悅, 『申鑑』(上海: 上海古籍, 1990), p.15; 『後漢書』 卷49 「仲長統傳」, p.1651, “昌言.”

124) 荀悅, 『兩漢紀』(北京: 中國書店, 2002), pp.114-115, “且夫井田之制, 宜於民衆之時, 地廣人稀勿爲可也. 然欲廢之於寡, 立之於衆, 土地旣富列在豪强, 卒而規之, 並有怨心, 則生紛亂, 制度難行.”

평에는 王莽이 衆意에 부합하기 위해서 제정한 것이라 했으나,[125] 왕망의 밑에서 이 제도를 구체화한 인물은 羲和(이전의 大司農) 魯匡이다.[126] 그는 王田의 계획에 참여한 張邯과 마찬가지로 유가적 인물로 六管의 제정시 詩·論語에서 전거를 구하고 있다. 鹽鐵酒의 전매제도는 정부의 재정수입 이외에 富商大賈의 경제력에 타격을 가하기 위한 武帝의 전매정책에서 보이듯이 抑商의 성격을 가지고 있다. 王莽도 "생활 필수품인 鹽鐵酒는 編戶齊民이 집에서 만들 수 없는 것이므로 비싸더라도 시장에서 구매해야 하는데 豪民富賈들은 貧弱한 자들을 강요했으므로, 聖人은 그것을 국가가 관장시켰다."고 한 것에서 알 수 있듯이 富商大賈들의 폭리를 금지하고 빈약한 백성들의 파산을 막기 위한 목적을 가지고 있었다. 따라서 이 제도는 소농민·소상인의 보호를 의도하고 있다는 점에서 王田制와 동일한 지향성을 지녔다고 할 수 있다.

山澤의 産物에 대한 課稅는 前漢 내내 侯國의 생산물 중 일부가 "私養"으로서 侯王의 수입이 되는 것 이외에는, 모두 少府에 납입되어 帝室財政의 수입이 되었다. 누구의 소유로도 되지 않는 山澤은 戰國 이후 君主의 家産으로 되었으나, 여기에는 공동체의 공유관념이 남아 있어 일반 국가재정과는 구별되는 성질의 것이었다. 王莽이 이러한 山澤의 수입을 郡縣의 관할로 이관하고, 아울러 諸侯의 "私養의 폐지"와 都內錢의 지급으로 대체한 것은 山林藪澤의 수입을 국가재정에 흡수하려는 의도가 있었다. 이 조치는 山林藪澤에서 생산되는 衆物鳥獸魚鱉百蟲과 牧畜, 嬪婦桑蠶紡績, 工匠醫巫卜祝商賈 등은 각자 행하는 바를 소재하는 縣官에 신고하고 그 이익을 따져 1/10세를 부과하는 것이다.

---

125) 『漢書』 卷99下 「王莽傳」, p.4170; 『漢書』 卷24下 「食貨志」, p.1182.
126) 羲和는 후일 納言으로 개명했다. 羲和는 唐虞시기에 曆象을 관장했다는 羲氏와 和氏의 관직이며, 納言은 舜시기의 官名이라 하며, 위의 言을 밑으로, 아래의 言을 위로 전달하는 관직이라 한다.

이것들은 모두 새로운 세금은 아니고, 王莽 이전에 존재했던 세목들이었다. 商業稅는 史書에 常見되는 것이고, 목축세는 武帝시에 "算至車船, 租及六畜"했고,[127] 成帝시에 "算馬牛羊"한 것으로 보아 王莽 이전 존재했음을 알 수 있다.[128] 耿壽昌의 海稅 인상 건의와 平帝의 少府海丞, 果丞 설치는 沿海의 어업세와 山林樹果稅가 王莽 이전에 존재한 증거이다.[129] 한편 山田勝芳은 종래 紡績과 같은 일반 婦人들의 가내수공업에 과세하지 않은 것으로 파악하고 있으나, 부인의 방직세 역시 漢代에 시행된 바 있다.[130] 따라서 王莽의 稅收정책은 과거 시행되었던 稅收제도를 재정비한 것이지만, 그같은 제도 정비가 새로운 부담으로 되었음은 분명하다. 이 제도는 地皇 3년 4월경 民의 궁핍이 穀倉의 개방으로도 해결되지 않자, 山澤의 禁을 폐지하여 山澤之物의 채취를 허가하고 조세를 내지 않도록 완화되었고, 이해 몇월인가 정식으로 井田·奴婢·山澤·六管의 禁令을 폐지하였다.

五均賒貸는, 이익을 찾아 동서남북을 여행하며 智巧로써 연간 20%의 이득을 올리고 있음에도 租稅를 내지 않고 호의호식하는 商人, 그리고 중소상인·농민들에게 高利로 자금을 빌려주고 착취하는 高利貸業者를 억압해 농민 및 中小상공업자를 보호하고자 한 것이다. 王莽의 五均法은 河間獻王이 전했다고 하는 樂語에 기술되어 있는 것인데[131] 실제로는 漢 武帝의 平準法을 발전시킨 것이다. 양자에는 약간의 차이점이 있는데, 王莽의 것이 좀더 발전된 형태였다. 武帝의 平準法은 물가를 안정시키기 위해 長安에 관부를 설치하고 가격이 하락하면 매입하고, 비싸지면 방출하는 것이다. 이에 비해, 王莽은 京師 이외에 洛

---

127) 『漢書』 卷96下 「西域傳」, p.3929.
128) 『漢書』 卷84 「翟方進傳」, p.3423.
129) 『漢書』 卷24上 「食貨志」, p.1141; 『漢書』 卷12 「平帝紀」, p.351.
130) 山田勝芳, 위의 논문, p.77; 馬非百注釋, 『鹽鐵論簡注』(北京: 中華書局, 1984), p.10, 「本議」, "文學曰 行奸賣平, 農民重苦, 女工再稅, 未見輪之均也."
131) 『漢書』 卷24下 「食貨志」, p.1180, 鄧展 注.

陽·邯鄲·臨淄·宛·成都의 5개 대도시에 五均司市師를 설치하고 매 季節
의 가운데 달마다 시장가격을 조사시켰다. 이를 市平으로 부른다. 물
가가 市平보다 오르면 보유하고 있는 물자를 방출하고, 市平보다 하락
하면 국가가 매입하는 것이다. 이 제도는 생산품이 매각되지 않아 고
통 받는 농민과 中小 工商人의 파산을 방지함과 동시에 매점매석을 통
해 巨利를 꾀하는 대상인에게 타격을 가하고자 한 것으로, 漢武帝의
平準法과 동일한 목적을 가지고 있다. 그러나 王莽의 五均法이 정기적
으로 표준가격을 산출해 물가의 등락을 판단한 것과 물가 안정범위
가 확대된 것은 武帝시보다 발전된 것이라 할 수 있다. 唐代 劉晏의 常
平法, 王安石의 市易法은 모두 王莽의 五均法의 내용을 계승한 것이다.

王莽의 賖貸法은 비록 그 자신이 『周禮』에 의거하였다고 하지만,[132]
그 성격에서 보면 前漢의 황제들이 자연재해 시 농민에게 양식과 종
자를 빌려준 賑貸정책을 제도화한 것으로 주요대상은 中小 상공업자
였다. 賑貸法은 두 가지 내용을 가지고 있다. 하나는 민간에서 喪葬祭
祀시 자금이 없을 때 錢府는 工商人이 납입한 貢으로 융자해주는데 이
를 賖라 하며, 이자는 없었다. 다른 하나는 자금이 없어 貸付를 받아
산업을 일으키려는 자에게 융자해주는데, 이자는 연간 1/10을 넘지 못
한다고 규정한 것이 貸이다. 이것은 地主의 고리대에 비하면 훨씬 저
렴한 것이다. 이같이 금융의 측면에서 본래 地主·富商·高利貸業者들이
전담했던 분야를 국가가 무이자 또는 저리로 이 분야에 침투하여 이
들의 입지를 좁힌 것이다.

五均六管으로 인해서 商旅들은 곤궁해지고 市道에서 號泣하였다는
기술은 富商·地主들의 이익 농단을 막음과 동시에 물가안정·재정획득
의 효과도 얻었음을 말해준다. 이 제도는 王田·私屬의 제도보다 저항

---

132) 같은 책, p.1180, "師古曰 周禮泉府之職曰: 凡賖者, 祭祀無過旬日, 喪紀無過三
月. 凡人之貸者, 與其有司辨而授之, 以國服爲之息."

이 적었기 때문에 10여년 동안 시행되었으나, 후기로 가면 시행과정에서 심각한 폐단을 야기했다. 王莽은 五均六管을 감독하기 위해 郡마다 수 명의 命士를 임명했는데, 이때 등용된 관리는 본래 大工商人이었다. 예컨대 오천만의 자산을 가지고 있는 臨淄의 姓偉, 洛陽의 張長叔, 薛子仲은 모두 자산이 十千萬으로서, 六管의 義和·命士가 되었다. 이들 대자산가를 임명한 것은 武帝의 정책을 본받아 재정을 확보하려한 것이었다. 그러나 이들은 驛傳을 타고 이익을 찾아 천하를 돌아다녔고, 郡縣의 관리들과 부정을 행함으로써 帳簿·府藏을 비게 하고 백성들을 고통스럽게 하는 폐단을 야기했다.[133] 天鳳 4年(A.D.17)에 六管令의 재추진으로 인해 "天下가 더욱 고통스러워했고 盜賊이 일어났다."는 사실, 納言 馮常이 六管의 부당성을 지적하다가 면직당한 사실, 六管의 제정자인 魯匡의 좌천 사실은 六管정책이 많은 폐단을 야기했으며, 王莽정권 말년 농민 반란을 야기시킨 王莽정권 몰락의 近因이었음을 보여준다.

4) 官制와 地名의 제정

王莽의 길지 않은 통치기간 중에서 화폐개혁 못지않게 실패한 것이 官制개혁이다. 始建國 원년 王莽은 四輔·三公·四將을 설치하고 三公의 아래에는 九卿을 설치하여 중앙정부를 구성했다. 다만 이 九卿은 秦漢의 九卿과는 다르다. 九卿 중 大司馬司允·大司徒司直·大司空司若은 王莽이 창설한 것으로, 三公司卿이라 불리고 位는 孤卿이다. 3인의 孤卿은 三公의 副官이다. 남은 6卿은 義和·作士(大理·廷尉)·秩宗(太常)·典樂(大鴻臚)·共工(少府)·予虞(水衡都尉)이다. 漢의 九卿의 명칭이 모두 바뀐 것 외에도, 九卿에서 光祿勳·太僕·衛尉가 제외되었다. 九卿에는 각각 大夫 3인, 元士 9인이 소속되었다. 또한 官秩의 변경은 周制의 卿·大

---

133) 『漢書』 卷24下 「食貨志」, p.1183; 『漢書』 卷91 「貨殖傳」, p.3692.

夫·士를 모방하여, 百石에서 六百石은 士로, 千石에서 二千石까지는 大夫급으로, 中二千石은 卿으로 하였다.[134]

　始建國 4년 천하의 경계를 설정하는 "分州正域"의 근거가 된 것은 각종의 儒家경전이다. 王莽이 보기에 聖王은 천문·지리를 정하고, 산천·민속에 따라 州의 경계를 결정했는데, 漢代의 12州는 경전에 일치하지 않았다.[135] 經典 가운데 尙書 堯典은 12州, 詩는 15國, 殷頌은 9州, 禹貢은 9州 등 經典마다 州의 숫자에 차이가 있었다. 따라서 『禹貢』에 의거해 천하를 9州(州牧)로 분할하고, 수도는 東都·西都로 구분하였다. 爵은 周制를 따라 5등(公·侯·伯·子·男)으로 나누고, 諸侯·附城를 합쳐 2307명으로 하였다.[136] 爵位와 官職을 일치시켜 公氏는 牧, 侯氏는 卒正, 伯氏는 連率, 子氏는 屬令, 男氏는 屬長을 세습하도록 하였다. 周禮·王制에 근거해 太守는 卒正·連率·大尹으로, 都尉는 屬令·屬長으로 명칭을 바꾸고, 125郡·2203縣을 설치했다.

　지명도 대거 변경하여 長安은 常安으로, 長樂宮은 常樂宮으로, 未央宮은 壽成宮으로 개명하였다. 西都 常安의 교외는 6鄕으로 나누고, 각 鄕에 鄕帥 1인을 두었다. 그 외측의 三輔는 京尉·師尉 등 6개의 尉郡으로 나누고, 太守에 해당하는 大夫, 都尉에 해당하는 屬正이 임명되고, 각 10縣을 통괄했다. 東都 洛陽을 둘러싼 河南郡은 大尹의 이름을 특히 保忠信卿으로 하고 屬縣은 30개, 5縣을 郊州로 하고 州長 1인을 두었다.

　이상과 같은 각종 제도의 개혁은 유가경전에 입각하고, 현실을 도외시한 것이었다. 王莽은 "제도가 완성되면 천하가 스스로 평안해질 것"으로 생각했기 때문에 地理·制禮·作樂에 집착했던 것이다. 이로 인

---

134) 『漢書』 卷99中 「王莽傳」, p.4103.

135) 같은 책, p.4077, "聖王序天文, 定地理, 因山川民俗以制州界. 漢家地廣二帝三王, 凡十二州, 州名及界多不應經. 堯典十有二州界, 後定爲九州. 漢家廓地遼遠, 州牧行部, 遠者三萬餘里, 不可爲九"

136) 같은 책, p.4128.

해 公卿은 아침에 들어와 저녁에 퇴근할 때까지 논의를 계속했으나 連年 결정되지 않았고, 재판과 같은 시급한 업무를 살필 여가도 없었다. 縣宰가 결원되면, 수년 동안 보충하지 않고 다른 관리로 겸직시켰으며 이들 관리는 모두 貪殘하였다고 한다.[137]

王莽의 정치가 『周禮』의 세계를 재현하려 한 復古政治였다고 하나, 모두 『周禮』에 근거한 것은 아니었다. 四輔·三公·四將의 제도와 六卿의 명칭도 『周禮』와는 관계가 없다. 義和 이하 予虞까지는 모두 『書經』「堯典」에 舜이 만든 官職이며, 9卿·27大夫·81元士, 지방의 卒正·連率 등은 『禮記』「王制」에 보인다. 『周禮』와 일치하는 것은 鄕帥·州長·隊 등에 불과하다. 國師·國將·司恭·司從·司明·司聰 등은 王莽의 창작이다. 또한 周의 제도라고 한다면, 封建制를 근간 통치체제로 해야하는데, 계속 황제를 정점으로 한 중앙집권적인 郡縣制를 시행하고 있는 점도 주목해야 한다.

건국된 지 얼마 안되어 정권의 기초가 불안정한 상태에서 수많은 정책들을 숨 쉴 틈 없이 밀어붙이는 방식으로 추진한데다가, 또다시 많은 관직을 설치하고 舊地名을 새로운 지명으로 교체하는 등 당대인들에게 개혁에 대한 과중한 피로감을 주었다. 王莽의 관제개혁의 특징은 첫째, 官爵을 받은 자가 너무 많았다. 公 14인, 侯 93인, 伯 21인, 子 171인, 男 497인으로 모두 796인이며, 附城(關內侯의 개칭)이 1551인으로 모두 2307개의 爵位가 있었다. 둘째, 上卿·上大夫·中大夫·下大夫·四輔·三公·六卿 등 옛 명칭을 많이 사용하고 있고, 셋째, 관직과 지명의 개명이 지나치게 번잡하다는 것이다. 심지어 郡名이 5회나 변경되었다가 본래의 명칭으로 복원된 것도 있었고, 『漢書』「地理志」에 보이는 縣名은 거의가 改名되어 많은 혼란이 있었다. 따라서 吏民은 변경된 지명을 모두 기억할 수 없어 詔書를 내릴 때는 옛 지명을 함께 쓰지 않으면 안되었다.

---

137) 같은 책, p.4140.

5) 對外戰爭

왕망이 大司馬로 있을 때 漢帝國과 匈奴의 관계는 비교적 원만하였다.[138] 왕망은 즉위 후 천하질서 재편 차원에서 이민족에게 新왕조의 위엄을 보이기 위해서 소수민족의 王으로부터 漢印을 회수하고 新印을 주었다. 이때 王莽은 이들을 王 대신 侯로 격하시키고, 璽도 章으로 격하시켰다. 匈奴와의 전쟁은 匈奴가 漢이 내린 故璽를 돌려달라고 하는데서 비롯되었다.[139] 그러나 원인에 관계없이 王莽의 의욕만 앞선 匈奴·高句麗 등에 대한 원정은 국내경제의 피폐화·재정악화를 초래했으며, 王莽 정권 붕괴 원인 가운데 1·2위를 다투는 실책이었다.

始建國 2년 王莽은 匈奴와의 전쟁에 천하의 囚徒를 모집하고, 丁男·甲卒 30만명을 동원해 立國將軍 孫建 등 12장수로 하여금 10道로 동시에 진군시켰고, 江淮 지역에서 북변까지 長吏들은 의복·병기·양식을 수송하여 천하가 소동하였다.[140] 始建國 2년은 바로 가장 무리한 3차 화폐개혁을 단행하면서까지 匈奴와 전쟁을 시작한 해였다. 북변에 주둔한 軍隊의 吏士는 군기가 없어서 放縱에 빠졌고, 內郡은 물자 징발에 고통을 받았다. 民은 성곽을 버리고 유망해 도적이 되었는데, 특히 군대가 주둔한 平州와 幷州가 심각했다. 王莽도 이같은 문제점을 직시하고 司命軍正·軍監 등을 배치했으나, 군대의 폐단은 여전했다. 이처럼 將士들이 邊郡에 도달해서 출격하지 않고 오히려 백성에 피해를 끼치자, 이번에는 中郞將·繡衣執法 55인을 각 변군에 파견해 군기를 독찰했으나, 그들 대부분도 貪殘한 무리로 지방관리와 연계해 奸行을

---

138) 『漢書』 卷99上 「王莽傳」, p.4077, "莽旣致太平, 北化匈奴, 東致海外, 南懷黃支, 唯西方未有加."
139) 그러나 王莽의 소수민족 정책에 대해서는 班固가 曲筆한 흔적이 있다는 견해도 있다. 즉, 王莽이 준 印章을 보면 모두 "章"字를 가지고 있는 것은 없다. 오히려 西安 漢城 출토의 "越歸義青蛉長"印은 王莽이 소수민족에 대해 회유정책을 폈다는 증거라는 것이다.(葛承雍, 위의 논문, pp.89-90.)
140) 『漢書』 卷99中 「王莽傳」, p.4121.

일삼았다.

　전쟁경비의 염출은 사회경제를 파탄시킨 주요 요인이었다. 지방의 탐관오리들은 전쟁을 명목으로 가혹하게 세금을 징수했고, 郡縣의 賦斂 징수시 서로 뇌물을 주는 폐단이 나타났다. 이 뿐만 아니라 始建國 4년 高句麗가 匈奴와 연계할 것을 우려하여 高句麗王 騶를 유인해 참수함으로써 전쟁이 시작되었다.[141] 또한 天鳳 3년 平蠻장군 馮茂가 句町을 공격했으나, 질병으로 사졸의 6·7할이 사망했다. 전쟁비용의 염출을 위해 益州 민간인의 재산에 5/10의 賦斂을 징수했고, 이후에 4/10를 징수하여 益州가 피폐해졌다.[142] 이같이 資産에 세금을 부과하여 전쟁비용을 염출하는 방법은 匈奴와의 전쟁비용이 궁해진 天鳳 6년에 천하의 吏民에게 資産의 1/30을 징수한 것에 보이듯이 결국 전 중국으로 확대되었다.[143] 또한 天鳳 4年(A.D.17)에는 奴婢 1인당 3600錢을 노비 소유자에게서 징수하고 있고, 동 5년에는 諸軍吏 및 변경 吏大夫 이상으로서 奸利로 致富한 자에게 소유재산의 4/5를 징수하고 있다. 이같은 資産稅는 물론 前漢에도 있었지만, 王莽의 경우는 재정파탄에 직면하여 나온 임시 과세적 성격이 강하다. 이같은 天鳳연간의 임시적 資産稅까지 과세했다는 것은 六管과 貨幣정책으로는 국가재정의 유지가 불가능하게 되었음을 말해준다.

　그러면 匈奴원정 그 자체는 왜 실패했는가? 桓譚은 匈奴전쟁이 실패한 원인을 良將 대신에 자신이 절대적으로 신임하는 자만을 파견해 軍權을 부여한 데 있다고 보았다.[144] 그는 匈奴전쟁이 王莽의 멸망과

---

141) 같은 책, p.4130.
142) 같은 책, p.4145.
143) 『漢書』 卷99下 「王莽傳」, p.4155.
144) [清] 嚴可均, 『全後漢文』(北京: 中華書局, 1985), p.540. 『新論』 「言體」, "王翁은 과거 匈奴를 북벌하려 했다. 그후 동쪽으로 青徐의 여러 郡의 赤眉 무리를 공격했는데, 모두 良將을 고르지 않았다. 다만 世姓 및 信謹하는 文吏를 파견했다. 혹은 親屬의 자손, 본래 아끼던 자들을 파견했다. 혹은 임기응

직결된다고 평가하였다. 즉, 그는 흉노전쟁을 "王莽은 스스로 비판하
거나 후회하지 않고, 무리한 방법으로 많은 將率을 임명하고 兵馬를
조발하여 徒로 양식·재물을 운반하게 함으로써, 천하를 두루 搜索하
였다. 천하는 원망하고, 큰 소란이 일어났고, 끝내 胡虜의 어느 하나
도 꺾거나 상하게 하지 못했고, 다만 스스로를 소진하게 했을 뿐"이라
고 평가했다.[145] 그가 王莽을 흉노전쟁으로 패망한 秦始皇에 비교하는
것은 상당히 설득력 있는 지적이다.

2. 腹心집단의 역할

왕망의 개혁 추진과정에서 개혁세력들이 어떠한 역할을 했는지 살
펴보기로 하겠다. 王莽의 당파가 형성되기 시작한 것은 그가 哀帝와의
불화로 就國했다가 재차 長安에 돌아온 元壽 원년(B.C.2)의 시점이다.
王莽이 京師로 돌아온 다음해인 元壽 2년 哀帝가 죽자, 太皇太后는 그날
로 未央宮으로 들어가 황제의 璽綬를 장악하고 사자를 보내 왕망을 불
러들였다. 그리고 왕망에게 兵權, 百官의 上奏, 中黃門·期門의 병력을
모두 맡겼으며, 公卿회의를 개최해 大司馬로 임명하였다.[146] 이같은 조
치는 哀帝시기에 王太后가 정치적으로 哀帝의 외척 丁·傅氏들에게 위협
을 받았다는 증거였다. 王莽은 大司馬가 된 후 哀帝시 상실했던 권력을
재장악하기 위해 成帝의 趙皇后, 哀帝의 傅皇后, 董賢을 자살시키는 등
의 권력투쟁을 벌였다. 元始 원년 정월에는 平帝를 맞이한 공로로 安漢
公에 임명되어 百僚를 주재하게 되었으며, 아울러 太傅로서 孔光(太

변의 지혜가 없는 장수들을 기용하기도 했다. 그리고 함부로 군대의 무리
를 이끌고 強敵에 대적하게 했다. 이리하여 군대가 적과 싸우면 패배를
했고 士衆은 흩어져 도주했다. 그 잘못은 장수를 고르지 않은 데 있으니,
장수와 군주가 모두 大體를 몰랐던 것이다."
145) [淸] 嚴可均, 위의 책, p.542, 『新論』「譴非」.
146) 『漢書』 卷99上 「王莽傳」, p.4044.

師)·王舜(太保)·甄豐(少傅)과 함께 四輔체제의 領袖가 되었다.

王太后는 王莽이 安漢公으로 될 무렵부터 정치에 염증을 보이기 시작했다. 王莽은 이를 알고 정치를 專斷하기 위해서 "太后는 연로했으니 小事를 친히 살피지 말고 오직 封爵만을 간여하고, 나머지 모든 일은 安漢公·四輔가 平決하게 맡기라."는 공작을 벌였다. 이에 王莽은 州牧·二千石·茂材吏가 처음 임명되거나 奏事할 일이 있는 者는 近署에 불러 面對하고 후한 선물을 주는 등 친밀한 은혜관계를 맺었고, 협력치 않는 관리는 죄를 조작해 축출하였다. 王莽은 군주만이 갖는 인사권을 장악함으로써 자신에게 은혜를 입은 자들로 구성된 집단을 중앙과 지방에 포진시켰다.[147]

王莽은 元始 3년부터 일인 독재체제를 강화하기 위해 紅陽侯 王立, 平阿侯 仁을 취국·자살시키고, 다음해에는 群臣에게 넌지시 명령하여 딸을 平帝의 황후로 삼고, 자신은 宰衡이 되었다. 바로 宰衡이 되는 시점은 班固의 "겉으로 군신의 언행을 통제하여 자신의 공덕을 칭송하게 했다.(旣外壹群臣, 令稱己功德)"는 표현과 같이 王莽이 완전히 정권을 장악한 시기였다.[148] 이처럼 王莽이 정권을 재장악한 이후 찬탈의 방향으로 전환한 것은 그가 哀帝시기의 치열한 정치투쟁의 경험을 통하여 살아남을 방법은 이것밖에 없다고 생각했는지도 모른다. 王莽은 安漢公·宰衡이 되는 과정에서 諷을 자주 사용하는데, 이는 王莽의 의지를 절대적으로 수행하는 추종세력이 존재함을 의미한다. 班固는 諷의 방법에 대해 "王莽은 顔色이 엄격하고 말은 方正했으며, 의도하는 바가 있으면 슬쩍 風采를 보이고 黨與는 그 뜻을 받들어 상주했다."고 하였다.[149] 諷(風)이라는 것은 王莽이 자신의 의도를 표정과 안색을 통하여 넌지시 하수인에게 지시해 관철시키고, 자신은 이와 무관한

147) 『漢書』 卷99上 「王莽傳」, p.4049.
148) 『漢書』 卷98 「元后傳」, p.4030.
149) 『漢書』 卷99上 「王莽傳」, p.4046.

듯한 태도 또는 사양하는 태도를 취함으로써 보다 극적인 효과를 노리는 것이다.

王莽 찬탈의 결정적 계기가 된 哀章의 符命에 포함된 자로는 四輔에 王舜·平晏·劉歆·哀章, 三公에 甄邯·王尋·王邑, 四將에 甄豊·王興·孫建·王盛이 있었다. 이중에서 哀章·王興·王盛은 처음부터 王莽집단에 가담한 자라고 볼 수 없으므로 나머지 8인에 대해서만 고찰해야 할 것이다. 이들 8인은 王莽정권 창출에 가장 공이 컸다고 世間의 여론이 공인한 인물이기 때문에 哀章이 符命에 포함시켰을 것이다. 班固는 이들의 역할을 腹心에 王舜·王邑, 擊斷에 甄豊·甄邯, 領機事에 平晏, 典文章에 劉歆, 爪牙에 孫建, 재능에 琢郡 崔發, 南陽 陳崇, 甄豊의 子 甄尋, 劉歆의 子 劉芬이라고 기술하고 있다. 이들 중에서는 열전이 없는 자가 많기 때문에, 그들의 출신과 王莽집단에 참여하는 경위 등에 대해서는 알 수 없는 부분이 많다.

王莽의 개혁집단 가운데 특이한 존재로서 들 수 있는 사람이 劉歆이다. 劉歆은 부친 劉向과 함께 當代의 학술·사상계의 지도적 지위에 있던 대유학자로서, 王莽의 권력강화와 찬탈에 이론적 근거를 제시한 인물이다. 宗室로서 漢王朝에 중용되어 있던 劉歆이 어떤 이유로 찬탈자인 王莽을 섬기고 있을까는 심히 의문시되는 바이다. 부친은 穀梁傳을 신봉했으며 외척 王氏의 專政을 비판했으나, 劉歆은 左傳을 選好하였고 외척인 왕씨의 찬탈에 적극 협조했다. 당시 3대 저명학자인 劉歆·揚雄·桓譚이 모두 王莽정권에 참여했다는 것은 중요한 의미를 지니는데, 王莽을 포함한 4인은 仕官경력과 학술적 성향면에서 공통된 요소가 있다.

成帝시에 王莽·劉歆·揚雄·桓譚은 함께 黃門郎으로 재직했고,[150] 古文

---

150) 蕭誠鑑, 위의 논문, p.38. 桓譚의 나이가 가장 어렸는데, 王莽은 21세 연상, 揚雄은 30세 연상이었다.

經學의 취향을 가지고 있던 이들의 사상적 기초가 된 것은 左傳이다. 특히 劉歆은 王莽과 左傳의 학문에서 同門이라 할 수 있으며,[151] 哀帝시기 王莽이 6년간 실각했을 때 마찬가지로 배척을 당했다. 즉, 王莽이 丁·傅氏에 의해 南陽으로 축출된 후 劉歆은 古文經傳의 左傳·古文尙書·逸禮·毛詩의 博士官 設立을 다투다가 조정의 儒者들에게 공격당해 지방의 太守로 전출되었다. 平帝 때부터 함께 國政에 참여해온 사정에서 본다면 王莽과 행동을 함께 하는 것은 당연했고, 드디어 劉歆의 딸과 王莽의 아들이 결혼하는 姻戚관계를 맺기까지 했다.[152] 이같은 관계는 학문적으로 동일한 경향을 가지고 左傳을 신봉한 王莽을 추종해 改革정치를 시행하려 했던 데서 비롯되었다. 劉歆 등을 비롯한 대학자들이 상호 제휴한 것은 功名祿利에서 나온 것만이 아니라, 실제로는 시대위기를 구하고 유생들의 理想國家를 건설하고자 기도한 것이다.[153]

劉歆은 주로 儒家經典을 王莽의 정권창출에 이용했기 때문에 "典文章"이라고 평가되었던 것 같다. 과거 左將軍이었던 公孫祿이 劉歆을 "五經을 顚倒시키고, 師法을 훼손하여 學士들의 생각을 疑惑시켰다."고 비판한 것은 바로 이를 말한다.[154] 그가 始建國 2년 五均賖貸法의 이론적 근거를 제시한 것은 바로 그 대표적인 예이다.[155] 또한 「王莽傳」의

151) 『漢書』 卷88 「儒林傳」, p.3620. 左傳은 賈誼에서 시작되며,("誼爲左氏傳訓故 授趙人貫公, 爲河間獻王博士") 이후 尹更始에 이르러 아들 尹咸과 翟方進·胡常에 전수했고, 尹咸과 翟方進은 劉歆에 전수하고, 胡常에게서 賈護·陳欽을 거쳐 王莽에 左氏傳이 전수되었다. 따라서 王莽과 劉歆은 동문이라 할 수 있다. 桓譚 역시 左傳을 좋아했는데, 『新論』「正經」에서 春秋三傳의 장단점을 비교할 때 "經에 대한 左氏傳은 의복의 表裏와 같아 서로가 있어야 완벽하다. 經이면서 傳이 없으면 聖人으로 하여금 문을 닫고 생각해보았자 십년이 걸려도 알 수 없다."고 극찬하고 있다.
152) 『漢書』 卷99中 「王莽傳」, p.4120.
153) 蘇誠鑑, 위의 논문, p.37.
154) 『漢書』 卷99下 「王莽傳」, p.4170.
155) 『漢書』 卷24下 「食貨志」, pp.1179-1180.

칭송문, 상소문, 즉위 후의 책문 등은 대부분 劉歆이 작성한 것이라고
보아야 할 것이다. 哀章이 조작한 符命은 王莽의 眞皇帝 즉위 일정표에
서 없던 돌발변수였으므로, 문장이 짧고 조악하며, 推敲·潤色이 가해
지지 않은 것이었다. 哀章이 아니었다면 劉歆과 같은 秀才가 典雅하고
堂堂한 即位詔書를 작성했을 것이다.[156)

　　다음으로 腹心 王舜은 大司馬 王音의 아들로서 王莽의 6촌 동생이
다. 그의 역할은 철저하게 王莽의 권력을 강화하는 것이었으나, 이는
哀帝의 外戚세력으로부터 王氏의 세력 보존을 위한 생존 전략 차원에
서 고찰해야 한다. 太保로서 그는 陳崇의 상소대로 王莽을 宰衡·太傅·
大司馬에 임명하도록 상주했다. 四輔체제에서 최고의 지위를 부여받
은 것만 보아도 그가 王莽으로부터 가장 신임을 받았던 인물임을 알
수 있다. 그의 성격은 "謹敕", "修飭"하여 王太后에게 특히 신임을 얻었
고, 王莽은 重大事이던가 자신이 직접 처리하기 곤란한 임무를 그에게
맡겼다. 中山王(平帝)을 황제로 영입하는 東迎이라든가, 王太后로부터
옥새를 빼앗을 때 직접 대면을 꺼려한 王莽이 그를 파견한 것은 그 예
이다.[157)

　　그러나 王舜이 王莽의 찬탈까지 의도했던 것은 아니다. 始建國 2년
腹心세력의 심중을 班固는 이렇게 기술하였다. "앞서 甄豊·劉歆·王舜은
王莽의 腹心으로, 在位者 가운데서 주도적으로 王莽의 공덕을 포양했
다. 安漢公·宰衡의 호칭 및 王莽의 모친, 2子, 兄子 등을 봉한 것은 모두
甄豊 등이 공모한 바이고, 이들은 下賜를 받아 모두 부귀해졌는데, 王莽
을 居攝하게 하려 했던 것은 아니었다."[158) 이 때문에 王莽의 찬탈은
王舜에게 심각한 정신적 압박을 가했고, 이로 인해 찬탈 후 2년만인
始建國 2년에 심장병이 악화되어 사망했다.[159) 이는 王舜이 王莽의 찬

---

156) 孟祥才, 위의 책, pp.71-73.
157) 『漢書』 卷98 「元后傳」, p.4032.
158) 『漢書』 卷99中 「王莽傳」, p.4123.

탈까지 의도하지 않았던 것이고, 오히려 哀帝의 외척 丁·傅氏와의 대결
에서 살아남기 위해 王莽의 권력강화를 의도했던 것이라고 보여진다.

　사실 王莽의 居攝의 아이디어는 王舜·甄豊·劉歆과 같은 腹心세력에
게서 나온 것이 아니라 泉陵侯 劉慶, 前輝光 謝囂, 長安令 田終術에게서
나왔다.[160] 왕망은 安漢公이 되고 나서 羽翼이 형성되자 稱攝하려 했
는데, 甄豊 등은 그 뜻을 받아들였고, 王莽은 곧 王舜과 劉歆의 두 아
들, 甄豊의 손자를 봉했다. 甄豊 등은 작위가 이미 높아져 마음이 흡족
했으나, 漢宗室과 天下豪桀을 두려워했다. 哀章 등과 같이 王莽의 핵심
세력이 아니면서 출세하려는 자들이 다발적으로 符命을 올리자 王莽
은 이에 근거해 眞皇帝에 즉위했고, 王舜·劉歆은 안으로 두려워할 뿐
이었다는 사실은 복심세력의 찬탈에 대한 생각을 말해준다.

　王邑은 成都侯 王商의 아들로서 본래 次子였기 때문에 작위를 계승
하지 못했으나 兄인 況이 후사 없이 죽었으므로 이를 계승한 것이다.
그 역시 무리한 방법을 동원해서까지 일족인 王莽의 권력 강화를 시
도하려 했는데, 王舜과 마찬가지로 政敵인 丁·傅氏와의 권력투쟁에서
王氏가 살아남기 위한 것이었다고 할 수 있다. 예컨대 哀帝시에 王莽
이 就國해 있을 때 그는 侍中으로서, 太皇太后의 지시라고 속이고 哀帝
에게 王莽을 特進給事中에 임명할 것을 요구했다. 후일 이것이 탄로나
太后는 哀帝에게 사과했고, 王邑은 주살에 처해져야 했으나, 太后 때문

---

159)『漢書』卷99下「王莽傳」, p.4126, "太師王舜自莽篡位後病悸, 寖劇, 死",『說文』
　　 "心動也."
160) 泉陵侯 劉慶은 景帝의 아들 長沙定王 發의 중손자로서, 翟義 반란시 "成王
　　 이 幼少하여 孺子라 칭하고 周公이 섭정했는데, 지금 帝가 어리니 安漢公
　　 으로 天子事를 행하도록 하고, 孺子가 元服을 입은 후 皇帝位를 돌려준다
　　 는 내용을 천하에 알리도록" 상주한 인물이다. 前輝光 謝囂는 武公縣長 孟
　　 通의 "告安漢公莽爲皇帝"라는 符命을 상주한 인물이다. 長安令 田終術은 陰
　　 陽五行·星曆에 밝아 災異를 잘 해석한 인물이다. 劉慶은 居攝과 관련된 것
　　 이 분명하나, 나머지 2인은 관련 사료를 확인하기 어렵다.

에 西河屬國都尉로 좌천되는 것으로 감면되었다. 그는 주로 군사적 재능이 있었는데 翟義의 반란시 虎牙장군으로 참여해 이를 진압했으며, 끝까지 王莽에 충성하여 赤眉의 군대 침입시 이를 壓勝하기 위해서 長安 남쪽에 건설한 九廟의 공사 감독 임무를 맡았다. 王莽 말년 반란군에게 계속 王莽의 군대가 격파될 때 大臣이 內反하고 좌우에 신임할 자가 없었던 상황에서, 끝까지 王莽을 추종했던 자로는 崔發·張邯·苗訢 등이 있었다. 王邑은 그러한 충성 세력 가운데서도 가장 핵심적 인물로 長安城 전투에서 王莽을 보호하며 전투하다가 전사했다.

다음으로 擊斷으로 칭해지는 甄豊·甄邯을 보자. 班固가 이들을 擊斷으로 칭한 것은 王莽에게 협력하지 않은 자를 처단하는 역할을 맡았기 때문이다. 甄豊은 泗水相이었는데, 丞相 孔光의 사위인 甄邯과의 혈연관계로 王莽집단에 가담했다.[161] 元始 3년 呂寬의 사건이 난 후 大司空 甄豊이 王莽의 諷指를 받아 黨與를 치죄했는데, 이때 鮑宣·彭偉·杜公子를 비롯해 郡國의 豪傑로서 연좌되어 죽은 자가 수백인이었다.[162] 이러한 행동 때문에 班固는 甄豊을 擊斷이라고 칭했을 것이다.

앞서 언급한대로 甄豊은 在位者 가운데서 주도적으로 王莽의 공덕을 포양해 安漢公·宰衡의 호칭 및 王莽의 모친, 2子, 兄子 등을 책봉하는데 공로가 컸다. 그러나 王莽은 그의 성격이 剛强하고 찬탈에 호의적이지 않은 것을 깨달았다. 때문에 太阿·右拂(弼)·大司空인 甄豊을 符命文에 의탁해 更始將軍으로 삼고 賣餠하던 천한 신분의 王盛과 同列에 위치시킨 것이다. 이에 대해 甄豊 부자는 묵묵히 있을 수밖에 없었다. 始建國 2년 甄豊의 아들 甄尋이 符命을 지어 周公의 故事대로 陝에서 이분해 二伯을 세워야 하며, 甄豊을 右伯으로 삼고, 平晏을 左伯으로 삼아야 한다고 주장했다. 王莽이 이를 재가하여 甄豊이 任地로 부

---

161) 甄豊과 甄邯의 관계에 대해서는 언급이 없는데, 항상 甄豊이 앞서 나오는 것으로 보아 연장자인 듯하다.
162) 『漢書』 卷86 「何武傳」, p.3487.

임하려 할 때, 甄尋이 다시 王莽의 딸인 故漢氏平帝后黃皇實主(孝平皇后)로써 尋의 처로 삼아야 한다고 符命을 만들어 올렸다. 이에 王莽은 대노하여 甄尋을 체포했고, 甄豊은 자살했으며, 劉歆의 아들 芬·泳, 王邑의 동생 奇, 劉歆의 門人인 丁隆 등에 파급되는 등 公卿黨親列侯 이하의 死者만 수백명이었다.[163]

　甄豊 사건은 찬탈에 적극 찬성하지 않았으면서도 論功行賞에 불만이었던 데서 비롯된 것이다. 劉歆은 始建國 2년 五均賒貸法의 이론적 근거를 제시하는 등 王莽 개혁에 적극적이었으나, 같은 해에 王莽이 자신의 3子 劉芬을 죽인 이후로는 활동기록이 보이지 않고, 끝내 王莽을 원망하여 정권 말기에 반란을 기도하였다.[164] 왕망 말년 劉歆의 반란에 가담한 것이 衛將軍 王涉과 大司馬 董忠, 護軍 王咸이다. 이들은 반란군에 위협을 느끼자 일족을 보전하고자 반란에 가담하였다. 護軍 王咸의 기록은 이곳 외에는 없어 고찰이 불가능하고, 王涉은 曲陽侯 王根의 아들로서, 과거 王莽은 王根으로부터 大司馬에 추천해준 은혜를 입었기 때문에 이를 보답하기 위해 衛將軍에 임명했던 것이다.[165] 降符伯 董忠이 처음 나오는 것은 天鳳 6년경이고, 그의 작위로 보아 符命과 깊은 관련이 있는 듯하다.[166] 왕망 말기 大司馬로서 中軍北壘에서 병사를 양성·훈련시키는 기록이 있을 뿐 어떤 인물인지는 자세히 알 수 없다. 어쨌든 王莽이 가장 신임하는 骨肉舊臣인 王涉과 劉歆의 배반은 王莽정권 말기의 위기상황 속에서 일어난 필연적 권력의 누수현상이며, 왕망의 복심세력의 분열을 보여주는 사건이었다.[167]

　郎令이었던 甄邯의 王莽집단 가담 경위는 王莽이 名儒로서 太后의

---

163) 『漢書』卷99中「王莽傳」, p.4123.
164) 『漢書』卷99下「王莽傳」, pp.4184-4185.
165) 같은 책, p.4153.
166) 宣帝시에 高昌侯 董忠이 있는데, 同名異人이다.
167) 『漢書』卷99下「王莽傳」, p.4185.

신임과 천하의 명망을 얻었던 大司徒 孔光을 높이 받드는 과정에서 孔光의 사위인 甄邯을 侍中奉車都尉로 삼은 데 있었다. 그는 平帝의 즉위에 공로가 있어 承陽侯에 봉해졌다. 王莽은 平帝의 元始 연간에 권력을 강화함에 있어 甄豊·甄邯을 기용했고, 이로 인해 두 甄氏는 "新貴"세력으로 위엄이 조정을 진동시킬 정도였다. 呂寬의 사건이 발생했을 때 甄邯은 辛慶忌의 종족이 平帝의 외척 衛子伯과 심복관계에 있다고 조작하였고, 司直 陳崇은 隴西의 辛興 등이 백성을 침탈하고 州郡에 威行한다고 탄핵하여 辛慶忌의 종족을 주살하는 데 큰 활약을 했다.[168] 이같은 활약 때문에 그 역시 擊斷의 칭호가 붙여졌을 것이다. 또한 翟義의 반란시에는 大將軍으로서 覇上에 주둔하면서 長安을 방어하기도 했다. 居攝 원년에는 王舜·甄豊과 함께 최고위 관직의 하나인 太保後承에, 始建國 원년에는 大司馬 承新公에 오르는 등 始建國 4년 죽을 때까지 新정권의 핵심세력 가운데 1인이었다.

平晏은 平當의 아들로서, 儒家의 宗師에 해당하는 인물이었으나 봉록과 지위에만 연연하여 阿諛했다는 혹평을 들은 인물이다. 그가 "領機事"했다는 것은 그가 "尙書令"의 직함을 맡고 있었던 데서 나온 것이다.[169] 爪牙 孫建은 右將軍으로서 傅太后의 존호 논의시에 끝내 반대했던 "爪牙大臣"이다. 哀帝·平帝 연간에 王莽이 자신에게 非호의적인 郡國의 호족을 주멸할 때, 孫建과 절친한 西河 漕中叔을 체포하지 못했는데, "성정이 협애하여 容忍하지 않는" 성격의 王莽이지만 그를 문책하지 않을 정도로 신임하였다.[170] 大鴻臚 左咸도 역시 哀帝의 외척 丁·傅氏에 아부하지 않고 있으며, 中山王(平帝)을 맞이한 공로가 있다.[171]

---

168) 『漢書』卷69「辛慶忌傳」, p.2998.
169) 『漢書』卷97下「外戚傳」, p.4009, "尙書令平晏";『漢書』卷99中「王莽傳」, p.4135, "太傅平晏勿領尙書事."
170) 『漢書』卷92「游俠傳」, p.3719.
171) 『漢書』卷12「平帝紀」, p.349, "强弩將軍";『漢書』卷18「外戚恩澤侯表」, p.718.

翟義 반란시 奮武장군이 되었다.[172] 지금까지 서술한 인물들은 哀帝의
외척 丁·傅氏에 아부·결탁하지 않았기 때문에, 적어도 哀帝 즉위 이전
부터 王莽과 정치적으로 뜻을 같이 했던 자들로 보인다. 따라서 王莽
의 측근 인물들은 王莽의 혈연자이거나 成帝 시기부터 뜻을 같이 했
던 인물들로 생각된다.

전술한 바와 같이 찬탈까지는 찬성하지 않은 腹心세력은 그 여파
로 病死하거나, 論功行賞에 대한 불만을 표출하다가 잇달아 죽었다. 公
卿黨親列侯 이하 수백 명의 처형은 王莽의 중핵세력이 개혁추진에서
제외된 것을 의미한다. 符命에 찬성하지 않은 桓譚과 같은 사람의 이
탈도 엿보인다. 물론 이들이 王莽을 떠나기 전에 이미 화폐개혁·토지
개혁 등이 추진되고 있지만, 이후의 개혁 추진에서 중요한 것은 바로
이들 이후에 등장하는 세력이다. 바로 이러한 점에서 王莽집단을 개
혁 1세대인 劉歆·王舜·甄豐·王邑·桓譚·揚雄 등과 개혁 2세대인 崔發·陳
崇 등으로 구분할 필요가 있다. 公孫祿이 비판한 太史令 宗宣, 太傅 平
化侯 唐尊, 國師 嘉信公 劉歆, 張邯, 孫陽, 魯匡, 崔發의 7인은 모두 王莽
정권의 개혁방향을 그르친 인물들로 보인다. 이 가운데서 劉歆은 과
거 그의 前歷에 의해 비판받은 것이고, 후반기의 활약이 미미했음은
전술한 바이다.

2進이라는 것은 王莽의 찬탈과정에서는 1進에 비해 비교적 官位가
낮거나 연령이 아래라는 의미로 해석해야 한다. 왕씨가 20여 년 동안
조정에서 수립한 영향력 하에서 형성된 黨派의 기초는 매우 광범위했
을 것이다.[173] 예컨대 元壽 원년(B.C.2) 王莽을 京師로 돌아오게 할 때
哀帝에게 王莽의 억울함을 상서하여 압력을 가했던 100여명과 賢良 周
護·宋崇 등의 日食 對策과 같은 것은 王莽에 협조적인 세력층이 광범
위했음을 보여준다. 前漢시대에 幕府를 개설한 장군은 편의에 따라

172) 『漢書』 卷84 「翟方進傳」, p.3427.
173) 孟祥才, 위의 책, p.40.

막료를 자의로 임명할 수 있는 辟召의 권한을 가졌으므로,[174] 왕망의
참모 중 상당수가 王鳳의 막부 개설 당시부터 존재했던 인물도 있었
을 것이며,[175] 왕태후로부터 관료임명권을 획득한 이래 가담한 새로
운 인물들도 있었을 것이다. 바로 이들이 王莽의 개혁을 추진하는 제
2세대 개혁세력이었을 것이다. 이들은 王莽의 虛名을 구하는 성격에
영합하여 符命으로 그의 공덕을 칭송함으로써 그의 爪牙가 되고 官爵
을 얻어 王莽의 개혁정책에 가담하였다.

　大司徒司直 陳崇은 장문의 상주문을 올려 王莽의 공덕을 周公에 비
유한 후 그를 周公에 비견되는 安漢公으로 삼을 것과 周公을 포상한
것처럼 王莽의 公國을 크게 해주고, 周公의 아들 伯禽처럼 王莽의 아들
을 봉건할 것을 주장했다.[176] 崔發은 讖緯에 해박하여 총애를 받아 후
일 大司空까지 오른 자이다.[177] 前漢 昭帝시 幽州從史였던 崔朝가 그의
조부이며, 부친은 4개 郡의 태수를 지냈던 崔舒이며, 그의 동생은 王莽
시기 建新(千乘郡)大尹을 지냈던 崔篆이다.[178] 그는 攝皇帝가 眞皇帝로
되어야 한다는 齊郡의 新井, 巴郡의 石牛와 같은 符命이 출현했을 때
王莽을 기쁘게 하기 위해 讖緯의 편차목록인 次比를 著錄하였다.[179] 王
路의 朱鳥門이 주야로 울자『虞書』의 내용을 이용하여 이는 舜의 덕을
치하한 것이므로 사방의 士를 초청하라고 해석했으며, 王莽말기에 사
방의 도적이 성행하자 九廟의 건설을 통해 이를 壓勝할 것을 건의했
다. 王莽 말년 반란군에 의해 武關이 함락되고 위기가 촌각에 이르렀

---

174) 金翰奎, 「漢代 및 魏晉南北朝의 輔政體制」(『東洋史學研究』44, 1993), p.99.
175)『漢書』卷98「元后傳」, p.4023, "自是公卿見鳳, 側目而視, 郡國守相刺史皆出其
　　門."; 紙屋正和, 「前漢後半期における中央政界と郡・國」(『福岡大學總合研究所報』
　　136, 1991), pp.269-270.
176)『漢書』卷99上「王莽傳」, pp.4053-4064.
177) 같은 책, p.4046.
178)『後漢書』卷52「崔駰列傳」, p.1703.
179)『後漢書』卷79上「儒林列傳」, p.2558, "帝以敏博通經記, 令校圖讖, 使蠲去崔發
　　所爲王莽著錄次比."

을 때, 국가의 큰 재난시 哭으로 厭勝한 『周禮』『春秋左氏』의 기록과 같이 해야 한다고 주장하여, 王莽은 南郊에 이르러 符命의 본말을 진열하고 仰天大哭하였다. 이처럼 王莽과 마찬가지로 符命에 傾斜하는 崔發의 재능이 그를 符命해석의 일인자라는 의미의 "說符侯"에 봉하게 했을 것이다. 公孫祿의 비판에 의하면 "說符侯 崔發은 阿諛로서 取容했고, 아래의 사정이 위로 통하지 못하게 했는데, 이러한 자들을 죽여 천하를 위로해야 한다."고 할 정도로 王莽의 주위에서 아부했던 존재이다. 그는 王莽을 끝까지 추종하여, 자신에게 詩를 배운 申屠建에게 투항했을 때도 또다시 符命을 妄言하여 처형당했다.

한편 井田과 六管法을 제정한 관료들도 2進 개혁세력으로 보이는데, 자료가 남아있지 않아 자세한 것은 알 수 없다. 王田制는 明學男 張邯과 地理侯 孫陽에 의해 입안되었고, 六管은 義和 魯匡에 의해서 입안되었다. 太史令 宗宣은 星曆과 氣變을 관장하면서 凶兆를 吉兆라 해석하고 天文을 어지럽혀 朝廷을 어지럽게 했다는 公孫祿의 비판을 받았다.[180] 太傅 平化侯 唐尊은 成·哀帝 시기에 小夏侯建 계통의 尙書를 배웠고 "明經飭行", "淸名之士"로 유명했다. 그는 虛名으로 유명한데, 국가가 가난한 것은 사치에 원인이 있다면서 짧은 옷, 瓦器로 식사를 했다고 한다. 바로 이점 때문에 公孫祿에게 僞善者로 비판받은 것이다.[181] 公孫祿이 王莽의 개혁정책 실패의 원인을 고찰하면서 앞에서 언급한 자들을 죽여 백성에 사과해야 한다고 한 것은 이들이 王莽 개혁에 깊숙이 관여한 입안자이자 실행자임을 말해준다.

王莽의 개혁정책이 그릇된 방향으로 나아가게 되는 데에는 이들의 역할이 적지 않았을 것이다. 바로 이들 때문에 桓譚은 개혁과 인재 등용이 그릇된 방향으로 나아간다고 비판한 것이다. 이들 개혁 2進세력이 王莽에 아부하여 개혁을 그르치게 한 것은 王莽의 성격과도 관련

---

180) 『漢書』 卷99下 「王莽傳」, p.4170.
181) 『漢書』 卷72 「鮑宣傳」, p.3095; 『漢書』 卷99下 「王莽傳」, p.4164.

이 있다. 王莽의 성격은 吳章의 언급처럼 "不可諫"한 고집이 세고 독단적이었으며, 이는 桓譚의 『新論』에도 보이는 바다. 따라서 이들이 王莽의 그같은 성격을 알기 때문에 더 이상 助言하지 않았을 것이다. 그것은 王田制 실시에 2進개혁세력의 조언도 있었으나, 독단적인 王莽의 견해가 더 많은 부분을 차지한 것에서도 증명된다. 결국 王莽은 匈奴 전쟁에서 良將을 파견하지 않고, 世姓 및 信謹하는 文吏, 親屬의 자손, 본래 아끼던 자들을 파견하여 전쟁에서 실패했던 愚를 정치에서도 범했다. 그는 良吏를 등용하지 않고 崔發과 같은 阿諛하는 무리들을 신임함으로써 개혁을 그르쳤던 것이다.[182]

IV. 王莽의 개혁 평가

王莽은 易姓革命에는 성공했으나, 改革에는 실패했다. 혁명보다 기존의 보수이익집단이 가지고 있는 체제를 바꾸는 개혁이 더 어렵다는 명제가 바로 王莽의 개혁에서 잘 드러난다. 사회개혁이라는 것은 중국사에 시각을 좁히지 않더라도, 그 사회가 가지고 있는 각종 모순을 해결하기 위해 나오는 것이다. 개혁이 출현한 시기를 보면 항상 그 개혁의 출현을 정당화할 수 있는 모순이 존재하였다. 물론 이 모순·위기상황을 인식하지 못하고 방치하게 되면 결국 농민봉기·정권 붕괴로 연결되었다. 이러한 의미에서 改革이라는 것은 파국에 이르지 않으려는 통치집단의 自救노력인 셈이다.

王莽의 개혁이 당시 사회에 반드시 필요했을 정도로 사회모순이 심각했는가 하는 문제는 앞서 충분히 언급했다. 토지소유의 편중과 상공업자의 이익독점, 新왕조의 면모일신이라는 측면에서 王莽의 개

---

182) [淸] 嚴可均, 위의 책, p.540, 『新論』「言體」.

혁은 어느 정도 時宜性을 가지고 있었다. 時宜性을 가지고 있었음에도 실패한 이유는 무엇인가?

　　王莽의 개혁에 대해 평가를 가한 사람으로 대표적인 인물은 班固 이외에 桓譚이 있다. 桓譚은 前漢말 古文學을 좋아해 劉歆·揚雄과 의심 나는 부분을 토론했었고, 黃門郎으로서 王莽과도 교제한 것은 전술한 바 있다. 그는 새로운 유교사회의 건설에 희망을 갖고 王莽정권에 가 담했다. 그는 司空椽이 되어 哀帝 元壽 2년부터 大司空 甄豊을 위하여 황하의 치수에 대해 조언하였으며,[183] 居攝 2년 翟義 반란시에는 장차 孺子에게 천자의 지위를 돌려준다는 王莽의 뜻을 천하에 알린 "班行諭 告"의 공로로 "明告里附城"에 봉해졌다.[184] 왕망이 居攝·簒弑할 시기에 桓譚은 홀로 自守할 뿐만 아니라 묵묵히 언급을 자제했다. 후에 掌樂 大夫에서 講樂祭酒에 임명되었으나, 始建國 이후 桓譚의 활동기록은 보이지 않는다. 王莽이 정권을 취득한 후의 정책이 현실에서 이탈하 자 桓譚은 통치집단에서 빠져나와 은퇴의 길을 걸었던 것으로 보인 다. 말년에 지은 『新論』에서의 王莽 비판은 당시 개혁에 참여했던 사 람의 눈으로 목도했던 왕망개혁의 실패이유를 분석한 것이다.[185] 이 하에서는 王莽의 개혁 실패와 정권붕괴의 원인을 班固와 桓譚의 눈을 통해 분석할 것이다.

1. 개혁의 평가

1) 王莽의 독재

　　王莽의 개혁에 대한 올바른 평가를 하기 위해서는 왕망 개인의 성 격도 중요한 고려대상이 되어야 한다. 王莽의 정치와 생애에는 그의

---

183) 『漢書』 卷29下 「溝洫志」, p.1697.
184) 『漢書』 卷84 「翟方進傳」, p.3435.
185) 蘇誠鑑, 위의 논문, p.42.

인간적 특성을 고려치 않고는 설명할 수 없는 점들이 많다. 王莽의 모습을 조소한 待詔의 표현에 의하면, 王莽은 "큰 입, 짧은 턱, 볼록눈과 赤眼, 큰 목소리와 찢어진 듯한 음성, 173cm정도의 키, 높은 굽의 신과 높은 冠, 거센털로 부풀린 의복을 입고 다니는 모습"을 하고 있었다. 용모에 대한 待詔의 조소 이후, 콤플렉스를 가지고 있던 그는 언제나 雲母로 만든 부채를 가지고 다니며, 친숙한 자 이외에는 그것으로 얼굴을 가렸다.[186] 일찍 부친 王曼을 여의고 孤單하게 성장하였기 때문에, 권력·부를 가지고 사치하는 4촌 형제들에 대한 보이지 않는 동경심, 출세 지향주의적인 성향이 형성되었을 것이다. 이같은 외모와 성장과정이 그를 콤플렉스가 있는 신경질적이고 매사에 집착하는 성격의 소유자로 만들었을 가능성도 있다.

王莽이 최초부터 假飾的 僞君子는 아니었던 듯하다. 王莽은 초기에는 철저한 禮敎주의자였던 것으로 보인다. 후일 정치권력을 장악할 때부터 符命의 이용, 儒家이론을 악용하는 자로 변모해 갔던 것같다. 王莽이 보인 덕목으로는 孝·慈·大義滅親·尊師·交友·謙讓·淸廉 등을 들 수 있다. 王鳳의 병간호, 모친의 看病時 藥을 試飮한 것에서 보이는 孝, 조카의 교육에서 보이는 慈, 親子의 처형에 보이는 大義滅親, 名儒를 스승으로 삼는 尊師重道, 朱博에게 婢女를 주고, 孔休에게 玉을 준 것에서 보이는 交友以信, 그밖에 謙讓·淸廉을 들 수 있는데, 이와같은 덕목을 갖춘 君子는 존재하기 힘들다.[187] 예컨대 衍功侯 王光(王莽의 조카)이 執金吾 竇況에게 私報를 가해 살인했을 때 王莽이 대노하여 光을 질책했고, 光의 모친은 두려워하여 드디어 母子가 자살한 사건이 있었다. 이 사건을 두고 王莽의 성격변모를 지켜본 班固는 다음과 같이 말했다. "처음 王莽은 모친·형수·조카를 섬기고 부양함을 명분으로 삼았으나, 후일 패악해져 光의 죄를 놔두지 않고 公義를 보이려 했다."

---

186) 『漢書』 卷99中 「王莽傳」, p.4124.
187) 孟祥才, 위의 책, p.49.

이 말에서 알 수 있듯이 王莽이 최초에는 군자적 덕목을 갖춘 인물이었으나, 후일 변모해감을 알 수 있다.[188]

그에게는 대범하지 못한 측면도 있었다. 즉, 居攝 2년 9월 東郡태수翟義가 嚴鄕侯 劉信을 천자로 삼아 반란을 일으켰다. 이어 槐里의 趙明·霍鴻 등이 三輔 23縣의 10만 명으로 翟義에 호응했을 때, 王莽은 두려워 음식을 먹지 않고 주야로 孺子를 안고 郊廟에서 告禱했고, 諫大夫桓譚 등을 천하에 파견해 攝位는 의당 孺子에게 돌려줄 것임을 알렸다.[189] 소심성은 그대로 猜疑的 성격과 통한다. 그것은 이윽고 자신의지위를 지키기 위해서는 어떠한 잔혹한 행위도 사양하지 않는 성격임을 말해준다. 정권장악 과정에서 4명의 아들 중에 바보인 3남 王安을 제외하고 모두 죽게 한 점도 그의 성격이 일반인과 다르다는 것을알 수 있다. 그는 특히 就國시점에 아들 獲이 노비를 살해했다는 이유로 아들을 죽였다. 이는 그가 정치적으로 丁·傅氏와 대립하고 있는 시점에서 奴婢살해 사건이 자신에게 유리할 것이 없다고 생각했기 때문에, 아들을 죽여 정치적 입지를 만회하려 했던 것이다. 이같은 猜疑的성격 때문에 劉歆과 같은 측근도 그를 의심하고 끝내 반란을 기도하기에 이르렀던 것이다.[190]

소심한 측면 이외에도 생체 해부실험을 통해 五臟을 관측한 것은그의 성격이 평범하지 않음을 보여준다. 생체실험은 그의 실험적 성격을 보여주는 것이라는 평가도 있으나, 실은 桓譚의 비판에 보이듯이, 그것은 잔인성에 다름 아니었다. 또한 王莽의 성격은 時日·小數를좋아하고 事案이 急迫해지면 厭勝으로 해결하려 한 呪術的 측면도 있다. 時日은 時日 등에 의해 吉凶禍福을 판단하는 것이고, 小數는 小術이라고도 하는 주술적 占術行爲이다. 厭勝도 역시 占術·誣告術 등으로 상

188) 『漢書』 卷99上 「王莽傳」, pp.4092-4093.
189) 『漢書』 卷99上 「王莽傳」, p.4087; 『漢書』 卷84 「翟義傳」, p.3437.
190) 安居香山, 「王莽と符命」(『漢魏文化』 4, 1963), p.48.

대방을 누르는 것이다.[191] 이상과 같이 王莽의 성격은 독특하면서도,
부정적인 측면이 많았다. 班固와 桓譚의 王莽평가에서는 모두 독선적·
독재적 성격을 지적하고 있다. 우선 班固의 王莽 평가를 보자.

> 王莽은 과거 專權을 통해 漢政을 얻을 수 있었기 때문에 여러 일을 직
> 접 관장하였고, 有司는 이미 결정된 일을 받아 처리하고 죄를 면할 뿐이
> 었다. 그리고 여러 寶物名·帑藏·錢穀官은 모두 宦者로 관장하게 하였다.
> 또한 吏民이 올린 封書는 宦官 및 左右의 측근이 개봉하게 하여 尙書는 유
> 명무실하게 되었다. 이것은 그가 신하들을 두려워하고 대비하기 위한 것
> 이었다. 또한 制度 바꾸기를 좋아하여 政令이 繁多했고, 奉行하는 자는 그
> 사안에 대해 質問하고 나서야 일에 從事할 수 있었다. 王莽은 항상 해가
> 뜰 때까지 불을 밝히고 업무를 보았으나 모두 처리할 수 없었다. 尙書는
> 이로 인해 姦詐한 행위를 했고, 上書하여 답신을 들으려 하는 자가 連年
> 떠나지 않았고, 郡縣에 拘繫되어 있는 자는 赦免을 받아야 출감했다. 衛卒
> 은 三年이 되도록 교대되지 않았으며, 穀價는 항상 비쌌고 邊兵 20여만명
> 이 衣食을 기다리고 있었고, 縣官은 이로 인해 고달팠다. 五原과 代郡에서
> 는 그 피해가 심각하여 盜賊이 되었는데 數千人이 무리가 되어 인근의 郡
> 으로 쳐들어갔다.[192]

桓譚의 평가는 班固가 언급한 바 없는 王莽의 장점도 언급하고 있
다. 즉, 王莽이 다른 사람보다 훨씬 뛰어난 奇智와 權術을 가지고 있었
으며, 바로 이러한 장점 때문에 漢高祖와 마찬가지로 황제에 오를 수
있었다는 것이다. 桓譚의 평가에서도 王莽의 독재를 거론하고 있는
것은 班固와 같다고 할 수 있다. 바로 이 점 때문에 高祖와 같이 皇帝
에 올랐음에도 실패한 것이라고 평가하고 있다.

---

191) 같은 논문, p.47.
192) 『漢書』 卷99中 「王莽傳」, p.4140.

王莽이 世人보다 뛰어난 것이 세 가지가 있다. 智는 족히 잘못을 분식하고 옳은 것을 부정할 수 있고(飾非奪是), 口辨은 능히 說士를 궁하게 하고 굴복시킬 수 있으며, 威嚴은 아랫사람을 떨고 두렵게 할 수 있다. 또 자신을 불쾌하게 한 자를 수차 몰래 죄에 빠뜨리게 할 수 있었다. 그러므로 群臣은 그의 주장에 대항해 답변할 수 없었고, 감히 그의 뜻을 거스르면서 諫할 수 없었으므로 끝내 멸망에 이르게 된 것이다. 이것이 그가 大體를 몰랐던 禍이다. 帝王의 大體를 알았던 사람은 高帝였다. 張良·蕭何·韓信의 3인은 모두 人傑인데, 능히 그들을 부릴 수 있었기 때문에 천하를 얻었다. 이것이 大體를 아는 것이다. 王莽이 처음 國政을 잡고 스스로를 모든 것에 달통한 賢聖이며 아랫사람의 지혜는 자신보다 나을 수 없다고 생각하였다. 이 때문에 일을 일으킬 때마다 자신만을 신임하려 했고, 여러 明習者와 공유하려 하지 않았다. 단지 자신만의 뜻을 펴서 추진했고, 자신의 생각만을 사용했으므로 성과를 얻는 것이 드물었다. 그러므로 끝내 멸망한 것인데, 이는 대체를 모르는 것이다.[193]

桓譚의 지적에서 볼 때 王莽은 口辯·智慧가 뛰어난 우수한 두뇌의 소유자이며 아울러 威嚴도 보유했던 인물로 생각된다. 이같은 두뇌의 소유자였기 때문에 치열한 정치투쟁에서 승리하고, 장기간의 찬탈극을 큰 무리 없이 완성할 수 있었던 것이었다. 그러나 자신의 두뇌에 대한 극도의 자신감은 국가통치를 자신만이 감당할 수 있다고 생각했던 것 같다. 그러나 국가통치가 한 사람이 감당할 수 있는 가벼운 것은 결코 아니며 高祖의 경우처럼 韓信·張良·蕭何 등과 같은 인재를 적재적소에 기용해야 한다. 王莽에게 인재가 없었던 것은 아니다. 天下의 賢智才能있는 士人들을 모두 모아놓았으나 기꺼이 기용하려는 의도는 없었다.[194]

---

193) [淸] 嚴可均, 위의 책, p.539, 『新論』 「言體」.
194) 같은 책, p.542, 『新論』 「譴非」.

따라서 그가 추진한 제 정책 가운데 王田制는 張邯이 추진했지만, 기본 아이디어는 王莽의 머리에서 나왔다는 班固의 지적은 옳다. 이런 측면에서 秦始皇과 王莽은 유사한 점이 많다. 밤새도록 혼자 업무를 추진했다는 것은 그의 독단적 성격, 他人을 신임하지 못하는 猜疑的 성격임을 보여준다. 그는 前漢말기의 극도로 피폐한 상황을 자신만이 극복할 수 있다는 구세주적 생각을 가지고 있었음에 틀림없다. 王莽의 독선적 성격이 王莽의 개혁추진에 부정적 영향으로 작용했을 가능성도 있다.

王莽의 독선적 성격 이외에 전술한 대로 迷信·符命을 맹신하는 그의 성격도 개혁추진에 부정적으로 작용했을 것이다.[195] 그는 관료 임명에 있어 지나치게 符命에 의존하여, 四輔에 임명된 哀章은 銅匱를 바친 자이며, 四將 中 王興은 城門校尉 아래의 令史, 王盛은 長安의 떡장수였다. 또한 符命을 좋아하는 그의 성격에 영합하는 자들의 대거 진출을 못마땅해 하여 이탈한 자도 있었을 것이다.

2) 현실감각 결여의 개혁

周公으로 자임한 王莽은 因循守舊하려는 유가적 입장에서, 儒家 經典의 이상사회를 구현하려 했으므로 현실과의 괴리가 심했다. 현실과의 괴리는 그의 개혁 도처에서 나타난다. 天鳳 4年 6月 제후에 茅土를 주면서 "내가 地理를 제작하고 五等爵을 建封한 것은 經藝에서 찾아보고 傳記에 비교하고 義理에 通解보는 등 논의하고 생각하기를 여러 차례 한 것"이라든가,[196] 望氣爲數者의 "土功象"이 있다는 말을 믿고 新室의 九廟를 일으켜, 공사비 수백鉅萬을 낭비하고, 수만에 달하는 사망

---

195) 같은 책, p.540, 『新論』 「言體」. "본래 卜筮를 좋아하고 時日을 믿으며, 귀신을 돈독하게 섬기며, 廟兆를 많이 만들고 재계하고 제사를 지냈으며, 희생과 殼膳의 비용이 과다하게 지출되어 吏卒이 辨治하는 고통을 당했다."

196) 『漢書』 卷99下 「王莽傳」, p.4149.

자를 나오게 하는 실책을 저지른 것이 그러했다.[197] 또한 기존의 時令
을 변경하여 백성에게 큰 불편을 초래했으나, 王莽은 이 법을 설치한
이래 常安六郷巨邑之都에 도적을 알리는 북소리가 들리지 않고 도적
이 감소되었다고 정반대로 생각한 것,[198] 즉위 이래의 음양 불화, 風
雨의 不時, 가뭄·메뚜기의 재해, 이민족 침입의 원인을 3子 安 대신에
4子 臨을 태자로 삼은 "名不正"에 있다고 보고, 安을 新遷王으로, 臨을
統義陽王으로 貶한 것 등에서 잘 나타난다.[199]

현실과의 괴리가 심각했던 이유는 개혁의 근거를 儒家 경전에서
구했고, 이를 추진하는 자들이 經典을 尊守하는 자들이었기 때문이다.
王莽은 古文 중에서 특히 周禮를 중시하였다. 新朝의 제도 가운데 적
지 않은 조치는 모두 周禮로부터 역사적 근거를 찾은 것이었다. 이밖
에 古文尙書·春秋左氏傳·逸禮 등을 중시하였다. 그러나 王莽의 改制가
周官에 의거했다고 하여, 王莽의 개혁이 전적으로 古文經學에 의거한
것은 아니다. 古文尙書를 學官에 넣고 존숭했으나, 今文을 폐지한 것은
아니다. 그는 陳參에 禮經을, 徐宣에 易을 배웠고, 今文·古文經學 가운
데 그에게 이용될 수 있는 것은 모두 적극적으로 이용했다. 예컨대 讖
緯迷信·災異祥瑞의 이용은 당시 어떤 今文經學者에 비해서도 손색이
없었다.[200]

---

197) 같은 책, pp.4161-4162.
198) 같은 책, p.4163.
199) 같은 책, p.4160.
200) 孟祥才, 위의 책, pp.114-115. 예컨대 古文尙書의 「嘉禾篇」의 周公居攝의 기록
   을 引證하여 자신이 "居攝踐祚"하는데 의거하는 바로 삼았고, 左傳의 "劉氏
   爲堯後"를 인증하여, 이 "虞帝之苗裔"가 漢을 대신할 자격이 있음을 논증했
   다. 甄邯은 九錫의 禮儀를 상주했는데, 이때 "周官·禮記宜於今者, 爲九命之錫,
   臣請命錫."이라 하여 今文 古文에 관계없이 인용하였다. 또 宰衡의 印章을
   얻기 위해『穀梁傳』의 "天子之宰, 通于四海"를 인용한 것과 翟義의 모반시에
   大誥를 모방한 策文을 만들어 반란자를 토벌하였다. 居攝3년(A.D.8)에「康
   誥」의 "若曰孟侯, 朕其弟小子封"을 인용해 자신이 이미 元后와 平帝의 皇后를

아울러 인재의 기용면에서도 今·古文을 가리지 않았다. 古文經學者로 크게 출세한 사람이 劉歆이지만, 今文經學의 대학자로서 王莽정권에 들어온 자는 더욱 많다. 예컨대 易의 衡咸, 今文尚書의 歐陽政은 모두 王莽의 講學大夫이다. 今文尚書의 孔光·唐尊은 모두 王莽의 丞相·太傅를 역임했고, 吳章·唐林은 九卿이 되었다. 公羊春秋의 馬宮과 左咸은 각각 大司徒와 九卿이 되었다. 따라서 王莽이 古文을 숭상하고 今文을 억압했다는 주장은 근거가 없는 것이다.[201]

한편 그의 개혁이 現實의 漢制를 부정하는 방향으로 전개되었음에도, 과거 武帝의 경제정책과 "겉으로 儒術로써 文法吏의 事를 분식했다(外以儒術飾文法吏事)"는 방식을 계승했다는 점에서 공통된다. 따라서 王莽의 개혁은 經典에 근거한 復古主義의 특징을 가지고 있음과 동시에, 武帝의 통치 방식도 모방하고 있는 것이다. 바로 이것이 漢代의 통치방법인 "以霸王道雜之"를 계승한 것이다. 그러나 왕망보다 이전 사람인 宣帝의 표현을 빌자면, 우매한 유가의 현실인식 부족을 가지고, 또 漢代의 각종 제도를 폐지하면서도 武帝와 같은 황제가 되려고 한 것은 아이러니하다. 이같은 점에서 桓譚의 지적은 매우 적절하다.

王翁은 과거 聖人의 治만 좋은 것으로 여기고 欽慕했으나, 漢家의 법령은 소홀히 하였다. 그러므로 변경한 것이 많았다. 일마다 옛 것을 본받고, 옛 성인의 제도를 찬미하였는데, 자신이 그 일을 할 수 없다는 것은 알지

朝見할 때 "假皇帝"로 칭하는 근거로 삼았다. 이 때의 穀梁傳·大誥·康誥는 모두 今文經學에 속한다. 始建國 4년 "公侯伯子男"의 오등작위와 諸侯에게 茅土封地 4等을 준 것은 기본적으로 今文經典인 『禮記』「王制」에 근거한 것이다. 王莽의 모친 사망시 服制를 논할 때 古文인 『周禮』의 내용을 인용하기도 했다. 또한 『周禮』와 「王制」의 文에 근거해 卒正과 連率·大尹을 두었다고 했는데, 周官은 古文이고, 王制는 今文이다. 이처럼 王莽은 分封과 郡縣제도에 今文과 古文을 雜用한 것이다.

201) 孟祥才, 위의 책, p.115.

못했다. 가까운 데 있는 것은 놓아두고, 먼 곳만 쫓았고, 그가 숭상한 것은 힘써야 할 것이 아니었다. 그러므로 고매한 義를 가지고는 퇴보하여 廢亂에 이르게 되었다. 이는 大體를 모르는 것이다.[202]

또한 토지·노비제도는 經濟법칙을 무시한 추진이라 할 수 있다. 대토지 집중과 노비소유는 매우 중요한 사회문제로서, 토지와 노비를 대규모로 소유한 호족은 지방의 실력자이기 때문에 어떤 개혁가, 중국의 어느 역대정권이라도 개혁하기 어려운 난제였다. 劉秀 역시 걸출한 인물이었으나, 호족세력이 後漢정권에서 강력했기 때문에 토지겸병과 노비매매는 그도 해결할 수 없었다. 王莽의 개혁은 대지주 관료의 이익을 침범하여 그들의 강력한 반대를 불러 일으켰다. 이로 인해 개혁은 완성될 수 없었고 정권 역시 鞏固해질 수 없었으며, 이미 경제적 위기가 잠복해 있던 사회·경제적 위기를 더욱 조장해 깊은 골짜기로 떨어뜨렸다. 결국 王莽의 개혁은 토지사유제로 나아가는 역사발전과 정면충돌했고, 이 때문에 사람들의 마음을 심복시키지 못해 실패한 것이었다.[203] 차라리 王莽이 후일의 北魏孝文帝·隋文帝·唐太宗의 均田制와 같은 방법을 채택해 無主의 토지를 開墾했더라면, 그것이 보다 유효한 방법이 되었을 것이다. 班固가 개발 가능하다고 한 전체 면적의 22.65%나 되는 미개간지 32,290,947頃을 개간해 土地 없는 자를 이주했다면 훨씬 효율적이었을 것이다.

王莽의 정권찬탈은 官僚·地主계급에 의지해서 가능했던 것이나, 정권 장악후 대지주·대상인을 억압하고 희생양으로 삼았다. 王莽말기 左將軍 公孫祿이 王莽의 王田제도와 六管제도를 비판하면서, 張邯과 孫陽이 民으로 하여금 농업을 포기하게 하고, 工商을 궁박하게 했다는 것은 농민(토지소유자)과 工商人들이 큰 피해자임을 말해주는 것이다.

---

202) [淸] 嚴可均, 위의 책, p.540, 『新論』「言體」.
203) 韓玉德, 「論王莽不是中國古代改革家」(『靑島師專學報』 1992-1), p.70.

綠林·赤眉의 반란을 막후에서 획책한 것은 豪族地主 계층이다. 趙翼의 『二十二史箚記』卷3「王莽時起兵者皆稱漢後」조에 열거한 대부분은 지방 豪族의 武裝으로서, 이후 새로이 창출된 後漢정권이 호족의 지지를 받는 정권으로 만드는데 중요한 역할을 하였다. "資産數百萬"이나 되는 대지주의 일원인 呂母,[204] "世以貨殖著姓"의 李通,[205] "世爲著姓"의 寇恂,[206] "世吏二千石"의 鄧晨,[207] 목축업으로 起家하여 빈객을 "遂役屬數百家"한 馬援,[208] "家累千金 … 率宗族上麥二千斛"의 王丹[209] 등의 기사는 대지주·대상인이 王莽정권에 완강하게 반항한 것을 보여준다. 또한 王莽의 얼굴을 모르면서도 王莽을 죽인 것으로 유명한 商人 杜吳가 이 반란에 가담한 것은 商人들의 王莽에 대한 적개심을 상징적으로 표현해준다.

3) 前漢의 부패한 吏治의 계승

王莽은 정권 장악 후 계속 前漢의 부패한 관료들을 기용했으므로 부패가 만연했다. 王莽이 창고를 열어 關中의 유민을 구휼하려고 할 때 관리들은 그 식량을 도둑질했고, 유민들이 먹는 음식은 좋은 밥과 고기국이라고 보고했다. 五均六管제도를 시행한 관리들 역시 商人 출신으로서, 각지의 奸商들과 결탁하며 驛傳을 타고 이익을 찾아 천하를 돌아다님으로써 帳簿·府藏은 텅텅 비게 되었고, 百姓을 더욱 빈사의 상태로 몰고갔다. 財政의 부실과 俸給체계의 복잡으로 인해 관리들은 봉록을 받지 못하고 賂物과 奸利로 自給했는데도, 오히려 郡尹과 縣宰는 재산이 累千金이나 되었다.

204) 『後漢書』卷11「劉盆子傳」, p.477.
205) 『後漢書』卷15「李通傳」, p.573.
206) 『後漢書』卷16「寇恂傳」, p.620.
207) 『後漢書』卷15「鄧晨傳」, p.582.
208) 『後漢書』卷24「馬援傳」, p.828.
209) 『後漢書』卷27「王丹傳」, pp.930-931.

관리들의 가렴주구를 초래한 원인은 新왕조 건립 이후 상당 기간 동안 관리의 녹봉제도를 제정하지 않았던 데에 있다. 관리들도 배를 주리면서 근무할 수는 없었고, 정식의 봉록제도가 없으므로 뇌물수수는 합법적 지위를 취득했다. 王莽이 이들 재산의 4/5를 몰수하여 변경의 군사비용으로 충당하고, 새벽까지 燈火를 밝히고 政務를 보았더라도 모든 관료기구의 부패를 척결할 수는 없었다.

2. 정권멸망의 원인

이상에서 제도개혁의 실패원인을 살펴보았는데, 그러면 정권붕괴의 원인은 어디에 있었는가? 왜 농민을 위한 개혁을 폈는데, 농민이 반란을 일으켰으며, 농민반란이 왜 또다시 호족정권을 창출했는가? 일반적으로 王莽정권은 토지개혁이 실패해서 멸망한 것으로 이해한다. 물론 토지개혁 실패와 정권멸망은 밀접한 연관성을 갖는다. 그러나 토지개혁은 시행 3년만인 始建國 4년에 폐지되었으므로 토지정책의 실패가 곧 정권멸망과 직결된다고 보아서는 안된다. 개혁의 실패원인과 정권붕괴의 원인은 반드시 같은 것은 아니며, 토지개혁이 멸망의 遠因이긴 하나 近因은 아니라는 것이다. 다만 일반민중은 토지와 화폐의 개혁을 경험하면서 왕망정권에 대해 "황당한 정권"이라는 느낌을 받았고, 기대에 부합하지 못하는 정권일 수도 있겠다고 자각했을 것이다.

王莽정권을 붕괴시킨 赤眉집단과 같은 農民軍의 출현은 「王莽傳」에서 天鳳 4년(A.D.17)에 처음으로 확인된다. 班固의 「王莽傳」 찬술은 上卷이 찬탈 이전을, 中卷은 王莽이 즉위한 始建國 이래 제 개혁의 추진과 失政을, 下卷은 농민반란이 일어나는 天鳳 4년부터 멸망할 때까지로 분류하고 있다. 여기에서 下卷의 시작을 天鳳 4년으로 잡은 것은 매우 합리적이라고 생각된다. 즉, 中卷의 개혁실패와 실정에서 농민

반란이 비롯되었다고 班固는 이해했던 것이다. 그는 특히 天鳳 4년 臨淮의 瓜田儀와 瑯琊의 呂母의 반란에 주목한 것으로 생각된다.

그 다음해인 天鳳 5년 왕망은 荊州牧에 임명한 費興에게 荊州의 통치방안을 물었다. 반란원인을 분석한 費興은 "間者, 國張六管, 稅山澤放奪民之利, 連年久旱, 百姓飢窮, 故爲盜賊"이라 하여 六管·山澤稅·凶年 등이 도적발생의 원인이며, 아울러 농민을 전토로 귀환시키는 대책으로 耕牛와 種子를 빌려주고, 租賦를 감면하는 休息政治를 제시하고 있다.[210] 그렇다면 王莽정권의 붕괴원인은 六管·山澤稅·凶年 이외에도 국가의 농촌생산력 회복에 대한 실패, 조세의 가혹 등에 있었다고 결론지을 수 있다.

그러면 費興이 언급한 凶年은 어떠한가? 자연적 요소를 역사분석에 적용하면 결정론적(Deterministic)인 것이라 하여 부정적 반응을 받는다. 물론 자연적 재해에 의한 흉년의 도래는 막을 수 없지만, 흉년의 피해를 최소화하고 "民之天"(食糧)을 마련해 백성의 餓死를 막는 것이 위정자의 책무라 할 때, 王莽 정권은 이같은 의무를 다하지 않았다. 그러나 王莽정권의 15년간에 모두 11회의 자연재해가 발생했다는 것을 간과해서는 안된다. 王莽정권하에서의 자연재해는 始建國 3년(A.D.11)의 황하 연변의 蝗출현과 魏郡의 황하범람, 天鳳 원년(A.D.14)의 隕霜·雨雹·黃霧와 변경의 기아, 天鳳 2년(A.D.15)의 邯鄲 이북의 大雨霧, 天鳳 3년(A.D.16)의 地震·雨雪, 天鳳 6년(A.D.19)의 關東饑饉 등이다. 地皇 2년, 田況은 洛陽 以東 지역의 米價가 石當 2천 전이라고 보고했는데, 이는 도저히 식량을 구할 수 없었다는 것을 말한다.

농민반란의 시초는 凶年 등에 의한 식량의 부족이라는 간단한 이유에 있었고, 罹災民들은 群聚하면서 풍년이 들면 鄕里로 돌아갈 생각을 했다. 城邑을 공격할 생각은 하지 않았고, 떠돌며 약탈해 식량을

---

210) 『漢書』 卷99下 「王莽傳」, pp.4151-4152.

구하고 날이 저물면 그만두는 流民형태였다. 즉, 정권타도가 목적이
아니었던 것이다. 地皇 3년에는 王莽정권 멸망의 상징적인 두 가지 사
건이 關中지역에 나타났는데, 하나는 東方에서 메뚜기 떼가 長安의 未
央宮에까지 날아 들어온 것이고, 다른 하나는 流民 수십만 명이 關中
에 유입해 온 것이다. 창고의 곡식을 통해 구휼하려 했으나, 使者와
小吏가 식량을 훔치고, 아사자가 7/10이나 되었는데도 中黃門 王業은
粱飯·肉羹을 유민들이 먹고 있다고 허위 보고하고 있다.

그런데 費興의 언급처럼 貨幣개혁, 五均六管 등이 농촌을 피폐시켰
고, 이것은 곧 凶年과 더불어 농민들을 流民·群盜로 내몰았다. 여기에
서 간과해서 안될 것은 王莽의 개혁정책의 상당부분이 왜 制定되었는
가 하는 점이다. 그 원인은 匈奴 전쟁이었다. 匈奴 전쟁은 王莽의 재정
을 악화시키고, 이것을 해결하기 위해 화폐개혁, 六管정책, 세금의 증
대 등의 방법을 통해 그대로 농민들에게 전가됨으로써 新帝國 멸망의
큰 요인이 되었다.

V. 결론

王莽의 개혁에 대한 평가는 긍정적으로 보는 시각과 부정적으로
보는 시각으로 확연히 구분되어져 왔으며, 양자의 시각은 서로의 견
해를 용납하지 않을 정도로 대척점에 서있다. 王莽에 대한 부정적 평
가는 여러 가지 근거를 가지고 있지만, 王莽 관련 사료가 班固의 『漢書』
이외에는 많지 않은데다가 그 속에 보이는 班固의 부정적 시각에서
영향받은 바가 크다. 班固의 집안이 前漢의 외척이며, 『漢書』가 後漢 明
帝의 칙령에 의해 저술되었고, 班固의 조부 班稺가 哀帝시 廣平相으로
재직시 王莽에 의해 탄핵된 사실은 班固로 하여금 王莽에 대해 부정적

으로 기술하지 않을 수 없게 했을 것이다.

前漢말기의 정치·사회적 문제점은 분명히 王莽이 아니라도 누군가가 수술 메스를 가해야 할 상황이었다. 관료·호족의 대토지소유와 가혹한 국가의 수탈 등에 의해 소농민층이 몰락함으로써 前漢의 사회·경제는 위기상태에 빠졌다. 이와 병행하여 사상적으로도 董仲舒 이래 災異說, 禪讓사상이 성행하여 쇠퇴한 漢帝國이 再受命해야 한다거나, 賢德을 가진 사람이 帝位를 대신해야 한다는 사고가 출현함으로써 漢帝國의 法統을 근본적으로 위태롭게 했다.

災異를 물리치고 民을 안정시킬 성인을 待望하는 분위기 속에서 王莽은 광범위한 사회의 신임을 획득하고 부상했다. 그에 대한 학계와 사회에서의 전폭적 신임이야말로 劉歆·揚雄·桓譚 등 당시의 저명한 儒家들이 王莽정권에 가담하게 된 원인이었다. 王莽의 개혁이 복고주의적 요소를 가지고 있기 때문에 그것을 "復古", "奴隷制로의 後退"라고 비판하는 일부 학자들의 견해도 있으나, 그것은 피상적인 비판에 불과하다. 당시는 전한 후반부터 성행한 儒家 이데올로기가 인간을 완전히 세뇌시킨 시대였기 때문에 오히려 시대적 潮流에 부응했던 것이다.

王莽의 개혁 가운데 가장 일찍 착수했으나, 가장 실패했다는 평가를 듣는 것이 화폐개혁이다. 王莽의 화폐개혁은 漢武帝가 발행한 고액의 白鹿皮幣·白金幣와 마찬가지로 "浮淫幷兼之徒"를 탄압한다는 명목을 걸고 있으나 부족한 재원을 충당하려는 목적을 가졌다는 점에서 유사하다는 평가를 받는다. 그런데 王莽의 다른 화폐개혁과 달리 1차 화폐개혁은 居攝시기에 행해진 것으로 그 개혁 이유에 대해서는 班固와 王莽의 시각에 큰 차이가 있었다. 班固는 前漢의 전반적인 국가재정, 백성의 財富와 人口數, 주변민족과의 관계가 양호했으며, 平帝 元始 연간까지 五銖錢이 아무런 문제점이 없이 통용되고 있었음에도, 王莽은 周의 화폐제도를 모방해 大錢을 주조했다고 비판했다. 그러나 이와는 달리 王莽은 국가재정이 즉위 초에 불건전했기 때문에 漢朝의 수명을 연장하기 위해 화폐를 주조한 것이라고 주장했다.

그러나 王莽시기 백성의 五銖錢에 대한 선호를 고려한다면, 비록 五銖錢에 盜鑄의 문제가 있었더라도 아직 화폐 기능은 유지하고 있었다고 보인다. 따라서 王莽이 기존의 五銖錢 단일 화폐에 錯刀(5000) 등의 고액화폐를 추가한 것, 황금 태환시 不等價 兌換해준 것으로부터 1차 화폐개혁은 前漢 후반기의 재정궁핍을 고액화폐의 발행을 통해 해결하고자 하는 의도가 있었다고 결론지어야 할 것이다. 또한 현실과 유리된 제도를 만들기 좋아했던 그가 기존의 漢制를 폐지하고 居攝기간에 假皇帝의 자격으로서 周制로의 복귀를 시도한 조치였을 가능성도 높다. 화폐를 周制로 복귀시켜야 한다는 것 역시 당시의 사회적 분위기 가운데 하나였던 듯하다. 哀帝초 龜貝로의 貨幣개혁을 주장한 어느 上書에서 주목해야 할 점은 龜貝와 같은 古典的 화폐를 강조하는 사회적 분위기가 존재했던 사실과 이 주장이 王莽의 제 3차 화폐개혁에서 실현되었다는 점이다. 당시 符命·上書를 올린 자들의 상당수가 王莽에게 아부하기 위한 자들이었다는 점과 王莽이 의도적으로 넌지시 지시하는 경우가 적지 않았다는 점에서 이 上書를 올린 자와 王莽과의 관련성을 완전히 배제하기는 어렵다.

王莽의 2차 화폐개혁 이후의 일관된 경향은 名目貨幣 발행에 의한 貨幣膨脹策을 통해 재정확보를 시도한 것이다. 가장 황당한 것이 始建國 2년의 3차 화폐개혁으로, 흉노와의 전쟁으로 요구된 폭발적 재정수요를 감당할 수 없었기 때문에 발행한 金·銀·龜·貝·錢·布의 화폐였다. 이것은 여지없이 실패했고, 이를 고려하여 4·5차개혁 때 발행된 貨泉은 명칭만 다를 뿐 形制·大小·重量·價値의 측면에서 五銖錢으로의 복귀라 할 수 있다. 현재 출토된 王莽 화폐 중 가장 수량이 많은 것은 五銖錢과 비슷한 大泉, 五銖錢의 부활이라 할 수 있는 貨泉이며, 王莽의 高額화폐는 전혀 민간에 유통되지 않고 실패했다.

王莽의 화폐정책이 실패한 원인은 너무도 많았다. 각 화폐 간의 중량과 가치가 일정하지 않아 고액화폐의 盜鑄가 만연했고, 악성 고액 화폐는 인플레와 화폐신용절하를 조장했으며, 종류가 다양하고 액면 가치가 번잡하여 화폐간의 換算이 곤란했고, 新·舊 화폐의 교체시 옛날 화폐를 태환해주지 않음으로써 舊화폐의 대량 보유자에 치명적 손실을 끼쳤으며, 각 郡에 鑄錢을 감독하기 위해 파견한 대상인 출신의 관리들이 각종 폐단을 야기했던 것 등을 들 수 있다. 王莽 정권이 멸망한 원인은 다방면에 걸쳐 있으나, 화폐개혁의 실패는 분명히 그 멸망을 가속화시킨 중요한 원인이 되었다.

王莽의 주요개혁 가운데 하나인 王田·私屬制는 哀帝시기에 시행되었던 限田·限奴制와 별개의 것으로 이해되어 왔지만, 양자는 모두 王莽이 관여했던 정책이라 보여진다. 綏和 2년 成帝가 사망하고 哀帝가 즉위한 지 얼마 안되었을 때 輔政대신인 師丹이 건의한 限田제도는 앞서 언급한 綏和 2년 龜貝로의 개혁 상주문과 관련하여 주목할 만하다. 이 시기는 王莽이 大司馬로 재직하던 시기이므로 王莽의 관련 가능성을 조심스럽게 추측해 볼 수 있다. 또한 限田制의 중도 폐지는 哀帝의 외척인 丁·傅氏 계열과 王莽·師丹·孔光 계열의 대립 측면에서 접근해야 한다. 이들은 丁·傅氏에 대항하다 官界에서 축출되었고, 후일 王莽의 권력장악 후 재기용된 점, 孔光이 후일 王莽의 권력강화에 적극 협조하는 점, "均貧富"의 이상을 실현하기 위해 노력한 점 등의 측면에서 王莽과 동일한 정치 노선을 유지했다. 王莽이 大麓시에 시행했다고 하는 것은 이를 지칭한 것일 가능성도 완전히 배제할 수 없으며, 이같은 추측이 허용된다면 王莽이 찬탈 후 시도한 토지·노비·화폐개혁의 골간은 이미 찬탈 이전인 哀帝시기에 구상되었던 것이라고 보여진다.

王田制의 입안자는 王莽 자신인 듯하며, 그 구체적 입안자는 明學男 張邯과 地理侯 孫陽이다. 내용면에서 실현 가능성이 높았던 師丹의 정책이 실패한 것에 비추어, 王莽이 토지의 매매금지와 소유한도를 제한한 토지정책은 보다 강력했다는 점에서 출발부터 실패의 가능성이 높았다. 王莽의 왕전제는 그 구체적 시행세칙과 완성시한, 8인 이상의 家에 대한 규정 등에 대한 규정이 없다. 이렇게 『漢書』에 쓰인 대로 규정이 엉성한 것은 아니겠지만, 만약 이 규정이 전부라면 이 제도를 악용하는 방법은 여러 가지가 있었을 것이다. 예컨대, 王田制는 一夫一婦에게 100畝를 주는 것으로 추정되는데, 이 규정 외에 "男口가 8명 미만일 때 1井을 넘는 토지는 반납하라"는 규정이 있어 모순이 발생했다. 조문을 그대로 이해한다면, 男丁 1인이더라도 900畝의 토지를 보유할 수 있으므로, 分家하여 재산을 나누는 것은 이 제도를 피해가는 하나의 방법이 된다. 많은 토지를 보유한 지주는 단지 男丁 1인마다 재산을 분산시키면 대량의 토지를 보존할 수 있고, 따라서 이 규정은 관리들에게 폐단을 일으킬 수 있는 여지가 많았다.

한편 노비제도의 제한은 주로 私奴를 지향한 것이고, 官奴는 포함되지 않았다. 또한 奴婢를 해방한 것이 아니라, 단지 賣買를 동결함으로써 빈민들이 계속 노예로 전락하는 것을 차단하기 위한 것이었다. 奴婢가 계속 매매된다면, 王田을 지급받은 농민들이 파산해 재차 노비로 전락할 가능성이 있고, 이는 대토지소유의 재연으로 이어지므로 王田制와 奴婢賣買禁止는 밀접한 관련을 갖는 것이다.

王田·私屬제도는 반대자가 날로 증가해 시행 3년만인 始建國 4년(A.D.12) 中郞 區博의 주장에 의해 王田令을 정지하고 매매를 허락함으로써 유명무실해졌고, 地皇 3년(A.D.22) 정권의 몰락 직전 정식으로 폐지하였다. 王田制 폐지를 주장한 中郞 區博의 논점은 秦의 토지사유제가 큰 폐단이 없는 시대적 추세이며, 이것은 비록 폐단이 있더라도 堯舜조차 해결할 수 없는 난제이며, 모든 농민이 私有制를 비난한 것은 아니라는 것이다. 王莽은 바로 이점을 看過하고 王田制를 시행했기 때문에 실패한 것이다.

1頃 정도의 토지를 보유하고 있어 충격을 받지 않았을 小農들은 王田制를 처음 자신의 이익에 큰 상관이 없으므로 無心히 받아들였을

것이다. 그러나 이 조치는 근면하게 노동해서 富를 축적하더라도 토지를 구입할 수 없고, 재해 발생시 호구지책으로 토지를 매각하려해도 토지매매를 불허했기 때문에 불편한 경우도 있었을 것이다. 또한 지급된 王田을 헐값으로 팔고 재차 無土地者로 되고자 하는 경향이 강했다는 점도 유의해야 할 사항이다.

六管제도는 정부가 鹽·鐵·酒·山澤·工商稅收·五均賖貸鑄錢을 직접 관리하는 제도로서, 비록 羲和 魯匡이 詩·論語에서 전거를 구하고 있으나, 武帝때 실시된 鹽鐵酒專賣·平準·鑄錢, 先秦 이래의 전통을 갖고 있는 국가의 산택점유라는 이상을 재구현한 것이다. 이 제도들이 豪民 富賈들의 상공업 독점을 막고 국가재정확보를 위한 것임은 췌언을 필요치 않으며, 그의 토지정책과 같은 맥락에서 파악해야 한다. 五均·六管은 王田·私屬의 경우보다는 저항이 적었기 때문에 10여년 동안 시행되어 富商·地主들의 이익 농단을 막음과 동시에 물가안정·재정획득의 효과도 얻었다. 그러나 六管도 폐단이 없었던 것은 아니다. 五均六管을 감독하기 위해 洛陽·臨淄 등의 富商을 郡마다 命士로 임명했는데, 오히려 이들은 官弊를 야기했다. 天鳳 4年(A.D.17) 六管令 재추진시의 盜賊출현은 이 제도가 王莽정권 후기에는 농민반란의 近因이었음을 보여준다.

王莽의 길지 않은 통치기간 중에서 화폐개혁 못지않게 실패한 것이 官制와 지방조직의 개혁이다. 그는 국가 안정이 禮樂과 地理의 제정이라고 보았기 때문에 매우 번잡한 개혁을 행했다. 건국된 지 얼마 안되어 정권의 기초가 불안정한 상태에서 이같이 많은 관직을 설치하거나 舊地名을 새로운 지명으로 교체하는 것은 지나치게 번거로웠다. 심지어 郡名이 5회나 변경되었고, 漢書 地理志에 보이는 縣名은 거의가 改名되어 많은 혼란을 야기하였다.

王莽은 개혁 추진시 古文經典 중에서 특히 周禮·古文尚書·春秋左氏傳 등을 중시하였다. 그러나 王莽이 古文에만 치중한 것은 아니며, 오히려 今文經學 가운데 그에게 이용될 수 있는 것은 적극적으로 이용했다. 아울러 인재의 기용면에서도 劉歆과 같은 古文經學者만이 아니라, 今文經學의 대학자로서 王莽정권에 들어온 자는 더욱 많다.

王莽이 諷을 본격적으로 활용하여 安漢公에 오르는 시점에서 王莽의 黨與가 형성되었다. 그리고 연로한 太后의 정치 염증을 틈타 州牧·二千石·茂材吏의 임명권을 획득함으로써 王莽집단의 핵심을 이루는 當權집단이 중앙과 지방에 최후로 형성되었다.

劉歆은 前漢말기의 대유학자로서, 시대위기를 구하고 儒家들의 理想國家를 건설하고자 王莽의 권력강화와 정치개혁에 이론적 근거를 제시했다. 腹心인 王舜은 大司馬 王音의 아들로서 王莽의 6촌 형제이다. 그가 王莽의 권력 강화에 매진한 것은 哀帝의 외척 丁·傅氏로부터 王氏의 세력을 보존하기 위한 것이었다. 四輔체제에서 그가 최고의 지위를 받은 것만 보아도 王莽으로부터 가장 신임을 받았던 인물임을 알 수 있었다. 泗水相이었던 甄豊은 甄邯과의 혈연관계로 王莽집단에 가담했다. 王莽은 平帝의 元始 연간에 권력을 강화함에 있어 甄豊·甄邯을 기용했고, 이로 인해 兩甄氏는 "新貴"세력으로 위엄이 조정을 진동시킬 정도다. 平晏은 平當의 아들로서, 儒家의 宗師에 해당하는 인물이었으나 봉록과 지위에만 연연하여 阿諛했다는 혹평을 들은 인물로서 "尙書令"의 임무를 맡고 있었으며, 이밖에 孫建·左咸도 王莽 정권 창출에 공이 있었다.

그런데 王舜·甄豊·劉歆의 王莽집단 가담은 哀帝의 외척 丁·傅氏와의 대결에서 살아남기 위한 것으로, 王莽의 찬탈까지 의도하지 않았다는 점은 개혁실패와 관련하여 중요한 사실이다. 찬탈에 대한 정신적 압박으로 始建國 2년 王舜의 심장병 사망, 같은 해 符命사건으로 甄豊과 그 아들 甄尋, 劉歆의 아들 棻·泳, 王邑의 동생 奇, 劉歆의 門人인 丁隆 등 公卿黨親列侯 이하 수백명의 죽음, 劉歆의 비협조와 반역 등 王莽이 가장 신임하는 骨肉舊臣의 이탈과 사망으로 개혁은 좌초되기 시작했다. 이같은 사건은 王莽의 중핵세력이 개혁추진에서 제외된 것을 의미한다.

따라서 王莽의 개혁정책에 가담한 것은 새로이 符命을 통해 王莽집단에 가담한 2進 혁명세력인 崔發·張邯·孫陽과 같은 인물들이었다고 생각된다. 2進이라는 것은 王莽의 찬탈과정에서는 1進에 비해 비교적 官位가 낮거나 연령이 아래라는 의미로 해석해야 한다. 이들은 王莽의 虛名을 구하는 성격에 영합하여 심복이 되고 官爵을 얻은 자들이었다. 井田과 六管法을 제정한 관료들도 2進 개혁세력으로 보이는데, 워낙 자료가 남아있지 않아 자세한 것은 알 수 없다. 明學男 張邯과 地理侯 孫陽은 王田制를, 義和 魯匡은 六管을 입안했다. 公孫祿이 王莽의 개혁 실패의 원인을 고찰하면서 이들을 죽여 백성에 사과해야 한다고 한 것은 개혁정책이 그릇된 방향으로 나아가게 하는 데 이들의 역할이 적지 않았음을 말해준다. 독단적인 王莽의 견해에 아부하는 2進집단의 誤導로 개혁은 계속 표류했을 것이고, 바로 이들을 겨냥하여 桓譚은 인재 등용이 그릇된 방향으로 나아갔다고 비판한 것이다.

王莽은 易姓革命에는 성공했으나, 改革에는 실패했다. 혁명보다 기득권을 갖고 있는 보수집단이 가지고 있는 체제를 근원적으로 해결한다는 개혁이 더 어렵다는 명제가 바로 王莽의 개혁에서 잘 드러난다. 개혁이 출현한 시기를 보면 항상 그 개혁을 정당화할 수 있는 사회적 모순이 존재하였다. 지배자가 이 모순·위기상황을 인식하지 못하고 심화되면 결국 농민봉기·정권붕괴로 연결되었다. 이러한 의미에서 改革이라는 것은 파국을 피하려는 통치집단의 自救노력인 셈이다.

王莽의 개혁은 토지소유의 편중과 상공업자의 이익독점, 新왕조의 면모일신의 측면에서 어느 정도 時宜性을 가지고 있었다. 그럼에도 실패한 원인은 첫째, 일정 이상의 土地所有 欲求를 부정하는 정전제의 회복은 환상이었다. 토지와 노비를 집중한 호족은 지방의 실력자이기 때문에 어떤 개혁가, 중국의 어떤 역대정권이라도 개혁하기 어려운 난제였다는 점을 그는 몰랐던 것이다. 王莽의 정권찬탈에 적극적·암묵적으로 동의했던 官僚·地主들은 정권 교체후 이제는 희생양으로 지목되자 綠林·赤眉의 난을 막후에서 획책하였다. 또한 王莽을 죽인 商人 杜吳의 사례는 商人들의 王莽에 대한 적개심을 상징적으로 표현해준다.

둘째, 王莽은 정권 장악후 계속 前漢의 부패한 관료들을 기용했으므로 행정효율이 떨어졌고, 지나치게 符命에 의존한 관료임명으로 핵심관료의 質이 저하되었다. 정권말기 王莽이 關中 유민의 구휼시 식량을 절도한 관리, 유민들이 먹는 음식이 기름진 밥과 고기국이라고 보고한 측근 관료, 五均六管제도 시행시 각지의 奸商들과 결탁하여 재정을 빈사 상태로 몰고간 상인출신의 관리, 봉록을 받지 못해 賂物·奸利로 자급한 지방관리 등은 王莽정권의 깊은 부패상을 보여준다. 때문에 王莽이 燈火를 밝히고 새벽까지 정무를 보았더라도 모든 관료기구의 부패를 치료할 수는 없었다.

셋째, 儒家 經典에 입각한 제도개혁이므로 현실과의 괴리가 심했다는 점이다. 王莽의 제도개혁의 이상은 西周의 이상사회의 구현이었으므로 현실과의 유리가 심했다는 점이다. "과거 聖人의 治만 좋은 것으로 여기고 흠모했으나, 漢家의 법령은 소홀히 하고, 일마다 옛 것을 본받고, 옛 성인의 제도를 찬미하였는데, 자신이 그 일을 할 수 없다는 것은 알지 못했다. 가까운 데 있는 것은 놓아두고, 먼 곳만 쫓았고, 그가 숭상한 것은 힘써야 할 것이 아니었다."는 桓譚의 지적은 매우 날카로운 것이었다. 맹신적 儒家인 王莽이 時宜性은 있으나 現實性이 부족한 내용의 개혁을 역시 현실에 어두운 儒家출신의 참모들을 기용하여 추진했고, 그 시행 과정에서 漢의 부패한 관료와 상인출신 관료를 기용함으로써 무참하게 실패한 것으로 결론지을 수 있다. 이것은 宣帝가 儒家는 "時宜에 익숙치 못하고 是古非今을 좋아하며 名實에 눈을 어둡게 하고 해야 할 일을 것을 모른다."고 한 비판이 매우 적절했음을 보여준다.

　　왕망의 개혁은 周禮의 황금세계 구현이라는 목표를 향해 친위세력을 동원하여 무지막지하게 집행한 것이었다. 그것은 商鞅이 창시한 제도들을 철저하게 파괴했다. 현실에 어두운 유생의 어설픈 시각에서 개혁의 칼을 휘두른 것이었다. 유생의 무능을 강하게 비판한 漢宣帝의 말이 허언이 아니었던 것이다. 왕망의 사회주의 혁명은 홍위병들이 모택동의 홍보서와 노문의 主思書를 절대불변의 진리로 여기며 불파불립(不破不立-파괴 없이는 창조도 없다)의 난동을 부린 것을 연상케 한다. 그러나 이들 홍위병들이 행한 역사 청산이 오히려 역사의 적폐로 전락한 것은 참으로 아이러니이다. 지난 역사 속에서, 모든 것을 깨부수고 새로이 창조한다는 그릇된 생각이 역사의 수레바퀴를 뒤로 돌린다는 사례를 수없이 보아왔다. 중공은 홍위병의 난동으로 30년 이상 역사가 후퇴했고, 왕망도 역시 그러했다.

三國 魏의 律學者와 法理論

I. 서론

三國과 西晉의 30여년 사이에 연달아 魏新律과 晉泰始律의 개정작업이 이루어졌다. 이렇게 율령개정이 연속해 이루어진 것은 잦은 왕조 교체에도 원인이 있지만, 漢의 九章律이 제정된 이후 약 400년간 체계적인 정리작업이 이루어지지 못했기 때문이다. 한제국은 漢律의 일부 혹법을 몇 차례 수정한 적은 있지만 전면적인 개정작업을 행한 적은 없다. 그것은 漢高祖의 舊典은 신성불가침이므로 개정이 불가능하다는 漢代의 강한 전통관념이 큰 원인이었다. 그러나 魏晉왕조는 새로운 왕조 체제를 뒷받침할 새로운 율령의 필요성이 제기되자 漢律에 전면적인 개정을 가하게 되었다.

漢律에서 唐律을 연결하는 魏晉律에 대한 기존의 연구는 일본학계를 중심으로 1950년대에 篇目 등의 同異 등을 분석하여 漢律에서 魏晉律로 변화하는 과정을 고찰하는데 관심을 집중하여왔다. 그래서 이 문제는 상당부분 정리가 되어있는 상태이다.[1] 雲夢秦簡의 출토라는

---

1) 内田智雄, 「魏律'序略'についての二·三の問題(上)」(『同志社法學』 55, 1959); 同氏, 「魏律'序略'についての二·三の問題(下)」(『同志社法學』 57, 1960); 堀敏一, 「晉泰始律令の成立」(『東洋文化』 60, 1980); 守屋美都雄, 「近年における漢唐法制史研究の步み」, 『中國古代の家族と國家』(京都: 京都大東洋史研究會, 1968); 滋賀秀三, 「曹魏新律十八篇の篇目について」(『國家學會雜誌』 69-7·8, 1955); 同氏, 「漢唐間の法典についての二三の考證」(『東方學』 17, 1958); 中田薰, 「古法雜觀」(『法制史研究』 1, 1951); 同氏, 「支那における律令法の發達について」(『法制史研究』 1-4, 1951); 同氏, 「律令法系の發達について補考」(『法制史研究』 3, 1953); 張

好材에도 불구하고 魏晋律 연구가 큰 관심을 끌지 못한 것은 이 분야의 정리가 어느 정도 이루어졌다고 생각한 것에 이유가 있다.[2] 그렇지만 魏律의 연구는 晋律에 비해 상대적으로 소외된 감을 준다. 그 원인은 晋律이 魏律을 건너뛰어 漢律에 직접 연결되었다고 보거나, 晋律이 唐律 이전의 가장 획기적인 율령이라고 보는데 있다.

필자는 「漢 律令의 정신과 儒家사상의 침투」라는 글에서 漢代의 유가들이 유가경전의 이념에 입각해 漢律을 변화시키는 과정을 고찰한 바 있다.[3] 또한 그 논문에서는 後漢시대에 陳寵·郭躬 등 법률을 家學으로서 연구했던 法律家와 律令에 章句를 달아 율령을 연구했던 儒學者들에 의해 과거와 현저히 다른 법률 연구가 진행되었음을 고찰하였다. 본고는 그 후속으로 後漢 유가들의 법률개혁 전통과 魏晋律의 연관성을 고찰하려고 시도한 것이다.

後漢시대의 유가들이 율령을 개정하려 했던 시도가 魏律에서 어떻게 수용되고 구현되는가를 고찰하는 것은 魏律과 漢律의 계승관계를 고찰하는데 중요한 단서가 되는 부분이다. 이를 위해서는 후한시대의 법률개혁의 정신이 무엇인지를 추적하고, 이를 『晋書』 「刑法志」에 남아있는 魏律의 정신과 비교하는 것이 필요하다. 그런데 이 과정에서 魏律이 개정될 당시인 삼국시대가 전란의 시대라는 상황을 고려하지 않으면 魏律의 진정한 의미를 파악할 수 없다. 유가들이 유가사상의 入律化를 주장한 後漢의 시대상황과 전란이 빈발한 삼국시대의 상황은 크게 다른 것이므로 守成의 시기에 각광을 받았던 유가들의 주장이 채택되는 데는 어려움이 있었을 것이기 때문이다.

建國, 「魏晋律令法典比較研究」, 『中國法系的形成與發達』(北京: 北京大學出版社, 1997).

2) 그런 점에서 祝總斌, 「略論晋律的"寬簡"和"周備"」(『北京大學學報』 1983-2); 祝總斌, 「略論晋律之"儒家化"」(『中國史研究』 1985-2)는 주목할 만한 가치가 있다.

3) 任仲爀, 「漢律令의 정신과 儒家思想의 침투(상)」(『법사학연구』 17, 1996); 「漢律令의 정신과 儒家思想의 침투(하)」(『법사학연구』 18, 1997).

아울러 고려해야 할 점은 魏律의 제정과 관련된 인물들의 법에 대한 시각이다. 이 문제는 後漢중기의 법률에 대한 易簡論(평이·간략)과 後漢후기의 强化論이 대립하는 상황에서 魏律제정자들이 어떠한 관점에서 魏律을 제정했는가의 문제일 것이다. 국가의 법률이라고 하는 것은 법률개정에 참여한 소수 관료들의 의지만을 반영한 것이라 할 수 없고, 당시의 시대적 상황과 법률관, 그리고 중국고대의 法源이라고 할 수 있는 황제의 의지 등이 종합적으로 반영된 것이라고 할 수 있다. 때문에 魏律 제정자의 구성 및 출신, 曹魏의 통치자와의 관계 등을 다각도로 분석해야 한다고 생각된다.

다만 魏晉시기에는 법률가들의 활동이 漢代보다 위축되어 있고, 더욱이 문집과 같은 것이 존재하지 않는 상태이므로 이 당시 활동했던 법률가들의 사상을 고찰하는데는 어려움이 많다. 따라서 법률가들의 개별적인 고찰이 불가능한 이상 魏晉律을 주요한 근거자료로 삼아 역으로 당시 법률가들의 사상을 추출하는 것으로 한다.

II. 漢代 법률의 유가화

1. 經律 겸수

후한시대의 율령 유가화 경향은 魏晉律 변화에 커다란 영향을 주었기 때문에 魏晉律을 고찰하기 위해서는 필연적으로 漢代의 법률사상에 있어서의 변화상을 미리 언급할 필요가 있다.

前漢의 今文 公羊學者인 董仲舒의 春秋之義에 의한 법률해석은 漢代에 매우 큰 영향을 미쳤다. 董仲舒의 春秋決獄은 決事比와는 다른 일종의 類推解釋으로서 그 類推의 근거를 經義에서 구하는 것이었다. 유가경전 중에서도 斷獄에 많은 도움을 준 春秋가 특별히 중시되어 많은

사람들이 학습했기 때문에 漢代는 春秋 경전의 시대라고 불릴만했다.⁴⁾
그리고 儒宗이라고 불렸던 董仲舒가 經典과 律令에 해박했던 전례는 후
한시대에 양자를 동시에 兼修하는 학풍의 단서를 열었다.

董仲舒의 "引經決獄"하는 春秋決獄의 풍조는 이윽고 후한시대에 경
전을 인용해 법률에 주석을 가하는 "引經注律"의 풍조로 자리 잡았다.
"引經注律"하는 것은 실용성이 매우 강한 律學의 출현을 가져왔고, 律
學은 실제로 經學의 한 갈래로 발전하는 경향을 띠게 되었다. 後漢시
대에는 수많은 경학자들이 동시에 저명한 율학자로 되었다. 유가들이
법률에 주석을 달게 되는 이유는 董仲舒의 학문적 영향도 있지만, 경
전을 인용해 결옥하는 과정에서 經義와 律典의 모순점을 해결해야 할
필요가 생겼기 때문이다. 그러나 유생들의 개인적 사상이 국가의 律
典에 반영되는 것은 용이하지 않았으므로 유생들은 간편하게 유가경
의로 律典을 해석하는 저술을 남기게 된 것이다. 그들은 經과 律에 주
석을 달기도 하고, 律을 인용해 經典을 해석하기도 하고, 經典을 인용
해 律을 해석하기도 하였다.⁵⁾ 馬融과 鄭玄은 그러한 律令章句를 만든
대표적인 인물이다. 馬融 등은 後漢의 大儒임에도 불구하고 刑律에 관
한 수십만언의 章句를 만들었다. 그중에서도 魏明帝때 鄭玄의 章句가
다른 章句들을 제치고 재판의 주요한 텍스트로 활용되었다.⁶⁾ 이렇게
經典과 律令이 자연스럽게 융합해 나가는 과정에서 魏晉시대의 율령
이 변화할 수 있는 토양이 마련되었던 것이다.

儒家가 法令에 대한 거부 반응 없이 접근할 수 있었던 원인은 法의
최초 제정자를 戰國時代의 法家에서 구하는 것이 아니라, 『尙書』에 법

---

4) 『宋書』 卷14 「禮一」, pp.360-362, "春秋公羊. 其書精隱. 明於斷獄. 宜置博士一人.
   穀梁簡約隱要. 宜存於世. 置博士一人. … 故曰 知我者其唯春秋. 罪我者其唯春秋."
5) 崔永東, 「儒家道德法思想及其現代價值」(『中國人民大學學報(京)』 2000-1), p.116.
6) 鄭玄의 章句는 유명하지만 아래의 律說만이 남아있어 그 전모를 살필 수가
   없다. "張晏曰: 律鄭氏說. 封諸侯過限曰附益. 或曰阿媚王侯, 有重法也."(『漢書』
   卷14 「諸侯王表」, p.395.)

률을 제정한 것으로 기록된 皐陶에게서 구하는, 法에 대한 인식의 전환에서 찾을 수 있다. 유가들은 董仲舒의 德主刑輔 이념이 굳어짐에 따라 법의 존재를 불가피한 존재로 인식하게 되었고, 자연스럽게 법의 창시자를 유가경전에서 찾게 되면서 皐陶는 공자와 어깨를 나란히 할 정도로 추앙되었다.[7]

물론 皐陶를 추앙하는 것에 대해 유가 자체 내에서 비판적 시각이 없던 것은 아니다. 후세에서는 董仲舒를 "純儒"라고 부르지만 엄밀한 의미에서 동중서의 사상은 유가사상에 법가와 음양오행의 사상이 혼합된 "雜儒"적인 것이라고 할 수 있다. 이러한 董仲舒에 비하면 법률 그 자체에 대해 부정적이었던 후한의 楊賜는 "純儒"라고 할 수 있다. 조부 楊震 이래의 家學을 계승해 名儒로서 이름이 높았던 楊賜의 皐陶에 대한 평가는 당시의 유가들과 현저히 다르다. 靈帝시기에 그는 자신의 집안이 대대로 法家가 아닌데도 廷尉에 임명된 것을 부끄러워했다. 그는 "三后(伯夷·禹·稷)가 성공한 것은 民에게 殷盛하게 했기 때문이다. 사람들이 皐陶를 그 세 사람에 포함시키지 않은 것은 (그를) 부끄러워했기 때문이다."라며 廷尉직을 사퇴하였다.[8] 아직도 楊賜와 같은 순수유가들에 있어 法律·刑獄·刑吏는 民에게 고통을 주는 기피의 대상으로 남아있었다.

그러한 楊賜와는 반대로 皐陶에 대한 존경은 일반민중에게까지 확산되어 있었다.[9] 公正과 廉直의 상징인 皐陶는 죄수들의 무사함을 기

---

7) 舜(虞)의 士官으로서 법을 제정한 것으로 알려진 인물인 皐陶가 법률을 제정했다는 기록은 『尙書』와 『史記』에 보이지만 그 기록이 그렇게 자세하지는 않다. 『史記』 卷1 「五帝本紀」, p.39, "舜曰: 皐陶, 蠻夷猾夏, 寇賊姦軌, 汝作士, 五刑有服, 五服三就; 五流有度, 五度三居: 維明能信."; p.43, "此二十二人咸成厥功. 皐陶爲大理, 平, 民各伏得其實. 伯夷主禮, 上下咸讓; 垂主工師, 百工致功; 益主虞, 山澤辟."

8) 『後漢書』 卷54 「楊賜列傳」, p.1784.

9) 『後漢書』 卷44 「張敏列傳」, pp.1502-1504, "敏復上疏曰: 臣伏見孔子垂經典, 皐陶

원하는 제사 대상으로 되는 등 일종의 守護神으로 자리잡게 되었다.[10] 經典에 법률을 제정한 것으로 나타나는 皐陶에 대한 존경심이 九章律을 제정한 蕭何에 대한 것보다 높아진 것은 당연한 추세였다. 그러한 이유 때문에 『論衡』에는 九章律조차 皐陶가 제정했다는 오해가 만연되어 있는 것이다. 사실 後漢 유가들의 입장에서는 九章律의 뿌리가 商鞅과 秦代의 율령에 있다는 사실을 수용하기 어려웠을 것이기 때문에 皐陶를 끌어와야 했을 것이다.

前漢시대에 皐陶에 대한 숭배가 그다지 부각되지 않는데 비해, 후한시대에 들어 皐陶의 法에 대한 관심이 고조된 이유는 유가관료의 관계진출과 儒家經典의 중시 때문으로 생각된다. 일단 經과 律의 위치가 대등하게 되자, 각각 그 祖師라고 할 수 있는 공자와 고요는 대등한 위치에 서게 되었다. 이러한 풍조가 일반적 추세로 되자 후한시대에는 皐陶가 만든 법에 의거해 법을 개정해야 한다는 소리가 높아졌다. 皐陶의 법전에 의거해 율령을 개정하자는 주장은 현재 확인할 수 있는 자료에 의한다면 前漢 成帝시기의 劉向까지 소급할 수 있다.[11]

皐陶가 孔子와 동등한 수준으로 격상되어 존경을 받는 분위기에 의해 經典과 律令을 동시에 공부하는 門徒가 출현하는 것은 물론이고, 王充이 "法律之家, 亦爲儒生"이라고 언급한 것처럼 법령 연구가 儒生들

造法律, 原其本意, 皆欲禁民爲非也."; 같은책, p.1504, "史游急就篇曰 皐陶造獄法律存也."

10) 『後漢書』 卷67 「范滂列傳」, pp.2205-2206, "後牢脩誣言鉤黨, 滂坐繫黃門北寺獄. 獄吏謂曰: 凡坐繫皆祭皐陶."; [淸] 嚴可均, 『全上古三代秦漢三國六朝文·全後漢文』(北京: 中華書局, 1958), p.1021, "博陵太守孔彪碑, 拜治書御史 膺皐陶之廉恕."; 같은 책 卷106, p.1043, "荊州從事苑鎭碑 韜律大杜 綜皐陶甫侯之遺風."

11) 『漢書』 卷22 「禮樂志」, pp.1033-1034, "至成帝時, 犍爲郡於水濱得古磬十六枚, 議者以爲善祥. 劉向因是說上: 宜興辟雍, 設庠序, 陳禮樂, 隆雅頌之聲, 盛揖攘之容, 以風化天下. 如此而不治者, 未之有也. 或曰, 不能具禮. 禮以養人爲本, 如有過差, 是過而養人也. 刑罰之過, 或至死傷. 今之刑, 非皐陶之法也, 而有司請定法, 削則削, 筆則筆, 救時務也.…"

에 의해서도 활발히 전개되었다. 이러한 점에서 後漢의 유가들은 前漢
과 南北朝의 유가들과 현저히 다른 특징을 지니고 있다. 즉, 經과 律을
모두 중시하는 풍조는 단연코 후한시대가 다른 시대에 비해 월등하
다. 後漢시대에 經典과 律令을 兼修하고 있는 사례는 일일이 거론하기
힘들 정도로 많다.[12] 그러나 漢代의 모든 관료가 經律을 겸수한 것은
아니고, 儒生과 文史는 상호 대립된 계층으로서 존재하였다. 文史는 經
典을, 儒生은 율령을 각각 학습해야 한다는 비판이 있었던 것처럼 유
가가 율령에 無知했던 것도 간과해서는 안된다.

2. 漢代의 律令개정 논의

漢代의 황제마다 令을 발포하였으나 祖宗의 成法은 개정해서는 안
된다는 漢代의 不文律로 인해 漢律은 뒤섞이고 어지러운(錯糅無常) 상
태로 되었다. 유가경전에 입각해 법령을 개정시키려는 논의가 나타나
는 것은 前漢말부터이다. 이미 成帝시기에 尙書 呂刑에 근거해 율령을
개혁하려는 시도가 있었다.[13] 이같은 논의가 발단이 되어 이미 전한
말 哀帝시기에 王嘉의 형법개정이 시도되었다. 그러나 형벌경감 조치
에 반발하는 움직임도 곧 나타나게 되었다. 후한 광무제 시기의 梁統
이 그 대표적인 예이다. 梁統은 성격이 剛毅하고 法律을 좋아했던 인
물로서 元帝와 哀帝 시기의 법률 경감 조치에 불만이 많았다.

梁統은 前漢시기 舊법률을 사용하고서도 통치가 무리없이 잘 된 사
례를 들어가면서 王嘉의 형법개정을 비판하고 있다. 즉, 文帝가 肉刑

---

12) 이에 대해서는 邢義田,「秦漢的律令學」,『秦漢史論稿』(臺北: 東大圖書公司, 1987), pp.295-302 참조.
13)『漢書』卷23「刑法志」, pp.1103-1104, "至成帝河平中, 復下詔曰:『甫刑云『五刑之屬三千, 大辟之罰其屬二百』, 今大辟之刑千有餘條, 律令煩多, 百有餘萬言, 奇請它比, 日以益滋, 自明習者不知所由, 欲以曉喩衆庶, 不亦難乎! 於以羅元元之民, 夭絶亡辜, 豈不哀哉! 其與中二千石, 二千石, 博士及明習律令者議減死刑及可蠲除約省者, 令較然易知, 條奏."

과 相坐之法만을 폐지했고 나머지는 모두 과거의 법률을 사용했던 사실, 武帝가 首匿之科와 知從之律을 제정한 사실, 宣帝가 과거의 법전을 따름으로써 천하를 잘 다스린 사실을 거론하고, 哀帝·平帝시기 丞相 王嘉가 함부로 선제들의 舊約成律을 파괴한 것이 수년 사이에 100여개나 되어 통치에 불편하다고 주장했다.[14)]

梁統은 王嘉가 형벌을 대량으로 폐지했기 때문에 도적이 현저하게 증가했다고 보았다. 그래서 형벌을 가볍게 한 조치는 도리어 큰 근심을 낳게 했고, 간궤한 자들에게 은혜를 준 것은 도리어 선량한 자에게 해가 미쳤다고 보았다. 결국 형벌이 "不衷", 즉 不善하여 반란이 일어난 것으로 결론을 내렸다. 애석하게도 그가 상서한 내용은 『後漢書』를 비롯한 어떠한 기록에도 보이지 않아 王嘉가 어떠한 법령을 폐지했는지 알 방법이 없다. 다만 殊死之刑을 경감한 것이 123조이며, 무기를 사용하지 않고 손으로 살인한 자는 減死一等에 처하는 것으로 개정했다는 정도만 알 수 있다.

결국 梁統은 범죄의 증가 원인이 형벌의 경감에 있으며, 이를 바로잡기 위해서는 육형을 부활해야 한다고 주장했다. 그는 육형 부활의 논리를 유가경전에서 찾고 있는데, 이것은 後漢시기 관리들이 형법을 강화하고자 할 때 논리의 정당성을 강화하기 위해 상투적으로 사용하던 방법이었다. 즉, "立君의 道는 仁義를 위주로 하는데, 仁者는 사람을 사랑하고, 義者는 법으로써 다스린다. 사람을 사랑하는 사람은 殘을 제거하는 것에 힘쓰고, 법으로써 다스리는 것은 亂을 제거하는 것에 힘쓴다. 형벌(원칙)은 가볍지도 무겁지도 않은 衷에서 찾아야지, 가벼운 것에서 찾지 않는다. 그러므로 五帝에게는 流·殛·放·殺의 誅가 있었고, 三王에게는 大辟과 刻肌之法이 있었다. 그러므로 孔子는 '仁者는 반드시 용기가 있다.'고 말했고, 또 '재물을 다스리는 데는 말을 바

---

14) 『後漢書』卷34 「梁統列傳」, pp.1166-1169.

로 해야 하고, 백성의 非行을 금지하는 것이 義'라고 했다."는 논리를
펴고 있다.

그는 五帝와 三王·孔子에 있어서도 형벌은 존재했다는 논리를 원
용하여 육형의 부활을 주장한 것이다. 특히 무겁지도 가볍지도 않은
衷의 법을 사용해야 한다는 주장은 『周禮』「大司寇」의 "刑平國用中典"에
서 인용한 것이다. 그것은 특수한 상황 하에서는 "輕典", "重典"을 사용
하지만, 보통의 상황 하에서 치국하는 데는 무겁지도 가볍지도 않은
中典을 사용해야 한다는 것이다.[15]

그의 주장은 三公과 廷尉에게 내려 토론하게 하였으나 減死一等이
있다는 이유로 육형 부활의 주장은 채택되지 않았다.[16] 당시의 사회
적 분위기는 법률을 완화하는 방향을 선택했던 것이다. 後漢의 輕刑
정책이 章帝와 和帝시기의 郭躬·陳寵의 논의에서 시작된 것처럼 보이
지만, 실은 光武帝가 梁統의 重刑主義 건의를 채택하지 않은 데서 시작
된 것으로 볼 수 있다.[17]

後漢 이래 법령의 개혁을 주장하는 유가들의 일관된 논리는 법령
은 "易簡", 平易하고 簡約해야 한다는 것이었다. 이것을 처음 주장한
사람은 光武帝 시기의 대표적 유학자였던 杜林이다. 光武帝 14년 법령
이 약화되어 범죄자가 증가하므로 육형을 부활해야한다는 군신들의
주장에 반대한 杜林의 논리는 매우 중요하다. 杜林의 기본적인 관점
은 "政卑易行, 禮簡易從"이다. 이것은 政(法)이 낮아지면 쉽게 행해지고,
禮가 간소화해지면 쉽게 따른다는 말로서, 법령의 간소화를 주장하는
것이다.[18] 周易의 "易則易知, 簡則易從, 易知則有親, 易從則有功."이라는

---

15) [清] 阮元, 『十三經注疏·周禮注疏·大司寇』(北京: 中華書局, 1979), p.870, "二曰刑
平國用中典. (鄭玄注)平國承平守成之國也. 用中典者常行之法."
16) 『後漢書』卷34「梁統列傳」, pp.1166-1170.
17) 沈家本, 『歷代刑法考』(北京: 中華書局, 1985), p.873.
18) 『後漢書』卷27「杜林列傳」, p.937, "東觀記載林議曰: 「當今政卑易行, 禮簡易從,
人無愚智, 思仰漢德. 基業特起, 不因緣堯. 堯遠於漢, 人不曉信, 言提其耳, 終不

구절에서 비롯한 이 관점은 後漢시대부터 매우 큰 영향력을 가지게 되고,[19] 魏晉時代에는 법률의 기본적 이념으로 작용하게 되었다. 杜林은 "易簡"의 입장에서 尙書 呂刑편의 周나라 五刑도 3천조에 불과하다며 법률조문의 증가를 반대했다.[20]

杜林 이후에도 "易簡"의 입장에서 법령개정을 주장하는 경향은 이어졌다. 順帝 陽嘉 3年(A.D.134)에 郎顗가 한제국이 성립한지 339년이 경과되었고, 文帝의 육형 개혁 이래로 정확하게 300년이 경과했으므로 曆法과 周易에 근거하여 법령을 개혁해야 한다는 주장을 폈다.[21] 그의 논점도 역시 周易의 "易簡"사상으로 집약할 수 있다. 왕자의 법은 江河에 비교할 수 있는데, 쉽게 피할 수 있게 하여 범하기 어렵게 해야 한다. 그러므로 주역에 "쉬우면 쉽게 알 수 있고, 간단하면 쉽게 따를 수 있으며, 쉽고 간단하면 천하의 이치는 얻게 된다."는 말이 있다는 것이다. 이러한 易簡의 사상이 그후 西晉의 법률개정에 끼친 영향을 본다면 周易은 어떤 유가경전보다도 晉律의 사상적 틀을 형성하는 데 강한 영향력을 미쳤다고 생각된다.

이러한 법률의 간소화 논리는 비단 周易에서만 온 것이 아니라 『老子』에서도 영향을 받았다. 『後漢書』에 "법령이 많아지면 도적이 많아진다."는 『老子』의 구절을 인용하여, 箕子가 八條之約을 시행하여 사람들이 법령을 알게 하고 邑에 淫盜가 없게 하고 밤에도 빗장을 걸지 않았고, 寬略한 法으로 나아가게 되었다고 칭찬한 것은 후한시대에 법

說論. 后稷近周, 人戶知之, 又據以興, 基由其祚."

19) [清] 阮元, 『十三經注疏·周易正義·繫辭下』(北京: 中華書局, 1979), p.86, "夫乾, 確然示人易矣; 夫坤, 隤然示人簡矣. (鄭玄注) 易則易知, 簡則易從. 此言其易簡之法則也."

20) 『後漢書』 卷27 「杜林列傳」, pp.937-938. 呂侯는 周穆王의 司寇를 지낸 사람으로, 그가 만든 법을 呂刑이라고 하며, 법조문은 3천조라고 한다. 후일 그가 甫侯가 되었기 때문에 甫刑이라고 칭하기도 한다.

21) 『後漢書』 卷30下 「郎顗列傳」, pp.1065-1066.

령의 간소화에 『老子』의 영향도 있었음을 말해준다.[22]

후한시대에 행해진 법률개혁의 노력은 유가 경전의 3천이라는 법령 숫자의 재현에 경주되었다. 陳寵은 和帝 永元 6年(A.D.94)에 廷尉가 되고나서, 한제국이 성립한지 302년이 경과되었기 때문에 甫刑에 입각해 율령을 개혁해야 한다고 주장했다.[23] 진총의 시점에서는 漢律이 제정된 지 이미 300년이 경과되었고, 그 기간 동안 "憲令이 점차 증가되고, 科條는 끝도 없으며, 律에는 三家가 있는데 그 설이 각각 다른" 상황이기 때문에 이러한 상소를 한 것이라고 생각된다. 그리고 春秋保乾圖의 "王者三百年一蠲法"과 孔子의 "漢三百載, 斗歷改憲"이라는 말에서 300년마다 율령을 개정해야 한다는 근거를 찾고 있다.

陳寵은 구체적으로 甫刑의 조문이 3000條이기 때문에 현재 사형이 610조, 耐罪가 1698조, 贖罪 이하가 2681조나 되는 漢律도 大辟을 200조, 耐罪와 贖罪를 2800조로 하여 합계 3000조로 감축하고, 이보다 많은 것은 폐지할 것을 주장했다. 이 뿐만이 아니라 陳寵은 율령이 禮儀와 조화되어야 한다는 논리를 펴고 있다. 陳寵의 "禮가 버린 바는 刑이 取하는 바이다. 禮를 잃으면 刑에 들어간다. 서로 겉과 속이 된다.(禮之所去, 刑之所取, 失禮則入刑, 相爲表裏者也.)"는 주장은 禮·刑이 서로 표리를 이루게 하려는 최초의 시도로서 주목된다. 王充도 "禮를 위반하면 刑의 처벌을 받아야 하고, 禮가 버린 바는 刑이 취하는 바이다. 그러므로 예와 형의 조문의 숫자는 동일하다."고 한 것은 후한시대에 禮·律이 표리를 이루고 있다는 사상이 보편화되었음을 말해준다.[24] 禮·律이 표리를 이루어야 한다는 주장은 陳寵·王充 이전에 사용된 증거를 찾을 수 없는 것으로 보아 後漢 전반기의 禮律竝用의 사상적 영향을

---

22) 『後漢書』 卷85 「東夷列傳」, pp.2822-2823.
23) 『後漢書』 卷46 「陳寵列傳」, p.1554.
24) 北京大學, 『論衡注釋』(北京: 中華書局, 1979), 「謝斷」, p.725, "出于禮, 入于刑, 禮之所去, 刑之所取, 故其多少同一數也."

받아 생성된 것으로 생각된다.

　陳寵과 王充은 비록 禮經 300이 大辟 200과는 숫자상 차이가 있지만 전체적인 틀 속에서 그 숫자를 대응시키려고 하였다. 그래야만 禮에서 버리는 것은 刑에서 취하는 원칙에 서로 맞게 된다. 이것은 禮·律이 국가 지배에 필요한 두 개의 핵심적 도구라는 것을 의미한다. 결국 한제국이 禮律的 지배 또는 王覇 혼합의 지배를 받았다고 하는 것의 의미는 바로 이 점에 있다고 할 수 있다. 尙書 呂刑의 기록에 입각하여 한제국의 형법체계를 개정하려 한 것은 漢代에는 완성되지 못했지만 결국 魏晋시대에 실현된 것이라는 것에 주목할 필요가 있다.[25]

III. 魏律의 제정과 정신

　이상에서 언급한 바대로 後漢시대에는 周易의 易簡사상, 春秋保乾圖의 삼백년 주기 개정설의 영향을 받아 율령을 경감시키려는 시도가 누차 출현했다. 그러나 그 반대의 경향도 나타났다. 후한 후기, 특히 황건란 이후 국가의 행정이 마비상태에 빠지자 유가이면서도 엄형을 주장하는 사상가들이 출현하게 되었다. 崔寔·仲長統·王符·王充·應劭 등 후한 후기의 대표적인 사상가들의 대부분이 경학의 空言으로는 난세를 구제할 수 없으므로 엄형중벌에 의한 통치를 주장하였다. 이들이 엄형을 주장하는 이유는 당시의 사회가 극도로 혼란하여 범법하는 자도 많고 기강도 문란해져 있기 때문이다. 이들의 논리는 그 전거를 유가경전에서 따왔을 뿐 실제로는 법가적 주장과 큰 차이를 발견하

---

25) 祝總斌, 위의 논문, p.54. 晋律은 尙書 呂刑(甫刑)의 중요한 원리를 반영하였다. 진률의 조문은 律이 20편 620조, 여기에 40편의 슝을 합치면 2,926조이다. 이것은 晋律에서 처음 시도된 것이 아니라 장기간 주장되어온 "文約而例直"의 시도가 완성된 것이다.

기 어렵다.

王符는, "오랫동안 사면을 하지 않으면 姦軌한 자들이 熾熱하게 일어나고 관리들이 이를 제어하지 못하므로 자주 죄를 사면하여 해산하는 것이 좋다."는 赦免 주장자들의 논리에 반대하고, 정치에는 寬大함과 嚴猛을 동시에 사용해야 하지만 현재의 失政이 지나치게 刑政이 관대하고 赦贖을 남발한 것에서 연유한 것이므로 猛으로써 바로잡아야 한다고 주장했다.[26] 그는 書經을 인용해, "文王이 벌을 만들고 사면을 내리지 않은 것은 사람들의 피부를 상하고 목숨 끊기를 좋아한 것이 아니라, 간악한 자들에 대해 위엄을 보이고 악한 자를 징계해 사람들에게 끼치는 해를 제거하고자 한 것"이라고 형벌통치의 당위성을 주장하고 있다.

崔寔은 국가를 다스리는 것과 몸을 다스리는 것은 비슷한 점이 있다고 보았다. 그래서 형벌은 어지러움을 다스리는 藥石이며, 德敎는 평화를 일으키는 粱肉이라고 보았다.[27] 이것은 董仲舒 이래의 전통적 德主刑輔의 입장이지만, 엄밀한 의미에서 輕刑으로 국가를 통치해서는 안된다는 입장이다. "지금의 시대는 八代, 즉 삼황오제를 그대로 본받기 힘들기 때문에 마땅히 覇政을 섞어 다스려야 하며, 마땅히 重賞深罰로써 통제해야 하고, 法術을 분명히 드러내 검속해야 한다. 엄하게 하면 다스려지고 관대하게 하면 혼란해지는 것은 宣帝와 元帝의 경우에서 분명히 드러났다. 宣帝는 嚴刑峻法으로 姦軌한 자들을 격파하여 海內가 깨끗하게 되었고 中宗으로 불려지는 등 그 업적이 文帝보다 우수함이 증명되었다. 그러나 元帝는 관대한 정치를 많이 베풀었지만 끝내 한왕조의 권력을 잃게 되는 禍의 근원이 되었다."고 주장했다.[28] 여기에 나타난 그의 "重賞深罰과 法術檢束"의 주장은 전국시대

26) 『後漢書』 卷49 「王符列傳」, pp.1642-1643.
27) 『後漢書』 卷52 「崔寔列傳」, pp.1728-1729.
28) 『後漢書』 卷52 「崔寔列傳」, pp.1727-1728.

법가의 주장과 조금도 차이점을 발견할 수 없다. 이러한 점에서 崔寔은 『隋書』「經籍志」에서 法家로 분류되고 있다.[29]

應劭는 刑罰威獄이 하늘의 殺戮하는 것을 모방한 것이라는 입장이다. 溫慈和惠는 하늘이 낳고 기르는 것을 모방한 것이다. 이 때문에 봄에 풀이 하나라도 마르면 災로 여기고, 가을에 나무 한 그루라도 무성하면 異라고 하는 것이다.[30] 응소의 견해로는 사형도 계절적 순리와 같은 차원에서 집행되어야 한다고 이해했다. 이러한 견해들은 모두 後漢말의 사회적 혼란에 대응하는 방법으로서 형벌의 강화를 주장한 것인데, 그 귀결점으로서 등장하는 것이 肉刑의 부활논쟁이었다. 後漢말 尙書令 荀彧의 추천으로 丞相 曹操의 軍事로 참여하여 古今 및 時俗의 사안에 대해 논의하고 昌言을 저술한 仲長統은 형벌이 지나치게 가벼워 악을 징계할 수 없으므로 육형을 부활해야 한다고 주장했다.[31] 이처럼 後漢말·曹魏시대의 士人들은 虛僞의 유교 덕교로는 난세에 대처하기 어렵다고 보았다.[32]

이들과 거의 같은 시기에 활동한 曹操도 이러한 시대적 사조에서 예외는 아니었고, 누차 肉刑의 부활에 큰 관심을 보이고 있다. 이러한 점에서 曹操와 曹丕가 德을 존중하지 않고 法을 숭상한 것은 기존의 儒家大族과는 다르며, 오히려 王符·崔寔·仲長統 등의 견해와 일치한다. 曹操의 법 운용이 엄격한 것은 혼란한 시대상황과 깊은 관련이 있다고 생각된다.[33]

曹操의 법 적용이 엄격했음은 여러 가지 자료가 증명하고 있다. 曹操의 책사인 郭嘉가 袁紹와의 우열을 비교하면서 "漢末의 정치는 관대

29) 『隋書』 卷34 「經籍志」, p.1003.
30) 『後漢書』 卷48 「應劭列傳」, pp.1609-1614.
31) 『後漢書』 卷49 「仲長統列傳」, pp.1646, 1652.
32) 邢義田, 위의 논문, p.311.
33) 『三國志』 卷25 「魏書/高堂隆傳」, p.712, "時軍國多事, 用法深重."

한 것에서 비롯되었는데 袁紹도 관대한 것으로 다스려 그 세력이 떨치지 못하고 있다. 公(曹操)은 猛으로 바로 잡았고 상하가 제도를 알고 있어 袁紹에 이길 수 있는 이유 가운데 세 번째"라고 한 것을 보면 曹操의 정치는 확실히 "猛"으로 표현될 수 있는 것 같다.[34] 猛의 통치는 구체적으로 曹操가 능통했다는 申·商의 法術을 뜻하며, 국가가 잘 다스려질 때는 德으로, 다스려지지 않는 동란의 시대에는 刑으로 통치해야 한다는 曹操의 통치관에서 비롯되었다.[35] 그가 濟南相이 되었을 때 귀척에게 아부하고 탐오를 일삼는 10여 현의 長吏들을 면직시켜 郡界가 숙연해졌다는 것,[36] 法理에 밝은 자를 선발해서 형을 管掌하게 하고 理曹掾屬을 설치한 것,[37] 邢顒이 曹操의 법 적용을 엄정하다고 한 것,[38] 衛瓘의 모친 陳氏가 魏의 법시행이 嚴苛하여 아들의 생명을 걱정한 것[39] 등은 曹操가 법술을 숭상했음을 말해준다. 또한 文帝 曹丕가 유생이 經術에 통하고, 관리가 文法에 통달한 자는 모두 試用하라는 조서를 내린 것도 曹魏시기에 법령이라는 것이 중요한 지위를 차지하고 있음을 말해준다.[40]

1. 魏律의 제정자

이상에서 서술한 바와 같이 후한 중기의 易簡 논리에 의한 형벌 간

---

34) 『三國志』 卷14 「魏書/郭嘉傳」, p.431.

35) 『三國志』 卷24 「魏書/高柔傳」, pp.683-684, "魏國初建, 爲尙書郎. 轉拜丞相理曹掾, 令曰: 夫治定之化, 以禮爲首. 撥亂之政, 以刑爲先. 是以舜流四凶族, 皐陶作士. 漢祖除秦苛法, 蕭何定律. 掾淸識平當, 明于憲典, 勉恤之哉!"; 『三國志』 卷1 「魏書/武帝紀」, p.55, "太祖運籌演謀, 鞭撻宇內, 擥申·商之法術."

36) 『三國志』 卷1 「魏書/武帝紀」, pp.3-4.

37) 『三國志』 卷1 「魏書/武帝紀」, p.44.

38) 『三國志』 卷12 「魏書/邢顒傳」, p.382, "顒謂疇曰: 黃巾起來二十餘年, 海內鼎沸, 百姓流離. 今聞曹公法令嚴. 民厭亂矣, 亂極則平. 請以身先."

39) 『晋書』 卷36 「衛瓘列傳」, p.1055.

40) 『三國志』 卷2 「魏書/文帝紀」, p.79.

소화와 후한 말의 형벌 강화라는 두 가지 상이한 경향이 출현했는데, 과연 魏律은 이 두 가지 경향 가운데 어느 경향을 따라 제정되었는지에 대해 분석해보기로 한다.

曹魏의 新律은 2대 明帝시기에 들어와서야 비로소 제정되었는데, 이것은 曹操시기에 제정된 科와 관련이 있다. 漢代에도 존재한 科라는 것은 법률형식의 하나로서 존재한 것이 아니라 事條(法律條項)의 의미에 불과했다. 曹操시기에 제정된 新科와 甲子科의 科는 드디어 법률형식의 하나로 자리잡게 되었다. 曹操가 漢의 권력을 장악했을 당시, 중형으로 전란의 시기를 통치할 필요에서 번잡한 漢律을 개정해야 했으나, 曹操가 제후로서 漢왕조의 제도를 개혁할 수 없다는 명분 때문에 별도로 科의 형식을 취한 것이다.[41] 이것은 조위정권이 비상시국의 특수한 필요에 의해 제정한 임시법전이었다.[42] 결국 曹操가 科를 마련해놓았기 때문에 文帝 曹丕가 선양을 받고나서 새로이 律典을 제정하는데 급급하지 않았던 것이고, 明帝시기에 들어서야 新律을 제정했던 것이다.[43]

魏의 2대 황제 明帝는 太和 3년(A.D.229) 새로이 율령의 편찬을 추진했다. 그런데 매우 기이한 것은 『三國志』 「明帝紀」에 魏律의 개정논의와 법령공포에 대한 공식적인 기록이 없다는 사실이다. 실로 蕭何 이래 400년 이상이 경과한 후 처음 있는 중대한 사건임에도 이를 축하하는 조서조차 보이지 않는다. 『三國志』 「劉劭傳」과 『晋書』 「刑法志」에는 그 상황을 다음과 같이 간략하게 기술하고 있다.

> (『三國志』 「劉劭傳」) 御史大夫 郗慮가 劉劭를 불러 임명했는데, 마침 郗慮가 면직되자, 太子舍人에 임명되었고, 尙書郞으로 옮겼다. 黃初 연간에,

---

41) 張建國, 위의 책, pp.146-161.
42) 같은 책, p.163.
43) 같은 책, p.155.

尙書郎·散騎侍郎으로 되었다. 조서를 받들어 五經群書를 수집하였으며, 종류에 따라 편집하여 皇覽을 만들었다. 明帝가 즉위하자, 陳留太守로 나갔는데, 敎化를 중시하여 백성들이 칭송하였다. 불러들여 騎都尉에 임명하였고, 議郎 庾嶷, 荀詵 등과 함께 科令을 제정하고, 新律十八篇을 만들었고, 律略論을 저술하였다. 散騎常侍로 옮겼다.[44]

(『晋書』「刑法志」) 그 후에, 天子가 또 조서를 내려 형벌제도를 개정하게 하였다. 司空 陳群, 散騎常侍 劉邵, 給事黃門侍郎 韓遜, 議郎 庾嶷, 中郎, 黃休, 荀詵 등에게 명하여 舊科를 줄이고, 漢律을 널리 채용하여, 魏法을 제정하였다. 新律十八篇, 州郡令 45篇, 尙書官令·軍中令, 합계 180여篇을 제정하였다.[45]

두 개의 기록은 明帝가 조서를 내려 刑制를 개정하도록 했고, 참여한 사람은 司空陳群·散騎常侍劉邵·給事黃門侍郎韓遜·議郎庾嶷·中郎黃休·荀詵 등이다. 극히 간단한 이 기술을 제외하고 魏律의 제정 경위 등에 관해서는 전혀 언급이 없다. 中田薰은 魏律의 제정시점을 明帝가 즉위한 해인 226년으로 보고 있으나, 그 근거를 밝히지 않고 있다.[46] 그러나 沈家本과 程樹德은 明帝의 太和 3년(A.D.229)에서 靑龍 2년(A.D.234) 사이에 제정된 것으로 추정하고 있다.[47] 우선 『晋書』「刑法志」에 魏律의 제정에 참여한 "司空 陳群"이라는 기록과 부합하려면 그가 司空이 되는 黃初 7년(226) 이후에 魏律제정이 시작된 것으로 보아야 한다. 그

---

44) 『三國志』 卷21 「魏書/劉劭傳」, p.618, "御史大夫郗慮辟劭, 會慮免, 拜太子舍人, 遷尙書郎. 黃初中, 爲尙書郎, 散騎侍郎. 受詔集五經群書, 以類相從, 作皇覽. 明帝卽位, 出爲陳留太守, 敦崇敎化, 百姓稱之. 徵拜騎都尉, 與議郎庾嶷, 荀詵等定科令, 作新律十八篇, 著略論. 遷散騎常侍."
45) 『晋書』 卷30 「刑法志」, pp.923-925, "其後, 天子又下詔改定刑制, 命司空陳群.散騎常侍劉邵.給事黃門侍郎韓遜.議郎庾嶷.中郎黃休.荀詵等刪約舊科, 傍采漢律, 定爲魏法, 制新律十八篇, 州郡令四十五篇, 尙書官令.軍中令, 合百八十餘篇."
46) 中田薰, 「支那における律令法系の發達について」(『比較法雜誌』 1-4, 1951), p.11.
47) 沈家本, 위의 책, p.888; 程樹德, 『九朝律考』(北京: 中華書局, 1963), p.193.

런데 魏律은 律博士 설치와 鍾繇의 육형논쟁과 거의 비슷한 시기에 개
정되었음을 보여주는 자료가 있다. 즉, 『晋書』 「刑法志」에는 衛覬의 律
博士 설치 건의를 기술한 후에, "是時"에 鍾繇와 王朗 간의 육형 논쟁이
있었다고 기술하였다. 그리고 "其後天子又下詔改定刑制"라고 하여 법령
의 개정이 그 직후에 이루어졌다고 기술하고 있다. 따라서 律博士의
설치와 육형 논의는 비슷한 시점에 이루어졌을 것이며, "改定刑制"는
"其後"라는 기술로 보아 육형논의보다 조금 후에 이루어졌을 것으로
보인다. 「明帝紀」에는 王朗이 太和 2년 11월에 사망하는 것으로 되어 있
다. 그러므로 魏律의 제정은 黃初 7년(A.D.226)에서 太和 3년(A.D.229) 사
이에 시작된 것으로 추정된다.

율령은 그 작업의 성격상 단기간에 완성될 수 없으므로 수년이 소
요되었을 것이다. 그 완성시점은 明帝의 靑龍 2년(A.D.234) 11월에 "詔
有司刪定大辟, 減死罪"라는 기술로 보아 이 시점에 율령의 개정작업이
진행 중인 것으로 보인다. 大辟을 刪定하여 死罪를 줄였다는 이 문장
은 『晋書』 「刑法志」의 "漢의 舊律을 개정하여 魏에서 시행되지 않은 것
은 모두 삭제한다. 古義에 의거해 五刑을 만들고 死刑은 3종, 髠刑은 4
종…"이라고 한 것과 관련이 있을 것으로 생각된다. 또한 靑龍 4년에
는 "往者按大辟之條, 多所蠲除, 思濟生民之命"이라는 것으로 보아 靑龍 2
년과 3년 사이에는 확실히 형법의 개정작업이 이루어졌던 것으로 보
인다. 결국 魏律은 黃初 7년에서 太和 3년 경 사이에 시작하여, 靑龍 2·
3년경에 완성되므로 약 최대 8~9년 정도의 기간이 걸렸을 것으로 추
정되나, 이것은 최대로 잡은 것이지 실제기간은 이보다 축소되어야
할 것이다.

魏律 18편의 제정에 참여한 사람은 陳群 이하 6인이다. 우선 陳群이
司空(御史大夫)의 관직에 있었으므로 그가 魏律 개정의 최고 책임자였
다고 추정된다. 그런데 『晋書』 「刑法志」에는 그의 이름이 생략되어 있
을 뿐만 아니라 『後漢書』와 『三國志』 「陳群傳」에도 그의 魏律 제정 참여

기록이 누락되어 있다. 그러나 唐六典注에는 "魏命陳群等採漢律爲魏律
十八篇"이라고 하여 분명히 陳群의 참여를 인정하고 있다. 『三國志』에
陳群의 참여기록이 빠져있는 것은 魏律 제정의 착수와 완성에 관한
기록이 없는 것과 마찬가지로 『三國志』의 전반적인 부실에서 기인한
것으로 보인다. 그는 법령의 최고 책임자로서 참여했고, 법령개혁의
실질적인 추진과 실무를 담당한 것은 劉劭로 생각된다.

劉劭는 漢 建安시기에 計吏로 있다가, 太子舍人에 임명되었다. 祕書
郎을 거친 후, 黃初 연간에 尚書郎・散騎侍郎을 역임했다. 魏 明帝가 즉
위한 후 騎都尉로 불려들여져 議郎 庾嶷・荀詵 등과 함께 科令을 개정하
여 新律 18篇을 만들고 律略論을 저술했다. 그리고 나서 散騎常侍로 옮
겼다.[48] 劉劭에게는 律略論 이외에 說略 1篇, 樂論 14篇, 法論, 人物志 등
많은 저작이 있다. 그의 학문적 경향은 五經群書를 분류하고 皇覽을
만든 것으로 보아 유가경전의 지식이 뛰어난 儒家임이 분명하다. 景初
연간(魏明帝, A.D.237-239)에 조서를 받아 都官考課 72조를 저술한 것을
보면 제도에도 상당히 밝은 것을 알 수 있다. 그가 法論과 樂論을 저
술한 것을 보면 법률과 禮樂에도 밝은 인재임을 알 수 있다. 이처럼
다양한 능력을 보유하고 있기 때문에 劉劭에 대해서 문학지사는 그의
推步詳密(역법추산의 정교함)을, 법리지사는 分數精比(사리의 정확함)
를, 제도지사는 化略較要(교화 법도가 명백)함을 칭찬하고 있다.[49] 다
만 그의 법률 학습과정에 대한 언급이 없어 알 수는 없지만, 計吏・祕
書郎・尙書郎・散騎侍郎을 역임하면서 법령에 대한 지식을 자연스럽게
학습했을 것으로 보인다. 郎官 및 尚書를 역임한 자들은 자연히 故事
와 品式을 접하게 되므로 制度 및 文法에 밝게 된다.[50]

---

48) 『三國志』 卷21 「魏書/劉劭傳」, pp.617-618.
49) 『三國志』 卷21 「魏書/劉劭傳」, p.619, "法理之士明其分數精比."
50) 『後漢書』 卷26 「韋彪列傳」, pp.918-919, "天下樞要, 在於尙書, 尙書之選, 豈可不
重? 而閒者多從郎官超升此位, 雖曉習文法, 長於應對, 然察察小慧, 類無大能. 宜

劉劭가 散騎常侍라는 비교적 高官이었던 것에 대해, 給事黃門侍郎
韓遜, 議郎 庾嶷, 中郎 黃休, 荀詵 등은 모두 그 열전이 없어 魏律 제정
이후의 활동상을 파악하기 곤란하다. 庾嶷이 太僕에까지 올라 약간의
기록이 있을 뿐이고, 黃休는 胡昭라는 인물을 추천한 것으로 등장하지
만 모두 魏律제정과는 무관한 사항이다.[51] 荀詵은 荀彧의 숙부로서 大
將軍從事와 中郎의 직에 임명되었으나 일찍 사망해 기록이 별로 없
다.[52] 魏律제정에 참여한 인원수, 정부 내에서의 활약 정도를 고려할
때 이들의 지명도는 그다지 높지 않다. 결국 魏律이 晉律에 비해 중량
감 있는 인물들을 투입해 제정된 것이 아니라는 것을 보여준다. 이렇
게 魏律 제정의 사실이 특별히 기술되지 않고, 관리들도 陳群·劉劭 이
외에는 부각된 인물이 없는 것은 무엇인가 석연치 않다. 魏新律의 제
정시점은 아직 魏國이 아직 통일을 완성한 시점이 아니고, 蜀·吳와의
전쟁이 한창인 와중이라서 국가의 전폭적인 지원을 받지 못했던 것
으로 보인다. 이 때문에 西晉에 들어가서 재차 대폭적인 개정이 이루
어진 것으로 보인다.

이렇게 魏律개정에 대한 기술이 크게 부각되지 않은 것은 晉 泰始
律과 크게 대비된다. 泰始律을 제정하고 나서 晉武帝는 조서로 泰始律
의 의미를 상찬하고, 참여한 사람들의 업적을 치하하고 관작을 올려
주었다. 앞서 『晉書』「刑法志」의 기술에서 "天子又下詔改定刑制"라는 것
이 있기 때문에 魏明帝는 분명히 魏律개정의 조서를 내리고 있다. 이
詔書를 『三國志』에 기술하지 않은 것은 분명히 『三國志』 저자의 누락일
가능성이 높다. 그러나 明帝가 사형조목의 감소까지 기술하고 있는

簡嘗歷州宰素有名者, 唯進退舒遲, 時有不達, 然端心向公, 奉職周密. 宜鑒齒夫
捷急之對, 深思絳侯木訥之功也.";『漢書』卷81「孔光傳」, p.3353, "光以高第爲尙
書 觀故事品式 數歲明習漢制及法令."
51)『三國志』卷11「魏書/胡昭傳」, p.362.
52)『三國志』卷10「魏書/荀彧傳」, p.307.

마당에 율령제정에 관한 조서를 생략한 것은 魏律의 비중에 대한 『三國志』 저자의 시각을 보여준다. 이러한 대비는 확실히 魏律의 제정과정이 晉律과 동등한 수준의 국력이 투입되지 않은 때문인 것으로 생각된다.

이제 魏律의 분석을 통해서 後漢시대의 형법에 대한 사조가 어떻게 반영되고 있는지를 罪刑과 體制의 두 방면으로 나누어 고찰해보자. 『晉書』 「刑法志」에 남아있는 魏律 관련자료를 고찰한다면, 魏律을 개정한 계기와 원칙은 물론, 현재 자료가 별로 남아 있지 않아 살피기 곤란한 劉劭 등의 법률사상의 일단을 추정할 수 있을 것이다.

2. 體制방면에 나타난 魏律의 정신

『晉書』 「刑法志」는 漢律의 어지러운 편제에 대해서 다음과 같이 평가를 내리고 있다. 前漢·後漢을 거치면서 "대대로 增損이 있었고, 대체로 유사한 내용을 모아 篇으로 만들고, 관련 있는 사례를 묶어 章으로 하였다. 하나의 章에 혹은 사례가 수십을 초과하고 사례와 유별이 비록 같다고 하나 판결의 경중이 일치하지 않았다. 조목과 구절을 통틀어 보고, 구절을 연계시켜 보면 내용이 전후가 서로 섞여 있고, 大體로 보면 각각 다른 篇에 속해 있으나 실제로는 서로 섞여 있는 상태"에 있었다. 율령만이 아니라 叔孫宣·郭令卿·馬融·鄭玄 등 10여 家의 諸儒章句가 있어 법령을 주관하는 관리들이 감당할 수 없는 정도에 도달했다. 그로 인해 옥리들이 재판할 때 의당 써야하는 것이 합계 26,272條, 7,732,200餘言이나 되었고, 言의 숫자가 갈수록 번잡해져 결옥사무를 처리하는 관리들이 숙지할 수 없었다. 그래서 魏 明帝는 鄭氏章句만으로 章句의 사용을 국한시켜야 할 정도였다.

위에서 언급한 漢律의 분류정리가 혼란해진 원인은 근본적으로 정리 작업이 제대로 이루어지지 않은데 있다. 秦律의 單行律 원칙을 계승한 漢律에서는 새로이 제정된 律을 獄律(獄律)에 편제하지 않고 傍章 (律)에 편제하였다. 이러한 제정원칙으로 인해 漢律의 律名은 正律 15종 이외에도 傍章이 45개나 될 정도로 방대했다.

또한 漢代 이래 재판결과를 모아놓은 재판판례에 해당하는 決事比가 누적되었다. 이 때문에 간사한 옥리들이 법률을 왜곡하여 재판을 하는 경우가 많이 발생했다.[53] 이러한 문제점을 해결하기 위해 陳群·劉邵 등은 舊科를 刪約하고, 漢律을 널리 채집하여 新律 18편, 州郡令 45편, 尙書官令, 軍中令 합계 180여편으로 정리하는 대대적인 작업을 했다.

劉邵 등이 魏律의 編制를 정리하면서 주안점을 두었던 첫 번째 원칙은 『序略』에 분명히 나타난다.

> 舊律을 알기 어려웠던 이유는 6편의 편수가 적기 때문이다. 편수가 적으면 行文이 간략하고, 행문이 간략하면 사례가 적고, 사례가 적으면 죄가 빠져나간다. 이제 新律을 제정함에 있어 마땅히 事類를 모으고, 편목과 조목을 늘여야 한다.[54]

즉, 이 말은 舊律의 편수가 적기 때문에 行文이 간략하고 법의 조문이 간략해 범죄자들을 訴追할 수 없게 된다는 것이다. 秦漢律은 법에 규정되어 있지 않으면 범죄를 처벌할 수 없는 죄형법정주의에 입각하였다. 때문에 魏新律에서는 범죄자들이 법망에서 빠져나가지 못하도록 편목과 조목의 증가를 기본원칙으로 삼았다. 비록 魏律이 漢律의 편목 간의 조문 중복과 혼란, 사문화된 조문 등을 해결하기 위해 정리와 분류, 폐지에도 중점을 두고 있지만, "사례가 적으면 죄가 빠져나가는" 현상을 막으려 한 것은 결코 晉律과 같은 寬簡의 방향을 지향한 것이 아니다. 그렇기 때문에 司馬昭가 "前代(漢代)의 律令의 본문

---

53) 『漢書』 卷23 「刑法志」, p.1101.
54) 『晉書』 卷30 「刑法志」, p.924.

과 주석이 번잡하여, 陳群과 劉邵가 비록 改革을 했으나, 법률이 본래 지나치게 세밀한 것을 걱정하였다."고 한 것이다. 결과적으로 魏律은 조문 감소와 중벌 경감에 한계를 드러냈고, 이 점에 있어 漢律과의 차이는 크지 않았던 듯하다.[55)]

두 번째로 주목되는 점은 具律이 6번째에 위치해 있는 모순점을 해결한 것이다. 漢律은 秦法經을 계승해 盜·賊·囚·捕·雜·具律의 6편에 戶·興·廐律의 3편을 증가시켰다. 漢의 승상 蕭何가 楚漢전쟁을 치루는 전시상황에서 긴급을 요하는 이 3편의 법률을 추가한 것이지만,[56)] 그로 인해 具律의 위치가 애매모호해졌다. 중국고대의 序文이 가장 뒤쪽에 위치해 있는 원칙에 따라 형법총칙에 해당하는 具律도 가장 뒤에 위치해 있었다. 그런데 3편을 증가시키면서 具律을 가장 앞쪽 또는 뒤쪽으로 옮기지 않았고, 그 결과 총칙에 해당하는 具律은 중간쯤인 6번째에 위치했다. 이것은 처음도 아니고 끝도 아니기 때문에 총칙의 목적과 일치하지 않았던 것이다. 그러므로 罪例를 모아 刑名을 만들고 新律의 가장 앞으로 옮겨, 여기에서 형벌의 가감원칙 등을 결정했다.

세 번째는 律名과 관계없는 조항들을 정리하여 재편하는 작업이다. 예컨대 盜律에 도적과 관련이 없는 내용이 포함되어 있는 것을 모아 劫略律로 만들고, 囚律에서 詐欺와 관련된 것을 詐律로 만들었다. 이렇게 관련 규정들을 모아 새로운 律로 만든 것이 毁亡律·告劾律·系訊律·斷獄律·請賕律·興擅律·留律이다. 또한 秦律을 계승한 것 가운데 廐律은 비용이 증가되어 역참만 설치하고 車馬는 없는데도 律文은 그대로 있기 때문에 폐지했고, 남아있는 것 중에서 쓸 수 있고 科와 합치하는 것은 郵驛令으로 만들었다. 이러한 법조문의 재편작업은 매우

---

55) 祝總斌, 위의 논문, p.52; 程樹德, 위의 책, 魏律考序, p.193, "然大端實與九章實無大出入."
56) 任仲爀, 「漢初 九章律의 제정과 그 의미」, 『宋甲鎬教授停年退任記念論文集』 (서울: 기념논문집간행위원회, 1993), pp.33-58.

방대한 것으로 계통적으로 율령을 재정비하겠다는 의지가 담겨있다.

3. 罪刑방면에 나타난 魏律의 정신

Ⅱ장에서 언급한 易簡의 계승 여부와 劉劭 등 曹魏시기의 법률가들의 사상을 확인하는 데는 구체적인 법조문의 내용을 고찰하는 것이 도움이 될 것이다. 魏律에서는 漢律 중 魏에서 시행되지 않는 것은 모두 폐지하고, 古義에 따라 五刑을 제정하고, 死刑은 3종, 髡刑은 4종, 完刑과 作刑은 3종, 贖刑은 11종, 罰金은 6종, 雜抵罪는 3종으로 합계 37종의 형명을 만들어 律의 首篇인 刑名에 넣는 것으로 하였다.

이것을 세분해서 살피면, 漢律 가운데 유명무실한 형벌을 폐지한다는 원칙은 형벌의 정리라는 魏律의 대원칙에 입각한 것이다. 이렇게 폐지된 漢律이 무엇인지, 어느 정도로 폐지되었는지는 魏律의 전모를 알 수 없는 상황이기 때문에 추정조차 불가능하다. 그런데 이보다 중요한 것은 古義에 따라 형벌의 종류를 정비한 사실이다.

우선 古典에서 언급되는 五刑에 따라 死刑, 髡刑, 完刑·作刑, 贖刑, 罰金의 5가지로 형벌의 종류를 정리한 것이다. 雜抵罪는 官爵으로 죄를 삭감하는 것이기 때문에 五刑에 포함되지 않는다. 魏律의 五刑은 墨·劓·剕·宮·大辟의 5종으로 구성되어 있는 尚書 呂刑의 五刑과는 내용상 다르지만 古義에 따라 형벌의 종류를 5종으로 규정한다는 그 자체가 중요하다. 앞서 魏律이 범죄자들이 빠져나가지 못하게 조목을 증가시켰다는 것에서 보면 유가이념을 실현하는 데는 한계가 있었다. 그러나 尚書 등과 같은 경전에 입각해 五刑의 정신을 재현하고 있는 사실은 陳群·劉劭 등의 개혁이 유가경전에 입각한 것임을 말해준다.

둘째로 魏律의 賊律에는 "군주를 언어로 비방하거나, 종묘와 능묘를 훼손한 범죄를 大逆無道라 하고, 腰斬刑에 처하며, 가족은 연좌시키지만, 조부모와 손자는 연좌시키지 않는다. 모반대역을 범한 경우 그 때마다 체포하고, 혹은 범죄자의 집을 연못으로 만들거나(汚瀦), 시체를 梟菹하거나, 삼족을 처형한다. 율령에 규정이 없는 까닭은 악행의 뿌리를 근절시키려는데 목적이 있다."는 규정이 있다.

이것을 漢律과 비교할 필요가 있다. 漢律에 祅言誹謗은 不道로서 棄市의 형에 처해졌으며, 종묘를 훼손하거나 제릉을 도굴한 자에게도 棄市의 형에 처했는데, 棄市는 사형 가운데 가장 가벼운 것이다.[57] 반면 魏律에서는 이보다 무거운 腰斬에 처해질 뿐만 아니라 가족까지도 연좌시키고 있다.[58] 그리고 魏律에서 모반대역을 범했을 때 행하는 三族刑에는 비록 육형이 없으나 梟首와 菹肉하는 것은 漢代의 삼족형과 동일하다.[59] 삼족형은 高后시에 폐지되었으나,[60] 그후 文帝의 後元年에 新垣平이 모역을 행하자 재차 三族之誅를 행했고,[61] 武帝가 江充을, 후한 獻帝시 董卓을, 曹操가 董承을 三族刑에 처한 사례에서 볼 때 漢代 내내 존속했던 것이다.[62] 비록 高后시기에 律文上으로는 폐지된

---

57) 『漢書』卷90 「酷吏傳(嚴延年)」, p.3671, "坐怨望誹謗政治不道棄市."; 『漢書』卷66 「楊惲傳」, p.2893, "爲訞惡言, 大逆不道, 請逮捕治. 上不忍加誅."; 『漢書』卷75 「眭弘傳」, p.3154, "下其書廷尉, 奏賜·孟妄設訞言惑衆, 大逆不道, 皆伏誅."; 『漢書』卷50 「張釋之傳」, p.2311, "案盜宗廟服御物者爲奏, 當棄市."; [宋] 李昉 『太平御覽』卷954, p.4235, "三輔舊事, 漢帝陵皆屬太常, 又有盜柏, 棄市."; 『漢書』卷17 「景武昭宣元成功臣表」, p.636, "又使吏謀殺方士, 不道, 誅." 『晋書』 「刑法志」의 張斐 注律表에 따르면, 梟首·斬刑(腰斬)·棄市의 순서로 무겁다.

58) 張建國은 大逆無道에 대해서 죄인의 隔代 직계친속은 연좌되지 않으므로 漢代보다 처벌이 가벼워졌다고 보았으나 명백한 오류이다.(張建國, 위의 책, p.166)

59) 『漢書』卷23 「刑法志」, p.1104, "當三族者, 皆先黥, 劓, 斬左右止, 笞殺之, 梟其首, 菹其骨肉於市. 其誹謗詈詛者, 又先斷舌."

60) 『漢書』卷23 「刑法志」, p.1104, "至高后元年, 乃除三族罪·祅言令."; 『漢書』卷3 「高后紀」, p.96, "元年春正月, 詔曰 : 前日孝惠皇帝言欲除三族罪·妖言令, 議未決而崩, 今除之."

61) 『漢書』卷23 「刑法志」, p.1105; 『漢書』卷4 「文帝紀」, p.128.

62) 『漢書』卷45 「江充傳」, p.2179, "後武帝知充有詐, 夷充三族."; 『後漢書』卷9 「獻帝紀」, p.372, "夏四月辛巳, 誅董卓,夷三族."; 『後漢書』卷9 「獻帝紀」, p.380, "三

三族刑을 魏律에서도 명문화하지 않았으나 그 존재 및 시행의 근거를 확인한 것은 魏律이 漢律과 비교해 경감의 방향으로 나아가지 않았음을 말해준다.[63]

셋째로 復讐의 허용 문제였다. 前漢말 이래 『禮記』 「曲禮」의 父兄의 원수에 대한 복수를 허용한 사상이 점차 사회에 만연하게 됨에 따라 復讐가 끼치는 해악 때문에 이의 허용 여부를 놓고 논쟁이 일어났다.[64] 光武帝때 桓譚은 "마땅히 舊令을 거듭 밝혀 이미 官府에서의 誅殺에 伏罪했음에도 사사로이 서로 살상한 자는 비록 복수한 자가 도망했더라도 그 가속 모두를 변경으로 옮기고, 서로 傷하게 한 자는 평소의 형벌보다 二等을 가하고 顧山하여 贖罪를 허락하지 않는다면 仇怨이 스스로 풀리게 되고 盜賊이 그치게 될 것"이라고 復讐의 풍조에 반대하였다.[65] 그후 章帝의 建初 연간에 자신의 부친을 侮辱한 자를 살해한 사건이 발생하자, 章帝는 이를 減刑하여 사형을 면제시켰는데, 이것이 輕侮法이라는 決事比로 성립했다. 그러나 얼마 지나지 않은 和帝시기에 張敏의 주장에 의해 輕侮法은 폐지되었다.[66] 폐지 이후에도 後漢시대에는 法令을 위반하고 사사로이 복수를 하는 행위가 성행하여 民家에는 高樓를 만들어 그 위에 鼓를 놓고 위급시 邑里에 알려 구조를 요청하는 상황까지 일어났다.[67]

年夏四月, 遣謁者裴茂率中郎將段熅討李傕, 夷三族.";『後漢書』卷9 「獻帝紀」, p.381, "五年春正月, … 曹操殺董承等,夷三族."

63) 삼족형은 晋代에도 계승되었다가 懷帝의 永嘉元年에 폐지되었다.(『晋書』卷 5 「懷帝本紀」, p.116.)

64) [淸] 阮元,『十三經注疏·禮記正義·曲禮上』(北京: 中華書局, 1979), p.1250, "父之讐, 弗與共戴天, 兄弟之讐不反兵". 注 "父者子之天, 殺己之天, 與共戴天, 非孝子也. 行求殺之乃止, 恒執殺之備."

65)『後漢書』卷28上 「桓譚列傳」, p.958.

66)『後漢書』卷44 「張敏列傳」, pp.1502-1503.

67)『後漢書』卷67 「黨錮列傳(魏朗)」, pp.2200-2201, "兄爲鄕人所殺, 朗白日操刃報讐於縣中, 遂亡命到陳國."; [宋] 李昉,『太平御覽』卷598, p.2694, 「王褒約僮 注」,

曹魏 초기 사회적 불안정으로 개인적 復讐행위가 성행하자, 曹操는 建安 10년(205) 冀州를 평정한 이후 복수를 금지하는 명령을 내렸고, 魏 文帝는 黃初 4년(223) 개인적으로 복수를 하는 자는 族刑에 처한다는 매우 강력한 조치를 취했다.[68] 이것은 명백히 儒家의 효도를 중시하는 이념과 어긋나는 것이었다. 그러나 明帝의 魏律 18篇에서는 復讐를 제한적으로 허용했다. 賊殺人(故意殺人)과 鬪殺人(鬪毆殺人)의 범죄 시 告劾되어 관부에 잡히기 전에 도망한 자는 儒家경전의 古義에 입각해 자제들의 報仇를 허락하지만, 국가의 사면을 받았거나 과오로 살인한 경우는 報仇를 할 수 없게 하는 절충적인 방법을 채택하였다. 이것은 복수로 인해 살인이 끝없이 이어지는 폐단을 중지시키기 위한 것이다.

이것은 魏文帝의 조치에서 후퇴한 것이기는 하지만, 무제한적으로 복수를 허락한 것은 아니다. 사면했거나 과실에 의한 경우와 같이 국가가 보호할 필요가 있는 경우에 일체 복수를 허락하지 않은 것은 사회적 혼란을 방지하고 국가의 통제력을 확보하는데 목적이 있었다. 이 조치가 일방적으로 유가사상에 기운 것이 아님은 이 법령이 복수를 제한적으로 허용하는 桓譚의 생각과 완전히 일치하고 있는 사실이 증명한다.[69] 또한 魏律序略에 이 법령의 목적을 "所以止殺害也"라고 한 것은 유가정신의 구현에 있다기보다는 오히려 복수로 인한 폐해의 감소에 목적을 두고 있다는 것을 말해준다.

넷째로 繼母를 살해한 것은 親母를 살해한 것과 동일하게 간주하

"漢時官不禁報怨, 民家皆高樓致其上, 有急則上樓擊以告邑里, 令救助也."

68)『三國志』卷1「魏書/武帝紀」, p.27, "令民不得復私讎";『三國志』卷2「魏書/文帝紀」, p.82, "(黃初)四年春正月, 詔曰: 喪亂以來, 兵革未戢, 天下之人, 互相殘殺. 今海內初定, 敢有私復讐者, 皆族之."

69)『後漢書』卷28上「桓譚列傳」, p.958. "복수를 허용하는 것은 사람들이 스스로 죄를 다스리는 것을 들어주는 것이며 法禁을 존재하지 못하게 하는 것"이라는 桓譚의 입장은 유가의 입장을 제한하는 것이라고 할 수 있다.

여 계모에 대한 嫌隙이 나타나는 것을 방지하고 있다. 이것은 前漢 景帝시기에 繼母를 살해한 것은 凡人을 살해한 것과 같으므로 大逆으로 논하는 것은 옳지 않다고 규정한 것과 잘 대비되고 있다.[70] 前漢 景帝시기에 防年이 부친을 살해한 繼母 陳을 죽인 사건이 발생했다. 律에 의하면 모친을 살해한 자는 大逆으로 논하는데, 이 판결에 景帝가 의문을 표하자, 당시 12살의 武帝는 "繼母如母(계모는 모친과 같다)라는 말은 모친에 미치지 못함을 밝힌 것이다. 부친과의 인연 때문에 모친에 비견하는 것이다. 지금 계모가 無狀하여 부친을 죽였는데 죽인 그 날로 모친의 은혜가 끊어졌다. 마땅히 일반사람을 죽인 것과 같이 논해야 하고, 大逆으로 논하는 것은 옳지 않다."라고 말했다. 武帝의 언급으로 그 판결 결과가 바뀌었는지 불명한 점도 있지만, 만약 武帝의 말이 수용되어 繼母살해를 일반인 간의 살인사건과 동등하게 취급했다면, 魏律에서의 개정은 계모의 지위를 높여준 것이다.

그리고 魏律에서는 異子之科를 폐지하여, 부자로 하여금 異財(재산분할)할 수 없게 하는 규정을 만들었다. 商鞅변법시에 제정된 異子之科는 漢代 동안 유효하여 자손이 立戶하여 分家할 수 있었으나,[71] 이 규정은 골육을 분리시키는 법령으로 비판을 받아왔다. 이 異子之科의 폐지로 인하여 자손은 부모의 생존시 別籍異財할 수 없게 되었다. 이는 유가의 대가족주의와 효행을 강조하는 사상의 영향도 있었을 것이다. 또한 異子之科의 폐지는 曹魏에서 戶를 단위로 綿·絹을 징수하는 戶調를 실시한 것과 관련하여 戶數를 증가시키기 위한 목적도 있

---

70) [唐] 杜佑, 『通典』 卷166 「刑法」 4, pp.4288-4289.

71) 『後漢書』 卷76 「循吏列傳(許荊)」, p.2471, "許荊字少張, 會稽陽羨人也. 祖父武, 太守第五倫舉爲孝廉. 武以二弟晏·普未顯, 欲令成名, 乃請之曰: 禮有分異之義, 家有別居之道. 於是共割財産以爲三分, 武自取肥田廣宅奴婢强者, 二弟所得並悉劣少. 鄕人皆稱弟克讓而鄙武貪婪, 晏等以此並得選擧."; 『漢書』 卷28下 「地理志」, p.1654, "潁川, 南陽, 本夏禹之國. …潁川好爭訟分異, 黃·韓化以篤厚. 「君子之德風也, 小人之德草也, 信矣."

었을 것이다.[72] 형·누이를 구타하면 5년형으로 가중처벌하고 있는데, 漢代의 3歲刑을 훨씬 강화한 것이다.[73] 이것은 序略에서 教化를 밝힌 다고 한 것처럼 長幼之序를 밝히는 것이지만, 유가이념의 도입에 의해 형벌은 강화되는 묘한 현상이 나타났다.

다섯째는 誣告의 문제이다. 魏文帝는 고발을 장려하여 상호 무고하는 현상이 증가하자 조서를 발포해서 비방무고를 엄금하고 告者를 反坐시키는 조치를 취했다.[74] 黃初 5년(A.D.224)에 謀反大逆은 相告를 허락하고, 그 나머지는 모두 聽治하지 않으며 감히 함부로 相告하면 그 죄로써 처벌하는 규정을 만들었다.[75] 이것은 고발의 폐단을 약화시키는 조치였다. 新律에서는 이를 더욱 제한하여 囚徒가 다른 사람을 반란했다고 誣告하면 죄를 친속에 연좌시켜 일반인과 다르게 처벌한다는 규정을 신설했다. 이 규정은 상호고발을 줄이는 효과의 측면에서만 볼 것이 아니라, 오히려 형벌의 강도라는 관점에서 보아야 한다.

魏律의 이 규정은 秦律에서 죄수가 타인을 무고한 경우 죄수만 反坐로 처벌하고 그 가족은 연좌시키지 않은 것보다 강화된 점이 중요하다.[76] 漢律에서는 80세 이상의 고령자가 일반범죄를 범할 경우 사면하지만, 고령자라도 誣告할 경우 殺傷과 같은 정도의 범죄로 간주하여 사면하지 않았다.[77] 이것은 당시에 誣告를 악질적 범죄로 인식한 것을 보여주는 것인데, 魏律은 이것을 보다 강화하여 친속까지 연좌시켰다. 이것은 가중처벌을 통해 형벌을 감소시키고 誣告를 종식시키고자 하는 목적을 가지고 있다. 달리 말하면 형으로써 형을 종식시키

---

72) 張建國, 위의 책, pp.167-168.

73) 沈家本, 위의 책, pp.1459-1460.

74) 『三國志』 卷24 「魏書/高柔傳」, p.684.

75) 『三國志』 卷2 「魏書/文帝紀」, p.84.

76) 睡虎地秦墓竹簡整理小組, 『睡虎地秦墓竹簡』(北京: 文物出版社, 1978), pp.173, 202, 203, 230.

77) 『漢書』 卷8 「宣帝紀」, p.258, "自今以來 諸年八十以上 非誣告殺傷人 佗皆勿坐."

는 "以刑止刑"의 법가적 방법이다.

한편 처벌을 약화시킨 경우도 있다. 익명으로 타인을 誣告하면 棄市에 처한다는 投書棄市之科를 개정했다. 이것은 『晋書』「刑法志」에 형벌을 가볍게 하기 위한 목적에서 개정했다고 한 것으로 보아 棄市보다 낮은 처벌을 했을 것으로 추정되는데, 魏律에서 어떠한 처벌로 낮췄는지는 분명하지 않다. 다만 唐代에는 漢法을 3등 감해 유배 2천리에 처했다.[78]

이밖에도 폭력으로 죄수를 강탈해가는 자는 棄市之罪로 하는 것을 제정했다. 죄수를 빼앗아 가는 것이 용감하다고 생각하는 사회분위기를 없앤 것이다. 이것은 漢律에도 존재했던 것인데 처벌수준은 동일하다.[79] 또한 판결에 불복하여 재차 심의를 요구하는 것을 乞鞫(再審)이라고 하는데, 진한시대에는 죄수의 가족이 乞鞫하는 것을 허락했으나, 魏는 2년 이상의 徒刑은 乞鞫을 허락하지 않았다. 이것은 漢代에 재심이 크게 늘어나는 폐단을 고치기 위한 것이다. 그러나 결과적으로 재심을 허락하지 않았기 때문에 국가의 편의주의적 측면이 강했다. 唐에서도 魏法을 계승하여 徒 이상의 형은 판결 후 가족에게 단지 죄명만을 고시하고 그 승복 여부는 묻지 않았다. 그리고 풍속의 일치를 위해 諸郡이 스스로 伏日을 선택할 수 없게 했다. 이밖에도 『晋書』「刑法志」에는 생략되어 있지만 후한시대에는 入律되지 못한 八議가 魏律에 규정된 것 같다.[80]

明帝시기의 魏律개정에 대해 張建國은 유가적 사상이 적극 반영된 것으로 평가하고 있다.[81] 明帝의 아래 조서를 보면 그러한 점도 어느

---

78) 沈家本, 위의 책, p.1478.

79) 『漢書』卷47「文三王傳」, p.2215, "謀篡死罪囚. 有司請誅, 上不忍, 削立五縣."

80) 『三國志』卷9「魏書/夏侯尙傳」, p.303, 注引 『魏略』, "明帝時許允爲尙書選曹郎與陳國袁侃對, 同坐職事, 皆收送獄. 詔旨嚴切, 當有死者, 正直者爲重, 允謂侃曰, 卿功臣之子, 法應八議, 不憂死也."; 같은 책, 卷20「中山恭王袞傳」, p.583, "王素敬愼, 邂逅至此, 其以議親之典議之."

정도는 인정된다.

　지난번에 大辟의 조문을 살펴 많은 조항을 폐지한 것은 백성의 생명을
구제하려고 한 것이다. 이것은 짐의 지극한 뜻이다. 郡國의 사형이 해마
다 아직 수백을 넘는다고 하는데, 이 어찌 짐의 가르침이 도타웁지 않아
백성이 죄를 가벼이 여기고, 아직도 잔혹한 형법이 남아있어 백성을 함정
에 빠뜨리게 한 것이 아니겠는가? 有司는 옥사의 완화를 논의하여 寬簡을
따르는데 힘쓰도록 하라. 감죄를 구하는 자의 소송이 아직 끝나지 않았는
데도 獄에서는 이미 처형을 끝냈다. 이것은 이치를 窮究히 하고 사실을
충분히 조사한 것이라고 할 수 없다. 廷尉와 천하의 獄官은 死罪의 사실에
근거하여 판결하도록 하고, 모반 및 직접 살인한 것이 아니면, 황제가 친
히 다스릴 것을 신속히 말하도록 하고, 감죄를 요청하는 자가 있으면 최
종판결 문서를 갖춰 보고하도록 하라. 짐은 장차 그들을 보전할 것을 고
려할 것이다. 천하에 포고하여 짐의 의도를 알리도록 하라.[82]

　그리고 위에서 언급한 明帝가 改士庶罰金之令,[83] 減鞭杖之制,[84] 刪定
大辟, 減死罪[85] 등 형벌의 감소, 장유질서의 강조, 계모의 신분강화, 異
子之科의 폐지, 明帝조서의 大辟폐지 등 魏律에 유가사상을 반영하고
易簡의 형태로 줄이려한 노력도 보인다.
　그러나 魏律이 漢律의 혹형적 요소를 계승하고 있기 때문에 이러

---

81) 張建國, 위의 책, p.171, "魏晋律의 공통점은 서로 연속해서 유가사상을 법률
　　화한 것이다. 비록 위진시기의 학술계에 이미 유학을 부정하는 경향이 나
　　타났지만, 치국치민의 중요한 학설로서의 儒學은 필연적으로 실용적인 법
　　률속에 그 강한 영향을 나타냈다. 魏가 八議를 入律하고, 晋이 "峻禮教之防,
　　準五服以制罪."한 것은 모두 전형적인 유가사상 법률화의 실례이다."
82) 『三國志』卷3「魏書/明帝紀」, p.107.
83) 『晋書』卷30「刑法志」, p.922.
84) 『三國志』卷3「魏書/明帝紀」, p.101.
85) 『三國志』卷3「魏書/明帝紀」, p.104.

한 측면만을 강조하는 것은 문제가 있다. 복수의 사실상 불허, 죄수의 무고죄 처벌강화, 요언비방과 종묘·능묘의 훼손행위에 대한 형벌 강화 등 국가의 통제력을 강화하려는 조항이 바로 그러한 예이다. 특히 晉律의 많은 부분에서 나타나고 있는 寬簡은 魏律에 보편적으로 보인다고 할 수 없다. 漢代부터 오랜 동안 주장되어온 緩刑의 노력이 魏律에서는 아직 뿌리를 내리지 못하고 있는 것으로 생각된다. 魏律의 일부가 漢代의 혹법보다 심한 형법조항을 설치하고 있는 것은 이 시기가 蜀漢·孫吳와의 치열한 전쟁이 종식되지 않았기 때문이다. 魏와 대립하고 있던 蜀의 諸葛亮이 법가사상에 근거해 통치한 것, 이제까지 폐지된 것에 의구심을 제기해오지 않았던 肉刑이 孫吳에서 시행되고 있던 점에서 알 수 있듯이, 당시 三國은 법으로 강력하게 통치해야 하는 非常政局이었음을 알 수 있다.[86] 이에 반해서 西晉은 일단 통일이 된 상태에서 제국을 통치할 새로운 법령을 창출할 필요에서 대대적으로 유가를 동원했던 것으로 생각된다. 다만 魏 明帝의 조서는 緩刑이라고 하는 後漢 이래의 유가들의 주장이 조금 반영된 점에서 일단 曹操에 비하면 진전이 있다.

IV. 肉刑부활의 실패와 魏律의 성격

이상에서 언급한 魏律이 後漢 유가들의 율령개혁 주장을 충분히 반영한 것이 되지 못했다면, 그러한 이유들을 살펴보기로 하자. 우선 曹魏시기의 肉刑 부활논쟁은 한 가지 단서가 될 수 있다. 육형의 부활은 曹魏시기 법률가들의 핵심적 주제였다. 이것은 明帝가 魏律을 제정

---

86) 『長沙走馬樓三國吳簡』(北京: 文物出版社, 1999), p.32, "戎里戶人公乘何欽, 年五十五, 算一, 刑兩足.";"常遷里戶人公乘何著, 年五十四, 算一 刑兩足復."

하기 직전에 행해졌던 논쟁이므로 魏律의 개정방향을 미리 보여주는 척도라고 할 수 있다.

육형부활론자들은 육형의 폐지가 법질서 유지에 심각한 장애를 가져왔다고 생각했다. 死刑과 勞役刑 사이에 중간형인 肉刑이 없어짐으로써 "死刑太重, 生刑太輕"의 현상이 나타나고 범죄자들이 쉽사리 범행을 저지르게 되었다는 사고는 後漢의 梁統 이래 曹魏시기까지 계속되었다. 특히 황건의 난으로 촉발된 국가의 초비상 상태, 국가행정조직의 마비에 대한 위기감이야말로 육형 논의를 재연시킨 사회적 환경이었다. 이러한 상황에서 위협적 전시효과를 지닌 육형이야말로 범죄행위를 감소시킬 수 있는 더할 나위 없이 좋은 방법이었다.

앞서 국가가 잘 다스려질 때는 德으로, 다스려지지 않는 동란의 시대에는 刑으로 통치해야 한다는 曹操의 一治一亂이라는 역사관은 형벌의 적용방법에도 변화를 가져왔다. 이것은 董仲舒의 德主刑輔의 치국관념과는 다른 德刑의 교대에 의한 통치방법이었다. 형법으로 범죄를 없앤다는 분위기 속에서 肉刑부활 논쟁이 재연되게 되었던 것이다.

육형논쟁은 여러 차례에 걸쳐 일어났다. 첫 번째는 建安 5년(200) 전후 임시법률인 新科를 제정하기 위해 백관들이 육형의 부활을 주장했었는데, 당시 少府였던 孔融이 반대해 무산되었다. 2차는 建安 18년(213) 曹操가 魏國公이 된 후 曹操가 御史中丞 陳群에게 부친인 陳紀가 논의했던 육형의 이점을 논하게 했다. 여기에서 명심할 것은 육형 논의가 曹操의 명령에 의해서 시작되었다는 사실이다. 陳群은 타인에게 상처를 입히면 그 신체를 훼손시켜야 하는데도 모발을 자르는 것은 報刑원칙에 맞지 않으므로 古刑을 사용하여 음탕한 자는 蠶室로 내려보내고, 도적질 한 자를 刖刑에 처해 음탕하고 간악한 행위를 근절시킬 것을 주장했다.[87] 陳群이 書經·周易을 운위한 것은 자신의 형벌 강

---

87) 『三國志』 卷22 「魏書/陳群傳」, p.634.

화의 논리를 보강하기 위한 것이다. 鍾繇도 陳群의 주장을 찬성했는
데, "옛날의 육형은 聖人의 시대를 거친 것이므로 마땅히 다시 시행해
사형을 대신해야 한다."고 생각했다. 그러나 육형 논의에 참여한 사람
들은 백성을 기쁘게 하는 것이 아니라고 생각해 드디어 육형 논의가
중지되었다. 曹操 역시 藩國으로서 한왕조의 제도를 바꾸는 것이 곤
란했기 때문에 肉刑부활을 포기했다. 3차는 文帝 曹丕가 肉刑의 부활
을 시도하려 했으나 마침 軍事행동이 있어 재차 중지되었다. 4차는 明
帝의 太和 연간에 들어 鍾繇가 재차 거론한 것이다.

　　鍾繇는 육형을 폐지한 漢文帝를 노골적으로 비판하고 있는데, 이것
이 漢代였다면 불가능했겠지만 曹魏에서는 더 이상 금기사항이 아니
었다. 鍾繇는 棄市로 판결을 받은 자가 斬右趾를 희망한다면 허락하고,
黥·劓·左趾·宮刑者는 孝文시대와 같이 髡·笞로 바꿀 것을 주장했다. 그
의 생각으로는 姦行을 할 수 있는 자는 대체로 20세에서 4, 50세의 연
령층인데, 비록 그 발을 자른다고 해도 자식을 낳을 수 있다고 보았
다. 당시의 인구가 漢文帝시대보다도 적기 때문에 육형을 부활해 棄市
를 斬右趾로 바꾸면 해마다 3천명 정도의 생명이 보존될 수 있다는 주
장은 기존의 육형 논쟁에 인구감소 문제를 추가한 것으로 매우 설득
력이 있는 주장이었다.[88]

　　이에 대해 司徒 王朗은 육형의 부활을 반대했다. 王朗은 후한말의
大儒인 스승 楊賜가 사망하자 관직을 버리고 服喪할 정도로 유가이념
에 충실한 인물이었다. 그가 魏初에 大理(廷尉)에 임명된 것은 유가로
서는 상당히 이례적인 사건이라고 할 수 있다. 더욱이 스승 楊賜가 廷
尉職을 사퇴한 것을 감안하면 더욱 그렇다. 그는 大理의 직을 수행할
때 "務在寬恕, 罪疑從輕"의 태도로 임했으며, 당시 명법가로 유명한 鍾
繇와 함께 治獄으로 칭송을 받았다.[89]

---

88) 『三國志』 卷13 「魏書/鍾繇傳」, pp.397-398.

89) 『三國志』 卷13 「魏書/王朗傳」, pp.407-408.

王朗은 "五刑之屬은 科律에 기록되어 있고, 減死一等之法이라는 것이 있어, 사형으로 처벌하지 않으면 감형하게 되어있다. 멀리 저 육형으로 신체를 절단하는 수단을 빌릴 필요가 없다. 그런 연후에 罪次가 있는 것이다. 과거에 仁者는 참혹한 肉刑을 차마 행할 수 없어 폐지한 것이다. 사용하지 않은 지 이미 수백 년이 경과했는데, 지금 재차 시행한다면 경감해준 글은 만민의 눈에 들어오지 않고 육형을 시행했느냐는 물음만이 寇讐의 귀에 퍼질 것이니, 먼 곳의 사람을 (德에 감복하여) 오게 할 수 없다. 지금 鍾繇가 경감시키고자 하는 死罪는 사형을 감형하여 髡과 刖로 하면 된다. 가볍게 되는 것을 싫어하는 자는 노역하는 햇수를 배로 하면 될 것이다."[90]라고 주장하였다.

王朗의 견해가 설득력이 있었던 것은 참혹한 육형을 부활하지 않고도 처리할 수 있는 減死一等의 방법을 제시했기 때문이다. 이 논리는 이미 後漢초 梁統의 육형부활 주장에 대한 반대논리로 사용된 적이 있었기 때문에 매우 오래된 논리였다. 減死一等이라는 것은 사형을 감형하여 剔髮하고 鉗釱를 가해 髡鉗刑에 처하는 것으로, 여기에는 城旦·春 등의 徒刑이 부가되어 변경으로 徙民되었다. 이것은 신체를 손상하거나 인명을 빼앗지 않고, 변경을 안정시키는 徙民實邊의 효과도 있는 것이다. 특히 王符가 언급했듯이, 安土重遷의 심리를 가진 당시인들에게 遷徙刑이라는 것은 "伏法하는 것보다 더 심한 효과"가 있었다.[91] 결국 "死刑太重, 生刑太輕"이라는 육형부활론의 논리적 기초는 減死一等에 의해 무너져버렸고 육형은 부활되지 못했다.

이상에서 언급한 曹魏 초기의 육형 논의는 크게 두 개의 흐름이 상충했다는 것을 의미했다. 육형을 선호하는 법가적 흐름과 유가사상에

---

90) 『三國志』 卷13 「魏書/鍾繇傳」, pp.397-398.
91) 王符, 『潛夫論箋校正』(北京: 中華書局, 1985) 「實邊」, p.281, "且夫土重遷, 戀慕墳墓, 賢不肖之所同也. 民之於徙, 甚於伏法."; 邢義田, 「從安土重遷論秦漢時代的徙民與遷徙刑…附錄: 論遷徙刑之用與肉刑之不復…」, 『秦漢史論稿』, pp.411-448.

근거해 육형의 부활을 반대하는 흐름이었다.[92] 이 두 개의 흐름 가운데서 결국 후자의 승리로 인해 육형의 부활이 저지되었던 것이다. 이것은 曹魏시기에 後漢 이래의 유가적 주장이 상당한 세력을 형성하고 법률을 천시하고 있음을 말해준다.

　결국 이러한 풍조는 魏代에 뛰어난 律學者의 출현을 불가능하게 하는 결과를 초래했다. 법률의 쇠퇴를 역설적으로 증명하는 것이 魏 明帝시기 衛顗에 의한 律博士 설치였다.[93] 衛顗는 사회의 율령 천시풍조 때문에 율령을 공부하는 사람이 없는 것을 우려하여 律博士의 설치를 건의했다.[94]

---

92) 邢義田은 육형론의 출현에 대해서 실질상의 필요에 의해 일어났다기보다는 前漢 중·후기 이래로 유학이 성해짐에 따라 유생들이 "好古"하여 三王의 육형을 시행하면 盛世가 재차 회복될 것이라는 생각을 가지고 있었다고 한다. 그러나 육형을 주장하는 사람들은 오히려 中刑이 없어 발생하는 통제의 어려움 때문에 주장한 측면도 강조되어야 한다. 오히려 육형부활론자들이 三王을 운운한 것은 외피적 가식에 불과하다. 邢義田의 방식으로는 曹操 등이 육형의 부활을 찬성한 것은 이해하기 어렵다.(邢義田, 위의 책, p.448 참조)

93) 邢義田, 「秦漢的律令學」, p.302. 邢義田은 『宋書』 「百官志」의 "廷尉律博士 一人, 魏武初建, 魏國置."라는 기사에 근거해 曹操가 魏王을 칭한 漢獻帝의 建安 21년(216) 律博士를 설치한 것으로 보고 있다. 衛顗는 魏官儀 등 찬술한 저서가 수십편이나 될 정도로 활발하게 활동했다. 『三國志』는 衛顗가 典故를 많이 알아 당시 왕의 式(제도)에 대해 相(도움)이 되었다고 평가하고 있다.(『三國志』 卷21 「魏書/王衛二劉傳」의 評, p.629.) 그의 아들의 晋代에 법률가로 활약한 衛瓘인데, 그도 "禮律刑名, 台輔大臣, 未有此比, 且請距之"라는 것으로 보아 법제방면으로 뛰어난 인물이다.

94) 『晋書』 卷24 「職官志」, p.737, "廷尉, 主刑法獄訟, 屬官有正, 監, 評, 幷律博士員."；『晋書』 卷24 「職官志」, p.736, "晋初承魏制. 置博士十九人. 及咸寧四年. 武帝初立國子學. 定置國子祭酒·博士各一人. 助教十五人. 以教生徒. 博士皆取履行淸淳. 通明典義者. 若散騎常侍·中書侍郞·太子中庶子以上. 乃得召試.";『宋書』 卷39 「百官上」, p.1231, "廷尉律博士. 一人. 魏武初建魏國置." 律博士의 제도는 晋代에도 계승되어 職官志를 보면 廷尉에 律博士員이 소속되어 있다. 그러나 律博士가 어느 정도의 기능을 했는지에 대해서는 그들의 활동상이 기록되어 있지 않아 확실하지 않다. 그러나 율박사는 남조의 宋을 비롯해 齊·

九章之律은 옛날부터 전해져 오는 것으로 刑罪를 斷定한 것의 의미가
미묘하다. 百里의 長吏는 모두 마땅히 律을 알아야 한다. 형법이라는 것은
국가가 귀중하게 여기지만, 私議에서는 경시하고 천하게 여기고 있다. 옥
리라는 것은 백성이 목숨을 거는 것이나, (관리를) 뽑는 자는 비하한다.
王政의 폐단은 여기에서 나오지 않는 것이 없다. 律博士를 설치해 서로 教
授할 것을 청합니다.[95]

위의 글에서 魏晋시대 율학의 위기상황을 엿볼 수 있다. 첫째는 百
里의 長吏, 즉 현령급의 관리는 모두 율령을 숙지해야 했지만, 이 시기
의 현령 이상의 고급관리는 율령에 대해 잘 모르는 상태였다. 그들이
중시하는 것은 오직 유가경전뿐이었다. 둘째는 국가의 입장에서는 율
령이 중요한 것이나 민간에서는 그다지 중시하지 않는 풍조가 만연했
다고 보여진다. 셋째는 옥리는 백성의 목숨과 관련된 중요한 직책이
나, 옥리는 도리어 관리를 뽑는 고급관리들에게 천대를 받고 있다.

이러한 현상은 曹魏시대에 처음 나타난 현상은 아니며, 이미 후한
시대부터 그 조짐이 나타나고 있다. 율박사의 설치는 율령학의 몰락
을 만회하기 위해 나타난 것이다. 즉, 율학의 쇠퇴를 보여주는 신호였
던 것이다. 曹魏 이후 비록 법률가가 있기는 하지만, 율령과 도필리는
확실히 寒門이 담당하는 직책이 되었고, 귀족들이 싫어하는 것으로
되었다.[96]

그렇다면 육형의 논쟁에서 육형 부활론이 패하고 있음에도, 魏律
에서는 어떻게 강력한 형태의 법가적 주장이 포함된 것일까? 曹操를
비롯한 그의 후계자들은 강력한 법치의 주장을 희망했다. 우선 육형

梁·陳·北魏·北齊·隋·唐·宋代 등 각 왕조의 廷尉府에 소속된 것으로 보아 적
어도 그 필요성은 어느 정도 인정되었던 것 같다.
95) 『三國志』 卷21 「魏書/衛覬傳」, pp.611-612.
96) 邢義田, 위의 논문, pp.307-308.

을 주장한 사람들에 주목할 필요가 있다. 거기에는 曹操 및 文帝(曹丕), 그리고 그 의지를 받은 陳群·鍾繇 등이 있다.

張建國은, 율령을 제정할 무렵 陳群을 비롯한 조정관리들이 유학을 숭상하여 曹魏 초기 치국방식에서 孝도 고려하는 방식으로 변모했고, 특히 明帝시기는 曹魏 초기에 억압을 받았던 世家大族들이 고개를 점차 들기 시작한 때라고 말하고 있다.[97] 그러나 陳群이 世家大族의 입장에서 유가이념을 율령에 반영하였는지는 재고할 필요가 있다. 오히려 그는 육형의 부활에 반대한 孔融·王朗 등의 유가와 대립하는 입장이었다.

陳群은 역대로 법률적 전통이 강한 潁川 출신이다.[98] 그의 조부 陳寔은 黨錮를 당해 은거할 때 원근에서 宗師로 받들었던 名士였고, 부친 陳紀도 저서 수십 편을 남겨 陳子라고 불렸던 것으로 보아 출신은 분명히 유가라고 할 수 있다. 그러나 그가 평생 仕官하여 모신 曹操는 법가적 인물이었다. 陳群은 曹操의 辟召에 의하여 司空西曹掾屬이 되어 그와 故吏관계를 형성하였다. 그리고 魏國이 건국되자 魏의 御史中丞이 되어 曹操의 명령으로 부친 陳紀의 육형론을 발의했고, 魏文帝시에는 구품관인법을 제정하고 文帝 사망시에는 遺詔를 받아 보정하는 등 끝까지 曹魏정권내의 핵심적 역할을 담당하였다. 鍾繇도 역시 법률전통이 강한 潁川 長社縣 출신으로 집안은 郡 著姓으로 대대로 刑律에 밝았다. 후한말 三府에 징벽되어 廷尉正이 되었고, 魏國 초기에는 大理의 관직에 올랐다.[99] 그의 조부인 鍾皓가 詩律로써 門徒 千餘人을 敎授했던 사실을 보면 법률전통이 강한 집안임을 알 수 있다.[100] 鍾繇의 小子인 鍾會도 "博學精練名理"한 인물이었다.[101] 법률전통이 3대 동

97) 張建國, 위의 책, p.168.
98) 『漢書』 卷28下 「地理志」, p.1654.
99) 『三國志』 卷13 「魏書/鍾繇傳」, p.391.
100) 『後漢書』 卷62 「鍾皓列傳」, p.2064.

안 지속된 鍾繇의 집안은 後漢시대의 郭躬·陳寵에 비견할 수 있는 법률가의 전통을 가지고 있다. 그와 曹操의 관계도 陳群만큼 밀접한 것이었다. 曹操가 袁紹와 官渡에서 대치하고 있을 때 군마 이천여필을 보내주어 한고조의 蕭何와 같다는 평가를 들었으며, 관중민과 유민을 낙양으로 옮겨 후일 曹操가 關中을 정벌할 때의 병력원으로 삼았다. 司空 王朗도 曹操 이래의 명신이었으나 陳群·鍾繇와는 경향을 달리했던 것이다. 曹魏 초기부터 강력한 법치적 통치를 희망한 曹操와 陳群 등의 입장이 國是였다면 魏律의 전체적인 방향은 법률을 완화하는 寬簡의 방향으로 나아가기 힘들었을 것이다.

陳群 등은 모두 曹操의 "下令"에 의해, 육형 논의를 전개했던 것이므로 曹操의 강력한 법치에 의한 통치를 하고자 하는 의중을 읽고 발의했던 것이다. 반면에 유가이념의 구현을 희구하는 王朗·孔融·王脩 등의 유가집단은 이것을 철저히 봉쇄했던 것이다. 그리고 이들 세력으로 이어지는 것이 西晉왕조를 창시한 司馬炎이었다.

법가와 유가의 대결 구도는 章句를 둘러싸고 일어난 대립현상에서도 나타난다. 後漢시대까지는 諸儒章句가 10여가에 달했다. 曹魏에서는 죄형법정주의를 해치고 관리들의 각종 비리가 발생하는 것을 막기 위해 鄭玄의 章句로 통일시켰다. 鄭玄의 章句는 하나만 남아있어 그것이 어떠한 성격을 가졌는지 알 수 없지만 기존의 諸儒章句를 통일하려한 것은 분명하다. 『後漢書』에 "經에 數家가 있고, 家마다 수개의 說이 있고, 章句가 많은 것은 백여만언이나 되므로 배우는 자가 고생만 했지 성과가 적고, 의문점이 생기면 올바로 할 수가 없기 때문에 鄭玄이 衆家를 망라해서 繁誣한 것을 刪裁하였다."고 기술한 것은 바로 鄭玄의 章句의 성격을 말해준다.[102] 이것은 통일화·획일화라는 점에서 曹魏의 지배방식과 일맥상통하는 것이었다고 할 수 있다.

---

101) 『三國志』 卷28 「魏書/鍾會傳」, p.784.
102) 『後漢書』 卷35 「鄭玄列傳」, pp.1212-1213.

그러나 이같은 획일화에 반발한 것이 諸儒들의 후학들이었다. 특히 肉刑의 논의로 유명한 王朗의 아들 王肅은 賈·馬의 章句를 좋아했기 때문에 鄭玄의 章句로 통일된 것에 불만을 품고 비판을 가함으로써 鄭玄의 후학과 대립하였다. 王肅은 同異한 점을 모아 尚書·詩·論語·三禮·左氏解를 만들고, 아버지 王朗이 만든 易傳을 撰定해 學官에 진열했다. 王肅은 諸經傳解와 朝儀를 論定할 때, 鄭玄의 舊說을 改易했고, 聖證論을 지어 鄭玄을 비판했다. 이로 인해 鄭玄의 章句를 신봉하는 王基와 항상 대립했다.[103] 그리고 王肅이 鄭玄의 후학인 孫叔然의 徵辟에 불응해 官界에 진출하지 않은 것도 그러한 불만의 표현이었다. 후일 晋代에 들어 鄭氏章句만을 사용하던 것을 諸氏章句로 바꾼 것은 晋武帝가 외조부 王肅의 이론을 받아들인 때문으로 생각된다. 王肅의 딸이 文帝 司馬昭와 결혼했고, 그 사이에서 태어난 것이 武帝 司馬炎이기 때문이다.[104]

결론적으로 肉刑의 부활을 둘러싸고 대립된 논쟁에서 육형 부활론이 패배한 것은 유가가 대세를 장악해가는 것임을 반영한다. 이것은 曹操와 같은 지배자가 육형 부활을 의도했더라도 결국 그 벽을 넘어설 수 없었음을 말해준다. 율박사의 출현도 바로 그 점과 관련이 있다. 즉, 법률을 배우려하는 사람이 없었다는 것은 이 시대의 관료계 진출 등에 유학 지식이 없으면 불가능했음을 말해준다. 실상 이것은 曹魏시기에 완성된 풍조는 아니고 後漢 내내 양성된 풍조였다. 이러한 학문적 풍조에 저항해서 曹魏는 사회적 혼란이라는 시대상황을 극복하기 위해 법가적 방식을 동원하려 했으나 저항에 막혀버린 것이다. 그렇더라도 曹魏의 이러한 시도는 결코 실패한 것은 아니다. 秦漢律보다 강화된 魏律의 일부 내용은 曹操가 의도했던 德刑교대의 국가 통치이념이 어느 정도 반영된 것을 의미한다. 특히 魏律제정에 曹操

---

103) 『三國志』 卷13 「魏書/王肅傳」, p.419; 『三國志』 卷27 「魏書/王基傳」, p.751.
104) 『晋書』 卷31 「后妃上(文明王皇后傳)」, p.950.

의 의도를 대변한 陳群이 참여한 것은 曹操의 의도대로 魏律이 제정되었을 가능성이 있다. 이러한 제반사정으로 인해 魏律이 유가이념을 구현하는데 적극적이지 못했다고 할 수 있다.

V. 결론

필자는 후한시대 유가들의 법률개정 논의가 魏律의 변화에 얼마나 영향을 미쳤는지에 대해서 고찰해보았다. 後漢 이래 법령의 개혁을 주장하는 유가들의 일관된 주제는 "평이하고 간략해야 한다"는 것이었다(易簡). 光武帝 시기의 杜林이 주장한 "法이 낮아지면 쉽게 행해지고, 禮가 간소화해지면 쉽게 따른다."는 周易의 관점은 유가경전의 어떤 이념보다도 법률의 새로운 틀을 짜는데 강한 영향을 미쳤다고 생각된다. 그리고 易簡의 관념은 3천조의 법률로 구성되었다는 甫刑의 재현에 연결되었다.

그러나 후한 말 국가의 행정이 마비상태에 빠지면서 易簡과 반대의 경향도 나타났다. 경학의 空言으로는 난세를 구제할 수 없으므로 엄형중벌로 통치할 것을 주장하는 崔寔·仲長統·王符·應劭 등이 등장했는데, 이들의 논리는 전국시대의 법가적 주장과 큰 차이가 없다. 이들과 같은 시기에 활동한 曹操도 시대적 사조에서 예외일 수는 없어 누차 肉刑의 부활과 嚴法으로 통치하는 것에 큰 관심을 보이고 있다.

이렇게 후한 중기의 易簡 논리에 입각한 형벌 경감론과 후한말의 혼란상에서 비롯된 형벌 강화론이라는 두 가지 상이한 경향이 대립하는 상황에서 魏律이 제정된 것이었다. 魏律의 제정에 참여한 사람 가운데 陳群은 법령개혁의 최고 책임자였고, 법령개혁의 실질적인 추진과 실무를 담당한 것은 劉劭로 생각된다. 다만 두 사람을 제외한 魏

律제정의 참여자들은 명성과 학문적 비중, 인원수의 측면에서 晉律의 경우보다 못하였다. 이것은 아마도 魏新律이 제정된 시점이 蜀·吳와의 전쟁이 한창인 와중이라서 국가의 전폭적인 지원을 받지 못했던 것으로 보인다.

魏律은 漢律의 편목간의 조문중복과 혼란 등을 정리하기 위해 정리와 분류, 폐지에도 중점을 두고 있지만, 결코 晉律과 같은 寬簡의 방향을 지향하지 않았다. 결과적으로 魏律은 조문 감소와 중벌 경감에 한계를 드러냈고, 이 점에 있어 漢律과의 차이는 크지 않았던 듯하다.

魏律은 유가정신에 입각해 개혁한 것도 있다. 五刑의 정신을 재현하고 있는 것은 尙書 등과 같은 경전에 입각한 것임을 말해준다. 繼母를 살해한 것은 親母를 살해한 것과 동일하게 간주하여 처벌을 강화한 것, 異子之科를 폐지하여 유가의 대가족주의 및 가부장권을 강화한 것, 형·누이를 구타하면 5년형으로 가중처벌하여 長幼之序를 밝힌 것이 그러한 것이다.

반면에 漢律보다 강화된 것도 적지 않다. 魏律의 賊律에는 요언비방죄, 종묘·능묘의 훼손시 大逆無道罪를 적용해 漢律보다 한 단계 높은 腰斬에 처할 뿐만 아니라 가족까지도 연좌시키고 있다. 高后시에 폐지된 삼족형을 魏代에 계승한 것은 魏律의 정신이 엄혹했음을 말해준다. 復讐를 제한적으로 허용한 것은 유가의 교리를 허용함과 동시에 무제한적으로 민간의 살인이 이어지는 것을 중지시킨다는 절충적 방법이다. 국가가 복수를 허용하지 않는 부분에 대해 민간에서 복수를 한다면 국가가 용서하지 않는다는 선언이었다. 囚徒가 다른 사람을 반란했다고 誣告하면 죄를 친속에 연좌시켜 일반인과 다르게 처벌한다는 규정을 신설한 것은 가중처벌을 통해 형벌을 감소시키고 誣告를 종식시키고자 하는 목적을 가지고 있다.

이상이 魏代에 개정된 대체의 모습인데, 내용적으로는 유가의 주장이 반영된 점도 있으나, 어떤 측면에서는 後漢의 유가들이 채택하려 했던 것은 오히려 후퇴한 부분도 있다. 이렇게 後漢 유가들이 주장한 易簡이 적극 반영되지 못한 것은 魏律이 제정된 삼국시대의 혼란상과 관련이 있었던 것이다. 법가적인 사고를 가진 曹操는 심복이라 할 수 있는 陳群과 鍾繇에게 육형부활의 논의를 전개하도록 명령한 적이 있다. 특히 魏律제정에 曹操의 의도를 대변한 陳群이 참여한 것은 魏律의 방향을 결정했을 것으로 생각된다. 曹魏 초기부터 강력한 법치적 통치를 희망한 曹操와 陳群 등의 입장이 國是였다면 魏律이 법률을 완화하는 寬簡의 방향으로 나아가는 데는 한계가 있었을 것이다. 秦漢律보다 강화된 魏律의 일부 내용은 曹操가 추진한 법가적 통치방식의 이념이 어느 정도 반영된 것을 의미한다. 그리고 魏晉의 역성혁명이 성공하자 魏律의 법률 방향에 불만을 품고 易簡을 선호한 王肅·司馬昭·司馬炎 등의 계열에 의해 晋律이 새로 제정되었던 것이다.

찾아보기-사실

찾아보기-인명

임중혁

고려대학교 사학과 문학박사
숙명여자대학교 역사문화학과 교수 역임
현재 숙명여자대학교 역사문화학과 명예교수

전공: 중국 고대사

■ 저술 및 번역

스무날 동안의 황토기행(소나무 출판사)
미야자키 이치사다(宮崎市定), 중국중세사(신서원, 임중혁 공역)
마크 엘빈, 중국 역사의 발전법칙(신서원, 공역)

고대 중국의 통치메커니즘과 그 설계자들 1

초판 인쇄   2021년 10월 27일
초판 발행   2021년 11월 12일 [전체 558쪽(pages)]
저   자   임중혁
펴 낸 이   한정희
펴 낸 곳   경인문화사
편   집   박지현 김지선 유지혜 한주연 이다빈
마 케 팅   전병관 하재일 유인순
등   록   제406-19736-000003호
주   소   경기도 파주시 회동길 445-1 경인빌딩 B동 4층
전   화   (031) 955-9300   팩 스   (031) 955-9310
홈페이지   http://www.kyunginp.co.kr
이 메 일   kyungin@kyunginp.co.kr
ISBN   978-89-499-4964-2   94910
       978-89-499-4999-4   (세트)
정가   39,000원